유아문학 3판

이론과 적용

| 김현희 · 박상희 공저 |

학지사

3판 머리말

> 브라운의『터널』은 더 이상 형제간의 우애나 공격적인 오빠를 길들이는 것(처벌) 따위를 문제 삼지 않는다. 그보다는 서로의 다른 특성을 바꾸려고 하지 말고 받아들이는 것이 중요하다고 말하고 있다. 오빠와 동생은 각각 어둡고 축축하고 끈적끈적한 터널을 통과할 때 자신의 내면에 감춰져 있던 서로 다른 특성들을 발견하게 된다.
>
> -토마스 클라인스펜(Thomas Kleinspehn)의「"그들은 전혀 닮지 않았다.": 정신분석학적 관점에서 본 그림책 앤서니 브라운의『터널』에서」-

책으로 '읽기'를 시작한 것은 12세기부터 집중적으로 이루어졌고 이제 우리는 그 변화의 소용돌이 시대에 살고 있다. 아동용 책은 영국의 뉴베리가 18세기에 들어서 본격적으로 출판하기 시작하였다. 17, 18세기에 샤를 페로와 그림 형제가 옛이야기의 잔인하고 외설적인 부분들을 아이가 받아들일 수 있는 내용으로 재화했다. 19세기에는 영국의 존 테니얼이 유명한 두 권의『엘리스』시리즈 삽화를 그렸고, 이어서 월터 크레인, 케이트 그린어웨이, 랜돌프 칼데콧이 그림책을 만들기 시작했다. 20세기에 들어 미국에서 완다 가그가 그림책의 황금기를 이끌고, 후반에 모리스 센닥은 100년 그림책 역사상 가장 뛰어난 작가로 평가받으며 많은 그림책을 쓰고 그렸다. 그 후 수많은 그림책 작가들은 여러 장르에서 다양하고 뛰어난 그림책들을 발표하고 있다.

우리나라도 류재수에 이르러 명작동화와 전래동화의 삽화에서 벗어나 본격적인 그림책의 시대로 접어들었다. 21세기에 들어서 우리나라는 뛰어난 일러스트와 문학성을 인정받은 그림책들이 해마다 늘어나는 추세이다. 지금은 QR 코드를 이용해서 시청각 장애인을 위한 그림책을 듣고 보는 시기에 이르렀으니 앞으로 그림책이 어떻게 변화할지 예측하는 것만으로도 즐겁다.

그림책은 유아가 만나는 인쇄·제본된 첫 예술 놀잇감이다. 그림책은 어른들이 들려주는 옛이야기를 담고 있고, 몰랐던 사실을 재미나게 알려 준다. 또한 환상의 세계로 인도하기도 하며 때로 사실적인 이야기들을 통해서 우리에게 위로를 준다. 자연스럽게 눈을 빛내며 새롭고도 재미있는 이야기에 귀 기울이는 아이들을 떠오르게도 한다. 그뿐인가? 어른들도 그림책을 보며 뭉클한 감동으로 눈물짓기도 하지 않는가? 그림책은 본문이 미처 전하지 못하는 위로와 용기와 상상력을 그림을 통해 더욱 배가시킨다. 갈수록 그림책의 그림이 주는 치유 힘에 더 매료된다.

그림책과 친숙하지 않았던 어른들은 그림책의 텍스트에만 관심을 가지고 읽다가 그림의 디테일과 치유의 힘에 놀란다. 그러나 아이들은 처음부터 그림에 빨려들 듯이 그림책을 본다. 집에서뿐만 아니라 유아교육 기관에서 어른이 읽어 주는 그림책은 아이들의 마음을 사로잡아 즐거움과 지적 호기심을 충족시켜 주면서 인지와 정서 발달을 비롯하여 여러 분야에서 균형 잡힌 발달을 하도록 자연스럽게 돕는다.

이 책은 1999년에 출간된 『유아문학교육』을 2008년에 『유아문학: 이론과 적용』으로 증보·개정하였다. 이제 2016년의 2판에 이어 3판을 내게 되었다. 그 당시만 해도 유아문학이나 아동문학을 장르별로 구분하여 그 특성과 책을 선정하는 기준을 다루는 책이 귀해서 많은 분이 사랑해 주셨다. 이제 그림책에 대한 깊이 있는 이론서가 다양하게 나오고 있는 것은 고마운 일이다.

3판 역시 총 3부로 이루어져 있다. 제1부에서는 유아문학의 정의와 유아의 발달에 필요하고 유아의 욕구를 충족시켜 주는 그림책을 소개하였다. 유아문학을 연구하는 일곱 가지 접근 방법도 포함하였는데, 2판 부록에 수록한 연구 논문은 삭제하였다. 그 대신에 그림책의 문학 요소 중 배경과 관점에 대한 부분을 보완하였고 그림 부분에서는 타이포그래피를 추가해서 설명했다. 그림책의 역사에서는 우리나라와 서양을 시대별로 고찰하였는데, 2016년 이후 새로 나온 책들과 아동문학상 수상작을 많이 보완하여 소개하였다.

제2부에서는 유아문학, 그림책의 종류를 글이 있는 것과 글이 없는 것으로 나누었고, 더 구체적으로는 장르별로 살펴보았으며, 영아용 그림책도 따로 살펴서 이해를 돕도록 하였다. 제3부에서는 누리과정에 기초하여 유아문학의 교육적 접근에 대해 제시하였다. 제1, 2부에서는 그림책의 장르별 특성과 문학 요소와 일러스트레이션에 대해 꼼꼼히 들여다보는 데 중점을 두었다면, 제3부에서는 유아교육 현장에서 그림책을 읽어 주는 방법과 활동 중심으로 제시하였다. 그림책을 가지고 독서치료를 하는 부분도 포함하였는데, 우리나라 독서치료 발전과정에서 소개했던 관련 학위 논문은 대부분 삭제하였다. 시 치료 단계와 그림책 관련 질문을 추가하였고, 주제별 · 연령별로 새로 나온 그림책들을 보완해서 소개했다. 제1, 2부와 제3부의 15장은 김현희 교수가, 제3부의 제12, 13, 14장은 박상희 교수가 집필하였다.

책이 나오기까지 최신에 발간된 그림책 자료를 찾아서 꼼꼼하게 정리해 준 김현진 선생님에게 고마운 마음을 전한다. 문학 활동의 많은 부분을 유아들과 함께 실행해 주신 윤은경 교수님도 책의 발간을 위해 노력해 주신 분이다.

또한 항상 믿음을 가지고 격려해 주신 학지사의 김진환 사장님과 이 책이 나오기까지 원고의 편집과 교정을 맡아 수고해 주신 박선민 선생님께도 감사를 전하고 싶다. 오늘이 있기까지 인도해 주신 하나님께 감사드리며 항상 사랑으로 후원해 준 가족에게도 깊은 감사를 드린다.

2020년 10월

저자를 대표하여 강화에서

김현희

1판 머리말

그림책을 읽어 주며 아이들을 쳐다보라. 그들의 눈은 호기심과 즐거움으로 반짝이며 새로운 세계를 여행하는 여행자의 모습처럼 신나고 행복하다.

책을 읽어 주는 어른의 모습은 어떠한가. 목소리를 가다듬고 이야기를 들려주는 어른들은 그 순간만큼은 일상의 번다함을 접고 여유롭고 넉넉한 마음으로 그 순간을 즐긴다. 그러므로 매일매일 그림책을 읽어 주고 이야기를 들려주는 어른과 유아는 이야기와 그림책이라는 맛있는 밥상을 함께하며 서로 사랑하고 위로받으며 애정을 확인하는 의미 있는 시간을 보내는 것이다. 이야기와 함께하는 순간만큼은 훈계나 질책, 꾸중이 없으니 유아들이 어찌 그 순간을 사랑하지 않겠는가.

이 책은 아이들과 함께 좋은 그림책을 읽고 싶은 이 세상 모든 어른들을 위한 책이다. 대학에서 예비유아교사 교육을 받고 있는 학생들과 교육현장에서 매일 유아들과 함께 책 읽기를 하는 선생님들에게 많은 도움이 되었으면 한다. 그리고 유아기의 자녀를 둔 부모님과 독서교육, 방과 후 교육, 독서치료의 현장에서 아동들과 만나는 교사들이 유용하게 참고하시기를 바란다.

이 책은 1999년에 출간된 『유아문학교육』을 수정·보완한 것이다. 총 3부로 이루어져 있는데, 제1부는 유아문학의 정의, 유아의 발달과 욕구와 관련한 그림책을 살펴보았다. 유아문학을 연구하는 접근방법도 포함하였는데, 주로 국내에 나와 있는 논문을 중심으로 살펴보았으며, 2007년까지 각 연구방법의 접근별 논문은 부록으로 수록하였다. 그리고 그림책의 역사에 대해서는 동서양, 우리나라를 시대별로 고찰하였다. 제2부에서는 유아문학의 종류를 장르별로 살펴보았으며, 영아용 그림책도 따로 살펴서 이해를 돕도록 하였다. 제3부는 유아문학의 교육적 접근에 대해 제시하였다. 제1, 2부에서는 그림책을 꼼꼼히 들여다보는 데 중점을 두었다면, 제3부에서는 유아교육 현장에서 그림책을 읽어 주는 방법과 활동을 누리과정을 토대로 하여 제시하였다. 또한 그림책을 통한 독서치료의 부분도 포함하였다. 제2부의 12, 13, 14장은 박상희 교수가, 나머지는 김현희 교수가 집필하였다.

책을 쓰고 난 후 꼼꼼히 살폈지만 미진한 부분들이 여전히 많다. 아쉬운 마음이 들지만 이 책을 읽으시는 분들께서 주시는 조언으로 다음 기회에 다시 보완하기로 하고 여기서 이 책을 내놓기로 하였다.

이 책이 나오기까지 덕성여자대학교와 명지대학교 대학원 학생들이 같이 수업하면서 참신하고 좋은 의견을 내어 준 것에 감사한다. 그림책에 대한 정보를 살펴 준 이경애 선생님, 그림책 목록을 만들면서 서지사항을 꼼꼼하게 살펴 준 최정은 선생님에게 감사의 인사를 전한다. 그리고 문학활동의 많은 부분을 유아들과 함께 실행해 주신 윤은경 교수님, 무안의 정상녀 선생님, 김미정 선생님은 이 책의 발간에 함께 노력해 주신 분들이다.

이 책을 오래 기다려 주시고 늘 믿음으로 후원해 주신 학지사의 김진환 사장님, 원고의 편집과 교정을 맡아 고생이 많으셨던 이세희 선생님께 감사하며, 항상 우리의 영원한 후원자인 가족들과 하나님께 감사를 드린다.

2008년 5월

봄이 오는 무등산 자락에서

저자를 대표하여

CONTENTS + 차 례

PART 3

유아문학과 교육

Part 1

유아문학의 이론적 기초

제1장
유아문학의 본질

1. 유아문학의 정의

유아문학이 무엇인지 살펴보기 전에 우선 아동문학이 무엇인지 살펴볼 필요가 있다. 왜냐하면 부자연스럽게 파생된 분류이긴 하지만 유아문학은 대부분이 그림책으로, 아동문학 중 연령이 낮은 유아를 위한 문학이라 볼 수 있기 때문이다. 물론 유아의 연령 범위도 학자에 따라, 각 나라의 문화에 따라 구분이 다르다. 요즈음은 일반적으로 갓 태어나서부터 초등학교 2학년까지인 8세를 유아로 보는 추세다. 그렇다면 아동문학가나 교육학자들이 나름대로 정의하는 아동문학은 무엇일까?

사람에게 어렸을 때부터 가장 순수한 즐거움을 주고 지적인 발달을 비롯하여 심미, 정서, 상상력 그리고 도덕성 등 여러 영역의 발달에 영향을 미치는 아동문학에 대하여 학자들은 그들 나름대로 정의를 내려 왔다.

아동문학이 무엇인지 정의를 내리는 것은 단순하지 않다. 왜냐하면 정의를 내리는 데 영향을 미치는 요인이 매우 다양하기 때문이다. 아동문학의 창작 주체와 아동문학의 독자, 즉 수용 주체가 누구인지에 따라서뿐만 아니라 아동문학을 탐구하는 학자의 자세와 아동문학의 가치를 어디에 두느냐에 따라서도 달라질 수 있기 때문이다. 아동을 어느 나이까지 포함시키느냐에 대해서도 여러 견해가 있다.

아동문학의 창작 주체가 어른이어야 한다고 주장하는 것은 아동이 쓴 작품은 아동문학이 아니라고 보는 것이며, 아동문학은 어른이 아동을 위해 쓴 것이라는 것이다. 이 정의에 따르면, 우리나라에서 유아가 쓰고 그린 '마주 이야기' 시리즈는 아동문학 범주에서 제외된다고 볼 수 있다. 수용 주체를 고려하는 경우, 아동문학은 아동을 위해 쓴 것이기도 하지만 어른 안의 아이를 위한 것이기도 하다는 견해가 더 널리 받아들여지고 있다(박숙경, 2006).[1]

김서정(2006)은 아동문학에 대한 정의는 아동문학 작품 수만큼이나 다양하다고 보면서, "타운젠드(Townsend, 1996)의 '오늘날 어린이책을 정의하는 유일한 현실적 기준은 출판업자의 어린이책 목록에 나와 있는 작품'이라는 지극히 현실적이고 경제적인 정의와 다튼(Darton)의 '아동문학은 교훈과 즐거움, 억압과 자유, 머뭇거리는 도덕성과 자연 발로의 행복, 그 사이의 투쟁'이라는 철학적이고 포괄적인 정의 사이 어딘가에 들어 있다."[2]고 하였다.

아동문학의 가치를 어디에 두어야 하는지에 따라서도 정의가 달라질 수 있다. 즉, 교육성을 강조할 것인가, 아니면 문학성을 강조할 것인가 이 두 가지가 아동문학의 정의와 좋은 아동문학 작품의 준거에 영향을 준다. 서덜랜드(Sutherland, 1997)[3]는 아동문학은 "아동들이 읽고 즐기는 책임과 동시에, 아동을 위하여 쓰인 책이며 고도의 문학적이고 예술적인 기준을 만족시켜 주는 책이다."라고 하였다. 이것은 일부 비전문가들이 단순히 아동들이 읽고 즐기는 모든 책을 아동문학이라고 정의내리는 것에 대하여 반박하는 것으로 볼 수 있다. 이것은 니콜라예바(Nikolajeva, 1996)[4]의 주장처럼 아동문학은 책을 읽는 즐거움이 있어야 하므로 뛰어난 문학성과 예술성을 갖추어야 한다는 것이다. 아직도 아동문학이 교육적이거나 교훈적인 내용을 담고 있어야 한다고 주장하는 견해에 대해 더 포괄적으로 눈을 넓혀 주고 있다.

아동문학은 몇 살까지의 아동을 위한 문학인가? 「아동복지법」[5]은 우리나라의 경우 아동을 만 18세까지로 규정하고 있다. 한편, 외국의 경우, 아동문학은 태어나서부터 중·고등학교를 포함한 10대까지의 청소년을 위한 문학으로 되어 있다. 그러나 우리나라는 초등학교 6학년까지로 보는 경우가 대부분이다. 김경연(2006)[6]은 「아동복지법」을 고려해 볼 때 아동청소년문학이라고 지칭해야 한다고 주장한다.

우리나라 아동문학가들도 여러 가지로 정의를 내리고 있다. 이원수(2001)는 '아동문학은 아동을 대상으로 한 문학으로서 아동과 관련 있는 소재를 다루며, 아동이 이해하기 쉬운 형식과 내용을 가진 문학'이라고 정의하였다. 그는 '아동문학의 특징은 소박하고 단순하며, 아동을 위한 목적의식을 가지고 쓴 것이 많고, 대상 독자의 계층이 많고 작품 내용의 난이도에 차이가 심하다.'[7]고 하였다.

이상현(1987)은 '넓은 의미에서의 아동문학은 성장기 아동의 정서와 심성의 순화에 영향을 미친다는 관점에서 인성(人性)의 문학'[8]으로 보았으며, '좁은 의미로서의 아동문학은, 첫째, 작가가 동심을 가지거나 이를 의식하면서 어린이들이 이해할 수 있는 문장으로 세계를 조명하거나 묘사하는 문학이며, 둘째, 동심을 잃은 어린이 이외의 모든 사람에게 동심을 회귀시키거나 동심적 충격을 주기 위해 쓰는 문학'[9]이라고 정의하였다.

많이 인용되고 있는 정의 중의 하나로서 이재철(1983)은 '아동문학은 주로 인간 최초의 성장기를 위해 쓰인 문학으로 다양한 교육성을 내포하며, 어린이가 이해할 수 있는 언어를 사용하여 어린이의 심정, 생활 그리고 그들의 성장 발달에 도움이 되는 내용과 정신적인 요소를 내포하고 있으며, 형식 면에서도 언어와 문장의 사용에 세심한 주의를 기울여 표현한 것'[10]으로서, '작가가 일차적으로 아동에게 읽힐 것을 목적으로 창작한 특수문학으로 동요, 동시, 동화, 아동소설, 아동극의 장르를 총칭한 명칭'[11]이라고 하였다.

석용원(1982)은 '작가가 아동이나 동심의 고향으로 돌아가고 싶어 하는 어른에게 읽힐 것을 목적으로 창조한 시, 동화, 소설, 희곡 등의 총칭'[12]이라고 밝혔다.

여러 학자가 아동문학이란 무엇이냐에 대하여 논의한 것을 종합해 보면, 아동문학은 아동뿐 아니라 동심의 세계를 그리워하는 어른을 위하여 어른이 쓴 특수문학으로서, 형식 면에서는 문학적이고 예술적인 기준을 만족시켜 주어야 하고, 그 내용 면에서 아동의 성장 발달에 유익한 것이어서 아동들이 즐겨 읽을 수 있는 책이라고 할 수 있겠다. 그러나 실제로 현대의 아동문학 작품은 어른보다는 아동을 위해 쓰이는 것이 더 일반적이다.

결론적으로 유아문학이라 함은 갓 태어나서부터 초등학교 2학년까지의 유아를 위한 문학이며, 형식과 내용 면에서도 문학적 · 예술적 기준을 만족시켜 유아의 인지 · 정서 · 창의성 · 도덕성 · 사회성 등의 발달에 좋은 영향을 주며, 유아의 욕구를 충족시켜 주어서 유아들이 즐겨 읽는 책이라고 정의 내릴 수 있다.

2. 유아문학의 가치 및 유아문학 교육 프로그램의 목적

어른이 문학작품을 읽는 동기는 여러 가지가 있다. 우선 책을 읽음으로써 지식이나 정보를 얻는다. 뿐만 아니라 카타르시스와 동일시를 통해 정서적 위안을 얻을 수 있다. 무엇보다도 즐거움을 얻기 위해서 책을 읽는다.

유아문학이나 어른을 위한 문학의 가치는 그 정도에 있어서 차이가 있을 뿐, 그 종류가 다르다고는 할 수 없다. 단지 어른은 인간의 속성을 이해하기 위하여 심리학이나 사회학, 인류학을 공부함으로써 더 깊이 이해할 수 있을 뿐이다. 유아는 이러한 모든 것을 유아문학 작품을 통해서 한꺼번에 다 아는 것이다. 즉, 유아문학은 유아에게 즐거움뿐 아니라 인간세계에 대한 이해를 함께할 수 있도록 한다.

유아문학의 교육적 의의나 목적도 여러 학자가 나름대로 제시하였는데, 유아문학의 가치를 좀 더 구체적으로 살펴보면 다음과 같다.

첫째, 유아는 그림책을 보거나 어른이 들려주는 이야기를 통하여 기쁨을 느낀다. 그리고 책을 사랑하고 즐길 수 있게 된다. 특히 유아기의 어린이는 주로 어머니의 목소리를 통해서 책을 만나게 되는데, 그 과정에서 즐거움을 느끼며 책을 사랑하게 된다. 더 나아가 책을 읽고 이야기를 듣는 행위 자체를 즐기게 된다. 그림책을 읽어 주고 듣는 과정은 부모-자녀 간의 상호작용의 질을 높일 수 있는 정서적 교감의 귀한 기회를 제공해 준다고 볼 수 있다. 헬렌 옥슨버리 그림의 『곰 사냥을 떠나자』와 마거릿 와이즈 브라운의 『작은 기차』는 그림책을 통하여 반복되는 리듬의 즐거움을 느끼게 해 준다.

그림 1-1
『작은 기차』
마거릿 와이즈 브라운 (글), 레오 딜런 · 다이앤 딜런 (그림), 웅진닷컴.

둘째, 유아의 언어 발달 기술, 즉 읽고 쓰고 말하고 듣는 영역의 발달을 증진시킬 수 있다. 쉬케단츠(Schickedanz, 1986)[13]가 굳이 지적하지 않았더라도, 유아기에 좋은 그림책을 가지고 즐거운 경험을 많이 한 유아는 글자 깨우치는 것을 자연스럽게 즐기면서 성공적으로 할 수 있다. 『쿠슐라와 그림책 이야기』[14]에서도 볼 수 있듯이, 장애를 가진 쿠슐라였지만 4개월이 되었을 때부터 꾸준히 그림책을 보기 시작해서 3세 8개월이 되었을 때는 지능이 평균보다 높게 평가되었다. 인지 발달 전반과 특히 언어 발달에 있어서 그림책이 아주 중요한 영향을 미쳤음을 보여 주고 있다.

그림 1-2
『쿠슐라와 그림책 이야기』
도로시 버틀러 (지음), 보림.

일반적으로 듣기 교육을 읽고 쓰는 것보다 덜 중요하게 생각하는 경향이 많은데, 이는 그릇된 생각이다. 어려서부터 부모가 큰 소리로 재미있게 들려주는 이야기를 듣고 자란 아이들은 자연스럽게 남의 이야기를 주의 깊게 집중하여 들을 수 있는 훈련을 받았다고 할 수 있다. 어렸을 때부터 그림책을 많이 접한 아동은 이야기 스키마(story schema) 혹은 이야기 문법(story grammar)을 형성하는 데 도움을 받아서 앞으로 어떻게 얘기가 전개될 것인지에 대해 예견할 수 있으며, 읽은 내용도 더 정확하게 이해할 수 있다.

셋째, 상상력을 발휘할 수 있도록 격려하며 창의력을 길러 준다. 책은 유아에게 창조적인 활동의 원천을 제공해 준다. 즉, 이야기에 나오는 아름다운 어휘들은 독창적인 시를 쓰고 싶게 하고, 완성도가 뛰어난 그림책은 그림을 그려 보고 싶게 하며 상상력을 자극한다. 책을 통해 일어난 감정을 살려서 노래하고 춤추고 이야기로 꾸며 보고 싶은 마음을 갖게 하는 것이다. 교사는 유아가 책을 읽고 느낀 감정을 동극이나 그림과 음악을 통해 또한 문집을 만들어 봄으로써 친구들과 나눌 기회를 가지도록 격려할 수 있다. 『노란 우산』과 『빨간 풍선의 모험』 같은 글이 없는 그림책은 특히 상상력을 자극한다. 책을 보면서 이야기를 꾸며 보도록 장려하는 것은 매우 즐거운 경험이 될 수 있다.

그림 1-3
『노란 우산』
류재수 (글 · 그림), 재미마주.

넷째, 자신이 직면한 문제들을 더 잘 이해할 수 있도록 도와준다. 유아는 책 속에서 자신과 비슷한 문제를 가진 주인공이 문제를 해결해 가는 과정을 봄으로써 자신의 생활에 적용할 수 있게 된다. 유아들은 친구와의 관계에서 흔히 일어날 수 있는 이야기를 다룬 『미안해』와 같은 책을 읽으면서 자신의 문제가 자기 혼자만의 것이 아님을 알게 되어 위안을 얻는다.

다섯째, 다른 사람에 대한 지식을 많이 얻을 수 있다. 즉, 유아문학 작품들은 유아

그림 1-4
『미안해』
샘 맥브래트니 (글), 제니퍼 이처스 (그림), 중앙 M&B.

가 자신과 다른 사람들을 이해하도록 도와준다. 특히 유아는 다양한 종류의 인물을 이해하는 데 한계를 가지고 있다. 따라서 책을 통하여 자신과는 다른 환경에서 자라는 아이들의 세계와 다른 여러 문화와 나라에 대해 배울 기회를 갖는다. 그럼으로써 자신과 다른 유아들의 경험과 상황에도 비슷한 점이 있음을 알게 된다. 즉, 다른 지역 유아에 대한 이해와 우정을 증진시켜 인간 이해의 폭을 넓힐 수 있는 것이다. 『펠릭스의 세계 여행』과 『헬리콥터 타고 세계 여행』 『새』는 세계 여러 나라를 여행한 얘기를 잘 보여 주고 있다.

그림 1-5
『새』
패트리샤 토마 (글 · 그림), 재미마주.

여섯째, 틀에 박힌 일상생활에서 잠시 벗어날 기회를 준다. 유아는 옛이야기나 환상동화에 나오는 기적이나 마술이 자신의 실제 생활에서도 일어나리라고 생각한다. 유아는 『음악가 제럴딘』 『거울 속으로』와 『당나귀 실베스터와 요술 조약돌』과 같은 환상적인 이야기를 즐김으로써 편안한 마음으로 일상의 압력과 권태에서 벗어날 수 있다.

그림 1-6
『음악가 제럴딘』
레오 리오니 (글 · 그림), 시공주니어.

일곱째, 도덕적 기준과 태도를 발견하고 계발할 수 있도록 도와준다. 진정으로 잘 쓰인 책은 유아가 책을 읽는 동안 차원 높은 도덕적 기준을 느낄 수 있다. 읽을 만한 가치가 있는 동화는 이야기의 줄거리를 전개하는 과정에서 등장인물의 강한 의지와 약점, 미덕과 허영심을 감추지 않고 자연스럽고 생생하게 묘사한다. 『해와 달이 된 오누이』와 『끝지』와 같은 옛이야기는 권선징악의 내용이 많아서 도덕적으로 올바른 행동과 태도가 무엇인지 알려 준다. 또한 '처세술이 많이 담겨 있어서 유아에게 과연 바람직한가?'라는 의문을 주기도 하는 우화를 들려준 다음에, 토론하는 과정을 통하여 도덕적 추론능력을 길러 줄 수 있다.

여덟째, 국어와 민족에 대한 이해를 도와준다. 책 속에서 표현되고 있는 아름다운 운율과 리듬감이 있는 단어나 구절은 유아들이 언어를 가지고 즐길 좋은 기회를 제공한다. 운율적인 아름다움을 가지고 있는 시와 반복되는 어휘나 구절, 상황이 있는 이야기를 듣고 반복해 봄으로써 유아들은 국어에 대한 아름다움을 느낄 수 있다. 유아는 옛이야기나 위인들의 전기를 통해서도 조상의 얼과 우리 민족에 대하여 이해할 수 있다. 옛이야기는 유아에게 자연스럽게 우리 민족이 오늘날까지 어떻게 성장 · 발달해 왔는지와 우리 민족 고유의 정서를 알게 해 준다. 그 예로『하얀 눈썹 호랑이』를 들 수 있겠다. 호랑이에 얽힌 문헌 자료에서 찾아낸 이야기로, 옛이야기의 특성인 '권선징악'이라는 교훈성이 짙게 배어 있는 작품이다. 민화의 특성인 해학적인 면을 강조하여 익살스러우면서도 위엄이 있는 호랑이 그림과 맛깔스러운 문장이 어우러져 독특한 느낌을 준다.

그림 1-7
『하얀 눈썹 호랑이』
이진숙 (글), 백대수 (그림), 한솔수북.

미주

1) 박숙경(2006). 일본 아동문학의 장르와 그 특질. 어린이문학 용어 짚어 보기. 보림출판사 창사 30주년 기념세미나, p. 54.
2) 김서정(2006). 영미권의 어린이문학은 어떤 장르를 이야기하는가? 어린이문학 용어 짚어 보기. 보림출판사 창사 30주년 기념세미나, p. 7.
3) Sutherland, Z. (1997). *Children and Books* (9th. ed.). N.Y.: Addison Wesley Longman, Inc., p. 6.
4) Nikolajeva, M. (1996). *Children's Literature Comes of Age*. 김서정 옮김(1998). 용의 아이들: 아동문학 이론의 새로운 지평. 문학과 지성사.
5)「아동복지법」. 법률 제3488호. 1981. 4. 13 전문개정. 아동복지법 2조.
6) 김경연(2006). 독일 아동 청소년 문학의 몇 가지 개념에 대하여. 어린이문학 용어 짚어 보기. 보림출판사 창사 30주년 기념세미나, p. 37.
7) 이원수(2001). 아동문학입문. 소년 한길, pp. 9-13.
8) 이상현(1987). 아동문학강의. 일지사, p. 9.
9) 이상현(1987). 아동문학강의. 일지사, p. 9.
10) 이재철(1983). 아동문학의 이론. 형설출판사, p. 11.
11) 이재철(1987). 아동문학개론. 문운당, p. 13.
12) 석용원(1982). 아동문학원론. 학연사, p. 12.
13) Schickedanz, J. A. (1986). *More than the ABCs: The Early stages of reading and writing.*

Washington, DC: NAEYC. 이영자 옮김(1995). 읽기와 쓰기를 즐기는 어린이로 기르는 방법. 이화여대 출판부.
14) Butler, D. (1979). Cushla and Her Books. 김중철 옮김(1997). 쿠슐라와 그림책 이야기. 보림.

요약

유아문학은 태어나서부터 8세까지의 유아를 위하여 어른이 쓴 특수문학이다. 유아문학은 문학의 형식적인 면에서 문학적이고 예술적인 기준을 만족시켜야 한다. 그 내용은 유아의 여러 영역의 발달에 도움을 주고 유아의 기본적 욕구를 충족시켜 줌으로써 유아들이 즐겨 읽을 수 있는 문학작품이어야 한다. 유아문학의 교육적 가치를 종합해 보면 다음과 같다.

① 유아문학 작품은 언어 발달, 상상력과 추론능력의 발달, 창의력과 도덕성 발달을 촉진시킨다.
② 책을 사랑하며 즐길 수 있다.
③ 다양한 인생 경험을 간접적으로 체험함으로써 자기 자신과 주변 인물 및 세계에 대한 이해의 폭을 확장해 주고, 문제해결력을 길러 준다.
④ 정서적인 안정감과 카타르시스 등을 통해 심리치료에 도움이 되며, 밝고 긍정적으로 살 수 있도록 돕는다.
⑤ 민족의 뿌리를 알며, 국어에 대한 사랑과 이해를 촉진시킨다.

연구문제

01 유아문학이란 무엇인지, 유아가 쓰고 그린 작품은 유아문학이 될 수 없는지 설명하시오.

02 유아문학 작품을 유아에게 읽어 주면 어떤 점이 좋은지 설명하시오.

03 유아문학과 창의력의 관계를 설명하시오. 창의력 발달을 위하여 유아교육 현장에서 유아문학교육을 어떻게 하는 것이 좋을지 여러 방법을 제시해 보시오.

제2장

유아의 기본 욕구와 발달특성에 따른 유아문학

우리는 책을 읽을 때마다 일련의 과정을 거치게 된다. 즉, 책을 읽기 전에 무슨 책을 읽을 것인지 선택하고, 선택한 책을 시간을 내서 읽으며, 읽고 난 후 책 내용에 대하여 '재미있다.' '주인공이 꼭 나 같다.' 등의 반응을 하게 된다. 이러한 반응은 다음에 책을 고를 때 중요한 영향을 미치게 되고 이 과정은 순환한다고 볼 수 있다. 이러한 책 읽기 활동은 어릴수록 부모나 교사에 의해 영향을 받게 되는데, 챔버스(Chambers, 1993)[1]의 책 읽기 순환 모형(그림 2-1 참조)은 그 과정을 잘 보여주고 있다.

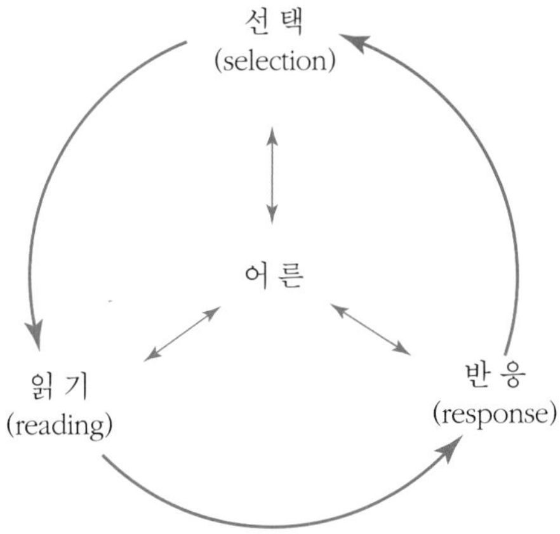

그림 2-1 책 읽기 순환 모형

이런 책 읽기 과정은 각각 유아의 발달단계별 특성과 관련을 가지게 된다. 즉, 책을 고를 때는 유아의 발달특성과 책에 대한 흥미를 고려해야 한다. 그런데 유아가 어떤 책을 어떻게 좋아하느냐에 영향을 미치는 변인들은 문학작품 자체의 특성, 유아의 발달적 특성 그리고 사회문화적 환경으로 나눌 수 있다.[2] 문학작품 자체의 특성은 제2부에서 장르별로 구체적으로 다루고 사회문화적 환경은 제3부에서 교육과정과 관련지으며 다룰 것이다.

책 읽기 과정에서 책을 읽을 때나 들을 때 그리고 읽은 책에 대하여 반응을 할 때도 유아의 발달단계별로 특성이 나타나며, 또 그 특성이 영향을 미치게 된다. 아무리 책이 재미있고 그림책의 완성도가 뛰어날지라도 발달단계가 고려되지 않은 채 유아에게 읽어 주는 책은 큰 의미가 없을 것이다. 이 장에서는 매슬로(Maslow)의 기본적 욕구를 먼저 설명하고, 책 읽기 활동에 영향을 미치는 많은 요인 중 하나인 유아의 발달 특성을 어린이 그림책과 관련지어서 설명하고자 한다.

1. 유아의 기본 욕구와 유아문학

유아들을 위한 교육 프로그램을 계획하고 실시할 때는 그들의 생활연령이나 신체적 성숙뿐 아니라 정신 구조와 인지 · 사회성 · 도덕성 발달을 고려해야 한다. 유아교육 현장에서 하는 활동의 많은 부분은 그림책을 통해서 각 영역의 활동을 자연스럽게 유도할 수 있다.

유아가 재미있게 보는 그림책들을 보면 유아의 사랑받고 싶은 욕구가 잘 충족된 내용이다. 따라서 유아의 기본적 욕구와 발달 특징을 알면 좋은 그림책을 잘 골라서 재미있게 읽어 주는 데 많은 도움을 받을 수 있다.

매슬로(1970)[3]는 인간의 성장 · 발달과 기본적인 욕구충족 과정을 설명하였다. 즉, 인간은 생리적 욕구, 안전에 대한 욕구, 사랑하고 사랑받고 싶은 욕구, 소속감의 욕구, 자아존중의 욕구, 자아실현의 욕구, 변화의 욕구, 탐구와 이해의 욕구, 심미적 욕구 등을 가지는데, 그 욕구는 강도와 중요성에 따라 위계적으로 배열되어 있다고 하였다. 그는 자아실현의 욕구를 가장 높은 수준의 욕구라 하고, 말년에 변화 · 이해 · 심미 욕구 등을 첨가하였으나, 이 욕구들의 위계를 더 깊이 있게 설명하지 못한 채 세상을 떠났다. 다른 욕구들의 경우 하위단계의 욕구가 어느 정도 충족되어야 다음 수준의 상위욕구가 생겨난다고 하였다.

사람이 굶어 죽을 위기에 처하게 되면 배고픔부터 해결하려는 욕구가 그 행동을 지배할 것이고, 고등 욕구는 거의 중요하지 않을 것이다. 생리적 욕구를 어느 정도 만족시켜야 안전에 대한 욕구가 생기며, 예술적 · 과학적 노력은 음식물이나 주택 및 안전을 위해 싸워야만 하는 사회에서는 번성하지 못한다. 더 높은 단계로 갈수록 더 많은 개성 · 인정 · 심리적 건강을 얻을 수 있는 것이다. 사람은 이러한 욕구를 충족시키면서 건전한 성장을 하게 된다. 기본적 욕구의 설명과 함께 어린이 그림책을 소개하고자 하는데, 한 책에는 여러 욕구가 섞여 있는 경우가 많으므로 반드시 어느 한 욕구의 절대적인 기준에 의한 것만은 아님을 밝힌다.

1) 생리적 욕구

생리적 욕구(physiological needs)는 인간의 가장 기본적인 욕구로서, 유아가 부모의 품 안에서 먹고 자는 일상적인 생활에서부터 시작된다. 이것은 인간의 본능적이며 생리적인 것과 관련을 맺고 있는데, 음식물, 물, 산소, 수면, 보온, 배설, 성에 대한 욕구가 포함된다.

『잠자는 책』은 여러 동물이 잠을 자는 모습을 보여 주다가 마지막에 아이들이 밤에 이불 속에서 포근히 잠을 잔다고 하면서 각각의 동물의 특성에 맞추어 잠자는 모습을 보여 준다.

잠자기 싫어하는 아이들에게 『난 하나도 안 졸려, 잠자기 싫어!』와 같은 책은 즐겁게 놀이하듯이 자연스럽게 침대에 들어가도록 하여 결국 잠들게 하는 데 도움이 된다. 이 책은 오빠가 잠자기 싫어하는 여동생을 달래 가며 재우는 내용을 담고 있다.

생리적 욕구를 다룬 책으로 『별 낚시』『안녕히 주무세요』『잠이 안 오니, 작은 곰아?』『잠자는 책』『잘 자라, 아기 곰아』『나비잠』『그렇지만 나는 잠이 안 와』『까미는 잠을 자고 싶지 않아요』『아이 시원해!』『응가하자, 끙끙』『누구나 눈다』『구리와 구라의 빵 만들기』 등이 있다.

그림 2-2
『별 낚시』

❋ [환상동화]『별 낚시』(김상근, 글 · 그림, 사계절, 2019)

잠이 오지 않은 아이가 달에게 말을 걸자 별이 내려온다. 그 별을 타고 올라가 별 낚시를 하고 있는 토끼를 만난다. 아이와 토끼는 잠 못 들고 있는 꽃게, 숲속의 여우, 곰을 불러서 논다. 별 무리까지 낚시에 걸려든다. 별 숲에서 동물들은 신나게 놀다가 하나둘 잠든다.

그림 2-3
『아이 시원해!』

❋ [환상동화]『아이 시원해!』(김경득 글 · 그림, 길벗 어린이, 2019)

'시원하다'라는 말의 두 가지 의미를 목이 마른 동물 친구들의 이야기로 기발하게 표현한 그림책이다. 잠에서 깨어나 목이 마른 병아리가 요구르트를 마시며 "아이 시원해." 한다. 뜨거운 햇살 아래 선 토끼는 사각사각 수박을 먹고, 신나게 축구를 한 호랑이도 물을 벌컥벌컥 마시고, 곰은 우유를, 공룡은 아이스크림을 먹는다. "아이 시원해!" 이제 목이 마르지 않는데, 갑자기 동물 친구들이 몸을 비비 꼬며 화장실로 달려간다. 귀여운 반전이 숨어 있는 마지막 장을 펼치는 순간, 화장실 문을 여닫는 재미를 느낄 수 있다.

2) 안전의 욕구

안전의 욕구(the need for security)는 확실성, 예측성, 질서, 안전을 보장받고 싶어 하는 욕구로서 생리적 욕구가 만족되면 이 욕구로 발전하게 된다. 전쟁이나 질병, 천재지변의 위기를 피하려고 하고, 위기를 당했을 때 어떻게 해서든지 극복하려고 적극적으로 노력하게 된다. 저축하거나 보험에 드는 것은 이 욕구를 충족시키기 위한 것이다.

옛날부터 전해 내려오는 이야기는 먹을 만한 충분한 음식과 몸을 따뜻하게 해 주는 옷이 별로 없던 사람들에 의해 얘기되었기 때문에, 평온과 안락을 주는 물질적인 만족이 많이 그려져 있다. 물질적이고 경제적 안전에 대한 욕구는 인간 행동의 큰 동인(動因)이 되며, 이야기를 진행하는 강력한 동기와 흥미를 유지하게 한다.

「도시 쥐와 시골 쥐」는『이솝 우화』에 수록된 이야기로서 도시 쥐에게 놀러 간

시골 쥐가 먹을 것이 많지만 위험도 많은 도시가 싫어서 다시 시골에 가서 마른 콩이나 먹겠다고 도시 쥐에게 작별인사를 하는 이야기로 안전의 욕구를 충족시켜 주는 책이다. 방정환 선생님이『어린이』잡지 1926년 10월호에 실은 글을 새롭게 편집하고 그린『시골 쥐의 서울 구경』은「도시 쥐와 시골 쥐」와 비슷한 내용이지만 1920년대 한강 철교, 남대문과 전차, 인력거, 사람들의 옷차림, 서양 문물이 들어온 거리의 풍경이 그림에 고스란히 나타나 있다.

그림 2-4
『시골 쥐의 서울 구경』
방정환 (글), 김동성 (그림), 길벗어린이.

안전에 대한 욕구를 다룬 작품에는『아기돼지 세마리』『헨젤과 그레텔』『개가 무서워요』『엄마 잘 갔다 와』『침대 밑에서 소리가 나』『한밤중의 화장실』『모치모치나무』『어둠을 무서워하는 박쥐』『겁 많은 아기 올빼미』『겁쟁이 빌리』『비 오는 날 집 보기』등이 있다.

그림 2-5
『아기돼지 세마리』
데이비드 위즈너 (글 · 그림), 마루벌.

❈ [민담]『헨젤과 그레텔』(그림 형제 글, 앤서니 브라운 그림, Hansel And Gretel, 1981, 장미란 옮김, 비룡소, 2005)

그림 형제의『헨젤과 그레텔』을 앤서니 브라운의 그림으로 새롭게 풀어냈다. 이 이야기는 19세기의 작품이지만 이 책에서는 식탁에 모여 있는 가족 등 뒤로 텔레비전이 보이고, 새엄마의 화장대에는 향수와 립스틱들이 흩어져 있다. 가장 눈에 띄는 것은 숲속으로 아이들을 버리러 갈 때의 새엄마 의상이 모피처럼 보인다는 것이다. 거울 속에서 또 다른 나를 들여다보듯이 화장대 안의 부모와 나, 창살 앞의 새엄마, 과자 집 앞의 마녀 등 새로운 세계로의 통로를 초현실주의적 기법으로 처리하고 있다.

그림 2-6
『헨젤과 그레텔』

❈ [환상동화]『개가 무서워요』(볼프 에를브루흐 글 · 그림, Leonard, 1993, 박종대 옮김, 사계절, 2007)

레오나르도는 개를 무척이나 좋아해서 개에 대해 모르는 것이 없는 소년이다. 그러나 어느 날 산책을 나갔다가 개의 무서운 이빨을 보고 난 뒤 세상의 모든 개가 무서워지기 시작한다. 잠자리에 들며 요정에게 개가 너무 무서우니 자신도 크고 힘센 개가 되게 해 달라고 기도한다. 마침내 자신의 소원대로 크고 힘센 개가 된 레오나르도는 처음엔 개로 변한 것이 행복했지만 어느 날부터는 갑자기 예전에 개가 무서웠듯이 조그만 사내아이들이 무서워지기 시작한다. 요정에게 부탁해 다시 소년이 된 레오나르도는 부모님과 행복하게 뽀뽀를 하고 다시 예전의 개를 좋아하는 레오나르도로 돌아가게 된다.

3) 사랑하고 사랑받고 싶은 욕구와 소속의 욕구

사랑하고 사랑받고 싶은 욕구(the need to love and to be loved)는 다른 사람과 따뜻한 관계를 맺으며 어떤 집단에 응집력 있게 소속되고 싶은 욕구다. 따라서 집단 활동을 하게 되고 가족 간의 사랑과 우정을 필요로 한다. 이러한 가족 간의 사랑과 우애를 통해서 자신에 대한 긍정적 감정을 갖게 되며, 가정 안에서의 사랑과 신뢰는 좌절이나 갈등 · 위험 상황을 극복할 수 있는 정신적인 강인함을 길러 주게 된다.[4)]

오늘날 대부분의 생리적 욕구와 안전의 욕구는 어느 정도 충족되고 있으나, 사랑과 소속의 욕구(the need to belong)가 충족되지 못해서 부적응의 원인이 되고 있고, 현대 사회 병리의 가장 큰 원인도 이들 욕구의 결핍이라고 할 수 있다.

사랑의 욕구를 나타내는 작품은 가족 간의 사랑뿐 아니라 친구 간의 우애나 애완동물에 대한 사랑을 나타내는 것도 포함된다. 부모나 유아교육기관의 교사는 유아와의 친밀한 분위기, 사랑받고 있다는 확신을 심어 주는 분위기에서 이러한 욕구를 만족시켜 주는 이야기를 들려주는 것이 바람직할 것이다.

많은 사람에게 소속되었다는 느낌을 가지고 집단의 구성원으로 받아들여지고 싶은 소속의 욕구는 점차 '나의 아빠'라든지 '우리 선생님' 등으로 소속의 범위가 확대된다. 이러한 경험은 유아의 자기애(self-love)의 자기중심성이 확장되는 것으로 볼 수 있다. 일차적으로 나, 가족 그리고 유치원, 학교 등의 집단에 속하는 것으로 발전된다. 여러 욕구가 중복되긴 하지만 사랑과 소속의 욕구를 나타내며 그 욕구를 충족시켜 주는 작품에는 『알사탕』 『가족은 꼬옥 안아 주는 거야』 『고맙습니다, 선생님』 『이사벨의 방』 『내 토끼 어딨어?』 『아빠가 지켜 줄게』 『나의 개 부딜』 『피터의 편지』 『내가 아빠를 얼마나 사랑하는지 아세요?』 『청동종』 『엄마의 의자』 『무지

그림 2-7
『내가 아빠를 얼마나 사랑하는지 아세요?』
샘 맥브래트니 (글), 아니타 제람 (그림), 한국 프뢰벨.

그림 2-8
『엄마의 의자』
베라 윌리암스 (글 · 그림), 시공주니어.

개 물고기』『똑, 딱』 등이 있다.

❋ [사실동화] 『가족은 꼬옥 안아 주는 거야』(박윤경 글, 김이랑 그림, 웅진주니어, 2011)

엄마 아빠는 서로 다른 점이 있지만 같은 점도 있어서 만나게 되고 함께 사는 가족이 된다. 그리고 내가 태어나 가족은 서로 사랑으로 보살피고 작은 일에도 웃음이 난다. 서로 닮아 가고, 하는 일을 서로 도와주고, 기쁜 일은 축하하고, 슬픈 일은 서로 위로한다. 동생이 생기면서 나눠 갖고 다투고 미워하기도 한다. 떨어져 있으면 금세 보고 싶어서 함께 있으면 행복해지는 것이 가족이다. 가족의 의미를 어린이들이 이해하기 쉽도록 잘 나타낸다.

❋ [환상동화] 『똑, 딱』(에스텔 비용-스파뇰 글 · 그림, Clic et Cloc, 2018, 최혜진 옮김, 여유당, 2018)

세상에서 둘도 없는 친구 똑이와 딱이는 항상 붙어 다니며 모든 걸 함께 한다. 갑자기 사라진 딱이를 찾아다니다가 똑이는 다른 새들과 즐겁게 놀고 있는 딱이를 본다. 처음엔 슬퍼했지만 똑이는 시간이 흐르고 자신의 세계를 발견하면서 슬픔에서 벗어난다. 딱이 역시 자신의 세계를 발견한 뒤, 둘은 다른 경험을 즐겁게 나누며 서로의 세계를 넓혀 간다. 따로 또 같이 행복한 관계, 서로 힘이 되는 관계로 나아가는 과정이 파랑의 색감으로 똑, 딱을 선명하게 그리고 있다.

그림 2-9
『똑, 딱』

4) 자아존중의 욕구와 성취의 욕구

자아존중의 욕구(the need to self-esteem)는 자기 자신을 존중하고자 하는 욕구이며 중요한 다른 사람으로부터 존중받고자 하는 욕구다. 즉, 다른 사람으로부터 인정받고 수용되기를 원하는 것으로서 사회적 지위와 명성을 얻고자 하는 것이다. 이 욕구는 자신감, 자기존경, 가치감을 갖게 하며, 충족되지 못하면 좌절감이나 열등감 혹은 자기비하를 초래한다.

성취의 욕구(the need to achieve)는 '환경과 효율적으로 상호작용할 수 있는 능력'[5]에 대한 욕구로서 인간 행동에 대한 강한 동인이다. 성취욕구는 영아기의 시각적 탐험과 기어다니고 움켜쥐는 가장 기초적인 활동으로부터 발전하여 더 복잡한 신체적 · 지적 능력에 대한 욕구를 포함한다. 육상선수, 음악가, 수학자, 과학자까지 되고자 하는 것이다. 이것은 장애를 극복하고 곤란과 싸워 이김으로써 갖는 만족감도 포함한다. 유아에게는 올바른 목적을 달성하기 위하여 장애를 극복하고 성취능력을 길러 줄 수 있는 주제가 담겨 있는 문학작품을 보여 주는 것이 좋다.

처음에는 음식을 흘리고 먹었으나 나중에는 잘 먹게 된다든지, 장애인으로서 장애를 극복하기 어려웠으나 나중에 극복하게 된다는 얘기는 좋은 예가 될 수 있다. 더 나이 든 아동에게는 위인전이 성취욕구와 관련되어 권장할 만하다. 어린 시절에 겪은 어려움이 나 혼자만의 것은 아니라는 데서 위안을 느낄 수 있으며, 동일시도 더 잘할 수 있게 된다. 이러한 욕구를 잘 다룬 작품으로 『이슬이의 첫 심부름』『휘파람을 불어요』『으뜸 헤엄이』『너는 특별하단다』『샤를의 기적』『당나귀 덩키덩키』『프레드릭』『내 귀는 레몬 빛』『걱정 마, 꼬마 게야!』 등이 있다.

그림 2-10
『걱정 마, 꼬마 게야!』

※ [환상동화] 『걱정 마, 꼬마 게야!』(크리스 호튼 글 · 그림, 노은정 옮김, 비룡소, 2019)

꼬마 게의 첫 바다 모험을 그린 그림책이다. 작은 물웅덩이에서 살아가는 꼬마 게는 아주 큰 게와 함께 즐겁게 바다로 향하지만, 눈앞에 꼬마 게를 삼켜 버릴 것 같은 커다란 파도는 집채만 한 파도로 변한다. 꼬마 게는 무섭다며 집으로 가자고 하지만 아주 큰 게는 "걱정 마, 꼬마 게야. 몇 발짝만 더 오면 돼."라며 격려한다. 용기를 내어 들어간 바다에는 친구가 많았기에, 두렵기만 했던 바다는 즐거움이 가득한 장소로 바뀐다. 색색의 종이를 큼지막하게 오리고 붙여서 감각적인 바다와 앙증맞은 꼬마 게의 모습을 표현했다. 의성어와 의태어 그리고 리듬감 있는 문장이 반복되어 즐거움을 준다.

※ [환상동화]『샤를의 기적』(알렉스 쿠소 글, 필리프-알리 튀랭 그림, Charles A L'ecole Des Dragons, 2010, 조정훈 옮김, 키즈엠, 2013)

산꼭대기 드래곤의 둥지에서 태어난 샤를은 두 발이 크고 발톱은 날카롭고 날개는 엄청나게 크고 길다. 학교에서 다른 친구들은 하늘을 나는 법과 불을 뿜는 법을 배우는데 샤를은 시 쓰기에만 열중한다. 친구들은 샤를이 몸집은 작은데 발이 크고 날개가 커 생김새가 이상하다고 놀리고 말투가 이상하다며 왕발 시인이라 따돌린다. 학교 축제 날 샤를이 외톨이가 되어 혼자만의 비밀 장소인 붉은 화산으로 가자마자 화산이 터지면서 하늘로 튕겨져 나간다. 아래로 떨어지는 순간 작은 파리가 나타나 날개를 펼쳐 보라고 한다. 마치 태양을 가려 밤이 된 것처럼 하늘을 날게 된 샤를은 자신이 날 수 있다는 사실에 기뻐한다. 판형이 크고 섬세한 일러스트가 돋보이는 그림책이다.

※ [사실동화]『휘파람을 불어요』(에즈라 잭 키츠 글 · 그림, Whistle for Willie, 1964, 김희순 옮김, 시공주니어, 1999)

피터가 휘파람을 불고 싶어서 열심히 노력했더니 조금씩 휘파람 노래가 나오기 시작했다가 결국 휘파람을 잘 불게 되었다는 이야기를 콜라주 기법으로 잘 표현한 그림책이다.

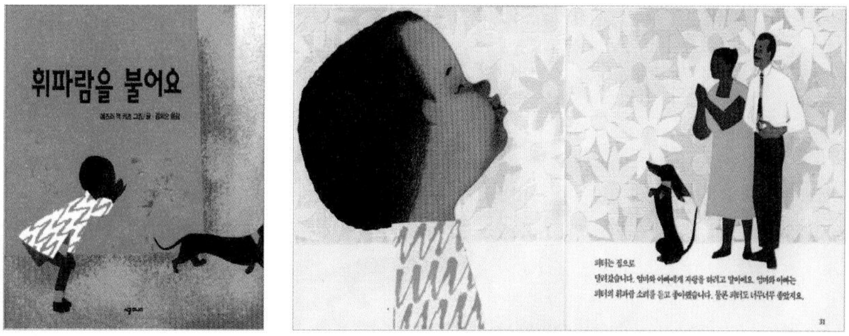

그림 2-11
『휘파람을 불어요』

5) 변화의 욕구

놀이는 인간의 기본 욕구 중의 하나인 변화에 대한 욕구의 일부분으로 표현된다. 우리가 열심히 일하고 난 후나 진지하고 심각한 일에 몰두한 후에는 휴식과 놀이가 필요하다. 마찬가지로 사실에 관한 정보를 주는 책이나 일상생활을 다룬 사실동화를 읽은 후에는 가볍고 환상적인 얘기를 필요로 하게 된다. 유아도 그러한 자유와 변화가 필요하다.

유아가 새로운 생활에 적응해야 하는 상황에서 유치원이나 학교에서 좌절감을 느끼거나, 사회적 · 신체적으로 열등감에 시달리거나, 부모와의 의사소통에 어려움을 겪는 일은 어른이 생각하는 것보다 훨씬 많다. 이럴 때 이것을 주제로 다룬 사실동화는 동일시를 하게 하고 위안을 느끼는 데서 오는 만족감을 준다. 민담이나 환상동화도 변화의 욕구(the need for change)를 만족시켜 줄 수 있다. 따라서 변화의 욕구를 충족시켜 주는 책은 유아의 상황에 따라 여러 장르가 공존할 수 있겠다. 대표적으로『마녀 위니와 아기 용』『책 속의 책 속의 책』『터널 밖으로』『엘리베이터 여행』등이 있다.

❋ [환상동화]『터널 밖으로』(바바라 레이드 글 · 그림, The Subway Mouse, 2003, 나희덕 옮김, 국민서관, 2006)

닙은 지하철역 플랫폼에서 나고 자란 지하철 생쥐다. 늙은 생쥐들이 터널 끝 얘기를 할 때마다 그곳을 동경한다. 터널의 끝은 생쥐를 잡아먹는 괴물이 우글우글하고 지붕이 없는 위험한 세상이긴 하지만 공기도 맑고 맛있는 음식을 얻을 수 있다. 드디어 닙은 터널 끝으로 가기를 결심하고 떠난다. 친구 롤라와 동행하게 되고 우여곡절 끝에 터널의 끝에 다다른 닙은 상상했던 곳보다 훨씬 위험하지만 꿈꿔 왔던 것보다 훨씬 더 아름다운 이곳에서 보금자리를 만든다. 바바라 레이드의 점토 작품이 돋보인다.

❋ [환상동화]『책 속의 책 속의 책』(요르크 뮐러 글 · 그림, Das Buch im Buch im Buch, 2001, 김라합 옮김, 비룡소, 2005)

선물을 받은 아이가 포장 안에서 "도와주세요! 누구 없어요?" 하는 소리를 듣는다. 아이가 포장을 뜯어 보니 안에 있는 것은 책이다. 그런데 신기하게도 책 표지에는 바로 그 아이 자신이 그려져 있다. 더구나 그림 속 아이는 그 책을 보고 있는 아이처럼 손에 책을 들고 있고, 그 책 속에는 또 아이가 책을 들고 있고…. 이렇게 책 속에, 책 속에, 책 속에 아이가 끝없이 그려져 있다. 아이는 이상해서 거울에도 비추어 보고 돋보기도 가져다 보고 책에 들어 있는 입체 안경을 쓰고 보기도 하지만 이유를 알 수 없다. 마침내 직접 책 속으로 들어가서 책 속의 책 속의 책 속으로 들어가다 결국 길의 끝에서 그림을 그리고 있는 화가를 만나게 된다.

그림 2-12
『책 속의 책 속의 책』

6) 탐구와 이해의 욕구

유아는 끊임없이 주변 세계에 대하여 탐색하려 하고 호기심이 많아 질문을 많이 한다. 이렇게 탐색하고자 하고 확실하게 알려는 욕구(the need to know)는 지능 발달의 신호다. 지적으로 예리한 아이일수록 그들의 호기심은 더 광범위해지고 끈기가 있다. 탐색의 욕구, 더 확실하고 정확하게 알려는 욕구는 인간의 기본적인 욕구이며, 책을 통해서 만족시킬 수 있는 욕구이기도 하다.

알고자 하는 욕구를 충족시켜 주는 책은 주로 정보를 전달하는 책이 많이 포함될 수 있는데, 아름다운 그림이 함께 있는 정보 그림책은 권할 만하다. 이때도 지나치게 지식을 주입하려고만 하지 말고 부모나 자녀가 함께 사랑을 확인해 가는 하나의 방법으로서, 모르던 것을 알아 가는 즐거움을 주는 하나의 방편으로서 책을 접하게 해 주어야 할 것이다. 정보 그림책의 종류는 다양하지만 수, 모양, 글자, 색, 생물, 우주과학, 직업, 전통문화를 다룬 내용 등이 있다.

『강아지가 태어났어요』는 강아지가 태어나는 과정을 쉬운 언어와 깔끔한 사진으로 꾸민 이야기다. 엄마 개의 배 속에서 나온 강아지는 얇은 주머니에 들어 있는데, 엄마 개는 이빨로 주머니를 찢는다. 강아지가 태어난 순간부터 걷고 엄마 개의 곁을 떠날 때까지의 과정을 담았다.

그림 2-13
『바퀴야 다모여!』
석철원 (글 · 그림), 여유당.

『바퀴야 다모여!』는 탈것의 종류와 특징을 먹물과 아크릴 물감, 색연필 등을 이용해 생생하게 보여 준다. 첫 장을 넘기면 굵은 먹선으로 그려진 평평한 길 위에 작은 바퀴 두 개가 달려간다. 그 아래에는 "바퀴야 바퀴야, 너는 누구 바퀴니?"라고 묻고, 한 장을 넘기면 파란 자동차가 등장해 "빵-빵- 나는 자동차 바퀴"라고 답하는 방식으로 기대감을 품게 한다.

이외에도 『민들레는 민들레』 『화분을 키워 주세요』 『도서관이 키운 아이』 『난 무서운 늑대라구!』 등이 있다. 정보 그림책의 종류는 제10장을 참조하기 바란다.

7) 심미와 질서에 대한 욕구

지금까지 소개한 욕구들 외에도 인간에게는 아름다움을 추구하며 미를 즐기고자 하는 욕구가 있다. 요즘은 유아의 심미적인 욕구를 만족시켜 주는 책들이 많이 나오고 있다. 이러한 책들은 아름다운 시라든지, 내용과 스타일이 완벽하게 잘 조화된 환상적인 이야기라든지, 책 자체가 아름답게 제본되거나 아름다운 그림으로 가득 차 있어서 유아의 미와 질서에 대한 욕구(the need for beauty and order)를 충족시켜 주는 다양한 경험을 제공해 주고 있다. 이것은 아름다움을 추구하는 주제가 포함된 책도 있으나, 그 책 자체의 아름다움 그리고 환상적인 그림이 주제와 분위기에 맞게 그려진 그림책 등이 포함될 수 있겠다. 유아에게 책을 읽어 줄 때 부모나 교사는 유아에게 적절하면서도 예술적인 아름다움을 가진 책을 선별할 수 있는 판단력과 지식이 있어야 할 것이다.

❋ [사실동화] 『파도는 나에게』(하수정 글 · 그림, 웅진주니어, 2019)

아름다운 바다 풍경을 한 장 한 장 담아낸 예술 그림책이다. 문득 파도 소리가 듣고 싶어 도착한 바다. 책장을 넘기면 손끝에 묻어날 것만 같은 푸르름이 펼쳐진다. 하얗게 부서지는 파도가 얇고 고운 종이로 정교하게 펼쳐진다. 파도가 눈에 잡힐 듯 아름다운 그림책이다.

❋ [사실동화] 『나의 사직동』(김서정 글, 한성옥 그림, 보림, 2003)

개발되어 사라지는 사직동의 모습을 옛 기억 같은 그림들과 따뜻한 시선의 글로 담았다. 진돌이가 짖는 소리가 들리고, 파마 아줌마와 스마일 아저씨가 있는 사직동에 대한 따뜻한 기억이 재개발이라는 이름으로 사라져 버린 것을 안타까운 심정으로 그렸다.

그림 2–14
『나의 사직동』

지금까지 매슬로가 논의하였던 일곱 가지 기본 욕구와 그 욕구를 충족시켜 줄 수 있는 책들을 소개하였다. 자아실현의 욕구는 유아에게는 발달특성상 가지기 어려운 욕구이므로 생략하였다. 다시 언급하지만, 여기에 소개된 책은 여러 욕구가 혼합된 책이 많으므로 절대적인 기준에 의한 분류가 아님을 밝힌다. 여기에 소개하지 않았지만 제2부에서 각 장르별로 소개한 책도 참조하기 바란다.

2. 유아의 발달특성과 유아문학

유아의 발달단계별 특성은 연령별로 혹은 각 발달영역별로 살펴볼 수 있다. 유아에 따라 개인차가 있고 연령 및 영역마다 차이가 있겠지만, 유아들의 공통적이면서 일반적인 발달 특징을 우선 살펴보고, 그다음에 연령별 특성을 보고자 한다. 버크(Burke, 1990)[6)]는 3세에서 8세까지 유아의 일반적인 특성을 다음과 같이 아홉 가지로 소개하였다. 즉, 유아들은 ① 활동적이고, ② 호기심이 많으며, ③ 탐색적이고 실험을 좋아하며, ④ 참을성이 없고, ⑤ 자기중심적이며, ⑥ 상상력이 풍부하고, ⑦ 몰입하고, ⑧ 예측할 수 없으며, ⑨ 모방을 잘하는 특성을 가지고 있다는 것이다. 이 중에서 호기심이 많고 탐색적이며 상상력이 많고 몰입하는 행동은 부모와 교사가 다음과 같이 노력할 때 길러질 수 있다고 하였다.

- 특별한 관심과 열정을 가지고 유아의 질문을 존중하라.
- 유아가 가진 의문점들을 시험해 볼 수 있도록 격려하라.
- 유아의 작업에 대해 너무 빠른 판단을 하지 말라.
- 유아와 환상을 즐겨라.
- 유아가 더 많은 질문거리를 가지도록 자극하며, 거기에 대한 대답을 얻기 위

해 이야기, 책, 그림, CD 등을 같이 듣고 읽고 보라.

- 그러한 다양한 매체를 사용할 수 있다는 것을 확실하게 약속하라.
- 더 많은 의문들을 탐색하며 의문점을 가질 수 있도록 자극하기 위해서 집에서 토의하는 시간을 가지며, 도서관에서 시간을 보낼 수 있도록 하라.

다음에서는 유아의 발달특성을 연령별로 나눈 후 각 발달 영역별로 살피고 그 특성에 맞는 적절한 책들을 소개하겠다.

1) 영아기(0~2세)

피아제(Piaget)에 따르면, 이 시기는 감각기관과 운동기관을 통해서 세상에 대하여 알아 가는 시기다. 즉, 감각운동적 협응을 통해 사고가 이루어진다. 따라서 시각, 청각, 촉각 등의 감각기관들을 자극할 수 있는 환경을 만들어서 변화를 주면 인지 발달이 촉진된다고 볼 수 있다.

(1) 인지 · 언어 발달

① 지각의 발달

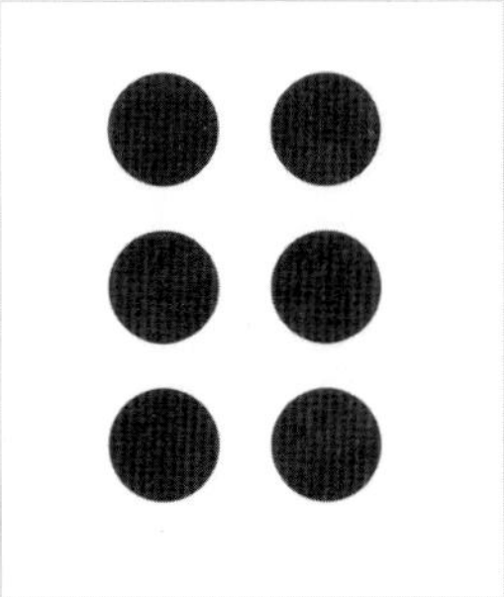

그림 2-15
『아기 초점책』
애플비.

영아는 태어날 때부터 빨간색, 초록색, 흰색의 구별이 가능하며 2~3개월이 되면 사람의 얼굴을 가장 오래 응시하고 빨간색, 흰색, 노란색의 순서로 응시를 한다(Dannemiller & Stephens, 1988).[7)]

② 대조적인 색 패턴을 좋아하므로 배경과 대조되는 단순하고 밝은 색깔의 그림책을 소개할 수 있다. 다시 말하면, 파스텔조의 그림보다 흰색 바탕에 까만 글씨 같은 대조를 좋아한다.『초점 그림책』과『아기 초점책』의「초점」은 흑백의 대비가 잘 드러난 그림책으로 0~2개월까지의 신생아들이 초점을 맞추는 데 도움을 준다.

③ 3개월쯤부터 쿠잉이 시작되고 6개월이 되면 옹알이를 하기 시작한다. 10개월~1년 사이에 한 단어 말을 할 수 있게 된다. 그 후 18~20개월이 되면 두 개의 단어를 결합하여 자신의 의사를 전보식 문장으로 표현하게 된다.

④ 12~18개월부터 사물의 이름을 말하고 얘기된 사물을 지적할 수 있다.

⑤ 의성어를 흉내 내면서 반복하고 책 옹알이를 한다. 운율 있는 노래를 들려주면 재잘댄다. 따라서 반복적 운율이 있는 책을 좋아한다.

⑥ 12개월부터 영아의 일상생활이 담긴 친근한 내용의 사실적 이야기에 흥미를 가지며 단순한 줄거리가 있는 이야기책을 좋아한다. 예를 들어, 가족들의 이야기나 영아의 일상적인 생활습관을 다룬 것, 신체 부위를 가리키는 책들을 좋아한다.

그림 2–16
『코코코 초록 잎』
문승연 (글 · 그림), 딸기책방.

문승연의 『코코코 초록 잎』, 유문조의 『뭐하니?』, 고미타로의 『잡아 봐!』, 하야시 아키코의 『구두 구두 걸어라』 『손이 나왔네』 『달님 안녕』, 장진혁의 『초점 그림책』과 애플비에서 출간한 『아기 초점책』 등을 권할 수 있다.

(2) 사회성 · 정서 발달

① 부모와의 접촉과 따뜻한 관계를 통해서 기본적인 신뢰감을 형성하는 시기다.

② 물건과 자기 신체를 구별하게 되면서 신체적 자아가 나타난다. 15개월이 되면 자신이 자기 몸을 알게 된다. 그리고 15~24개월 무렵의 영아들은 자신의 이름을 통해 자신을 알게 되고 나, 내 것을 주장하기 시작한다.[8]

③ 3개월 무렵이 되면 즐거움과 불쾌 정서가 분화되는데, 불쾌 정서가 약간 빨리 나타난다. 5~6개월에는 불쾌 정서가 분노, 혐오, 공포로 분화된다. 10~12개월쯤에는 쾌정서가 의기양양함과 애정으로 분화된다. 18개월이 되면 질투가 불쾌에서 분화되고, 24개월 무렵에는 기쁨이 분화된다. 스로우페(Sroufe, 1979)[9]는 7개월에 노여움, 9개월에 공포, 18개월에 수치심, 36개월에 죄책감을 느낀다고 보고하였다.

(3) 신체 · 운동 발달

① 2~3개월에는 안아 올리면 머리를 똑바로 세우고 가눌 수 있으며, 눈에서 25cm 거리의 물체를 명확히 본다.

② 4~6개월이 되면 원하는 물건을 손을 뻗어 잡을 수 있고 손에 쥔 것은 모두

그림 2-17
『누구야?』
정순희 (지음), 창비.

입으로 가져간다. 혼자 앉을 수도 있다. 소리가 나는 그림책을 좋아하기 시작한다.

③ 7~9개월이 되면 물체를 떨어뜨리고 던지기 시작하며 물건을 입에 넣고 깨문다. 기어 다니기 시작하며 책장을 넘길 수 있다.

④ 9~12개월이 되면 걷기 시작하고 손을 다루는 기술이 발달한다. 따라서 빳빳하고 두꺼운 종이로 된 책이 넘기기 쉬우므로 권할 만하다. 책을 깨물거나 입으로 빨기도 하므로 세탁할 수 있는 헝겊이나 부드러운 비닐로 된 책을 가까이 두면 좋다. 정순희(2005)의 『누구야?』 등을 권할 수 있다.

2) 유치원기 유아(3~5세)

(1) 인지 · 언어 발달

① 지각의 발달

유아들은 특정한 자극에 대해 선택적으로 주의를 집중하는 능력이 늘어난다. 연령이 증가하면서 복잡한 자극을 좋아하게 되고 시각적인 탐색능력이 체계적으로 발달한다. 즉, 3~4세에는 주로 내부적 요소를 탐색하지만 4~5세가 되면 외부 윤곽에 대한 탐색이 급격하게 증가한다. 자포로즈헤츠(Zaporozhets, 1965)[10]에 따르면, 6~7세가 되어야 내부 윤곽도 탐색하면서 체계적으로 외부 윤곽을 탐색한다.

② 피아제는 전조작기 중에서 전개념기(3~4세)에 속하는 유아는 주변 세계에 대하여 호기심이 증가하면서 주변 세계를 열심히 탐색한다고 보고했다. 따라서 “이게 뭐야?” “왜 그래?”라는 질문을 많이 하게 된다. 이때 유아들에게는 간단한 개념을 익히는 책이나 정보 그림책들이 호기심을 충족시킬 수 있을 것이다.

③ 이 시기는 상징 기능이 발달하면서 어휘력도 급증하게 된다. 이 시기의 유아는 주로 상상놀이를 통하여 주변 세계에 대하여 배우게 되는데, 이러한 상상놀이는 언어 발달과 함께 발달하여 역할놀이나 사회극놀이로 발전하게 된

다. 상상놀이 중에서 소꿉놀이가 가장 대표적인 형태인데, 이러한 상상놀이는 상상력과 창의력을 기르며 사회성과 인지능력도 촉진시켜 준다.

④ 자기중심적인 사고를 한다. 이것은 유아가 다른 사람의 관점을 이해하지 못하고 모든 사람이 자기처럼 생각한다고 여기는 것이다. 따라서 상대방의 입장을 고려해서 이야기할 수도 없다.

⑤ 물활론적(animism) 사고를 한다. 이것은 무생물도 살아 있으며 자신처럼 감정과 의도를 가지고 생각할 수 있다고 여기는 것이다. 즉, 곰 인형이나 의자도 사람처럼 살아 있다고 본다. 피아제는 이런 물활론적 사고도 발달단계가 있음을 밝혔다. 첫 단계는 사람에게 영향을 주는 것(예: 해, 자전거, 전등, 나무 등)은 무엇이나 생명이 있다고 보는 것이다. 두 번째 단계는 4~6세 유아들의 경우, 움직이는 모든 것은 살아 있다고 생각하는 것이다. 예를 들어, 나무는 장소를 바꿔 가며 움직일 수 없으므로 생명이 없으나 자동차는 움직이기 때문에 살아 있다고 생각한다. 세 번째 단계는 대략 6~8세 때 나타나는데, 스스로 움직이는 것만 살아 있다고 보는 것이다. 예를 들면, 자전거와 자동차는 스스로 움직이지 못하므로 생명이 없으나 해 · 구름 · 강물 · 바람 · 비는 스스로 움직이므로 살아 있다고 본다.

그러나 많은 연구들은 유아가 모든 대상물에 대해 물활론적 사고를 하는 것은 아님을 밝히고 있다(Bullock, 1985).[11] 유아가 관찰할 기회가 없었던 대상에 대해 더 많은 물활론적 사고를 하여 살아 있다고 생각한다. 즉, 친숙한 대상인 로봇이나 동물 인형은 3세 유아도 살아 있지 않다는 것을 확실하게 안다는 것이다. 사실 어른도 생명 개념이 혼돈되고 친숙하지 않은 대상인 경우, 즉 해 · 구름 · 바람 등에 대해서는 물활론적 사고를 한다. 따라서 유아는 동물이나 장난감이 의인화된 『세상에서 제일 힘센 수탉』 같은 환상 그림책을 즐긴다.

그림 2-18
『세상에서 제일 힘센 수탉』
이호백 (글), 이억배 (그림), 재미마주.

⑥ 실재론적(realism) 사고를 한다. 실재론은 정신적 현상과 물리적 현상이 미분화된 전조작기 유아의 독특한 사고다. 유아의 실재론적 사고가 가장 잘 나타나는 것이 꿈이다. 이 시기 유아는 꿈이 실제로 일어난다고 믿는다. 4세 무렵의 유아는 자신의 꿈이 다른 사람에게도 보이며 하늘로부터 창문을 통해 들

그림 2-19
『치과 의사 드소토 선생님』
윌리엄 스타이그 (글 · 그림), 비룡소.

어오는 것으로 생각한다. 꿈꾸고 있는 동안 꿈이 자기 주위에 남아 있다고 생각한다. 유아는 꿈과 현실을 명백하게 구분하지 못한다. 상상한 것과 현실 상황도 엄격하게 구분할 수 없다. 유아가 거짓말하거나 엉뚱한 얘기를 하는 것도 가끔은 꿈과 현실 혹은 환상과 현실이 구별되지 않아서일 때가 있다. 5~6세 유아는 어느 정도는 꿈과 실제적 사건을 구별할 수는 있으나, 아직도 꿈을 꾸는 동안에는 꿈이 자신의 몸 밖에 있다고 생각한다. 윌리엄 스타이그의『치과 의사 드소토 선생님』을 읽어 준 후 책 속의 환상을 얼마나 현실과 구분하는지 그 반응을 물어보았을 때 만 6세 유아도 구분하지 못할 때가 있었다.[12)]

⑦ 주변의 글자에 대해 많은 관심을 가진다. 어렸을 때부터 옛이야기를 듣거나 그림책을 많이 본 유아는 인쇄된 글자에 대해 더 많은 관심을 가진다. 그림책을 보다가 우연한 기회에 같은 글자를 찾기 시작하면서 글을 읽고 싶어 하게 된다. 글을 읽음과 동시에 자신의 이름을 쓰고 싶어 하며 자신의 생각을 괴발개발 쓰려고 하여 글씨를 만들어 쓰기(invented writing)도 한다. 학교에 들어가기 전부터 자연스럽게 읽기와 쓰기를 배운 유아들은 대체로 풍부한 이야기 읽기 경험을 한 유아임이 밝혀지고 있다. 또 3~4세 때의 책 다루기 경험이 5~6세와 초등학교 시기의 성공적인 읽기, 쓰기 발달과 상호 관련이 있음이 보고되고 있다(Wells, 1981).[13)] 이 시기부터 좋은 그림책을 부모와 함께 보는 경험은 정서적 안정감뿐 아니라 언어 발달에도 직접 좋은 영향을 미침을 알 수 있다. 쉬케단츠(Schickedanz, 1986)는 영아기부터 유치원기의 유아가 책을 읽음으로써 다음과 같은 것을 배운다고 제시하였다.

- 책과 인쇄물의 기본 속성을 이해할 수 있게 되는데, 보통 책에는 시작과 끝이 있고, 보통 앞장에서 뒷장으로, 왼쪽에서 오른쪽으로, 위에서 아래로 읽어 가도록 되어 있다는 것을 배운다.
- 인쇄된 글자는 의미를 전한다는 것을 안다.

- 인쇄된 글자와 말은 서로 관련성이 있다는 것을 안다.
- 책의 언어(문어)와 말(구어)이 다르다는 것을 안다.
- 책 읽기는 즐거움을 준다는 것을 안다.
- 학교 상황에서 예상되는 행동의 상호작용 유형, 즉 학교의 문화를 알게 된다.

유치원기 유아(3~5세)의 책 읽기 활동의 발달적 경향을 살펴보면 다음과 같다(Schickedanz, 1986).[14)]

- 이야기 내용을 정확하게 다시 말할 수 있는 능력이 점점 증가한다.
- 책을 읽는 것은 '그림을 읽는 것이다.'라는 사고가 바뀌어서, 그림을 참조하지 않고도 인쇄된 글자를 알게 된다.
- 인쇄된 글자를 알고 흥미를 느끼게 되면 유아는 문자와 말의 관련성에 대해 더 정확하게 이해할 수 있다.
- 그림과 이야기의 의미에 대한 흥미가 글의 약정적 특징에 대한 흥미로 바뀐다.

(2) 사회성 · 정서 발달

① 프로이트의 발달단계 중 남근기(phallic stage)에 속하는 시기로서 성기의 차이에 관심을 가진다. 그리고 어떻게 아기가 생기는지 관심을 가지기 시작한다. 사춘기 전에 자연스럽고도 건강한 성교육을 시킬 수 있는 시기다.

② 자아개념이 발달하면서 자립심이 발달한다. 혼자서 한 일에 대해 성취감을 느끼고 싶어 하기도 한다. 3세 무렵부터 자율성에 대한 욕구가 강해지면서 "내가 할 거야."라는 얘기를 많이 하게 된다. 자립심을 다룬 책, 『휘파람을 불어요』『이슬이의 첫 심부름』『혼자 집을 보았어요』 등을 권할 수 있다.

③ 자기 것에 대한 집착과 소유욕이 강해진다(4세 무렵).

④ 자아상(self-image)을 가지게 되는데 부모의 영향이 절대적이다. 부모의 칭찬과 벌을 통해 도덕성 발달이 시작되며 도덕적 책임감의 기초를 형성하게 된다(5~6세). 따라서 도덕성과 초자아가 발달하기 시작하므로 권선징악을 다루는 전래동화가 유익하고 재미있기도 한 시기다.

그림 2-20

『피터의 의자』

에즈라 잭 키츠 (글 · 그림), 시공주니어.

⑤ 이 시기에는 동생을 보게 되는 경우도 생긴다. 동생에 대한 질투심, 동생 때문에 오는 소외감을 해결하기 위해서는 동생이 태어나기 전부터 관련된 그림책을 보여 주며 얘기해 주는 게 좋다. 그림책을 통해서 준비할 수 있도록 도와주면 언니나 윗 형제로서 돌보아 주는 것을 자연스럽게 습득할 수 있다. 『달라질 거야』 『아가야, 안녕?』 『내가 갓난아기라면』 『나는 언니예요』 『피터의 의자』 등을 권할 수 있다.

⑥ 2~3세 유아는 어려움을 당한 또래를 도와주거나 장난감을 나누어 주기도 하고 위안을 주려고 노력한다. 그러나 자발적인 자기희생적 행동은 드물게 나타난다. 이타적 행동은 4~6세 무렵부터 증가하기 시작한다(Shaffer, 1993).

(3) 신체 · 운동 발달

① 영아기에 비해 키와 몸무게의 성장 속도는 느리나 꾸준히 성장한다. 신체 부위별 성장 속도가 다르므로 외모도 변하게 된다. 즉, 2세 무렵에 배가 나오고 살이 통통하고 다리도 짧았던 몸매가 6세가 되면 배가 들어가고 살이 빠지며 근육이 발달한다.

② 영아기에 습득한 운동 기술이 정확하고 빠르게 통합되어 세련된 동작으로 발달한다. 매우 활동적으로 된다. 대근육과 소근육이 발달하고 신경계통이 성숙하면서 운동 기술이 눈에 띄게 발달한다. 즉, 뛰고 달리고, 자전거를 타고, 가위로 종이를 자르고, 옷을 입고 신발 끈을 매는 등 다양한 활동을 할 수 있게 된다.

2세 무렵의 유아는 간단한 물체를 끼워 맞추고 6개 정도의 적목으로 탑을 쌓거나 기차 모양으로 길게 배열할 수 있다. 책장도 잘 넘기고 크레용으로 직선도 그릴 수 있다. 3세 무렵에는 눈과 손의 협응력이 늘어나서 옷의 단추를 풀 수 있고 신발을 신을 수 있다. 4세 무렵에는 혼자서 손발을 씻고 이를 닦을 수 있으며 옷을 입고 벗을 수 있다. 신발 끈도 매고 젓가락도 사용하며 가위로 윤곽을 따라 자를 수 있다. 5세 무렵에는 사각형과 삼각형을 그리고 자신의 이름을 쓰고 1~5의 숫자를 모방해서 그린다. 6세에는 글자를 쓰며 여러 가지 모양의 도형을 모방해서 그린다.

3) 초등학령기 유아(6~8세)

(1) 인지 · 언어 발달

① 실제와 환상에 대해 더 많이 구별할 수 있다.

② 여전히 자기중심적 · 물활론적 · 실재론적 · 인공론적 사고를 한다. 따라서 전래동화나 환상 그림책을 좋아한다.

③ 독립적으로 읽을 수 있으며 자신의 의사 표현을 글로 할 수 있게 된다.

④ 과학적인 활동과 실험에도 관심을 가진다.

⑤ 전조작기에서 구체적 조작기로 넘어가는 과도기에 있는 유아들도 보존 개념과 서열화를 포함하는 문제를 풀 수는 있으나, 그 이유 등에 대해서는 올바른 근거를 대지 못하는 경우가 있다.

⑥ 시간 개념이 아직 확실하지 않아서 역사를 다룬 동화, 전기, 공상과학동화에 대한 정확한 이해를 하기 어렵다. 그러나 시간과 역사에 대한 이해가 늘어나기 시작하므로 그림이 잘 그려지고 글자의 양이 적은 전기를 소개하기 시작해도 좋다.

⑦ 자연현상과 다른 문화나 나라에 관심을 가지기 시작하면서 정보를 주는 책들도 좋아한다. 『개구리가 알을 낳았어』는 동물에 대한 지적 호기심을 충족시켜 주는 좋은 그림책이다.

그림 2–21
『개구리가 알을 낳았어』
이성실 (글), 이태수 (그림), 다섯수레.

⑧ 호기심이 더욱 다양해진다. 따라서 많은 다양한 책을 제공할 수 있다.

⑨ 수수께끼 놀이나 스무고개 놀이를 할 수 있으며 유머를 이해한다.

그림 2–22
『까마귀 소년』
야시마 타로 (글 · 그림), 비룡소.

(2) 사회성 · 정서 발달

① 어른들로부터 독립하려 하고 주도성을 발달시킨다.

② 학교와 사회에 관심이 증가하면서 친구 관계가 점점 중요해지기 시작한다. 따라서 친구 간의 우애와 『까마귀 소년』과 같이

따돌림당한 친구 얘기를 다룬 책들도 권할 만하다.

③ 부모뿐 아니라 형제간에 따뜻한 관계를 원하며, 사랑하고 사랑받고 싶은 욕구를 많이 표현한다.

④ 다른 사람에 대한 감정이입이 발달하면서 이타적 행동이 가능해진다.

(3) 신체 · 운동 발달

운동 기술과 근육의 협응이 세련되고 정교화된다. 5~7세에 운동 기술을 뒷받침하는 중추신경계와 대뇌의 발달이 이루어지기 때문이다. 이때의 운동 발달은 자아개념과 자존감 형성에 큰 영향을 미친다. 또래와 어울려 노는 데도 신체 및 운동 발달은 중요한 역할을 한다.

미주

1) Chambers, A. (1993). *Tell me: Children, reading & talk.* Lockwood: The Thimble Press, p. 12.

2) 김현희(1997). 아동문학 읽기의 새로운 현상과 접근. 독서연구, 2, pp. 137-149.

3) Maslow, A. H. (1970). *Motivation and personality.* N.Y.: Harper and Row, pp. 35-38.

4) Sutherland, Z., & Arbuthnot, M. H. (1991). *Children and books* (8th ed.). N.Y.: Harper Collins Publishers, Ins., pp. 35-38.

5) Sutherland, Z., & Arbuthnot, M. H. (1991). *Children and books* (8th ed.). N.Y.: Harper Collins Publishers, Ins., p. 20.

6) Burke, E. M. (1990). *Literature for the young child* (2nd ed.). Needham Heights, MA: Allyn & Bacon, pp. 4-15.

7) Dannemiller, J. L., & Stephens, B. R. (1988). A critical test of infant pattern preference models. *Child development, 59*, 210-216.

8) Allport, G. (1961). *Pattern and growth in personality.* N.Y.: Holt, Rinehart & Winston, p. 127.

9) Sroufe, L. A. (1979). Socioemotional development. In J. D. Osofsky (Eds.), *Handbook of infant development, 48*, 731-746.

10) Zaporozhets, A. V. (1965). *The development of perception in the preschool child.* 이옥형(1997). 아동발달. 집문당에서 재인용.

11) Bullock, M. (1985). Animism in childhood thinking: A new look at an old question. *Developmental psychology, 21*, 217-225.

12) 김현희 외(1999). 환상 그림책으로의 여행. 한국어린이문학교육연구회. 다음세대.

13) Wells, G. (1981). *Learning through interaction: The study of language development.*

Cambridge: Cambridge University Press.
14) Schickdanz, J. A. (1986). *More than the ABCs: the Early stages of reading and writing*. 이영자 옮김(1995). 읽기와 쓰기를 즐기는 어린이로 기르는 방법: 유아의 읽기와 쓰기 기초단계 이해. 이화여대출판부, p. 74.

요약

유아에게 적합한 책을 선정해 주기 위해서는 유아의 발달단계별 특성과 흥미를 아는 것이 필수적이다. 매슬로의 인간 욕구 수준은 생리적 욕구, 안전의 욕구, 사랑의 욕구, 소속감의 욕구, 성취 욕구나 자아존중의 욕구, 변화 · 이해의 욕구, 심미와 질서에 대한 욕구, 자아실현의 욕구가 있다.

감각 · 운동기관을 통해서 세상에 대해 알아 가던 영아들이 2세 이후가 되면 언어 발달이 급증하면서 상상력이 증가하고 상징놀이를 즐기게 된다. 자기중심적 · 물활론적 · 실재론적 사고를 하는 특성 때문에 전래동화와 환상동화를 좋아하지만, 가능하면 정보 그림책과 시를 포함하여 다양한 장르의 그림책을 접할 수 있게 해주어야 한다. 특히 2세를 전후해서 반복적 운율이 있고 영아의 실제 생활과 관련이 있는 간단한 내용의 완성도가 뛰어난 그림책을 일찍부터 보여 주는 것이 좋다. 그럼으로써 자연스러운 문해 능력의 발달과 함께 풍부한 감성, 심미감과 창의력 발달을 도와줄 수 있을 것이다.

연구문제

01 매슬로의 안전 욕구를 설명하고 그 욕구를 충족시켜 줄 수 있는 그림책 2권을 골라서 비평하시오.

02 3~5세 유아의 인지 발달의 특성을 설명하고 그 특성별로 유아에게 권할 만한 책을 1권씩 소개하시오.

03 처음으로 유치원과 학교에 가는 유아들의 적응을 도와줄 수 있는 그림책 3권을 소개하시오.

제3장

유아문학의 연구방법

문학을 연구하는 방법은 일반적으로 문학작품을 비평하는 방법이라고 볼 수 있다. 그러나 아동문학을 연구하는 방법에는 책을 비평하는 것뿐 아니라 어떻게 하면 책을 재미있게 읽고 좋아할 수 있게 하느냐 하는 문학교육적 측면이 포함되어야 한다. 유아를 대상으로 하는 경우 그림책이 대부분이므로 일러스트레이션에 관한 연구도 빠질 수 없는 매우 중요한 부분이라고 할 수 있다.

문학을 연구하고 평가하는 방법으로서 이상섭(1995)[1)]은 역사적 비평, 형식주의적 비평, 사회·윤리적 비평, 심리학적 비평, 신화비평의 방법을 우리나라 작품을 예로 들어 설명하였다. 그러나 아동문학에 대한 이론서를 쓴 러셀(Russell, 2005)[2)]은 아동문학을 연구하는 더 일반적인 접근방법을 여섯 가지로 제시하고 있다. 즉, 독자의 반응을 보는 상호 교류적 접근, 역사적 접근, 정신분석적 접근, 남녀평등적 접근, 형식적 접근, 문학 요소의 분석이다. 이 장에서는 유아문학을 연구하는 방법을 러셀이 제시한 여섯 가지 방법 중에서 문학 요소의 분석을 형식적 접근에 포함시키고 그 외에 문학 교육적 접근과 미술적 접근을 첨가하여서 다루고자 한다. 그리고 이론적인 설명과 더불어 우리나라에서 출판된 기존 유아문학에 관련된 논문과 저서들을 중심으로 그 연구방법의 예들을 살펴보고자 한다.

1. 독자반응(상호 교류적) 접근

독자반응 접근(reader-response approach, transactional approach)방법은 문학작품을 이해하고 평가할 때 독자의 반응을 중요하게 생각해야 한다는 독자반응 이론에서 출발한 것이다. 독자반응 이론은 본문(text)을 이루고 있는 여러 요소에 관심을 가지고 본문만이 가치 있는 연구대상이라고 생각하는 신비평의 문제점을 보완하기 위해 나온 이론이라고 볼 수 있다. 신비평 이론은 그 자체가 교수-학습 가능성이 있어서 학문중심 교육과정과 연계되어 문학교육에 큰 영향을 미쳤다(김상욱, 1993).[3] 그러나 본문만을 중요하게 생각하는 지식 위주의 교육을 초래하여 독자를 수동적인 위치로 전락시켰다는 비판을 받게 되었다(권혁준, 1997).[4]

이러한 비판에 대한 대안으로서 독자를 중요하게 생각하는 독자 중심의 문학 이론은 독자의 지위를 확고하게 자리매김해 주었다. 부분적으로 독자의 존재를 의식하던 문학 이론에서 본격적으로 문학작품의 이해와 연구에서 독자의 중요성을 부각하기 시작한 것은 유럽에서는 1930년대 독일의 문학이론가 잉가르덴(Roman Ingarden)의 현상학적 예술이론부터라고 볼 수 있다.[5] 이 이론이 논리적으로 확충되고 체계화된 것은 1967년에 독일의 문학이론가인 야우스(Hans Robert Jauβ가 콘스탄츠 대학교에 취임하면서부터 시작하여 이저(Wolfgang Iser)에 이르러서였다.

미국에서도 1920~1930년대에 독자반응이론이 생성되었다. 이 이론들은 학문적으로 매우 다양한 배경과 관점을 가지고 출발하였으나, 이들의 공통점은 모두 독서의 과정에 초점을 두었다는 것이다(강현국, 1998).[6] 미국의 학자 중에서도 로젠블랏(Rosenblatt)은 특히 문학교육에 관심을 두고 문학교육에서 학생들에게 주어진 인식과 관심에 대한 이론적 근거를 제공하였다. 로젠블랏의 이론이 독자반응 중심 접근의 첫 자극이 되었다고 볼 수 있는데, 그 뒤의 수많은 반응 접근의 연구들이 그녀의 이론을 검토하여 적용하고 있다. 로젠블랏은 1938년에 책에 대한 독자 반응의 중요성을 강조하기 시작하였다. 일반적으로 책에 대해서 반응을 보인다는 것은 "각자의 필요 때문에 서로 공유할 수 있는 사고의 한 형태이며, 책에 의해 자극된 사고와 정서를 표현하는 하나의 수단(Chambers, 1983)"[7]이라고 볼 수 있다.

로젠블랏(1978)[8]은 본문과 독자(reader)가 이야기를 만들기 위해 상호 교류한다고 하면서 반응은 독자가 작품과 심미적 교류를 하는 동안이나 나중에 생성되는 것으로 보았다. 그러한 반응은 독자가 본문의 경험에 동참하고, 등장인물과 동일시하거나 그들에 대한 갈등과 느낌을 나누는 것으로서 인지적인 영역과 정의적 영역을 다 포괄한다.

로젠블랏은 독자가 이야기를 만들어 내는 데 있어서 절대적으로 필요한 역할을 한다고 보았으며, 그녀가 제안한 상호교류이론의 특성을 도식화하면 〈표 3-1〉[9]과 같다.

〈표 3-1〉 문학에 대한 반응의 상호교류이론

독자(reader)	본문(text)	작가(writer)
• 독자는 본문을 읽으면서 독자 자신의 과거 경험과 관련지으며, 현재의 상태 · 흥미 · 성격 · 선입견 등을 가지고 읽는다.	• 본문은 독자와 작가 사이의 상호작용을 이루게 한다. • 독자와 작가를 통해 의미가 주어지면 그 결과는 작품을 해석(interpretation)하는 것이다.	• 작가 자신의 스키마들(schemata)을 자신의 미적 관점에서 드러내어 글을 쓴다. • 작가에 대해 알면 작품해석에 도움을 받는다.

반응에 영향을 미치는 요인은 독자와 본문 요인으로 볼 수 있는데, 이러한 요인들의 역동적인 상호작용에 의해 선택적인 방법으로 반응은 만들어진다. 이 중에서 독자 요인은 사전 경험과 독서의 목적, 연령, 성격, 인지능력 등을 들 수 있다. 본문의 요인으로는 본문의 난이도, 복잡성, 예견, 장르 등을 들 수 있다(경규진, 1993[10]; 김현희, 1993[11]).

로젠블랏의 상호 교류적 패러다임은 독자의 관점이론(reader's stance theory)에서도 잘 설명되고 있다. 이 이론은 독자가 책을 읽을 때 취하는 관점과 목적에 따라서 독자의 반응 양상이 달라진다고 보았다. 즉, 책 읽는 그 자체가 목적이 되는 경우를 심미적 관점(aesthetic stance)이라고 하는데, 이러한 관점으로 책을 보면 독자는 이야기 세계 자체에 몰입할 수 있으며, 이야기와 관련된 자유로운 상상, 감정이입, 가상놀이가 가능해진다. 이때 독자는 단어가 가리키는 추상적 개념뿐 아니라 그 대상이 불러일으키는 개인적 느낌, 아이디어, 태도 등 광범위한 요소들을 경험하게 된다(Many & Cox, 1992).[12]

반면에 책 읽는 자체가 다른 것을 위한 수단이 되는 정보 추출적 관점(efferent

stance)은 독자가 정보를 얻거나 문제의 논리적인 해석과 행동 수행 등에 관심을 가지는 경우다. 그리고 이야기에 대한 몰입보다는 이야기를 통해 교훈과 해결책을 얻으려고 하며 평가하는 지적인 반응을 경험하게 된다. 따라서 책 본문에만 관심이 있으며, 이야기를 정확하게 읽으려 하고, 이야기 줄거리를 요약하는 활동 등에 초점을 맞추는 반응을 한다.

로젠블랏은 독자의 본문에 대한 태도를 이러한 심미적인 관점과 정보 추출적 관점의 연속선 상에 있다고 하였다. 즉, 독자와 본문 사이의 어떠한 교류는 순수하게 심미적이거나 정보 추출적인 것으로 특징짓기 어려울 때가 많다는 것이다. 대부분의 독자는 심미적인 것과 정보 추출적인 관점의 연속선 상의 중앙에서 배회하는 것으로 보고 있다. 즉, 두 가지 태도 사이를 배회하면서 독자는 심미주의가 우세한 독서에서도 정보를 얻어 낼 수 있고 정보 추출식 독서를 통해서도 심미주의적인 감상을 할 수 있다.

독자반응(상호 교류적) 접근방법은 똑같은 작품이라도 독자와 읽는 시기에 따라서 다르게 반응할 수 있다는 것을 전제로 하고 있다. 독자가 책을 읽으면서 자유롭게 탐험하고 탐구할 수 있도록 해 주며, 정답이나 오답에 대한 두려움 없이 자유롭게 토의할 수 있도록 하는 새로운 가능성을 열어 주었다고 할 수 있다. 이 연구방법은 그림책을 유치원이나 집에서 활동하면서 가장 안전하고 효율적이며 대중적으로 사용할 수 있는 연구방법이기도 하다. 로젠블랏 외에도 독자반응 접근이론은 브리튼(Britton)과 하딩(Harding), 이저(Iser), 벤턴(Benton), 피시(Fish), 바흐친(Baktin)이 나름대로 차이점을 보이면서 그 이론들을 주장하고 있다(Many & Cox, 1992).

우리나라에서 어린이 책에 대한 반응의 일반적 특징과 이론적 고찰은 김현희(1993, 1999)[13]에 의한 것이 있다. 그리고 유아교육 연구자들이 1990년대 이후 글 없는 그림책에 대한 유아의 반응 등 그림책에 대한 반응의 논문들을 발표하기 시작하여, 다양한 장르에 따른 아이와 어른의 반응 연구들을 계속해서 발표하고 있다.

2. 역사적 접근

유아문학을 연구하는 역사적 접근(historical approach)은 아동문학사를 형상화하는 작업을 궁극적 목적으로 한다고 볼 수 있다. 이상섭(1995)은 역사적 접근의 최대 관심사를 문학의 기원이나 한 장르의 발생과 변천에 대한 관심이라고 보았다. 그 최초 시도의 예로서 아리스토텔레스가 시를 논하면서 비극과 희극의 기원을 전통적 관습에 둔 것으로 들고 있다. 그러다가 근대적 역사적 연구방법은 19세기에 확실하게 시작되었는데, 생트 뵈브(Sainte-Beuve)와 히폴리트 텐(Hippolyte-Taine)이 그 이론적 체계와 실제 응용의 선구자로서, 이들의 연구방법론이 현재 역사적 접근방법의 모체가 된다고 하였다.

생트 뵈브는 문학 작가의 전기를 이용하여 문학적 현상을 관찰하고 해석하였다. 그는 작품보다는 작가를, 작가의 개인성보다는 그의 사회적 여건, 즉 환경에 관심을 두었으며, 히폴리트 텐도 환경을 문학 결정의 세 가지 요인, 즉 종족(race), 환경, 시기 중의 하나로 생각하면서 강조하였다. 종족은 선천적 · 유전적 기질을 말하며, 환경이 인간의 성격을 변화시키거나 안정시키고, 이러한 것이 시대 · 시기에 따라 작품을 다르게 만든다고 하였다. 즉, 종족과 환경에 따라 작품이 만들어지고 이것이 또 시기에 따라 영향을 받는다는 것이다.

이 두 사람은 전기 연구를 함으로써 작품을 통한 작가의 세계, 작품 활동의 무대가 되었던 시대에 대한 면밀한 관찰, 가능한 한 과거의 시대를 재생하려는 노력(역사적 재구성), 이를 위한 사실들의 광범위한 수집, 민족성, 민족이념 등의 문학을 결정하는 요소들의 추구, 문학을 어떤 원인의 결과로 보는 태도 등 역사주의적 문학관의 주요 쟁점들을 보여 주고 있다(이상섭, 1995).[14]

역사주의적 접근의 핵심적 영역은 작가의 연구인데, 작품에 관련된 작가의 모든 것을 연구하고자 하므로 작가의 정신적 자세, 교육, 교우 관계, 신체적 조건, 친척 관계, 직업, 재산 정도, 애정 관계, 읽은 책, 정치사상, 습관, 취미까지 작품 생산과 관련이 있다고 판단되면 가치 있는 정보로 간주하여 수집하고 정리한다.

결론적으로 역사적 접근은 작가가 누구인가? 작품을 쓴 작가의 의도는 무엇인가? 작가의 작품에 영향을 준 정치적 사건, 사회적 관습, 특별한 상황, 철학적 조

그림 3-1
『바위나리와 아기별』
마해송 (글), 정유정 (그림), 길벗어린이.

류, 아동관은 무엇인가? 등 그 시대의 정치 · 사회 · 지적 영향의 탐구로 볼 수 있다.

예를 들면, 마해송이 1923년에 『샛별』지에 발표한 「바위나리와 아기별」[15]은 우리나라 최초의 환상성이 높은 창작동화다. 이 작품은 마해송이 사랑하는 사람을 잃고 절망적 상태에서 집에 갇혀 있는 자신의 처지를 그대로 나타낸 동화다. 글이 쓰인 시대적 상황은 일제강점기로서 그 당시의 조혼 풍습대로 마해송은 어른들의 강요로 12세에 결혼했다. 중학교에 다닐 때 서울에서 개성까지 통학하다가 '순'이라는 소학교 여선생을 만나게 된다. 마해송은 일본으로 유학을 떠나, 다시 일본에서 '순'을 만나 같이 살게 되었다. 이때 마해송은 조선 유학생의 주먹 단체인 철권단에게 불량학생으로 지목된다. 결국 아버지에게 이끌려서 조선으로 돌아와, 연금상태에서 이 글을 통해 답답한 마음을 하소연하고 있다.

역사적 접근방법은 여러 작가의 주변 세계를 살펴봄으로써 결국은 그 문학적 특징들의 공통점과 차이점을 묶게 되어 아동문학사를 형상화할 수 있도록 도와준다고 할 수 있다. 즉, 작가의 작품 의도나 가치관을 주변 환경과 작품을 통해서 연구하다 보면 작품의 문학적 특징까지 아울러서 보게 되어 방법론적으로 역사적 접근을 하게 된다는 것이다. 그 예로 우리나라 아동문학사에서 논의되었던 환상과 리얼리즘에 대한 논의를 볼 수 있겠다.

아쉬운 점은 우리나라 아동문학의 역사적 접근방법으로 유아를 대상으로 한 연구가 많지 않다는 것이다. 즉, 유아를 위한 창작 그림책이나 그림작가 연구가 적다. 최근에 정병규의 『우리 그림책 작가를 만나다』(2018)는 우리 그림책 작가 연구의 큰 시도로 볼 수 있다.

외국 그림책 작가 연구는 류재수(1989, 1997)[16]가 에즈라 잭 키츠(Ezra Jack Keats)를 연구하면서 키츠의 어린이관, 성장배경, 흑인 소년 주인공 피터의 등장을 다루고 있다. 리얼리즘의 작가로 알려진 키츠의 작품 중에서도 환상과 실제의 세계를 자유롭게 드나드는 작품인 『내 친구 루이(Louie)』(1975), 『상자 속 여행(The Trip)』(1978)을 소개하면서 작품의 기법에 대해서 평가하고 있다.

어린이도서연구회의 그림책 모임에서 모리스 센닥(Maurice Sendak)[17]과 에즈라 잭 키츠,[18] 토미 웅거러(Tomi Ungerer)[19]의 작품세계를 발표하기 시작하였으

그림 3-2
『그림책의 세계』
신명호 (지음), 계몽사.

그림 3-3
『환상 그림책으로의 여행』
한국어린이문학교육연구회, 다음세대.

그림 3-4
『그림책의 이해 I』
현은자 · 김세희 (지음), 사계절.

그림 3-5
『우리 그림책 작가를 만나다』
정병규 (지음), 보리.

며, 신명호의 『그림책의 세계』(1994)[20]와 신명호가 번역한 『그림책은 작은 미술관』(2006),[21] 이상금의 『어린이 그림책의 세계』(1996)[22]와 『그림책을 보고 크는 아이들』(1998)[23]에서 외국의 그림책 작가의 작품세계와 그 배경이 소개되고 있다.

『환상 그림책으로의 여행』(1999)[24]에서 레오 리오니를 비롯한 여섯 그림책 작가의 생애와 아동관 및 작품세계를 소개하고, 그 작품에 대한 유아들의 반응을 덧붙인 연구서가 있고, 존 버닝햄과 아놀드 로벨, 유리 슐레비츠에 대한 논문이 나와 있으며, 『그림책의 이해』[25]에 외국 그림책과 한국 그림책 작가론이 실려 있다.

정병규의 『우리 그림책 작가를 만나다』(2018)[26]는 '작업실에서 만난 작가 37명의 그림책 이야기'라는 부제가 부쳐 있다. 37명 작가가 살아온 역사적 배경과 삶 속에서 어떻게 그림책이 만들어졌는지 소개하고 있다. 저자가 홍영우, 홍영찬 선생님으로부터 류재수, 정순희까지 3년에 걸쳐 직접 작가들과 인터뷰하면서 만든 책이다.

3. 정신분석적 접근

대부분의 정신분석적 접근(psychoanalytical approach)은 작품의 심리적 함축과 암시를 프로이트(Freud)의 정신분석이론과 융(Jung)의 분석심리이론을 가지고 연구하는 방법이다. 이상섭(1995)은 문학의 심리적 연구의 3대 분야를 독자의 심리, 창작의 심리, 작품의 심리적 분석으로 나누고 있다. 여기서는 이를 분야별로 구체적으로 살펴보고자 한다.

1) 독자의 심리

독자의 심리는 문학작품을 읽고 독자가 그것을 받아들이는 상태인 정서와 감동, 즉 독자가 작품을 보고 느낀 심리적 영향을 살피는 것으로 볼 수 있다. 독자 심리학 분야에서는 혼란스러운 심리상태에 질서를 가져다주는 것을 중요한 문학의 기능으로 보고, 카타르시스에 대한 것에 많은 관심을 둔다. 문학작품은 인간의 억압된 정서의 상징적 표현일 때가 많으므로 작품을 읽음으로써 독자가 카타르시스를 맛볼 수 있다고 보는 것이다. 카타르시스를 이용해서 정서장애아나 문제행동을 일으키는 아이의 치료 혹은 정상아일지라도 발달과정 중에 나타나는 정서적 갈등이나 문제들을 해결하도록 도와주는 독서치료가 가능하다고 할 수 있겠다.

2) 창작의 심리

창작의 심리는 문학을 창작할 때 작가가 가지는 문학정신과 시상, 영감 등의 상태를 연구대상으로 하는 분야다. 우리나라에도 소개가 된 리드(Herbert Read, 1951)[27]는 프로이트와 융의 심리학을 창작과정 연구에 적용한 최초의 비평가 중 하나다. 그는 문학연구가 예술작품뿐 아니라 창작의 과정 및 영감을 받은 작가의 정신상태에도 관심을 기울여야 한다고 주장하였다. 그는 프로이트가 성격 구조를 원욕(id), 자아(ego), 초자아(superego)로 나눈 이론을 기초로 하여 예술 현상을 다음과 같이 설명하고 있다.

> 예술작품은 정신의 각 영역과 관련을 맺고 있다. 원욕이야말로 영감(inspiration)의 근원으로 간주할 수 있다. 예술작품은 자아에 의해서 그 형식적 종합과 통일이 이루어진다. 마지막으로 초자아의 특유한 창조물인 이데올로기나 도덕적 방향으로 동화된다(Read, 1951).[28]

이 설명으로 플라톤 이래 논란이 되었던 영감설과 개인의 본능적 · 지적 능력, 사회 도덕의 작용에 관한 많은 문학이론상의 문제를 해결하려 하고 있다. 또한 리드(1951)[29]는 융의 원형이론에서 시적 상상력에 대한 해결점을 다음과 같이 찾고 있다.

> 예술은 원초적 심상과 본능적 감정의 내적 원천에서 샘솟는 모든 요소와, 실제 생활의 외부적 메커니즘에서 생기는 모든 사실을 단일한 생명의 물줄기로 융합시키는 기능을 갖는다. 이것은 스스로 내적 요구에서 환상을 발생시키는 예술가 자신뿐 아니라, 암시와 상징으로 그의 작품에 참여하는 모든 독자를 위한 길이다.

즉, 개인의 창조적 능력, 다시 말해서 능동적 환상의 소산물인 예술이 사회적 효용을 가지게 되는 과정도 정신분석학과 분석심리학이 밝혀 주고 있다는 것이다.

3) 작품의 심리적 분석

문학작품을 구체적인 심리분석의 방법을 써서 연구하는 이 분야는 문학연구의 핵심적 과제라 볼 수 있다. 물론 구체적으로 작품을 분석할 때 문학의 요소를 분석하는 형식적 접근이 가장 많이 활용되었지만, 정신분석학과 분석심리학적 작품 분석도 많은 관심을 가지고 이루어져 왔다.

이 방법은 작품 속에 있는 모든 낱말의 세밀한 분석을 통해서 작품 내의 심리적 역학관계를 규명할 때 심리학 일반의 원리를 응용하는데, 주로 프로이트와 융의 이론이 가장 많이 활용되었다. 프로이트학파는 우리의 행동처럼 우리의 꿈과 예술작품에 무의식적 동기가 잘 나타나고 있다고 믿고 있으며, 융은 원형이 지배하고 있는 집합적 · 보편적 무의식이 작품 속에 드러난다고 생각하였다. 특히 프로이트 이론 중에서 오이디푸스 콤플렉스나 치환, 투사 등의 방어기제(defense mechanism)가 많이 활용되었다. 오이디푸스 콤플렉스의 예를 들면, 어머니에 대한 사랑과 질투 때문에 햄릿은 부왕을 살해한 숙부에 대하여 복수를 미루고 주저하고 있다는 설명이다.

존스(1947)[30]의 해석에 따르면, 햄릿은 어머니에 대한 애정이 지나쳐서 보통 때도 아버지에 대해 질투심을 느꼈다. 그러다가 숙부가 아버지를 죽임으로써 유아기에 가진 햄릿의 은밀한 소원이 성취되었지만, 다시 그가 어머니와 재혼함으로써 새로운 경쟁자가 되었다. 숙부를 단순히 아버지를 죽인 원수로만 여길 수 없는 내밀한 심리적 근거가 있다는 것이다.

김희경(1992)[31]은 프로이트와 융의 이론으로 『백설공주』『개구리 왕자』『신데렐

그림 3-6
『옛이야기의 매력 2』
브루노 베텔하임 (지음), 시공주니어.

라』『미운 오리 새끼』『인어공주』『빨간 양초와 인어』『날지 못하는 개똥벌레』 등을 비교 · 분석하여 소개하고 있다.

베텔하임(Bettelheim, 1976)[32]의 민담연구는 아동문학을 정신분석적 방법으로 연구한 가장 유명한 예라고 볼 수 있다. 그는 『옛이야기의 매력 2』에서 『헨젤과 그레텔』을 정신분석적으로 해석하였다. 베텔하임은 이 이야기를 프로이트가 분류한 구순기(구강기, oral stage)에 고착된 성격의 상징적 표상으로 해석하고 있다. 그는 이 이야기에서 음식의 중요성을 지적하고 있는데, 헨젤과 그레텔이 식량 부족으로 부모로부터 버림을 받았고, 아이들이 마녀가 사는 과자로 만든 집을 보자 먹기 시작한 것을 그 근거로 들고 있다.

헨젤의 심리상태를 살펴보면, 헨젤에게 모든 음식의 원천은 어머니이기 때문에 악착같이 집으로 돌아오려고 한다고 본다. 러셀(2005)[33]은 헨젤이 집으로 돌아오는 길을 발견하기 위한 노력을 퇴행(regression)과 부인(denial)에 의해 인생 문제를 처리하려는 허약한 특성으로 분석하고 있다. 퇴행과 부인은 문제해결 능력을 감소시키는 방어기제이기 때문이다. 이렇게 해서 현실 문제를 해결하지 못한 욕구불만을 해소하기 위해 구강 만족을 얻으려고 과자로 만든 집을 보자마자 먹기 시작한다는 것이다.

베텔하임은 이 과자로 만든 집이 먹고 싶은 욕심과 어머니의 몸을 상징하며, 아이들이 게걸스럽게 과자로 만든 집을 먹는 것은 아이들의 수유 행동을 상징적으로 표현한다고 생각하였다. 마녀는 구강 만족(orality)의 파괴적 양상을 의인화한 것이기도 하고 위협적인 어머니와 동시에 과보호적 어머니상도 표상하고 있다고 보았다.

그림 3-7
『동화의 정신분석학적 해석』
아니타 엑슈태트, 문학동네.

아니타 엑슈태트(Eckstaedt, 2005)는 『동화의 정신분석학적 해석』에서 하인리히 호프만이 지은 「더벅머리 아이」 외 10편의 동화를 정신분석적 측면에서 철저히 분석한다.

우리나라에서 발표된 전래동화에 대한 정신분석적 접근의 연구로는 하지현(2002)과 노제운(2004)의 학위논문이 있고, 기형도 시(박미영, 2004)와 명작동화(박사빈, 2005)를 정신분석적으로 연구한 논문도 있다. 이병욱(2014)은 『프로이트와 함께하는 세계문학일주』[34]에서 유명한 세계문학 작품을 정신분석 입장에서 분석하고 있다. 노제운(2015)의 『한국 전래동화의 새로운 해석: 정신분석적 접근』도 단행본으로 나왔다.

지금까지 정신분석학적 접근으로 아동문학을 분석한 예를 언급하였다. 정신분석학적 접근은 아동문학을 독자에 미치는 심리적 영향의 관점으로 연구하게 해준다. 그러나 이런 방법이 때로는 위험하기도 하다. 지나치게 모든 대상에서 상징을 보려고 하며, 모든 대화 내용에서 잠재되어 있는 무의식적인 욕구와 두려움을 보려고 하기 때문이다. 프란츠(Marie-Louise von Franz, 1978)는 『동화심리학』[35]에서 융의 분석심리이론을 더욱 구체적으로 적용하여 동화를 분석하고 있다. 융의 분석심리학적 이론에 바탕을 두고 다섯 편의 동화를 분석한 베레나 카스트(Verena Kast, 2015)의 『동화의 행복법』이 있고 『콩쥐와 팥쥐』를 분석한 오진령(2012)의 학위논문도 있다. 이유경(2018)의 『한국민담의 여성상』은 한국 민담 속 여성 인물상(할머니, 계모, 여우 누이, 우렁각시 등)을 분석심리학적으로 탐구한 내용이다. 이유경은 여성 주인공의 민담을 심층적으로 해석하여 여성 인격의 성장 및 성숙과정을 제시하고, 인간 삶의 궁극 목적과 현대 여성의 분열된 심혼을 치유할 길을 모색하고 있다.

그림 3-8
『한국민담의 여성상』
이유경 (지음), 분석심리학연구소.

4. 남녀평등적 접근

남녀평등적 접근(feminist approach)으로 유아문학을 연구하고 비평하는 것은 성(性, gender)이 문학작품과 작가와 독자에게 어떤 영향을 미치는지에 초점을 두는 방법이다. 러셀(2005)[36]은 남녀평등적 접근이 문학작품에 대해 다음과 같은 질문을 던져 볼 수 있다고 하였다.

- 여성이 작품에서 전형적인 특성을 가진 존재로 묘사되었는가? 아니면 개성을 지닌 존재로 묘사되었는가?
- 여성의 입장이 어떻게 고려되었는가?
- 본문 안에 남성 우월성이 암시되어 있는가?

- 여성 작가와 남성 작가가 작품을 어떻게 다르게 쓰고 있는가?

유아문학을 남녀평등적 접근으로 비평하는 것의 주요 관심사는 문학작품 속에 남성적 편견이 있나 없나를 살펴보는 것이라 할 수 있다. 사실 역사적으로 대부분 작품은 남성 입장에서 남성을 위해서 쓰였다. 전통적으로 남성적 특성이나 기질은 높게 인정했으나 여성은 나쁘게 평가하였다. 남녀평등적 접근방법은 전형적인 여성상을 작품 안에서 찾고 있다. 예를 들어, 여자 주인공이 검은 머리의 감각적이며 순종적인 요부이거나, 아니면 금발에 나무랄 데 없이 아름다운 여인으로 묘사되었는지를 탐색해 보는 것이다.

『헨젤과 그레텔』을 보면 여성이 이기적인 아내이거나 사악한 사람을 잡아먹는 마녀로 묘사된다. 아버지와 헨젤은 똑같이 무능한 사람으로 나타나고 있는데, 특히 헨젤은 길에 부스러기를 떨어뜨려서 표시를 하지만 새들이 다 먹어 버리고 또 마녀에 의해 감금되는 상황에까지 처한다. 그레텔은 전래의 규범이나 전통적인 여성상과 잘 맞지 않은 예외적인 경우로 묘사되는데, 마녀를 속임수를 써서 죽이고 결국은 오빠를 구해 내는 여자아이로 나타난다. 여기에서도 남녀평등적 접근방법은 남성의 입장을 정상적이며 여성의 입장을 일탈 행위로 취급하는 사회적으로 잘못된 관념들을 찾아내려 한다. 이것은 문화적인 것과도 깊은 관련이 있는 것으로, 궁극적으로 남녀평등적 비판은 문화적 비판이 된다고 할 수 있다.

유아문학 작품 속에 고정된 성 역할 개념들이 나타나 있는지에 대하여 실증적으로 많은 연구가 이루어져 왔다. 연구 결과들은 남자아이는 주로 도전적이며 호기심이 많고, 여자아이는 일반적으로 수동적이고 온순하며 복종적이고 집안일을 잘 돌보는 등의 특징을 가지는 것으로 보고하고 있다(Simmons, 1976).[37)]

손아미(1996)는 「서구동화에 나타난 성 고정관념에 관한 연구」에서 『신데렐라』 『잠자는 숲속의 미녀』 『백설공주』 『인어공주』를 성 고정관념의 시각에 초점을 두고 분석하였다. 그는 이 네 작품 모두가 '백마를 탄 왕자가 구원해 준다.'는 것을 주요 모티브로 하고 있다고 보았다.

성구진(1994)은 더만-스파크스(Derman-Sparks, 1989)[38)]가 제시한 내용을 가지고 교사나 부모들이 유아들에게 성 차별적 요소가 없는 동화책을 선정해 주기 위해 고려해야 할 여섯 가지를 다음과 같이 소개하였다.

첫째, 그림을 관찰한다. 고정 관념적인 모습, 예를 들면, 여성은 언제나 집안일을 하는 모습, 새침데기 여자, 인형을 좋아하는 여아, 심술궂은 계모 등의 정형화된 표현으로 그려져 있는지 살펴본다. 행동표현 방식에서도 전형적인 모습으로 그려져 있는지 살펴본다.

둘째, 이야기를 체크한다. 여성에 대해 이야기의 흐름은 수동적인 수용을 격려하는가 혹은 적극적 저항을 격려하고 있는가? 여성의 역할이 자신의 의사와 생각을 기초로 이룬 성취인가 아니면 그들의 미모나 남자와의 관련에 기인한 것인가?를 생각해 본다.

셋째, 사람들 사이의 관계를 비교한다. 가족관계를 어떻게 그리고 있는가를 본다. 전통적인 성별 분업을 강조하지 않으며, 직업에서의 성별 분리 표현이 없는 책이 좋다.

넷째, 유아의 자아상에 주는 영향을 고려한다. 유아의 포부와 자아개념을 제한하는 규준이 있는지를 본다. 매우 용감하고 중요한 행위가 남자들에게만 주어져 있다면 이는 여아의 자아개념과 포부에 제한적으로 작용할 수 있다.

다섯째, 작가의 관점을 볼 때, 남녀평등주의적 관점을 가진 동화를 선정한다. 이를 위해 작가나 그림작가의 배경을 고려하는 것이 바람직하다.

여섯째, 쓰인 용어를 관찰한다. 여아나 성인 여자를 배제하거나 어떤 방법으로든 격하시키는 성차별주의적 용어나 형용사가 있는지 찾아본다. 예를 들어, 소방서 아저씨 대신에 소방원, 농부 아저씨보다는 농부가 바람직한 용어다.

5. 문학형식적 접근

유아문학을 연구하는 문학형식적 접근(formalist approach)방법은 문학작품의 형식과 작품 전체를 구성하는 부분들을 세밀하게 관찰하는 방법이다. 이 방법은 문학 요소별로 분석하는 등 작품이 어떻게 구성되어 있는가에 관심을 가진다고 볼 수 있다.

1) 주제와 소재

주제(theme)는 이야기 속에 들어 있는 핵심적인 생각이다. 주제는 작품을 힘 있고 긴장감 넘치게 해 주는 요소도 된다. 일반적으로 유아문학에서 다루어지는 주제는 심각할 필요는 없으나 중요한 본질을 담고 있어서 단순하지만 전 세계적으로 보편타당한 진리를 담고 있어야 한다(김현희, 1996[39]; 박선희, 김현희, 2020).[40]

아동문학에서 가장 보편적으로 다루어지고 있는 주제는 가족과 친구 간의 사랑의 중요성이라 할 수 있다. 또 성장하면서 부딪치는 문제, 즉 유아가 처음으로 유치원에 가거나 초등학교에 가면서 겪는 갈등, 동생이 생겼을 때의 소외감, 자신의 정체성 획득, 자립심, 자아개념에 관련된 것들이 많이 다루어진다. 주제와 소재별 그림책의 예는 장르별 특성에서 다룰 것이다.

칼데콧 상 수상도서 58권의 특성을 분석한 서정숙(1995)은 칼데콧 상을 받은 책의 주제를 종류와 시대별로 나누어 분석하였는데, 그 종류에는 인간의 심성이나 심리 등 인간이 가지고 있는 여러 면모를 주제로 한 것이 가장 많았고(21권), 다음으로 지혜나 끈기 또는 인내를 통해 문제와 위기를 극복한 것(12) 그리고 자연을 주제로 한 것(8권), 특정 시대나 장소에서의 생활이나 전통에 대한 것(6권) 등이 있었다.

시대적인 흐름에 따라 주제의 성격이 변했는데, 수상 초기에는 '미국적인' 내용에 초점을 둔 책이 많이 수상되다가, 차츰 자연과 동물을 소재로 한 책이 수상되는 시기를 지나, 1980년대 전반까지도 다양한 문화의 반영을 주제로 한 책이 수상되었다. 그 후 현재까지는 '노인의 인생 통정'과 '인간적인 인간관계'와 같은 독특한 주제의 책들이 많이 나타났다. 류승렬(2006)도 칼데콧 상 수상작품 내용을 분석하였으며, 신혜선(2002)은 아동문학상 수상 유아 그림책을 연구했다.

우리나라 민담의 주제를 연구하기 위해 전래동화를 분석한 김인애(1985), 최운식, 김기창(1988)[41]과 여영택(1984)[42]은 민담의 주제가 일반적으로 권선징악의 강한 도덕률과 인과응보의 강한 인과율로 지배되는 공통성이 있다고 보고하였다.

2) 등장인물

문학형식적 접근으로 등장인물을 분석할 때는 등장인물의 유형과 인물의 성격이 이야기가 진행되면서 변화했느냐의 여부로 나누어서 할 수 있다. 모든 문학작품에 등장하는 인물은 단순한(flat) 혹은 평면적 등장인물과 다면적 혹은 입체적(round) 등장인물로 나눌 수 있다. 단순한 인물은 조연급의 등장인물로서 이야기가 진행되면서 한 가지 성격 특성만 나타나고 전형적인 인물로 묘사되는 경우가 많다. 예를 들어, 마음씨 나쁜 계모, 개구쟁이 남자애, 권위적인 선생님 등 어떤 사람의 한 가지 측면만 부각하여 나타나는 것이다. 반면에 다면적 인물은 등장인물의 성격이 단순하지 않고 여러 가지 다양한 면을 보여 주며, 충분히 발달된 성격을 지니고 있어서 감정의 다양한 폭, 즉 기쁨, 슬픔, 걱정, 신뢰감, 낙심 등을 경험한다(Russell, 2005). 주로 주인공은 다면적 인물로 묘사된다.

우리나라 동물 전래동화를 분석한 강순재(1992)의 연구에서는 호랑이가 가장 많이 등장했고, 다음으로 소, 토끼와 말, 여우, 구렁이, 개 등의 순서로 나타났다. 이때 호랑이는 힘과 권력을 상징하여 약자인 민중의 현실 불만족의 잠재의식을 대변해 주고 있고, 다른 등장 동물은 도덕적 교훈 및 실천의 대리 모델로서 주제 전달의 효과를 높이고 있다고 분석하였다.

3) 플 롯

플롯(plot)은 이야기 속에서 일어나는 일과 사건들이 전개되는 순서다.[43] 일반적으로 문학을 형식적으로 분석할 때는 플롯을 가장 중요하게 여기면서 이 플롯을 등장인물의 성격과 주제가 구현되기 위한 하나의 기틀로 보고 있다.

잘 쓰인 작품의 플롯은 우리의 흥미를 불러일으키는 갈등과 긴장감과 줄거리를 잘 만들어 낸다. 특히 유아를 위한 그림책의 플롯은 간단한 발단으로 시작하여 이야기가 경쾌하게 전개되다가 절정에 이르러 빨리 만족스러운 결말로 끝나는 점진적 플롯(progressive plot)이 주를 이룬다. 이러한 플롯은 명확하고 만족스러워야 하며, 유머가 있어야 하고, 지나치게 감상적(sentimentalism)이지도 않고, 갈등을 해결하거나 교훈을 강조하기 위해 작위적으로 우연성을 남발해서도 안 된다.

갈등을 해결하는 것이 결국은 플롯의 결말 부분이 되는데, 갈등이 어떻게 해결되는가를 보기 위해서 독자는 이야기의 끝부분까지 읽게 된다. 플롯의 가장 중요한 면으로서의 갈등은 다음의 네 가지, 즉 다른 사람과의 개인적 갈등, 사회와의 갈등, 자연과의 갈등 그리고 자신과의 갈등 중에서 하나를 택하게 된다.

다른 사람과의 개인적 갈등은 두 사람의 등장인물이 하나의 같은 목표를 위해 싸우는 것으로 『빨간 모자』 등이 그 좋은 예가 된다. 사회와의 갈등은 주인공이 살고 있는 사회의 주류를 이루는 규범이나 가치에 대항하여 싸우는 것으로, 미국에서 『1964년 여름』과 같은 인종적 편견을 다룬 이야기들이 여기에 들어갈 수 있다. 자기 자신과의 갈등은 주인공의 마음속에서 일어나는 갈등의 유형으로 『괴물들이 사는 나라』에서 맥스가 재미있게 장난치고 놀고 싶은 욕구와 어머니에게 순종해야 하는 것 사이의 갈등을 그린 것이 좋은 예가 된다.

그림 3-9
『1964년 여름』
데버러 와일즈 (글), 제롬 리가히그 (그림), 느림보.

4) 배 경

이야기가 진행될 때 시간적인 요소와 공간적인 요소가 배경(setting)이 된다. 시간적인 요소는 사실동화의 경우는 주로 작가가 글을 쓰는 시기인 현재가 되고, 역사동화나 전기의 경우는 주로 작가가 생존하기 전 시대인 역사적으로 중요한 어느 특정 시기가 된다. 그러나 환상동화나 공상과학동화에서는 시공을 초월하여 시간도 과거 · 현재 · 미래를 마음대로 왔다 갔다 하는데, 시간과 장소의 묘사를 매우 구체적으로 한다.

상대적으로 유아문학에서 배경 연구는 적은 편이다.

5) 문체 및 언어 표현력

문체(style)는 언어의 사용, 단어의 선택, 문장의 구성과 상징과 관련이 된다. 이러한 문체는 작가가 어떻게 언어를 사용하는지 그 방법들을 생각해 볼 수 있는데, 함축(connotation), 상징(imagery), 비유적 언어(figurative language; 의인화, 직유, 은

유), 과장(hyperbole), 축소(understatement), 암시(allusion), 언어놀이 등이 있다.[44)]그리고 의성어, 의태어, 각운법, 두운법, 리듬처럼 소리를 이용해서 문체에 변화를 주고 유아에게 즐거움을 줄 수 있는 요소들이 있다.

그러나 우화에 쓰인 언어는 무미건조하고 교훈적이어서 간결하기는 하지만 이해하기가 어렵다고 보고하고 있다(심향분, 1995).[45)]

아동문학을 문학요소별로 분석할 때 주제, 인물, 플롯, 배경, 문체 및 언어 표현력 외에도 어조(tone)와 관점(point of view)을 포함할 수 있다.

6. 미술적 접근

유아문학을 연구하는 예술적 접근(artistic approach)에 대하여 러셀(2005)[46)]은 문학을 미술이나 건축, 조각과 음악처럼 하나의 예술형식으로 보고자 하였다. 글을 쓰는 작가도 음악가나 미술가처럼 문학작품을 만들기 위해 단어와 여러 가지 기술들을 동원한다. 그리고 피조물 중에서 예술을 창조하고 사랑할 수 있는 유일한 존재인 인간은 시나 소설을 볼 때 우리의 지성과 감성과 온 마음을 다해 반응하고 사랑해야 하며, 그러한 문학에 대한 사랑을 우리 자신 속에 소중히 간직해야 하고, 우리 자녀들에게도 그 사랑을 길러 주어야 한다고 주장했다.

여기에서는 유아문학을 연구하는 예술적 접근방법을 미술적인 면에 제한을 두고 살펴보고자 한다. 유아를 대상으로 한 문학에서는 그림책을 빼놓을 수 없으며, 그림책 일러스트레이션에 대한 연구가 반드시 이루어져야 한다. 일러스트레이션의 주요 기능은 '본문을 명확히 조명하고 좀 더 이해하기 쉽게 조명하는 것'이다. 중세에는 일러스트레이션을 '일루미네이션(illumunation, 조명)'이라고 불렀는데, 일러스트레이션은 '환하게 만들다' '밝히다'의 의미를 지닌 라틴어에서 유래하였다(Schlevitz, 2017)[47)].

잘 그려진 그림책의 일러스트레이션은 어린이에게 본문의 내용을 잘 이해하게 할 뿐 아니라, 그와 관련된 상상력을 발휘할 수 있도록 구체화해 주며 격려해준다. 유아들 또한 김양선(1996)과 강은진(1997)의 연구에서처럼 아동문학의 모든 장르에서 본문보다는 그림책의 그림에 더 많은 관심을 가진다. 유아들 자신이 작가와 그림작가의 스타일에 대해 알고 있다는 것을 인식하진 못하지만 그러한 요소들과 생각을 표현하고 있음을 보여 주고 있다.

일러스트레이션에 대해서 어린 유아들도 관심을 가지고 있고, 그 교육적 · 심미적 가치가 많이 논의되고 있음에도 불구하고 아동을 위한 책 일러스트레이션에 대해서 다른 의견이 많다. 베텔하임은 일러스트레이션의 무용론을 주장하는 반면에, 룸벨리와 살바도리(Lumbelli & Salvadori)는 그 중요성을 인정하고 있다. 베텔하임(1976)[48]은 다음과 같이 일러스트레이션의 부정적 측면을 강조하고 있다.

> 일러스트레이션은 어린이들에게 도움을 주기보다는 주의를 산만하게 하는데, 왜냐하면 어린이들이 그 자신 생각대로 이야기를 경험하도록 하는 상상력을 빗나가게 하기 때문이다. 일러스트된 이야기는 그 일러스트레이션 대신에 단지 어린이의 고유한 시각적 연상만을 활용하여 자신이 받아들일 수 있는 개성적 의미와 내용의 많은 것들을 잃게 한다.

반대로 아동을 위한 책 일러스트레이션의 필요성을 인정하는 사람으로서 룸벨리와 살바도리(1977)[49]는 직접 교육적 실험을 통해 분석하여 결론을 내렸다.

> 그림책 속의 그림은 본문을 읽기 전에 읽히며, 정보들을 받아들일 때 첫 방향감각의 기능을 수용하고, 본문의 독해를 저지할 수도 있고 선호할 수도 있도록 예견하게 한다. 우리의 교육적 계획 범주 내에서 그래픽 내용은 하나의 보조자, 동반자, 동기화, 집중화로 간주할 수 있으며, 그 동기화와 집중화는 이해하려는 인지적 열의를 향해 탐색하는 것이다.

노들만(Nodelman, 1984)[50]은 어린이를 위한 책 일러스트레이션은 색이 화려해야 한다고 하였다. 추상적이어서는 안 되고, 형태가 크고 명확하며 단순해야 하고, 배경과 혼돈되어서는 안 된다고 주장하였다.

김의숙(1992)[51]은 피노키오 일러스트레이션의 역사가 세계 어린이책 일러스트레이션 역사의 대표적 증거라고 보았다. 그는 100년간의 피노키오에 대한 일러스트레이션을 10년 단위로 뽑아서 관찰 · 분석하면서 어린이를 위한 책 일러스트레이션이 나아가야 할 방향을 제시하였다.

일러스트레이션은 묘사적인 것과 연출적인 것이 있는데, 묘사적 일러스트레이션은 우리나라에서 가장 많이 시도되고 있는 것으로서 "사실에 근거해서 직접적으로 시각화하는 것"이며, 연출적 일러스트레이션은 "글 작가의 주제를 추월하지 않으면서 그림작가의 시각, 표현, 풍자 등을 삽입하므로 심리적 · 상징적 가치를 갖는다(김의숙, 1992)."[52)]

김의숙은 어린이들에게는 연출적 일러스트레이션이 더 가치가 있으며, 현대 예술의 미학에 최대한으로 접근하게 하는 방법이라고 주장한다. 예술가의 자기해석이 수용되므로 더 생생한 감동을 전해 줄 수 있기 때문이라는 것이다.

곽혜신(1996)은 그림책의 일러스트레이션이 갖추어야 할 가장 중요한 요소를 환상성으로 보았다. 환상성은 적절한 생략, 긴장, 본문의 내용에 부합되는 분위기, 창조적 표현 그리고 매체 등의 복합적 요소들과 함께 일러스트레이션을 연출하는 매우 큰 활력소라고 보고 있다. 즉, 환상성은 연출적 일러스트레이션과도 일맥상통한다고 볼 수 있겠다. 이를 잘 갖추고 있는 대표적인 예로 데이비드 위즈너의 『아기돼지 세마리』를 들 수 있다.

우리나라에서 발표된 일러스트레이션에 관한 연구는 그림작가를 분석하거나 그림책을 분석하고 칼데콧 메달 도서를 분석하였으며 의인화에 대한 아동의 기호와 선호도를 검사하였고 실제적인 여러 가지 방법으로 일러스트레이션을 제작 · 발표한 것들이 있다. 최근 들어 팝업을 이용한 그림책 연구가 많아지고 있다.

니콜라예바와 스콧(Nikolajeva & Scott, 2010)[53)]은 글과 그림이 만들어 내는 조합의 다양성을 그림책만의 고유한 매력으로 보고, 글과 그림의 유기적인 메커니즘을 다각도에서 면밀하게 분석하였다.

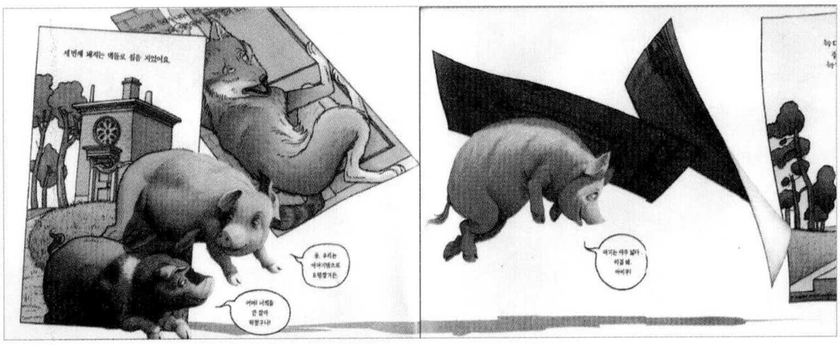

그림 3-10
『아기돼지 세마리』
데이비드 위즈너 (글 · 그림), 비룡소.

7. 문학교육적 접근

유아문학을 연구하는 문학교육적 접근(literature-education approach)은 유아문학의 교육적 가치 연구와 유아문학을 교육현장에서 어떻게 적용할 것이냐에 대한 구체적인 계획과 그 효과 를 다룬 연구라고 볼 수 있다.

우리나라에서는 주로 이야기를 제시하는 방법과 매체(그림책, TV, 만화영화, 비디오, CD-Rom, e-book, 인터넷, 슬라이드 등)에 따라 이야기 이해도와 회상능력과 추론능력, 언어능력, 수 개념, 창의력, 신체 표현, 그림 그리기, 정서, 읽기 흥미, 친사회적 행동과 조망능력 등에 어떤 차이를 보이는지를 연구한 논문들이 상대적으로 많이 나왔다. 이야기에 관련된 활동의 교수 방법이나 교사의 질문 유형에 따라 창의성과 이야기 이해도 및 회상능력이 어떻게 다른지를 연구한 논문들이 많다.

유아문학교육에 관한 관심은 1920년대의 방정환에서부터 나타나고 있음을 볼 수 있는데, 체계적으로 여러 학자의 관점을 모은 것은 김요섭이 『아동문학사상 5권』에서 특집으로 엮은 『문학교육의 건설』[54]이 시작이 아닐까 한다. 이 특집에는 홍웅선의 '치료적인 읽기로서의 문학', 이상금의 '교육학에서 본 아동문학', 김요섭의 '문학적 창조와 교육적 가치', 곽복록의 '체험적 문학교육론', 이재철의 '대학의 아동문학강좌'와 전규태의 '문학교육의 단계'가 게재되어 교육현장에서 문학의 도덕적인 측면만을 중시하는 경향을 우려하고 있다. 이들은 문학교육이 어디까지나 문학 활동을 경험시켜 주고 기꺼이 문학적 체험을 터득하게 해 주는 일이 중요하다고 보았다. 문학교육은 모국어의 아름다움에 감동하도록 도와줘야 하며, 독자의 신선한 상상력을 자극해야 한다고 주장한다. 나아가 문학교육의 올바른 발전을 위해 애써야 할 여러 방향을 제시하고 있다.

요즘은 문학교육적 접근에서 좀 더 나아가 치료적 접근에 관한 연구도 활발하다. 유아문학이 가지고 있는 치료적 힘을 잘 활용한 독서치료에 대한 내용은 제15장에서 자세히 다룰 것이다. 서정숙과 김주희(2018)[55]는 자녀와 함께 그림책을 보는 부모를 위한 책을 펴냈다. 다섯 개의 주제로 나눠 그림책을 소개하고 부모와 자녀가 함께하는 그림책 토크를 곁들였다.

미주

1) 이상섭(1995). 문학연구의 방법: 그 한국적 적용을 위한 개관. 탐구신서, 57. 탐구당.
2) Russell, D. L. (2005). *Literature for children: A short introduction* (5th ed.). Boston, MA: Allyn & Bacon, Pearson Education, Inc.
3) 김상욱(1993). 신비평과 소설교육: 소설교육론. 평민사.
4) 권혁준(1997). 문학이론과 시 교육. 박이정.
5) 권혁준(1997). 문학이론과 시 교육. 박이정.
6) 강현국(1998). 반응중심 문학론의 시 교육 적용 연구. 대구교육대학교 교육대학원 석사학위 청구논문.
7) Chambers, A. (1983). *Introducing books to children*. Boston: The Horn book.
8) Rosenblatt, L. M. (1978). *The reader, the text & the poem: The transactional theory of the literary work*. Cabondale, IL: Southern Illinois University Prees.
9) 김현희 외(1999). 환상 그림책으로의 여행. 한국어린이문학교육연구회. 다음세대, p. 104.
10) 경규진(1993). 반응중심 문학교육의 방법 연구. 서울대학교 대학원 박사학위 청구논문.
11) 김현희(1993). 아동의 문학작품에 대한 반응: 이론적 고찰. 양옥승 편. 탁아연구 II: 교육적 접근. 양서원.
12) Many, J., & Cox. C. (Ed.) (1992). *Reader stance and literary understanding: Exploring the theories, research, and practice*. Norwood, NJ: Ablex Pub. Co.
13) 김현희(1993). 아동의 문학작품에 대한 반응: 이론적 고찰. 양옥승 편. 탁아연구 II: 교육적 접근. 양서원. pp. 85-117.
    김현희 외(1999). 환상 그림책으로의 여행. 한국어린이문학교육연구회. 다음세대.
14) 이상섭(1995). 문학연구의 방법: 그 한국적 적용을 위한 개관. 탐구신서, 57. 탐구당. pp. 11-12.
15) 마해송 글, 유애로 그림(1997). 바위나리와 아기별. 길벗어린이.
16) 류재수(1989). Ezra Jack Keats를 통해 본 우리나라 그림책의 리얼리티에 관한 연구. 홍익대학교 교육대학원 석사학위 청구논문.

류재수(1997). 뒷골목 아이들의 아름다운 이야기: 그림책 작가 에즈라 잭 키츠의 생애. 그림책의 새로운 문화를 열자. 제2회 그림책 일러스트레이션 워크숍.

17) 이성실(1998). 그림책 작가 연구 Ⅰ. 모리스 센닥, 꿈이 더 필요한 세상. 98 겨울연수자료집. 사단법인 어린이도서연구회.
18) 최지혜(1998). 그림책 작가 연구 II. 에즈라 잭 키츠-Ezra Jack Keats, 꿈이 더 필요한 세상. 98 겨울연수자료집. 사단법인 어린이도서연구회.
19) 김성은(1998). 토미 웅거러의 그림책 세계: 크릭터, 세강도, 제랄다와 거인을 중심으로. 동화 읽는 어른, 71(98. 4). 사단법인 어린이도서연구회.
20) 신명호(1994). 그림책의 세계-시각 표현의 변천과 가능성. 계몽사.
21) 나카가와 모로코 글 · 그림(2003). 그림책은 작은 미술관. 신명호 옮김(2006). 주니어김영사.
22) 이상금 엮음(1996). 어린이 그림책의 세계. 한림출판사.
23) 이상금(1998). 그림책을 보고 크는 아이들. 사계절.
24) 김현희 외(1999). 환상 그림책으로의 여행. 한국어린이문학교육연구회. 다음세대.
25) 현은자, 김세희(2005). 그림책의 이해 I, II. 사계절출판사.

26) 정병규(2018). 우리 그림책 작가를 만나다. 보리.
27) Read, H. (1951). *Collected essay in literacy critism*. Lodon: Faber, p. 23. 이상섭(1995)에서 재인용.
28) Read, H. (1951). *Collected essay in literacy critism*. Lodon: Faber, p. 37. 이상섭(1995)에서 재인용.
29) Read, H. (1951). *Collected essay in literacy critism*. Lodon: Faber, pp. 129-130. 이상섭(1995)에서 재인용.
30) Jones, E. (1947). *Hamlet*. Lodon: Vision Press. 이상섭(1995)에서 재인용.
31) 김희경(1992). 명작동화의 매력. 교문사.
32) Bettelheim, B. (1976). *The uses of enchantment: Meaning and impotance of fairy tales*. New York: Knopf. 김옥순, 김주옥 옮김(1998). 옛이야기의 매력 1, 2, 시공주니어.
33) Russell, D. L. (2005). *Literature for children: A short introduction* (5th ed.). Boston, MA: Allyn & Bacon, Pearson Education, Inc.
34) 이병욱(2014). 프로이트와 함께하는 세계문학일주, 학지사, pp. 350-358.
35) Marie-Louise von Franz (1978). *Introduction to the Psychology of Fairy Tales*. 홍성화 옮김(1986). 동화심리학. 교육과학사.
36) Russell, D. L. (2005). *Literature for children: A short introduction*. New York: Longman, p. 201.
37) Simmons, B. (1976). *Teacher, beware of sex-stereotyping*. Childhood education, 52, 192-196.
38) Derman-Sparks, L. (1989). *The anti-bias curriculum*. Washington, D.C.: NAEYC. 성구진(1994), pp. 35-37에서 재인용.
39) 김현희(1996). 유아를 위한 문학교육지도의 이론과 활동: 이론적 접근. 유아를 위한 문학교육지도의 이론과 실제. 한국유아교육학회 광주 전남지회 96년도 여름 워크숍 자료.
40) 박선희, 김현희(2020). 아동문학. 방송통신대학교출판부. p. 96.
41) 최운식, 김기창(1988). 전래동화 교육론. 집문당.
42) 여영택(1964). 전래동화의 연구. 국어국문학 제27호. 국어국문학회.
43) Lukens, R. J. (2003). *A critical handbook of children's literature* (7th ed.) Boston, MA: Allyn & Bacon, Pearson Education, Inc.
44) Lukens, R. J. (2003). *A critical handbook of children's literature* (7th ed.) Boston, MA: Allyn & Bacon, Pearson Education, Inc.
45) 심향분(1995). 이솝 우화의 아동문학 교육적 가치에 관한 연구. 성균관대학교 대학원 석사학위 청구논문.
46) Russell, D. L. (2005). *Literature for children: A short introduction* (5th ed.). Boston, MA: Allyn & Bacon, Pearson Education, Inc.
47) Schlevitz, U. (1985). *Writing with Pictures: How to write and illustrate children's books*. 김난령 옮김(2017). 그림으로 글쓰기, p 128, 다산기획.
48) Bettelheim, B. (1976). *The uses of enchantment: Meaning and impotance of fairy tales*. New York: Knopf. 김옥순, 김주옥 옮김(1998). 옛이야기의 매력 1, 2, 시공주니어.
49) Lumbelli, A., & Salvadori, M. (1977). 이야기들의 이해: 유년의 학교에서 일러스트레이션 이야기들을 사용하는 방법. Milano: Feltrinelli. 김의숙(1992)에서 재인용.
50) Nodelman, P. (1984). 그림책들은 이미지와 표식에서 어떻게 작용하는가?. Califonia: H. Darling & P. Neumeyr. 김의숙(1992)에서 재인용.

51) 김의숙(1992). 피노키오와 그의 시각적 전달. Accademia di belle arti di Brera Milano(밀라노 국립 예술 아카데미 브레라) Laurea 논문.
52) 김의숙(1992). 피노키오와 그의 시각적 전달. Accademia di belle arti di Brera Milano(밀라노 국립 예술 아카데미 브레라) Laurea 논문, p. 59.
53) Nikolajeva, M., & Scott, C. (2001). *How picturebooks work*. 서정숙 외 옮김(2011). 그림책을 보는 눈: 그림책의 분석과 비평. 도서출판 마루벌.
54) 김요섭 편(1971). 문학교육의 건설. 아동문학사상 5집. 보진재.
55) 서정숙, 김주희(2018). 그림책에게 배웠어: 현명한 엄마를 위한 그림책 수업, 샘터.

요약

유아문학 연구는 비평하는 방법을 다루는 것이다. 유아문학을 어떤 관점에서 연구할 수 있는지를 제시한다. 첫째, 독자 반응의 중요성을 강조하여 비평하는 상호 교류적 접근이다. 둘째, 작가가 누구인지, 작가의 작품을 쓴 의도와 작품에 영향을 끼친 정치·사회적 상황 등을 연구하는 역사적 접근이다. 셋째, 작품의 심리적 함축과 암시를 정신분석적 혹은 분석심리적으로 연구하는 정신분석적 접근이다. 넷째, 성(性)이 작가와 독자에게 어떤 영향을 미치는가를 관찰하는 남녀평등적 접근이다. 다섯째, 문학 요소별로 작품을 분석하며 관찰하는 문학형식적 접근 그리고 미술적인 접근과 교육적 가치와 적용을 연구하는 문학교육적 접근이다.

연구문제

01 로젠블랏의 상호교류이론을 설명하시오.

02 역사주의적 접근의 핵심적인 영역을 기술하시오.

03 정신분석적 접근의 3대 분야에 대해 간단하게 설명하시오.

04 성차별이 없는 동화책을 선정할 때 고려할 점을 설명하시오.

05 그림책 한 권을 플롯 면에서 분석해 보시오.

제4장

유아문학의 역사

요즈음 책방에는 수없이 많은 아동도서가 진열 · 판매되고 있다. 그중에는 새로 나온 창작물도 많이 있고 과거에 나온 책들이 재발간되고 있기도 하다. 또 몇십 년 전에 읽혔던 이야기가 현재에도 역시 재미있게 읽히고 있는가 하면 이미 잊힌 이야기도 있다. 우리는 이러한 책들을 보면서 유아문학이 언제부터 시작되었는지 알아야 할 필요를 느낀다. 우리나라나 다른 나라의 아동문학이 처음부터 어린이를 위해 쓰인 것은 아니었다. 각 나라 민족들은 이 세상, 자연현상과 가족 그리고 종족의 기원에 대해서 그들 나름대로 설명들을 가지고 있었다. 그리하여 원시시대의 씨족사회에서는 족장이나 연장자들이 항상 전승문학의 전수자 역할을 하였다. 그들은 어른들에게 자연현상과 세상의 기원에 대하여 그리고 용감한 탐험과 모험에 대하여 얘기했고, 아이들은 어른들 속에서 그 얘기를 들었을 것이다.

직업적으로 이야기하는 사람들이나 음유시인들은 이러한 이야기들을 각색하여 서사시나 영웅담으로 만들었다. 그래서 활자화되지 않은 전승문학은 점점 다듬어지게 되고, 이러한 이야기를 활자화하기 위하여 함께 모으기 전까지는 수세기 동안 입에서 입으로 전해 내려왔다. 아이들도 어른과 같이 그 이야기를 듣고 그들이 들은 이야기 중에서 특히 좋은 이야기들은 선택하여 반복해서 듣고 싶어 했는데, 이것이 각 세대마다 문학을 접하게 된 방법이었다.

오늘날에도 아이들은 어른들의 TV 프로그램을 보며 어른 노래를 듣고 어른을 위한 코미디 등을 본다. 유아는 어른들의 것에서 자신들이 이해할 수 있고 좋아하는 것들을 적절히 선택하여 즐긴다. 이러한 맥락 안에서 유아문학의 역사를 한국 아동문학과 외국 아동문학으로 나누어 그 역사적 변천 과정을 살펴보고자 한다.

1. 한국의 아동문학 역사

우리나라의 아동문학 역사는 연구자들에 따라 그 시대적 분류를 조금씩 달리하고 있다. 학자에 따라 고대의 설화문학시대에서부터 근대, 현대 아동문학시대까지 분류하기도 하고(이상현, 1987),[1] 갑오경장을 기점으로 분류하기도 한다(석용원, 1982).[2] 이재철(1983)[3]은 크게 아동문화운동시대와 아동문학운동시대로 나누어 이를 다음과 같이 세분화하였다.

- 아동문화운동시대(1908~1945년)
  - 아동문학의 태동 · 초창기(1908~1923년)
  - 발흥 · 성장기(1923~1940년)
  - 암흑 · 수난기(1940~1945년)

- 아동문학운동시대(1945~1988년)
  - 광복 · 혼미기(1945~1950년)
  - 통속 · 팽창기(1950~1960년)
  - 정리 · 형성기(1960~1976년)
  - 전환 · 발전기(1976~1988년)

이 절에서는 이재철(1989, pp. 449-458)의 분류를 중심으로 아동문화운동시대와 아동문학운동시대로 구분하여 각 시대별 특징을 고찰해 보고자 한다. 이재철의 분류 이후, 즉 그림책의 양적인 성장이 두드러진 1988년부터 2000년까지와 21세기를 살피고자 한다.

1) 아동문화운동시대[4)]

한국 현대 아동문학은 한국 근대사의 여러 특수성을 배경으로 하였기 때문에 문학운동으로서의 자각적인 출발이 있기 전에 과도기적 계몽 기간을 갖게 되었다. 우선 아동문학은 문학으로서의 자각보다는 아동의 인권 회복을 위한 감성 해방과, 개화 · 계몽 사상과, 모국어를 통한 민족의식을 고취하려는 문화운동이 바로 문학운동이었다.

(1) 태동 · 초창기(1908~1923년) – 아동문학운동의 발아기

최남선과 이광수의 2인 문단시대(1908~1919)는 근대적 아동문학운동에 그 중요한 기반을 제공하였다. 특히 최남선이 19세 때 펴냈던 『소년』은 신문학의 기원을 이루었으며, 우리나라 최초의 근대적 종합 교육지이자 그 내용과 정신에 있어 아동문학 잡지의 효시였다. 창간사의 구호처럼 "우리 대한(大韓)으로 하여금 소년의 나라로 하라…."는 취지문에 충실한 아동지였다.

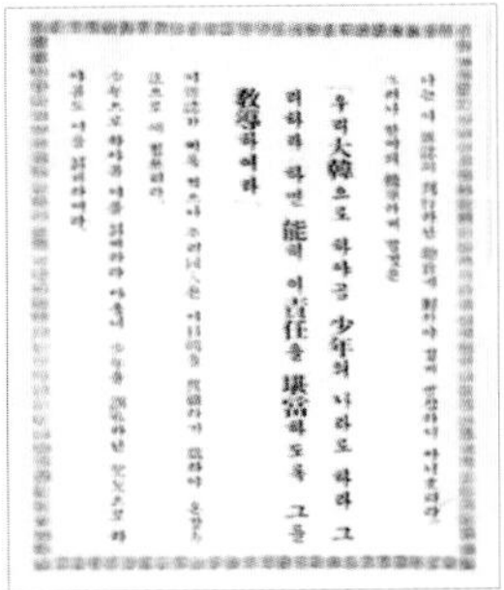
「우리大韓으로 하야금 少年의 나라로 하라 그러하랴 하면 能히 이責任을 堪當하도록 그를 敎導하여라

그림 4-1
1909년 7월에 발간된 『소년』의 창간사

그 내용 또한 소년의 읽을거리가 많았던 아동 교양물이어서 대부분의 소설류가 아동물인 『거인국 표류기』 『이솝 이야기』 『로빈슨 무인절도 표류기』 『어른과 아이』와 같은 번안물이었다.

특히 주목할 만한 사실은 오늘날 신체시의 기점으로 삼는 「해에게서 소년에게」가 여러 면에 걸쳐 과도적 소년시(정형동시)였고, 2호에 게재된 「우리 운동장」은 선구적 창작동요였다는 점이다.

우리로 하여금 픗뽈도 차고
우리로 하여금 경쟁도 하야
생(生)하야 나오난 날쌘 기운을
내뿜게 하여라 펴게 하여라.

그리고 이런 『소년』지의 소년 문학적 성격은 그 뒤를 이어 나온 최남선의 『붉은 져고리』(1913, 통권 12호), 『아이들 보이』(1913~1914, 통권 12호), 『새별』(1913~1915,

통권 16호) 같은 본격적 아동잡지에 이르러 한층 구체화되었다. 『붉은 져고리』는 제목은 물론 한글을 중심으로 한 동화 · 동요 · 우화와 같이 분명한 장르로 작품 구분을 함으로써 순수한 아동잡지임을 과시했다. 최남선은 『아이들 보이』 제12호(1914. 8) 광고문에서 『붉은 져고리』를 '우리 아동문학의 선구자'로 자처하였다.

역시 최남선에 의해 1913년 9월에 간행된 『아이들 보이』는 우선 목차부터 순 한글로 표현한 순수 어린이 잡지였는데, 특히 소년 문단격인 『글느기난』은 소년문학과 신 문장 건립 운동에 크게 이바지했다. 그리고 12호에 발표된 「남잡이와 저잡이」는 최초의 근대적 동화요로서, 또 「검둥이와 센둥이」라는 동화문장으로서 잡지의 아동문학적 선구성을 한층 선명히 하였다.

태동기의 아동문학을 정리해 보면 다음과 같다.

첫째, 1910년을 전후하여 나타난 신문화운동의 모태인 신문과 잡지가 개화와 계몽을 표방하는 교육지나 종합 교양지였으므로 아동문화운동의 배경이 될 수 있었다.

둘째, 『독립신문』 『소년』을 처음으로 하여 잇달아 나온 『붉은 져고리』 『아이들 보이』 『새별』 같은 잡지는 순수한 아동잡지였다.

셋째, 『소년』은 소년적 대우를 받고 소년적 의식을 가졌다.

넷째, 과도기적 상황으로 내용면에서는 신구사상을 병행하였으며, 형식 면에서도 한문 숙어 중심의 표현이 남아 있었다.

다섯째, 개화 가사와 창가가 여전히 고가사의 옛 투를 답습했으나, 신체시(정형

1913년 1월에 발간된 『붉은 져고리』 창간호

1913년 11월에 발간된 『아이들 보이』

1915년 1월에 발간된 『새별』

그림 4-2 아동문화운동시대(태동 · 초창기)의 아동잡지

동시)와 변조창가(동요)를 발생시켜 동시 · 동요의 온상이 되었다.

여섯째, 한국 아동문학은 최남선의 태동기에서 방정환의 발홍기(勃興期)로 성장할 수 있었다. 따라서 『소년』지부터 방정환의 출현까지 약 20년간은 우리 아동문학사로서는 아동문화운동의 태동기이자 아동문학운동의 발아기라고 할 수 있다.

(2) 발흥 · 성장기(1923~1940년)

초창기 아동문학은 소파 방정환에 의해 본격적인 출발을 하게 되었다. 『어린이』(1923~1934, 통권 122호)지를 출간하면서 동요 황금시대와 아동잡지의 전성기를 이루어 그가 작고할 때까지 전기 아동문화운동을 주도하였다. 이것은 3 · 1운동 이후의 정치 · 문화적 배경 속에서 발흥하였는데, 방정환은 1922년 5월 1일 어린이날을 제정할 것을 주창하고, 그해 최초의 세계 명작동화집 『사랑의 선물』을 다음과 같은 서문을 붙여 번안 출간하였다.

> "학대받고 짓밟히고 차고 어두운 속에서 우리처럼 또 자라는 어린 영을 위하야 그윽히 동정하고 앗기는 사랑의 첫 선물로 나는 이 책을 짜었습니다."

나아가 1923년 3월에 우리나라 최초의 본격적인 아동문예지이자, 전기 아동문화운동을 주도한 『어린이』지를 창간하였다. 이로써 아동 인권의 역사적 회복을 의미하는 '어린이'라는 호칭을 보편화시켰으며, 『어린이』는 동요 · 동화 · 극본 등 분

1923년에 발간된 『어린이』 창간호

1923년 12월에 발간된 『신소년』

1934년 9월에 발간된 『별나라』

그림 4-3 아동문화운동시대(발흥 · 성장기)의 아동문예지

명한 장르 의식을 확립하고, 동요 황금시대를 이루었다. 이때의 유능한 신인 동요 작가로는 서덕출, 윤석중, 이원수, 윤복진, 최순애, 박영종 등이 배출되었다.

『어린이』지 창간을 전후한 1920년대는 동요와 더불어 아동잡지의 전성기였는데, 『신소년』(1923~1934), 『새벗』『아이생활』『별나라』 등이 큰 비중을 차지하였다. 『아이생활』지는 기독교 전도의 성격을 띤 아동잡지였으며, 『별나라』지는 사회주의적 계급의식을 철저히 나타낸 잡지였다. 특히 주목할 만한 사실은 여러 아동잡지에 등장한 많은 집필가들이 사회·문화운동가, 종교인, 언론인, 독립투사였다는 점으로, 이 시대의 아동문학운동이 독립운동적·민족적 문화운동이었음을 다시 한 번 증명해 주었다.

전기 아동문화운동의 문예사조는 주관적 동심주의, 사회적 현실주의 그리고 선교적 교양주의로 크게 구분되었다. 1930년대의 정치적·사회적 자아의 재발견과정은 창작동화에 마해송, 생활동화에 이구조, 소년소설에 최병화, 노양근과 같은 유능한 작가를 배출하게 하였다. 1932년에 현덕은 첫 동화 『고무신』을 발표하였는데, 이것은 카프의 한계를 극복하고 진정한 문학적인 체계를 보여 주었다. 즉, 카프 문학의 지나친 계급 지향성과 목적 지향성에 편향되어 동심의 눈을 상실한 것에 대한 대안을 제시한 것이다.

동요에서 동시로 진전하게 되는 과정에서 1930년대에 시적 동요 → 정형동시 → 자유동시의 순으로 발전되어 갔다. 그 무렵 윤석중에 의하여 우리나라의 최초의 개인 동시집 『잃어버린 댕기』(1931)도 나오게 되었다.

마해송 동화집 『떡배 단배』에 실린 「바위나리와 아기별」(좌)과 단행본으로 출간된 그림책 『바위나리와 아기별』(우)

그림 4-4 바위나리와 아기별

산문문학은 동요 · 동시에 비하여 대부분이 전래동화를 개작하는 옛이야기의 형태를 벗어나지 못하고 있었다. 그러나 마해송이 「바위나리와 아기별」(1923)이라는 최초의 순수 창작동화를 『새별』지에 발표한 후, 두 번째 창작동화집인 『해송동화집』(1934)을 냈다. 그리고 노양근이 『어깨동무』(1942), 이구조가 단편 아동소설집인 『까치집』(1940)을 낸 후 동화 · 소년소설 · 생활동화의 한 유형을 각각 제시하게 되었다.

(3) 암흑 · 수난기(1940~1945년)

이 시기의 아동문학은 1940년 『소년 조선일보』가 폐간된 것을 시발점으로 거의 진공 상태였으며, 당시 아동문학의 마지막 교두보였던 『아이생활』도 선교사의 도움으로 그 명맥을 유지하다가 결국은 1944년 폐간되어 버렸다.

아동문화운동시대(1908~1945)의 문단은 문학적 수준으로 보아서는 일본 아동문학의 영향과 문학 이전의 상태를 면하지 못했지만, 본격문학에 선행되는 과도기 문학운동으로 매우 중요한 과정이었다.

2) 아동문학운동시대(광복 이후)[5]

광복을 맞이하면서 아동문학은 비로소 문화운동의 차원에서 벗어나 새로운 문학으로서의 아동문학을 위한 운동이 전개되었다. 광복 전의 아동문학이 우리말과 우리글을 통한 민족주의적 · 사회적 문화운동이었다면, 광복 후의 아동문학은 본격문학으로서 성장하기 위한 아동문학 · 아동해방운동이라고 볼 수 있다.

(1) 광복 · 혼미기(1945~1950년)

1945년 광복과 더불어 정치, 경제, 사회 등 모든 분야에 걸친 혼란 상태가 지속되는 동안 아동문학 역시 이러한 격동기의 영향을 받지 않을 수 없었다. 그리하여 아동문학계도 좌파와 우파로 분열된 채 혼란 상태에 빠져 있었으며, 출판계도 마찬가지였다. 그러나 아동 문단에 나타난 좌익 · 우익의 대립 모습은 성인 문단의 그것처럼 그렇게 조직적인 것은 아니었다.

광복 후 잃어버렸던 국어를 다시 찾은 기쁨에서 출판물은 양적으로 급증하게 되

윤석중 동요집『초생달』 1947년 9월에 발간된『새동무』 1948년 4월에 발간된『아동』

그림 4-5 아동문학운동시대(광복 · 혼미기)의 아동문학 작품

었는데,『소년』(1948~1950) 등의 우익잡지와『별나라』(1945) 등의 좌익 잡지,『아동문학』(1948) 등의 아동문학 전문지가 문화운동적 요소 또는 사상의 합리화를 위한 선동적 요소를 제각기 표명하였다.

단행본 종류 역시 조악물의 범람과 만화의 위세로 혼란의 양상은 동일했다. 그러나 윤석중의『초생달』(1946) 등 동요 · 동시집과 마해송의『토끼와 원숭이』(1946)와 이주홍의『못난 돼지』(1946) 등의 동화와 아동소설집의 출간은 대부분 광복 전의 작품을 수록하거나 고친 것이지만 정리와 지양을 의미했다는 점에서 그 의의가 컸다.

이 시기의 여러 특성을 종합해 보면 율문문학(律文文學)의 쇠퇴와 산문문학의 완성을 들 수 있다. 이 시기 산문의 가장 두드러진 현상은 철저한 소설적 골격을 바탕으로 한 본격적인 소년소설이 처음으로 성인 소설가 방기환 등에 의하여 대두되었다. 동화문학의 경우 마해송과 이원수에 의한 최초의 장편동화 탄생, 사실동화의 유행으로 인한 장르의 다양화, 구성상의 합리성과 환상성의 중시로 동화의 수준이 향상되었다.

마해송, 이주홍의 풍자문학 시도와 이원수의 동화에 대한 관심을 바탕으로 신예 김요섭의 등장은 이 시기 산문문학의 질적인 팽창을 확인하는 것으로서, 특히 1960년대의 본격 동화운동과 깊은 맥락을 갖게 하였다.

(2) 통속 · 팽창기(1950~1960년)

이 시기에는 한국전쟁이라는 정치적 · 사회적 혼란으로 인하여 출판시설이 파괴

강소천의『꽃신』

이원수의『숲속 나라』

신지식의『감이 익을 무렵』

그림 4–6 아동문학운동시대(통속 · 팽창기)의 아동문학 작품

되었다. 그 결과 발표 기회를 확보하기 위해서는 말세적 향락 풍조에 빠진 대중과 영합할 수밖에 없어서 불가피하게 이 시대의 아동문학은 통속 대중화의 와중으로 들어가게 되었다.

1952년을 기점으로 환도 이전에 창간된 어린이 잡지들인『소년세계』『새벗』『학원』은 공통적으로 아동 읽을거리의 특수성을 띠고 나온 아동지였다는 특성을 가졌다. 환도 후 어린이 잡지의 격증은 통속화 현상을 그대로 보여 주었다고 볼 수 있다.

그러나 순수 아동문학가들의 활동도 꾸준히 계속되어 1950년대의 3가(三家) 동시인으로 손꼽히는 최계락, 이종택, 이종기가 등장하여 1960년대 순수 본격 동시 운동의 기초를 마련하는 데 획기적 역할을 담당하게 되었다.

강소천, 마해송, 이원수, 김요섭, 신지식 등의 동화작가 작품과 주평의 동극집『파랑새의 죽음』(1958) 같은 것들이 순수 아동문학의 맥을 이어 주었다.

통속 · 팽창기의 특징을 문학사적으로 종합해 본다면 첫째, 1950년대의 문학만이 전체 문학사를 통해 유일하게 발전적 측면보다는 저해적 측면이 강했고, 둘째, 1950년대 한 시대의 문학으로서 독립된 의미보다는 1960년대 본격 문학운동의 교량적 성격이 강하여 과도기적 특성을 나타냈다고 볼 수 있겠다.

(3) 정리 · 형성기(1960~1976년)

1950년대 말기에 뚜렷한 변모를 보이기 시작한 현대적 문단의 형성은 유능한 신인의 등장, 각종 문화단체의 결성, 잡초 제거 시비 논쟁 등의 문단 기풍과 함께

1960년대로 넘어가게 되었다. 이러한 문단의 흐름은 4·19혁명과 합세하여 정신적 기초가 풍부하게 되면서 자각과 반성이 일어나 본격 문단이 형성되었다. 문단 형성 배경은 네 가지 요인으로 압축해 볼 수 있다.

첫째, 신인의 등장과 문단 풍토의 개선, 둘째, 동인 중심의 문학단체 결성, 셋째, 출판물에 의한 정리 작업, 넷째, 문학상 제정과 발표 무대의 확장이다. 특히 4·19 혁명 이후 『한국 아동문학독본』(전 10권, 1962, 을유문화사), 『한국 아동문학전집』(전 12권, 1964, 민중서관), 『강소천 아동문학전집』(전 6권, 1964, 배영사), 『소파 아동문학 전집』(전 6권, 1969, 삼도사) 등 개인 전집 및 세계 명작까지 시리즈로 출판되면서 작가의 창작 의욕을 높이고 질적 향상을 꾀하게 되었다. 1960년대 중반기에 들어서 소천 아동문학상(1965), 해송 동화상(1967), 세종 아동문학상(1969), 한정동 아동문학상(1969) 등이 제정되었다.

이 시기의 본격 문학운동은 동시 분야에서 괄목할 만한 변화를 보여 주었다. 주로 동시인 동인회(童詩人同人會, 1966)를 중심으로 이루어졌는데, 언어 감각의 혁신, 이미지 중심의 시어 결합, 시의 형식미 탐색 등과 같은 기교 개발에 그 가능성을 타진하였다. 그러나 이러한 실험적 과감성이 지나치게 강조되면서 난해성의 문제점이 노출되어 독자와 거리가 멀어지게 되는 문제점을 남기게 되었다. 1970년대에 들어서면서 난해성의 극복 문제가 검토되고, 동시가 '아동을 위한 시'라는 쪽으로 접근하여 독자층을 점점 넓혀 나갔다.

1970년대 무렵의 동화는 강한 주제의식이 다양하게 확산되고 있었으며, 특기할 만한 것은 전통성의 재창조가 부각되었다는 것이다. 이 중 서민적 바탕 위에서 문학 본질을 추구하려는 이영호, 권정생의 작품이 두드러진다.

그림 4-7
『아동문학사상』 8호 표지
『전래동화의 세계』

1970년대의 또 다른 특징은 아동문학평론이 이 시기에 당면한 문제에 대한 치열한 논쟁을 유발하여 아동문학사상 새로운 전기를 마련하였다는 것이다. 본격 평론으로 자리 잡히지는 못했지만, 1970년 김요섭이 『아동문학사상』을 출간하게 되었다. 1974년까지 10집으로 폐간되기는 했으나, 『환상과 현실』 『창작기술론』 『안데르센 연구』 『동요와 시의 전망』 『전래동화의 세계』 등의 특집을 통해 한국 아동문학의 이론적 기초를 마련하는 데 큰 공헌을 하였다. 평론 전문지인 계간 『아동문학평론』(1976)과 순수 아동문학 작품으로 꾸며진

『아동문예』(1976)가 창간되어 아동문학인의 작품 활동에 큰 전기가 되었다.

이 시기에 잦아진 아동문학 세미나를 통해 발표된 주제들은 뜨거운 논쟁을 하게 되었다. 그 예로서 1974년 이오덕의 '시정신과 유희정신' '동시란 무엇인가'에 대하여 이상현이 '동시의 기능분화'로 반박하였으며, 이오덕의 '진실과 허상' '부정의 동시'에 대하여 이상현이 '네거티브적(的) 시론을 추방한다'로, 이오덕의 '아동문학의 서민성' '동심의 승리'에 대하여 박경용이 '제거되어야 할 부정적 요인'으로 반박하였다. 이러한 맥락에서 이상현[6]은 1970년대의 문학을 '비평논쟁시대'라고 하여 시대 특징을 밝혔었다.

(4) 전환 · 발전기(1976~1988년)

1970년대 중반 이후 10년간의 아동문학은 문학 본질은 물론 문단의 환경에서도 새로운 바람이 일었고, 그 풍토가 변화되면서 바람직하게 정착되어 갈 낙관적 분위기가 무르익고 있었다.

1971년에 아동문단이 한국아동문학가협회와 한국아동문학회로 양분된 후, 1979년에 새로운 단체인 한국현대아동문학가협회가 창립되면서, 아동문학 문단은 삼분되어 아동문학을 위하여 활동을 계속하였다. 또 1976년에 『아동문학평론』과 『아동문예』가 창간되었다.

이 시기의 두드러진 특징 중 하나는 출판사들이 국내 전문 아동문학가들의 창작집을 발간하기 시작하여, 창작동화와 아동소설의 전집을 기획하고 제작하였다는 점이다. 그 예로서 『창비 아동문고』(창작과 비평사), 『한국 아동문학총서』(아동문예사), 『웅진 아동문고』(웅진출판), 『소년소녀 한국 창작동화』(아동문학사), 『이원수 아동문학전집』(전 30권, 1984, 웅진출판), 『한국 아동문학 대표작 선집』(전 30권, 1988, 웅진출판), 『새싹의 벗 윤석중 전집』(전 30권, 1988, 웅진출판) 등이 있다.

동시에서도 새로운 변화의 조짐을 볼 수 있는데, 형태의 다양한 시도가 이루어져서 서사시, 동화시, 연작시 등이 나왔다. 연작시 중 대표적인 것은 하청호의 「잠」(1976~1979), 문삼석의 「엄마눈 아기눈」(1978), 김진광의 「시루뫼 마실 이야기」(1986) 등을 들 수 있으며, 권정생의 「무명저고리와 엄마」(1977)는 동화시라고 볼 수 있다. 서사동시로 발표된 박성만의 「지금 싸움이 한창 급하니」(1985)는 이순신 장군의 얘기를 다룬 것으로 우리나라 서사시로서 중요한 위치를 차지하였다.

1970년대 후반부터 이어져 오는 사실동화, 생활작문운동은 농촌 어린이, 근로소년, 도시 서민가정의 어린이 생활을 소재로 저항적 리얼리즘의 문학운동을 전개했다는 점에서 특기할 만하다고 볼 수 있다. 이오덕의 평론집『어린이를 지키는 문학』(1984, 백산서당)은 이들 문학운동의 이론을 살필 수 있는 저서이며, 권정생과 이현주의 동화와 소년소설 그리고 김녹촌 등의 동시인이 갖는 서정성도 주목을 끌었다.

이 시기의 큰 특징으로 아동문학이 학문의 영역에서 확실히 자리를 잡게 된 점도 빼놓을 수 없다. 각 대학의 유아교육학과와 아동학과에서 아동문학 과목을 개설하여 아동문학을 위한 정리가 이루어지기 시작하였다.

(5) 전환 · 발전기 이후(1989~2000년)

이 시기의 특징은 이재철의 분류 마지막 시기와 그 맥을 같이한다고 볼 수 있다. 특징은 그림책의 양적인 성장, 다양한 주제를 다룬 작품의 창작, 동화비평 모임과 독서문화 활동의 보급 등으로 정리할 수 있다. 이를 좀 더 구체적으로 살펴보면 다음과 같다.

첫째, 그림책이 양적으로 급성장했다. 즉, 1970년대 후반부터 조기교육의 중요성이 강조되면서 유아를 위한 도서로 지능 개발이나 영재교육용 또는 학습용 교재와 잡지가 매우 많이 쏟아져 나와 지나치게 지적(知的) 교육에 치우치고 있다는 비판도 나오고 있다. 2000년 전까지는 외국 그림책의 번역 작품이 압도적으로 많았다. 그중에는 외국 그림책을 우리나라 정서에 맞지 않게 번역한 것이 많았고, 번역상 오류도 많아 문제점으로 대두되었다. 우리나라 작가에 의한 더 많은 창작 그림책의 기획과 출판이 절실히 요구되고 있는 가운데 1990년대 이후부터 국내 작가들에 의한 그림책 창작이 활기를 띠기 시작했다.

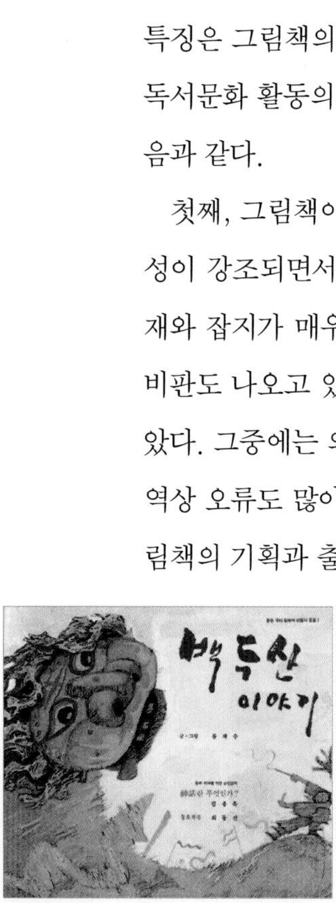

그림 4-8
『백두산 이야기』
류재수 (글 · 그림), 통나무.

류재수가 쓰고 그린『백두산 이야기』와 정승각의『까막나라에서 온 삽사리』등은 우리나라 작가에 의하여 만들어진 훌륭한 그림책으로, 한국적인 정서를 드러내 주는 색감과 문양을 그리고 있어 호평을 받고 있다.

둘째, 다양한 소재와 주제를 다룬 작품들이 창작되었다. 아동을 위한 새로운 경향의 도서로서 아이들의 사고력을 위한 철학동화 시리즈『노마의 발견』, 위기철의 이야기로 익히는 논리학습 시리즈『반갑다, 논리야』, 정채봉의 글과 김복태 그림의 생각하는 동화 시리즈『내 가슴속 램프』(1988, 샘터) 등이 나왔으며, 성교육에 대한 관심이 늘면서 성에 대한 지식을 쉽게 풀이해 주는 성교육동화도 많이 출판되고 있다. 이러한 종류의 책에 대한 평가도 더 성실하게 이루어져야 할 것이다.

그러나 아동의 흥미를 위주로 한 책, 즉 명랑동화 · 괴기동화가 1990년대 초 가장 인기 있는 아동도서로 뽑히기도 하였고, 일본의 폭력적 · 외설적 만화도 무방비 상태로 어린이에게 전달되어 읽히기도 하는 문제점들도 대두된 바 있다.

아동도서의 다른 경향으로는 사회의 개방으로 인하여 북한의 동화『잿빛 토끼와 파란 장화』(1992, 신구미디어), 남북 어린이가 함께 보는 창작동화 시리즈『돌아오지 않는 까삐』(1991, 사계절), 연변 시인 한석윤의 동시집『별과 꽃과 아이와』(1992, 대교출판) 등이 출판되었다.

셋째, 동화를 위한 비평 모임과 독서문화활동이 전개되었다. 그림책을 위한 비평 모임도 어린이들만을 위한 책방인 '초방'을 비롯하여 어린이도서연구회 등 여러 단체에서 활발하게 진행하였다. 어린이에게 어떤 책을 선정해 주는 것이 좋은지에 대한 독서지도에 관심을 가지고 1980년도 초부터 '어린이도서연구회'를 중심으로 꾸준히 독서문화활동이 이어져 오고 있다. 아울러 독서교육에 대한 관심이 점점 높아져서 여러 기관과 대학 내의 사회교육원에 독서교육 전문가를 양성하는 프로그램도 많이 생기게 되었다.

넷째, 국제적인 아동문학집단과 활발하게 교류하기 시작하였다. 무엇보다도 1996년에 국제아동청소년도서협의회(International Board on Books for Young people: IBBY)의 한국지부가 결성되어 국제적인 아동문학 흐름에 접할 수 있게 되었다는 점을 큰 성과로 볼 수 있다. 매해 열리는 서울 국제도서전시회도 수가 한정되어 있기는 하지만 여러 나라의 책을 한곳에서 비교할 수 있는 기회를 제공하고 있다. 아울러 출판사 중심의 아동문학 시상제도인 계몽문학상, 눈높이 아동문학상, 황금 도깨비상도 계속되고 있다.

3) 21세기 아동문학

서정숙, 남규(2005)와 현은자, 김세희(2005)에 따르면, 2000년 이후 우리나라 그림책 시장은 양적인 팽창을 계속하고 있고, 성인 대상 출판사들까지 그림책 출판에 참여하여 그림책 출판사 수가 급증했다. 2000년 이후의 우리나라 그림책의 특징을 몇 가지로 정리해 보면 다음과 같다. 여전히 번역 그림책의 양이 창작 그림책에 비해 높긴 하나, 1990년대에 비해 훨씬 다양한 국가와 작가, 다양한 양식의 작품들이 소개되고 있는 점은 주목할 만하다.

국내 창작 그림책도 기성 작가와 신인을 망라하여 다양한 작가의 개성 있는 작품들이 선보이고 있다. 이 시기의 두드러진 특징은 다음과 같다.

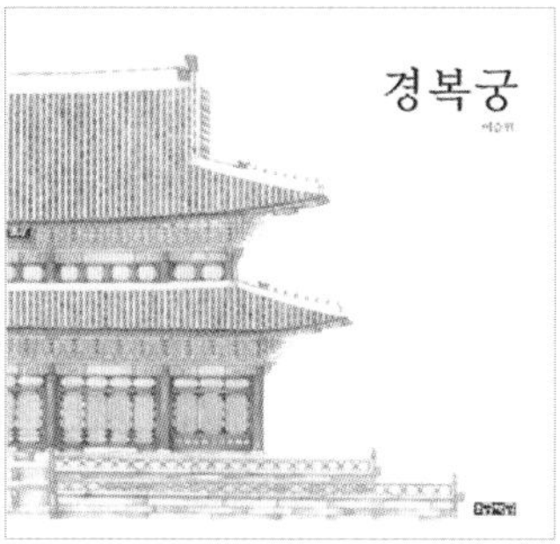

그림 4-9
『경복궁』
이승원 (글 · 그림), 초방책방.

첫째로, 한국 문화와 역사, 정서를 담아내려는 노력을 꾸준히 하고 있다. 그 예로서 『세상을 담은 그림 지도』(최숙희 그림, 2003)와 『수궁가』(이육남 그림, 2003), 『경복궁』(이승원 글 · 그림, 2004), 『설빔, 여자아이 고운 옷』(배현주 그림, 2006), 『임금님의 집 창덕궁』(홍선주 · 달리 그림, 2008), 『돌잔치』(김복태 그림, 2010) 등이 우리나라의 역사와 문화를 소재로 한 작품이다.

둘째로, 옛이야기 그림책을 여러 다른 작가가 계속해서 출판하고 있다. 예를 들면, 여우누이 이야기를 새롭게 해석한 『끝지』(이형진 그림, 2003)와 『호랑이와 곶감』(김환영 그림, 2004), 『해님 달님』(이종미 그림, 2004), 『이야기 주머니 이야기』(이억배 그림, 2008), 『우렁각시』(김용철 그림, 2009), 『감은장 아기』(한태희 그림, 2012) 등이다. 우리에게 널리 알려진 해님 달님 이야기를 이억배는 『오누이 이야기』(2020)로 다시 출간하였다. 글은 꼭 필요한 문장만으로 전개되며 리듬과 운율을 살려야 하는 곳에서 더 간략해지고, 그림은 주조색인 청색을 아낌없이 발라 그렸다.

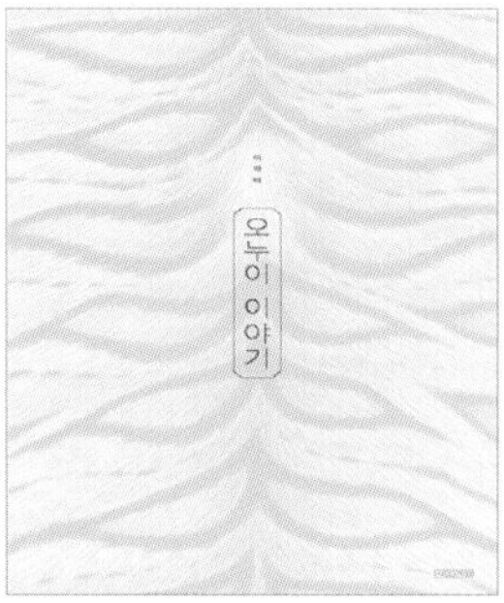

그림 4-10
『오누이 이야기』
이억배 (글 그림). 사계절.

셋째로, 이미 나와 있는 어린이 문학 작품을 그림책으로 다시 선보인 작품도 다수 있다. 현덕의 작품에 이형진이 그림을 그린 『고양이』(2000), 이주홍의 글에 김동성이 그림을 그린 『메아리』(2001), 현동염의 글에 이억배가 그림을 그린 『모기와 황소』(2003), 백석의 시에 김세현이 그린 『준치가시』(2006), 천정철의 시에 이광익이 그린

『쨍아』(2008), 권정생의 글에 김세현이 그린『엄마 까투리』(2008), 권정생 글에 최석운이 그리고 엄혜숙이 해설한『밀짚잠자리』(2019) 등이 그 예다. 특히『넉 점 반』(이영경 그림, 2004)과『엄마 마중』(김동성 그림, 2004)의 경우 그림의 표현이 글 텍스트로부터 자유로워져 원작품과는 다른 새로운 작품으로 재탄생되어 바람직하다는 평가가 많다.

넷째로, 창작 그림책이 양적 팽창과 함께 세계 무대에서 우수성을 인정받기 시작했다는 점도 눈여겨볼 만하다. 류재수의『노란 우산』(2001, 재미마주)과 이호백의『도대체 그동안 무슨 일이 일어났을까?』(2000, 재미마주), 이수지의『파도야 놀자』(2008, 비룡소)가 각각 2002년과 2003년, 2008년에 뉴욕타임즈 '최우수 어린이 그림책'으로 선정되었다. 이호백이 쓰고 이억배가 그린『세상에서 제일 힘센 수탉』(1997, 재미마주)과 류재수의『노란 우산』은 국제아동청소년도서협의회(IBBY)에서 장애인과 사회 · 문화적으로 불평등을 겪는 사람들을 위한 좋은 책을 선정하는 특별 부문의 그림책 분야에 2000년과 2002년에 각각 선정되기도 하였다.

특히 볼로냐 국제어린이도서전에서 주는 라가치상에서 해마다 많은 성과를 이루고 있다. 2004년에는 신동준의『지하철은 달려온다』(2003, 초방책방)가 논픽션 부문 우수상을, 윤미숙이 그린『팥죽할멈과 호랑이』(2003, 웅진닷컴)가 픽션 부문 우수상을 수상하였다. 박철민의『육촌형』(보림), 백희나의『구름빵』(한솔교육), 이수지의『동물원』(비룡소), 최숙희의『세상을 담은 그림 지도』(보림), 한성옥의『나의 사직동』(보림)은 2005년 올해의 일러스트레이터에 선정된 작품들이다. 아울러 박연철의『망태 할아버지가 온다』(2007, 시공주니어), 이기훈의『양철곰』(2012, 리젬), 이지연의『우리 집에 갈래』(2015, NCSOFT)가 각각 2007년, 2010년, 2013년 올해의 일러스트레이터에 선정되었다. 강경수의『거짓말 같은 이야기』(2011, 시공주니어)와 김장성(글), 오현경(그림)의『민들레는 민들레』(2014, 이야기꽃)는 논픽션 부문에 우수상을, 이현주의『그리미의 하얀 캔버스』(2012, 상)와 정진호의『위를 봐요!』(2014, 은나팔)는 각각 2012년과 2015년 오페라 프리마 부문 우수상으로 선정되었다. 특히 2015년에는 우리나라 그림책들이 라가치 상 모든 부문에서 입상했다. 애니메이션 감독이기도 한 정유미는 2014년에『먼지 아이』(2015, Culture Platform)로 뉴호라이즌 부문 대상에 이어 2015년에는『나의 작은 인형 상자』(UMI)가 픽션 부문의 관심작으로 선정되어 2년 연속 수상하였다.

그림 4-11
『그림자 하나』
채승연 (글 · 그림), 반달.

최근에도 지경애의 『담』(2015, 픽션 부문 우수상), 박연철의 『떼루떼루』(2015, 뉴호라이즌 상), 조원희의 『이빨 사냥꾼』(2017, 픽션 부문 우수상), 정진호의 『벽』(2018, 특별상), 안효림의 『너는 누굴까?』(2018, 오페라 프리마상), 배유정의 『나무, 춤춘다』(2018, 뉴호라이즌 상), 권정생 글, 윤미숙 그림의 『사과나무 밭 달님』(2019, 픽션 부문 우수상), 채승연의 『그림자 하나』(2019, 오페라 프리마 우수상), 등이 수상하였다.

이 밖에도 김재홍이 그린 『영이의 비닐 우산』이 2007년 브라티슬라바 비엔날레 황금사과상(Biennale of Illustrations Bratislava: BIB, Golden Apple) 어린이 심사위원상에 선정되었고, 2011년 조은영의 『달려 토토』(2011, 보림)가 BIB 대상을, 유주연의 『어느 날』(2010, 보림)과 김지민의 『하이드와 나』(2017, 한솔수북)가 BIB 황금사과상을 받는 등 한국 그림책이 세계적으로 주목받고 있음을 보여 주었다.

다섯째로, 우리나라 신인 작가들의 개성 있는 작품들이 해외에서 좋은 반응을 얻고 작품성을 인정받기 시작하면서 우리나라 그림책이 일본, 대만, 태국, 중국 등 아시아뿐만 아니라 프랑스, 미국, 독일, 스위스, 벨기에 등 그림책의 본고장으로 수출되고 있다. 2001년 이후 일일이 언급할 수 없을 정도로 다양한 그림책이 쏟아져 나오고 있는데, 이러한 그림책의 양적 팽창에 맞추어 단행본 시장이 급속히 확대되어 독자들의 선택 폭이 넓어졌다. 대표적인 예가 『넉 점 반』(이영경), 『훨훨 간다』(김용철), 『엄마 마중』(김동성), 『강아지똥』(정승각), 『솔이의 추석 이야기』(이억배), 『만희네 집』(권윤덕), 『세상을 담은 그림 지도』(최숙희), 『열두 띠 이야기』(이춘길), 『세상에서 제일 힘센 수탉』(이억배) 등으로 우리나라 전통의 미와 문화를 담은 내용이 많다. 이 밖에 『감기 걸린 날』(김동수), 『동강의 아이들』(김재홍), 『나의 사직동』(한성옥), 『지하정원』(조선경), 『달려 토토』(조은영), 『어느 날』(유주연), 『마음의 집』(이보나 흐미엘레프스카), 『달은 어디에 떠 있나』(장호), 『작은 당나귀』(김예인) 등 뛰어난 일러스트와 문학성을 인정받은 그림책들이 해마다 늘고 있는 추세다. 앞으로도 꾸준히 그림책을 전문적으로 공부하고 연구하는 신진 그림작가들의 활약이 기대된다.

2. 외국의 아동문학 역사

1) 19세기 이전의 아동문학[7)]

(1) 종교적 색채가 많은 교습용, 교훈용 책 발간

19세기 이전은 근대적 아동문학이 성립되지 않았을 때다(Sutherland, 1997). 15~18세기까지도 전승문학과 환상문학을 인정하지 않았던 시기이기도 한데, 이는 민담을 촌스럽거나 비합리적이라고 생각하는 분위기였기 때문이다. 따라서 산업혁명이 일어나기 전 몇 세기 동안은 아동을 위한 책들이 주로 학습용이었다. 이러한 책들은 성직에 있던 교육자들이 부유한 상류층의 자녀를 위해 썼다. 라틴어로 쓰인 학습용 책은 교훈주의의 전통을 이루게 되어 몇 백 년 동안 아동도서 영역을 지배하였으며, 지금까지도 계속해서 그 영향을 미치고 있다.

예를 들면, 엘드헬름(Aldhelm, 640~709)은 맘스베리(Malmesbury)의 수도원장이었는데, 그가 만든 운율이 있고 질의응답의 형식을 갖춘 교과서는 16세기 말까지 널리 쓰였다. 캔터베리(Canterbury)의 수도승이었던 안젤름(Anselm, 1033~1109)은 예의, 관습, 자연과학, 아동의 의무, 도덕, 종교 개념과 같은 주제를 다룬 백과사전을 썼다. 이런 책들은 아동의 행동과 신념에 대한 원리를 가르치기 위해 쓰였을 뿐 아동이 즐겨 읽는 책은 아니었다.

특별히 아동을 위해 처음으로 인쇄된 책은 인쇄술이 발명된 지 몇 십 년이 지난 뒤에 발간된 식탁예절에 관한 프랑스 책이었다. 1487년에 장 드 프레(Jean Du Pre)가 쓴 책으로 운율이 매우 재미있어서 인기를 끌었던 책이다.

영국에서 최초로 인쇄를 시작한 캑스턴(William Caxton, 1422~1491)은 지금도 아동도서 목록에 끼어 있는 많은 책을 발행하였다. 예를 들어, 『아더왕』『오딧세이』『이솝 우화』『여우 레이나드』 등이며, 그가 최초로 출판한 책은 1474년의 『트로이 전쟁 이야기』였다. 캑스턴은 어른

그림 4-12
윌리엄 캑스턴이 편집한 『이솝 우화』

들을 위해 이 이야기들을 썼으나, 아동 스스로가 이야기를 좋아하여 선택하게 되고 그 선택된 이야기들을 또한 좋아하게 되어 각 세대마다 이런 이야기를 즐기게 된 것이다. 캑스턴은 자녀교육에 관한 책『예의교본』(1477),『어머니는 어떻게 딸을 교육시켰는가?』(1480) 등을 출판하였는데, 이 책은 주로 교훈적이며 교육용 책이었다. 아이들에게 교훈을 주는 필사본들은 15세기에 유행한 '예절책들'로서『어린이책』속의 '모든 어린이를 위한 사이먼의 지혜 가르침'의 예를 보면 다음과 같다.

> 아이야, 열매나 새나 공 때문에 집이나 담에 올라가면 안 된다. 아이야, 집에다 돌을 던져서도, 유리창에다 돌을 던져서도 안 된단다. 소리 지르거나 농담하거나 장난을 쳐도 안 된단다.

그림 4-13
교습용 글자판

아동을 위해 쓰인 책들은 이처럼 교훈용이거나 교습용 책이 많았다. 교습용 글자판(hornbook)은 1440년대에 처음으로 나타났으며, 이것은 책이 아니고 양피지에 가르칠 내용을 써서 나무에 붙인 것이었다. 대부분의 교습용 글자판은 알파벳 자음과 모음이 연합되어 있는 것으로 시작하여 주기도문으로 끝나는 구성이었다. 내용은 각각 달랐으나 일반적으로 아동에게 글자와 자음과 모음의 연합을 가르쳤으며, 종교교육이 계속되었다.

1657년에 체코슬로바키아의 모라비아 주교이자 교육자인 코메니우스(John Amos Comenius, 1592~1671)가 처음으로 오늘날과 같은 그림책을 만들었다. 코메니우스는 아동을 위한 보다 나은 교육이라는 그의 신념을 실행에 옮기기 위하여『세계도회(Orbis Sensualium Pictus)』를 만들었다. 이 책은 약 150여 장의 목판화가 수록되어 있으며, 정보 그림책의 출발이라고도 할 수 있다. 자연계와 인간계의 여러 가지 현상이 기본적인 형태로 다루어져 있고 통일적인 우주상을 어린이에게 부여해 주었다. 영국에서 1658년에 번역한 것을 비롯하여 거의 모든 유럽어로 번역되었다. 오늘날에는 그림과 본문이 딱딱하고 단조로우며 어색해 보이지만 매력이 없는 것은 아니었고, 사실상 영어권 아동을 위해 특별히 고안된 최초의 그림책이라고 할 수 있다. 물론 이 책이 세계 최초로 삽화가 들어간 그림책이 아니고 월등하게 뛰어난 그림이 그려진 것도 아니지만, 그림과 본문 내용이 관련 있는, 질적 수준에서 근대적 의미의 최초 그림책이라고 볼 수 있는 것이다.

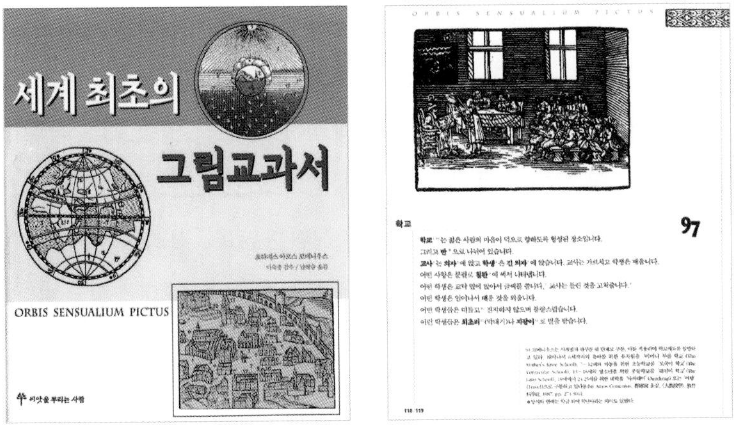

그림 4-14
코메니우스의 『세계도회』 번역판인 『세계 최초의 그림 교과서』 표지(좌)와 『세계도회』에 실린 학교를 설명한 그림과 내용(우)

1400년대 캑스턴이 출간한 우화와 코메니우스의 『세계도회』가 나온 그 사이에는 아동을 위한 학습용 초급 입문서가 있었으나 그림은 거의 없었다. 길가에서 파는 싸구려 이야기책들이 조야한 목판화로 된 것이 있었는데, 16~17세기에 이야기에 굶주린 아동들에 의해 사랑을 받기도 하였다.

(2) 챕북의 보급

1700~1840년에는 행상인들에 의해 신문이나 싸구려 책들이 보급되었는데, 이러한 챕북(chapbook)은 싸고 작은 책이었으며, 접혀 있을 뿐 제본은 되지 않았다. 일반 서민까지도 즐겨 읽은 최초의 대중 서적이라고 볼 수 있으며, 오늘날의 문고판이라고도 할 수 있겠다. 이 책은 오늘날의 어린이 그림책과 유사한 점이 많다. 즉, 이야기가 짧고 내용이 단순하며, 그림이 많고 책 크기가 작아서 장난감처럼 아이가 가지고 놀기에 좋았고 경제적이었다. 그러나 종교적이며 교훈적인 색채를 띤 내용이 중심 주제를 이루어 어린이들은 그 내용에 대해 만족하지는 않았다.

(3) 어른용 근대소설의 아동문학으로의 체계화

교훈적인 내용을 좋아하지 않았던 아이들이 어른을 위해 쓴 존 버니언(John Bunyan)의 『천로역정(The pilgrim's progress)』(1678), 스위프트(Jonathan Swift)의 『걸리버 여행기(Gulliver's travels)』(1726), 디포(Daniel Defoe)의 『로빈슨 크루소

그림 4-15
새롭게 출간된 존 버니언의 『천로역정』

(Rovinson crusoe)』(1719) 등을 즐겁게 읽게 되었다. 『천로역정』은 그 시대의 종교적 윤리관을 체계화하면서도 고도의 소설적 성격을 가미시켜 버니언이 어린이를 의식하고 쓰진 않았으나 어린이들을 위한 동화작가로 인정을 받은 계기가 되었다.

디포의 『로빈슨 크루소』와 스위프트의 『걸리버 여행기』는 18세기에 일기 시작한 시민계급을 배경으로 하는 근대소설로서, 동화의 세계에 공상력과 상상력의 가치를 인식시키는 데 일익을 담당하였다. 특히 『로빈슨 크루소』는 어린이를 위해 쓰인 책은 아니었으나, 18세기 후반 전부터 교실에서 읽히기 시작하고 짧게 요약한 싸구려 책들도 많이 나돌았다. 그리고 『천로역정』과 함께 아동문학의 체계화에 큰 변모를 가져왔다고 할 수 있다.

(4) 최초의 아동용 책 출간

근대소설이 그 후 영국 문학의 흐름을 크게 변화시킨 것과 같이 18세기 이후 아동도서 제작의 관점을 바꾸어 놓은 것은 영국의 뉴베리(John Newbery, 1713~1767)였다. 로크의 숭배자였고 그의 사상을 펴낸 출판인인 뉴베리는 어린이들이 옛이야기를 좋아하는 것을 보면서 아이들을 책의 중요한 소비자로 여기며 그 중요성을 발견하기 시작하였다. 그는 아동도서의 발전에 힘써 어린이들에게 실질적인 교훈과 지혜를 주고, 독서의 즐거움을 습득시키면서 최종적으로는 아동의 올바른 성장을 기대하였다.

더욱이 챕북이라는 싸구려 책을 만들어 그때까지 특권계급의 전유물로만 여겨졌던 책을 서민의 어린이들도 읽을 수 있도록 하였다. 200종이나 되는 그의 출판물 가운데에는 민간설화, 발라드(ballade), 창작 등이 포함되어 있는데, 『작고 귀여운 책(A little pretty pocket book)』(1744), 『플루타크 영웅전』(1762), 『구두 두 켤레 이야기(The history of little goody two-shoes)』(1765), 『마더 구스의 노래(Mother goose's melody)』(1760) 등은 잘 알려져 있는 작품이다. 뉴베리는 최소한 30권이 넘는 어린이책을 출판했다.

뉴베리가 출판한 책 중에서 중요한 의미를 지닌 책은 『구두 두 켤레 이야기』인데, 영국에서는 최근 10년 동안 팬터마임으로 공연되기도 하였다.

『구두 두 켤레 이야기』

표제지: 구디 투-슈즈 또는 마저리 투-슈즈(구두 한 켤레를 얻고 너무나 기뻐해서 얻는 별명)라고 불리는 부인이 어떻게 해서 학문과 지혜를 터득하고, 재산을 손에 넣을 수 있었나 하는 이야기

줄거리: 구디 투-슈즈의 부모는 농장에서 탐욕스런 지주한테 쫓겨난 지 얼마 안 되어 죽는다. 아버지는 효과 좋은 가루약을 구하지 못해 열병으로 죽고, 어머니는 실의에 빠져 죽는다. 구디 투-슈즈와 남동생 토미는 산울타리 주변을 헤매면서 딸기를 따먹고 연명한다. 토미는 선원이 되고, 구디 투-슈즈는 학교에 다니는 아이들한테 힘들게 철자법을 배워 가정교사가 되고, 마침내 여학교 교장이 된다.

교사라는 직업에 충실하고 동물학대를 막으려고 노력하는 모습도 나타나 있다. 결국 그녀는 기사와 결혼하는데, 결혼식에 이상한 신사가 나타난다. 레이스로 장식된 비싼 양복을 입은 이 신사는 바로 여러분이 예전에 보았던 세일러복을 입은 작은 소년이었다. 다시 말하면, 남동생 토미가 선원생활로 많은 재산을 모은 것이다. 그렇게 해서 행복해진 구디 투-슈즈는 가난한 사람들의 은인이 되어, 지난날 자신을 못살게 굴던 사람들을 돕고 모든 사람들의 애도 속에 죽어 간다.

현재 미국에서는 '뉴베리 상'이 제정되어 아동을 위한 최초의 책을 출간한 뉴베리를 기념하고 있다. 이 상은 그해 가장 뛰어난 아동도서에 주는 권위 있는 아동용 도서상으로 꼽히고 있다.

(5) 전승문학의 재화

프랑스의 라 퐁텐(Jean de La Fontaine, 1621~1695)은 이솝의 우화로 알려진 이야기들을 운문으로 다시 각색하여 우화의 새로운 경지를 열었으며, 교훈도 주고 즐거움을 주기 위해 애썼다. 그는 17세기 중엽에 동물을 묘사한 『우화시(Fables choisies)』(1668)를 지었다. 이것은 순수한 창작이라기보다는 『이솝 우화』나 『여우 이야기』에서 소재를 가져온 것이었다. 그리고 표현력과 언어의 정확성에 의하여 문학사상 확고한 위치를 차지하게 되었으며, 어린이의 좋은 읽을거리가 되었다. 한 편의 이야기마다 도덕적 교훈이 들어 있으며, 약육강식의 논리가 태연하게 이루어지는 동물 세계를 그림으로써 30년 전쟁으로 시작되어 17세기 내내 열강들 사이의 전쟁으로 시달렸던 프랑스의 당시 시대상을 잘 보여 주고 있다.

프랑스에서 '현대 아동문학의 아버지'라 불리는 페로(Charles Perrault, 1628~1703)는 구전되어 오던 옛날이야기를 재화(再話)하는 형식으로 『옛날이야기(Histoires ou Contes du Temps Passe)』(1697)를 냈다. 이 속에는 「잠자는 숲속의 미녀」「빨간 모자」「장화 신은 고양이」「신데렐라」「꼬마 엄지」「푸른 수염」「나의 거위 엄마」 등이 포함되어 어린이들에게 큰 환영을 받았다. 이 책은 자신의 아이들을 위해 쓴 것으로 어린이들을 직접적인 독자로 인식하고 썼다는 점에서 페로를 세계 최초의 아동문학 작가로 인정받게 했다.

그림 4-16
월터 크레인(Walter Crane)이 그린 『미녀와 야수』(1874)

그림 4-17
옛이야기를 수집하고 있는 그림 형제

18세기에 들어서 옛날이야기를 기본으로 『미녀와 야수(La belle et la Bete)』를 쓴 보몽 부인(Baumont, 1711~1780)은 70권에 이르는 저작의 주요 부분을 아이들을 위해 써서 아동문학의 개척자 중의 한 사람으로 볼 수 있겠다.

독일의 그림 형제(Jacob Grimm, 1785~1863; Wilhelm Grimm, 1786~1859)는 국어학자로서 독일의 옛날이야기를 선별해서 『어린이와 가정을 위한 동화집(Kinder-und HausMärchen)』(1812~1815)을 만들어 냈다. 이 작품은 형인 야곱이 수집한 민담들을 아우인 빌헬름이 재구성하여 펴낸 것으로서 독일은 물론 전 세계 아동문학의 고전이 되었으며, 전승문학이 아동문학으로 성립되는 데 큰 공헌을 하였다. 이 동화집 안에는 「백설공주」「헨젤과 그레텔」「브레멘의 음악대」「늑대와 일곱 마리의 염소」 등이 수록되어 있다.

그림 형제는 옛이야기 속에서 마적(魔的)이며 시적(詩的)인 핵심들을 골라냈고, 기존의 옛이야기의 잔인하고 외설적인 요소를 아이들에 적절하게 재화하였다. 아동문학에 대한 그들의 사랑은 모든 동화작가 연구가들에게 모범이 될 만한 것이었다. 그림 형제의 동화집은 어느 독일 가정에서나 가장 사랑받는 작품이 되었고, 아이들에게 독일 민족의 자랑스러운 역사를 가르치는 역사책처럼 되었다. 그림 형제의 동화에 대한 문학이론과 그 수집 방식은 오늘날에 보아도 놀랄 만하며, 동화 수집의 정확성도 훌륭한 것으로 평가되고 있다.

19세기 이전에는 주로 어른을 위하여 쓰였던 문학 속에서 아동이 재미있는 작품을 선택하여 기쁨을 얻었다. 여기에서 일관된 특징은 아동이 작품의 심리적인 면보다는 행동적인 면(이상금, 장영희, 1986)과 운율 면에서 선택해 왔음을 알 수 있다.

2) 19세기의 아동문학

낭만주의 문학의 전개와 함께 아동중심 사상은 19세기 이후의 아동문학을 크게 자극하고 변모시켰다. 즉, 로크(John Locke, 1632~1704)가 '아동은 기계적으로 배우는 어른의 축소판이 아니며, 개별적인 욕구를 가진 이성적인 창조물'이며, '강압적으로 주입하는 게 아니라 놀이를 통하여 배우는 학습의 효율성을 믿음으로써' 아동교육에 많은 영향을 미치게 되었다.

루소(Jean Jacque Rousseau, 1712~1778)도 그의 저서 『에밀(Emile)』(1762)에서 어린이의 독자적인 인격을 인정하고 자연 교육을 역설하였다. 따라서 어른의 지배적인 역할에서 벗어나 어린이를 이해하고 사랑하는 어른들이 어린이를 위한 창작문학을 만들어 내게 되었다.

19세기 중반부터 전승문학이 어린이문학 속에 공인된 자리를 잡기 시작했고, 민담이 받아들여지는 것은 내내 계속되었으며, 여기에 현대의 동화나 환상문학이 합류하게 되었다. 빅토리아 시대의 아동문학의 특징은 크게 세 가지로 정리해 볼 수 있다. 첫째, 상상력이 풍부한 환상적인 이야기가 많이 나오게 되었고, 둘째, 모험을 다루거나 가정과 학교생활을 다룬 사실적인 이야기가 많이 등장하였으며, 셋째, 삽화가 오래전부터 그려져 왔으나 그 중요성이 부각되고 19세기 말부터 그림책이 나오기 시작했다.

(1) 상상력이 풍부한 환상동화 출간

19세기는 역량 있는 작가들이 상상과 창조의 세계를 펼치기 시작함으로써 아동문학의 전환점이 되었다. 이러한 계기를 이룬 사람으로 먼저 안데르센(Hans C. Andersen, 1805~1875)을 들 수 있겠다. 안데르센은 덴마크 사람으로 근대적 아동

그림 4-18
덴마크 오덴제에 있는 안데르센 박물관 전경

문학의 창시자일 뿐 아니라 새로운 창작동화의 창시자이며 동화작가의 왕자라고 불리고 있을 만큼 그의 동화는 종래의 동화를 평가하는 척도가 되었다. 전승문학을 집대성한 그림 형제와 창작문학의 기틀을 잡은 안데르센은 아동문학사상 쌍벽을 이루고 있다고 할 수 있다.

안데르센은 1835년부터 『어린이를 위한 동화집』을 내기 시작했으며, 1870년경까지 계속해서 해마다 크리스마스 때 한 권씩 출판하여 약 150여 편의 동화를 창작 출간하였다. 동화작가로 알려져 있는 안데르센은 덴마크에서는 시인으로 더 많이 알려져 있다. 그가 발표한 작품들은 시 763편, 동화 163편, 희곡 47편, 기행문 23편, 전기 11편, 에세이 · 서간 등 29편, 해학문, 풍자문, 유머 소품 등 7편으로 총 1,057편이나 된다.

그중 아직도 많이 읽히고 있는 대표적인 동화 몇 편을 고른다면 『눈의 여왕』 『벌거벗은 임금님』 『미운 오리 새끼』 『인어공주』 『날으는 가방』 『백조』 『완두콩 공주』 등을 들 수 있다.

안데르센 동화의 가장 큰 특징은 다음과 같다.

첫째, 완전히 자유로운 공상에 입각한 작품의 창조다. 따라서 안데르센의 동화들을 계기로 민담이나 전설의 재화에도 상상력이 적극적으로 활용되어 나타나는 결과를 낳았다.

둘째, 긍정적인 인간관이 잘 묘사되어 있다. 단순한 권선징악의 형태에 머물지 않고 깊은 애정으로 인간사의 순리를 표현하고 있으며, 웃음과 슬픔이 공존하고 그 슬픔을 이겨 나가는 인간애가 녹아 있다. 따라서 부정에 대한 분노, 어리석음에 대한 풍자, 가난한 사람에 대한 끝없는 동정은 큰 감동을 주며, 어린이 편에 서서 인류의 이상을 지켜 나가려는 믿음을 보여 준다.

셋째, 간결한 언어를 선택하고 함축성 있는 용어를 사용하였다.

넷째, 사물이 말을 하게 하고 이름 없는 풀에도 언어를 부여하여 인간과 사물과 동식물의 일치를 꾀하였다.

다섯째, 탁월한 상상력을 지녔다.

여섯째, 섬세한 감정을 겸한 우수한 독창력, 즉 전승문학을 소재로 한 작품이라도 독창력을 발휘하여 예술작품으로 승화시켰다.

마지막으로, 작품 속에 기독교 신앙이 깊숙하게 깔려 있다.

아동문학의 전환점을 이루는 계기를 준 또 다른 사람은 영국의 램 남매(Charles Lamb, 1775~1834; Mary Lamb, 1764~1847)였는데, 이들은 최초로 셰익스피어의 작품을 어린이를 대상으로 번안하여 1807년에 『셰익스피어 이야기(Tales from Shakespeare)』라는 제목으로 출간하였다.

디킨스(Charles Dickens, 1812~1870)의 『올리버 트위스트(Oliver twist)』(1838)와 킹즐리(Charles Kingsley, 1819~1895)의 『영웅 이야기』(1856)와 그의 환상동화인 『물의 아이들(The water babies)』(1863)이 이어서 출간되었다. 『물의 아이들』은 킹즐리가 아들을 위해 썼던 최초의 환상동화이며, 종교적이고 교훈적 색채가 짙은 이야기다. 주인공인 청소부 톰이 강물에 빠져 물의 아이가 되는데, 이들은 부모에게 버림받은, 교육받지 못한 이교도 아이들이다. 착한 요정들이 이들을 데려가서 물의 아이로 만드는데, 톰은 물속에서 여러 가지를 깨닫게 되고 결국은 자신을 못살게 굴었던 옛 주인을 돕게 된다는 이야기다.

그림 4-19
『물의 아이들』
킹즐리 (글), 샘번 (그림).

1865년에는 아동문학사상사에서 획기적인 정점을 이루는 『이상한 나라의 앨리스(Alice's adventure in wonderland)』가 나왔다. 이것은 옥스퍼드 대학교의 수학 교수이며 목사였던 캐럴(Lewis Carroll, 1832~1893)이 옥스퍼드 대학교의 학장 딸들에게 이야기해 주고 쓴 책이다. 캐럴은 처음에 이것을 『앨리스의 땅 속 모험(Alice's adventure underground)』이라는 제목으로 손으로 쓰고, 자신의 그림을 그려 넣은 후 학장의 둘째 딸에게 크리스마스 선물로 주었다. 그 후 3년이 지나 다시 보충해서 쓰고 존 테니얼(Sir John Tenniel)이 그림을 그려 출판하였다. 이 책은 그 당시 유행하던 도덕적이고 교훈적인 이야기가 아니라 단순히 기쁨과 즐거움만을 주기 위한 내용이었다는 점에서 아동문학사의 전환점을 만들었다고 볼 수 있다.

캐럴은 1871년에 『거울 나라의 앨리스(Through the looking glass)』를 다시 출판했다. 이것은 『이상한 나라의 앨리스』에 비해 인기는 떨어졌지만 플롯 면에서 훨씬 정교한 것으로 평가된다(Townsend, 1995). 왜냐하면 『이상한 나라의 앨리스』가 아

그림 4-20
『이상한 나라의 앨리스』(1865)(좌)와 『거울 나라의 앨리스』(1872)(우)
루이스 캐럴 (글), 존 테니얼 (그림).

이들에게 실제로 들려준 이야기에 기초한 것과는 다르게 캐럴이 미리 계산된 환상을 구성했기 때문이다. 환상동화의 장르가 킹즐리의 『물의 아이들』로부터 시작되었다는 설(說)도 있으나, 『이상한 나라의 앨리스』만큼 아동문학의 기본 성격과 창작 방향에 대해 후세의 작품에 결정적인 영향을 준 작품은 드물다.

그림 4-21
『북풍의 등에서』
맥도널드 (글), 아서 휴 (그림).

그러나 이 시대 모든 환상동화 작가 중 가장 상상력이 뛰어난 사람은 맥도널드(George MacDonald)였다. 그는 주로 전승문학에 나타나던 모티프를 사용하거나 민담의 플롯 방식을 사용했다. 그의 대표적 작품으로는 『북풍의 등에서(At the back of the north wind)』(1871)를 들 수 있다. 캐럴이 언어적 기술로 호평을 얻은 반면에 맥도널드는 뛰어난 상상력으로 평가받았다.[8)]

뛰어난 공상력을 발휘하여 작품을 낸, 공상과학소설의 선구자라 할 수 있는 작가는 프랑스의 베른(Jules Verne, 1828~1906)이다. 19세기 프랑스는 작가와 일러스트레이터와 출판인을 중심으로, 특히 출판인이 주도적인 역할을 하였던 시기다. 베른도 이 시기의 『교육과 오락의 잡지』(1864~1915)를 통해 햇빛을 본 사람이다. 특히 그는 어린이들에게 공상과 모험의 세계를 과학적이고 사실적인 접근방법으로 만나게 해주었다. 그의 문학적인 성공은 1863년에 발표한 『풍선 속에서의 5주일』이라는 놀라운 모험 이야기로 이루어졌다. 연이어 발표된 작품들은 모두 공상과학동화라고 할 수 있는데, 현재에도 시대에 뒤떨어지지 않는 신기함과 즐거움을 주고 있다.

특히 베른의 정확하고 빈틈없는 과학적 상상력과 실험 결과로 쓰인 내용이 현재에는 과학적인 사실이 된 것이 많다. 예를 들어, 비행기, 잠수함, 라디오, 텔레비전,

우주여행 등은 그 당시의 베른 작품 속에 나타났던 것들이다. 새로운 과학의 발명과 발전이 이루어진 지금까지도 그의 작품이 아동의 사랑을 많이 받을 수 있었던 것은 그의 과학적인 공상 때문이라고 볼 수 있다. 그러나 그의 소설들은 순수한 상상으로부터 비롯된 이미지 세계 속에서 만들어진 것만은 아니며, 당시의 과학적 새로운 발명에 힘입기도 한 것이다.[9]

베른의 작품으로는 『달나라 여행(De la terre a la lune)』(1865), 『해저 2만 마일(Vingt mille lieuves sous les mers)』(1870), 『80일간의 세계 일주(Tour du monde en quarte-vingts jours)』(1873) 그리고 『15소년 표류기(Deux de vacance)』(1888) 등이 있다.

베른의 작품을 통하여 아동들이 즐겨 읽는 우주 모험이나 공상과학동화가 문학적 탁월성과 생명력을 유지하기 위해서는, 작가의 치밀한 구성과 과학적인 논리 및 안목 그리고 과학적인 공상이 합쳐질 때 가능하다는 것을 알 수 있다.

그림 4-22
『피노키오』
콜로디 (글), 야센 유셀레프 (그림), 시공주니어.

19세기가 이탈리아에서도 사실상 아동문학의 황금기라고 할 수 있다. 1881년에 『유아신문』이 창간되고 이 신문에 콜로디(Carlo Collodi, 1826~1890)의 『피노키오의 모험(Le adventure di pinocchio)』(1881~1883)이 연재되었다. 세계 아동문학사상 금자탑 격인 이 작품은 나무 인형에 대한 에피소드로서, 그 당시에는 읽을거리가 많지 않아 교훈적이긴 했으나 순수한 즐거움을 많이 주는 것이어서 큰 반향을 일으켰다. 이 책은 환상성, 신선함, 생동감, 시적인 예술성 등 여태까지 보아 왔던 어느 책보다도 어린이에게 새로운 즐거움과 감흥을 주는 책이었다. 동화적인 상상력을 유감없이 보여 주는 모험과 우스꽝스럽고 기상천외한 상황의 끊임없는 전개를 통해 교육적이라는 개념 자체에 대해 작가가 기존의 작가와는 다른 생각을 가졌음을 보여 주었다.[10] 이탈리아의 다음 세대를 짊어져야 할 어린이들에게 인간성에 대한 자각을 일깨워 주기도 하였다.

(2) 사실동화 등장–모험 이야기, 가정 이야기, 학교 이야기

환상적인 이야기가 받아들여짐과 동시에 이 시기에는 사실적인 이야기도 많이 나오게 된다. 19세기 빅토리아 시대의 문학작품에는 사실상 두 개의 기원이 있다고 한다. 이 기원에 커다란 영향을 끼친 것은『로빈슨 크루소』와 월터 스콧 경이 확립한 역사소설이다. 이 두 이야기 모두 모험 이야기들인데, 월터 스콧 경의 작품은 19세기 모험 이야기의 방향을 정하는 데 중요한 영향을 미쳤다. 그 이후 발간된 스티븐슨(Robert L. Stevenson, 1850~1894)의『보물섬』(1883)은 모험소설로 유명하며, 영국 아동문학의 거성이라고 불리는 키플링(Rudyard Kipling, 1865~1936)의『정글북(Jungle book)』(1894) 그리고 유아를 위한 그림책의 고전 작품인 배너먼(Helen Bannerman)의『꼬마 검둥이 삼보(The story of little black Sambo)』(1899)가 출간되었다.

『꼬마 검둥이 삼보』는 배너먼 부인이 남편의 근무지인 인도에서 여름에 더위와 전염병을 피하여 북부 고원지대로 가는 이틀 동안에 딸을 위해 창작한 것이다. 여기에 그려진 배너먼의 소박한 그림은 높은 평가를 받고 있다. 단순한 언어 구사, 운율적인 문장 그리고 점진적 반복을 통한 긴장감 고조와 끝부분의 만족감은 어린이들이 즐겨서 되풀이하여 읽게 하는 중요한 요인이 되었다. 그러나 1950년대 이후 인종 문제가 대두되면서 주인공 삼보를 너무 희화하여 그렸다고 해서 배너먼 부인이 그린 책은 절판되었다.

19세기 말이 되면서 모험 이야기는 내용이 한층 다양해진다. 그 예로 19세기의 미시시피강 주변에 사는 소년들의 꿈과 모험 및 개척정신을 세계의 모든 어린이와 함께 나눌 수 있게 해 준 미국의 마크 트웨인(Mark Twain, 1835~1910)을 들 수 있다. 그의 작품인『톰 소여의 모험(The adventures of Tom Sawyer)』(1876),『허클베리 핀의 모험(The adventures of Huckleberry Finn)』(1884) 등에서 주인공들이 펼쳐나가는 가슴 설레는 모험은 오늘날까지도 어린이들의 마음을 붙들고 있다. 그는 교훈성의 배제, 자립을 추구하는 아동상, 문명의 비판 그리고 무엇보다도 유럽 문학과의 결별에 힘을 쏟았다. 그가 추구한 문학상의 경험주의와 비판 정신은 그 후 리얼리즘 문학의 기초가 되었다.

가정 이야기를 다룬 작품도 많이 출간되었는데, 올컷(Lousia M. Alcott, 1832~1888)의『작은 아씨들(Little women)』(1868~1869), 버넷(F. H. Burnett, 1849~1924)이 발표한『소공자(The little lord fauntleroy)』(1886)는 낭만적인 요소를 가미한 가정 이야기의 일대 혁신이라고 볼 수 있다. 그 외에『알프스의 소녀』로 유명한 스위스 사람인 슈피리(Johanna Spyri, 1827~1901)의『하이디(Heid)』(1881)도 지금까지 애독되고 있으며, TV에도 영화화하여 방영되었다.

학교 이야기도 많이 등장하였다. 아미치스(Eolmondo de Amicis, 1846~1908)의 『쿠오레(Cuore)』(1886)는 『사랑의 학교』라고도 불리는데, 『피노키오』와 함께 19세기 이탈리아 아동문학의 정점을 이루었다. 이 책은 전형적인 교육용 아동도서라 할 수 있다. 어린이에게 학교에 다니는 즐거움을 심어 주기 위해서 쓰였는데, 애국심, 사회계층 간의 유대, 사회질서에 대한 존경심 등이 강조되었다.

(3) 이야기하는 그림, 그림책의 시작

17세기 이후부터 19세기 말까지 계속하여 삽화를 찍는 주요 수단은 목판이었다. 이 시기의 그림책과 삽화의 초기 역사는 쉽게 분류된다. 하나는 특별히 어린이를 위한 것은 아니지만 어린이가 보고 즐길 수 있을 것 같은 신선하고 대중적인 제재를 사용한 것, 다른 하나는 어린이를 위한 것이지만 그다지 창조적이지도 않고 재미있지도 않은 것이다.[11)]

이 시기의 유명한 삽화가로는 호프만, 테니엘, 에반스, 크레인, 칼데콧과 그린어웨이를 들 수 있다.

19세기 삽화들 가운데 존 테니엘(Sir John Tenniel, 1820~1914)이 두 권의 『앨리스』를 위해서 그린 삽화가 특히 유명하다. 에드워드 에반스(Edward Evans, 1826~1910)는 영국의 목판가이며 출판기획 인쇄자였는데 컬러 인쇄를 그 당시에 가능한 데까지 아름다운 예술로 성장시키고, 게다가 자신의 기술에 걸맞게 그림을 그리는 화가들, 특히 월터 크레인, 케이트 그린어웨이, 랜돌프 칼데콧을 발굴했다.

그림 4-23
월터 크레인이 그린 『허바드 부인과 그녀의 개(Mother Hubbard and Her Dog)』(1874)

월터 크레인(Walter Crane, 1845~1915)은 동요, 옛날이야기, 전설 등을 소재로 디자인 작업을 하여 그림책을 만들었다. 비평가들은 여백 없이 지면을 가득 채워 지나친 양식성과 장식성을 비판했으나 어린이들에게는 큰 인기를 얻었다.

케이트 그린어웨이(Kate Greenaway, 1836~1886)는 목판가의 딸이었고, 근면하고 꽤 알려진 비전속 화가였다. 그는 빅토리아 시대의 감상주의 풍의 그림을 그렸고, 그의 그림은 명확하고 신선하며 순수하고 개성적이었다. 『금잔화 정원(Marigold Garden)』(1885), 『마더 구스』(1881), 그림책 판형의 『하멜른의 피리 부는 사나이』가

그림 4-24
그린어웨이가 그린 『금잔화 정원』

그림 4-25
랜돌프 칼데콧이 그린 『헤이 디들 디들(Hey Diddle Diddle)』(1882)

대표적이다. 1955년부터 영국 도서관협회는 우수한 어린이 그림책에 그녀의 이름을 따서 케이트 그린어웨이 상을 주고 있다.

랜돌프 칼데콧(Randolph Caldecott, 1846~1886)은 전래동요와 발라드, 18세기의 난센스 희곡시 등을 텍스트로 하여 그림책을 만들었다. 그가 만든 그림책의 특징은, 첫째, 레이아웃이 독특하다. 즉, 한 페이지에 1~4줄의 글만 들어가기도 하였다. 둘째, 장식적 요소보다는 회화적인 성격이 강하다. 셋째, 특유의 선으로 등장인물을 약동하듯 활기찬 모습으로 그렸다. 넷째, 그림을 그려 가는 시선의 위치에 변화를 주어 원근감을 표현했다. 다섯째, 여백과 율동을 중심으로 한 새로운 일러스트레이션을 소개하였다.[12)]

1938년부터 미국 도서관협회에서는 지난해에 출판된 최고의 그림책에 그의 이름을 따서 칼데콧 상을 주고 있다.

3) 20세기와 21세기의 아동문학

20세기는 '아동의 세기'라 하여 아동을 다루는 모든 분야에서 아동을 위하여 활발한 활동과 연구를 위한 투자들이 많았다. 아동문학도 아동의 세기를 맞이하여 그림책의 비중이 커졌으나, 제1·2차 세계대전 등의 전쟁을 겪으면서 전쟁의 허무함과 전쟁을 부정하는 신념들이 작품 속에 드러났다.

20세기 중엽에 걸쳐 미국의 아동문학은 영국에 비해 빠른 속도로 성장하여 융성기를 맞게 된다. 미국에서 아동문학 발달의 중요한 자극제가 된 것은 멜처(Melcher)가 1919년에 미국출판협회의 프로젝트로서 '아동도서주간'을 장려한 것이다. 그 후 아동도서관의 설립과 도서관의 적극적 운영, 아동도서 전문잡지의 창간, 뉴베리 상(1922) 제정, 칼데콧 상(1938) 제정 등은 아동문학의 창조와 보급에 많은 자극이 되었다. 다른 국제적인 상으로 안데르센 상이 1956년에 국제아동청소년도서협의회(IBBY)에서 제정되어 2년마다 현존 작가의 모든 작품을 평가하여 상을 주고 있다.

미국의 아동문학은 사실주의적 경향을 축으로 하여 성장하여 왔으며 역사동화,

사실적인 동물동화 등도 다양하게 나왔다. 그림책과 사진 책의 발전도 급성장하게 되어 1962년부터 1978년까지 네 명이나 국제 안데르센 상을 수상하였다.

미국 아동문학의 최근 추세를 정리하면 다음과 같다.[13)]

첫째, 그림책을 비롯한 아동도서가 특히 1980년대 이후 급성장하였다. 그 결과 1990년대 아동도서의 수는 대략 1880년도의 20배로 늘어났다.

둘째, 아동문학은 그림책으로 새로운 시장을 개척하려는 여러 가지 시도를 하고 있다. 1930년도에 처음 만들어진 글 없는 그림책이 1960년과 1970년에 이르러 더 많이 출판되었다. 읽기 학습을 위한 준비로 아동의 '그림을 읽는' 중요성이 강조되면서 부터다. 최근에는 초등학생 이상 어른들을 위해서도 그림책이 많이 출판되고 있다.

셋째, 출판사에서 관심을 두는 대상과 장르의 영역이 변화하였다. 즉, 가장 관심을 두게 된 부분이 6~7세 이하의 유아들을 위한 그림책인데, 아동도서 구입자의 2/3가 그림책을 사고 있다. 기록물과 시집의 질이 매우 좋아지고 있으며, 초등학생을 위한 책으로는 환상동화보다는 사실동화가 더 장려되고 있다.

넷째, 그림의 양식과 쓰는 양식이 훨씬 자유롭고 다양해졌다. 같은 내용의 이야기에 신선하고 다양한 일러스트레이션이 시도되고 있다. 특히 세계 각 나라의 민담이 번역되어 나오면서 아름다운 그림이 새롭게 시도되거나 안데르센의 동화에 새로운 그림을 그려서 출판하고 있다. 그리고 나이 어린 유아를 위한 장난감 책(Toy-book, Pop-up) 등 다양한 크기와 촉각 · 청각적 경험을 하도록 해 주는 그림책이 많이 나왔다. 인기 있는 TV 쇼나 만화영화와 비디오 게임에 기초한 내용이 그림책으로 다시 발간되고 있는 것도 또 다른 특징이다.

다섯째, 유치원과 초등학교 교육과정에서 아동도서를 많이 사용하게 되었다. 즉, 독서지도와 글짓기 프로그램 등에도 아동문학 작품이 활용되고 있다. 그러나 이러한 책들이 교과서처럼 사용되어서는 안 된다. 좋은 책을 읽는 즐거움을 없애는 프로그램은 일종의 아동 학대일 수도 있기 때문이다.

여섯째, 좋은 책인지 아닌지에 대한 검열이 더욱 엄격해졌다.

마지막으로, 다양한 문화를 다룬 책에 대한 요구가 늘고 있다.

20세기 아동문학을 모두 다루는 것은 쉽지 않으나 미국에서의 그림책 출간은 눈부신 발전이 있었다. 공상과학을 비롯하여 동물의 이야기 등 환상적인 내용을 다룬 작품이 활발하게 출간되었으며, 사실문학에서는 이혼, 장애인, 약물, 입양, 다문화, 소수민족, 인종차별, 환경, 동성애 등 다양한 주제들이 다루어졌고, 다양한 장르와 다양한 형태의 그림책이 출간되었다.

(1) 그림책의 활발한 출간

① 제2차 세계대전 이전

19세기에 시작된 그림책 화가의 선구자들은 크레인, 칼데콧과 그린어웨이와 같이 주로 영국인이었다. 그 뒤를 이은 포터(Beatrix Potter, 1866~1943)는 이 시대의 뛰어난 작가이자 이야기 그림책의 화가로서, 어렸을 때부터 박물관에 대한 열정이 많았고 시골 생활을 동경했으며, 12년이 넘게 어린이들을 위해 12권의 걸작을 만들어 냈다. 그의 모든 작품에는 단어의 단호한 울림, 정확한 구성과 드로잉으로 표현하는 성격 묘사, 건조한 유머와 결정적이고 무난한 결말 등이 공통적인 요소다.

그림 4-26
『피터 래빗 이야기』

그녀가 쓰고 그린『피터 래빗 이야기(The tale of Peter rabbit)』(1903)도 영국이 자랑하는 걸작 그림책으로, 의인화된 동물 환상동화의 고전으로 알려져 있다. 이 책은 1893년에 처음 쓰였는데, 포터가 어렸을 때 신세를 진 가정교사의 자녀가 앓고 있을 때 병문안 선물로 그림을 곁들여 편지로 보낸 것이다. 이 이야기는 포터의 독특한 필치와 귀여운 동물들의 모양, 어린이의 손에 쥘 수 있는 작은 크기의 책 그리고 부드러운 색감 때문에 지금도 많은 사랑을 받고 있다.

완다 가그(Wanda Gag, 1893~1946)는 그림책의 황금기를 가져오게 된『백만 마리 고양이』(1928)를 그렸는데, 그림책의 고전이라 할 수 있다. 흑백만으로 그려져 색이 그림책 성공의 필수조건이 아님을 증명하였다. 루드비히 베멀먼즈(Ludwig Bemelmans, 1898~1962)도 생기와 움직임과 아이디어로 넘치는『씩씩한 마들린느』(1939)라는 독특한 화풍의 그림책을 그렸다.

버지니아 리 버튼(Virginia Lee Burton, 1909~1968)은『마이크 멀리건과 증기 삽차』와『작은 집 이야기』의 작가이자 그림작가로 가장 잘 알려져 있다. 환경의 문제를 다룬『작은 집 이야기』(1942)는 시골의 한 작은 집이 점점 밀려오는 도시에 둘러싸여 작아져 보이지만, 끝내 구조되어 더 깊은 시골로 그대로 이사한다는 이야기를 그린 아주 사랑스럽고 매력적인 그림책이다.

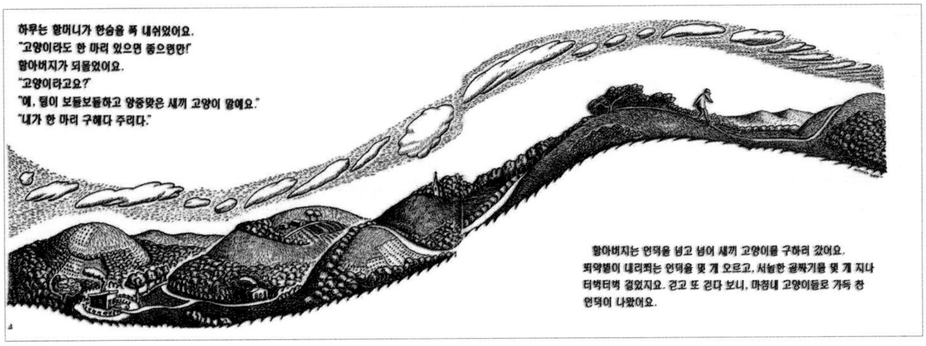

그림 4-27
『백만 마리 고양이』
완다 가그 (글 · 그림), 시공사.

② 제2차 세계대전 이후

그림책은 1945년 이후 빠른 발전을 이루어 왔다. 전쟁이 시작되기 전부터 이미 진행되고 있었던 기술의 진보가 계속되었고, 특히 인쇄술이 발달하여 옛날 그림책 화가들은 꿈도 꾸지 못한 시각적인 효과를 낼 수 있게 되었다.

대표적으로 모리스 센닥(Maurice Sendak, 1928~2012)은 절충주의 화가로 100년 그림책 역사상에 가장 뛰어난 창조자로 평가받는다. 『괴물들이 사는 나라』『깊은 밤 부엌에서』(1970), 『잃어버린 동생을 찾아서』(1981)가 있다. 로버트 맥클로스키(Robert McCloskey, 1914~2003)는 『아기 오리들에게 길을 비켜 주세요』『샐의 블루베리』 등의 작품을 썼는데, 짧지만 재미있고 힘찬 줄거리를 갖고 있다.

에즈라 잭 키츠(Ezra Jack Keats, 1916~1983)는 글보다 그림만으로도 충분히 표현하고 발전시킬 수 있다는 것을 증명해 보인 작가다. 강렬한 색채와 콜라주 기법, 때로는 무늬가 들어 있는 종이, 마른 잎, 천 조각과 오래된 밸런타인데이 카드 같은 재료를 사용하기도 하였다. 『눈 오는 날』『피터의 의자』『휘파람을 불어요』가 있다.

레오 리오니(Leo Lionni, 1910~1999)는 회화와 그래픽 디자인 분야에서 이미 눈에 띄는 경력을 쌓았으며, 처음 그림책을 쓴 시기는 50세가 다 되어서였다. 『파랑이와 노랑이』『프레드릭』『으뜸 헤엄이』『물고기는 물고기야!』 등이 있는데, 종이를 오리거나 찢어서 하는 콜라주 기법을 많이 사용하였다.

에릭 칼(Eril Carle, 1929)은 미국 화가 가운데 물리적 장치들을 가장 천재적으로 사용한 작가로, 『매우 배가 고픈 애벌레』에서 페이지마다 구멍을 내며 먹어 치우고는 마지막 펼친 페이지에서 화려한 나비로 탄생한다. 그 외에 토미 웅거러(Tomi Ungerer, 1931~), 윌리엄 스타이그(William Steig, 1907~2003), 아놀드 로벨(Arnold Lobel, 1933~1987), 몰리 뱅(Molly Bang, 1943~) 등이 활발하게 활동하고 있다.

그림 4-28
『압둘 가사지의 정원』
크리스 반 알스버그 (글 · 그림), 베틀북.

제럴드 맥더멋(Gerald McDermott, 1941~2012)은 『태양으로 날아간 화살』로 회화로서의 그림책을 최고의 높이에 올려놓았다. 크리스 반 알스버그(Chris Van Allsburg, 1949~)는 『압둘 가사지의 정원』『주만지』에서 혼란스럽고 초현실적인 이야기에 이교도적인 통찰력을 담은 흑백 톤의 그림을 결합해 기분 나쁜 분위기를 만들어 냈다. 그 후 그의 작품을 살펴보면, 색상을 사용해서 빛을 발하는 듯한 신비로운 효과를 내지만 절대로 색에만 의존하지는 않는다. 그는 내용은 다소 혼란스럽고 기괴하지만 그림 안에서 회화적인 재능이 매우 뛰어난 작가다.

찰스 키핑(Charles Keeping, 1924~1988)과 브라이언 와일드스미스(Brian Wildsmith, 1930~)도 영국에서 1960년 이후 20세기를 이끌어 간 작가다. 키핑은 작품 활동을 하는 동안 내내 힘 있고 논쟁을 일으킨 화가로 어린이 취향이라는 것에 양보하는 법이 없었다. 그의 작품은 그림책 작가들이 독자에게 많은 내용을 전달해 주려는 시도에 일침을 가한다. 그는 시각적으로 매우 뛰어난 작가로, 색채가 거칠고 강렬하며 매우 자유롭게 표현하고 있다. 대표작으로 『창 너머』가 있다. 브라이언 와일드스미스의 작품은 색채가 매우 강렬하다. 『서커스』 등의 그림책을 발표하였다.

그림 4-29
『검피 아저씨의 코뿔소』
존 버닝햄 (글 · 그림), 시공주니어.

우리나라에서 많은 작품이 번역되고 우리나라를 방문하기도 한 존 버닝햄(John Burningham, 1936~2019)은 현실과 환상의 경계가 모호한 그림을 많이 그렸다. 『깃털 없는 거위 보르카』『검피 아저씨의 뱃놀이』는 그림책으로서 완벽한 스토리를 가지고 있으며, 『셜리야, 물가에 가지 마』(1997)와 『셜리야, 목욕은 이제 그만!』(1978)은 풍자적 요소가 드러나는데, 셜리가 상상하는 부분과 부모가 이야기하는 부분이 대조를 이룬다. 『우리 할아버지』와 『야! 우리 기차에서 내려』는 다소 진지한 분위기를 다루고 있다. 마지막 유작으로 『검피 아저씨의 코뿔소』(2019)가 있다.

레이먼드 브릭스(Raymond Briggs)는 특이한 방식을 계속 고집하는데, 『산타 할아버지』(1973)와 『눈사람 아저씨』(1979) 『바람이 불 때에』(1972) 등이 이러한 특징을 잘 드러내고 있다.

앤서니 브라운(Anthony Browne, 1946~)은 르네 마그리트(René Magritte)의 초현실주의 기법에 많은 영향을 받은 사람으로 그림의 세계가 환상에 가득 차 있다. 『공원에서 일어난 이야기』(1977)에서는 아이들과 개들은 형제처럼 지내며 행복하지만, 어른들은 다른 계급의 사람들에게 말조차 건네지 않는다. 『고릴라』(1983) 『겁쟁이 윌리』, 페미니즘적인 두 작품 『돼지책』 『터널』(1989)과 『동물원』 『킹콩』 『숲속으로』 『미술관에 간 윌리』 『우리는 친구』 『앤서니 브라운의 행복한 미술관』 『우리 엄마』 『우리 형』 『꿈꾸는 윌리』 『윌리와 악당 벌렁코』 『축구선수 윌리』 등 많은 작품을 출간하고 있다.

(2) 환상동화

20세기 아동문학의 개관은 그 방대한 내용으로 인하여 쉽사리 다룰 수 없다. 그러나 환상적인 이야기의 세계는 계속해서 찬란한 꽃을 피우게 되는데, 환상문학의 소재는 단순한 마법 이야기부터 난해하고 복잡한 상상력의 산물에 이르기까지 매우 다양하다. 20세기에는 크게 두 부분으로 나뉜다. 여기서는 동물들과 무생물들에게 인간적 특성을 부여한 이야기와, 상상의 세계나 나라들을 만들어 낸 환상 이야기로 나누어서 살펴본다.

① 동물과 장난감 환상동화

동물 환상동화에 나타난 이야기는 단순한 재미뿐 아니라 3차원적으로 인간 사회의 일면을 동물을 통해 빗대어 표현하기도 하고, 어린이가 좋아하는 동물을 토대로 유년기의 모습을 나타내기도 한다. 배리(James M. Barrie, 1860~1937)의 『피터팬』과 밀른(A. S. Milne, 1882~1956)의 『아기곰 푸우(Winnie-the-Pooh)』(1926)는 우리에게도 널리 알려진 작품이다. 『피터팬』은 1904년에 연극으로 상연되고 제임스 베리가 1911년에 직접 개작하여 『피터와 웬디(Peter Pan and Wendy)』를 썼는데, 세계의 어린이뿐 아니라 어른들에게도 사랑받

그림 4-30
『피터팬』
제임스 매튜 배리 (글), 김영사.

는 걸작이 되었다. 영원히 어른이 되지 않는『피터팬』은 어린이를 열광케 하는 무궁무진한 공상이 가득 차 있다.

『아기곰 푸우』이야기는 유아의 욕구를 잘 충족시켜 주며 유머와 풍자가 있는 즐거운 작품이다. 충동적이고 실수를 잘 저지르는 아기곰 푸우를 중심으로 주인공 소년 로빈은 숲속의 동물 친구들과 놀게 되는데, 유아들의 세계를 재미있게 보여준다.『아기곰 푸우』는 작가인 밀른이 아들 로빈을 위해 창작하였다.

바움(L. F. Baum, 1856~1919)은『오즈의 마법사(The wonderful wizard of Oz)』(1900)를 발표하였으며, 로프팅(Hugh Lofting, 1886~1947)의『돌리틀 선생(The story of Dr. Dolittle)』(1920)도 유명하다. 프랑스의 20세기를 대표할 수 있는 환상적 이야기인 브뤼노프(Jean De Brunhoff)의『어린 코끼리 바바르의 생애(Histoire de Babar)』(1931)와 생텍쥐페리(Antoine De Saint-Exupery, 1900~1944)의『어린 왕자』도 오랫동안 사랑을 받고 있다.

그림 4-31
『샬롯의 거미줄』
앨윈 브룩스 화이트 (글), 가스 윌리엄즈 (그림), 시공주니어.

동물을 다룬 환상동화에서 가장 뛰어난 작품은 화이트(E. B. White, 1899~1985)의『샬롯의 거미줄(Carlotte's Web)』(1952)이다. 생명의 의미를 묻고 삶의 행로와 동물 간의 우정을 이야기한 상징적인 환상동화로 농장의 창고를 무대로 이야기가 펼쳐진다.

아놀드 로벨(Arnold Lobel, 1933~1987)의『개구리와 두꺼비가 함께』(1970)에서 나오는 개구리와 두꺼비는 어린애라기보다는 어린애 같은 어른들로 나온다.

② 고도의 환상성이 있는 이야기

아동문학에는 야성적인 일면이 있는데, 그중 신화, 전설, 요정 이야기들은 스스로의 질서 안에서 살아 움직이고 끝없이 번성하였고 이러한 이야기들은 현대 작가들의 작품 속에서도 그 모습을 드러내고 있다.

대표적으로 톨킨(J. R. R. Tolkien, 1892~1973)은 이러한 고대의 영향을 결합하여 이야기를 재미있게 만든 20세기의 인물로 여겨지며, 그는 자신의 작품을 요정 이야기라고 지칭하였다.『반지의 제왕』은 성인용 소설로서 영화화하여 크게 성공한 작품이다. 그는 어린이를 위한 요정 이야기가 있어야 한다고 생각하였는데,『호비트』는 그가 쓴 어린이용 요정 이야기다.

루이스(C. S. Lewis, 1898~1963)는 톨킨의 친구로 그의 영향을 강력하게 받은 작가다. 그는 1950년부터 『사자와 마녀와 옷장』으로 나니아 나라 이야기를 쓰기 시작해서 『마지막 전투』(1956)로 끝냈는데, 굉장한 인기를 끌게 되었다. 루이스는 중세의 알레고리, 북구 신화와 그리스 로마의 신화에 밝은 사람으로 톨킨, 조지 맥도널드의 영향을 받았으며, 기독교적인 알레고리를 사용하고 있다.

신화적인 주제의 판타지가 폭이 넓은 가상의 세계를 다뤘다면 그와 대조적으로 축소화된 세상을 그리고 있는 판타지 작품들도 있는데, 그 예로 메리 노턴(Mary Norton, 1903~1992)의 『마루 밑 바로우어즈』를 들 수 있다.

그 외에 20세기 아동문학의 고전으로 또 다른 환상적 이야기가 있는데, 트래버스(Pamela Travers, 1899~1996)의 『메리 포핀스』 시리즈다. 1934년 최초로 나온 『바람을 타고 온 메리 포핀스』에 이어, 1935년에는 『돌아온 메리 포핀스』, 1943년에는 『사립문을 여는 메리 포핀스』, 1953년에는 『공원 속의 메리 포핀스』로 이어지는 이 작품은 아동문학사에 또 하나의 잊을 수 없는 주인공을 만들어 냈다.

그림책의 황금기인 1930년부터 1960년까지의 그림책은 유아의 실제 생활과 밀접한 관련을 가진 소재나 배경에 유아의 상상 세계가 들어갔다. 그러나 센닥의 『괴물들이 사는 나라』(1963) 이후에는 유아의 내면적 심리표출에 초점을 두는 환상동화가 많아졌다. 『괴물들이 사는 나라』는 독특한 펜화 스타일의 환상적인 그림과 만족스러운 결말로 이어지는 이야기 구성으로 많은 유아의 사랑을 받고 있다. 1940년대의 공상과학동화의 출현은 극히 미국적인 현상으로 볼 수 있으며, 대부분이 우주를 무대로 하고 있다. 환상성이 높은 작품들은 제8장에서 더 구체적으로 다루어질 것이다.

(3) 다양한 주제를 다룬 사실동화

20세기에 들어와 전쟁을 겪으면서 사회는 급변하게 된다. 특히 제1 · 2차 세계대전 사이의 아동문학에서는 노골적으로 현실을 그린 사실동화를 찾아보기 힘든데, 이는 그런 작품을 어린이에게 읽혀서는 안 된다는 생각이 널리 퍼져 있었기 때문이었다. 그러나 전쟁 이후 1960~1970년대에는 다민족 공동체에서 살아가는 어린이들의 책이 필요했고, 소수민족 이야기로

그림 4-32
『1964년 여름』
데버러 와일즈 (글), 제롬 라가히그 (그림), 느림보.

서 인종차별이 본격적으로 다루어지기 시작했다. 『1964년 여름』은 인종차별을 다룬 예술성이 뛰어난 그림책으로 어린이의 시선에서 흑인 문제를 다루고 있다. 미혼모, 퇴학, 정신병, 이혼, 장애, 약물, 입양, 다문화, 소수민족, 환경, 핵전쟁, 동성애 등 다양한 주제들도 다루어지고 있다. 자세한 작품의 예는 제9장 1. 사실동화에서 구체적으로 다룰 것이다.

(4) 다양한 유형의 그림책

최근 몇 년 사이 팝업이나 도려낸 그림을 손잡이로 작동시키는 장치들이 함께 있는 토이북(toy book) 등 소비자가 관심을 끌 만한 것들이 출판되고 있다. 나아가 1990년대 중반부터는 도서시장에 전자출판이라는 중요한 도전이 더해졌다. 소비자들은 CD나 텔레비전, CD-Rom, QR 코드 등을 사용하고 있는데, 이런 기능을 가진 매체의 도전을 받고 있다. 어린이 정보 서적은 이미 CD-Rom으로 개발된 상태다. 이외에도 일러스트레이션 기법이 매우 다양해지고 있다.

3. 세계의 아동문학상

세계 여러 나라에서는 아동문학 분야에서 뛰어난 글 작가나 뛰어난 작품을 그린 그림작가와 지속적으로 아동문학 발전에 기여한 공로자에게 시상하고 있다. 이러한 아동문학상은 아동문학 작품의 발전에 크게 기여해 왔다. 이들 아동문학상의 제정 취지와 내용을 알아보는 것은 좋은 문학작품을 선택하는 데 도움이 될 뿐만 아니라 현대 아동문학의 흐름과 향후 발전 방향을 예측하는 데 많은 도움이 될 것이다.

1) 외국의 아동문학상

(1) 국제 한스 크리스천 안데르센 상

국제 한스 크리스천 안데르센 상(International Hans Christian Andersen Awards)은 덴마크의 아동문학가인 안데르센(Hans Christian Andersen, 1805~1875)을 기념하기

위한 국제적 아동문학상이다. 국제아동청소년도서협의회(IBBY)의 심사위원회에서 2년에 한 번씩 수여하고 있다. 이 상은 아동문학 분야에서 영속적인 공헌을 했다고 평가되는 현존 작가(1956년부터)와 그림작가(1966년부터)들에게 수여하는 상으로서 '작은 노벨상'이라고 불리기도 한다.

그림 4-33
국제 한스 크리스천 안데르센 상

심사대상은 IBBY에 가입하고 있는 모든 국가의 아동문학 글 작가들과 그림작가들이며, 가끔은 일반 작가나 화가들도 특별한 절차에 따라 추천받을 수 있다.

『괴물들이 사는 나라』『깊은 밤 부엌에서』로 우리에게도 잘 알려진 모리스 센닥은 1970년에,『크릭터』『제랄다와 거인』의 작가 토미 웅거러는 1998년에 수상했다. 2000년에는 전 세계적으로 사랑받는『고릴라』『동물원』『돼지책』의 작가인 앤서니 브라운이, 2006년에는『누가 내 머리에 똥 쌌어?』의 작가 볼프 에를브루흐(Wolf Erlbruch)가,『고함쟁이 엄마』의 작가 유타 바우어(Jutta Bauer)와『용이 사는 섬, 코모도』의 작가 피터 시스(Peter Sis)는 각각 2010년과 2012년에 수상하였다.『실 끝에 매달린 주앙』의 작가 로저 멜로(Roger Mello)는 2014년에,『하늘을 나는 모자』의 작가 로트라우트 수잔네 베르너(R. S. Berners)는 2016년에,『열 두띠 이야기』의 작가 이고르 올레니코프(Igor Oleynikov)가 2018년에 각각 수상하였다. 우리나라에서는 아직 수상 작가나 일러스트레이터가 없다.

(2) 칼데콧 상

란돌프 칼데콧(Randolph Caldecott, 1846~1886)은 월터 크레인, 케이트 그린어웨이와 함께 영국 최초의 3대 그림책 화가로 뽑힌다. 칼데콧 상(The Caldecott Medal)은 란돌프 칼데콧을 기념하기 위한 상이다. 미국 도서관협회의 분과인 어린이를 위한 도서관서비스협회(The Association for Library Services to Children)에서 미국에서 전년도에 출판된 그림책 가운데 가장 뛰어난 작품을 그린 그림작가에게 주는 상이다.

그림 4-34
칼데콧 상

칼데콧 상은 두 가지가 있는데, 최고상인 Caldecott Medal은 1938년부터 1권의 그림책에 수여하는 최우수상이고, 칼데콧 명예상(Caldecott

Honor)은 2권부터 4, 5권의 그림책에 주는 차점상이다. 메달의 인장에는 오리 3마리, 강아지 2마리, 어린이 3명, 말을 타고 달리는 남자 어른 1명이 새겨져 있는데, 이것은 칼데콧의 대표작인 『말 달리는 존 길핀(The diverting history of John Gilpin)』을 나타내는 장면이다.

이 상은 그림책에서 그림의 우수성(이야기, 주제, 개념을 그림으로 얼마나 잘 표현했는가, 그림 양식의 적합성 등)으로만 결정되므로 차점상 중에는 최우수상보다 문학성이 뛰어난 작품도 많이 있다.

주요 수상작에는 『아기 오리들에게 길을 비켜 주세요』(1942), 『작은 집 이야기』(1943), 『마들린느와 쥬네비브』(1954), 『눈 오는 날』(1963), 『괴물들이 사는 나라』(1964), 『태양으로 날아간 화살』(1975), 『이상한 화요일』(1992), 『연기 자욱한 밤』(1995), 『아기돼지 세마리』(2002), 『쌍둥이 빌딩 사이를 걸어간 남자』(2004), 『달을 먹은 아기 고양이』(2005), 『시간 상자』(2007), 『사자와 생쥐』(2010), 『아모스 할아버지가 아픈 날』(2011), 『이건 내 모자가 아니야』(2013), 『비클의 모험』(2015), 『위니를 찾아서』(2016), 『빛나는 아이』(2017), 『세상에서 가장 용감한 소녀』(2018), 『안녕, 나의 등대』(2019) 등이 있는데, 이 수상작들은 모두 한글로 번역되어 있다.

칼데콧 명예상 수상작에는 『깊은 밤 부엌에서』(1971), 『멋진 뼈다귀』(1977), 『이상한 자연사 박물관』(1995), 『리디아의 정원』(1998), 『안 돼, 데이빗!』(1999), 『소피가 화나면, 정말 정말 화나면』(2000), 『거미와 파리』(2003), 『나의 빨강 책』(2005), 『헨리의 자유 상자』(2008), 『아빠, 더 읽어 주세요』(2011), 『앗, 깜깜해』(2012)가 있다. 2014년에는 『이봐요, 까망씨!』 『머나먼 여행』, 2015년에 『샘과 데이브가 땅을 팠어요』 『도시에 사는 우리 할머니』 『프리다 칼로 나는 살아 있어요』, 2016년에 『조금만 기다려 봐』, 2017년에 『날 좀 그냥 내버려 둬』 『어떤 고양이가 보이니?』 『훌라훌라 추추추』, 2018년에는 『큰 고양이, 작은 고양이』 『또 다른 연못』, 2019년에는 『할머니의 식탁』, 2020년에는 『곰이 강을 따라갔을 때』 등이 있다.

그림 4-35
『곰이 강을 따라갔을 때』
리처드 T 모리스 (글), 르웬 팜 (그림), 소원나무.

(3) 뉴베리 상

뉴베리 상(The Newbery Medal)은 런던에서 어린이책 출판업을 경영하여 많은 어린이에게 꿈과 용기를 불어넣어 주는 데 크게 공헌했던 존 뉴베리(John Newbery, 1713~1767)를 기념하기 위해 멜처(Frederic Gershom Melcher)의 지원을 받고 창설되었다. 미국 도서관협회의 아동부에서 주재하며, 전년도에 미국에서 출판된 어린이를 위한 문학작품 가운데 가장 뛰어난 글을 평가하여(칼데콧 상이 그림을 보고 평가하는 반면) 그 작가에게 수여한다. 칼데콧 상처럼 뉴베리 상(Newbery Medal)과 뉴베리 명예상(Newbery Honor)이 있다.

그림 4-36
뉴베리 상

주요 수상작으로 로엘레노어 에스테스(Eleanor Estes)의 『진저 파이』(1952)를 비롯해 E. L. 코닉스 버그(E. L. Konigsburg)는 『클로디아의 비밀』(1968)과 『퀴즈 왕들의 비밀』(1997)로 뉴베리 상을 2회 수상하였으며, 한국계 미국인인 린다 수 박(Linda Sue Park)은 『사금파리 한 조각』으로 2002년에 뉴베리 상을 수상하였다. 영화로도 제작된 바 있는 E. B. 화이트(Elwyn Brooks White)의 『샬롯의 거미줄』은 1953년에, 윌리엄 스타이그(William Steig)의 『치과의사 드소토 선생님』은 1983년에 뉴베리 명예상을 수상한 작품이다. 맷 데 라 페냐(Matt De La Peña)의 『행복을 나르는 버스』는 2016년에 뉴베리 상과 칼데콧 명예상을 동시 수상하였으며, 『달빛 마신 소녀』의 켈리 반힐(Kelly Barnhill)은 2017년에, 에린 엔트라다 켈리(Erin Entrada Kelly)의 『안녕, 우주』는 2018년에, 애슐리 브라이언(Ashlee Brian)의 『자유 자유 자유』는 2019년 뉴베리 상 수상작이다.

(4) 케이트 그린어웨이 상

케이트 그린어웨이 상(The Kate Greenaway Medal)은 영국의 그림책 화가인 케이트 그린어웨이(Kate Greenaway, 1846~1901)를 기념하기 위하여 1956년에 영국 도서관협회가 제정하였다. 해마다 전년도에 영국에서 발행된 어린이 책 중에서 그림이 가장 뛰어난 작품의 그림작가에게 수여하고 있다.

주요 수상자로는 『검피 아저씨의 뱃놀이』(1979)의 작가 존 버닝햄, 『퐝글왕글의 모자』(1970)를 그린 헬렌 옥슨버리, 『고릴라』(1983), 『동물원』(1992)을 그린 앤서니 브라운, 『난 토마토 절대 안 먹어』(2008)의 로렌 차일드(Lauren Child), 『늑대들』(2005)의 에밀리 그래빗(Emily Gravett), 『이젠 안녕』(2010)의 프레야 블랙우드(Freya Blackwood) 그리고 『블랙 독』(2013)을 그린 레비 핀폴드(Levi Pinfold), 『이건 내 모자가 아니야』(2014)의 존 클라센(John Klassen), 『20세기 최고의 탐험가: 어니스트 섀클턴-남극 탐험을 향한 멈추지 않는 도전』(2015)의 윌리엄 그릴(William Grill), 『잠자는 미녀와 마법의 물렛 가락』(2016)의 크리스 리들(Chris Riddle), 『친구가 있어, 앞으로 앞으로!』(2017)의 레인 스미스(Lane Smith), 『바닷가 탄광 마을』(2018)의 시드니 스미스(Sydney Smith), 『The Lost Words』(2019)의 재키 모리스(Jackie Morris) 등이 있다.

(5) 볼로냐 라가치 상

볼로냐 라가치 상(Bologna Ragazzi Award)은 1966년부터 매년 봄 이탈리아 볼로냐에서 열리는 세계 최대 규모인 볼로냐 국제 아동 도서전(Bologna Children's Book Fair)에서 한 해 동안 전 세계에서 출간된 어린이 도서 가운데 각 분야의 최고 아동 도서를 대상으로 주어지는 상이다. 픽션 · 논픽션 · 뉴호라이즌 · 오페라 프리마 등 네 개 분야별로 최우수상 1권과 우수상 2~5권을 시상한다. 뉴호라이즌 부문은 문학성이 뛰어난 제3세계 작품을, 오페라 프리마 부문은 2009년부터 뛰어난 신인 작가의 첫 작품을 대상으로 한다. 이 상은 글의 내용뿐만 아니라 그래픽의 수준, 예술성, 기술적인 면, 정보의 가치를 기준으로 심사한다.

주요 수상작품으로는 픽션 부문에 2007년 『어른이 되면 괜찮을까요?』(스티안 홀레 글 · 그림, 2007), 특별상에 『도착』(숀 탠 그림, 2008), 2012년 우수상으로 『비밀의 강』(레오 딜런 · 다이앤 딜런 그림, 2013), 2013년 대상으로 『눈』(이보나 흐미엘레프스카 글 · 그림, 2012), 2014년 우수상으로 『약속』(니콜라 데이비스 글, 라 칼린 그림), 2016년에는 대상으로 『나의 작고 작은』(제르마노 쥘로 글, 알베르틴 그림), 우수상으로 『집으로 가는 길』(미야코시 아키코 글 · 그림)과 특별상으로 다운증후군 가족의 이야기를 다룬 『말코, 네 이름』(구스티 글 · 그림)이 있다. 2017년 픽션 부문 대상으로 『책의 아이』(올리버 제스퍼 글, 샘 윈스턴 그림), 우수상에 『벗지 말 걸 그랬어』(요시다 신스케 글 · 그림), 2018년에는 대상에 『하얀 새』(알렉스 쿠소 글, 샤를 뒤테르트르 그림) 등이 있다.

오페라 프리마 부문은 2014년 우수상으로 『나, 꽃으로 태어났어요』(엠마 줄리아니 글 · 그림)가, 2017년 우수상으로 『막스와 마르셀』(알리스 메테니에 글 · 그림), 2018년 대상에 『여름 안에서』(솔 운두라 글 · 그림), 『아름다운 실수』(코리나 루켄 글 · 그림), 2019년에 『어디에 있을까 지평선』(카롤리나 셀라스 글 · 그림)이 있다. 2019년 오페라 프리마 우수상에는 채승연의 『그림자 하나』, 2019년 뉴호라이즌 부문 대상에는 『어린이를 위한 그림 역사』(마틴 게이퍼드 글, 데이비드 호크니 그림)이 있다.

그림 4-37
『아름다운 실수』
코리나 루켄 (글 · 그림), 나는 별.

최근에 한국 작가들의 수상작이 증가하고 있는데, 작품의 예로는 최미란 그림의 『돌로 지은 절, 석굴암』(2010, 픽션 부문 우수상)과 이현주 글 · 그림의 『그리미의 하얀 캔버스』(2012, 오페라 프리마 상), 정유미 글 · 그림의 『먼지아이』(2014, 뉴호라이즌 상) 등이 있다. 더 최근 작품의 예는 2000년 이후의 한국의 아동문학 역사(21세기 아동문학)에서 언급하였다.

2) 한국의 아동문학상

우리나라의 아동문학상은 문화체육부 후원, 대한출판문화협회, 신문사, 출판사 등에 의해 신인작가 발굴이나 도서 출판의 발전 등의 목적으로 상이 제정되었으나 운영상 어려움으로 없어진 것도 많고, 외국의 아동문학상처럼 지속적으로 시행되어 오는 것이 많지 않다.

한국어린이도서상은 대한출판문화협회가 1980년에 제정하여 2009년까지 매년 저작, 일러스트레이션, 기획 · 편집 부문의 우수한 도서들을 선정하여 시상하였다. 지금은 '올해의 청소년 교양도서'만 선정하여 진행하고 있다. 일러스트레이션 부문의 주요 수상 작품으로는 한성옥의 『수염할아버지』(2002)와 『나의 사직동』(2004), 이혜리의 『우리 집에는 괴물이 우글우글』(2005), 배현주의 『설빔』(2006), 이승현의 『씨름』(2007), 장호의 『강아지』(2009) 등이 있다.

황금도깨비상은 출판사 비룡소에서 1992년부터 주관하고 있는데 그림책만을 위한 상은 아니고 모집 공고를 통해서 그 해 가장 뛰어난 아동문학 작품에 수여하는 상이다. 수상한 그림책으로 김세온의 『이사가는 날』(1994), 정순희의 『바람 부는 날』(1995), 선현경의 『이모의 결혼식』(2003), 박연철의 『어처구니 이야기』(2005), 박경효의 『입이 똥꼬에게』(2008), 김진철의 『진짜 나무가 된다면』(2010) 등이 있다. 2010년 이후 수상작으로는 한자영의 『비야, 안녕!』(2011), 김명석의 『행복한 두더

그림 4-38
『이상한 하루』
연수 (글 · 그림), 비룡소.

그림 4-39
『질문의 그림책』
이은경 (글 · 그림), 보림.

지』(2012), 김세진의 『양들을 부탁해』(2013), 정진호의 『벽』과 유재숙의 『차마고도』(2016), 전금자의 『사소한 소원만 들어주는 두꺼비』(2017), 연수의 『이상한 하루』(2019) 등이 있다.

보림 창작그림책 공모전은 보림출판사에서 제정하여 2000년부터 매해 개성 있는 작품들을 발굴하고 있는데, 주요 수상작품으로는 조은희의 『마니마니마니』(2000), 김동수의 『감기 걸린 날』(2002), 이혜란의 『우리 가족입니다』(2005), 하재경의 『숲으로 간 코끼리』(2007), 서한얼의 『바람이 불지 않으면』(2010), 황숙경의 『뱀이 좋아』(2011) 등이 있다. 보림 창작그림책 공모전은 2013년부터는 보림그림책 창작스튜디오를 새롭게 시작하여 2년마다 멘토를 선정하고, 당선자와 함께 그림책을 창간하는 시스템으로 변경되었다. 이 스튜디오에서 2016년에 권정민의 『지혜로운 멧돼지가 되기 위한 지침서』, 박은정의 『채소 이야기』, 이미나의 『터널의 날들』을 출간하였고 2018년에는 신혜원의 『나의 여름』을, 2020년에는 이은경의 『질문의 그림책』을 출간하였다.

한국 안데르센 상은 아이코리아(한국어린이육영회)와 국제아동청소년도서협의회 한국지부(KBBY)가 안데르센 탄생 200주년과 세계 어린이 책의 날인 4월 2일을 기념하여 2004년부터 제정하여 수상작을 발표해 오고 있다.

한국출판미술협회에서 주관하는 한국출판미술대전상도 있다. 한국출판미술협회는 현직 그림작가나 미술 작가들이 출판 미술의 질적인 발전을 도모하기 위해 모인 비영리 단체다. 이 협회에서 주관하는 상으로서 신인 대상전에 시사, 순수, 팬시, 광고, 그림동화 일러스트레이션 부문이 있다. 그림동화 일러스트레이션 부문의 대상을 비롯하여 몇 개의 상이 수여되고 있는데, 관심 있고 역량 있는 신인 그림작가들의 등용문으로서, 일러스트레이션의 중요성을 강조하기 위해 제정한 상이다. 대표 수상작으로는 김동수의 『천하무적 고무동력기』(2001)와 이필원의 『딸기나라 딸기우유』(2004) 등이 있다.

앞으로 한국 아동문학상은 유아를 위한 그림책의 질적 향상을 위해 공신력 있는 기관에서 공정한 심의 기준 및 절차에 따라 지속적으로 시행되어야 할 것이다.

미주

1) 이상현(1987). 아동문학강의. 일지사, pp. 231-330.
2) 석용원(1982). 아동문학원론. 학연사.
3) 이재철(1983). 아동문학의 이론. 형설출판사, pp. 78-104.
4) 이재철(1989). 세계아동문학사전. 계몽사, pp. 449-458.
5) 이재철(1989). 세계아동문학사전. 계몽사, pp. 458-473.
6) 이상현(1987). 아동문학강의. 일지사, pp. 231-330.
7) Sutherland, Z. (1997). *Children & Books* (9th ed.). NY: Addison Wesley Longman, Inc., pp. 41-62, pp. 122-148.
8) Townsend, J. R. (1995). *Written for Children.* 강무홍 옮김(1996). 어린이 책의 역사. 시공사, pp. 129-131.
9) 이호백(1997). 프랑스 아동문학의 흐름과 일러스트레이션-2 파노라마의 세계. 그림책의 새로운 문화를 열자. 제2회 그림책 일러스트레이션 워크숍, pp. 58-71.
10) 김홍래(1995). 이탈리아 아동문학의 흐름. 동화 읽는 어른. 어린이도서회연구회 7월 월례강좌.
11) Townsend, J. R. (1995). *Written for Children.* 강무홍 옮김(1996). 어린이 책의 역사. 시공사, pp. 186-199.
12) 현은자, 김세희(2005). 그림책의 이해. 사계절, p. 82.
13) Huck, C. S., Hepler, S., & Hickman, J. (1993). *Children's literature in the elementary school.* Holt, Rinehart & Winston, Inc., pp. 152-161.

요약

우리나라와 외국의 아동문학 역사를 종합해 보면 19세기 이전에는 따로 어린이들이 즐길 수 있는 어린이만을 위한 이야기와 노래는 없었다. 어린이들의 문학에 대한 계속적 요구는 19세기와 20세기를 지나오는 동안 세계 각국의 여러 작가가 창작과 전승문학의 재화에 참여하게 했으며, 1950년대 이후 그림책에 대한 관심이 급속도로 높아져 질이 좋은 많은 그림책이 출판되고 있음을 알 수 있다.

우리나라의 아동문학사는 아동문화운동시대와 아동문학운동시대로 대별된다. 크게 광복 전과 광복 후로 나누어지는데, 감성 해방과 계몽적 성격을 띤 민족적 문화운동시대 그리고 아동해방과 순수문학운동에 주력하였던 예술적 문학운동시대인 아동문학운동시대가 그것이다. 현재는 광복 이전의 아동문화운동이 점차 아동문학운동으로서 그 위치를 확고히 다져 가고 있으며, 진정으로 어린이를 위한 본격 유아문학의 확립을 위하여 작가들이 계속해서 노력하고 있다. 나아가 우리나라 사람이 쓰고 그린 좋은 그림책들도 많이 나와 있다.

연구문제

01 이재철이 분류한 한국 아동문학 역사를 간단히 설명하시오.

02 1970년대의 한국 아동문학 역사의 특징을 기술하시오.

03 그림 형제가 아동문학계에 남긴 업적을 설명하시오.

04 안데르센 문학의 두드러진 특징을 기술하시오.

Part 2

유아문학의 종류

제5장

유아문학의 장르

어른을 위한 문학과 마찬가지로 유아문학도 그 종류가 다양하다. 크게 문학작품이 산문이냐 운문이냐에 따라 나누어질 수 있는데, 산문문학 속에는 동화가 포함되고, 운문문학에는 동요와 동시가 포함된다. 저자가 확실한가에 따라 전승문학과 창작문학으로 나누어져서 전승문학 속에는 민담, 신화나 전설, 우화 그리고 서사적 이야기가 포함되고, 창작문학에는 사실문학과 환상문학이 포함될 수 있다. 이처럼 문학작품은 여러 가지로 분류할 수 있는데, 이때 문학의 종류나 유형을 우리는 '장르'라고 부른다.

프랑스어인 'genre'는 생물학에서 동식물의 분류와 체계를 세울 때 쓰이던 말이다. 이것이 문학에서는 작품들의 공통적인 특징, 유사성과 차이점에 의해 문학작품의 종류를 나누는 데 차용되어 '형식'이나 '양식'의 뜻으로 쓰였다. 그러나 본래의 뜻은 문학의 유형이나 종류다. 장르는 문학의 종류를 작품 형성의 원리나 공통적인 특성에 따라 구분할 때 쓰이는 개념이다.[1)]

그러나 장르가 항상 명확하지도 않으며 쉽게 구분이 되는 것은 아니다. 하지만 유아문학에 대하여 논의하고자 할 때 장르라는 용어는 매우 유용하다. 우리나라의 아동문학가와 외국의 아동문학가들이 분류한 장르를 살펴보고, 앞으로 전개될 유아문학에 대하여 종합적으로 그 장르를 정리해 보고자 한다.

1. 한국 아동문학의 장르

먼저, 우리나라 문학의 장르에 대해서는 다음과 같은 여러 의견이 있다.

- 시가, 산문의 두 장르설[2) 3) 4)]
- 시가, 가사, 문필의 세 장르설[5)]
- 시, 소설, 수필의 세 장르설[6)]
- 시가, 가사, 소설, 희곡의 네 장르설[7)]
- 서정, 서사, 극의 세 장르설[8) 9)]
- 서정, 서사, 교술, 희곡의 네 장르설[10) 11)]

석용원(1982)은 아동문학도 일반문학과 마찬가지로 서정시, 서사시, 극시의 세 가지 형태에서 아동문학만이 가지는 특수성에 의하여 분류 · 발전된다고 보고 〈표 5-1〉[12)]과 같은 도식을 제시하였다.

〈표 5-1〉 문학 장르의 분화과정에서 본 아동문학의 장르

<table>
<tr><th colspan="4">민요(ballad dance) 부분</th></tr>
<tr><td>구전문학</td><td>설화문학
(신화, 전설, 설화, 민화,
우화, 옛날 이야기)
↓</td><td>극문학
(탈춤, 인형극, 연극)
↓</td><td>시가문학
(무가, 민요, 전래동요)
↓</td></tr>
<tr><td>창작문학</td><td>서사시
동화
↓
소설
동화, 아동소설</td><td>극시
동극
↓
희곡
아동극, 아동 시나리오</td><td>서정시
동시
↓
시
동요, 동시</td></tr>
<tr><td></td><td colspan="2">산문(prose)</td><td>운문(verse)</td></tr>
</table>

2. 외국 아동문학의 장르

외국 학자들의 분류를 살펴보면 다음과 같다.

루켄스(Lukens, 2003)는 장르를 엄격하게 구별하기는 어려워서 뚜렷이 구별되기도 하고 겹치기도 하며, 모든 문학적인 요소들(인물 설정, 플롯, 배경, 주제 등)이 포함되어 있기도 하지만 그 연합되어 있는 것과 정도가 다양하다고 보고, 아동문학의 종류를 다음과 같이 분류했다.[13]

① 사실문학(realism)
- 사실동화(realistic stories, 즉 problem realism and social issues realism)
- 동물동화(animal realism)
- 역사동화(historical realism)
- 운동 이야기(sports stories)

② 정해진 규정에 따른 동화(formular fiction)
- 추리 탐정동화(mysteries and thrillers)
- 낭만적 이야기(romantic stories)
- 연속되는 책(series books)

③ 환상문학(fantasy)
- 환상적 이야기(fantastic stories)
- 고도의 환상동화(high fantasy)
- 공상과학동화(science fiction)

④ 전승문학(traditional literature)
- 민담(folk tales)
- 우화(fables)
- 신화(myths)
- 전설과 영웅 이야기(legends and hero tales)
- 서사시(folk epics)

⑤ 시(poetry)

⑥ 논픽션(nonfiction)

- 정보를 제공하는 책(informational books)
- 전기(biography)

루켄스는 문학이 화학 요소처럼 명확하게 분류가 되지 않기 때문에 장르에 모든 이야기를 잘 짜 맞추기는 어렵지만, 아동에게 유용한 문학작품을 광범위하게 알아볼 수 있도록 도와줄 것이라고 제안하였다.

퍼브스와 몬슨(Purves & Monson, 1984)[14]은 전승문학(민담, 신화 및 전설), 산문문학(정보 그림책, 환상동화, 역사동화, 생활동화, 공상과학동화) 그리고 시와 그림책으로 분류하였다. 아울러 책과 독자와의 상호 교류적(transactional) 접근을 설명하고 있다.

로즈(Rose, 1982)[15]도 위의 두 가지와 비슷하게 분류하였는데, 그림책을 따로 구분하였다.

① 그림책(picture book)

② 전승문학(traditional literature)

- 민담(folk tales)
- 신화(myths)
- 전설(legends)
- 서사시(epics)
- 그 외 오늘날까지 전해 내려오는 이야기 포함

③ 환상문학(fantasy)

④ 사실동화(realistic fiction)

⑤ 역사동화(historical fiction)

⑥ 논픽션(nonfiction)

⑦ 시(poetry)

러셀(Russell, 2005)[16]은 아동문학을 유아기 책, 그림 이야기책, 전승문학, 시, 환상문학, 사실문학, 전기와 정보 제공책으로 나누었다. 유아기 책은 마더구스, 글자 없는 그림책, 장난감 책, 알파벳 책, 수 세기 책, 개념책, 영아 책으로 세분화하였고, 전승문학과 환상문학을 다른 학자들보다 훨씬 세분화하여 설명하였다.

서덜랜드(Sutherland, 1997)[17]는 어렸을 때부터 다양한 종류의 책을 접하게 해 주어야 한다고 주장하면서 다음과 같이 아동문학의 종류를 나누었다.

① 그림책(picture book)
② 전승문학(traditional literature)
- 민담(folk tales)
- 우화, 신화, 서사시(fables, myths, epics)

③ 근대 환상문학(modern fantasy)
④ 근대 사실동화(modern realistic fiction)
⑤ 시(poetry)
⑥ 역사동화(historical fiction)
⑦ 전기(biography)
⑧ 정보를 제공하는 책(informational books)

3. 유아문학의 종류

앞서 살펴본 여러 분류가 제한점이 많이 있고 모두에게 납득할 만한 분류가 아니지만, 이러한 분류를 종합하여 앞으로 다음과 같이 유아문학의 종류 및 유형을 나누어 살펴보고자 한다.

① 전승문학(traditional literature, folklore)
- 민담(folk tales, fairy tales)
- 신화 및 전설(myths, legends)
- 우화(fables)
- 전래동요

② 창작문학

- 환상문학(fantasy)
  - 환상동화(fantasy)
  - 공상과학동화(science fiction, science fantasy)
- 사실문학(realistic fiction)
  - 사실동화(contemporary realistic fiction)
  - 역사동화(historical fiction)
  - 전기(biography)
- 논픽션
  - 정보 그림책(informational book)
- 동요와 동시(poetry)

③ 그림책(picture book)

이 분류는 작가가 분명하지 않은 전승문학과 작가가 확실한 창작문학으로 분류하여, 전승문학 속에는 민담, 신화 및 전설, 우화, 전래동요가 포함되며, 창작문학 속에는 환상문학, 사실문학, 정보 그림책과 동요 · 동시가 포함된다. 환상문학에는 환상동화와 공상과학동화가 있고, 사실문학에는 사실동화, 역사동화, 전기 등이 포함된다. 이 중에서 운문문학으로 동요와 동시 그리고 전래동요를 넣을 수 있겠다. 그림책은 이와 같은 모든 장르를 다 포함하고 있다고 볼 수 있다. 유아문학의 종류를 종합해서 도표화하면 〈표 5-2〉와 같다.

〈표 5-2〉 유아문학의 종류

	산문(prose)	운문(verse)	
전승문학	• 민담 • 신화 및 전설 • 우화	전래동요	그림책
창작문학	환상문학 • 환상동화(fantasy) • 공상과학동화(science fantasy) 사실문학 • 사실동화(contemporary realistic fiction) • 역사동화(historical fiction) • 전기(biography) 논픽션 • 정보 그림책(informational book)		
그림책			

미주

1) 최운식 외 9인(1988). 문학교육론. 집문당.
2) 김기동(1969). 국문학개론. 정연사.
3) 김준영(1976). 국문학개론. 형설출판사.
4) 이병기(1965). 국문학개론. 일지사.
5) 조윤제(1948). 한국 시가의 연구. 을유문화사.
6) 이능우(1955). 입문을 위한 국문학개론. 이문당.
7) 조윤제(1955). 국문학개론. 동국문화사.
8) 장덕순(1960). 국문학통론. 신구문화사.
9) 김윤식(1973). 한국 근대문학의 이해. 일지사.
10) 조동일(1969). 가사의 장르 규정. 어문학, 제21집. 어문학회.
11) 조동일(1978). 우리 문학과의 만남. 홍성사.
12) 석용원(1982). 아동문학원론. 학연사, pp. 182-183.
13) Lukens, R. J. (2003). *A critical handbook of children's literature* (7th ed.) Boston, MA: Allyn & Bacon, Pearson Education, Inc., pp. 13-38.
14) Purves, A. C., & Monson, D. L. (1984). *Experiencing children's literature*. Glenview, IL: Scott, Foresman and Co., pp. 23-124.
15) Rose, K. (1982). *Teaching language arts to children*. Harcourt Brace Jovanovich. Inc., pp.

240-243.
16) Russell, D. L. (2005). *Literature for children: A short introduction* (5th ed). Boston, MA: Allyn and Bacon, Pearson Education, Inc.
17) Sutherland, Z. (1997). *Children and books* (9th ed.). NY: Addison Wesley Longman, Inc., pp. 166-500.

요약

유아문학의 종류가 다양해지고 방대해짐에 따라 여러 학자에 의해 그 장르가 다양하게 분류되고 있다. 우리나라의 아동문학계에서도 장르에 대한 여러 가지 의견들이 있어 왔으며, 석용원이 문학 장르의 분화과정에서 본 아동문학의 장르를 제시하기도 했다. 외국 아동문학의 장르는 루켄스, 책과 독자와의 상호 교류적 접근을 더불어 설명한 퍼브스와 몬슨, 그림책을 따로 구분한 로즈, 다른 학자들보다 훨씬 세분화된 분류를 제시한 러셀, 연령과 장르를 혼합하여 분류한 서덜랜드 등이 있다. 여러 분류가 가지는 제한점들을 보충하고 종합하여 유아문학의 종류와 유형을 정리할 수 있다.

연구문제

01 한국 아동문학 장르의 여러 의견을 기술하시오.

02 서덜랜드가 분류한 아동문학의 종류와 그 특징을 설명해 보시오.

03 유아문학을 논의하는 데 있어서 장르를 분류하는 것이 가지는 의의를 기술하시오.

제6장

그림책

1. 그림책의 정의 및 특징

1) 그림책의 정의

그림책은 유아문학에서 독자적 위치를 차지한다. 유아문학에서 그림책이 독자적 위치를 차지한다는 것은 다감각적 경험을 제공하기 때문인데, 특히 아름다운 그림을 보는 시각적 경험과 촉감을 느낄 수 있는 책들은 글씨를 읽지 못하는 유아의 상상력을 확장시켜 주기 때문이다. 그림책은 유아문학에서 다루어지는 모든 장르를 다 포함하여[1] 표현할 수 있는 독특한 장르다. 즉, 옛이야기나 환상문학, 사실문학, 동요·동시, 정보책, 전기들이 모두 그림책으로 만들어질 수 있다.

그렇다면 그림책(picture book)은 어떤 책인가?『새벽』이라는 그림책으로 우리에게도 익숙한 슐레비츠(Shulevitz, 1985)[2]는 그림책을 이야기책(story book)과 그림책(picture book)으로 나누어 개념 정의를 하고 있다. 즉, 이야기책은 이미지와 소리를 모두 글로 표현함으로써 글만으로도 이야기를 완전히 이해할 수 있다는 것이다. 이 경우에 그림은 글에서 표현한 내용의 부분만을 나타낸다. 그러나 그림책은 글과 그림이 반복되지 않고 글과 그림이 통합되어 하나의 내용을 만들므로 그림이 없이 글만으로는 내용을 완전히 이해할 수 없다. 그림책에서 그림은 텍스트를 확장하고 명료화하며 상호 보완하는 것이다. 이렇듯 그림책은 시각적인 영상을 통해서 그 그림이 담고 있는 의미와 분위기로 그림의 내용이 전개되는 상황을 알게 해준다.

그림책은 이야기가 있는 그림으로 된 책이다. 글이 없는 것도 있고 간단한 글이 있는 그림책도 있다. 그림책은 그림 하나만으로도 독자적으로 이야기를 만들어 낼 수 있다. 그 그림이 본문과 단어들을 지배하는 형태이거나, 적어도 본문과 그림이 똑같이 중요하게 생각되는 책[3]이라고 볼 수 있다. 같은 맥락에서 베이더(Barbara Bader)는 『American Picture Books』에서 그림책을 "그림과 단어들이 서로 의존하면서 이야기를 꾸며 나가며, 두 개의 마주 보는 페이지가 동시적으로 펼쳐지면서, 그 페이지가 넘겨질 때 극적인 상황이 정해지는 예술 형태다."[4]라고 정의하였다.

글이 있는 그림책은 그림이 많고 그 본문이 어린이들이 읽기도 쉽고 마치 훌륭한 시와 같은 것으로서 본문과 그림이 잘 혼합된 것이다. 이때 그림은 이야기의 분위기를 잘 묘사하고 인물 묘사를 잘할 수 있어서 작가가 얘기하고자 하는 것을 잘 전달할 수 있게 한다. 루켄스(Lukens, 2003)[5]는 그림책의 미술 요소를 분석하면서 그림책을 '텍스트와 그림의 행복한 결혼'이라고 얘기하고 있다.

그림책은 특히 어린 유아를 위해 많이 쓰이는데, 대부분 어른이 읽어 줌으로써 어른과 유아가 함께 책을 보는 경험을 한다. 읽어 준다는 입장과 듣는다는 입장의 차이는 있으나, 부모와 함께 그림책의 세계를 여행하고 즐거움을 공유함으로써 갖는 정신적인 공동 체험은 서로의 사랑을 확인할 수 있게 해 준다. 따라서 그림책은 유아의 정서적이고 인지적인 성장을 촉진해 주는 새로운 경험을 제공해 줄 뿐만 아니라, 부모와 자녀 간의 질 좋은 상호 작용을 할 수 있는 좋은 매체가 된다. 즉, 부모와 자녀가 그림책을 통하여 서로의 존재를 확인함으로써 정서적 안정감을 가질 수 있게 된다. 아울러 상상력과 창의력을 신장시킬 수 있도록 해 준다. 어린 유아일수록 공부로서가 아닌 즐거운 놀이의 하나로서 그림책을 대하게 된다. 질이 좋은 그림책은 아주 어린 유아에게 즐겁고도 꼭 필요한 놀잇감이 될 수 있다.

2) 그림책의 문학적 특징

그림책은 원칙적으로 그림과 글이 함께 이루어진 것이다. 글이 없는 그림책도 있지만, 글이 있는 경우 대부분 간결하고 아름다운 글이다. 글의 분량이 많고 그림이 보조 역할을 할 때는 그림이 삽화가 된다. 따라서 그림책을 평가할 때 그림과 본문을 분리해서 볼 수 없다. 그러나 일반적으로 그림에 대하여 더 많은 관심을 가지고 보는데, 여기서는 그림책 속에 있는 본문에 초점을 두고자 한다. 즉, 그림책 속 글의 문학적 특징을 살펴보고, 유아를 위한 좋은 그림책의 글이 갖추어야 할 문학적 형식과 요소를 살펴보고자 한다.[6)]

(1) 주제와 소재

주제(theme)는 이야기 속에 들어있는 핵심적 생각으로, 작품을 힘 있고 긴장감 넘치게 만드는 요소다.

그림책의 주제는 단순하지만 전 세계적으로 보편타당한 진리를 담고 있어야 한다. 신뢰감을 형성하고 자율성을 키워 가는 시기의 유아에게는 유아에게 호소력을 가진 일반적인 주제, 즉 사랑과 자율성이 담긴 내용이 바람직하다.

그리고 유아의 기본적 욕구를 만족시켜 주는 주제가 되어야 한다. 유아는 사랑받고 사랑하고 싶은 욕구가 가장 강하며, 내용의 사실성보다는 위안받고 싶고 안심하고 싶은 욕구 그리고 행복하고자 하는 욕구 순서로 만족하고자 하는 욕구 수준이 나타난다. 이러한 욕구가 충족되어야만 유아가 흥미를 느낄 수 있으며, 거듭해서 보아도 싫증 나지 않고 유아들이 즐겨 보는 좋은 책이 될 수 있다.

그림책의 내용은 유아의 발달 수준에 적합하면서도 성 · 인종 · 연령차별이 포함되어서는 안 된다. 남녀 역할에 대한 고정관념에서 탈피해야 할 것이며,『엠마』처럼 나이 많은 노인도 건강하고 활기 있게 생활하는 모습을 보여 주는 것이 바람직하다.

서정숙과 남규(2005)[7)]는 그림책의 주제를 문제해결 및 심리적 발달, 가족과의 관계, 가족 외 생명과의 관계, 자연의 모습이나 자연과의 관계, 다문화, 반편견, 여러 가지 문제 상황 그리고 기타로 나누어서 설명하였다. 윙클과 킴멜(Winkel & Kimmel, 1990)[8)]은 그림책을 주제별로 가족, 성장, 정보, 기호, 특별한 시간으로 나

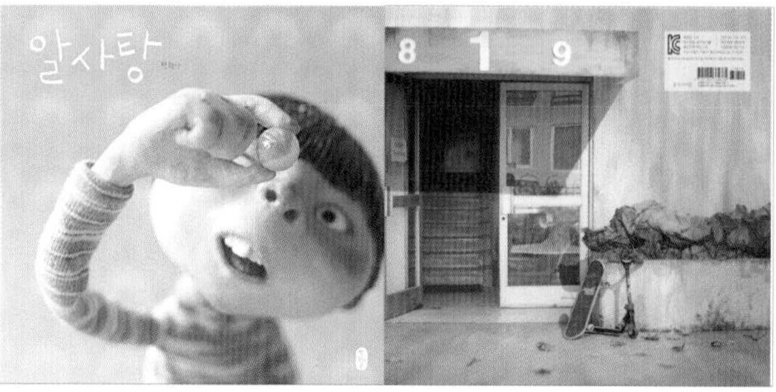

그림 6-1
『알사탕』
백희나 (글 · 그림), 책읽는곰.

누고 각 주제를 3개 이상의 소주제로 나누어 설명한다.

아마도 그림책에서 가장 많은 비중을 차지하는 글 텍스트의 주제는 가족 간의 관계와 사랑, 심리적 발전과 성숙, 친구 관계 등이 아닐까 한다. 정유미의 『나의 작은 인형 상자』(2015)는 갇혀 있던 자기만의 세상에서 세상 밖으로 나오게 되는 성장 이야기로서 초등학교 고학년부터 볼 수 있는 책이다. 백희나의 『알사탕』(2017), 정진호의 『위를 봐요!』(2014)도 세상과 혹은 친구와 소통하게 되는 이야기를 다루고 있다. 『개구리 왕자』(1995)는 심리적 발전과 성숙의 과정이라는 두 주제를 포함하고 있다. 이러한 주제는 등장인물의 대화와 그림 등을 통해서 다양한 방법으로 제시된다. 여기에서는 그림책의 주제와 소재로 다루어지는 내용을 다음과 같이 살펴보고자 한다.

첫째, 가족 이야기다. 어린이들은 부모와 조부모의 어렸을 때 얘기를 듣고 싶어 한다. 특히 부모-자녀 간의 사랑을 담은 얘기를 좋아한다. 오늘날의 재혼 · 이혼 가정, 입양한 가정의 이야기, 동생이 생겼을 때 느끼는 외로움, 질투심과 형제간의 갈등, 형제간의 우애가 다루어진 이야기도 좋아한다.

이러한 주제를 다룬 좋은 그림책의 예로 하야시 아키코 그림의 『순이와 어린 동생』(1995), 앤서니 브라운의 『고릴라』(1998), 『돼지책』(2001), 『터널』(2002) 등이 있다. 이 밖에도 가족의 사랑을 다룬 김동성 그림의 『엄마 마중』(2004), 베라 윌리엄스(Vera B. Williams)의 『엄마의 의자』(1999), 윌리엄 스타이그의 『아빠랑 함께 피자 놀이를』(2000), 이혜란의 『우리 가족입니다』(2005), 데이브 맥킨(Dave McKean)의 『금붕어 2마리와 아빠를 바꾼 날』(2002), 존 버닝햄의 『우리 할아버지』(1995), 론 브룩스(Ron Brooks)의 『할머니가 남긴 선물』(1997), 토미 드 파올라(Tomie de Paola)의 『오른발 왼발』(1999), 테드 랜드(Ted Rand)가 그린 『기억의 끈』(2009), 제니 데스몬드(Jenni Desmond)의 『동생만 예뻐해!』(2014), 지경애의 『담』(2014), 사노 요코의 『하지만 하지만 할머니』(2017), 허은미가 쓰고 김진화가 그린 『불곰에게 잡혀간 우리 아빠』(2018), 백희나의 『나는 개다』(2019) 등 수도 없이 많다.

입양을 다룬 그림책으로는 프레데릭 스테르(Frederic Stehr)가 그린 『진짜 동생』(2004)과 안네테 힐데브란트(Anette Hildebrandt) 쓰고 알무드 쿠네르트(Almud Kunert)가 그린 『그렇게 네가 왔고 우리는 가족이 되었단다』(2008), 어린이 작가인 전이수의 『새로운 가족』(2017), 토마 라바셰리의 『나의 초록색 가족』(2018)이 있다. 이혼가정을 그린 그림책으로 베빗 콜(Babette Cole)의 『따로 따로 행복하게』(1999), 앤서니 브라운의 『특별한 손님』(2005), 유혜율이 쓰고 김윤주가 그린 『사막의 왕』(2017) 등이 있다.

그림 6-2
『새로운 가족』
전이수 (글 · 그림), 엘리.

둘째, 어린이에게 익숙한 일상적 경험 이야기다. 즉, 학교나 유치원 생활에 적응하는 이야기, 친구 사귀는 것, 이사, 애완동물의 죽음, 생일파티, 새로운 일에 대한 걱정과 조심스러움이 다루어진 얘기, 장애아의 얘기들이 다루어지고 있다. 일상적인 경험 속에서 자립심을 키워 가고 건강한 자아개념을 형성해 가며 적응해 가는 내용도 포함된다. 이러한 그림책의 예를 들면, 아규 마치코(Yagyu Machiko)의 『집 나가자 꿀꿀꿀』(1999), 지원이와 병관이 시리즈인 고대영 글, 김영진 그림의 『지하철을 타고서』(2006), 헬렌 옥슨버리의 『이만큼 컸어요!』(2007), 바바라 매클린톡(Barbara McClintock)의 『아델과 사이먼』(2007), 모리스 센닥의 『범블아디의 생일 파티』(2013), 애완동물과의 사랑과 이별을 다룬 헬렌 옥슨버리의 『찰리가 온 첫날밤』(2012)과 프레야 블랙우드(Freya Blackwood)의 『이젠 안녕』(2010), 에릭 로만(Eric Rohmann)의 『뼈다귀 개』(2014), 린지 매틱(Lindsay Mattick)이 쓰고 소피 블래콜(Sophie Blackall)이 그린 『위니를 찾아서』(2016), 조원희의 『혼자 가야 해』(2014) 등이 있다.

친구 사귀기를 다룬 그림책으로는 헬메 하이네(Helme Heine)의 『세 친구』(1998), 이토 히데오(Itoh Hideo)의 『친구랑 싸웠어!』(2006), 브라이언 카라스(G. Brian Karas)의 『친구를 사귀는 아주 특별한 방법』(2012), 폴리 베르나테네(Poly Bernatene)의 『이상한 녀석이 나타났다!』(2012), 이선미의 『나와 우리』(2013), 강무홍이 쓰고 조원희가 그린 『까불지 마!』(2015), 박정섭의 『감기 걸린 물고기』(2016), 대니 파커(David Packer)가 쓰고 프레아 블랙우드(Freya Blackwood)가 그린 『몰리와 메이』(2017), 가사이 마리가 쓰고 기타무라 유카가 그린

그림 6-3
『친구가 미운 날』
가사이 마리 (글), 기타무라 유카 (그림), 책읽는곰.

『친구가 미운 날』(2018) 등이 있다.

장애인을 다룬 그림책으로는 베레나 발하우스(Verena Ballhaus)의 『내 다리는 휠체어』(2004)와 『내 친구는 시각장애인』(2005) 그리고 제니 수 코스테키-쇼(Jenny Sue Kostecki-Shaw)의 『나의 꿈꾸는 눈동자』(2009), 정진호의 『위를 봐요!』(2014), 구스티의 『말코, 네 이름』(2016), 조은수의 『병하의 고민』(2017), 안 에르보(Anne Herbauts)의 『바람은 보이지 않아』 (2015), 알레인 아지레(Alaine Agirre)가 쓰고 마이테 그루차가(Maite Gurrutxaga)가 그린 『내 친구 마틴은 말이 좀 서툴러요』(2018) 등이 있다.

셋째, 자연에 대한 어린이들의 느낌과 호기심을 다루는 얘기도 흥미를 느끼는 내용이다. 눈, 비, 태풍, 숲속의 나무, 동물 등 자연현상 얘기가 포함된다. 예를 들면, 에즈라 잭 키츠의 『눈 오는 날』(1995), 레이먼드 브릭스(Raymond Briggs)의 『눈사람 아저씨』(1994), 이성표의 『야, 비 온다』(2002), 데이비드 위즈너(David Wiesner)의 『허리케인』(2005), 아베 히로시(Abe Hiroshi)의 『아이와 무지개』(2009), 백희나의 『달 샤베트』(2010), 장현정의 『맴』(2015), 신혜원의 『나의 여름』(2018) 등이 있다. 동물을 다룬 것으로는 퀸틴 블레이크(Quentin Blake)의 『새들은 어떻게 하늘을 날게 되었을까?』(2003), 권윤덕의 『고양이는 나만 따라 해』(2008), 애니타 로벨(Anita Lobel)의 『아침 해를 구한 용감한 수탉』(2008), 다시마 세이조(Tashima Seizo)의 『염소 시즈카』(2010), 장영복이 쓰고 이혜리가 그린 『호랑나비와 달님』(2015), 엘리샤 쿠퍼(Elisha Cooper)의 『큰 고양이 작은 고양이』(2018) 등이 있다.

그림 6-4
『큰 고양이, 작은 고양이』
엘리사 쿠퍼 (글 · 그림), 시공주니어.

넷째, 유머와 환상적인 요소가 어우러진 내용도 그림책의 중요한 주제와 소재가 된다. 의인화한 동물이나 물건들이 등장하기도 한다. 예를 들면, 모리스 센닥의 『괴물들이 사는 나라』(1994)와 『깊은 밤 부엌에서』(1994), 존 버닝햄의 『지각대장 존』(1995), 『마법침대』(2003)와 『비밀파티』(2009), 윌리엄 스타이그의 『치과 의사 드소토 선생님』(1995), 이호백의 『도대체 그 동안 무슨 일이 일어났을까?』(2000), 백희나의 『구름빵』(2004), 요르크 뮐러(Jörg Müller)의 『책 속의 책 속의 책』(2005), 정성훈의 『토끼가 커졌어!』(2007), 앤서니 브라운의 『거울 속으로』(2006), 에릭 로만(Eric

Rohman)의 『클라라의 환상 여행』(2008), 유태은의 『작고 빨간 물고기』(2008), 에즈라 잭 키츠의 『루이의 우주선 상상 1호』(2009), 미야코시 아키코(Miyakoshi Akiko)의 『심부름 가는 길에』(2012), 니콜라우스 하이델바흐(Nikolaus Heidelbach)의 『난 커서 바다표범이 될 거야』(2015), 미로코 마치코의 『내 이불은 바다야』(2015), 황 K의 『꽃에서 나온 코끼리』(2016), 크리스틴 슈나이더(Christine Schneider)가 쓰고 에르베 삐넬(Hervé Pinel)이 그린 『살금살금 까치발』(2018), 라이언 T 하긴스(Ryan T. Higgins)의 『우리 반 애들은 안 잡아먹어』(2019) 등이 있다.

다섯째, 농촌의 도시화에 따른 사회 문제나 환경 문제를 아름다운 그림과 함께 소개한 내용도 있다. 데이비드 스몰(David Small)의 『리디아의 정원』(1998), 레미 쿠르종(Rémi Courgeon)의 『커다란 나무』(2006), 조선경의 『지하정원』(2005), 박경진의 『대머리 사막』(2010), 피터 카나바스(Peter Carnavas)의 『도시의 마지막 나무』(2012), 이명애의 『플라스틱 섬』(2014), 가마타 미노루가 쓰고 하세가와 요시후미가 그린 『시금치가 울고 있어요』(2016), 피터 H 레이놀즈(Peter H. Reynolds)의 『물의 공주』(2017), 김정미 글, 윤정미 그림의 『시화호의 기적』(2018), 토드 파(Todd Parr)의 『내가 지구를 사랑하는 방법』(2018), 이종미의 『엄마 생각』(2018) 등이 여기에 속한다.

여섯째, 현대화된 민담 형식의 이야기와 민속문화에 대한 재발견 등이 아름다운 그림과 함께 소개되고 있다. 예를 들면, 게일 헤일리(Gail E. Haley)의 『이야기 이야기』(1996), 곽영권의 『사물놀이 이야기』(2001), 김환영의 『호랑이와 곶감』(2004), 이억배의 『솔이의 추석 이야기』(2005), 최은미의 『꽃향기에 나비 날고』(2007), 제리 핑크니(Jerry Pinkney)의 『사자와 생쥐』(2010), 윤미숙의 『토끼와 자라』(2010), 권문희의 『깜빡깜빡 도깨비』(2014), 박지윤의 『돌부처와 비단장수』(2015), 히라노 다다시가 쓰고 오타 다이하치가 그린 『세 형제와 신기한 배』(2015), 권정생이 쓰고 한병호가 그린 『길로 길로 가다가』(2018), 이억배의 『오누이 이야기』(2019) 등을 들 수 있다.

마지막으로, 신앙을 다룬 종교적 이야기도 그 주제가 될 수 있다. 예를 들면, 성경이야기 속 노아의 방주 사건을 다룬 그림책이 여러 권이 있는데 바바라 레이드(Barbara Reid)의 섬세한 점토 작품이 돋보이는 『노아의 방주를 탄 동물들』(1998)과 아서 가이서트(Arthur Geisert)의 『노아의 방주』(2003) 그리고 피터 스피어(Peter Spier)의 『노아의 방주』(2004)가 꾸준하게 읽히고 있다. 이 밖에도 다이앤 딜론

그림 6-5
『예수님, 지금 여기에』
이호백 (글), 이호연 (그림), 재미마주.

(Diane Dillon), 레오 딜론(Leo Dillon) 부부의 『무슨 일이든 다 때가 있다』(2004), 『한 겨울밤의 탄생』(2005), Hope 재희의 『혼자라고 말하지 마』(2013), 이호백, 조용식 글과 이호연 그림의 『예수님, 사랑의 예수님』(2015), 이호백 글과 이호연 그림의 『예수님, 지금 여기에』(2018)가 있다. 복음의 메시지를 쉽게 다룬 소피 윈드햄(Sophie Windham)의 『세 나무 이야기』(2012)와 성 프란체스코의 기도문을 각색한 파멜라 돌턴(Pamela Dalton) 그림의 『태양의 노래』(2013) 도 있다. 불교 경전 중의 하나인 『부모은중경』을 바탕으로 한 곽영권의 『낳으실 제 괴로움 다 잊으시고』(2007)도 좋은 예다.

이외에 그림책의 주제로서 자연현상 외에 역사, 문화, 인물, 과학, 사회, 예술 등의 분야에서 유아의 이해를 돕고 정보를 주는 내용(informational book)을 담은 정보 그림책도 포함된다. 조은수 그림의 『꿈꾸는 뇌』(2009), 몰리 뱅의 『태양이 주는 생명 에너지』(2009), 에이프릴 윌리(April Willy)의 『세 개의 잔』(2012), 오렐리아 프롱티(Aurelia Frontys)의 『왕가리 마타이』(2012) 등이 그 예가 될 수 있겠다.

많은 주제가 소개되었으나, 좋은 그림책은 무엇보다도 어린이가 보고 생각하는 현실의 가식 없는 주제를 가지고 어린이의 시선으로 쓰이고 그려졌을 때 더욱 의미가 있고 즐거움을 느낄 수 있을 것이다.

(2) 등장인물의 성격 묘사

그림책에서 등장인물은 사람이거나 의인화된 동물과 물건, 장난감 등이 등장한다. 좋은 그림책의 등장인물은 그 어느 경우든지 어린이다운 성격을 가지고 있으며, 어린이의 시선에서 묘사되어야 한다. 이름 있는 작가나 화가의 기호와 생각에 의한 묘사보다는 어린이의 시선에서 보는 일상성을 근본으로 하여 성격 묘사(characterization)가 되어야 한다.[9]

그림 6-6
『눈 오는 날』
에즈라 잭 키츠 (글 · 그림), 비룡소.

유아를 위한 그림책은 다른 문학에서만큼 치밀하게 등장인물의 성격과 심리가 글로써 묘사될 필요는 없다. 어린이 자신의 모습이나 행동이 반영되고 어린이의 감성과 정서를 잘 나타내어서 어린이가 쉽게 동일시하고 공감할 수 있는 인물이어야 한다.

에즈라 잭 키츠의『눈 오는 날』에서 피터는 눈이 오자 눈을 가지고 여러 가지 놀이를 하고, 등산가 흉내도 내 본다. 그다음 날 가지고 놀기 위해 호주머니에 넣어 둔 눈 뭉치가 녹아서 없어진 것을 발견한다. 이러한 피터의 행동 묘사는 눈을 순수하게 좋아하는 동심의 세계가 잘 나타나 있다.

그림책 중에서도 민담에 나오는 인물은 비교적 단순하고 평면적(flat)이며 전형적으로 묘사된다. 즉, 착하고 예쁜 주인공이 악하거나 욕심이 많고 미운 상대방과 대립되는 경우 등이다(예: 흥부/놀부, 콩쥐/팥쥐, 팥쥐 어머니). 그러나 환상이나 일상생활을 다룬 그림책에 나오는 주인공은 개성이 뚜렷하고 다면적이며 입체적(round)으로 성격 묘사가 되어야 한다(예:『괴물들이 사는 나라』의 맥스,『마녀 위니』의 윌버).

한편, 이야기 진행상 주인공이나 다른 등장인물의 성격이 변화하지 않은 경우는 정적(靜的, static) 인물로, 변화하는 경우는 역동적(dynamic) 인물로 구분한다.『헨젤과 그레텔』에서 그레텔은 역동적인 인물로 묘사되는데, 온순하고 무력한 성격에서 오빠와 자신을 구한 강하고 단호한 성격으로 변화하고 있다. 에즈라 잭 키츠의『피터의 의자』에서 피터가 새로 생긴 여동생을 가족의 일원으로 받아들이면서 적응해 가고 성숙해 가는 변화된 모습을 보여 주는데, 이때의 피터는 역동적 인물로 볼 수 있다. 정적인 인물의 예로는『헨젤과 그레텔』에서 남매의 아버지와『피터의 의자』에서 피터의 아버지를 들 수 있겠다.

이야기가 진행되면서 성격이 변화할 수 있으나 논리적으로 타당한 근거 없이 일관성 없게 성격이 묘사되면 어린이들이 주인공의 세계에 함께 빠져들기가 어렵다. 모리스 센닥의『괴물들이 사는 나라』는 우리나라 정서에 맞지 않을 수도 있고 미국에서도 교육적인 면에서 논란이 많았지만, 장난꾸러기 맥스의 성격은 논리적으로 일관성이 있으며 어린이들이 동일시할 수 있도록 묘사되어 있다. 엄마 말을 안 듣고 말썽을 부려서 벌을 받은 심리적 좌절감으로 환상의 세계로 갔다가, 그 환상 속에서 괴물들과의 장난에 싫증을 느끼고 다시 현실로 돌아오는데, 맥스를 위해 따뜻한 저녁밥을 준비한 엄마의 사랑을 느끼게 되는 이야기에서 아이들은 환상의 세계를 같이 즐기고 위안을 얻을 수 있다.

(3) 플롯

그림 6-7
『잃어버린 동생을 찾아서』
모리스 센닥 (글 · 그림), 시공주니어

그림 6-8
『쌀 한 톨로 장가든 총각』
이호백 (각색 · 그림), 길벗어린이.

플롯(plot)은 이야기 속에서 일어나는 일과 사건이 전개되는 순서다. 좋은 작품의 플롯은 우리의 흥미를 불러일으키는 갈등, 긴장감, 줄거리를 잘 만들어 낸다. 유아를 위한 그림책의 플롯은 간단한 발단으로 시작하여 이야기가 경쾌하게 전개되다가, 절정에 이르러 빨리 만족스러운 결말을 맺는 것이 흥미를 준다.

줄거리를 전개해 가는 구성의 형식에는 단선적 형식, 누적적 형식, 연쇄적 형식 및 회귀적 형식이 있다. 단선적 형식은 시간의 흐름에 따라 순서적으로 이야기가 전개되는 것으로 유아를 위한 그림책에서 가장 많이 사용된다. 발단, 전개, 절정, 결말로 이어지는 이와 같은 플롯은 유아문학 작품에서 많이 볼 수 있는 '엄마와의 일시적 격리/문제에 직면/문제의 해결/귀가'라는 구조를 가지고 있다. 『세상에서 제일 힘센 수탉』 『종이학』 『빨간 모자』 『괴물들이 사는 나라』 『집 나가자 꿀꿀꿀』(1999), 『잃어버린 동생을 찾아서』(2015) 등 많은 이야기가 같은 플롯을 가지고 있다.

누적적 형식은 비슷한 사건들이 반복되는데, 하나의 행위가 원인이 되어 다음 행위가 생기는 결과로 이야기로 진행된다. 예를 들면, 이호백이 각색하고 그린 『쌀 한 톨로 장가든 총각』은 '옛날 옛날에 한 총각이 살았어.'로 단순하게 발단이 되어, 쌀 한 톨 → 쥐 → 고양이 → 강아지 → 송아지를 얻게 되기까지 비슷한 사건이 반복되면서 전개되다가 주인아저씨 딸과 결혼하여 행복하게 '잘살았대.'로 결말을 맺고 있다.

연쇄적 형식의 플롯은 사건들이 반복은 되지만 사건들 사이에 인과 관계가 없어서 중간의 어느 사건이 빠져도 줄거리 진행에 영향을 주지 않는 경우다. 대표적인 예로 『곰돌이 푸우는 아무도 못 말려』를 들 수 있다. 로빈과 아기곰 푸우가 숲속의 동물 친구와 사귀면서 생기는 여러 사건이 이야기로 구성되어 있다.

회귀적 형식의 플롯은 비슷한 사건이 반복되다가 다시 제자리로 돌아가는 특수한 경우다. 『사윗감 찾아 나선 두더지』(이영원 그림, 1996)가 좋은 예다.

앞에서 살펴보았듯이 유아를 위한 그림책은 발단 → 전개 → 절정 → 결말에 이르는 과정이 명확하고 만족스러워야 하며 유머가 있어야 한다. 그리고 잘 짜인 이야기는 지나치게 감상적(sentimentalism)이지도 않으며, 갈등을 해소하거나 교훈을 강조하기 위해 작위적으로 우연성을 남발하지도 않는다.

(4) 문체 및 언어 표현력

문체는 언어의 사용, 단어의 선택, 문장의 구성 및 상징과 관련이 있다. 유아를 위한 그림책에 표현된 언어는 리듬감이 있고 반복이 많아서 즐거워야 한다. 반복은 단어, 구절, 문장, 상황 등이 반복될 수 있는데, 이러한 반복적 요소가 이야기를 전개해 가는 데 리듬감을 준다. 단어가 반복될 때 리듬감도 있으면서 다양성을 담아야 재미있다. 반복되는 단어의 동일성은 익숙함을, 다양성은 새로움을 준다. 단순한 되풀이가 아니라 점차 의미를 더해 가는 반복은 이야기의 진행을 박진감과 긴장이 점진적으로 고조되도록 돕는다.

그림 6-9
『지각대장 존』
존 버닝햄 (글 · 그림), 비룡소.

『지각대장 존』에서는 존 패트릭 노먼 맥헤너시라는 긴 이름이 반복되어 나오면서 지각대장과 연관된 느낌을 살려 주고 리듬감을 살려 준다. 악어, 사자, 큰 파도 때문에 지각하는 상황이 반복되어 나오고, 벌을 받을 때 300번 쓰고, 400번 외치고, 500번 쓰는 등 무게를 더해 가며 반복되는 상황들은 이야기의 흐름과 인물에 대한 묘사를 고조시켜 가고 있다.

그림책은 최대한 간결한 문장과 대화, 정확하고 경쾌한 언어로 쓰는 것이 바람직하며, 우리말의 아름다움을 살리고 의성어 · 의태어 등을 많이 사용한 것이 어린이에게 즐거움을 준다.

박영철의 『떼루떼루』에서는 이시미가 등장인물을 잡아먹을 때마다 "덥석!"이라는 의태어를 타이포그래피를 통해 반복해서 표현해 줌으로써 리듬감을 살려 주며, 독자들에게 어떤 장면과 단어가 나올지 예측할 수 있게 한다. 꼭두각시놀이의 특유의 가락인 '떼루떼루' '우여어' '정저꿍'으로 등장인물의 등장을 알리고 '우여어 우여우여' '우이여우이여'로 퇴장을 알리는 표현들은 읽는 재미와 생동감을 준다.

사이다의 『고구마구마』(2020)는 고구마 모양과 조리 방법에 따라 다른 여러 종류가 모여 고구마 잔치를 벌이는 이야기다. 모든 문장마다 '~구마'로 각운을 맞추어 리듬감이 있고 유머가 섞여 있어 웃음을 자아낸다.

그림책은 어린이가 이해할 수 있는 쉬운 말로 쓰여야 한다. 그러나 어린이에게 다소 어려운 단어가 있다 할지라도 그림의 도움으로 즐겁게 책을 읽음으로써 어휘력을 확장시킬 수 있으므로 지나치게 민감하게 반응하여 평가할 필요는 없다.

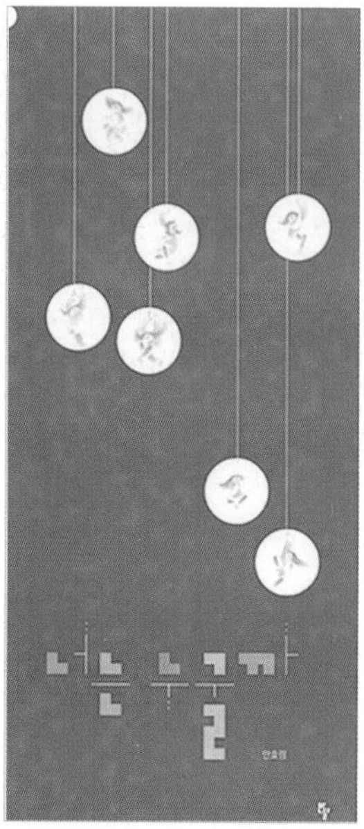

그림 6-10
『너는 누굴까?』
안효림 (글 · 그림), 반달.

호기심을 불러일으켜서 사고력을 활성화시키는 의문문이나 창의력과 상상력을 자극시키는 세련된 언어로 표현되는 것도 바람직하다. 예를 들면, 이형진의 『안녕? 나는 너의 장난꾸러기야』(1994)에서 '안녕? 내가 누구인지 아니? 지금부터 알아맞혀 봐.'는 어린이의 호기심을 불러일으켜서 책을 펼쳤을 때 다음 페이지를 넘겨 보고 싶은 마음이 생기게 한다. 이호백의 『그럼, 오렌지는?』(2017)에서도 제목이 의문문인 것처럼 "파란 건 하늘, 빨강은?…까만 건 밤, 그럼 보라는?" 등으로 질문을 던지면서 이야기를 이어간다. 안효림의 『너는 누굴까』(2017)도 첫 페이지부터 "누구일까?"로 시작하여 페이지를 넘길 때마다 누굴까?로 이어져 궁금증을 자아낸다.

이렇게 경쾌한 리듬과 운율의 반복, 의성어 · 의태어, 세련되고 쉬운 언어와 대화체로 쓴 그림책은 시각적 즐거움뿐 아니라 청각적 즐거움도 동시에 준다.

(5) 배경

이야기가 진행될 때 시간적인 것과 공간적인 요소가 배경(setting)이 된다. 그림책에서 배경은 행위가 묘사되는 시간과 공간을 말하기도 하지만 그 이상일 수도 있다. 배경은 통합 배경(integral setting)과 배경막 배경(backdrop setting)으로 구분할 수 있다. 장르에 따라 배경이 다르게 표현되기도 한다. 민담 그림책에서는 시대적 · 공간적 배경이 단순하게 연극 무대의 배경막(backdrop)처럼 처리된다. 그러나 환상적인 이야기나 사실적 이야기를 다룬 그림책에서는 시간과 공간이 좀 더 구체적으로 제시된다(통합 배경). 배경은 갈등 상황을 명료화하여 이야기 분위기에 영향을 준다.

그림책은 글과 그림의 상호 작용을 통해서 배경을 나타낸다. 앤서니 브라운의 『터널』은 사실주의와 초현실주의적 배경을 대비해가며 플롯을 진행하고 등장인물의 성격 묘사도 발전시킨다. 처음엔 집에서, 다음엔 쓰레기장 같은 장소에서, 그리고 '컴컴하고 축축하고 으스스한' 터널로 바뀌더니 마침내 '고요한 숲'으로 변한다. 숲은 악몽에 잘 어울리는, 마녀가 나올 것 같은 초현실적인 배경으로 변형된다. 터널 입구 장면에서는 평범한 세계에서 초현실적인 세계로 배경이 바뀌면서 여동생의 공포를 글로 나타낸다. 그러나 글이 할 수 없을 때는 그림이 환상적인 차원을 나타내는데, 괴기스러운 나무들 모양으로 변형, 바닥에 떨어져 있는 도끼, 여동생의 빨간색 모자가 달린 외투가 어우러져 민담 『빨간 모자』를 연상시킨다. 양쪽 면에 펼쳐진 그림에서 소녀는 빠른 동작으로 도망치고 있으므로 흐릿하게 묘사되고, 나무들 모양은 곰, 멧돼지, 늑대 등, 홀로 서 있는 묘비가 공포 분위기를 완성시킨다.

주인공들이 가족에게로 돌아오는 것은 다음과 같은 장면으로 시작된다. 딱딱하게 굳은 돌 모양의 오빠가 다시 살아 움직이는 몸으로 변하고, 잘렸던 나무들이 새로운 자연 풍경으로 되살아난다. 자연이 회복되고 책 앞부분에 보였던 친숙한 배경 그림이 다시 등장함으로써 주인공들이 무사히 집으로 귀환했음을 보여 준다(Nikolajeva & Scott, 2011).

(6) 관점(시점)

니콜라예바와 스콧(Nikolajeva & Scott, 2011)[10]은 "시점이란 화자, 등장인물, 내포 독자나 청자가 취하는 입장을 은유적으로 표현한 말"이라고 했다. 루켄스(Lukens, 2005)는 관점(시점)의 유형을 일인칭 관점, 전지적 관점, 제한된 전지적 관점, 객관적 관점으로 나누어서 설명했다. 일인칭 관점의 화자는 주인공이나 행동을 관찰하는 소수의 등장인물이 될 수 있다. 그림책에서 일인칭 시점의 화자라는 것은 독자가 그의 시점을 공유하는 반면, 그림에서는 그의 모습을 볼 수 없다는 것을 의미한다. 따라서 나이 어린 유아는 일인칭 시점을 이해하기 어렵다고 보는 사람이 많다.

작가가 모든 것을 알고 있는 전지적 관점은 작가가 등장인물과 관련된 모든 정보를 서술한다. 일반적으로 그림책의 글과 그림 속 화자는 전지적이면서 이야기 속에 있지 않은 외부 화자인 동시에 이야기와 다른 수준에 있는 화자다. 제한된 전지적 관점은 작가가 보통 주인공이 보고, 듣고, 느끼고, 믿는 것을 보여 준다. 작가는 그 등장인물 옆에서 따라다니거나 내부에 있다. 객관적 관점은 작가가 등장인물의 마음에 들어가지 않는다. 등장인물은 그 스스로 말하고 행동하며, 행동은 펼쳐 보이는 그 자체로 말한다. 사실적인 동물 이야기는 객관적 관점의 이야기다(김현희, 2018)[11].

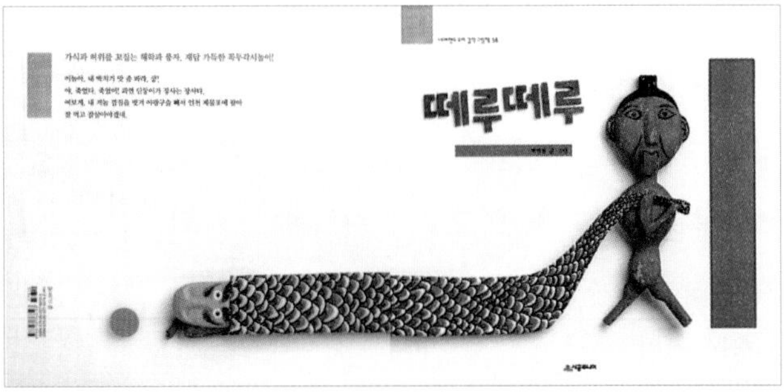

그림 6-11
『떼루떼루』
박영철 (글 · 그림), 시공주니어.

그림책에서 대화는 주로 글을 통해 표현된다. 『떼루떼루』에서는 극을 이끌어 가며 등장인물과 대화를 주고받는 작가(산받이)가 직접 등장하며 글을 통해 대화를 나눈다. 존 버닝햄의 『우리 할아버지』는 글 텍스트가 전부 대화로 이루어져 있다. 그런데 그림으로는 대화를 직접 전달하지 못하므로 『우리 할아버지』의 글과 그림은 특히 불일치한다.

글 텍스트는 외적 초점화(객관적, 극적 관점), 내적 초점화(등장인물의 생각과 감정을 꿰뚫어 보는 내적 관점), 또는 초점화되지 않은 상태(전지적 시점)가 가능하다. 반면에 그림은 직접적인 내적 초점화는 어렵다. 하지만 배경을 파노라마식으로 펼쳐 보여 줌으로써 전지적 관점을 전달할 수 있다.

모리스 센닥의 『괴물들이 사는 나라』 글은 전지적 시점, 책 전체를 통해 꾸준히 외적 내적으로 초점화, 그림도 전지적 시점, 괴물들과 춤추는 장면은 개념적, 주관적 시점으로 표현된다. 맥스는 많은 그림에서 독자를 똑바로 응시하며 분노와 슬픔을 표현하고 더 자주 화자의 즐거움을 표현하는 듯하다. 이 화자는 수시로 끼어드는 그림 속 화자다(김현희, 2018).

이외에도 그림책의 문학적 요소에 어조(tone) 등이 포함된다.

3) 그림책의 미술적 특징

그림책 작가들은 그림을 통해서 우리에게 또 다른 정서적 경험을 하게 해 준다.

즉, 이런 그림들은 우리를 따뜻하게도 해 주고 행복을 느끼게도 해 주며 걱정스러움을 느끼게도 해 준다. 사실 그림책의 그림은 본문과 잘 어울리는 분위기를 만들어 내는 것이 가장 중요하다. 그러므로 우리가 그림작가의 기술과 기교를 많이 알수록 그림책의 그림을 잘 평가할 수 있다. 따라서 그림책에 나타나는 중요한 미술적 요소를 살펴볼 필요가 있다. 러셀(2005)[12]은 그림책 속에 나타나는 미술적 특징을 선(line), 공간(space), 모양(shape), 색(color), 촉감 혹은 결(texture), 구도와 원근법(composition and perspective)으로 보았다. 여기에 그림 속의 글씨, 타이포그래피를 추가하여 소개한다.

(1) 선

선(line)은 사물의 특성을 나타내고 모양의 윤곽을 드러낸다. 그리고 정서적인 반응들을 암시한다. 이 선들은 움직임, 거리, 느낌까지도 제시한다. 따라서 휘어진 곡선과 원은 따뜻하고 아늑하며 안전함을 나타내게 된다. 날카롭고 Z형의 선은 흥분과 빠른 움직임을 보여 준다. 수평선은 침착하고 안정된 느낌을 나타내는 반면, 수직선은 높이와 거리감을 드러낸다. 그러나 모든 선이 이런 특성에 따라 해석되는 것은 아니다. 크리스틴 베젤이 쓰고 알랭 코르크스가 그린『선 따라 걷는 아이』와 이수지의『선』에서는 선 자체가 등장인물의 행위를 통하여 이야기를 이끌어 가고 있다. 상상력이 풍부하게 선을 사용하면 이야기 속에 흐르는 독특한 정신을 붙들 수 있다.

그림 6-12
『선』은 선에서 이야기가 시작되어 선 자체가 이야기를 이끌어 간다.

(2) 공간(여백)

대체로 공간(space), 즉 페이지의 빈 여백 부분은 미술적 요소로 생각하지 않는 경향이 있으나, 실제로는 매우 큰 영향력을 가지고 있다. 공간의 사용은 사실상 한 면에 그려진 특별한 모양들에 주의를 끌도록 한다. 만약 한 면에 빈 공간이 거의 없이 그림들이 가득 차 있다면 우리는 모든 형태를 주의 깊게 살펴봐야 할 것처럼 느낀다. 그러나 어떤 한 면에 빈 공간이 많다면 우리의 시선은 그 면에 남겨져 있는 사물들에 주의를 기울일 것이다. 이런 방법으로 그림작가들은 사물에게 특별한 중요성을 부여한다.

그림 6-13
『괴물들이 사는 나라』는 여백 없이 처리되어 환상세계의 절정을 보여 준다.

그림책에서 빈 공간이 많으면 공허, 외로움, 고립 등을 나타낼 수 있다. 공간은 또 거리감의 환상을 만들 수도 있다. 반대로 빈 공간이 너무 적으면 폐소 공포감이나 혼란, 무질서를 나타내기도 한다. 때로는 빈 공간이 점점 줄어들다가 완전히 없어지면 이야기 전개상 절정 부분을 느끼게도 해 준다. 예를 들어, 모리스 센닥의 『괴물들이 사는 나라』에서 맥스가 환상 세계로 들어가면서 여백이 줄어들기 시작하다가, 괴물들과 재미있게 춤을 추는 부분은 공간이 전혀 없이 환상의 극치를 보여 준다. 그러다가 다시 점점 공간이 늘어나면서 현실 세계로 돌아오는 것을 보여 주고 있다.

그림 6-14
『피터 래빗 이야기』의 부드럽게 구부러진 선과 둥그런 모양들은 따뜻함과 안전감을 느끼게 해 준다.

(3) 모양

그림에서 눈에 띄게 두드러진 모양(shape)들은 여러 정서적인 반응을 이끌어 낸다. 즉, 부피가 큰 물체들이 모여 있는 경우에는 안정감, 울타리나 감금 상태 그리고 거북하거나 어색함을 느낄 수 있게 한다. 반면에 더 가볍고 섬세한 모양들은 움직임, 우아함, 자유 등을 느끼게 한다. 동그란 모양들은 곡선과 동그란 선이 보여 주는 것과 비슷한 정서적 반응을 이끌어 내고(예: 『피터 래빗 이야기』 그림), 사각형이나 삼각형 모양은 흥분하기 쉬운 반응을 불러일으킨다.

(4) 색

유아들이 항상 밝게 채색된 그림을 좋아한다는 생각은 잘못된 것이다. 오랫동안 인기가 있는 그림책에는 흑백으로 되어 있거나 한 가지 색으로만 그려진 책들이 있다. 예를 들면, 로버트 맥클로스키(Robert McCloskey)의 『아기 오리들한테 길을 비켜 주세요』(1995)와 『어느 날 아침』(2004), 매리 홀 엣츠(Marie Hall Ets)의 『숲속에서』(1998) 등이다.

최근에는 다양한 일러스트 기법과 인쇄술의 발전으로 더욱 선명하고 깨끗한 색을 표현할 수 있음에도 불구하고 단순한 명암의 대비나 한 가지 색깔만으로도 충분히 주제와 느낌을 살리는 경우가 종종 있다. 사카이 고마코(Sakai Komako)의 『곰과 작은 새』(2009), 조선경의 『파랑새』(2009), 티에리 드되(Thierry Dedieu)의 『야쿠바와 사자 I – II』(2011), 다니엘 미지엘린스키(Daniel Mizielinski)의 『누가 누구를 먹나』(2012), 이혜리의 『달밤』(2013) , 안승준 글과 노래, 홍나리 그림의 『어느 날 우리는』(2019) 등이 그 예다.

그림 6–15
『어느 날 우리는』은 연필 선으로만 그려져 담담한 느낌을 준다.

만일 이런 책들이 여러 색으로 그려졌다면 훨씬 덜 효과적이었을 것이다. 그림책 작가가 흑백이나 한 가지 색으로 그리려고 할 때는 보통 선, 공간, 모양을 효과적으로 사용함으로써 색이 없는 것을 보충한다. 사실상 색이 너무 강조되거나 적절하지 못하면 글의 의미를 명확하게 전달하지 못할 수도 있다. 그림책은 본문과 그림이 잘 조화되어야 하므로 하나가 다른 것을 압도하면 안 되는 것이다.

마리 도를레앙의 『딴생각 중』은 색이 전체 이야기에 영향을 미치는 것을 잘 보여 준다. 주인공이 상상의 세계로 들어가는 통로로 노란 새가 등장하는데, 상상의 극치를 보여주는 장면에서는 두 펼침면 거의 전부가 노란색으로 채색되어 있다. 노란 새 깃털을 발견한 이후 주인공은 상상의 세계를 글로 표현하는 작가가 되어 다른 독자들에게 자신의 얘기를 들려주게 된다는 얘기다.

그림 6–16
『딴생각 중』
마리 도를레앙 (글 · 그림), 한울림어린이.

그림책의 미술적 요소 중에서 색깔은 가장 덜 상징적으로 쓰이는 것 중의 하나다. 관례적으로 색을 많이 사용하는데, 하늘은 파랗고 잔디는 초록색으로 그리는 것이 그 예다.

유아들이 원색을 좋아하기도 하나, 항상 화려하고 밝은색을 원하는 것은 아니며, 어른처럼 파스텔 톤만을 좋아하는 것도 아니다. 색도 선이나 모양처럼 정서적인 반응을 불러일으키는데, 빨강과 노란색은 따뜻하거나 더운 느낌을 주며 흥분을 나타낸다고 심리학자들은 얘기한다. 반면에 파란색과 초록색은 시원하거나 추운 색이며 침착하고 고요함을 나타낸다.

(5) 촉감 · 결

그림책 작가가 만들어 내는 환상적인 것 중 하나는 하얀 종이의 평면적인 표면에 3차원적인 표면의 특성을 나타내는 것이다. 즉, 모피, 나뭇결, 부드러운 비단결을 나타낸다. 이러한 특성을 촉감(texture)이라고 한다. 그림의 사실적 특성을 강조하고 싶은 화가는 촉감에 매우 큰 관심을 기울인다. 그러나 덜 사실적으로 그리고 싶은 화가는 시각적 경험을 풍부하게 하고, 보는 사람의 상상력을 고무시키기 위하여 촉감을 사용하기도 한다.

(6) 구도와 원근법

그림 6-17
『작은 집 이야기』는 원근화법을 잘 활용한 작품이다.

그림의 구도(composition)는 세부 묘사를 어떻게 배열하느냐와 관계가 있다. 구도는 정서적인 면에도 영향을 미치나 이야기를 끌어 나가는 데에도 영향을 주는 중요한 특성이다. 이런 면에서 그림작가는 그림을 그릴 때 어디에 초점을 두는 것이 가장 좋은지와 그림의 보이는 각도가 어떠한지, 어떤 분위기가 드러나야 하는지를 염두에 두어야 한다.

구도의 중요한 특징은 각도 혹은 원근화법(perspective)이다. 즉, 그림을 보는 사람이 어떤 위치에서 사물이나 사건을 보아야 하는지를 결정하는 것이다. 우리가 어떤 행동을 더 가까이 가서 볼수록 우리 자신이 더 그 사건에 몰입한 것처럼 보인다. 그러나 더 멀리에서 볼수록 우리는 그 사건과 더 거리를 두고 있는 것처럼 느껴진다. 우리는 어떤 사건을 벌레의 관점이나 새의 관점에서 바라볼 수도 있다.

각 그림마다 원근화법이 달라질 수도 있다. 그 이유는 지루함을 피하기 위함이거나 사물을 특별한 방법으로 보고 싶기 때문이다. 좋은 구도는 우리가 책장을 넘길 때마다 그 이야기의 성격에 맞는 리듬감을 만들어 낸다. 아울러 좋은 구도는 그림과 본문이 통합된 전체로서 만족감을 주며, 효과적인 분위기를 불러일으키는 통일감을 만들어 내기도 한다.

(7) 그림 속의 글씨, 타이포그래피

1980년대 후반부터 나타난 실험 작품에서 나타나는 대표적인 특징은 글 텍스트와 이미지의 경계가 점점 모호해진다는 것이다. 즉, 글 텍스트는 기본적 문자 전달 기능뿐 아니라, 상황에 따라 그림으로 이미지화되기도 하고, 때로는 거꾸로 그림이 글 텍스트화되기도 한다(김현희, 2018).

이성엽(2014)은 타이포그래피를 시각 예술과 문자 예술의 융합으로 표현했다. 타이포그래피는 크기와 형태, 색, 배치 차원에서 다양하게 표현함으로써 의미 효과를 극대화시키기도 한다. 나아가 그림의 경계를 벗어나 조화롭게 그리고 상호보완적으로 글과 소통한다.

백희나의 『알사탕』에서는 주인공 동동이가 알사탕을 먹으면 보통 때는 듣지 못하는 소리를 듣는데, 타이포그래피는 크기의 변화를 통해 등장인물의 마음을 표현한다. 특히 아빠가 들어와서 부르는 장면, 오른쪽 페이지에 'ㅅ ㄹ ㅅ ㄹ'이 점점 작아지는 글씨체로 그려져 있다. 이것은 다음 장면에서 '사랑해사랑해사랑해'로 이어진다. 다음 장면에서는 그림틀 밖에서부터 사랑해가 이어지는 것으로 보아 앞 장면과 연결된 것임을 알 수 있게 한다. 이는 사랑해라는 말이 아빠의 마음속에서 시작되어 동동이에게 들리게 된 과정을 암시한다.

그림책에서 타이포그래피는 다양한 의미 효과나 유희 효과를 목표로 한다. 작품 의도나 주제를 부각시키거나 등장인물의 개성을 표현하고, 특정 단어를 의미 차원에서 강조하거나 유머 효과를 만들어 낼 수 있다. 올리버 제퍼스와 샘 윈스턴이 지은 『책의 아이』는 페이지마다 명작의 한 장면을 그대로 옮겨온 듯한 느낌이 든다. 바다를 표현할 때는 바다와 관련된 소설을, 노래 구름이 나오는 부분엔 자장가를, 작은 행성 위에서 주인공들이 뛰어놀 때는 어린 왕자의 구절이 모여서 멋진 한 편의 그림이 된다. 옛이야기의 숲에서 장면에서는 빨간 모자, 헨젤과 그레텔, 지빠귀 부리 왕자, 엄지 동자의 모험, 재주 많은 네 형제, 백설공주, 미녀와 야수 이야기가 제목은 더 굵은 서체로, 이야기는 보통 글

그림 6-18
『책의 아이』
올리버 제퍼스, 샘 윈스턴 (글 · 그림). 비룡소.

씨로 표현되어 있다. 모양을 이용한 타이포그래피는 바다를 표현할 때는 물결 모양으로, 노래 구름이 나오는 장면은 구름 모양으로, 상상의 산을 오르는 장면에서는 산의 윤곽과 원근법까지 살려서 타이포그래피의 극치를 보여 주는 작품이다(김현희, 2018).

4) 그림책의 표현구조

지금까지 그림책의 그림과 글에 대해서 살펴보았다. 여기서는 그림책의 외현적 특징으로 그림책의 표현구조를 살펴보고자 한다. 나카가와 모토코(2006)는 그림책의 표현구조로 앞표지, 속표지, 직선 구조, 고리 구조, 점의 병렬 구조, 점의 집합 구조, 폴리포니 구조, 뒤표지 등 여덟 가지로 나누어 설명하고 있다. 여기서는 외현적 특징으로서 책의 크기와 형태, 표지(앞표지, 뒤표지), 면지(앞면지, 뒷면지), 속표지를 살피고자 한다. 이를 그림으로 표현하면 그림 6-19와 같다.

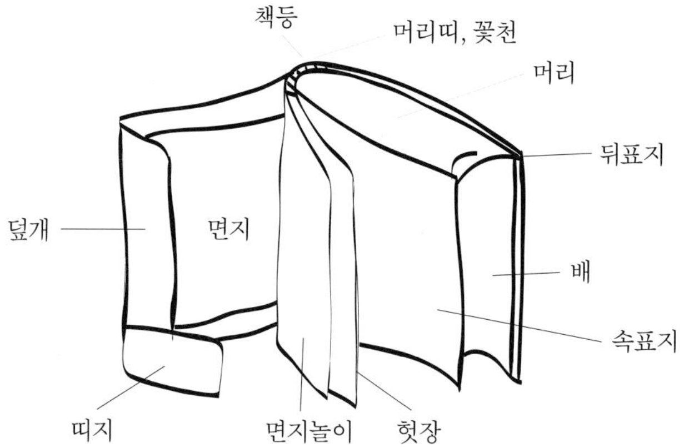

그림 6-19 그림책의 외현적인 구성요소

(1) 그림책의 크기와 형태

그림책의 크기와 형태는 매우 다양하나 대부분은 가로 형태의 직사각형이다. 이 형태는 화면이 안정적이며 손에 잡았을 때 다루기 쉽다는 장점이 있다. 그러나 에릭 칼의 『배고픈 애벌레』, 한병호 그림의 『빈집』과 비아트릭스 포터의 『피터 래빗 이야기』는 크기가 작으며, 토미 웅거러의 『달사람』과 박현정의 『새색시』는 세로로 길고, 류재수의 『백두산 이야기』는 가로로 길고 크며 무겁다. 제럴드 맥더멋의 『하늘과 땅을 만든 이야기』는 커다란 정사각형으로 되어 있다. 이러한 다양한 책 크기나 모양도 그림작가에 의해 그림책의 내용과 분위기에 따라 세심하게 고려되었다고 볼 수 있다. 영아를 위한 책 중에는 사과 모양처럼 둥글거나 기차 모양의 책처럼 장난감 같은 책도 있다.

(2) 표지

그림책의 표지는 그림책 속을 보호하는 두꺼운 종이에 문패처럼 그림책 제목과 작가와 출판사 이름이 매력적인 그림과 함께 쓰여 있다. 그림책 표지는 그림책의 문과 같으며 얼굴의 역할을 하는데, 그림책 속에서 일어나는 세계를 상징적으로 그리고 있다. 표지의 글도 그림 화면의 일부로 보아야 한다. 앞표지와 뒤표지가 있는데, 대부분은 다르게 표현되어 있다. 박현정의 『새색시』는 앞표지에 새색시의 앞모습을, 뒤표지에는 새색시의 뒷모습을 보여 주고 있다. 『리버벤드 마을의 이상한 하루』의 뒤표지는 그림작가인 크리스 반 알스버그와 책에서 색칠을 한 딸 소피아의 사진이 소개되어 있다.

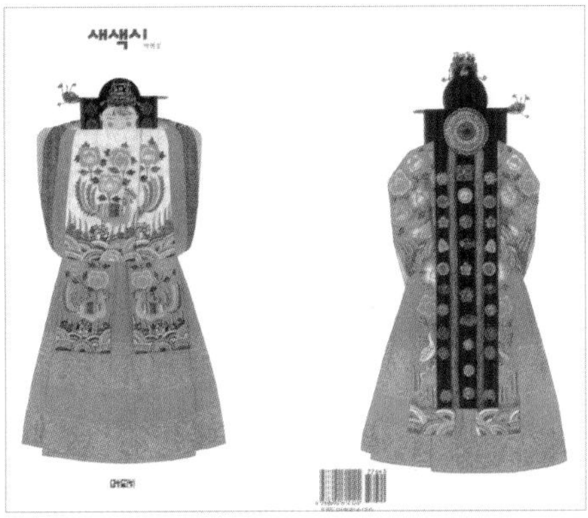

그림 6-20
『새색시』의 앞표지와 뒤표지

그림 6-21
『리버벤드 마을의 이상한 하루』의 앞표지와 뒤표지

끝으로 한 표지에 두 개의 문이 있는 경우가 있다. 예를 들면, 디자이너로 일했던 앤 조나스(Ann Jonas)의 『기묘한 왕복여행(Round trip)』은 어느 쪽 표지부터 읽기 시작해도 페이지가 왼쪽에서 오른쪽으로 넘어간다. 표지가 위아래 반대로 구성되어 있기 때문이다. 이 책을 거꾸로 하면 바닥과 그림이 뒤바뀌어 다른 풍경이 되고

그림 6-22
『기묘한 왕복여행』의 앞표지, 앞면지, 뒷면지

그 안을 헤집고 다시 돌아오는 왕복여행이 된다. 이선미의 『나와 우리』(2013)도 나의 이야기와 우리의 이야기로 양쪽 입장에서 이야기가 진행되다가 가운데에서 친구들이 함께 노는 것으로 끝난다.

(3) 면지

앞면지는 겉표지를 넘기면 바로 나오는 안쪽의 반대쪽 면이다. 면지는 겉표지를 넘긴 다음 면인 앞면지와 뒤표지를 넘긴 안쪽의 뒷면지가 있다. 이 부분에는 그림책의 표상이나 상징을 문양처럼 배열해 놓은 것이 많으며, 뒷면지와 앞면지가 같은 것으로 채워진다. 『거미 아난시』는 아프리카 전통 문양을 앞면지와 뒷면지에 넣

그림 6-23
『아씨방 일곱 동무』의 앞면지와 뒷면지의 같은 문양

고 있다. 『아씨방 일곱 동무』는 주인공이 바느질하는 모습과 옛 여인들이 바느질하며 빨래 손질하고 있는 모습이 앞뒤 면지에 그려져 있다. 어떤 경우에는 앞뒤 면지에 그림을 넣어 이야기를 끌어내거나 결말을 미리 보여 주기도 한다.

전이수의 『새로운 가족』은 앞면지와 뒷면지가 다르게 그려져 있어서 결말을 예측하게도 하고, 특히 뒷면지에는 이 책의 주제를 보여 주기도 한다. 면지에도 작가의 계획된 의도가 분명히 그려져 있으므로 관심을 가지고 볼 필요가 있다.

그림 6-24
『새로운 가족』의 앞면지와 뒷면지가 다르게 그려져 있다.

어떤 면지는 본문의 내용을 더 효과적으로 전달하기 위한 정보를 주기도 한다. 존 버닝햄의 『지각대장 존』의 면지에는 주인공이 거짓말을 한 벌로 '악어가 나온다는 거짓말을 하지 않겠습니다. 또 다시는 장갑을 잃어버리지 않겠습니다.'를 삐뚤삐뚤하게 쓴 문장이 반복해서 나오기도 한다.

(4) 속표지

면지에 이어지는 속표지는 그림책이 전개되기 전 페이지로 영화의 타이틀 화면과 같다. 제목이나 작가를 소개하면서 그림책의 세계로 독자를 끌어들인다. 인강의 『하나 하면 하나 있는 것은』의 속표지는 이 책이 1부터 8까지 수 세기를 위한 그림책임을 보여 준다. 그리고 신동준의 『지하철은 달려온다』의 속표지에는 지하철 노선표의 색과 선이 나옴으로써 이야기가 어떻게 전개될 것인지에 대한 느낌을 강하게 전달하고 있다.

그림 6-25
『하나 하면 하나 있는 것은』의 속표지

그림 6-26
『지하철은 달려온다』의 속표지

2. 그림책의 가치 및 교육적 의의

오늘날 특히 유아에게 그림책이 중요한 이유는 유아가 문학을 접하는 최초의 경험을 그림책이 제공하기 때문이다. 그러나 요즈음은 유아가 TV 앞에 머무르는 시간이 너무 많아졌으며, 자장가나 옛이야기를 부모로부터 듣는 시간이 상대적으로 적어졌다. 특히 TV 화면 속의 그림들은 상업성과 함께 즉각적인 이해를 돕기 위하여 지나치게 과장되어 있는 게 많다.

그림책은 유아 자신의 경험과 직접 관련되어 있고 아름다운 상상 속으로 몰고 갈 수도 있기 때문에 매우 중요하다. 그림책 속에 담겨 있는 소리와 예술적으로 꾸며진 단어와 그림의 의미는 유아의 정서와 상상력에 호소하므로 큰 즐거움을 주게 된다. 특히 나이 어린 유아에게 그림책은 다양한 정서적 경험을 안전하게 할 수 있도록 해 준다. 어린이가 태어날 때부터 풍부한 상상력을 가지고 나오는 것은 아니기 때문에 어렸을 때부터 그림책을 통한 직접 · 간접 체험은 상상력을 풍부하게 해주는 경험이 될 수 있다. 따라서 그림책은 아직 충분히 발달하지 못한 유아의 상상력을 보충하고 개발하며 풍부하게 하는 데 큰 역할을 할 수 있다.

왜 유아에게 그림책이 필요한가? 그림책의 가치와 교육적 의의를 요약하면 다음과 같다. 제1장에서 유아문학의 가치에 대하여 언급했듯이, 그림책은 즐거움을 준다. 그리고 이야기를 마음속으로 생생하게 그릴 수 있도록 도와주고 창의성을 길러 줄 수 있으며, 글씨를 읽을 수 있도록 자연스럽게 도와준다. 그림 그 자체만으로도 심미적 가치가 있다고 볼 수 있다. 버크(Burke, 1990)[13]는 그림책의 가치를 구체적으로 다음과 같이 제시하고 있다.

- 그림책은 유아가 그림을 봄으로써 이야기에 대해 더 많은 이해를 할 수 있도록 돕는다.
- 유아들이 문해 기술과 사고 기술이 생기도록 실습할 기회를 준다. 즉, 그들이 글씨를 읽기 전에 그림책을 읽도록 하는 방법이 되는데, 읽기 기술을 자연스럽게 습득시킬 수 있다.
- 유아들이 글씨를 못 읽더라도 그림을 보고 얘기할 수 있도록 도와준다.
- 주인공과 등장인물에 더 쉽게 빠져들고 동일시할 수 있도록 한다.
- 이야기 문법(story grammar), 이야기 스키마(story schema), 이야기의 감각(a sense of story)을 발달시킬 수 있도록 돕는다.
- 유아들이 이야기를 새롭게 만들어 내고 언어 기술이 세련될 수 있도록 돕는다.
- 그림작가가 그들의 의도를 나타내기 위해서 어떻게 미술적 요소들을 사용하는지에 대하여 이해할 수 있는 능력을 발달시켜 준다. 즉, 미술적 · 예술적 요소를 감상하면서 간접적으로 가르칠 수 있다.
- 그림을 통하여 구체적이고 세부적인 것들을 관찰할 수 있는 기회를 준다.
- 그림책을 보고 들음으로써 정서적 경험을 많이 할 수 있으며, 이야기에 대한 유아의 정서적 반응을 더 잘 유도할 수 있도록 해 준다.

그림책에서 그림의 기능을 살펴보면 다음과 같다.

첫째, 그림은 본문에 있는 내용을 명료하게 해 주며, 본문에 있지 않은 정보도 더하여 줄 수 있다.

둘째, 작가의 의도를 해석해 주며 확장시켜 줌으로써 그림책을 쓴 작가의 의도를 더 잘 이해할 수 있게 해 준다.

셋째, 적절한 분위기를 만들어 낸다.

넷째, 환상동화나 사실적 이야기의 경우 배경을 설정해 주며, 주인공의 특성을 표정과 의상을 통해 생생하게 묘사해 준다.

3. 그림책의 유형

그림책의 유형은 여러 가지 특성에 의해 나눠 볼 수 있다. 주제와 소재별로 분류할 수도 있고, 연령별, 장르별로도 분류할 수 있다. 외국의 아동문학 교재에서 그림책을 분류할 때 주로 장르와 주제나 내용으로 많이 나누며, 영아를 위한 그림책을 특별하게 다루는 경우는 그다지 많지 않다. 그러나 서덜랜드(1997)[14]는 아주 어린 영아를 위한 책을 소개하면서 마더 구스, 알파벳 책, 수 세기 책, 개념 책, 글 없는 책, 읽기 시작하는 아이들 책, 그림 이야기책으로 분류하였다. 컬리넌과 갤더(Cullinan & Galda, 2002)[15]는 발달단계에 따라 그림책을 분류하면서 영아를 위한 그림책으로 두꺼운 표지 책(board books)과 참여하며 보는 그림책(participation books)과 간단한 이야기와 시 그림책(storybooks and poems)으로 분류하였다. 현은자와 김세희(2005)[16]도 그림책을 소개하면서 판타지 그림책, 사실주의 그림책, 옛이야기 그림책, 정보 그림책, 운문 그림책, 영아 그림책, 성경 그림책, 알파벳 그림책으로 장르와 연령과 내용을 혼합하여 나누고 있다.

여기에서는 영아를 위한 그림책을 소개하고, 글이 있는 것과 없는 것으로 나누어 소개하고자 한다. 주제와 소재별 분류는 그림책의 문학적 특성에서 이미 다루었고, 다음 장부터는 장르별로 문학작품의 특성과 종류가 자세히 다루어지기 때문이다.

1) 영아를 위한 그림책

영아를 위한 그림책은 생후 0세에서 2세까지의 영아를 대상으로 하는 그림책이라고 할 수 있다. 물론 같은 연령이라도 부모가 얼마나 책을 많이 읽어 주고 골라주며 책과 같이하는 시간을 갖느냐에 따라 개인차가 많다는 것은 기본 전제다. 이런 영아를 위한 그림책도 내용별, 형태별로 또 분류할 수 있다.

내용으로 보면 마더 구스, 글자 그림책, 수 세기 책, 개념 책, 짧은 이야기가 있는 책 등으로 나누어 볼 수 있겠다. 이러한 내용이 혼합되어 있는 책도 있다. 예를 들면, 『아기 초점책』은 0~2세까지 시 지각을 자극하기 위한 그림책으로, 「초점」「색깔 · 모양」「누구일까?」「무엇일까?」의 네 권의 책으로 되어 있다. 그중에서 「초점」은 특히 2개월까지의 영아들의 시각 발달을 돕는 좋은 그림책이다. 2~3개월부터는 본격적인 색감 개발을 위해 「색깔 · 모양」을 추천하고 있다. 그 외에는 다른 장르, 특히 정보 그림책에서도 많이 다루어지므로 여기서는 간단히 소개하고자 한다.

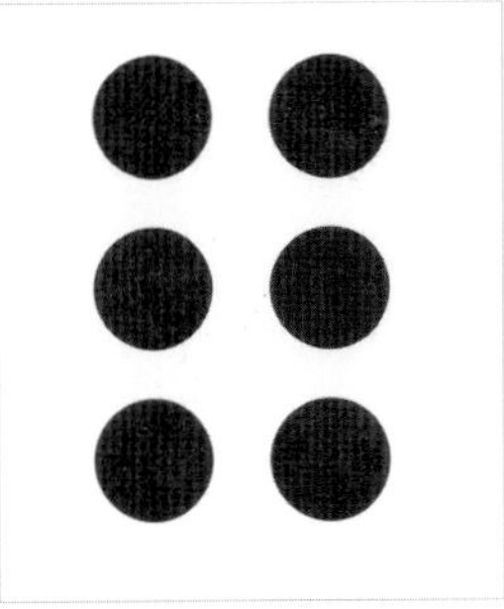

그림 6-27
『아기 초점책』의 「초점」
애플비.

(1) 글자 그림책

글자 그림책에는 『기차 ㄱㄴㄷ』『준영 ㄱㄴㄷ』『생각하는 ㄱㄴㄷ』『개구쟁이 ㄱㄴㄷ』『하마의 가나다』『기역은 공』『움직이는 ㄱㄴㄷ』『맛있는 ㄱㄴㄷ』『훈민정음 ㄱㄴㄷ』『숨바꼭질 ㄱㄴㄷ』(김재영 그림, 현북스, 2013), 『행복한 ㄱㄴㄷ』(최숙희 글 · 그림, 웅진주니어, 2014), 『우리 엄마 ㄱㄴㄷ』 등이 있다.

❋ 『기차 ㄱㄴㄷ』(박은영 글 · 그림, 비룡소, 1997)

기차로 여행을 떠나는 이야기 속에 자연스럽게 자음의 쓰임새를 익힐 수 있도록 구성했다. 이야기를 따라 읽다 보면 우리말 운율의 즐거움도 느낄 수 있다. 이 작가의 글자 그림책으로 『준영 ㄱㄴㄷ』도 있다.

그림 6-28
『기차 ㄱㄴㄷ』

❋ 『움직이는 ㄱㄴㄷ』(이수지 글 · 그림, 길벗어린이, 2006)

한글 자음을 그 자음으로 시작하는 낱말과 함께 쓰고 낱말의 뜻을 이해하기 쉽고 독특하게 표현한 책이다. ㄱ은 '가두다'라고 쓰고 새장 안에 ㄱ이 갇힌 그림을 그리고 ㄴ은 '녹다'라고 쓰고 ㄴ이 녹아드는 장면을 그렸다. ㅅ은 '사라지다'인데 해당하는 장면은 비어 있다. 말 그대로 '사라진' 것이다. 처음으로 한글을 접하는 영아들에게 호기심을 자극한다.

그림 6-29
『움직이는 ㄱㄴㄷ』

❋ 『우리 엄마 ㄱㄴㄷ』(전포롱 글 · 그림, 파란자전거, 2016)

엄마 하면 떠오르는 생각과 이미지들이 ㄱ부터 ㅎ까지, 왼쪽 면에는 고양이, 눈물, 돈, 립스틱… 이렇게 엄마의 겉모습에 가려진 따뜻한 마음과 아름다운 추억의 단어를 선택하고, 오른쪽 면에는 엄마의 이야기로 채우고 있다. 또 맨 뒤에는 독후 활동까지 할 수 있는 "너의 엄마 이야기를 들려줄래?" 코너로 마무리되어 있어 한글 공부도 하고 엄마랑 마음을 나누는 따뜻함도 있다.

(2) 수 세기 그림책

그림 6-30
『한조각 두조각 세조각』
김혜환 (지음), 초방책방.

수 세기 그림책으로는 『하나 하면 하나 있는 것은』 『함께 세어 보아요』 『한조각 두조각 세조각』 『사냥꾼 하나』 『10까지 셀 줄 아는 아기 염소』 『즐거운 이사놀이』 『가족 1 2 3』 『앵무새 열 마리』 『잘잘잘 123』 『108번째 아기양』(아야노 이마이, 베틀북, 2007), 『100층짜리 집』(이와이 도시오 글 · 그림, 북뱅크, 2009), 『시계탐정 123』 『깊고 깊은 산속에 하나 둘 셋』(윤문조 글 · 그림, 길벗어린이, 2015), 『조니는 혼자가 좋아!』 등이 있다.

❋ 『잘잘잘 123』(이억배 글 · 그림, 사계절, 2008)

그림 6-31
『잘잘잘 123』

'잘잘잘' 전래동요에 맞춰 입말로 쉽게 따라 부를 수 있다. 호박을 이고 가는 꼬부랑 할머니, 땅꿀을 파는 두더지, 생선장수 아줌마, 나팔 부는 네 쌍둥이 등 숫자와 그림의 양이 일치해 세어 보는 재미가 크다. 동물들이 서로 모여 윷놀이를 하고 마지막으로 모두 함께 떠들썩한 기차여행을 떠난다. 열 가지 그림 이야기가 모두 재미있고 정겹다.

❋ 『시계탐정 123』(서영 글 · 그림, 책읽는곰, 2014)

시계 속 숫자들이 없어졌다. 시계가 탐정이 되어 집 안 곳곳을 돌아다니며 숨바꼭질 놀이를 하듯 1부터 12까지 숫자를 찾는다. 왼쪽 화면에 나온 숫자를 오른쪽 화면의 그림 속에서 찾고 개수를 세어 볼 수도 있다. 손바느질로 공들여 꾸민 그림 속에는 숫자뿐 아니라 이야기도 오밀조밀 숨어 있다.

❊ 『조니는 혼자가 좋아!』(모리스 센닥 글 · 그림, 시공주니어, 2018)

조니가 혼자 평화롭게 있던 집에 동물 친구들이 하나둘 들어온다. 점점 많은 동물이 찾아오면서 집은 난장판이 된다. 참다못한 조니는 숫자 열을 거꾸로 세는 동안 모두 나가지 않으면 잡아먹겠다고 엄포를 놓는다. 겁먹은 손님들이 차례로 빠져나간다. 다시 혼자가 된 조니는 행복한 표정으로 책을 읽는다. 이야기의 흐름을 따라가다 보면 자연스럽게 수 세는 방법을 익히게 된다.

(3) 개념 책

개념을 가르쳐 주는 책에는 색, 크기, 양, 모양, 물건과 동식물의 이름 등의 내용을 다루고 있다. 색을 다루는 것으로 『우리 엄마 어디 있어요?』『색깔』(존 버닝햄, 비룡소, 2004), 『화물열차』『나의 크레용』『깜짝깜짝! 색깔들』(척 머피, 비룡소, 2006), 『새콤달콤 색깔들』(밀라 보탕, 비룡소, 2008), 『왜 색깔은 이렇게 아름다울까?』 등이 있다.

그림 6-32
『우리 엄마 어디 있어요?』
기도 반 게네흐텐 (글 · 그림), 한울림.

크기 · 모양 · 양을 다루는 것으로 『알록달록 동물원』(로이스 엘러트, 시공주니어, 2001) 『수박을 쪼개면』(유문조, 비룡소, 2004), 『아름다운 모양』(한태희, 한림출판사, 2006), 『자꾸자꾸 모양이 달라지네』(팻 허친스, 보물창고, 2006), 『멍멍 왈왈』(척 머피, 비룡소, 20011), 『누구 엉덩이?』(김정희 글, 김유대 그림, 사계절, 2016), 『누구게?』(최정선 글, 이혜리 그림, 보림 2016), 『큰 말 작은 말』(길상효 글, 이경준 그림, 씨드북, 2018) 등이 있다. 사물 그림책으로는 사계절에서 『뭐야 뭐야?』『바다에 가 보았니?』 사계절 아기 그림책 시리즈, 보리출판사에서 『세밀화로 그린 아기 그림책』 시리즈를 출간하고 있다.

※ 『왜 색깔은 이렇게 아름다울까?』(마르쿠스 피스터 글 · 그림, 베틀북, 2010)

그림 6-33
『왜 색깔은 이렇게 아름다울까?』

『무지개 물고기』로 유명한 마르쿠스 피스터의 50번째 책이다. 색깔의 아름다움을 독특하게 표현하고 생명과 환경에 대한 궁금증을 불러일으킨다. 홀로그램 표현기법이 밝고 선명한 색감과 잘 어울리는 아름다운 그림책이다.

※ 『누구게?』(최정선 글, 이혜리 그림, 보림 2016)

다양한 잎사귀 뒤에 숨은 동물들 알아맞히기가 재미있다. 어떤 동물은 겨우 눈만 가리고 어떤 동물은 잎사귀보다 작아 알아맞히기 어렵지만 상상해 보는 즐거움이 크다. "맞았다!" 하고 나타나는 동물 표정과 몸짓이 발랄하고 경쾌하다. 아이의 상상 세계와 현실 세계가 어우러져 놀이하며 볼 수 있는 그림책이다.

그림 6-34
『뭐하니?』
유문조 (기획), 최민오 (그림), 돌베개어린이.

그림 6-35
『곤지곤지 잼잼』
최숙희 (글 · 그림), 푸른숲주니어.

(4) 기타

앞서 소개한 범주 외에도 영아와 놀이를 함께 할 수 있는 책 등 다양한 책이 출간되고 있다. 『뭐하니?』와 말문 틔기 그림책으로 『모두 달아났네…』와 『물놀이 할래?』 『보아요 아기 그림책 시리즈』 『누구 그림자일까?』 『내가 누구게?』 『잡아 보아요』 『내 거야!』(정순희 글 · 그림, 창비, 2008), 『도토리 삼형제의 안녕하세요』(이현주 글 · 그림, 길벗어린이, 2009), 『뒹굴뒹굴 짝짝』(백연희 글, 주경호 그림, 길벗어린이, 2010), 『곤지곤지 잼잼』(최숙희 글 · 그림, 푸른숲주니어, 2013), 『팬티를 입었어요』(히로카와 사에코 글 · 그림, 길벗어린이, 2014), 『걸었어』(이정덕, 우지현 공저, 청어람주니어 2015), 『눈 코 입』(백주희 글 · 그림, 보림, 2017), 『안녕, 인사했더니』(허은미 글, 오승민 그림, 한울림어린이, 2018), 『쭉쭉쭉』 『코코코 초록 잎』 등도 영아들이 즐겨 보는 책이다.

※ 『물놀이 할래?』(윤여림 글, 한태희 그림, 웅진주니어, 2007)

목욕하는 영아를 중심으로 목욕의 순서를 보여 주는 그림책이다.

바다에서 물놀이하는 것을 상상하면서 장난감 동물들과 친구가 되어 함께 노는 이야기다.

❈ **『쭉쭉쭉』(강정연 글, 석지훈 그림, 책읽는곰, 2018)**

'조물조물 쑥쑥' '주물주물 쭉쭉' 하는 소리에는 우리 아기 건강하게 잘 자라라는 소망이 담겼다. 새소리가 듣고 싶은 토끼 귀는 쑥쑥 길어지고, 해님이 보고 싶은 기린 목은 쭉쭉 늘어난다. 꽃향기를 맡고 싶은 코끼리 코도 쑥쑥 길어지고 쭉쭉 자란다. 아기의 온몸을 주무르며 몸놀이 하기 좋은 책이다.

❈ **『코코코 초록 잎』(문승연 글 · 그림, 딸기책방, 2019)**

여러 전래놀이 중 12개월에서 24개월 사이에 많이 하게 되는 코코코 놀이에서 출발했다. 어디선가 날아온 초록 잎 하나로 정다운 운율과 함께 코코코 놀이를 하는 그림책이다. 얼굴에서 시작하여 머리, 어깨, 무릎, 발로 이어진다. 책을 읽으며 초록 잎 스티커를 붙이며 놀 수 있다. 아기와 함께 말놀이와 스킨십을 해 주어도 좋다.

그림 6-36
『코코코 초록 잎』

2) 글 없는 그림책

이야기 줄거리는 있으나 글이 전혀 없이 그림만 있는 책은 특히 유아에게 적극적으로 권장할 만하다. 글 없는 그림책은 동일한 그림 장면을 다양한 이야기로 마음껏 해석해 봄으로써 유아는 자신만의 이야기를 상상하여 만들어 갈 수 있는데, 이것은 창의력과 상상력을 고무시키고 격려한다.

대표적으로 데이비드 위즈너(David Wiesner)의 『이상한 화요일』(비룡소, 2002), 『시간상자』(베틀북, 2007), 『구름공항』(베틀북, 20012)과 이수지의 대표작인 『파도야 놀자』(비룡소, 2009), 『거울 속으로』(비룡소, 2009), 『그림자 놀이』(비룡소, 2010), 엘라 마리의 『빨간 풍선의 모험』, 류재수의 『노란 우산』, 레이먼드 브릭스의 『눈사람 아저씨』, 칼데콧 상을 받은 『세상에서 가장 용감한 소녀』(매튜 코델 글 그림, 비룡소, 2018) 등이 있다.

그림 6-37
『세상에서 가장 용감한 소녀』

이 밖에도 뛰어난 표현력과 구성이 탄탄한 글 없는 그림책이 많이 선보이고 있는데, 샤를로테 데마톤스(Charlotte Dematons)의 『노란 풍선의 세계 여행』(마루벌, 2005), 안데르센의 글을 새롭게 해석하여 요르크 뮐러(Jörg Müller)가 그림을 그린 『외다리 병정의 모험』과 『흰곰』(이미정 그림, 아이세움, 2012), 『빅 피쉬』(이기훈 그림, 비룡소, 2014), 『책』(마리예 톨만 & 로날드 톨만, 여유당, 2017), 『쩌저적』(이서우 글 그림, 북극곰, 2018), 『다시 빨강책』(바바라 리만 글 그림, 북극곰, 2019), 『어느 날, 우리는』 등의 작품이 있다. 『피아노 소리가 보여요』는 청각장애인뿐만 아니라 시각장애인도 즐길 수 있도록 한 그림책이다.

※ 『빨간 풍선의 모험』(옐라 마리 글 · 그림, Les Aventures d'une petite bulle rouge, 시공주니어, 1995)

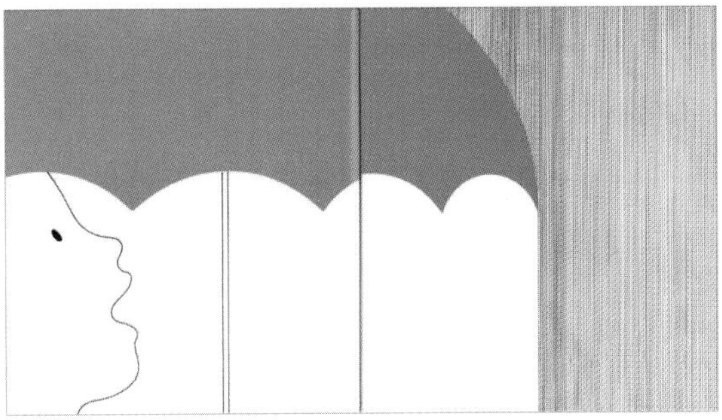

그림 6-38
『빨간 풍선의 모험』

풍선처럼 동그란 머리를 가진 까까머리 아이가 빨간 풍선을 분다. 풍선은 아이를 떠나 여행을 하게 되는데, 자신도 모르는 사이 몸에 실을 붙이고 날아가다가 사과로 변해 나무에 매달리고, 나무에서 떨어져서 나비가 된다. 나비는 꽃이 되고, 누군가의 손이 와서 꽃을 꺾으며 꽃은 그 손에서 우산으로 변한다. 단순한 선과 하얀 바탕에 빨간 풍선이 대조되어 강렬한 느낌을 준다.

※ 『파도야 놀자』(이수지 그림, 비룡소, 2009)

바닷가에 엄마와 함께 놀러 온 아이는 신나게 달려 나간다. 파도를 마주한 아이는 가만히 바라 보다 파도가 오면 뒤돌아 나가기를 한다. 곧 파도와 하나가 되어 첨벙거리는 모습이 순수하고 깨끗하다. 한순간 큰 파도가 휩쓸고 간 자리는 조개와 불가사리가 하나 가득이다. 마치 파도가 아이를 위한 선물인 것처럼 말이다. 아이는 신나게 놀다 파도에게 안녕을 고하고 자리를 뜬다. 단색으로 시작된 페이지는 파란색이 점점 공간을 차지하고 끝에는 아이가 파란색으로 물든다. 글 없이 아이의 표정과 동작, 파도와 갈매기의 움직임, 색의 조화만으로도 풍성한 이야기가 쏟아진다. 시원한 색과 물거품 가득한 파도가 생동감을 준다.

❋ 『피아노 소리가 보여요』(명수정 그림, 강은신 피아노 연주, 글로연, 2016)

바흐의 골드베르그 변주곡 중 아리아와 1번에서 4번까지 총 다섯 곡을 그림으로 표현한 그림책이다. QR 코드를 이용하여 그림책에 표현된 피아노 연주를 들을 수 있게 하여 청각장애인도 연주곡에 대해 이해할 수 있게 했다. 그림을 통해 시각적으로 표현된 음의 이미지를 촉각으로 느낌으로서 시각장애인이 음악을 들으며 손끝으로 음률을 느낄 수 있도록 한 참신한 그림책이다.

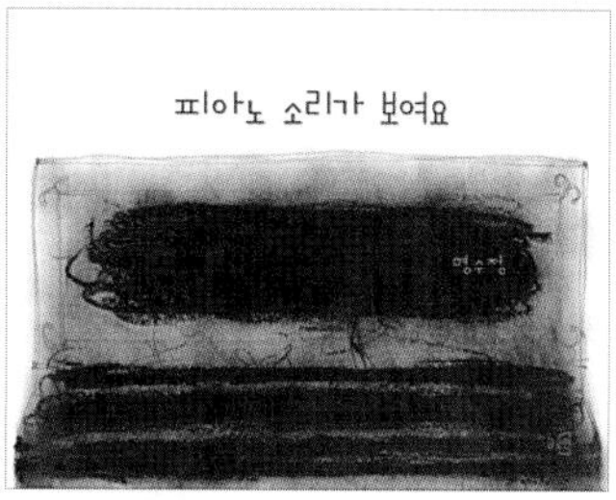

그림 6-39
『피아노 소리가 보여요』

❋ 『세상에서 가장 용감한 소녀』(매튜 코델 글 · 그림, 비룡소, 2018)

휘몰아치는 눈보라 속에 새끼 늑대가 쓰러져 있다. 소녀는 두려움에도 어미 늑대에게 무사히 새끼를 전해 준다. 집으로 돌아오는 길에 긴장이 풀린 소녀가 눈밭에 쓰러지자 늑대는 울음소리로 소녀의 위치를 알린다. 늑대와 마주한 소녀의 긴장감, 소녀를 지키려는 늑대의 마음이 그림으로 오롯이 전해진다. 소녀의 목숨 건 담대한 용기와 늑대의 아름다운 보은, 사람과 동물 사이의 우정을 생생하게 느낄 수 있다.

❋ 『어느 날, 우리는』(안승준 노래, 홍나리 그림, 사계절, 2019)

유아에게는 어려운 책이다. 하지만 우리에게 흑백으로 그려진, 글 없는 그림책을 읽고 듣는 즐거움을 선사한다. 앞면지에 있는 QR 코드로 안승준의 원곡을 들으며, 연필 선으로 그려진 흑백의 잔잔한 그림을 즐길 수 있다.

산책을 나온 듯 길을 걷는 여인과 길고양이가 우연히 만나서 점점 가까워지다가 고양이의 죽음을 애도하고, 그 후 여인도 죽음을 맞고 누군가에 의해 받아들여지는…… 잔잔한 선율과 목소리에 어울리는 흑백의 은은한 그림이 죽음을 자연스럽게, 또 다른 방법으로 받아들이는 모습과 통한다.

3) 글이 있는 그림책

이야기의 내용과 잘 조화된 그림과 간결한 언어는 유아에게 큰 즐거움을 줄 것이다. 2세 이상의 유아에게는 일상생활에서 겪는 하루 생활을 사실적으로 표현한 그림책도 바람직하다. 그림책의 유형을 장르별로 소개하는 것은 정보 그림책, 민담, 전설, 신화, 환상동화, 사실동화, 시와 같은 것으로 그림과 함께 다음 장부터 자세히 다루어진다. 따라서 글이 있는 그림책은 주제별로 나누어 보되, 김현희 등(2003)[17]이 분류한 나, 가족, 친구, 다양성, 생명과 죽음, 사회문제의 이해의 여섯 가지 주제에 근거하여 소개해 보고자 한다.

(1) 나

개인의 정서나 자아개념, 자아존중감, 자신감, 독립심 등을 다룬 내용으로 『치킨 마스크』『눈물바다』(서현 글 · 그림, 사계절, 2009), 『이사벨의 방』『휘파람을 불어요』『소피가 화나면, 정말 정말 화나면』『도와줘, 헨리!』(루스 브라운 글 · 그림, 이경혜 옮김, 아이세움, 2003) 『목욕은 즐거워』『너는 특별하단다』『줄무늬가 생겼어요』『달려!』『진정한 챔피언』(파얌 에브라히미 글, 레자 달반드 그림, 모래알, 2019) 등이 있다.

※ 『치킨 마스크』(우쓰기 미호 글 · 그림, 책읽는곰, 2008)

공부, 만들기, 체육, 노래 어느 것 하나 잘하는 것이 없어서 자꾸만 자신이 움츠러들고 싫어지는 치킨 마스크는 자신이 필요 없는 존재인 것처럼 여긴다. 자신의 장점을 보지 못한 채 자신이 뭐가 되고 싶은 것인지 고민에 빠지는데 자신만의 비밀장소에서 남몰래 꽃에게 물을 주면서 작지만 나여서 할 수 있는 일이 있다는 걸 알고서 기분이 풀린다. “나는 나고, 이런 내가 좋아!”라고 말하는 치킨 마스크는 한층 자신감을 갖게 된다.

※ 『줄무늬가 생겼어요』(데이빗 섀넌 글 · 그림, A Bad Case of Stripes, 1998, 조세현 옮김, 비룡소, 2008)

다른 사람의 시선을 지나치게 의식하던 카밀라가 온몸에 줄무늬가 생기는 ‘줄무늬병’에 걸린다. 학교에도 가지 못하고 많은 사람들이 카밀라를 치료하기 위해 집으로 오지만, 쉽지 않다. 카밀라는 병을 고치기 위해 온갖 일을 겪으며 마침내 있는 그대로의 자기 모습을 드러낼 수 있는 용기를 얻게 된다. 카밀라를 통해 자신을 솔직하게 표현하는 것이 얼마나 중요한지 알게 되는 이야기다.

❋ **『소피가 화나면, 정말 정말 화나면』(몰리 뱅 글 · 그림, When Sophie Gets Angry-Really, Really Angry…, 박수현 옮김, 책읽는곰, 2013)**

소피가 장난감을 가지고 놀고 있는데 언니에게 장난감 고릴라 인형을 빼앗기면서 넘어지고, 설상가상으로 엄마에게 꾸중을 듣게 된다. 화가 난 소피는 문을 쾅 닫고 나가서 나름대로 화를 풀게 되어 집으로 돌아온다. 엄마를 비롯한 가족들이 모두 반갑게 맞아 준다. 화가 났을 때의 마음을 활활 타오르는 빨간 화산으로 표현하는 등 정서 표현이 잘 되어 있고, 여러 그림이 공감을 불러일으킨다.

그림 6-40
『소피가 화나면, 정말 정말 화나면』

❋ **『달려!』(마우리치오 A. C. 콰렐로 그림, 다비드 칼리 글, 책빛, 2017)**

어떤 꿈도 희망도 가질 수 없는 세상에 대한 미움으로 가득 찬 흑인 소년 레이에게 챕맨 교장 선생님은 수호천사처럼 다가온다. 교장 선생님의 따뜻한 관심과 응원으로 레이를 새로운 삶으로 이끈 특별한 수업 이야기가 감동적으로 그려진다. 인생에서 만남의 소중함, 어린이와 청소년을 대하는 진정한 스승과 어른의 자세, 다양성을 인정하는 편견 없는 가치관, 갈등과 화합, 서로 도우며 함께 살아가는 사회에 대해 생각하게 하는 그림책이다.

그림 6-41
『달려!』

(2) 가족

가족 간의 사랑이나 이혼, 형제간의 갈등, 조부모와의 관계 등을 그린 그림책으로, 『사랑해 사랑해 사랑해』『우리 할머니가 이상해요』『피아노를 쳐 줄게』(앤더 글 · 그림, 신혜은 옮김, 사계절, 2010), 『백만 년 동안 절대 말 안 해』(허은미 글, 김진화 그림, 웅진주니어, 2011), 『아빠랑 함께 피자 놀이를』『엄마의 의자』『터널』『내 동생』

『달라질 거야』『오른발, 왼발』『엄마 왜 안 와』 등이 있다.

※ 『사랑해 사랑해 사랑해』(로제티 슈스탁 글, 캐롤라인 제인 티치 그림, Love You Through and Through, 신형건 옮김, 보물창고, 2006)

아기의 생김새 하나하나, 아기가 느끼는 감정, 아기가 하는 모든 행동을 관심을 가지고 지켜보는 부모의 시각으로 그려진 책이다. 꼭 엄마가 아기를 안고 다독이면서 들려주는 노래 같다. 부모의 사랑을 듬뿍 느끼게 해 준다.

※ 『우리 할머니가 이상해요』(울프 닐손 글, 에바 에릭손 그림, 박민수 옮김, 시공주니어, 2017)

여섯 살 꼬마의 눈에 갑자기 이상한 행동을 하는 할머니는 치매 증상을 보인다. 손자의 이름을 기억하지 못하고 건망증이 심해진다. 그리고 사람들이 돈을 훔치려 든다며 은행의 돈을 모두 찾아다 집 안에 숨긴다. 낯선 할머니의 모습에 꼬마는 당황하지만 집 안 곳곳에 숨겨 둔 돈을 지키기 위해 활을 든다. 작가의 어렸을 적 경험을 바탕으로 한 이 책은 할머니에 대한 사랑과 이해로 가슴을 따뜻하게 한다.

※ 『터널』(앤서니 브라운 글 · 그림, The Tunnel, 장미란 옮김, 논장, 2002)

평소 너무 달라서 자주 다투던 남매가 관계를 회복하는 이야기다. 엄마가 문제를 해결하고 오라고 하여 밖에 나갔다가 터널이라는 환상 세계로 통하는 장치를 지나자 오빠는 돌로 변하는데, 돌로 변해 버린 오빠를 여동생이 껴안고 눈물을 흘리자 오빠가 원래의 모습으로 돌아온다. 서로의 다름을 있는 그대로 수용하는 이야기다.

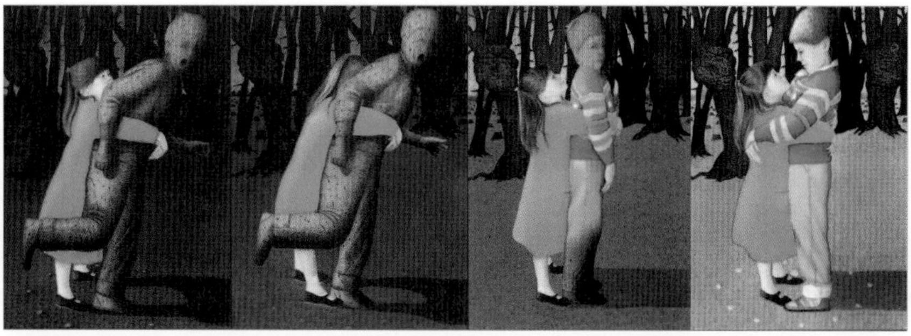

그림 6-42
『터널』

(3) 친구

친구 간의 관계를 다룬 책으로 『놀이터의 왕』(필리스 레이놀즈 네일러 글, 놀라 랭그너 멀론 그림, 보물창고, 2007), 『미안해』『우리 친구하자』『친구랑 싸웠어!』『까마귀 소년』『나와 우리』(이선미 글 · 그림, 글로연, 2013), 『친구가 미운 날』 등이 있다.

❈ 『친구가 미운 날』(기타무라 유카 그림, 가사이 마리 글, 책읽는곰, 2018)

하나와 유우는 둘도 없는 단짝이다. 하나는 아껴 두었던 새 크레용을 친구에게 보여 주고 싶기도 하고, 자랑하고 싶어서 꺼냈는데 유우가 흰색 크레용을 빌려 달라고 한다. 아까워서 우물쭈물 망설이다 할 수 없이 빌려주었는데 크레용이 부러지고 만다. 그림을 다 그린 유우가 하나에게 고맙다며 몽땅해진 크레용을 돌려주었는데 크레용을 몽땅 써 버린 유우가 밉고, 진작 돌려 달라고 말하지 못한 자신이 밉고, 유우한테 너무 화가 나고 속상해서 몇 날 며칠을 인사도 안 하고 말도 걸지 않는다. 하지만 하나의 소중한 크레용을 부러뜨린 그림이니까 대회에 내지 않겠다고 하자, 하나가 용기를 내어 대회에 내면 좋겠다고 말하고 꽁하니 묻어 둔 마음을 솔직하게 털어놓은 둘은 다시 사이좋은 단짝 친구가 된다.

(4) 다양성

다양성 중에서 장애인을 다룬 책으로는 『민수야 힘내!』『우리도 똑같아요』『에디에게 잘 해주렴』『내 다리는 휠체어』(프란츠 요제프 후아이니크 글, 베레나 발하우스 그림, 주니어김영사, 2004), 『내게는 소리를 듣지 못하는 여동생이 있습니다』『나의 꿈꾸는 눈동자』(제니 수 코스테키-쇼 글 · 그림, 보림, 2009), 『위를 봐요!』『바람은 보이지 않아』『내 친구 마틴은 말이 좀 서툴러요』 등이 있다.

그림 6-43
『에디에게 잘 해주렴』

❈ 『에디에게 잘 해주렴』(버지니아 플레밍 글, 플로이드 쿠퍼 그림, Be Good Eddie, 강연숙 옮김, 느림보, 2003)

에디는 다운 증후군이다. 클라라는 엄마에게서 에디에게 잘해 주라는 말을 듣지만, 다른 남자 친구는 에디를 놀리고 같이 놀려고 하지 않는다. 에디는 숲속의 아름다운 꽃들과 개구리알 등 클라라가 궁금해 하는 많은 것들을 알고 있다. 같이 숲속에서 꽃들을 보며 개구리알을 가지려 하면서 놀 때, 수면이 흔들리며 일그러진 얼굴을 보고 클라라가 못생겼다고 얘기하자, 에디는 가장 중요한 것은 마음에 있다고 한다. 서로 친하게 노는 것으로 끝이 나는 이야기에 아름다운 그림이 함께하여 감동을 더하는 그림책이다.

❋ 『위를 봐요!』(정진호 글 · 그림, 은나팔, 2014)

그림 6-44
『위를 봐요!』

사고로 다리를 잃은 수지. 항상 혼자서 창 아래 세상을 내려다본다. 사람들은 언제나 앞만 보고 갈 뿐이다. 그런데 한 아이가 위를 올려다보며 말을 걸어온다. 위와 아래에서 두 아이가 마주 보자 다른 사람들도 하나 둘 위를 본다. 비로소 흑백 화면에 생기가 돈다. 오색 풍선이 날리는 거리에서 수지가 환한 얼굴로 위를 본다. 수지처럼, 혼자의 힘으로 세상 밖으로 나와 소통하기 어려운 사람들이 있다. 그들에게 손을 내밀어주며 더불어 살아가는 삶이 중요하다는 것을 깨우쳐주는 그림책이다.

❋ 『바람은 보이지 않아』(안 에르보 글 · 그림, 한울림어린이, 2015)

바람이 무슨 색일까? 앞이 보이지 않는 소년의 질문에 늙은 개와 늑대, 코끼리, 산, 창문, 비, 개울 등은 자신들의 상황과 경험 안에서 저마다 다른 답을 내놓는다. 소년은 질문을 따라 여행하다 마지막에 큰 거인을 만난다. 거인은 아이의 물음에 "이 색이기도 하고, 저 색이기도 하다. 이 책 속에서 만난 모든 색처럼"이라고 말해준다. 그 소리에 소년은 책을 만지다 부드러운 바람을 느낀다. 이 책은 시각장애인도 함께 읽는 점자 그림책으로 나만의 색, 너의 색, 모든 색이 될 수 있는 바람을 느낄 수 있는 그림책이다.

(5) 생명과 죽음

생명과 죽음을 비교적 쉽게 다룬 그림책으로 『100만 번 산 고양이』 『으랏차차 탄생 이야기』(허은실 글, 김동수 그림, 웅진주니어, 2006), 『아가야 안녕?』 『살아 있는 모든 것은』 『죽으면, 아픈 것이 나을까요?』 『네가 태어난 날엔 곰도 춤을 추었지』 『무릎 딱지』 『내가 함께 있을게』(볼프 에를브루흐 글 · 그림, 웅진주니어, 2007), 『씩씩해요』『우리 할아버지는 106세』(마츠다 모토코 글, 칸노 유키코 그림, 아이세움, 2004), 『우리 할아버지』『너무 울지 말아라』『나는 죽음이에요』(마린 슈나이더 그림, 엘리자베스 헬란 라슨 글, 마루벌, 2017), 『여행 가는 날』 등이 있다.

❈ 『죽으면, 아픈 것이 나을까요?』(유리 브레이바르트 글, 피트 브레이바르트 그림, When I die, will I get better?, 김현희 옮김, 느림보, 2002)

5살 8개월 때 동생을 잃은 형이 실제로 겪은 경험을 토끼라는 등장인물을 통해 아버지에게 얘기한 것을 그린 실화다. 형은 처음 동생이 죽었을 때 그 죽음을 이해할 수도 받아들일 수도 없어서 혼란에 빠진다. 동생 죽음에 대해서 얘기도 못하고 화만 내던 형은 동생이 아프게 되어 죽게 된 과정과 장례식 장면의 얘기를 토끼라는 등장인물을 통해 만들어 간다. 그림까지도 아들이 원하는 대로 아빠가 그리게 되고, 이야기가 다 완성되었을 때에야 비로소 동생의 죽음을 받아들이게 되는 이야기다.

❈ 『100만 번 산 고양이』(사노 요코 글 · 그림, 비룡소, 2002)

백만 년이나 죽지 않고 백만 번을 사는 고양이는 자신을 귀여워하고 죽었을 때 눈물을 흘려 준 사람들이 있었으나 모두를 싫어하고 단 한 번도 울지 않는다. 처음으로 자기만의 도둑고양이가 되었을 때 하얀 고양이를 만나 오래도록 살고 싶다고 생각하나 하얀 고양이는 죽고, 처음으로 백만 번이나 운다. 두 번 다시 살아나지 않았다는 마지막 구절은 강렬한 여운을 준다.

❈ 『네가 태어난 날엔 곰도 춤을 추었지』(낸시 틸먼 글 · 그림, 내인생의책, 2009)

'네가 놀랍고도 경이롭게 지어졌음이니…'로 시작하는 아기의 탄생을 멋지게 헌사하는 그림책이다. 세상 모든 존재하는 것들이 아기의 탄생을 축복하고 기다렸다는 것으로 아기의 소중함을 마치 시처럼 표현한다. 마지막 아기의 발 도장이 인상적이다.

그림 6-45
『네가 태어난 날엔 곰도 춤을 추었지』

❋ 『여행 가는 날』(서영 글 · 그림, 스콜라, 2018)

그림 6-46
『여행 가는 날』

할아버지의 집에 어느 날 밤늦은 시각 손님이 찾아온다. 할아버지는 마치 기다렸다는 듯이 손님을 반기고, 그리운 사람들을 만날 생각에 설레며 여행 준비를 시작한다. 할아버지의 마지막 말처럼 떠나는 사람도 남겨진 사람도 너무 많이 힘들어하고 슬퍼하지 않기를 바라는 따뜻한 마음이 느껴진다. 이 책은 할아버지가 먼 곳으로 여행을 떠나는 상상으로 죽음을 이야기함으로써 아이들에게 죽음을 두렵고 무서운 것으로만 생각하게 하기보다는 자연의 섭리로서 이해하고 받아들일 수 있도록 돕는다.

(6) 사회문제의 이해

경제, 전쟁, 난민 등의 사회문제를 다룬 그림책으로 『플릭스』 『여섯 사람』 『전쟁』(아나이스 보즐라드 글 · 그림, 비룡소, 2001) 『고릴라 왕과 대포 전쟁』 『꽃할머니』 『내 목소리가 들리나요』 『갈색 아침』(프랑크 파블로프 글, 레오니트 시멜코프 그림, 휴먼어린이, 2013), 『나의 아름다운 새』 등이 있다.

❋ 『플릭스』(토미 웅거러 글 · 그림, 비룡소, 2004)

고양이 부부가 강아지를 낳자 고양이 사회에서 큰 이슈가 된다. 할머니가 개와 연애를 했다는 것만 알 뿐이다. 플릭스의 엄마 플로라는 뜻밖에 태연하고 플릭스는 고양이의 말과 생활 습관을 배우며 자란다. 플릭스는 같이 놀 친구가 없자 옆 마을 개들이 사는 도시 학교에 들어가 반에서 최고가 된다. 고양이와 개의 특성을 모두 지닌 플릭스는 물에 빠진 고양이를 구하고 불난 기숙사에서 푸들 아가씨를 구하는 영웅이 된다. 두 사회가 화합이 되도록 학교와 정당을 세우는 플릭스는 다시 고양이 딸을 낳는다. 토미 웅거러 자신의 어린 시절 경험을 유머스러운 이야기로 풀어 내고 정체성과 인류 화합의 주제를 드러낸다.

❋ 『꽃할머니』(권윤덕 글 · 그림, 사계절, 2010)

일제강점기에 일본군 위안부로 끌려간 할머니의 증언을 바탕으로 전쟁 속에서 일생을 잃어버린 13세 소녀의 아픔을 역사적 사실에 근거해 있는 그대로 보여 준다. 우리 사회가 기억해야 할 전쟁과 전쟁에 희생양이 돼 버린 꽃 할머니의 "꽃을 좋아하듯 서로 좋아했으면 좋겠다."는 바람이 생생하게 전해 온다.

❋ 『내 목소리가 들리나요』(다시마 세이조 글 · 그림, 사계절, 2012)

아들은 전쟁에 나가 죽고 죽은 아들을 슬퍼하는 엄마를 보며 그 동생은 분노가 차올라 다시 전쟁에 나가는 악순환의 고리가 마음을 아프게 한다. "누구를 위해 죽이고 누구를 위해 죽임을 당하는가요?"라고 물으며 전쟁에서 죽어 간 이들의 소리 없는 외침이 강하게 여운을 남긴다. 작가 특유의 거칠고 강한 붓 터치가 인상적이다.

그림 6-47
『내 목소리가 들리나요』

4. 그림책의 평가 준거

유아를 위하여 그림책을 선택할 때는 우선 그림책의 본문이 문학 형식 면에서 유아의 특성을 고려한 요구 조건을 잘 갖추고 있으며, 그림이 예술적으로 글의 내용과 잘 부합되어 완성되었는지 보아야 할 것이다. 앞 절에서 문학 형식적인 측면과 미술적인 측면을 살펴보았다. 여기서는 그림책을 평가할 때 필요한 요소들을 구체적으로 보충하여 설명해 보고자 한다.

① 제이콥스의 평가 준거

제이콥스(Jacobs)[18]는 좋은 그림책의 조건을 창의성, 성실성, 타당성, 간결성, 아름다움의 다섯 가지를 갖추어야 한다고 지적하였다.

② 퍼브스와 몬슨의 평가 준거

퍼브스와 몬슨(Purves & Monson)[19]은 그림책에서 그림을 평가하는 기준을 다음과 같이 제시하였다.

- 그림이 이야기나 시에 대한 정서적인 반응과 맞는가?
- 그림이 저자가 의도하였던 분위기를 잘 반영하고 있는가?

- 이미 잘 알려진 시나 민담, 환상동화의 경우 어느 그림이 다른 그림작가의 그림보다 나의 정서적 반응에 더 부합되는 것처럼 느껴지는가?
- 그림이 매력적이며 잘 고안되었는가? 그림의 스타일이 어느 미술학파를 닮았는가?
- 그림이 본문의 의미를 더 명확하게 해 주며 아이디어를 확장시켜 주는가? 그림이 이야기를 이해하기 위하여 나의 상상력을 더 발휘하도록 격려하고 있는가?
- 그림이 본문의 내용에 맞게 적절하게 그려져 있는가? 페이지와 그림이 잘 맞는가? 그림이 이야기 윤곽을 잘 전개시키고 있는가? 페이지 여백을 어떻게 이용하고 있으며, 그 여백의 활용이 분위기와 주인공의 행동 전개에 도움을 주고 있는가?

③ 서덜랜드의 평가 준거

서덜랜드(1997)[20]는 그림책에 나오는 그림의 질을 평가할 때 제기되는 의문점을 다음과 같이 제시하였다.

- 색(color)

  화가가 색을 어떻게 썼는가? 색깔이 화려하거나 흑백인 경우 본문 내용과 잘 조화를 이루는가? 페이지를 나눌 때 색깔이 매우 중요한 요소인가? 색깔이 그림의 선을 불명확하게 해 주는가 혹은 보완해 주는가?
- 선(line)

  화가가 선을 효과적으로 굵거나 섬세하게 그리고 있는가? 선이 움직임을 나타내는가? 또 선이 사람이나 사물을 묘사하는 데 특별히 어떤 강조점을 두고 있는가? 그 선이 다양한가?
- 모양(shape)

  이야기의 분위기와 작가의 의도에 적합하게 모양을 그려 넣었는가? 모양이 페이지에서 각각 어떻게 관련되어 있는가? 사실적인 그림이라면 원근법이 잘 맞아 있는가? 주인공의 모습은 작가의 의도와 같은가?
- 촉감(texture)

  화가는 그림에서 촉감을 느끼도록 그리고 있는가? 예를 들어, 동물의 털의 촉감을 나타내거나 콜라주를 이용하여 다양한 감촉을 느끼게 해 주는가?

- 페이지 배정

  각각의 페이지와 마주 보는 페이지들이 잘 조직되어 있는가? 여백 처리와 구도가 작가의 의도와 잘 배합되는가?

유아가 처음으로 접한 그림책들은 앞서 제시한 여러 가지 규준들을 만족시켜야 하는데, 특히 색깔의 경우에 원색이 좋은지 이차색이 좋은지는 중요하지 않다. 색깔이 이야기 속의 분위기와 잘 부합되는지가 우선되어야 한다. 가능하면 여러 종류의 다양한 분위기의 책과 장르가 유아에게 제시되는 것이 바람직하다.

모양도 무조건 유아용이라고 해서 귀엽고 예쁘게만 그려진 것이 좋다고 할 수는 없다. 사실적인 그림이어야 할 때는 책의 내용에 맞게 구체적이고 세부적인 면까지 정확하게 그려져야 한다.

④ 잘롱고의 평가 준거

3세 이하 유아를 위하여 그림책을 고를 때 유의해야 할 점을 잘롱고(Jalongo, 1988)[21]는 다음과 같이 제시하였다.

- 적절한 주제와 소재를 담고 있어야 한다. 신뢰감을 형성하고 자율성을 키워 가는 이 시기 유아에게는 유아에게 호소력을 가진 일반적인 주제, 즉 부모의 사랑과 자율성이 담겨진 내용이 바람직하다.
- 언어가 효과적이고 상상력이 풍부하게 쓰여야 한다. 그림책 속의 글은 간결하고 음악적이며 창의적이어야 한다. 이야기 속의 본문은 장면을 능숙하게 설정하여 활동이 전개되어야 한다.
- 단선적인 플롯이어야 한다. 이야기가 아주 나이 어린 유아를 위한 것일 때는 시간의 흐름에 따라 순서에 맞게 전개되고 직접적이어야 한다. 명확하고 단순한 플롯이 이해하기 쉽다.
- 만족스러운 결말이어야 한다. 유아에게 알맞은 그림책은 빠른 결말이 나와야 하며, 행복하게 끝나는 긍정적인 면이 있어야 한다. 그래야만 유아는 위안을 얻고 그 책을 다시 읽고 싶어 한다.

미주

1) Lukens, R. J. (2003). *A critical handbook of children's literature* (7th ed.). Boston, MA: Allyn & Bacon, Pearson Education, Inc., pp. 13-29.

2) Shulevitz, U. (1985). *Writing with picture: How to write and illustrate children's book*. N.Y.: Wiley.

3) Sutherland, Z., & Hearne, B. (1977). In search of the perfect picture book definition. Wilson library bulletin, 158-160. In Mary Renck Jalongo (1988). *Young children and picture books: Literature from infancy to six*. Washington. DC: NAEYC, p. 5에서 재인용.

4) Purves, A. C., & Monson, D. L. (1984). *Experiencing children's literature*. Glenview, IL: Scott, Foresman and Co., p. 108.

5) Lukens, R. J. (2003). *A critical handbook of children's literature* (7th ed.). Boston, MA: Allyn & Bacon, Pearson Education, Inc. p. 43.

6) 김현희, 박상희(2008). 유아문학: 이론과 적용. 학지사.

7) 서정숙, 남규(2005). 그림책으로 하는 유아문학교육. 창지사.

8) Winkel, L., & Kimmel, S. (1990). *Mother goose comes first. Henly Holt & Co*. 현은자, 김세희(2005). 그림책의 이해. 사계절에서 재인용.

9) 신명호(1994). 그림책의 세계. 계몽사.

10) Nikolajeva, M. & Scott, C. (2001). *How picturebooks work*. 서정숙 외 옮김(2011). 그림책을 보는 눈: 그림책의 분석과 비평. 도서출판 마루벌, p. 189

11) 김현희(2018). 그림책의 서사 해석, 그림책 창작 · 해석 · 교육의 협력적 실천, 2018 한국어린이문학교육학회 춘계학술대회 자료집, pp. 15-51.

12) Russell, D. L. (2005). *Literature for children: A short introduction* (5th ed). Boston, MA: Allyn and Bacon, pearson Education, Inc.

13) Burke, E. M. (1990). *Literature for the young child*. Boston: Allyn and Bacon, pp. 160-162.

14) Sutherland, Z. (1997). *Children and books* (9th ed.). N.Y.: Longman.

15) Cullinan, B. E., & Galda, L. (2002). *Literature and the child* (5th ed.). FL: Harcourt Brace & Company.

16) 현은자, 김세희(2005). 그림책의 이해. 사계절.

17) 김현희 외(2003). 독서치료의 실제. 한국독서치료학회. 학지사.

18) Jacobs, L. (1959). 'Picture-story books at their best'. *The Reading teacher*, p. 186. 이상금, 장영희(1986), pp. 250-251에서 재인용.

19) Purves, A. C., & Monson, D. L. (1984). *Experiencing children's literature*. Glenview, IL: Scott, Foresman and Co. p. 159.

20) Sutherland, Z. (1997). *Children and books* (9th ed.). N.Y.: Longman. p. 131.

21) Jalongo, M. R. (1988). *Young children and picture books: Literature from infancy to six*. Wasington, DC: NAEYC, p. 80.

요약

그림책은 글이 없이 그림만으로도 독자적으로 이야기를 만들어 갈 수 있다. 글이 있는 그림책은 그림과 본문이 결합되어 유아문학에서 독자적인 위치를 차지하고 있으며, 모든 장르를 다 포함하는 장르이기도 하다. 그림책의 본문은 유아 수준에 맞게 쉽고 간결하며 리듬과 반복이 있어야 한다. 그림은 주제와 전체적인 이야기 분위기에 부합되도록 그려져야 한다. 그림책 속에 나타나는 미술적 특징에는 선, 공간, 모양, 색, 촉감, 구도와 원근법, 그리고 그림 속의 글씨인 타이포그래피가 있다.

그림책은 유아가 가장 처음 접하게 되는 문학이므로 즐거움과 기쁨을 주는 것이 최우선이 되어야 한다. 지나치게 지식을 전달하려고 하지 말고, 부모가 책을 읽어 줌으로써 자녀와 부모가 서로의 사랑을 확인할 수 있는 시간을 가지며, 즐거운 문학 경험을 하도록 해야 한다.

연구문제

01 그림책의 미술적 특징을 예를 들어 설명하시오.

03 어렸을 때부터 그림책에 대한 경험이 많으면 어떤 좋은 점이 있는지 있는 대로 열거하시오.

03 장애인을 도와주고 격려할 수 있는 내용의 그림책을 예를 들어 평가해 보시오.

제7장

전승문학

전승문학이라는 용어는 국문학 분야에서는 구비문학이라는 용어와 같이 널리 받아들여지고 있는 개념이지만, 아동문학이나 유아문학 분야에서는 옛이야기나 전래동화라는 개념과 혼용되고 있다. 이 장에서는 전해 내려오는 이야기들의 여러 종류를 전승문학이라는 포괄적인 개념 안에 세분화해서 설명하고자 한다.

전승문학(traditional literature) 혹은 설화(folklore)는 이야기 수집가들이 전해 내려오는 이야기나 운율적인 얘기를 발견하여 기록하고 책으로 출판해서 임시적인 형태로 정착해 놓기 전까지는 구전으로 존재하였다. 설화는 작가를 모르는 채로 이야기하는 사람들로부터 입에서 입을 통하여 우리에게 전해져 내려왔다. 이렇게 입에서 입으로 전해져 내려오는 전승문학의 특징을 장덕순 등(1971)[1]은 다음과 같이 열거하였다.

첫째, 전승문학은 말로 된 문학이다. 말로 된 문학은 말로 존재하고, 말로 전달되고, 말로 전해져 내려왔다는 것을 의미한다. 전승문학은 말로 전달되기 때문에 일회적이며, 말로 전해 내려온다는 것은 들은 얘기를 그대로 기억해서 전달되는 것이 불가능하므로 변화를 내포한 보존이라고 할 수 있다.

둘째, 전승문학은 구연되는 문학이다. 전승문학을 말로 나타내기 위해서는 음성적 변화와 표정 및 몸짓을 사용하는, 즉 구연(oral presentation)이 필수적이다.

셋째, 전승문학은 공동작의 문학이다. 공동작이란 많은 사람들이 오랜 기간에 걸쳐 창작해 나가는 방식을 말하며, 개인이 일시에 창작하고 완성하는 방식인 개인작과는 다르다.

넷째, 전승문학은 단순하며 보편적인 문학이다. 말로 된 문학이고 말로 구연해 주어야 하기 때문에 형식이나 내용, 문체, 플롯, 인물의 성격, 주제 등이 단순해야 한다. 단순할수록 보편성이 커진다고 볼 수 있다.

다섯째, 전승문학은 민중적 · 민족적인 문학이다. 전승문학은 농민을 중심으로 한 대다수 민중이 생활을 통해서 창조하고 즐겨 온 문학이다. 따라서 전승문학에는 민중의 생활 경험, 의식, 가치관 등이 반영되어 있고, 지배층에 대한 비판과 항거가 나타나 있다. 전승문학은 민족을 구성하고 있는 대다수 사람이 공유하고 있기 때문에 생활 공동체로서의 민족 문학을 사실상 대변하고 있다.

이렇게 입에서 입으로 전해 내려오는 전승문학 혹은 설화 속에는 여러 가지가 포함된다. 영국에서는 전승문학을 신화, 전설, 민담(folktale)으로 구분하며(Burne, 1988), 미국의 경우는 민담(folktale), 신화(myths), 전설(legends), 우화(fables), 서사시(epics)로 주로 구분하고 있다.[2] 우리나라의 경우 전승문학의 구분이 명확하지 않고 혼용되어 오다가 최근에 와서야 신화, 전설, 민담으로 구분하는 삼분법이 통용되고 있다.[3]

특히 우리나라는 전래동화가 전승문학과 혼용되고 있다. 모든 전승문학, 즉 민담, 신화, 전설, 우화 모두를 전래동화라고 하기도 하고, 민담을 전래동화로 구분해 놓고 신화, 전설도 전래동화 속에 포함하여 얘기하는 경우가 많다. 분명히 해야 할 것은 전래동화는 민담, 신화, 전설, 우화 등의 전승문학 중에서 동심을 그 바탕에 깔고 있는 이야기라는 것이다. 최운식과 김기창(1988)[4]은 전래동화를 "동심을 바탕으로 하여 꾸며진, 일정한 구조를 가진 이야기다."라고 정의하고 있다.

사실 전승문학은 처음부터 유아를 대상으로 만들어진 얘기가 아니어서, 아동 학대를 다룬 잔인한 이야기나 비도덕적이고 외설적인 얘기가 많았다. 그런 얘기를 그림 형제가 재화하는 과정에서 많이 거르고 손질하여 오늘날에 이른 것이다. 전래동화는 전승문학의 한 부분이며 전승문학 모두가 전래동화는 아니다. 전승문학 중에서 그 이야기의 기저에 동심이 깔려 있고, 그것이 유아에게 교육적으로 유익한 것이라면 전래동화인 것이다.[5] 전승문학 중에서도 어른들에게만 통하고, 유아에게 도덕적으로나 교육적으로 그리고 심리적으로 부적당하다면 그것은 전승문학일지라도 전래동화라고 할 수 없다. 그러한 맥락에서 전승문학과 창작동화의 차이를 최운식과 김기창(1988)이 정리한 내용을 김현희와 박상희(1999, 2008, 2016)가 다시 보완하여 〈표 7-1〉과 같이 제시하고 있다. 최운식과 김기창은 이재철(1969)[6]과 이영택(1977)[7]의 견해를 정리하였다.

〈표 7-1〉 전승문학과 창작문학(창작동화)의 비교

구분	전승문학	창작문학(창작동화)
작가	구비 전승되었기 때문에 원작가를 알 수 없고 재화자만 알 수 있다.	작가에 의해 창작되었다.
포함된 정서	민족의 생활, 이상, 가치관과 정서가 있다.	작가의 개인적 정서가 큰 비중을 차지한다.
줄거리, 성격 묘사, 배경	줄거리 중심이며, 성격 묘사나 배경, 사건이 단순하다.	성격 묘사나 배경, 사건이 복잡하고 구체적이다.
환상과 사실성	우연의 일치나 천우신조 등의 인과관계를 바탕으로 한 환상 위주다.	환상적 요소와 사실성을 같이 중요시하였다.
주제	주제가 권선징악적이고 인과응보적인 것이 많다.	주제가 다양하다.
표현 스타일	관용적 표현이 많다.	자유로운 표현이 많다.
대상	어린이는 물론 청소년과 어른을 대상으로 하였다.	주로 어린이를 대상으로 하였다.

1. 민 담

1) 민담의 특징

민담(folktales, Märchen, fairy tales)은 독일의 메르헨(Märchen)과 영국의 요정 이야기(fairy tales) 그리고 북유럽의 에벤튀레(eventyre)가 있다. 메르헨이라는 어원을 살펴보면, 중세기에는 메르헨이 아닌 메레(Maere)란 단어를 사용했는데, '알려진' '유명한' '소문'이란 뜻을 가지고 있다. 즉, "특정한 작가가 없이 널리 알려진 이야기나 소문과 같은 이야기로 풀이할 수 있다."[8] 김서정(2007)[9]에 따르면, '작은 이야기'

라는 뜻이라고도 한다.

민담은 가끔 '인간의 거울'로 묘사될 때가 있다.[10] 그 이유는 민담은 인간이 이해할 수 없는 자연현상을 설명하려는 인간의 노력을 드러내며, 인간과 인간이 가진 공포나 욕망과의 관계를 표현해 주기 때문이다. 또 사회의 관습과 문화적 형식들을 기록하고 있으며, 인간의 보편적인 정서인 즐거움, 슬픔, 공포, 질투, 경외감 등을 표현하고 있다.

고대 사회에서 민담은 남녀노소를 막론한 보편적인 교육 수단이었다. 현대에 와서도 문맹인이 많은 원시 사회에서는 아직도 교육 수단의 기능을 하기 위해 구전에 의존하는 면이 강하게 남아 있는 것을 볼 수 있다.

민담은 전승문학 중에서 가장 친숙하며 호소력이 있는데, 특히 유아가 민담을 좋아하는 이유는 여러 가지가 있다. 즉, 민담은 활기 있게 시작되어서 풍부한 줄거리와 이야기 전개(action)가 계속된다. 가끔 유머가 있으며, 아이들의 정의감에 호소한다. 선이 이기고 악이 벌을 받기 때문이다. 성격 묘사에 큰 변화가 없는데, 주인공들은 완전히 착하거나 나쁘거나 복종적이거나 게으르게 대립된 모습으로 나타난다. 그리고 가끔 운율, 특히 각운이나 두운이 있으며, 반복된 구절이 많고, 단순하며 직접화법이 많다. 민담은 만족할 만한 뚜렷한 결론으로 끝나는데, 대부분 마술적인 요소가 있어서 유아를 즐겁게 해 준다. 여기서는 유럽 민담과 한국 민담의 특징을 우선 비교해 보고 문학적인 요소, 즉 주제, 인물, 플롯, 배경별로 그 구체적인 특징을 살펴보고자 한다.

유럽의 민담을 읽어 보면 다른 문화권과 그 특징이 비슷한 것이 많은데, 다섯 가지로 그 특징을 요약할 수 있다.[11]

첫째, 가장 중요한 특징은 단어와 구, 문장 그리고 전체 상황들의 반복(repetition)을 들 수 있다.

둘째, '3'이라는 숫자다. 세 마리의 돼지, 『우락부락 염소 삼형제』(폴 갈돈 그림, 2008)[12]에서의 세 형제, 세 번의 싸움, 세 가지 소원 등에서 3이라는 숫자가 공통되며, 이것은 세 번 반복되는 상황을 만들기도 한다. 예를 들면, 『아기돼지 세마리』에서 돼지가 집을 지은 후 늑대가 나타나서 문을 열어 달라고 하고 돼지가 거절하자 늑대가 훅 불어서 집을 쓰러뜨린다. 이 상황이 세 번 반복되는데 마지막에는 늑대가 불어도 집이 쓰러지지 않고 세 번째 돼지의 지혜로 늑대는 뜨거운 물에 빠져 죽는다. 이 3이라는 숫자(미국 원주민들의 얘기에서는 4)는 종교적인 중요성 때문에 많이 사용되었던 듯하다. 3이라는 숫자는 우리나라 민담에서도 많이 나타나는데, 예를 들면『구렁덩덩 새 선비』(한유민 그림, 이경혜 글, 2007)에서 앞집 정승댁 세 딸 중 셋째 딸이 구렁이와 혼인하는 것, 구렁이가 혼인날에 삼 년 묵은 꿀, 간장, 밀가루 독에 차례로 들어갔다 나와 허물을 벗어 새신랑으로 변하는 것, 각시가 새신랑을 찾으러 길을 떠나자 까치와 돼지, 할머니에게 길을 물어보는 것, 아가씨와 신랑을 두고 내기 경합을 치르는 것이 세 가지다.

셋째, 민담은 일반적으로 단순한 얘기다. 이야기를 전개하는 주인공에게 이야기가 집중되어 있으며, 플롯은 조용한 발단으로 시작하여(옛날 옛날에, Once upon a time) 전개되고 절정에 이르러 갑자기 끝나게 된다(그 후 행복하게 잘살았다, They lived happily ever after).『도깨비와 범벅장수』 등을 그 예로 들 수 있겠다.

그림 7-1
『도깨비와 범벅장수』
이상교 (글), 한병호 (그림), 국민서관.

넷째, 민담 대부분은 주인공이 여행을 떠난다. 여행은 보통 집에서 다른 나라나 다른 장소로 떠났다가 다시 집으로 돌아오는 경우가 대부분이다. 그 여행은 주인공이 문제를 해결하기 위하여 몇 가지 시도를 해 보는 것인데, 힘이나 재치, 도덕적인 용기를 시도하는 것이다.

마지막으로, 민담 속에서 우리는 대립되는 요소를 많이 발견할 수 있다. 즉, 착한 사람과 나쁜 사람, 인간과 초능력자, 평민층과 상류층, 오두막과 성, 숲속과 정원, 어린이와 어른 등이다. 민담은 이러한 대립을 기초로 하여 얘기가 발전되어 간다. 사실상 주인공이 대립되는 요소로 변화해 가면서 이야기가 전개된다.『신데렐라』는 부엌데기에서 공주로,『바보 이야기』에서는 마을의 바보에서 왕자로 변화해 가는 것을 얘기 속에서 볼 수 있다.

우리나라 민담의 특징은 한국 전래동화 254편을 대상으로 모티프를 분류한 김인애(1985)[13]의 연구를 참조하고자 한다. 김인애는 한국 전래동화의 특성을 다음과 같이 정리하였다.

첫째, 전래동화는 3회 반복의 법칙, 선과 악의 대결, 과제 부여와 과제 해결, 은혜받은 주인공, 말한 대로 이루어짐, 결핍에서 시작하여 충족으로 끝나는 특징이 있다.

둘째, 현실 세계와 환상 세계가 구분되어 있지 않다. 이 두 세계는 서로 자유롭게 드나들 수 있도록 열려 있다.

셋째, 현실 세계와 환상 세계의 인물은 거리낌 없이 만나고 관계를 맺는다.

넷째, 다양한 마술이 자유롭게 구사되지만 우리나라는 서양의 민담에 비해 마술의 이용이 적다.

다섯째, 우리나라의 전래동화는 유교적 윤리관이 빈번히 개입된다. 이 특성 때문에 전래동화는 현실적이 되며, 마술을 적게 사용하게 된다. 예를 들어, 어려운 처지에서 도움을 받는 경우의 대부분은 효성이 지극하거나 정성이 지극한 경우다.

여섯째, 악에 대해 적극적으로 싸우는 서양의 민담에 비하여 우리나라는 악에 대해 소극적으로 움츠러들며, 악인의 처벌에는 관대한 양상을 보여 준다. 예를 들어,『홍부와 놀부』에서 홍부가 놀부를 용서하는 경우다.

일곱째, 우리나라의 전래동화는 현실에 대한 관념이 비극적이고 염세적인 데 비하여 초현실의 세계는 화려하고 풍요로운 살기 좋은 곳으로 묘사된다.

그 외에도 우리나라 민담의 특성에는 권선징악을 다룬 주제가 많으며, 플롯이 단순하고 대립, 반복, 소거 등의 표현법이 많이 쓰임을 알 수 있다. 우리나라 민담의 특성을 문학 요소별로 나누어 고찰해 보면 다음과 같다.

(1) 주제

민담의 주제(theme)는 일반적으로 권선징악의 강한 도덕률과 인과응보의 강한 인과율로 지배되는 공통성을 가지고 있다. 우리나라 전래동화집에 수록되어 있는 전래동화 200화를 분석한 결과 전래동화의 주제는 다음과 같다.[14] ① 아는 것이 힘, 지식의 우위성, ② 생성의 유래, 원인, ③ 남을 해치면 저도 해를 입는다, ④ 허욕을 부리지 말라, ⑤ 지성이면 감천, ⑥ 효도, ⑦ 은혜를 베풀라, 원수를 사랑하라, ⑧ 남을 깔보지 말라 그리고 ⑨ 정신일도 하사불성 등이다.

강순재(1992)[15]도 동물이 등장하는 우리나라 전래동화 130편을 대상으로 하여 주제를 분석하였다. 그 결과 자연물의 유래와 익살 · 해학이 가장 많았으며, 다음으로 권선징악 · 보은 · 생명 존중 등의 유교적 실천 윤리가 강조된 것으로 나타났다.

외국의 민담은 그 주제가 매우 다양하지만 보통 인간의 욕구와 욕망에 대하여 언급된다. 그러나 우화에서의 도덕성처럼 교육적이진 않다고 본다. 우리나라는 전

그림 7-2
『해와 달이 된 오누이』에서는 하늘에서 내려준 밧줄을 타고 하늘로 올라간다.

그림 7-3
『늑대와 일곱 마리 아기 염소』에서는 어머니가 늑대의 배를 가른 후 아기 염소를 구출한다.

래동화에 민담, 우화, 신화, 전설이 다 포함되어 연구되었으므로 외국의 민담만의 주제와 엄밀한 의미에서 비교할 수 없다. 그러나 정의가 절대적이며, 선이 상을 받고 악이 벌을 받는다는 점은 같은 특징으로 볼 수 있겠다.

구체적으로 주제에 있어 많은 공통점을 지니면서도 서로 다른, 우리나라의 동화 『해와 달이 된 오누이』와 독일동화 『늑대와 일곱 마리의 아기 염소』를 비교해 보면 다음과 같다.[16)]

이 두 동화에서 드러나고 있는 중요한 교훈은 자녀들이 어머니의 지시와 명령을 어기면 어려움을 당한다는 것을 보여 줌으로써, 아이들에게 어머니에 대한 복종과 외부 침입에 대한 경각심을 가져야 함을 일깨우는 것이다.

그러나 두 동화에서 보이는 어머니의 모습과 아기들이 구출되는 방식은 차이점을 보이고 있다. 우리나라 동화에서는 어머니가 아이들에게 빨리 가야겠다는 일념에서 호랑이에게 팔과 다리를 떼어 주고 끝내는 몸뚱이마저 다 잡아먹히고 마는, 지극히 자기희생적이지만 소극적이고 무력한 어머니의 모습으로 묘사된다. 이에 반해 독일 동화에서는 어머니가 돌아와서 아기 염소들이 잡아먹힌 것을 보고, 자고 있는 늑대의 배를 가위로 갈라서 아기 염소들을 구출하는 적극적인 어머니 모습으로 그려져 있다.

아이들이 구출되는 방식에서도 우리나라 동화는 하느님이 내려 준 밧줄을 타고 하늘로 올라감으로써, 즉 비현실적인 존재에 의해 구출된다. 그러나 독일 동화에서는 어머니에 의해, 즉 현실적인 존재에 의해 아기 염소들이 구출된다. 이러한 구출 방식의 묘사가 어린이들의 문제해결 내지는 극복의 의지와 태도에 미칠 영향은 소홀히 넘길 수 없는 점이기도 하다.

(2) 플롯

민담은 발단, 전개, 절정, 결말의 과정을 거쳐서 이야기가 만들어진다. 발단에서 주인공과 시대적 · 공간적 배경을 간단히 보여 주면서 이야기가 전개되고, 거의 끝부분의 갈등을 해결하는 절정에 이르면 급히 그러나 만족스러운 결론을 내리게 된다. 이런 플롯을 점진적인 혹은 단선적인 플롯(progressive plot)이라고 한다.[17)]

① 서두와 결말의 형식

이야기를 시작할 때와 끝낼 때에 사용되는 관용적인 표현이 있는데, 서두에는 주로 '옛날 옛적에 어느 마을에 …가 살았는데' 식이다. 결론 부분은 주로 '…그래서 오래오래 행복하게 살았대요.' '이제 끝이야.' '잘살다 죽었대.'라는 식으로 끝맺고 있다.

② 대립과 반복의 형식

• 대립: 인물이나 상황을 만들 때 흔히 사용되는데, 대립에는 선과 악의 대립, 힘과 꾀의 대립 그리고 미(美)와 추(醜)의 대립이 있다. 선과 악의 대립은 선한 사람이 처음에 궁지에 몰리고 곤경에 처하지만 마침내 승리를 거두며, 여기에서 선은 평민으로 악은 양반으로 나타나기도 하고(예: 『우렁이 처녀』), 선이 인간으로 악이 괴물로 나타나기도 하며(예: 『땅속 나라 도둑 괴물』), 착한 사람과 욕심쟁이(예: 『홍부와 놀부』 『혹부리 영감』)로 대립되는 경우도 많다. 힘과 꾀의 대립은 강한 자가 힘으로 누르려고 할 때, 약한 자는 꾀로 대적하여 승리를 거두는 것으로 『호랑이와 토끼』 이야기가 좋은 예가 된다. 미와 추의 대립은 대표적인 예로 『콩쥐 팥쥐』 이야기를 들 수 있다.

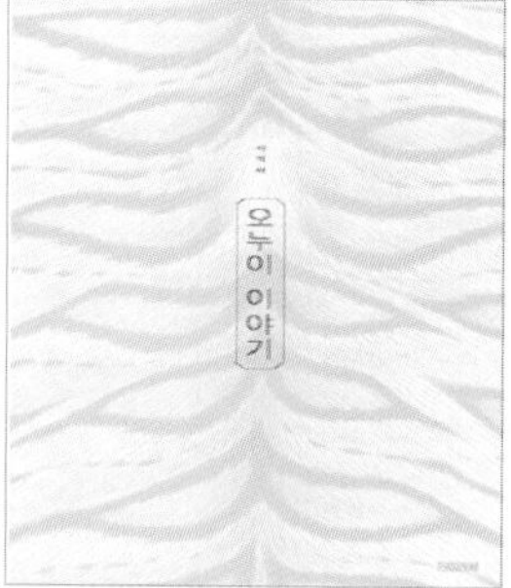

그림 7-4
『오누이 이야기』
이억배 (그림), 사계절.

• 반복: 반복은 비슷한 내용을 되풀이한 것으로, 자세한 묘사나 서술을 생략하면서도 효과를 볼 수 있는 강조의 수단이다. 반복은 동질적인 반복도 있으나 발전적인 반복도 있으며, 세 번의 반복이 가장 많긴 하지만 선악의 대립과 결부된 반복은 두 번으로 이루어지는 것이 보통이다. 『혹부리 영감』(임문혁 엮음, 1991)에서 욕심 많은 영감은 마음씨 착한 영감의 행동을 반복했다가 혹을 더 달게 된다. 반복의 대표적인 예는 『오누이 이야기』(이억배 그림, 2020)에서 호랑

이가 고개를 넘을 때마다 떡을 달라고 하는 장면이 반복되며 '또 한 고개 넘으니' '떡 하나 주면 안 잡아먹지.' '어쩔 수가 있나?' 등의 문장이 반복된다.

(3) 등장인물

민담에 등장하는 인물(character)은 전형적인(stereotyped) 경우가 많다. 일반적인 평범한 사람이 나타나는데 주로 대립이 많이 된다. 예를 들어, 착한 사람과 악한 사람(욕심이 많은 사람), 예쁜 사람과 미운 사람의 대립 등이다. 전형적인 인물이 나온다는 것은 잘생긴 왕자, 착한 하녀 등 주인공들은 주로 착하고 예쁘며, 계모는 주로 나쁜 사람으로 등장하게 된다는 것이다.

우리나라 민담의 경우 등장인물은 어린이보다는 어른이, 여자보다는 남자가 더 많이 등장하고 있다. 그 이유로는 민담이 전승문학에서 분리되어 나온 장르로서 처음에는 어른을 위해 어른에 의해 주로 만들어졌기 때문이며, 동서양을 막론하고 가부장적인 사회에서 남성의 권리가 우선되는 사회제도를 반영하고 있다고 볼 수 있다.

동물과 초자연물도 많이 나오는데, 동물로는 우리나라의 경우 호랑이가 가장 많이 등장했다. 호랑이는 주로 강자의 측면에서 묘사되어 힘과 권력의 상징으로 나타난다. 약자인 민중은 현실 불만족의 잠재의식을 잘 대변해 주고 있다.[18]

민담의 주인공들은 일상적인 평범한 사람들이지만 그들 앞에 닥친 불행이나 고난에 좌절하지 않고 자신의 운명을 개척하여 행복하게 되는 권선징악의 사건 전개를 해 나가므로 어린이들에게 바람직한 인간상을 제공한다고 볼 수 있다.

(4) 배경

민담의 시간적 · 공간적 배경(setting)은 구체적으로 표현되지 않고 대충 알아볼 수 있는 정도의 보편성을 창조해 내는 배경이다.[19] 민담의 배경은 얘기 전개에 아주 중요한 것은 아니어서, 보통 서두에 '옛날 옛날에 어느 마을에' 또는 조금 구체적이라면 '충청도 어느 두메산골에 연생원이 살았는데…'(『흥부와 놀부』)로 간단히 시작되어 나타난다.

우리나라 민담의 경우 공간적 배경은 현실계와 비현실계가 함께 나타나며, 현실계는 산이나 농촌이 대부분이고 도시는 그다지 많지 않다.[20] 현실계와 비현실계는 엄격히 구분되는 세계가 아니고 서로 교통할 수 있는 세계이며, 따라서 주인공들은 현실계와 비현실계를 자유롭게 왕래한다.

이러한 민담의 공통적인 특징을 요약해 보면 다음과 같다.

- 주제가 권선징악적이고 도덕적이며 교훈적인 것이 많다.
- 이야기가 짧고 플롯이 간단하며 극적인 요소가 많다.
- 시간과 장소가 그다지 구체적이지 않다.
- 인물은 전형적인 유형이 많이 나오며 착한 사람과 악한 사람, 예쁜 사람과 미운 사람으로 대립되어 이야기가 진행된다.
- 같은 사건이 반복, 누적되는 경우가 많다.
- 3이라는 숫자가 많이 나옴으로써 사건이 반복된다.
- 사건이 빠르게 진행되며 직접 화법이 많이 사용된다.
- 신기한 일들이 많이 일어나며 시간과 공간이 자유롭게 확대 혹은 축소되고 이동된다.

2) 민담의 교육적 의의

민담을 유아가 좋아하기도 하지만, 오늘날에도 교육 현장이나 가정에서 유아에게 민담을 들려주거나 읽어 주는 것은 그 나름의 교육적 의미가 있기 때문이다. 최운식과 김기창(1988)은 전래동화의 교육적 목적을 크게 다음의 두 가지로 보고 있다.[21]

첫째, 바람직한 인간을 형성한다. 바람직한 인간은 올바른 사고력과 언어를 가지고, 한국적 정서와 가치관을 가지며, 고난을 극복하려는 의지로 적극적인 삶을 살아가는 사람이다. 사랑과 신뢰를 바탕으로 다른 사람을 배려하여 따뜻한 인간관계를 맺으며 사는 인간을 의미한다.

둘째, 전통문화의 계승 · 발전이다. 민담에는 우리 조상들의 풍속, 습관, 생활, 사상, 신앙, 가치관, 소망, 웃음과 지혜 등의 전통 문화적인 요소들이 많이 용해되어 있기 때문이다.

한편, 서덜랜드(1997)[22]는 민담의 교육적 의의를 다음과 같이 두 가지로 압축하였다.

첫째, 윤리적 신뢰, 즉 도덕적 교훈의 건설적인 면을 전달해 준다. 민담은 겸손하고 착한 사람이 상을 받게 되고 악한 사람이 벌을 받게 된다는 교훈을 준다.

둘째, 어린이의 욕구를 만족시켜 준다. 모든 사람이 안전에 대한 욕구가 있는데, 민담은 집과 따뜻함 그리고 좋은 음식과 같은 단순한 생리적 욕구와 물리적인 안전에 대한 욕구를 충족시켜 준다.

모든 인간은 항상 사랑하고 싶고 사랑받고 싶은 욕구도 있다. 우리나라의 전래동화 『해와 달이 된 오누이』에서 호랑이가 잡아먹으려 할 때 오빠가 동생을 도와서 지혜롭고 재치 있게 위기를 모면하는 것은 사랑의 욕구를 충족시켜 주는 좋은 예다. 『헨젤과 그레텔』에서 헨젤은 그의 어린 여동생 그레텔을 안심시켜 주며 보호하고, 그레텔은 헨젤이 위기에 처했을 때 그를 도와 살아나게 되는 것도 같은 예로 볼 수 있다.

사람은 사랑과 안전의 욕구뿐 아니라 유능하고자 하는 능력에 대한 욕구도 있다. 즉, 어려움을 극복하고자 하며, 잘못된 것들을 바로잡고, 위험 상황에 빨리 잘 대처하고자 하는 욕구가 있는데, 민담은 이런 욕구를 충족시켜 준다.

3) 민담의 기원에 대한 이론

민담의 기원에 대한 이론은 서덜랜드(1997)[23] 및 최운식과 김기창(1988)의 이론을 토대로 정리하고자 한다.

(1) 일원 발생론

서로 다른 여러 종족 간에 비슷한 민담이 많은데, 그 이유가 무엇이냐에 대하여 가장 처음으로 설명한 것은 아리안족의 신화이론이었다. 이 이론을 일원 발생론이라 하는데, 모든 민담이 게르만 민족의 신화에서 유래되었다고 주장하는 것이다. 지금은 이 이론은 설득력이 없다.

(2) 다원 발생론

다원 발생론은 세계 어느 곳에 있는 사람이든지 모두 똑같은 정서, 즉 사랑과 연민, 공포와 고뇌, 질투와 증오 등을 가지고 있으며, 문화 발전 과정이 비슷하므로 비슷한 민담이 세계적으로 고루 분포되어 있다고 보는 것이다. 이 이론은 영국의 타일러(Edward Tyler)와 랭(Andrew Lang)과 같은 인류학자에 의해 주장되었는데, 오늘날까지도 유력한 설명으로 남아 있다. 이 이론을 뒷받침해 주는 예로서, 계모와 전처소생의 갈등을 주제로 한 『콩쥐 팥쥐』 이야기가 유럽 사회에 널리 퍼져 있는 『신데렐라』와 같은 계열의 이야기임을 들 수 있다. 중국, 베트남, 독일, 포르투갈 등 수백 개의 나라에서 거의 같은 이야기가 전해 내려오고 있는 사실은 다원 발생론을 잘 설명해 주고 있다.

근대 사회 인류학자들은 모든 사람이 전 세계에 걸쳐 모두 같은 것은 아니라고 지적했다. 예를 들어, 어떤 문화권에서는 계모가 전혀 무섭지 않다는 것인데, 안다만(Andaman) 섬 사람들은 자기 자녀이든 다른 사람의 자녀이든 전혀 상관하지 않고 잘 키우고 있다.

(3) 정신분석적 해석

정신분석학자들은 민담의 기원을 심리학적 현상에서 찾고자 하였다. 분트(Wundt)는 민담이 꿈이나 몽환 상태에서 이루어졌다고 하였으며, 프로이트(Freud)는 억압된 성 에너지(libido)의 무의식적인 발로로 민담이 생겼다고 하였다. 융(Jung)은 인간이 가진 원형 심리 구조에서 신화나 우리의 꿈과 환상이 생겨났다고 보았다.

원형(archetype)은 집단 무의식 또는 보편적 무의식의 내용이라고 볼 수 있으며, '상상력의 원점'이기도 하다.[24] 아울러 집단 무의식의 과정을 가장 뚜렷하게 나타내는 것이 민담이라고 보았다. 이러한 전승문학의 분석으로부터 민담의 기원을 종합적으로 정리하면 다음과 같다.

첫째, 사회와 사회를 결속시켜 주기 위하여 민담이 생겨났다고 보는 견해다. 민담은 이야기가 생겨난 당시의 사회에서 각 사회의 구성원들이 가지는 가치관과 결속되어 사회를 발전시켜 갈 수 있도록 하였다. 즉, 집단 구성원들이 집단에 서로 속해 있다는 공동체 의식과 정체감(identity)을 제공하기 위하여 민담이 생겼다는 견해다.

둘째, 민담이 자연 신화와 종교의식에서 유래했다는 것이다. 민담이 자연 신화의 흔적을 많이 보존하고 있으며, 모든 전해 내려오는 얘기를 자연의 비유로 해석하는 입장이다. 예를 들어, 영웅이 용과 싸우는 것, 흰곰이 여자아이를 유괴해 가는 것 등이다.

다른 예로서, 『빨간 모자(Little Red Riding Hood)』는 일출과 일몰을 비유하는데, 늑대는 밤을 그리고 주인공의 빨간 모자는 일출을 상징한다고 보는 것이다. 나아가 주인공이 늑대에게 잡아먹히는 것을 밤이 낮을 삼키는 것으로 해석하기도 하고, 일식 현상으로 풀이하거나, 좋은 계절이 겨울을 내쫓거나, 신이 산 제물을 삼켜 버린다고 해석하는 사람도 있다. 이 상징적 해석은 그림 형제의 재화에서 더 많이 볼 수 있다.

셋째, 정신분석학적인 견해에서 나온 것으로, 민담은 모든 인간이 경험하는 '정서적인 공상의 상징'[25]에서 기원했다고 본다. 부모에 대한 무의식적이며 성적인 사랑과 부모의 권위에 대한 증오 그리고 형제간의 사랑이나 질투 등이다. 이러한 감정과 정서를 표현하는 얘기가 전 세계를 통하여 같다고 보는 것이다.

어떤 학자들은 민담이 이야기를 전하는 사람들의 꿈에서 기원했다고도 하며, 이야기를 만들어 내는 사람이 환상 속에서 무의식적인 좌절이나 욕구를 만족시켜 감으로써 민담이 발생했다고 한다. 예를 들면, 『잠자는 숲속의 공주』에서 세례 축하 파티에 초대받지 못한 나쁜 요정이 공주가 15세에 죽을 것이라고 저주한다. 그러자 착한 요정들이 죽는 것 대신 백 년간 잠을 잘 것이라고 얘기해 준다. 이런 이야기들을 공주의 부모가 가지고 있는 성행위에 대한 억압적인 태도를 합리화하기 위하여 꾸며진 이야기라고 해석한다. 공주가 물레에 찔리는 것을 '처녀성의 상실'로, 왕자의 입맞춤을 '처녀성 상실에 대한 공포의 극복'으로 해석하기도 한다.[26]

마지막으로, 민담은 인간의 이주에 의해 전승되었으며, 어린이뿐 아니라 전체 공동체를 위해 만들어졌다는 것이다. 말로 이야기를 전해 들은 사람들이 다른 나라로 여행을 가거나 노예로 팔려 가거나 전쟁을 위해 싸움터로 나가서 그대로 전하기도 하고, 이야기를 약간 변형시키거나 덧붙여서 다른 사람에게 전하게 되어 오늘날의 민담이 발생했다는 견해다.

지금까지 민담이 어떻게 발생했는지 살펴보았다. 우리나라에 널리 알려져 있는 이야기가 세계 여러 민족 사이에도 널리 퍼져 있는데, 이런 이야기들을 모아 분석함으로써 민담의 기원에 대해 더 설득력 있는 이론을 정립할 수 있을 것으로 본다.

참고로 한국 민담과 외국 민담의 몇 가지 비슷한 이야기의 예를 들면 〈표 7-2〉와 같다.[27)]

〈표 7-2〉 내용이 비슷한 한국 민담과 외국 민담

한국	외국
나무꾼과 선녀 금강산 선녀 설화(손진태, 1947)	중국의 흑녀전설 일본의 우의전설 유럽의 백조처녀 말레이시아의 선녀 이야기 몽고의 백조처녀
해와 달이 된 오누이 해님달님	일본, 몽고, 중국의 론포포 유럽의 빨간 모자, 늑대와 일곱 마리 아기 염소
콩쥐 팥쥐	독일, 중국, 베트남, 포르투갈 등의 신데렐라
대사 이야기 (대사를 욕보인 장자가 바위로 변함)	성경 이야기 소돔과 고모라 (롯의 아내가 소금 기둥으로 변함)

다음에 제시한 세 편(그림 7-5, 그림 7-6, 그림 7-7)은 내용이 비슷한 한국 민담과 중국 민담이다.

그림 7-5
『해와 달이 된 오누이』

그림 7-6
『해님달님』

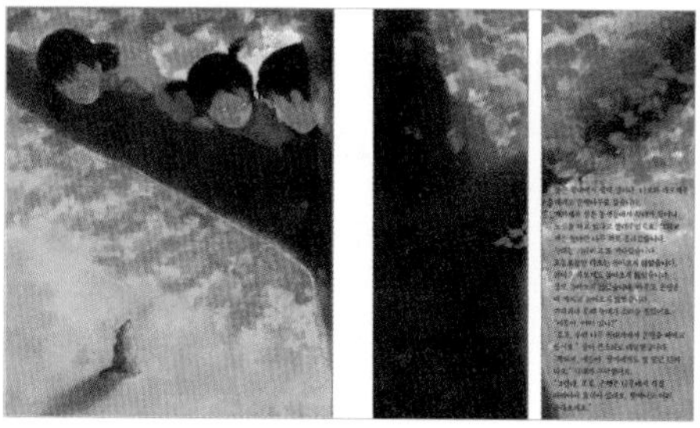

그림 7-7
『론포포』

4) 민담의 종류

민담은 학자들에 따라 그 내용과 형식적인 면에서 여러 가지로 나누고 있다. 서덜랜드(1997)는 누적적 이야기(cumulative tales), 말하는 동물 이야기(talking-beast tales), 익살이나 유머 이야기(the drolls or humorous tales), 사실적 이야기(realistic tales), 종교 이야기(religious tales), 낭만적 이야기(romance), 마술 이야기(tales of magic) 등으로 그 종류를 나누었다.[28)]

넬슨(Nelson, 1972)은 놀라운 이야기(wonder tales), 속임수 이야기(tales of trickery), 동물 이야기(animal tales), 익살(drolls), 누적적 이야기(cumulative tales) 등으로 나누었다.[29)]

여기서는 서덜랜드와 넬슨의 분류를 종합하여 4가지 종류를 살펴보고자 한다.

(1) 누적적 이야기

가장 단순한 형태의 이야기로 반복적인 사건과 행위가 많이 나타난다. 최소한의 플롯과 최대한의 리듬 및 운율이 적절하게 이루어져 이야기가 전개되는데, 반복되는 플롯은 무척 재미있고 움직임이 빨라 특히 유아들이 좋아한다. '3'이라는 숫자를 이용하여 이야기 속에서 반복되는 장면은 매우 다양하다. 『반쪽이』(이미애 글, 이억배 그림, 1997), 『우락부락 염소 삼형제』 『아기돼지 세마리』 『커다란 순무』(헬렌 옥슨버리 그림, 1996), 『장갑』(에우게니 M. 라초프 그림, 1994), 『해와 달이 된 오누이』(이규희 글, 심미아 그림, 1996), 『갑돌이와 용감한 여섯 친구』 『깜박깜박 도깨비』(권문희 글 · 그림, 사계절, 2014), 『세 형제와 신기한 배』(하라노 다다시 글, 오타 다이하치 그림, 길벗어린이, 2015), 『오누이 이야기』(이억배 그림, 2020) 등이 좋은 예다.

※ 『갑돌이와 용감한 여섯 친구』(여을환 글, 김천정 그림, 길벗어린이, 2011)

갑돌이는 말을 타고 가다 풍뎅이, 알밤, 자라, 밥주걱, 쇠똥, 맷돌을 만난다. 갑돌이와 여섯 친구가 아가씨를 잡아먹으려는 호랑이를 용감하게 물리치는 이야기다. 『팥죽 할멈과 호랑이』와 이야기 구조가 유사하지만 또 다른 즐거움을 준다. 방정환과 함께 색동회를 만들고 잡지 『어린이』에 동시와 동화를 발표하기도 한 정인섭이 '젊은이와 친구들의 범퇴치'라는 제목으로 들려준 옛이야기를 그림책으로 새롭게 펴냈다.

그림 7-8
『갑돌이와 용감한 여섯 친구』

※ 『커다란 순무』(알릭세이 톨스토이 글, 헬렌 옥슨버리 그림, The great big enormous turnip, 박향주 옮김, 시공사, 1996)

할아버지가 커다란 순무를 뽑으려고 한다. 그런데 혼자서는 뽑을 수가 없어서

그림 7-9
『커다란 순무』

할머니를 부른다. 할머니가 도왔지만 순무는 뽑히지 않는다. 손녀가 달려오고 강아지가 달려오고 고양이도 달려오고 쥐까지 달려와서 모두 한꺼번에 매달려서야 커다란 순무를 뽑는다. 순무가 뽑힌 것이 기뻐 모두들 덩실덩실 춤을 춘다.

❋ 『깜박깜박 도깨비』(권문희 글 · 그림, 사계절, 2014)

도깨비가 가난한 아이를 찾아와서 돈 서 푼을 빌린다. 다음 날 도깨비가 와서 빌린 돈 서푼을 갚는다. 다음 날도 그러더니 도깨비는 날마다 돈 서푼뿐 아니라 요술 냄비, 요술 방망이 등을 가져다주고 간다. 자기네 집 살림이 바닥이나 벌을 받고도 또 찾아온다. 사람의 수명과 도깨비의 수명이 달라, 아이는 행복하게 살다 죽었는데 그러고도 한참을 지나, 도깨비는 돈 서 푼에 냄비에 방망이까지 챙겨 들고 와서 "어라? 얘네 집이 어디더라? 벌 다 받고 왔는데……." 하더라는 이야기다. 마음을 위안받고 달래어, 현실을 살아 내는 힘을 얻고자 하는 마음이 옛이야기에 담겨 있다.

(2) 동물 이야기

그림 7-10
『까치와 호랑이와 토끼』
권문희 (그림), 웅진출판.

어린아이들에게 가장 사랑받는 얘기 중의 하나가 의인화된 동물 이야기(talking-beast tales)다. 이런 민담에 나오는 동물들은 사람처럼 말하며 현명하게 행동하는데, 인간 행동을 과장해서 표현하면서 그 과장 속에 유머와 재미를 담고 있다.

동물 이야기는 우화처럼 뚜렷하진 않아도 교훈적인 내용을 내포하고 있다. 즉, 고지식함의 어리석음과 용기 있고 독립적인 특성이 상을 받는 내용이다. 이런 얘기는 매우 생동적이며 재미있어서 많은 기쁨을 준다. 좋은 예로는 『청개구리 굴개굴개』(백명식 그림, 1991), 『아기돼지 세마리』 『장화 신은 고양이』 『토끼와 호랑이』 『까치와 호랑이와 토끼』 『늑대와 일곱 마리 아기 염소』 등이 있다.

※ **『팥죽 할머니와 호랑이』(조대인 글, 최숙희 그림, 1997), 『팥죽할멈과 호랑이』(서정오 글, 박경진 그림, 1997)**

동짓날 먹는 팥죽으로 무서운 호랑이를 물리치게 된 할머니 이야기다. 할머니에게 팥죽을 얻어먹은 밤톨, 자라, 쇠똥, 멧돌 등 주변의 하찮은 물건들이 할머니를 도와 위기를 헤쳐 나가는 과정이 흥미진진하게 펼쳐진다.

(3) 익살이나 유머 이야기

익살이나 유머 이야기(the drolls or humorous tales)는 해학과 익살이 많은 것으로서 바보, 멍청한 사람, 못난이 또는 현명한 사람이 등장하여 우스꽝스럽고 엉뚱한 사건들을 엮어 간다. 웃음을 자아내기도 하지만 사회 속에서의 권위나 경직된 관념을 풍자함으로써 삶의 진실한 모습을 보여 주기 때문에, 우스운 이야기로만 그치는 것이 아니라 생활을 윤택하게 하고 인간의 진실을 말해 준다. 대표작으로는『줄줄이 꿴 호랑이』『쌀 한 톨로 장가든 총각』『임금님 귀는 당나귀 귀』(한지희 그림, 1997),『세상에 둘도 없는 바보와 하늘을 나는 배』(유리 슐레비츠 그림, 1997),『신기한 그림 족자』(이영경 그림, 2002),『가시내』(이수진 그림, 2006),『호랑이 뱃속 잔치』(신동근 그림, 2007),『빨간 부채 파란 부채』(홍성지 그림, 2007),『요술 항아리』(이수아 그림, 2008),『방귀쟁이 며느리』(신세정 그림, 2008),『돌부처와 비단장수』(박지윤 글 · 그림, 고래뱃속, 2015),『으라차차 큰 일꾼』(정해왕 글, 이승연 그림, 국민서관, 2015) 등을 들 수 있다.

그림 7-11
『줄줄이 꿴 호랑이』
권문희 (그림), 사계절.

(4) 마술 이야기

마술 이야기(tales of magic)는 '민담의 핵'[30]이라고 할 수 있을 정도로 민담의 많은 부분이 여러 종류의 마술에 기초하여 꾸며진다. 예를 들어, 요정, 거인, 도깨비, 요술을 부리는 동물, 난쟁이, 마술사, 초인 등이 등장하여 평민들의 대변자 역할을 하기도 하며, 현실적으로 불가능한 일을 하고, 가난하고 착한 주인공에게 복을 주기도 한다. 마술의 힘을 통하여 현실에서 얻지 못하는 보상을 얻으려 했고 두려움

그림 7-12
『선녀와 나무꾼』

에서 벗어나고자 하였다. 이런 내용은 평민들과 어린이의 카타르시스 대상이 될 수 있었다.

대표적인 예로서 『개구리 왕자』(그림 형제 글, 비네테 슈뢰더 그림, 1996), 『구두장이 꼬마요정』(그림 형제 글, 카트린 브란트 그림, 2000), 『잠자는 숲속의 공주』(아델 제라스 글, 크리스천 버밍엄 그림, 2003), 『백설 공주와 일곱 난쟁이』(그림 형제 글, 낸시 에콤 버커트 그림, 2004), 『신데렐라』(샤를 페로 글, 로베르토 인노첸티 그림, 2007), 『장화 신은 고양이』(샤를 페로 글, 귀스타브 도레 그림, 2010), 『도깨비방망이』(정차준 글, 한병호 그림, 1997), 『정신없는 도깨비』(서정오 글, 홍영우 그림, 2007), 『혹부리 할아버지』(송언 글, 이형진 그림, 2008), 『도깨비 대장이 된 훈장님』(장수명 글, 한병호 그림, 2008), 『우렁각시』(김용철 글 · 그림, 2009), 『도깨비가 데려간 세 딸』(오호선 글, 원혜영 그림, 길벗어린이, 2014), 『선녀와 나무꾼』(서정오 글, 김광일 그림, 여우고개, 2016) 등을 들 수 있다.

❋ 『백설 공주와 일곱 난쟁이』(그림 형제 글, 낸시 에콤 버커트 그림, The Snow White and The Seven Dwarfs, 이다희 옮김, 비룡소, 2004)

세계적으로 가장 널리 알려져 있는 옛이야기 중 하나인 '백설 공주' 이야기를 섬세하고 아름다운 그림으로 그렸다. 이야기를 먼저 소개하고, 다음 장에서 내용을 설명해 주는 그림을 감상하게 만든 구성이 독특하다.

우리나라의 민담에서는 주로 도깨비가 많이 나오는데, 도깨비들의 언동과 형상이 퍽 해학적이고 율동적이다. 원한이나 울분이 없는 단순하고 우둔하면서도 진실성을 가지고 있는 존재로 나온다. 이런 도깨비는 악령도 아니며 인간의 혼백도 아니다. 도깨비는 자기들에게 진실로 대하면 도깨비도 인간에게 신의를 보여 주고, 자기들을 대접하면 반드시 그 은혜를 갚을 줄 아는 초인적인 능력을 가졌다. 도깨비는 약하고 착한 사람을 도와주는 괴이한 존재다. 『도깨비방망이』에서 도깨비는 가난한 소년에게 도깨비방망이를 준다. 이 방망이는 은과 금을 쏟아 내는 마술을 부리는데, 주인공이 가난하기도 하고 정직해야만 도와준다. 도깨비는 언뜻 보기에는 무섭고 두려운 존재 같으나, 일단 사귀고 보면 흐뭇한 휴머니티가 풍기고 신뢰감이 풍부한 괴물이다. 여러 도깨비의 행동이 무질서한 것 같으면서도 그 집합, 이산, 작업에 질서가 있다. 이것이 하나의 율동미를 느끼게 한다.[31)]

우리 도깨비를 머리에 뿔이 나고 날카로운 송곳니에 원시인 차림을 하고 있으며, 못이 박힌 방망이를 들고 있는 모습으로 잘못 묘사하는 경우가 종종 있다. 이것은 일본 도깨비 오니를 본뜬 것이다. 더구나 우리에게 널리 알려진『혹부리 영감』은 1915년에 일본에서 우리나라에 들어와 교과서에 실리게 된 일본의 대표적 민담이라고 한다.[32)] 우리나라에서는 한병호가 도깨비 그림을 많이 그리고 있다.

2. 우 화

1) 우화의 특징

전승문학의 하위 장르로서 우화(fables)는 민담처럼 아이들에게 인기 있는 얘기는 아니나 문화적 유산을 전승하는데 중요한 기여를 하였다. 우화는 도덕적이고 윤리적인 문제에 대한 우리의 태도에 깊은 영향을 미쳐 왔기 때문이다.

우화는 매우 간략한 동물 이야기인데, 보통 도덕이나 교훈을 명료하게 제시해 주는 동물이 주인공으로 등장한다.[33)] 동물들은 사람처럼 행동하며 한 가지씩 독특한 특성을 지녔기 때문에 갈등 상황이 매우 첨예하며 명확하다. 주인공인 동물은 결코 사람이 되지는 않으며, 도덕적 교훈을 가르치는 하나의 중요한 사건을 전개해 나간다.

우화의 주제는 도덕적이고 명확하며 교훈적인데, 보통 이야기의 끝부분에 명시되어 있다. 우화의 마지막에 흔히 붙어 있는 짧은 해석들은 모두 후세 사람들이 덧붙인 것이다.

우화는 단일 사건의 플롯으로 되어 있어서 짧고 간결한 이야기 방식을 취하고 있다. 사건의 전후 상황에 대한 설명 없이 사건의 윤곽만을 보여 주는 것이 대부분이다. 발단-전개-절정-결말의 과정이 선명하지 못하고, 갈등과 긴장감이 없어서 유아의 호기심을 불러일으키지 못한다는 분석도 있다. 우화의 배경은 줄거리 전개에서 그다지 중요하지 않으며, 구체적으로 묘사되지 않는 것이 일반적이다.

우화에서 가르치고자 하는 교훈은 세상을 살아가는 데 필요한 처세술이 대부분이며 상대적인 가치를 반영하고 있다. 전통적으로 이솝우화는 성인의 도덕교육을 위하여 오랫동안 사용되어 온 이야기이기 때문에 유아들이 보기에 잔인한 내용도 많아서 루소 같은 교육자는 우화를 읽는 것이 어린이에게 해롭다고 하였다.[34)]

2) 우화의 종류

우화는 우리나라에서도 이솝우화를 떠올릴 정도로 그리스에서 살았던 이솝이 쓴 우화가 유명하다. 이솝이 실존 인물이냐에 대하여 의문을 제기하는 학자도 많지만, 일반적으로는 B.C. 620~560년까지 그리스에서 노예 신분으로 살았다고 믿고 있다. 이솝의 우화는 라틴어로 번역되어 중세에는 교과서로 사용되었고, 여러 나라의 언어로 번역이 되어 오늘날에 이르렀다. 대표적인 이야기로서 『도시 쥐와 시골 쥐』『여우와 두루미』『개미와 베짱이』『처녀와 우유』『토끼와 거북이』가 우리에게 널리 알려져 있다.

프랑스에서는 19세기에 마리 드 프랑스 부인(Marie de France)이 우화를 프랑스에 소개하고 대중화시켰다. 그 뒤에 라 퐁텐(Jean de La Fontaine, 1621~1695)이 그의 스타일대로 우화를 완전하고 우아하게 아름다운 시로 써서 읽기도 즐겁고 기억하기도 쉽게 하였다. 그의 우화는 이솝의 우화와 비슷하였다. 다른 나라 말로 번역될 때는 산문으로 번역하였는데, 하나의 획기적인 일화들이 각각 도덕성을 나타내고 있다.

우리나라에는 '색채의 마술사'라 불리는 영국의 그림책 작가 브라이언 와일드스미스가 라 퐁텐의 글에 그림을 그린 『바람과 해님』(우순교 역, 1996), 『토끼와 거북이』(우순교 역, 1996), 『팔려 가는 당나귀』(조은수 역, 1996), 이솝의 글에 그림을 그린 『사자와 생쥐』(하빈영 역, 2013) 외에 『세계의 우화 모음집』(질케 레플러 그림, 2007), 『라 퐁텐 우화』(프랑수아 크로자 그림, 2008) 등이 소개되어 있다. 최근에 이솝우화에 실린 『도시 쥐와 시골 쥐』를 새로 창작한 방정환 선생님의 『시골 쥐의 서울 구경』이 김동성 그림작가의 그림으로 출간되었다.

인도의 우화를 모아 놓은 것으로 가장 오래된 것은 『팡차탄트라(Panchatantra)』이며, B.C. 200년 무렵에 케시미르에서 만들어졌다. 다른 고대의 인도 우화는 『자타카(Jatakas)』다. 시기가 정확하게 알려져 있지 않지만 B.C. 5세기에 있었던 듯하다.

자타카는 부처의 재생에 관한 불교 이름인데, 그가 결국 부처가 되기까지 여러 형태의 동물로 환생하는 이야기다. 사람이 실제로 동물로 잠깐씩 살아가는 얘기인데, 이런 경험으로부터 윤리적 교훈을 이끌어 내고 있다. 자타카 이야기에서 가르치고자 하는 철학은 개인에 대한 중요성과 현재의 삶을 이해하고 수용할 필요성을 인식하는 것이 포함되어 있다. 협동, 우정, 존경, 책임감도 강조하였다.

❋ 『이솝 우화 200가지』(이솝 글, 아서 래컴 그림, 보물창고, 2013)

세계적인 그림작가 아서 래컴(Arthur Rackham)의 그림이 곁들여져 간결하면서도 우화 특유의 상상력과 세련미가 돋보여 읽는 재미를 살린다.

그림 7-13
『이솝 우화 200가지』

❋ 『시골 쥐의 서울 구경』(방정환 글, 김동성 그림, 장정희 해설, 길벗어린이, 2019)

시골 쥐는 오매불망 꿈꾸던 서울 구경을 하러 짐차를 두 번, 세 번이나 갈아타며 힘들게 올라왔다. 서울은 거대하고 신기한 것들로 가득 차 있었지만, 시골 쥐는 복잡한 서울의 풍경에 넋을 잃을 뻔하다가 서울 쥐를 만나 서울 곳곳을 구경하게 된다. 서울 쥐의 극진한 대접에도 너무 복잡한 서울이 싫어서 시골로 돌아간다는 이야기다. 방정환 선생님이 이솝우화에 나오는 『도시 쥐와 시골 쥐』에서 영감을 얻어 완전히 새롭게 창작한 동화다. 김동성 작가의 섬세한 그림으로 생생하게 다시 태어난 1920년대 서울의 풍경이 정겹다. 방정환연구소 소장인 장정희 박사가 어린이의 눈높이에 맞게 전문적인 작품 해설을 해 준다.

그림 7-14
『시골 쥐의 서울 구경』

3. 신화와 전설

1) 신화의 정의 및 특징

신화(myths)는 신성시(神聖視)되는 이야기[35]로 정의될 수 있다. 이러한 신화의 신성성은 위대하거나 숭고한 행위로써 성립된다. 위대하거나 숭고한 행위는 반드시 특이해야 하며, 일상생활에서 흔히 일어날 수 있는 것은 아니다. 알에서 낳았다든지, 버림받음, 짐승의 보호, 표류, 불가능에 가까운 시련의 극복, 거대한 승리 등은 흔히 발견되는 특이한 요소들이다.

이런 특이한 요소를 가졌으나 일상생활에서의 보편적인 경험을 특정한 의미가 두드러지도록 집약화해서 이야기로 만든 것이 신화다. 이렇게 일단 성립된 신화는 행동의 규범이나 당위로 여겨졌다.

우화가 단순한 이야기인 데 비하여 신화는 훨씬 더 복잡하며, 존재의 생명적 원천에 대한 것을 복잡한 상징성 안에서 설명하려고 한다. 즉, 우주의 현상(땅과 하늘이 어떻게 분리되었는가), 자연적 역사의 특수성(새들의 독특한 울음이나 활동 후에 왜 비가 오는가), 인류 문명의 기원(프로메테우스 같은 영웅의 행동), 사회적 · 종교적 관습의 기원이나 예배 대상에 관한 특성과 역사의 기원을 다루고 있다. 왜 땅이나 바다나 하늘이 지금과 같은 모습을 하고 있는지, 누가 어떻게 세계를 움직이고 있는지 하는 창조에 관한 이야기들이다. 예로서 『하늘과 땅을 만든 이야기』(제럴드 맥더멋, 봄봄, 2004)와 『세상은 이렇게 시작되었단다』(제인 레이 그림, 1996), 『노아의 방주』(피터 스피어 글 · 그림, 2004) 등이 있다.

그림 7-15
제인 레이의 『세상은 이렇게 시작되었단다』는 천지창조에 대한 내용을 다루고 있다.

신화는 인간이 고통스러운 존재의 실체(위험, 질병, 불행, 죽음 등)를 더 잘 받아들일 수 있도록 도와주는데, 고통스러움을 우주의 신성 불가침적인 명령의 한 부분으로 설명하고 있다. 이 설명은 사실상 과학적이고 합리적인 사고를 필요로 하는 근대사회에서는 모순된 것처럼 보일 수도 있다. 그러나 신화의 진실성이 원시사회에서는 전혀 문제가 되지 않고 받아들여졌다. 신성 불가침적인 믿음과 깊은 관계가 있기 때문이다. 원시사회에서는 신화를 요즘과 같이 과학적이고 객관적으로 따지지 않았으며, 자연과 사회 현상을 경건하게 수용하는 입장이었기 때문이다. 이런 신화들은 민중적인 것으로서 민족의 범위 안에서 전승되어 왔다.

신화의 특성을 문학 요소별로 나누어서 살펴보면, 등장인물(character)의 수는 아주 적으며 주로 초자연적이거나 신적인 사람들이다. 예로서 『단군신화』에 나오는 환웅과 웅녀 사이에서 태어난 단군을 볼 수 있다.

플롯(plot)은 하나의 사건으로 되어 있거나 적은 사건이 등장인물과 연결되어 있는 경우가 많다.

배경(setting)은 시간과 공간적으로 매우 간단하고 피상적으로 소개되는 데 그친다. 즉, '먼 옛날 옛적에, 환인 임금님이 하늘나라를 다스리던 때 일이야.'(『단군할아버지』 송언 글, 고광삼 그림, 2010), '까마득히 먼 옛날, 세상이 처음 생겨날 때에는' (『백두산 이야기』 류재수 글 · 그림, 2009) 혹은 '몇 천 년 전의 고대 그리스(Long ago in Ancient Greece) 사람들은'(Lukens, 2003)으로 충분하다.

주제(theme)나 관점(point of view)이 광범위하고 보편적이기 때문에 분위기(tone)는 엄숙하고 당당하며 신비롭기까지 하다. 신화를 효과적으로 얘기하려면 위엄과 단순성을 가져야 하는데, 원래 신화의 정신과 의도를 재창조해야 하기 때문이다.

2) 신화의 교육적 의의

전승문학의 교육적 의의를 앞에서도 살펴보았다. 전승문학 중에서 신화를 어린이에게 접하게 해야 하는 이유, 즉 신화의 교육적 의의는 다음과 같이 압축해서 얘기할 수 있다.[36)]

첫째, 신화에서부터 우리의 사고와 언어의 기원을 알 수 있으므로 아이들에게 신화를 접할 기회를 주어야 한다. 예를 들면, 'erotic'은 그리스 신화에 나오는 사랑의 신인 'Eros'에서 기원하며, 'titanic'은 힘이 센 'Titans'로부터 나왔다. 또 천지창조의 신화들로부터 이 세상이 어떻게 창조되었는지 알 수 있다.

둘째, 신화는 우리에게 서사시의 배경을 제공한다. 『일리아드와 오디세이』를 제대로 이해하려면 그리스 신화를 알아야 한다. 바그너 작곡의 〈니벨룽겐의 반지〉

는 민족이동 시대의 역사적 사실을 바탕으로 신화와 전설(legends)의 요소를 섞어 만든 중세 독일의 영웅 서사시인 『니벨룽겐의 노래』에서 발췌하여 만든 오페라로서, 이것을 제대로 이해하려면 북유럽의 신화를 알아야만 한다.

셋째, 신화가 지닌 아름다움과 상상적인 질 때문에 유아보다는 나이가 든 아동들에게 제공해야 한다.

3) 신화의 종류

(1) 왜 이야기(pourquoi tales, why stories)

그림 7-16
『모기는 왜 귓가에서 앵앵거릴까?』
레오 딜런 · 다이앤 딜런 (그림), 보림.

가장 단순한 형태의 신화로서 왜 눈이 내릴까? 왜 딱따구리 머리는 빨간 색인가? 해바라기는 왜 해를 보는가? 왜 백일홍이 생겼는가? 『모기는 왜 귓가에서 앵앵거릴까?』(레오 딜런 · 다이앤 딜런 그림, 2003) 등 자연현상(꽃, 별 등)이나 사물에 대한 물음과 관련된 신화들이다. 이런 이야기는 신화를 읽어 주는 것에 그치지 않고 자연현상에 대하여 가지는 어린이들의 의문점들을 기초로 하여 이야기를 나누어 보는 경험을 시도할 수 있다.

서양의 경우는 일반적으로 왜 이야기가 그리스 · 로마 신화에서 비롯된 것이 많아서 신화로 포함이 된다. 그러나 우리나라는 신화라기보다는 전설로 보는 게 타당하다.

우리나라의 신화는 국조 신화가 문헌으로 기록되어 전승되는 것이 대부분이다. 그 외에는 구송 신화로서 굿에서 구연하는 무가 중에 서사적 형태의 무가가 많이 전해 내려온다. 대표적 예로서 제주도의 서사무가로 『천지개벽』『바람운과 고산국』, 서울 경기지역의 『바리공주』, 강릉지역의 『당곰애기』, 고창지역의 『칠성부인과 옥녀부인』 등이 있다.[37] 이러한 서사무가는 신화의 기원이나 본질 또는 변화과정을 다양하게 보여 주고 있다.

제주도의 신화로는 『마고할미』『설문대 할망』과 『삼성혈신화』 등 많은 신화가 전해 내려오고 있다. 우리나라 신화 중 유아에게 권할 만한 것은 『백두산 이야기』『마고할미』 외에 창세신화를 다룬 『대별왕 소별왕』(한태희 글 · 그림, 한림출판사, 2008),

『성주신 황우양』(이상교 글, 이승원 그림, 한림출판사, 2008), 『고구려를 세운 영웅, 주몽』(김향금 글, 김동성 그림, 웅진주니어, 2009), 『단군 신화』(정해왕 글, 최민오 그림, 현암사, 2009), 『태양의 새 삼족오』(유다정 글, 최용호 그림, 창비, 2011), 『바리공주』(정하섭 글, 이지선 그림, 웅진주니어, 2011) 등을 들 수 있다.

❋ 『백두산 이야기』(류재수 글 · 그림, 통나무, 1988)

백두 거인이 거대한 흑룡 거인을 물리치고 깊은 잠에 빠진다. 세월이 흘러 백두 거인은 거대한 산이 되고, 사람들은 이 산을 백두산이라고 불렀다. 서양 화가이자 그림작가인 류재수가 직접 글을 쓰고 그린 책으로 이야기의 전개와 그림이 웅장하면서도 신비한 느낌을 준다. 우리 민족과 땅에 대한 깊은 애정을 느끼게 한다. 이 책은 『산이 된 거인』이라는 제목으로 일본어 번역본이 나와 있다. 2018년에 출판 30주년 기념으로 보림출판사에서 원화의 느낌을 살려 한정판을 새롭게 내기도 했다.

❋ 『단군신화』(이형구 글, 홍성찬 그림, 보림, 1995)

하늘나라를 다스리는 하느님, 환인의 아들 환웅은 땅에 내려가 사람을 다스리며 살고 싶어 한다. 환웅은 바람신, 비신, 구름신과 3,000명의 무리를 거느리고 가장 아름다운 땅으로 내려온다. 어느 날 곰과 호랑이가 환웅을 찾아가 "사람이 되게 해 주세요."라고 간청하자, 환웅은 쑥 한 줌과 마늘 이십 개를 먹으며 백 일 동안 햇빛을 보지 말라고 한다. 호랑이는 참지 못하고 굴 밖으로 뛰쳐나갔지만, 곰은 여자가 되어 환웅과 결혼한다. 이 둘 사이에서 단군이 태어났고, 단군은 사람들의 존경을 받으며 1,500년 동안 조선을 평화롭고 살기 좋게 다스렸다.

그림 7-17
『단군신화』

❋ 『마고할미』(정근 글, 조선경 그림, 보림, 2006)

'이 세상은 어떻게 생겨났을까?' 하는 아이들의 상상력과 호기심을 채워 주는 책이다. 아주 먼 옛날 하늘과 땅이 붙어 있던 시절 마고할미라는 거인이 잠에서 깨어나 기지개를 켜자 하늘이 밀려나고 해와 달이 떠올라 어둠을 몰아낸다. 마고할미의 무릎은 산이 되고 오줌은 강물이 되어 바다를 만든다. 어머니 신이 세상의 모든 자연을 낳은 것이다. 마고할미가 키가 큰 거인이라는 것을 표현하기 위해 가로와 세로로 접은 종이를 펼쳐 볼 수 있게 제작된 것이 이 책의 특징이다.

※『거미 아난시』(제럴드 맥더멋 글 · 그림, Anansi The Spider, 윤인웅 옮김, 열린 어린이, 2005)

그림 7-18
『거미 아난시』

옛날에 아프리카의 한 할아버지 아난시는 아이들에게 해 줄 이야기가 없자, 이야기를 얻기 위해 하늘까지 닿는 거미줄을 짜서 하늘의 신 니야메를 찾아간다. 하늘의 신은 이야기 값으로 사나운 표범과 침이 독한 벌 그리고 이제껏 사람이 보지 못한 요정을 구해 오라고 요구하고, 아난시는 지혜를 발휘해서 세 가지 모두를 구해 가져다준다. 니야메는 아난시에게 약속대로 이야기를 주면서 "지금부터 영원토록 내 이야기는 아난시의 것이며 '거미 이야기'라고 불릴 것이다."라고 말한다. 그래서 이 세상에는 이야기가 생겼으며, 아프리카 이야기는 '거미 이야기(spider stories)'라고 부른다.

(2) 비유적 내용을 담은 신화

그리스 · 로마 신화에서 많이 볼 수 있다. 예를 들면, 니오베(Niobe)는 그녀의 권력을 뽐내며 특히 딸과 아들의 훌륭함을 뽐낸 나머지, 신들의 위치와 동등하게 자신을 올려놓으려 하다가 신들의 노여움을 사서 딸과 아들이 죽게 되고, 니오베는 그 슬픔으로 분수가 되어 영원히 울게 되는 이야기다. 이 신화는 인간의 거만함과 불손함이 신의 노여움을 산다는 것을 비유적으로 나타내고 있다. 『이카로스의 꿈』(장 콤므 노게 글, 이폴리트 그림, 2009)은 인간의 어리석음과 과욕을 경계한다. 신이 되고자 신의 세계를 향해 날고 싶은 꿈을 가진 이카루스가 너무 높이 날자 태양에 가까운 나머지 날개의 밀랍이 녹으면서 바다에 빠져 죽는 비극적인 이야기다. 미지의 세계를 향한 동경이 부른 꿈의 좌절

그림 7-19
『이카로스의 꿈』
장 콤므 노게 (글), 이폴리트 (그림), 맑은가람.

과 실패를 새의 날개에 비유적으로 표현하였다.

비유적 내용을 담은 신화들은 신들의 태도가 각각 다르게 나타나 아이들에게 신화를 읽어 줄 때는 조심스럽게 해야 한다. 그리스와 로마, 이집트, 인도 신화에 나오는 신들은 사람처럼 행동하며, 인간의 상상이 가능한 한도 내에 있으며, 전지전능한 신이 아니다. 사람처럼 화도 내고 질투하며, 사랑하고 시기도 하는 그런 신들이다. 전지전능한 신과 인간의 중립적인 위치에 있다고 볼 수 있다. 여러 민족이 쓴 신화 중에서도 그리스 신화는 상상과 표현의 아름다움으로 그 우수성을 인정받고 있다.

반면에 노르웨이, 그린란드, 아일랜드, 영국을 중심으로 한 북유럽 신화(norse myths)[38]에 나오는 신들은 평범하지만 사납고 거칠며 예쁘지도 않고 고전적 신성을 지니거나 우아하지도 않다. 영웅적인 기질을 가졌으며 웅장함이 있다. 이러한 신들을 다룬 북유럽 신화는 그리스 신화에 비하여 장식성 없이 간결하게 극적으로 쓰여 있다. 서술이나 묘사 없이 직접 화법으로 되어 있어서 북유럽 신화의 특징은 동화가 갖는 특성과 상통한다.

서구의 신화와 동양의 신화를 비교해 보면, 동양 신화는 사회에서의 소속감을 인식하고 의무로 받아들이는 것을 크게 강조하고 있다. 특히 건국신화는 통치자에게 권위를 부여하고 사회 구성원에게 일체감을 주어 사회의 통합과 안정을 추구하는 역할을 한다. 건국신화 속에는 신화성과 역사성이 함께 한다고 볼 수 있다. 동양 신화는 지구상의 삶과 그 이후의 삶 사이의 차이에 강조점을 두지 않으며, 목표를 향한 행위를 크게 강조하지 않는다.

4) 전 설

전설(legends)은 신화와 비슷해서 이 두 장르를 혼용해서 쓰거나 같이 묶어서 나누는 경우가 많다. 그러나 전설은 신화에 비해서 더 역사적 진실성을 가지며, 초자연적인 것에 덜 의존한다. 신성성이 없으며 증거물이 제시되는 경우가 많다(Lukens, 2003). 전설에는 실재의 영웅, 반은 실재하는 영웅이나 혹은 상상 속 영웅의 공적과 오랜 옛날의 전투에 관한 이야기가 많다. 특정 장소 · 시대 · 인물의 이야기가 다루어지기도 하며, 그 얘기가 인물에 치중하면 영웅담이다.

대표적인 전설로는 은하수를 중심으로 각각 동서에 자리 잡은 견우성과 직녀성을 주제로 한『견우와 직녀』, 고려 시대에 몽골이 우리나라를 침입하여 찔레라는 소녀도 몽골로 끌려가게 되었는데 가족을 그리워하다가 죽은 후 그 자리에 피었다는『찔레꽃』등을 들 수 있다.

신화에서도 언급했듯이, 우리나라는 전설에 '왜 이야기(pourquoi tales, why stories)'가 많다. 예로서『불개』는 일식과 월식이 왜 생겼는지에 대한 이야기다.『백일홍』은 바다 구렁이를 쳐부수러 간 젊은이를 애타게 기다리던 몽실의 넋을 표현하는 것으로, 찬 바람이 불고 서리가 내려도 백 일 동안 피었다가 지는 백일홍 이름의 유래를 잘 설명하고 있다.

서양의 꽃에 관한 이야기와 우리나라의 꽃 전설은 서로 다르다. 서구의 꽃에 관한 이야기는 거의 신화적인 것에 비하여 동양은 식물과 관련 있는 사실적 기록이 많다. '서양의 꽃에 대한 신화'는 허구적이고 환상적인 데 비하여 동양의 꽃에 관한 전설은 대부분 현실적이고 교훈적이다.

동서양 꽃 이야기의 공통점은 식물을 깊이 관조하고 체험한 인간의 지혜 있는 관찰이라는 데 있다. 전설 속에 그려진 식물의 특성이나 계절과의 관계는 정확한 과학이면서 신화와 연결되어 어색하지 않다.

우리나라에 허구성이 가미된 서구적 생각의 꽃 전설이 '꽃 전설'이라는 이름으로 처음 소개된 것은 1923년『동아일보』지에 2회에 걸친 '해당화'다. 처음으로 문학 영역에서 본격적 동화로 꽃 전설이 취급된 것은 '백일홍'에 관한 이야기부터다. 이것은 고한승이 지었고, 1937년에 조선일보사가 간행하여 윤석중이 엮은『조선아동문학집』속에 수록되어 있다. 꽃 전설집으로는 한국의 꽃 전설과 연변 조선족들의 꽃 전설을 한데 묶은『전설 속에 피어난 꽃 이야기』가 있다.

전설의 다른 좋은 예로『아기 장수 우투리』를 들 수 있다. 우투리가 빠져 죽은 곳을 용소라고 하며 용마의 흔적이 남아 있다.

※『인디언 붓꽃의 전설』(토미 드 파올라 글, The Legend of the Indian Paintbrush, 김경태 옮김, 물구나무, 2004)

작은 체구로 늘 부모님의 걱정거리이던 인디언 소년 '작은 다람쥐'는 노을을 그리고 싶어 한다. '노을을 땅에 물들인 사나이'라는 이름을 얻고 화가로서 뜻을 이룬

소년의 이야기가 미국 와이오밍주와 텍사스주에 많이 피어나는 인디언 붓꽃 전설로 전해져 온다.

❋ 『아기장수 우투리』(서정오 글, 서선미 그림, 보리, 2011)

그림 7-19
『아기장수 우투리』

가난한 농사꾼 부부는 아들로 태어난 우투리가 겨드랑이에 날개가 돋자 영웅이 될 조짐이라며 걱정을 한다. 소문을 들은 임금이 군사를 보내 우투리를 잡으려고 한다. 콩을 볶던 어머니가 한 알을 주워 먹은 것이 갑옷의 겨드랑이를 가리지 못해 화살을 맞고 죽는다. 우투리는 죽기 전에 좁쌀 서 말, 메밀 서 말, 팥 서 말을 함께 묻어 삼 년 동안 아무에게도 말하지 말라고 부탁한다. 죽었다던 우투리가 아직 살아 있다는 소문이 돌자 관군이 다시 쳐들어와 우투리가 묻힌 곳이 어디냐고 으름장을 놓는데 어머니가 바위를 가리키고 만다. 삼 년에서 딱 하루가 모자라 우투리가 병사들과 함께 깨어 나와야 하는데 그만 바위가 깨어지고 만다. 우투리는 사라져 버리고 그 자리에 억새 풀만 무성하게 되었다고 한다. 어려운 시절에 영웅이 나타나 세상을 바꿔 줄 것이라는 민중의 바람과 힘이 자꾸만 베어도 다시 자라나는 억새에 녹아 있다.

지금까지 전승문학의 하위 장르인 민담, 우화, 신화, 전설을 살펴보았다. 작가를 알 수 없이 입에서 입으로 구전되어 오던 것을 후세에 와서 재화하여 책으로 발간하여 읽게 되었다. 우리나라는 민담, 우화, 신화, 전설 등은 전래동화라는 명칭 안에서 혼용되고 있다. 엄격한 의미에서 전래동화는 이러한 전승문학 중에서 어린이가 좋아할 만한 이야기를 동심에 맞게 동심을 바탕으로 하여 꾸며진 이야기라고 할 수 있다. 최운식과 김기창[39]은 신화, 전설, 민담의 차이를 〈표 7-3〉과 같이 정리하고 있다.

〈표 7-3〉 신화, 전설, 민담의 차이

구분	신화	전설	민담
전승자의 태도	• 진실하고 신성하다고 인식함	• 진실되리라고 믿고, 실제로 있었다고 주장함	• 흥미 본위로, 진실성·신성성은 문제되지 않음
시간과 장소	• 일상적인 경험으로 측정할 수 있는 범위를 넘어선 태초의 일	• 구체적으로 제한된 시간과 장소	• 구체적으로 시간과 장소가 없음
증거물	• 매우 포괄적	• 특정의 개별적 증거물을 가짐	• 증거물이 제시되지 않음
주인공 및 그 행위	• 주인공은 신 • 신이 지닌 능력을 발휘	• 여러 종류의 인간 • 인간과 인간, 인간과 사물 사이에서 일어나는 예기치 않은 관계	• 일상적인 인간 • 운명을 개척해 감
전승 범위	• 민족의 범위	• 지역적 범위	• 지역이나 민족으로 제한되지 않음
기능면	• 전 집단의 신앙을 요청하며, 집단 단결의 핵심적 역할	• 일정 지역을 발판으로 애향심 고취	• 흥미 본위의 사교적 교환물로서 예능적이며, 문학성이 뛰어남

4. 전승문학의 재화

전승문학에서 재화란 전승된 이야기의 줄거리와 더불어 원형의 품위 및 풍미를 보존하면서 어린이가 이해할 수 있는 말로 아름답게 재창조하는 것을 말한다. 세계 각국에 있는 많은 전승문학을 아동문학으로 재정립하는 데에는 뛰어난 재화자가 있어야만 가능했다.

특히 유아교육기관에서 유아에게 들려주기 위한 동화로서, 전승문학의 올바른 수집과 재화는 무척 중요하다. 전승문학의 매력이 어린이를 위하여 여러 가지 재화를 낳게 하였지만, 이야기의 외형만을 반복하는 것은 전승문학으로서의 가치가 거의 없다. 전해 내려오는 이야기를 낳은 문화와 환경의 특징이 보존되어 녹아 있지 않으면 안 될 것이다.

1) 외국 전승문학의 재화

(1) 페로

프랑스 시인이며 비평가, 건축의 설계와 장식 등 다방면에서 활동을 했던 페로(Charles Perrault, 1628~1703)는 어린이의 읽을거리에도 흥미와 교육성이 있어야 함을 지적하면서, 프랑스에서 구전되어 오던 이야기를 모아 아름다운 얘기로 엮어 편찬하였다.

1697년에 '독수리 할머니 이야기'라는 부제가 붙어 있는 동화집『지나간 옛날이야기』(Les contes de ma mere L'oye)를 펴냈다. 여기에「빨간 모자」「신데렐라」「잠자는 숲속의 공주」「푸른 수염」「엄지 아기」「장화 신은 고양이」 등이 포함되어 있다. 페로의 동화도 전승문학에서 발췌한 것이지만 어린이에게 읽히기 위하여 재화하였다는 점에서 세계 최초라 할 수 있다. 이것이 페로를 근대 아동문학의 아버지라고 부르는 이유다.[40]

페로의 동화는 프랑스 귀족들을 위하여 재화되었기 때문에 명쾌하고 꾸밈없는 사건의 진행이 프랑스인의 국민성과 잘 맞으며, 그들 특유의 어려움에 부딪혔을 때 보이는 기민한 태도와 기지 등이 잘 표현되고 있다.

(2) 그림 형제

19세기에 이르러 독일의 그림 형제(Jacob C. Grimm, 1785~1863; Wilhelm C. Grimm, 1786~1859)가 수집 · 편찬한『어린이와 가정의 옛이야기(*Kinder-und HausMärchen*)』(1812~1815)는 옛이야기를 잘 기억하고 있는 노인들로부터 수집한 민간설화를 엮은 것으로, 전 세계 아동문학의 고전이 되었다. 각국의 전승문학 수집 및 재화에 좋은 자료가 되고 있다.

그림 형제의 동화는 특히 동화만이 가지고 있는 언어의 아름다움과 플롯의 완전성, 소재의 독자성 그리고 이야기 전개의 자연스러움으로 문학적으로 높이 평가받는다. 이들은 전승문학의 발생과 그 배경, 동화의 본질 및 구성과 수집의 정확성에 있어서 독일의 최초 민속연구가로서뿐 아니라 그 학구적인 자세로 길이 추앙받고 있다.

(3) 제이콥스

영국의 제이콥스(Joseph Jacobs, 1854~1916)는 그림 형제처럼 전승되어 온 이야기를 학문적으로 체계화하고 문학성을 가미하려 하기보다는 단지 어린이의 읽을거리로서 기쁨을 주기 위하여 재화하였다. 그러나 문헌에 충실하게, 가능하면 원형을 살려 추려 낸 것이어서 지금도 영국과 미국의 어린이들이 제일 좋아하는 옛이야기책이다. 그의 『영국 동화집』에서는 앵글로 색슨족이 지니는 간결함, 상식, 유머, 자유, 공평함을 사랑하는 마음이 잘 나타나 있다.

(4) 아스비에른센, 모에, 다젠트

이들은 북유럽의 전승문학을 재화하였다. 아스비에른센(P. C. Asbjörnsen, 1812~1855)과 모에(J. E. Moe, 1813~1882)는 노르웨이의 민화 수집가로서 독일의 그림 형제와 견주어지곤 한다. 절친한 친구였던 두 사람은 오랜 세월에 걸쳐 노르웨이의 민담과 신화를 함께 채집하고 연구한 결과를 모아서 1842년에 『노르웨이 민담집』을 발표했으며, 1844년에는 두 번째 책을 냈다. 아스비에른센은 1845년에 혼자 『노르웨이의 전래동화』를 발표하기도 했다. 그들이 쓴 『우락부락 염소 삼형제』는 북유럽의 자연환경과 민족성을 보여 주는 대표적인 민담으로서 스토리의 간결성, 위험에 대한 대결 의식, 극적인 클라이맥스, 운율적인 반복의 아름다움으로 어린이들의 사랑을 많이 받고 있다.

다젠트(G. W. Dasent, 1817~1896)는 『북유럽의 이야기』에서 그 자신이 "대담하며 진정한 의미의 유머를 가지고 있다. 난관과 위험의 어떤 사태에서도 최선을 다해 용감하게 적과 대결하는 고대 노르만인의 성격이 나타난다."고 하였다.[41]

2) 우리나라 전승문학의 재화

우리나라의 전승문학이 처음 문자로 기록되기는 1924년 조선총독부 간행의 『조선 동화집』이나 1926년 심선린의 『조선동화 대집성』(한성도서)으로 보고 있다. 그런데 이 두 책이 원형인지 아닌지를 놓고는 여러 가지 설명이 많다. 전승문학 자체가 오랜 세월을 두고 입에서 입으로 전해 내려왔으므로 그 시대와 지방의 전수자나 구연자의 신분과 상상력, 언변 등에 따라서 조금씩 첨삭되고 윤색되었을 것으로 보기 때문이다.

이 밖에 광복 전에 박영만이 엮은 『조선 전래동화집』과 1963년에 이원수가 쓴 『전래동화집』이 있는데, 후자는 원형이 아니고 재화라고 밝히고 있다.

재화할 때는 원형이 지닌 품위와 흥미를 손상시키지 말아야 하며, 원형이 전달하고자 하는 바를 정확히 전달해야 하는데, 이러한 재화의 시대적 · 지역적 차이의 공통점을 찾아 교육적 견지에서 정리해야 할 것이다.[42]

이오덕(1984)도 재화를 잘못하면 그것을 진짜 우리의 고유의 것으로 알게 되어 큰 문제가 된다고 지적하였다. 재화자는 전해 오는 이야기의 내용과 그 주제를 깊이 이해하여 무엇보다도 그 이야기 속에 담긴 느낌과 생각을 오늘날의 시대에 맞게 살리도록 해야 할 것이며, 그러한 신념이 없다면 처음부터 손을 대지 말아야 한다고 하였다.[43]

서정오(1995)도 옛이야기는 받아쓰기(채록), 떠올려 쓰기, 다시 쓰기(재화), 고쳐 쓰기(재창작), 새로 쓰기(창작)의 방법으로 우리에게 전달된다고 하였다. 받아쓰기는 말로 전하는 것을 그대로 받아 적는 것이다. 떠올려 쓰기는 들은 이야기를 나중에 머릿속에 떠올려서 쓴 것인데, 받아쓰기와 비슷하나 글 쓰는 사람의 생각이 많이 들어간다. 다시 쓰기는 줄거리는 그대로 두고 말투나 곁가지를 손질해서 글로 쓴 것이다. 고쳐 쓰기는 줄거리를 군데군데 고쳐서 쓴 것인데, 이때 중심 생각이 허물어지거나 변하면 안 된다. 새로 쓰기는 이야깃거리나 분위기만 빌려서 전혀 새로운 분위기를 만들어 낸 것이다. 이것을 알기 쉽게 그림으로 나타내면 그림 7-21과 같다.

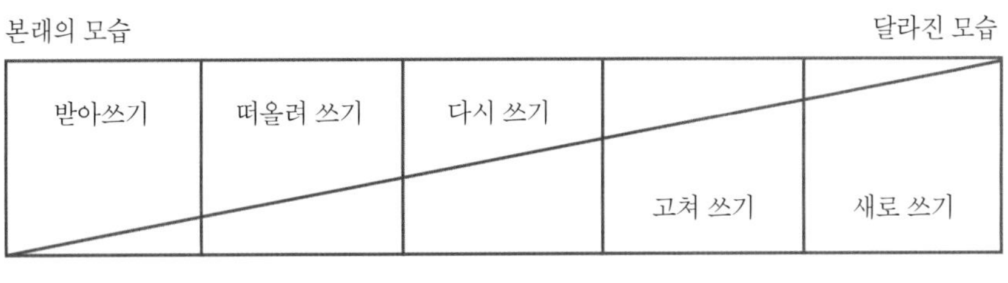

그림 7-21 글로 적은 옛이야기의 꼴

서정오는 원형인 옛이야기에 대하여 겨레의 민중성과 겨레의 삶, 정서를 세심히 검토한 후 고쳐 써야 한다고 주장하였다. 재화자는 옛이야기와 역사에 대한 올바른 의식을 가지고 글을 써야 하며, 옛이야기가 가지고 있는 건강한 민중성이 온전하게 살아 있는 이야기와 그렇지 않은 이야기를 가려낼 수 있는 안목이 있어야 한다는 것이다.[44)]

3) 전승문학의 패러디

19세기 이후에 전개되어 온 패러디는 현재 문학뿐 아니라 영화, 방송, 연극 등 다양한 분야에서 사용되고 있다. 패러디(parody)의 어원은 희랍어의 'parodia (countersong)'라는 명사에서 찾을 수 있다. 'para'와 'odos'가 합성된 말로서 'para'는 텍스트들 사이의 대조 또는 상반을 뜻하는 것 외에 일치 또는 친숙의 개념을 가지고 있으며, 'odos'는 노래를 의미한다. 이러한 패러디는 포스트모더니즘 문학의 상호 텍스트성 개념을 대표하는 예라고 볼 수 있다. 백과사전에서는 패러디를 '문학작품의 한 형식으로, 어떤 저명 작가의 시구나 문체를 모방하여 풍자적으로 꾸민 익살스러운 시문(時文)'[45)]이라고 정의하고 있다. 현은자와 김세희(2005)는 패러디 그림책을 '어린이들에게 익숙한 옛이야기를 비롯한 기존의 문학작품을 원작의 주제, 인물, 플롯 등을 이용하거나 변형시켜 모방적, 비판적, 혼성 모방적으로 패러디한 그림책'이라고 정의하고 있다.[46)] 요즘 그림책에서도 전승문학을 다양하게 패러디한 작품을 접하게 된다. 패러디의 의미는 기존의 텍스트를 그대로 반복하는 평면적 · 소비적 모방이 아니라 아주 다르게 반복하는 과정에서 의미 있는 차이를 낳는 입체적 · 생산적 모방이라는 특성을 가진다는 것을 알 수 있다(이지원, 2007).[47)]

우리나라에 번역되어 나온 전승문학의 패러디 그림책 중에서 비교적 다양한 시각으로 나와 있는 책들을 간단하게 소개해 보고자 한다.

(1) 아기돼지 삼형제를 패러디한 그림책

『아기돼지 삼형제』를 패러디한 그림책은 존 세스카의 『늑대가 들려주는 아기돼지 삼형제 이야기』(1996), 프레데릭 스테르의 『아기돼지 세 자매』(1999), 데이비드 위즈너의 『아기돼지 세마리』(2002), 유진 트리비자스의 『아기 늑대 세 마리와 못된 돼지』(2006) 등이 있다. 상대적으로 다른 패러디 그림책보다 다양한 버전으로 나와 있다.

※ 『늑대가 들려주는 아기돼지 삼형제 이야기』(존 세스카 글, 레인 스미스 그림, The True story of The 3 Little Pigs!, 황의방 옮김, 보림, 1996)

주인공인 늑대가 직접 말하는 형식으로 이야기를 이끌며 이야기의 마지막 부분에서는 독자에게 판단을 맡기는 열린 결말 형식을 취한다.

그림 7-22
『늑대가 들려주는 아기돼지 삼형제 이야기』

그림에서 보이는 늑대, 돼지의 외형적인 모습은 작가가 패러디하면서 보여 주고자 하는 새로운 이미지를 느끼도록 하고 있다. 독자가 늑대의 고정된 편견에서 벗어나 늑대를 다시 보도록 한다. 돼지는 늑대를 째려보며 경멸하는 사나운 표정으로 감기에 걸린 늑대를 문전박대하는 모습으로 그려져 있다. 이런 점들은 늑대와 돼지에 대한 이분화된 고정관념과 편견을 뒤집어서 그들의 다른 측면을 잘 부각시킨다.

※ 『아기돼지 세 자매』(프레데릭 스테르 글 · 그림, Les trois petites cochonnes, 최윤정 옮김, 파랑새어린이, 2001)

원작 『아기돼지 삼형제』에 등장하는 인물들의 고정된 성 역할에서 여성상의 변화를 다루고 있는 패러디 그림책이다. 『아기돼지 삼형제』의 다른 패러디 그림책은 선악 대결 구도 상황에 더 집중하는 것에 비해 『아기돼지 세 자매』는 돼지 자매들이 가지고 있는 남성관, 그에 따른 삶의 태도를 더 주목한다.

그림 7-23
『아기돼지 세 자매』

『아기돼지 세 자매』는 신랑감을 찾아 나선 암돼지 세 자매의 이야기다. 두 언니는 돼지 가면을 쓴 늑대에게 잡아먹혔지만, 셋째 돼지는 지혜롭게 처신하여 오히려 늑대를 잡게 된다. 자신의 삶을 스스로 계획하고 선택하는 삶을 살 때 준비된 행운도 생길 수 있다는 메시지를 주고 있다.

❋ 『아기돼지 세마리』(데이비드 위즈너 글 · 그림, The Three Pigs!, 이옥용 옮김, 마루벌, 2002)

그림 7-23
『아기돼지 세마리』는 이전에 존재해 있던 텍스트들을 재결합하는 구조로 이야기를 다채롭게 만들고 있다.

원작인 『아기돼지 삼형제』의 플롯 형식을 부분적으로 도입 부분에서만 취하고 있다. 돼지 세 마리가 늑대를 피하여 그림 밖으로 나와 종이비행기를 타고 하늘을 날고, 전래동요 그림책 『Hey diddle diddle』의 고양이도 만나고, 전래동화 『용 이야기』로 들어갔다가 용을 데리고 나오는 등 그림책 속의 그림책 이야기의 내용은 플래시백 기법을 사용하였다.

돼지들은 늑대가 나오는 그림책 페이지를 뜯어 종이비행기를 만들어 타고 그림책 밖의 가상 현실 세계를 실컷 돌아다니면서 그림책의 이야기를 능동적으로 구성하는 주체적인 모습을 가지고 있다. 작가는 한 권의 책에 넘쳐흐를 듯한 방대한 이미지를, 구조적으로는 콜라주된 이미지 조합의 영화 기법으로 접근하고, 기술적으로는 카메라 앵글과 '줌 인 & 아웃'의 변화로 다루어 내는 숙련된 솜씨를 포함한 치밀한 묘사력으로 그림 읽어 내는 훈련을 톡톡히 시킨다.[48)]

❋ 『아기 늑대 세 마리와 못된 돼지』(유진 트리비자스 글, 헬렌 옥슨버리 그림, The Three Little Wolves and The Big Bad Pig!, 김경미 옮김, 시공주니어, 2006)

그림 7-24
『아기 늑대 세 마리와 못된 돼지』

등장인물 간의 역할을 바꾼 패러디 그림책이다. 아기 늑대들은 크고 못된 돼지가 부수지 못하게 점점 더 강한 집을 짓는다. 이에 대해 크고 못된 돼지의 집 허물기 강도도 점점 강해진다. 쇠망치로 벽돌집을 부수더니, 구멍 뚫는 기계로 콘크리트 집을 부수고, 결국엔 상상하기에도 파격적인 다이너마이트로 철제 집을 부숴 버린다. 절정에 다다른 집짓기와 집 허물기의 대립이 갑자기 꽃집 짓기로 이완된다. 꽃향기에 취한 못된 돼지는 착한 돼지가 되어 아기 늑대 삼형제와 함께 살게 된다. 선과 악의 대립 구조이지만 주인공을 바꿔 놓음으로써 기존의 이야기와 뚜렷한 대조를 이룬다.

(2) 개구리 왕자를 패러디한 그림책

『개구리 왕자 그 뒷이야기』 이야기는 『개구리 왕자』 원작의 끝부분인 '공주는 개구리에게 입을 맞추고, 개구리는 왕자로 변했지요. 그래서 둘이는 영원히 행복하게 살았답니다.'로 시작된다. 그러나 그들의 결혼생활은 무기력하고 서로를 힘들어하다 개구리 왕자는 자신을 개구리로 만들어 줄 마녀를 찾으러 다닌다. 왕자는 마녀의 마술로 엉뚱하게 개구리 마차로 변하게 된다. 그때 자신의 행동을 후회하면서 밤 열두 시를 알리는 종이 울리자, 다시 왕자로 변하여 집으로 달려간다. 자신을 걱정하고 있는 공주를 보자 공주가 왕자를 사랑했음을 알게 되고, 둘은 입을 맞추며 개구리로 변해 팔짝팔짝 뛰어가는 모습으로 끝을 맺는다.

그림 7-25
『개구리 왕자 그 뒷이야기』
존 셰스카 (글), 스티브 존슨 (그림), 보림.

이외에 다양한 패러디 그림책이 있는데, 『제가 잡아먹어도 될까요?』는 민담인 『늑대와 일곱 마리 아기 염소』 『빨간 모자』 『아기돼지 삼형제』 『피터의 늑대』 등 여러 원작을 조합하여 만들었다. 『토끼와 늑대와 호랑이와 담이와』는 다양한 전승문학의 등장인물을 이용하여 전혀 다른 주제를 다룬다. 『장화 쓴 공주님』은 『벌거벗은 임금님』의 플롯과 비슷하게 전개되나 결말은 매우 다르다.

그 외에도 전승문학을 패러디한 동화로 『종이 봉지 공주』는 『용 이야기』를 패러디했으며, 『백설 공주』를 패러디한 『백설 공주는 정말 행복했을까?』 등 많으나, 유아를 위한 그림책이 아니므로 여기서는 생략하기로 한다.

미주

1) 장덕순 외(1971). 최운식, 김기창(1988). 전래동화 교육론. 집문당, pp. 22-24에서 재인용.
2) Lukens, R. J. (2003). *A Critical handbook of children's literature* (7th ed.). Boston, MA: Allyn & Bacon, Pearson Education, Inc., pp. 24-27.
Rose, K. (1982). *Teaching language arts to children*. Harcourt Brace Jovanovich, Inc., pp. 240-243.

Sutherland, Z. (1997). *Children and books* (9th ed.). N.Y.: Addison Wesley Longman, Inc., pp. 166-226.

3) 임동권(1973). 민속학논고. 집문당, p. 34.

장덕순 외(1971). 구비문학개설. 일조각, p. 17.

장덕순(1970). 한국설화문학연구. 서울대학교출판부, p. 4.

장주근(1971). 한국구비문학사(상). 민족문화사대계 5. 고려대학교 민족문화연구소, p. 639.

4) 최운식, 김기창(1988). 전래동화 교육론. 집문당, p. 6.

5) 김현희, 박상희(2008). 유아문학: 이론과 적용. 학지사, pp. 151-152.

6) 이재철(1969). 아동문학개론. 문운당, p. 219.

7) 이영택(1977). 전래동화의 이모저모. 아동문학평론 제5호. 아동문학평론사, pp. 24-27.

8) 김희경(1992). 명작동화의 매력. 교문사, p. 13.

9) 그림 형제 글, 니콜라우스 하이델바흐 그림, 그림 메르헨. 김서정 옮김(2007). 문학과지성사.

10) Sutherland, Z. (1997). *Children and books* (9th ed.). N.Y.: Addison Wesley Longman, Inc., p. 166.

11) Purves, A. C., & Monson, D. L. (1984). *Experiencing children's literature*. Glenview, ILL: Scott, Foresman and Co., pp. 25-31.

12) 폴 갈돈 그림. 김세실 옮김(2008). 우락부락 염소 삼형제. 시공주니어.

13) 김인애(1985). 한국 전래동화의 연구: 모티브 분류와 동화의 해석. 중앙대학교 대학원 석사학위 청구논문.

14) 최운식, 김기창(1988). 전래동화 교육론. 집문당, pp. 39-40.

손동인(1984). 한국전래동화연구. 정음문화사, p. 38.

15) 강순재(1992). 동물전래동화의 주제 및 모티브 분석. 이화여자대학교 교육대학원 석사학위 청구논문, p. 92.

16) 서봉연(1984). 한 · 독 아동도서에 관한 분석적 비교. 서봉연, 울리히 한(편). 어린이의 성장발달과 아동도서. 배영사 신서, pp. 98-103.

17) Lukens, R. J. (2003). *A Critical bandbook of children's literature* (7th ed.). Boston, MA: Allyn & Bacon, Pearson Education, Inc., p. 83.

18) 강순재(1992). 동물전래동화의 주제 및 모티브 분석. 이화여자대학교 교육대학원 석사학위 청구논문, p. 92.

19) Lukens, R. J. (2003). *A Critical bandbook of children's literature* (7th ed.). Boston, MA: Allyn & Bacon, Pearson Education, Inc., p. 23.

20) 손동인(1984). 한국전래동화연구. 정음문화사, p. 324.

21) 최운식, 김기창(1988). 전래동화 교육론. 집문당, pp. 55-56.

22) Sutherland, Z. (1997). *Children and books* (9th ed.). N.Y.: Addison Wesley Longman, Inc., pp. 180-181.

23) Sutherland, Z. (1997). *Children and books* (9th ed.). N.Y.: Addison Wesley Longman, Inc., p. 166.

24) 김희경(1992). 명작동화의 매력. 교문사, p. 111.

25) Sutherland, Z. (1997). *Children and books* (9th ed.). N.Y.: Addison Wesley Longman, Inc., p. 168

26) Fetsher, Iring, 이진우 옮김(1991). 누가 잠자는 숲속의 공주를 깨웠는가. 철학과현실사, pp. 213-216.

27) 최운식, 김기창(1988). 전래동화 교육론. 집문당, pp. 198-250.

28) Sutherland, Z. (1997). *Children and books* (9th ed.). N.Y.: Addison Wesley Longman, Inc., pp. 170-175.
29) Nelson, M. A. (1972). *A Comparative anthology of children's literature*. Holt, Rinehart & Winston, Inc., pp. 178-421.
30) Sutherland, Z. (1997). *Children and books* (9th ed.). N.Y.: Addison Wesley Longman, Inc., p. 172.
31) 장덕순(1972). 도깨비 考. 김요섭 편. 전래동화의 세계. 아동문학사상 8. 보진재.
32) 김종대(1995). 깨비 깨비 참도깨비. 산하어린이 75. 산하.
33) Lukens, R. J. (2003). *A Critical handbook of children's literature* (7th ed.). Boston, MA: Allyn & Bacon, Pearson Education, Inc., p. 24.
34) 심향분(1997). 이솝우화의 아동문학 교육적 가치에 관한 연구. 성균관대학교 대학원 석사학위 청구논문, pp. 49-52.
35) 김태곤, 최운식, 김진영 편저(1988). 한국의 신화. 경희대학교 민속학연구소 편. 한국기층문화총서 5. 시인사.
36) Sutherland, Z. (1997). *Children and books* (9th ed.). N.Y.: Addison Wesley Longman, Inc., pp. 213-214.
37) 김태곤, 최운식, 김진영 편저(1988). 한국의 신화. 경희대학교 민속학연구소 편. 한국기층문화총서 5. 시인사, pp. 207-243.
38) Sutherland, Z. (1997). *Children and books* (9th ed.). N.Y.: Addison Wesley Longman, Inc., pp. 212-214.
39) 최운식, 김기창(1988). 전래동화 교육론. 집문당, p. 27.
40) Smith, L. H. (1953). 김요섭 옮김. 아동문학론. 교학사, p. 267.
41) 이상금, 장영희(1986). 유아문학론. 교문사, p. 158.
42) 이효선(1972). '전래동화 재화의 문제점: 교육적 영향을 중심하여' 김요섭 편. 전래동화의 세계. 아동문학사상 8. 보진재, pp. 52-54.
43) 이오덕(1984). 어린이를 지키는 문학. 백산서당, p. 44.
44) 서정오(1995). 옛이야기 들려주기. 보리.
45) 현은자, 김세희(2005). 그림책의 이해. 사계절, p. 65.
46) 현은자, 김세희(2005). 그림책의 이해. 사계절, p. 66.
47) 이지원(2007). 옛이야기 패러디 동화분석. 진주대학교 교육대학원 석사학위 청구논문.
48) 한성옥(2004). 열린 어린이 10호.

요약

예로부터 입에서 입으로 전해 내려오는 작자 미상의 이야기를 전승문학 혹은 설화라고 하는데, 전승문학 장르에는 민담, 우화, 신화, 전설, 서사시와 전래동요가 포함된다. 우리나라의 전래동화는 전승문학 중에서 아이들이 좋아할 만한 이야기를 아이들을 위해 재화한 동화라고 볼 수 있다. 전승문학 중에서 민담은 환상적인 요소가 가장 많이 가미되어 가장 즐겨서 전해지는 이야기다. 우화는 전승문학 중에서 가장 단순한 이야기이며 도덕적인 교훈이 뚜렷하게 명시되어 있다.

전승문학을 재화할 때 원래의 이야기와 너무 왜곡되게 표현한 작품이 많다. 전승문학의 특징이 그 민족 고유의 정서를 담고 있는 것이므로 가능하면 원래의 이야기를 제대로 알고 재화해야 하며, 외국 것과 우리의 전승문학이 혼합된 얘기로 만들어서는 안 될 것이다.

전승문학이 유아의 상상력을 자극하며 인간의 기본 요구를 만족시켜 주어 심리적 안정감을 느낄 수 있게 하고, 민족 고유의 정서를 전해 줄 수 있어서 나이 어린 유아에게 적극적으로 권장할 만한 장르다.

연구문제

01 전승문학의 하위 장르인 민담, 신화, 전설, 우화를 각 작품의 예를 들어 설명하시오.

02 우리나라 신화와 외국 신화의 차이점을 예를 들어 설명하시오.

03 전승문학을 재화할 때 주의할 점을 설명하시오.

04 전승문학을 패러디한 작품의 특징을 예를 들어 설명하시오.

제8장
환상문학

전승문학은 작가가 알려져 있지 않은 반면에, 창작문학은 작가가 자신의 상상력을 바탕으로 예술적인 감각을 동원하여 쓴 문학이다. 창작문학 속에는 현실 세계에서 일어날 수 없는 환상적 요소가 많이 가미된 환상문학(fantasy)과 실제 세계를 바탕으로 여러 가지 사건이 전개되는 사실문학(realistic fiction)이 있다.

환상동화는 순수한 상상으로 쓰여서 환상성이 높은 환상동화(high fantasy), 민담의 요소를 가진 환상동화(literary fairy tales), 의인화된 동물과 장난감을 다룬 환상성이 낮은 동화 그리고 공상과학동화(science fiction, science fantasy)의 하위 장르로 구분된다. 이 장에서는 환상동화의 특징, 교육적 의의, 역사, 종류 그리고 평가 준거 등으로 나누어 살펴보고자 한다.

1. 환상동화의 특징

1) 일반적 특징

환상동화는 실제로 일어날 수 없는 일이나 존재하지 않는 사람이나 생물에 관한 일로 꾸며진 이야기다. 즉, 『괴물들이 사는 나라』나 『이상한 나라의 앨리스』처럼 현실 세계에서는 일어날 수 없는 일들과 사건들로 이야기가 진행되는 것이다. 공상과학동화처럼 시간과 공간을 초월해서 우주선이나 타임머신, 외계인의 세계가 등장하는 얘기도 고도의 환상적 요소가 가미된 환상동화로 볼 수 있다.

환상성 정도가 낮은 동화는 주인공인 동식물이나 장난감 등이 의인화되어 사람처럼 생각하거나 말하고 옷 입고 행동하면서 사건을 진행시켜 나간다. 그리고 이 속에서 일어나는 사건들은 실제 일어날 수도 있다. 이렇게 환상성 요소는 적으나 의인화만 되어 있는 유아를 위한 환상동화는 상당히 많다. 유아의 특징인 물활론적 · 실재론적 · 인공론적 사고 때문에 의인화된 얘기가 유아에게 많은 호소력을 지니기 때문이다.

환상동화의 뼈대 안에는 그 나름의 완전무결한 논리가 있다.[1] 즉, 작가가 환상에 대한 골격을 만드는데, 그 골격 안에는 배경이나 인물 묘사에 있어서 하나의 일관성이 있게 된다. 환상은 어느 면에서는 매우 진실된 것이다. 독자가 작품에 빠져들거나 동일시하고 주인공을 동정하는 것 등은 이러한 진실성과 깊은 관련이 있다. 만약 환상동화가 진실하지 않다면 독자는 작품 속의 등장인물과 동일시하지도 않을 것이다.

김요섭은 환상동화를 '상징과 은유와 꿈의 3대 요소를 바탕으로 창조되는 가시적(可視的) 비현실의 세계'[2]라고 정의한다. 그는 환상동화가 비현실적인 이야기라 하더라도 비현실성 나름의 논리와 질서가 유지되어야 하며, 사상이나 철학적인 면에서도 유기적으로 형상화되고 전개되어야 한다고 주장하였다.

2) 문학 요소별 특징

환상동화는 소재나 상징을 사용하는 부분에서 그 뿌리를 전승문학에 두고 있다고 볼 수 있다. 즉, 현실에서 일어날 수 없는 환상적 요소와 초현실적 요소를 포함한다는 점에서 공통점이 있다. 그러나 차이점도 많이 발견할 수 있다. 앞부분에서도 다루었지만 환상동화의 특징을 문학적 요소별로 살펴보면, 무엇보다도 배경과 인물 묘사에 있어서 전승문학과 큰 차이를 보인다.

(1) 주인공이나 등장인물에 대한 묘사

환상동화는 주인공이나 등장인물에 대한 묘사가 단순하지 않고 섬세하게 잘 발달되어 있다는 것이 전승문학의 주인공 묘사와 다른 점이다. 민담은 등장인물이 전형적이며 평범한 사람으로 묘사된다. 그리고 대부분 착하고 예쁜 주인공과 악하고 미운 사람이 대립된다. 등장인물의 묘사가 평면적(flat)이고 복잡하지 않다. 그러나 환상동화에서는 초현실적인 존재나 의인화된 동식물과 장난감이 등장하지만, 작가가 그 주인공의 성격을 입체적이고 다면적인(round) 인물로 매우 섬세하게 묘사한다.

(2) 플롯

플롯도 매우 다양하다. 전형적인 갈등 상황은 초자연적 힘 사이에서 일어나는 경우가 많고 마술적인 힘으로 문제를 해결하는데, 이것은 전승문학과 일맥상통한다고 볼 수 있다. 그러나 전승문학은 일반적으로 끝부분이 만족스러운 해피엔딩(happy ending)이 많은 것에 비하여 환상동화는 반드시 끝이 만족스러울 필요도 없으며, 독자의 상상에 맡기는 열린 결말(open ending)이 많다(예: 토미 웅거러의 『달사람』, 존 버닝햄의 『지각대장 존』). 『지각대장 존』은 학교 가는 길에서 만나게 되는 여러 환상적인 사건이 이야기를 이끌어 간다. 절정 부분에서 곤경에 빠진 선생님을 천장에 매달리게 둔 채 버려두고 마지막에는 여느 날과 같이 존이 학교에 가려고 길을 나서는 것으로 끝나고 있어서, 그 결말을 독자의 상상에 맡기고 있다. 『달 사람』은 지구 사람들이 춤추는 것이 부러워 별똥별 꼬리를 붙잡고 지구에 왔다가 우여곡절 끝에 결국은 다시 달로 돌아가는 것으로 끝나고 있는데, 이것이 해피엔딩이 아닐 수도 있는 것이다. 우리가 잘 아는 안데르센의 『인어공주』도 슬픈 결말로 끝나고 있음을 알 수 있다.

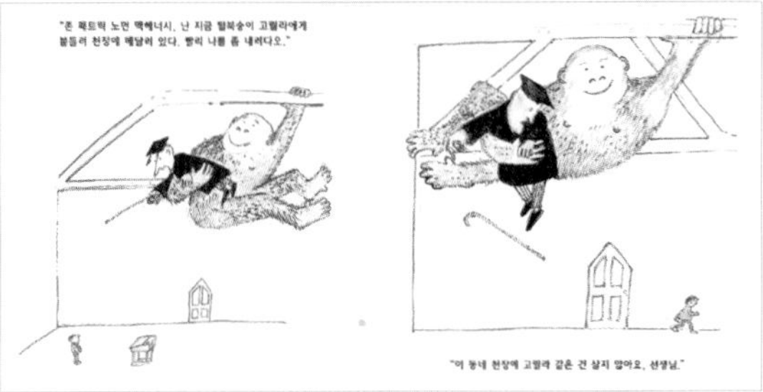

그림 8-1
존 버닝햄의 『지각대장 존』은 절정 이후에 열린 결말로 끝나고 있다.

(3) 배경

환상동화에서는 공간적 배경이 매우 다양하다. 사건의 전개에 큰 영향을 미치게 되어 배경에 대한 묘사가 매우 잘 발달되어 있는 것이 일반적이다. 시간적 배경도 매우 융통성이 있으며, 잘 묘사되어 있다.

(4) 주제

환상동화는 다양한 배경과 인물 설정, 플롯 때문에 주제 또한 다양할 수밖에 없다. 사실동화에서 다루어지는 주제들이 거의 비슷하게 다루어진다. 그러나 환상동화의 주제는 인간성의 광범위한 관심 및 배려가 주로 다루어지며, 특히 인간의 생활 속에서 선과 악 같은 궁극적인 갈등이 보편화되고 객관화되는 것이 매우 효과적으로 다루어지고 있다. 결국은 선과 악의 갈등 후에 선이 실현되는 것 등을 깨닫게 해 준다.

2. 환상동화의 가치 및 교육적 의의

환상동화가 유아문학으로서 가지는 가치와 유아에게 환상동화를 읽어 주어야 하는 교육적 의의를 살펴보면 다음과 같다.

첫째, 환상동화는 환상적인 세계를 현실과 대비시킴으로써 사실성이나 실제성을 보다 예리하게 드러나게 한다. 어린 유아는 사실적인 세계와 환상 세계 사이의 구분이 명확하지 않으므로, 이러한 환상동화를 읽음으로써 현실 세계와의 구분을 더 확실히 할 수 있도록 도와준다.

둘째, 환상동화는 이성적이거나 합리적이어야 할 필요 없이 유아가 마음껏 상상력을 발휘하도록 격려하며 추측하게 한다. 그리고 유아가 심사숙고하도록 하며 경이에 빠지도록 격려한다. 모리스 센닥의 『깊은 밤 부엌에서』와 『괴물들이 사는 나라』『피터팬』『이상한 나라의 앨리스』는 이 세상에서 경험할 수 없는 신기한 세계로 우리를 안내하며 끝없는 상상의 나래를 펴 볼 수 있게 한다.

셋째, 환상동화는 유아에게 주인공과 동일시를 느끼게 함으로써 심리적인 이익을 준다. 환상동화를 통하여 유아는 자기와 비슷한 상황을 겪는 주인공과 동일시하면서 심리적 위안감을 얻는다. 유아와 전혀 다른 경험의 세계가 꾸며져 있는 환상동화일지라도 대리 경험을 할 수 있어서 즐거움을 준다. 예를 들어, 백희나의

『구름빵』 이야기를 듣거나 보면서 유아는 이야기 속에 빠져들게 되고 그러한 정서적 경험은 카타르시스를 느끼게 해 준다.

넷째, 환상동화는 인간으로서의 가능성을 상상하는 인지적 활동을 격려한다. 좋은 환상동화는 생활의 보편성에 근거해야 하며 현실 세계와도 연결되어 있어야 하는데, 배경과 주인공에 대한 묘사가 잘 되어 있어야 한다. 그럼으로써 책을 읽는 유아가 자신에게 익숙하지 않은 배경과 신기한 주인공들을 유아 마음속에서 재창조함으로써 인지적 활동을 하도록 도와준다.

3. 환상동화의 역사

환상동화의 역사는 제4장 유아문학의 역사에서 자세히 다루었으므로 여기서는 구체적 언급은 피하고 환상그림책에 대해서 대략적인 내용만 살펴본다.

1) 19세기 이전

환상동화의 뿌리는 전승문학에 있다고 볼 수 있는데, 사실 전승문학도 15세기부터 18세기까지는 그 속에 포함된 환상적 요소들에 대한 부정적인 생각 때문에 비난을 많이 받았으며 인정을 받지 못하였다. 그러다가 19세기에 들어서야 비로소 환상동화와 민담이 인정을 받게 되었다. 환상동화가 독자에게 인정을 받은 것은 민담이 인정받은 것과 같은 상황이라고 볼 수 있다. 실제에서 불가능한 이야기들이 어린이들에게 아무런 해가 되지 않는다고 인정해 주는 분위기가 필요했던 것이다. 환상동화가 인정받은 것은 아동문학 작가의 상상력을 인정하는 것이었다.

환상동화의 초기 형태는 페로나 그림 형제가 전승문학을 재화하거나, 안데르센이 민담 등을 흥미 있게 다시 꾸며 쓰는 형식이 대부분이었다(Sutherland, 1997).[3] 특히 안데르센은 민담을 재화하다가 자신의 풍부한 상상력을 동원하여 등장인물과 플롯을 재창조하였다. 이러한 안데르센의 『인어공주』나 『미운 오리 새끼』 등의 문학 형식이 본격적인 환상동화를 쓰는 작가들에게 영향을 미치게 되었다. 17, 18세기에는 어른을 위해 쓰였으나 어린이들이 즐겨 읽게 된 환상 얘기들이 있었다. 그 예로서 존 버니언(John Bunyan)의 『천로역정』(1678)과 디포(Daniel Defoe)의 『로빈슨 크루소』(1719) 그리고 스위프트(Jonathan Swift)의 『걸리버 여행기』(1726)를 들 수 있다.

2) 19세기, 빅토리아 시대

그림 8-2
『이상한 나라의 앨리스』

19세기에 들어서 교훈적 색채는 짙지만 최초의 환상동화인 킹즐리(Charles Kingsley)의 『물의 아이들』(1863)이 출판되었다. 뒤를 이어 아동문학의 기본적인 성격과 창작 방향에 대하여 후세 작품에 결정적 영향을 미치게 된 캐럴(Lewis Carroll)의 『이상한 나라의 앨리스』(1865)가 나왔다. 캐럴은 도덕적이거나 교훈적이 아니며, 아이들이 단순히 즐거움으로 가지고 이야기를 즐길 수 있도록 난센스와 유머로 가득 찬 이야기를 만들어 냈다. 비슷하게 이탈리아의 콜로디(Carlo Collodi)도 『피노키오』(1881)를 아동의 순수한 즐거움을 위한 이야기로 만들었다.

3) 20세기와 21세기

20세기 초에는 도덕과 교훈적인 요소가 배제된 다양한 환상적인 이야기가 나오게 되었다. 포터의 『피터 래빗 이야기』(1903) 이후 바움의 『오즈의 마법사』(1900), 베리의 『피터팬과 웬디』(1911), 밀른의 『아기 곰 푸우』(1926) 등이 이 시기에 사랑을 많이 받았던 환상동화다.

어린이와 친숙한 일상생활을 소재와 배경으로 하고 거기에 환상성을 가미한 그림책이 나오게 되는데, 그 대표적인 예로 1930년대의 그림책 황금기를 선도한 작품인 완다 가그의 『백만 마리 고양이』(1928)와 버지니아 리 버튼의 『작은 집 이야기』(1942) 등이 있다. 1950년대는 환상동화가 더욱 활발하게 출간되는데, 그 예로는 루이스(C. S. Lewis)의 나니아(Narnia) 시리즈(1950~1956)와 화이트의 『샬롯의 거미줄(Charlotte's Web)』(1952) 등이 있다.

그림 8-3
『달 사람』
토미 웅거러 (글 · 그림), 비룡소.

1960년대 이후 환상 그림책의 방향은 모리스 센닥의 『괴물들이 사는 나라』(1963)가 나오면서 소재와 등장인물의 다양성과 더 적극적인 상상력의 세계 그리고 일러스트레이션의 다양하고 독특한 기법 등 변화를 보이게 되었다. 예를 들면, 토미 웅거러는 다양한 등장인물, 즉 뱀(『크릭터』, 1958), 사람을 잡아먹는 거인(『제랄다와 거인』, 1967), 달 사람(『달 사람』, 1966)을 환상 그림책의 주인공으로 등장시키고 있다. 레오 리오니도 많은 동물을 등장시켜 우화적인 환상을 만들어 냈다. 대표적 환상 그림책 작가인 존 버닝햄, 앤서니 브라운, 데이비드 위즈너, 크리스 반 알스버그 등은 글과 그림을 같이 그리면서 환상과 현실을 자연스럽게 넘나드는 환상 그림책을 계속 출간하고 있다.

아동문학의 역사를 기호학적 모델로 설명하고자 한 니콜라예바(Nikolajeva)는 현대 환상동화의 특징을 다음과 같이 정리하였다.[4]

첫째, 초자연적 현상에 직면했을 때 주인공(독자)의 자세가 확신에서 불확실한 망설임의 세계로 가고 있다. 초기 환상동화는 대부분 환상적인 모험을 꿈으로 설명하고, 마술사나 마술적 물건(요술반지, 나는 양탄자 등) 같은 초자연적 사건을 눈으로 볼 수 있는 도구를 등장시킴으로써 독자에게 확신할 수 있도록 하였다. 그 당시에는 어린 독자를 불확실성 속에 남겨 놓는 것은 비교육적이라고 생각했기 때문이다.

그러나 1950년대 이후부터는 현대 과학이 설명하지는 못하지만 가능한 것으로 받아들이는 열린 태도가 포스트모던 문학에서 나타났고, 이 흐름이 아동문학에도 영향을 미쳤다. 현대 환상동화의 변화는 테마나 모티프가 변한 게 아니라 환상적 모험 뒤에서 구별해 낼 수 있는 메시지, 가치관, 심리적 문제에 집중했다는 것이다. 그 변화의 증거는 현실과 환상적 세계의 경계가 겹쳐 있거나 애매하고 유동적이며, 서술의 기교가 더욱 모호하고 교묘하며, 선과 악의 범주가 상대적이라는 것이다. 예를 들어, 주인공도 모르는 사이에 일어나는 시간 이동 등이 더 많은 망설임의 분위기를 본문에서 만들고 있다.

둘째, 전승문학에서 시작된 악의 이미지인 마녀가 점점 낯익은 남자 모습을 하고 있다. 악을 다루는 묘사가 남성 작가-여성 괴물에서 여성 작가-남성 괴물의 패턴으로 변해 가고 있다. 초기 환상동화에서는 남성 작가가 여성 괴물을 만드는 패턴이 자주 발견되었다. 이 패턴의 특징은 여자 주인공 외에 반드시 악한 여성이 나왔다. 그 예로, 『이상한 나라의 앨리스』에서의 마녀, 『오즈의 마법사』에서의 마녀, 안데르센의 『눈의 여왕』에서의 마녀 등이다. 또 다른 특징은 주인공이 능동적이고 독립적이며 여자아이로서 거의 혼자 악에 대항하여 승리를 거두고 있다.

그러나 현대 환상동화에서는 여성 작가가 악한 남성을 창조하고 있으며 중심인물은 악을 물리치는 남자아이들이다. 그런데 점점 이러한 초자연적 인물들을 선과 악의 차원으로만 설명할 수 없게 되었고, 악을 제시할 때 이중성을 보게 된다. 현대 환상동화의 경향은 여성과 남성 사이에 뒤얽힌 유희 패턴을 보게 되는데, 작가들은 성의 고정관념에서 벗어나 새로운 패턴을 창조하려고 노력하고 있다.

셋째, 플롯의 패턴이 회귀적 여행에서 단선적 여행으로 변화하고 있다. 아동문학 초기부터 플롯은 '집-집을 떠남-모험-집으로 돌아옴'의 회귀적 여행 코드가 지배적이었다. 이 코드는 독자에게 심리적 안전감을 제공해 주었다. 예를 들어, 전승문학인 『빨간 모자』뿐 아니라 『괴물들이 사는 나라』에서도 이 패턴은 유지된다. 그러나 맥도널드의 『북풍의 등에서(At the Back of the North Wind)』(1871)가 최초의 회귀적 패턴을 시험적으로 깨뜨린 이후, 루이스의 '나니아 시리즈' 『마지막 전투』(1956)에서도 단선적 여행을 보여 주고 있다. 이 단선적 코드의 변이현상의 하나로 열린 결말을 볼 수 있는데, 이 열린 결말은 환상동화나 현대 아동문학에서 가장 흥미 있게 변화하는 것 중 하나다. 열린 결말의 좋은 예로는 앞서 언급했듯이, 존 버닝햄의 『지각대장 존』에서 존이 보통 때처럼 학교에 가기 위해 길을 나서는 것으로 끝맺고 있는 데서 나타난다.

4. 환상동화의 종류

환상동화는 작가의 상상력이 충분히 발휘되며 이 세계에서는 존재할 수 없는 일이 벌어진다. 따라서 과장된 요소가 많아 유아에게 많은 유머를 발견할 수 있게 해준다. 초자연적인 주인공들이 등장하고 환상적인 세계로 들어가는 장치도 다양하다. 이러한 환상동화의 유형은 학자마다 다르게 분류하고 있으나, 유아를 대상으로 한 환상동화는 다음과 같이 크게 네 가지 정도로 나누어 볼 수 있다.

1) 민담의 요소를 가진 환상동화

환상동화의 초기 형태는 전승문학을 재화하는 수준이거나 민담을 흥미 있게 다시 고쳐서 꾸며 쓰는 정도였다. 전승문학과 환상동화에는 초현실적 사건과 등장인물이 등장한다. 따라서 환상동화에도 전승문학 중에서 특히 민담의 특성을 가진 이야기가 많다. 그러나 구전되어 오는 얘기는 아니며, 작가가 상상력을 발휘하여서 무생물이나 동식물 등이 사람처럼 느끼고 말하는 것을 만들어 낸다. 안데르센의 작품이 대표적으로 이 유형에 속한 환상동화로 볼 수 있다.

『미운 오리 새끼』나 『인어공주』는 의인화된 동물이 주인공이다. 안데르센의 가장 큰 공헌은 그의 순수한 상상력에 의해서 일상생활을 예리하게 드러내 보여 주고 있는 점이다.[5] 인어공주가 느끼는 슬픔이나 미운 오리 새끼가 겪는 외로움 등은 독자가 깊은 연민을 느끼게 해 주며 동일시하도록 해 준다.

이 유형에 속한 유아를 위한 환상그림동화로는 완다 가그가 쓴 『백만 마리 고양이』를 들 수 있다. 가장 단순한 언어로 얘기되고 평범한 할머니와 할아버지의 인물 묘사와 꼭 필요한 단어들 외에는 모두 생략된 완성된 스타일로 쓰인 이 이야기는 오랫동안 잊힌 민담처럼 보인다. 유일한 환상적 요소는 고양이의 숫자와 그 많은 수의 고양이가 한 마리로 줄어드는 방법에 있다. 루이스(C. S. Lewis)의 나니아 시리즈와 채인선이 쓴 『손 큰 할머니의 만두 만들기』, 박재철이 쓰고 그린 『팥이 영감과 우르르 산토끼』, 이재은이 쓰고 그린 『팥빙수의 전설』도 이 유형에 속한다. 환상그림책 중에서 이 유형에 속하는 것을 소개하면 다음과 같다.

※ 『백만 마리 고양이』(완다 가그 글 · 그림, Millions of Cats, 강무환 옮김, 시공사, 1995)

그림 8-4
『백만 마리 고양이』
완다 가그 (글 · 그림), 시공주니어.

보헤미아 민화를 재구성하여 흑백의 그림으로 표현한 그림책으로 현대적인 의미의 그림책 역사를 탄생시켰다. 너무나 외로워 고양이 한 마리라도 있었으면 좋겠다는 할머니의 부탁에 할아버지가 고양이를 구하러 간 이야기다. 백만 마리의 고양이를 데려왔는데, 고양이들이 저마다 자신이 예쁘다고 싸움을 벌이다가 결국 한 마리가 남게 된다. 할머니 할아버지 부부는 그 고양이를 잘 보살펴서 포동포동하게 만드는데, 포동포동해지는 과정에서 완다 가그의 유머를 느낄 수 있게 한다.

※ 『손 큰 할머니의 만두 만들기』(채인선 글, 이억배 그림, 재미마주, 1998)

그림 8-5
『손 큰 할머니의 만두 만들기』

무엇이든지 크게 하는 손 큰 할머니가 숲속의 동물들과 함께 만두를 만든다. 모두 배불리 먹고도 남아 집에 갈 때는 한 소쿠리씩 싸주고, 그래도 남은 것은 1년 내내 냉장고에서 꺼내 먹을 만큼 많이 하는 설날 만두다. 이번에도 할머니는 며칠 밤을 새우며 동물들과 만두를 빚는데, 언덕만큼 솟은 만두가 전혀 줄어들지 않자 동물들은 불평한다. 그러자 할머니는 만두피를 넓게 깔고 남아 있는 만두소를 그 안에 몽땅 쏟아부어 아주아주 큰 만두를 하나 만들자고 한다. 기운이 펄쩍 난 동물들은 할머니 말대로 엄청나게 큰 만두를 만들어 설날 아침에 함께 나눠 먹으며 나이를 한 살 더 먹는다.

※ 『팥이 영감과 우르르 산토끼』(박재철 글 · 그림, 길벗어린이, 2013)

한국 구전설화 '녹두 영감'을 그림책으로 고쳐서 쓴 것인데, 애써 농사지은 팥이 영감의 팥밭에서 몰래 팥을 훔쳐 먹는 토끼와의 싸움을 박진감 있게 묘사하였다. 팥이 영감이 죽은 척하고 누워 토끼들을 붙잡아 가마솥에 삶아 먹으려고 했으나 꾀가 많은 토끼는 그만 탈출하고 만다. 토끼가 팥이 영감을 놀려먹는 모습이 재미있다.

※ 『팥빙수의 전설』(이지은 글 · 그림, 웅진주니어, 2019)

더운 여름날 생각나는 음식 중 하나인 팥빙수에 대한 엉뚱 발랄한 상상을 담은 그림책이다. 할머니가 단팥죽과 과일을 팔려고 길을 나섰는데 갑자기 눈이 내리고 눈호랑이를 만났다. 눈호랑이는 '맛있는 것 주면 안 잡아먹지!'라며 할머니 보따리 속 맛있는 것들을 차례대로 빼앗아 먹는다. 딸기 맛에 함박웃음을 짓고 참외를 먹으며 덩실덩실 춤을 춘다. 할머니와 눈호랑이의 실랑이로 팥빙수가 생겨났다는 엉뚱한 상상이 재미있다.

2) 순수한 상상으로 쓰여 환상성이 높은 환상동화

사람이 초현실적이거나 환상적인 상황에 있거나, 사람이 소형화 또는 축소되거나 이상한 종족으로 확대되거나, 시간과 공간 속으로의 자유로운 여행을 다룬 이야기들이 이 유형에 속한다. 교훈적이거나 종교적인 이야기가 아니며, 난센스와 유머가 가득 차서 유아나 아동들이 순수한 환상의 즐거움에 빠질 수 있도록 꾸며진 이야기다.

루이스 캐럴이 1865년에 출간한 『이상한 나라의 앨리스』와 영국의 제임스 베리가 쓴 『피터팬』(1904, 1906, 1911)은 주인공이 환상적 상황에 빠지게 되는 대표적인 예다. 20세기 후반으로 오면서 모리스 센닥, 존 버닝햄, 크리스 반 알스버그, 앤서니 브라운, 데이비드 위즈너의 환상성이 높은 그림책들이 많이 출간되었다. 우리나라에서도 『구름빵』 『마니마니마니』 등 환상성이 높은 그림책들이 많이 나오고 있다.

『이상한 나라의 앨리스』는 주인공이 어느 더운 날 강가에서 책을 읽고 있는 언니의 옆에 앉아 있다가 겪는 이야기다. 흰 토끼 한 마리가 구멍 속으로 들어가는 것을 보고, 토끼의 뒤를 따라 이상한 나라에 들어가 갖가지 환상적인 사건과 접한다. 『이상한 나라의 앨리스』는 유머가 가득하며 자유분방하다. 아무런 속박이 없는 난센스의 세계는 그 자체로도 상식적인 사회에 대한 날카로운 풍자를 나타내어 주며, 교훈성에서 벗어나 순수한 공상과 환상의 세계를 그리고 있다.

『피터팬』은 『피터와 웬디』라는 희곡에 기초하여 쓰인 책으로서 어른이 되기 싫어하는 피터와 사악한 후크 선장과 같은 영원히 잊을 수 없는 등장인물이 나온다. 피터팬은 부모 없는 어린이들을 도와주고 해적과 후크 선장을 물리치는 정의의 사자로 나타나 있다. 영원히 어른이 되기 싫어하여 꿈의 섬으로 돌아감으로써 웬디와 이별하는 장면은 책을 읽거나 듣는 아동이 아쉬움을 느끼기에 충분하도록 꾸며져 있다.

모리스 센닥이 글을 쓰고 그림을 그려서 칼데콧 상을 받은 『괴물들이 사는 나라』도 유아들에게 매우 사랑받고 있는 작품이다. 센닥의 독특한 펜화 그림과 환상적인 이야기 그리고 환상세계에서 돌아왔을 때 따뜻한 저녁이 기다리는 마지막 장면은 유아에게 정서적 만족감을 주며, 순수한 공상과 환상의 세계를 그리고 있다. 주인공 맥스가 장난치고 싶은 욕구와 어머니 말씀에 따라야 하는 것 사이에서 갈등을 느끼다가, 장난을 너무 심하게 한 벌로 저녁을 못 먹게 된다. 후에 방에 들어와서 환상세계로 빠져들어 괴물들과 놀다가 다시 돌아온다. 플롯의 진행을 그림책의 여백 처리가 그대로 보여 준다. 환상세계로 빠져들수록 여백이 적어지다가, 괴물들과 춤추는 절정 부분에서는 그림책 두 면이 전부 그림으로 채워지고, 그 후 점점 여백이 많아져서 방으로 돌아오면 저녁이 기다리는 것으로 끝이 난다.

그림 8-6
모리스 센닥의 『잃어버린 동생을 찾아서』(좌)와 『아주 머나먼 곳』(우)

모리스 센닥의 『깊은 밤 부엌에서』와 『잃어버린 동생을 찾아서』 『아주 머나먼 곳』도 순수한 상상으로 쓰인 환상성이 높은 동화다. 『깊은 밤 부엌에서』는 센닥의 어린 시절의 기억을 기초로 한 것인데, 환상적인 얘기가 꿈속에서 일어난 것으로 꾸미고 있다. 『잃어버린 동생을 찾아서』는 센닥의 초기 작품과는 다른 낭만적인 일러스트레이션으로 되어 있다.

우리나라 작품이거나 다른 나라 작가가 쓴 것을 번역한 것으로서 환상성이 높은 동화에는 『구름빵』 『동물원』 『우리 집에는 괴물이 우글우글』 『커졌다!』 『씹지 않고 꿀꺽 벌레는 정말 안 씹어』 『압둘가사지의 정원』 『주만지』 『북극으로 가는 기차』 『클라라의 환상여행』 『이상한 자연사 박물관』 『열개의 눈동자』 『심부름 가는 길에』 『숲속으로』 『동물원 가는 길』 『장난감 형』 『이상한 손님』 등이 있다.

※ 『씹지 않고 꿀꺽벌레는 정말 안 씹어』(권윤덕 글 · 그림, 재미마주, 2004)

무엇이든 씹지 않고 꿀꺽 삼키는 '씹지 않고 꿀꺽벌레'는 도무지 맛을 알 수가 없다. 무슨 낱말이든 닥치는 대로 삼켜 버리기 때문이다. 하지만 '아낀다고 야금벌레'가 '씹지 않고 꿀꺽벌레'를 요리책으로 데리고 가서 파를 송송 썰고, 보슬보글 끓이고, 조물조물 무치고, 그런 낱말들을 꿀꺽 삼킬 수 있게 도와준다.

※ 『이상한 손님』(백희나 글 · 그림, 책읽는곰, 2018)

어느 비 오는 오후, 이상한 손님이 찾아왔다. 녀석의 이름은 천, 달, 록! 집에 가고 싶은데, 타고 온 구름을 잃어버렸단다. 이름도, 하는 말도, 하는 짓도 이상하기 짝이 없는 녀석의 집은 도대체 어딜까? 이상한 손님이 일으킨 이상한 소동을 해결하며, 남보다 못한 현실 남매가 '한편'으로 거듭난다. 길을 잃은 아이를 돕기 위해 애쓰는 남매의 착한 마음도 느껴진다.

그림 8-7
『이상한 손님』

시간과 공간 속에서의 여행을 주제로 한 환상동화로는 존 버닝햄의 『구름나라』『마법침대』와 데이비드 위즈너의 『시간상자』『자유낙하』『이상한 화요일』 등을 들 수 있다.

※ 『구름 나라』(존 버닝햄 글 · 그림, Cloud Land, 고승희 옮김, 비룡소, 1997)

그림 8-8
『구름 나라』

가족과 함께 산에 갔다 오다가 절벽 아래로 떨어진 앨버트는 구름나라에 가게 된다. 구름나라에 사는 아이들과 신나는 시간을 보내던 앨버트는 문득 가족이 그리워져 여왕님의 도움으로 다시 부모님 곁으로 돌아온다.

※ 『자유 낙하』(데이비드 위즈너 글 · 그림, Free Fall, 이지유 옮김, 미래 M&B, 2007)

그림 8-9
『자유 낙하』

글 없는 그림책으로 한 소년이 꾸는 꿈을 소재로 그린 것이다. 체스를 좋아하는 소년이 체스판처럼 네모난 무늬가 그려져 있는 이불을 덮고 자고 있는데, 잠을 자는 동안 소년은 꿈속에서 신비한 공간을 넘나들게 된다.

3) 의인화된 동물 · 장난감을 다룬 환상동화

동물의 특성은 가지고 있으나, 사람처럼 말을 하거나 생각하고, 사람의 옷을 입고 행동하며, 장난감 등의 무생물이 의인화되어 만들어진 환상동화다. 우리나라 창작동화의 시초로서 마해송이 1923년에 발표한 『바위나리와 아기별』이 그 예가 될 수 있다.

외국 작품으로 유명한 것은 이탈리아의 콜로디가 쓴 『피노키오』(1881)와 영국 사람 밀른의 『아기 곰 푸우』(1926) 그리고 아름다운 그림과 함께 널리 아이들에게 사랑받는 포터의 『피터 래빗 이야기』(1903), 머클로스키의 『아기 오리들한테 길을 비켜 주세요』(1941) 등이 있다.

20세기 후반의 환상 그림책으로는 존 버닝햄의 『검피 아저씨의 코뿔소』 『검피 아저씨의 뱃놀이』 『깃털 없는 거위 보르카』, 윌리엄 스타이그의 『치과의사 드소토 선생님』, 레오 리오니의 『프레드릭』 『내 거야!』 『서서 걷는 악어 우뚝이』 『제각기 자기 색깔』 등이 대표적이다. 이외에도 『난 병이 난 게 아니야』 『목욕은 즐거워』 『숲 속의 숨바꼭질』 『아모스 할아버지가 아픈 날』 『당나귀 덩키덩키』 『내 이불은 바다야』 『꽃에서 나온 코끼리』 『우리 반 애들은 안 잡아먹어』 등이 있다.

그림 8-10
『도대체 그동안 무슨 일이 일어났을까?』
이호백 (글 · 그림), 재미마주.

우리나라의 의인화된 환상동화로는 이호백의 『도대체 그동안 무슨 일이 일어났을까?』, 이억배가 그린 『세상에서 제일 힘센 수탉』과 권정생의 글을 정승각이 다시 쓰고 그린 『강아지똥』 『오소리네 집 꽃밭』과 백희나의 『달 샤베트』 『나는 개다』, 박재철의 『팥이 영감과 우르르 산토끼』, 권정생의 글을 최석운이 그린 『밀짚잠자리』 등이 있다. 이 유형에 속하는 책을 간단한 내용과 함께 소개하면 다음과 같다.

❋ 『아씨방 일곱 동무』(이영경 글 · 그림, 비룡소, 1998)

그림 8-11
『아씨방 일곱 동무』

옛날에 빨간 두건을 쓰고 바느질을 즐겨 하는 부인이 있어 '빨강 두건 아씨'라 했다. 빨강 두건 아씨에게는 자, 가위, 바늘, 실, 골무, 인두, 다리미의 일곱 동무가 있었다. 이 책은 고대수필 『규중칠우쟁론기』를 그림책으로 다시 쓰고 그린 것이다. 일곱 동무들이 서로 자기가 제일 잘났다고 뽐내는 모습이 재미있다.

❋ 『검피 아저씨의 코뿔소』(존 버닝햄 글 · 그림, 시공주니어, 2019)

아프리카 여행을 하던 검피 아저씨는 엄마 아빠를 잃은 어린 코뿔소를 발견하고

찰리란 이름을 붙여 주고 돌보게 된다. 코뿔소의 먹이를 감당할 수 없어 검피 아저씨는 찰리를 학교에 데려가 아이들의 도움을 요청하고, 찰리는 시청의 일꾼이 되어 잡초 뜯어 먹는 일을 하며 동물과 사람이 함께 살아가는 세상을 그린 책이다. 따뜻하다.

❋ **『밀짚잠자리』(권정생 글, 최석운 그림, 엄혜숙 해설, 길벗어린이, 2019)**

1983년 처음 발표된 권정생의 『밀짚잠자리』가 서양화가 최석운의 그림으로 나온 그림책이다. 막 태어난 밀짚잠자리는 호기심 가득한 눈으로 세상을 향해 여행에 나선다. 다양한 동물과 사람을 만나며 다양한 삶의 모습을 보고, 무의식적으로 하루살이를 잡아먹고 죄책감을 느끼기도 한다. 밀짚잠자리의 하루를 따라가며 세상에는 부끄러울 때도 있고 놀랄 때도 있고, 기쁘고 즐거울 때도 있다는 것을 알게 된다. 달님과의 대화를 통해 때로는 슬프고 무섭지만, 탄생과 죽음의 반복은 모두 자연의 섭리라는 것을 깨닫게 된다. 밀짚잠자리는 한참을 생각하다 잠이 든다. 모든 생명의 소중함을 이야기하는 권정생 작가의 철학이 그대로 담겨 있다.

그림 8-12
『밀짚잠자리』

지금까지 다룬 세 가지 환상동화 유형 외에도 유머가 매우 많은 환상동화로 『메리 포핀스』나 『검둥이 삼보』를 들 수 있다.

4) 공상과학동화

공상과학동화(science fiction, science fantasy)는 환상동화의 한 종류로 생각되어서 어떤 작품이 순수한 환상동화인지 공상과학동화인지를 구분하기는 매우 어렵다. 그러나 우리가 장르를 구분하는 데 있어서 그 차이점을 찾아본다면 공상과학동화는 과학적인 법칙이나 공학적인 발명품들에 더 강조점을 둔다. 예를 들어, 중력이나 빛의 속도와 이러한 것들의 힘이나 제한점들을 취급하는 발명품들을 주로 다룬다.

공상과학동화는 모든 연령층에서 즐겨 읽는다. 그러나 유아기는 시간 개념이 아직 확실히 확립되어 있지 않기 때문에 이해하는 데 어려움을 겪는다. 요즈음은 TV 매체를 통하여 로봇이나 과학을 다룬 만화영화가 먼저 소개되어 유아들이 TV에서 보았던 내용과 같은 책을 즐겨 찾는 것을 볼 수 있다.

실제로 유아나 아동을 위한 공상과학동화는 어른을 대상으로 하는 것보다는 덜 음울하다. 미지의 세계를 탐험하는 모험심을 강조하며, 외계의 세계와 외계인을 보는 황홀감을 강조하고 있다고 볼 수 있다.

최근 우리나라에서 분류하고 있는 과학동화는 과학에 대한 정보와 지식을 동화 형식을 빌려 전달하려는 경우에 사용되고 있다는 점에서 공상과학동화와는 구별된다.

(1) 공상과학동화의 특징

공상과학동화는 플롯에서 이루어지는 갈등 상황(conflict) 때문에 특히 독자의 흥미를 끄는데, 주로 사람과 사회제도 사이의 갈등과 사람과 자연과의 갈등 상황이 벌어진다.

공상과학동화는 작가가 과학적 지식을 기초로 하여 가능한 일들을 상상력을 충분히 동원하여 쓴다. 공상과학동화 속의 사건은 일어날 수도 있는 일이며, 적어도 우리는 또 그렇게 믿어야 한다. 여기에서 다루어지는 갈등은 일반적으로 강하게 지배되어 왔던 사회와 자동화되고 기계화된 사회 사이의 갈등으로서 개성과 인간성을 찾으려는 싸움이 다루어진다. 개인의 의지와 제도나 사회의 위험성을 인식했을 때의 갈등이 취급되며, 근대와 현대 사회를 신랄하게 비판하는 내용이 다루어지기도 한다.

주제는 이러한 갈등과 등장인물들에 의해 표현되는데, 사회에 대한 언급, 비판 그리고 미래 지향적인 생활이 주제로 부각된다.

배경은 시간적으로 타임머신을 타고 과거와 미래를 자유자재로 오가며, 공간적으로도 외계의 일, 현재와는 다른 세계의 장소에서 이루어지는 일들이 취급된다. 꼭 이 세계에 존재해야 할 필요는 없으며, 다른 규칙이 작용한다. 우리가 여태까지 알아 왔던 것과는 매우 다른 기계-과학적인 발명의 세계 속에서 이야기가 꾸며진다.

등장인물도 괴물, 로봇, 외계인, 우주인과 비슷한 사람, 모체로부터 분리 증식되는 개체(clones) 등이 나오며, 더욱 환상적인 공상과학동화에는 환상적인 요소가 가미되어 공룡이나 용이 등장하기도 한다. 등장인물들이 우주선인 로켓을 타고 미래 세계로의 자유로운 상상을 하게 되며, 심각한 사회에 대한 비판과 공간 · 시간적으로 자유로운 여행을 다룬다. 다른 특징은 주인공인 사람은 항상 사람으로 남겨지도록 선택된다.

공상과학동화에서는 과학의 기술과 과학 현상이 강조되며, 과학과 기계가 좋은 것으로 생각되기도 하고, 철기류 및 기계적 설비, 즉 하드웨어가 포함된다. 공상과학동화에서는 과거 · 현재 · 미래가 모두 다루어지고 현 사회에 대한 가혹한 비판으로 순수한 현실 도피적인 이야기도 꾸며진다.

(2) 공상과학동화의 교육적 의의

첫째, 공상과학동화는 순수한 추측과 환상에 기초하기 때문에 발명에 대한 가능성과 호기심을 유발할 수 있다.

둘째, 공상과학동화는 아이들의 마음속에서 계발되어 가는 유창성과 상상력 그리고 사고력 등을 자극한다.

셋째, 공상과학동화 속에서 다루어지는 유머와 환상세계는 독자가 책을 읽는 큰 즐거움을 준다. 유아의 과학하는 마음을 자극하고 격려하기도 한다.

그러나 공상과학동화는 유아들에게는 보편적으로 대중적이지는 않다. 유아에게 공상과학동화에 대한 스키마(schema)가 없기 때문인데, 대부분의 유치원 교사가 여성이므로 유아에게 공상과학동화를 잘 소개하지 않으려 한다는 의견도 있다. 유치원 교육의 탐구생활 영역에서도 유아의 특성을 고려하여 구체적인 경험 속에서 자연 세계에 호기심을 가지고 과학적으로 사고할 수 있도록 도와주는 데 그치고 있다.

유아들이 공상과학동화 자체에 흥미를 가질 수 있는 요인은 많다. 가장 큰 이유로는 공상과학동화가 변화(change)를 포함하고 있다는 것이다. 이 변화는 과학과 공학적인 면에서의 변화, 과학과 공학에 의한 변화를 다룬다. 이로 인하여 변화해 가는 사회와 이런 사회의 변화로 만들어지는 사람의 사고방식과 생활 유형의 변화가 공상과학동화에서 재미있게 펼쳐지고 있다.

(3) 공상과학동화의 역사와 종류

공상과학동화는 순수하고 단순한 호기심에서 비롯하였다. 옛날에는 『아라비안 나이트』 등에서 볼 수 있었고, 17세기 이후에는 천문학의 발달로 우주에 대한 관심이 고조되었다. 프랑스 작가 벨주락의 『달세계 여행』 등이 나왔으며, 18세기에는 볼테르의 『미크로메가스』와 같은 훌륭한 공상과학소설이 탄생하였다.

오늘날과 같은 형태의 공상과학소설은 19세기 중엽의 프랑스 사람 쥘 베른(Jules Verne, 1828~1905)이 그 창시자다. 베른은 근대 과학 문명의 본질을 정확하게 인식하고 새로운 과학지식과 풍부한 상상력을 구사하여 공상과학소설의 고전으로 불리는 『지구에서 달로』 『지구 속 여행』 『달나라 여행』 『해저 2만리』 등을 발표하였다. 베른은 살아 있는 동안 자신의 공상이 현실화된 많은 실례를 보면서 "누군가 상상할 수 있는 것은 누군가 실행할 수 있다."[6]라고 얘기하였다.

새로운 공상과학소설의 형식은 영국의 웰스(Herbert George Wells, 1866~1946)에 의해 크게 발전하였다. 그는 과학지식에 뛰어난 공상력을 불어넣어 『타임머신』 『모로 박사의 섬』 『투명인간』 『우주여행』 등 공상과학소설의 고전으로 주목받는 훌륭한 작품을 많이 썼다.

그림 8-13
『달 체험학습 가는 날』
존 헤어 (글 · 그림), 행복한 그림책.

최근에는 존 헤어가 쓰고 그린 『달 체험학습 가는 날』이 달 착륙 50주년을 기념하여 상상력 넘치는 글 없는 그림책으로 출간되었다. 우주선을 타고 달나라 여행을 떠난 이야기를 그린 이 책은 유아들도 즐겨 볼 수 있는 공상과학동화이다.

우리나라는 한낙원이 대표적 공상과학동화 작가로 꼽히는데, 1958년에 공상과학동화 『금성탐험대』와 『우주 벌레 오메가호』를 『학원』에 연재하였다. 1989년에 공상과학소설 『돌아온 지구 소년』으로 제10회 어린이 도서상을 수상하였으며, 대표작으로 『우주도시』 『해저왕국』 『마라 3호』 『우주 전함 갤럭시안』이 있다. 이러한 공상과학동화는 주로 잡지에 연재되어 책으로 엮어졌다.

5. 환상동화의 평가 준거

유아를 위한 환상동화의 질을 평가할 때에는 다음과 같은 것을 고려해야 한다.

① 환상동화 주인공은 개성이 강하며 인물의 성격 묘사가 잘 발달되어 있고 목적 지향적이어야 한다. 예를 들어, 윌리엄 스타이그의『치과 의사 드소토 선생님』에서 주인공의 성격은 전형적(stereotyped)이지 않다. 환상동화의 인물이나 배경, 활동이 현실 세계에서 있을 수 없는 일들이지만, 독자의 마음에 이런 이야기가 실제로 있다고 믿을 수 있게 창조되어야 한다. 즉, 배경이나 인물 묘사를 명확하게 써서 독자가 작가의 이야기 세계로 빠져들어 갈 수 있어야 한다. 환상동화 작가의 역할은 이야기와 인물이 실제로 있다고 믿게 만드는 일이다.

② 환상적인 환상동화일수록 작가가 실재(reality)에 확고한 닻을 내리는 것이 더 필요하다. 즉, 좋은 환상동화는 생활의 보편성에 근거해야 하며, 실제와 연결되어 있어야 한다. 배경과 주인공에 대한 묘사, 즉 동물의 습관에 대한 묘사가 잘 되어 있어야 한다.

③ 이야기 속에 다루어진 사건들은 논리적 일관성과 전후 관련성을 가져야 한다. 과거, 현재, 미래가 순서에 따라 다루어질 필요는 없으나, 우리의 시간 개념 속에서 이루어져야 한다.

④ 환상동화에서 쓰인 언어는 고풍스러운 옛말일 수도 있고 익숙하지 않은 언어일 수 있으나, 반드시 다른 세계나 다른 시간을 가리킬 수 있어야 한다.

⑤ 환상동화의 결말은 항상 행복하게 끝날 필요는 없으며, 한 가지 이상의 결말에 대한 가능성이 필수적이다. 항상 예견 가능한 결말은 아니다. 물론 독자의 나이가 어릴수록 행복하게 끝나는 얘기가 독자의 요구를 만족시켜 주며 정서적 만족감을 주지만, 반드시 행복하고 뚜렷하게 끝나야 할 필요는 없다. 그러나 루켄스는 유아에게는 열린 결말의 이야기가 적합하지 않다고 얘기하고 있다.

⑥ 이야기 속에서 다루어지는 내용이 독창적이고 상상력이 풍부해야 한다.

미주

1) Sutherland, Z. (1997). *Children and books* (9th ed.). NY: Addison Wesley Longman, Inc., pp. 227-259.
2) 김요섭(1986). 현대동화의 환상적 탐험. 한국문연, p. 52.
3) Sutherland, Z. (1997). *Children and books* (9th ed.). NY: Addison Wesley Longman, Inc., pp. 247-250.
4) Nikolajeva, M. (1998). 용의 아이들: 아동문학이론의 새로운 지평. 김서정 옮김. 문학과지성사, pp. 110-148.
5) Sutherland, Z. (1997). *Children and books* (9th ed.). NY: Addison Wesley Longman, Inc., pp. 230-231.
6) 이재철(1989). 세계아동문학사전. 계몽사, p. 157.

요약

환상동화는 작가의 순수한 상상력에 의해 시공간을 초월한 환상의 세계, 현실 세계에서는 있을 수 없는 일들이 꾸며진 이야기다. 환상동화에는 민담의 특성을 가진 이야기와 순수한 상상으로 환상적인 경험을 하는 이야기, 무생물이나 동식물이 사람처럼 의인화되어 행동하고 말하는 이야기 그리고 공상과학동화가 있다.

공상과학동화는 역시 시공간을 초월하여 주로 기계공학적인 측면이 강조된 환상적 이야기다. 과학적 지식에 작가의 상상력이 충분히 발휘되어 쓰이기 때문에 모든 연령층이 좋아하며, 민담과 환상동화 다음으로 많이 읽히는 책이다.

연구문제

01 환상동화 두 편을 읽고 환상동화의 특징을 예를 들어 설명하시오.

02 유아가 과학에 흥미가 있음에도 불구하고 공상과학동화가 유아에게 그다지 대중적이지 못한 이유를 설명하고, 유치원 교육현장에서 과학동화를 전할 때 유의해야 할 점을 열거하시오.

제9장

사실문학

사실문학(realistic fiction)도 환상동화처럼 재미있고 유머가 많으며 낭만적이고 상상력이 풍부한 얘기다. 그러나 그 이야기가 항상 그럴듯하고 현실에서 가능하다는 점이 환상동화와 다르다. 사실문학 속에서의 모든 사건은 일어날 수 있는 일이다. 가끔씩 영웅적인 모험담이 일어날 수 없는 일처럼 느껴지기도 하지만, 그런 일들이 가능하기 때문에 사실적인 동화나 이야기로 분류된다. 즉, 사실문학은 현실적으로 납득할 만한 얘기라고 할 수 있겠다.[1)]

사실문학에는 사실동화와 역사동화 그리고 전기가 포함된다. 그러나 역사동화는 유아들이 시간 개념을 획득하지 않아서 이해할 수 없는 내용들이 많으므로 여기서는 다루지 않을 것이다. 유아를 위한 사실문학에는 사실동화와 전기만 포함하고자 한다. 이런 책들이 가치가 있으려면 책의 내용이 유아의 기본적 욕구에 초점을 맞추고 유아 자신의 개인적 문제와 사회적 관계에 대한 통찰력을 증가시켜 주어야 한다. 그리고 사람들이 서로 다르지 않고 비슷하다는 것을 보여 주고, 유아가 살아가면서 자신도 뭔가를 할 수 있다는 자신감을 주어야 한다.

1. 사실동화

유아는 전승문학과 환상동화에서 다루어지는 상상의 세계와 환상을 매우 좋아한다. 김요섭[2]은 유아에게 순수한 동심을 그리는 환상적인 얘기를 많이 들려주는 것이 좋다고 하였다. 환상동화가 순수한 기쁨을 만들어 내고, 인간의 꿈과 상상력을 증가시켜서 더럽혀진 현실을 씻어 내며, 변화를 주고 세계를 새롭게 한다고 보았기 때문이다.

같은 맥락에서 베틀하임(Bruno Bettelheim)은 『옛이야기의 매력(The Uses of Enchantment)』[3]에서 요정이 나오는 민담을 분석하였는데, 이러한 환상적인 요소가 유아들의 상상력을 격려할 뿐 아니라 그들이 느끼고 있는 공포를 극복하고, 무력감이나 자신감의 상실을 위로해 주어서 희망을 준다고 하였다. 베틀하임의 견해는 유아가 현실을 바르게 이해하기 위해서는 환상적 작품을 많이 접하도록 해 주어야 하며, 그럼으로써 현실과 환상의 차이를 더 잘 이해할 수 있다는 것이다.

이렇듯이 유아를 위한 문학에서 환상적인 요소는 매우 중요하며, 인간의 동경이나 이상 혹은 꿈을 상징하는 문학적 속성이 작가에 의하여 잘 다듬어지고 승화되어야 할 것이다.[4]

김종상[5]도 삶의 현실이 참담할수록 환상적인 것을 다루는 동화를 봄으로써 위안을 얻고 희망을 갖는다고 하였다. 윤수천[6]도 어둡고 찌든 사회 현실을 담은 문학만을 참된 문학으로 보는 것은 바람직하지 못하며, 유아문학 작품은 어른을 위한 문학과 다르므로 독자에게 반드시 꿈과 희망과 용기를 주는 문학이어야 한다고 주장하였다.

그러나 한편에서는 동화의 환상적 요소에 대하여 부정적인 견해를 가지면서 유아에게 있을 수 없는 터무니없는 환상의 얘기를 들려줄 필요가 있는가라는 의문을 제기하고 있다. 몬테소리(Montessori)는 환상동화나 우화 그리고 다른 공상적인 이야기들을 통해서 유아의 환상적 생활을 풍부하게 해 주는 것에 대하여 비판적이었다.[7]

루소와 듀이도 유아에게는 현실적인 소재를 다룬 이야기를 들려줄 것을 강조하였다.[8] 듀이는 유아를 관찰해 보면 놀이 장면 속에서 소방관, 의사, 경찰, 가족 구성원들, 그 밖의 현실에서의 경험들을 재구성하고 있음을 발견할 수 있다고 하였다.

19세기 초에 뱅크 스트리트 유아학교(The Bank Street School)의 미첼(Lucy Sprague Mitchell)도 유아에게는 매일매일의 일상생활이 다루어지며 그들 자신과 관련 있는 이야기가 제공되어야 한다고 강력히 주장하면서 실제로 그에 맞는 사실동화(contemporary realistic fiction)를 창작하였다.

미첼은 유아들의 경험과 그들과 친숙한 사물, 놀이 이야기를 『Here and Now Story Book』이라는 제목으로 출판하였다.[9] 그녀는 유아를 위한 동화의 내용을 고를 때 가장 중요한 것이 바로 '여기' 그리고 '지금'의 이야기라고 하였다. 그 내용도 친숙하고 가까운 것에서부터 점차 확장될 수 있도록 배려해야 한다고 하였다. 이것은 피아제의 놀이 발달단계를 고려해 볼 때 설득력이 있다. 즉, 실행놀이(감각운동기) → 상징놀이(전조작기) → 규칙놀이(구체적 조작기)로 발달하여 가는 것처럼, 그 발달단계에 맞는 책을 골라 주어야 한다는 것이다. 비슷한 입장으로는 우리나라의 이오덕과 박상규[10]를 들 수 있다.

학자나 아동문학가에 따라 환상적인 얘기를 들려줄 것이냐 사실적 문학을 접하게 해 줄 것이냐에 대해서는 의견이 분분하다. 그러나 유아에게는 그 어떤 그림책도 글과 그림에서 완성도가 뛰어난 좋은 그림책이라면 다양한 장르를 접할 수 있도록 해야 한다. 환상 그림책, 사실동화 그림책 모두 유아에게는 필요하다.

사실이나 현실과 환상의 정도를 유아문학 장르별로 도표화해 보면 그림 9-1과 같다.

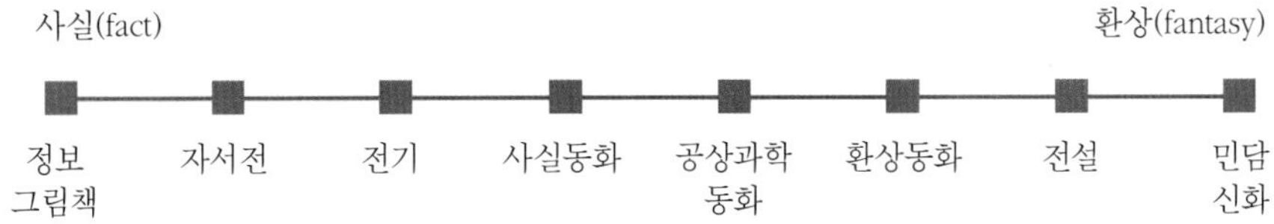

그림 9-1 사실과 환상의 정도에서 본 유아문학 장르

1) 사실동화의 특징

실제로 일어날 수 있는 일들을 다룬 사실동화의 특징을 환상동화와 대비하여 살펴보면 다음과 같다.

(1) 등장인물과 인물 묘사

사실동화의 등장인물은 실제 사람처럼 행동해야 한다. 반드시 주인공이 아름다워야 할 필요도 없으며 약점을 지닌 정상인과 보통사람으로 묘사된다. 동물이나 짐승들도 항상 실제 동물처럼 행동해야 한다. 예를 들어, 『개구쟁이 해리』에서 해리는 보통 개로, 의인화되지 않은 동물로 묘사된다.

사실동화의 인물 묘사(characterization)는 환상동화처럼 입체적(round) 인물로서 매우 섬세하고 자세하게 주인공의 성격이 묘사된다. 전승문학에서 민담의 인물 묘사가 비교적 단순하게 전형적으로 처리되는 평면적(flat) 인물인 것과는 대조된다. 사실동화에서 인물 묘사는 실제 상황 속에서 개개인의 성격이 잘 표현되도록 해야 한다.

(2) 주제와 소재

주제(theme)와 소재 면에서 사실동화는 전승문학이나 환상동화보다 매우 다양한 내용을 다루고 있다. 즉, 유아가 일상생활에서 경험하는 여러 가지 문제들이 다루어진다. 예를 들면, 유아에게는 부모의 사랑과 인정을 받는 일이 매우 중요하므로 이때 부모-자녀 간의 사랑, 형제간의 우애, 동생을 새로 보았을 때의 소외감과 동생에 대한 질투 등이 중요한 관심사가 되고, 이는 사실동화의 좋은 소재가 된다.

유치원이나 학교생활의 적응과정에서 겪는 친구와의 싸움, 갖고 싶은 물건 나누어 갖기, 교사의 태도와 거기에서 오는 갈등도 유아가 살아가는 당시의 문제를 드러내 주는 좋은 소재 거리다. 유아 자신이 성장 과정 중에 가지게 되는 자신에 대한 느낌과 의문들, 장애인 이야기, 애완동물 이야기들이 포함될 수 있다.

그림 9-2
『특별한 손님』
안나레나 맥아피 (글), 앤서니 브라운 (그림), 베틀북.

이렇게 볼 때 사실동화는 급변하는 사회 속에서 그 변화 요인을 가장 다양하고 민감하게 소재와 주제에 반영한다고 할 수 있다. 20세기 중반까지만 해도 가정에서의 이혼은 대중적인 것이 아니었으나, 요즈음은 『기억의 끈』과 『특별한 손님』처럼 이혼가정과 계부모 간의 이야기 등이 많이 등장하고 있다. 세대 차이, 도시 내의 긴장들, 환경오염, 폭력, 약물중독, 심지어는 동성애의 문제(Stewig, 1996)[11]까지도 유아들의 사실동화에서 다루고 있다. 그 구체적인 예는 사실동화의 종류에서 간단한 줄거리와 함께 소개할 것이다.

(3) 배경

배경(setting) 면에서 사실동화는 작품이 쓰인 때가 우리가 아는 근대나 현대의 세계다. 반면에 환상동화는 작품이 쓰인 때와 반드시 같은 시간은 아니며, 과거 · 현재 · 미래의 세계가 상상 속에서 시공을 초월하여 옮겨 다니는 것으로 묘사된다.

(4) 플롯

플롯(plot)의 발달 면에서 보면 사실동화의 갈등 상황은 주인공이 직면하는 문제들을 처리하고 해결해 가면서 발전된다. 여기에서 주인공이 직면한 문제들은 주제와 소재에서 다루어진 문제들이다.

반면에 환상동화의 전형적인 갈등 상황은 초자연적인 힘 사이에서 일어나며, 그러한 문제들은 마술적인 힘이나 환상적인 요소에 의해 대부분 해결된다.

믿을 수 있는 이야기를 만들어 가느냐에 대한 관점에서 비교해 보면, 사실동화는 적절한 주제와 관련이 있는 사건을 일상생활에서 일어나는 일 가운데에서 다루어야 한다. 즉, 극도의 사실주의와 실제주의 면에서 이야기를 엮어 가야 한다. 가능한 일과 실제 생활에서 항상 일어날 수 있는 일을 취급한다.

반면에 환상동화는 환상적인 세계를 다루지만, 독자가 책을 읽는 동안 잠시라도 의혹 없이 책 속의 환상세계를 믿을 수 있도록 이야기가 꾸며져야 한다. 환상적인 얘기지만 논리적 일관성을 가짐으로써 독자가 이야기에 빠져들도록 해야 하며, 이야기 속의 일을 의심하도록 꾸며서는 안 된다.

2) 사실동화의 가치 및 교육적 의의

- 사실동화는 사람이 살아가는 삶을 이해하도록 도와준다. 영웅적인 면보다는 인간의 제한점을 자신의 한 부분으로서 수용하도록 해 준다.
- 현실적으로 가능한 이야기이며 같은 또래의 비슷한 경험을 다루기 때문에 동

일시를 더 잘할 수 있다.

- 동화 속의 내용이 유아가 가진 문제와 비슷할 때, 유아는 그러한 문제에 직면한 유일한 사람이 아니라는 점에서 심리적 안정감을 가질 수 있다.
- 유아가 개성의 중요성을 배우도록 해 주며, 전형적인(stereotyped) 인간으로부터 자유롭게 해 준다.
- 유아가 직접 직면하지 않은 문제나 경험들과 인생의 여러 국면을 직시하고, 책 속에 나오는 주인공들의 경험으로부터 배우도록 해 준다.
- 주인공이 문제를 해결해 나가는 과정을 경험함으로써 현실을 극복할 수 있는 용기와 문제해결 능력 그리고 자신감을 불러일으키도록 격려한다.
- 다른 장르에서처럼 이야기 속에 유머와 반복적인 요소가 많으면 유아에게 책 읽는 즐거움을 줄 수 있다.

3) 사실동화의 종류

전형적인 사실동화의 주제는 독자의 연령과 정서적 · 교육적 영향이 고려되어 드러난다. 발달단계에 따라 유아가 성장하면서 주변 환경에서 부딪치는 문제들이 소재가 된다. 밝고 건강한 정신과 따뜻한 마음과 삶의 지혜를 상상적으로 체험할 수 있도록 배려해야 한다. 유아에게 가장 대중적인 주제부터 간단한 내용과 함께 소개하고자 한다.

(1) 성장을 다룬 사실동화

1년 6개월 무렵부터 스스로 밥을 먹고 옷을 입으려고 하는 자율성의 욕구를 드러내다가, 5세 이후가 되면 어른으로부터 독립하려 하고 주도적으로 뭔가 하려고 애쓴다. 이때 유아들은 혼자서 독립적으로 했을 때 오는 성취감을 만족시켜 주는 이야기들에 동일시를 잘하며, 그런 이야기들을 좋아한다. 『이슬이의 첫 심부름』 『휘파람을 불어요』 『곱슬곱슬 머리띠』 『빨간 줄무늬 바지』 『두 발 자전거 배우기』 『입속을 빠져나온 엄지손가락』 『내 토끼가 또 사라졌어!』 『피아노를 쳐 줄게』 『3초 다이빙』 등이 아이들의 이런 욕구를 잘 표현하고 있다.

❋ 『내 토끼가 또 사라졌어!』(모 윌렘스 글 · 그림, Knuffle Bunny Free: An Unexpected Diversion, 정회성 옮김, 살림어린이, 2010)

트릭시는 엄마와 아빠와 함께 할머니와 할아버지를 만나기 위해 뉴욕에서 네덜란드까지 여행을 가게 되었다. 긴 여행 끝에 할머니 댁에 도착했지만 소중한 꼬마 토끼 인형을 비행기에 두고 내린 걸 알게 된다. 아빠가 공항에 전화를 걸어 봤지만 비행기는 이미 중국으로 떠나 버린 후다. 가족이 모두 즐겁게 보내지만 트릭시는 꼬마 토끼 생각에 잠을 못 이룬다. 할머니의 새로운 토끼 인형 선물도 마음에 들지 않던 트릭시는 꼬마 토끼가 세계 곳곳에서 많은 아이와 친구가 되는 꿈을 꾼 후 기분이 좋아진다. 시간이 흐른 후 다시 뉴욕으로 돌아오는 비행기를 탔는데 꼬마 토끼를 되찾으나 비행기에서 우는 동생에게 선물한다. 정말 괜찮다고 말하면서 말이다.

❋ 『두 발 자전거 배우기』(고대영 글, 김영진 그림, 길벗어린이, 2009)

병관이와 상현이는 단짝이면서도 라이벌이다. 서로 자전거 타기 시합도 하고 그네도 함께 뛰는데 어느 날 상현이가 보조 바퀴를 떼고 달리자 병관이는 시합에서 지고 만다. 아빠한테 보조 바퀴를 떼어 달라고 조른 병관이는 넘어지기를 반복한 끝에 두 발 자전거를 타게 되고 핸들도 돌리게 된다. 병관이는 바로 상현의 이름을 크게 부르며 시합하자고 한다.

❋ 『3초 다이빙』(정진호 글 · 그림, 위즈덤하우스, 2018)

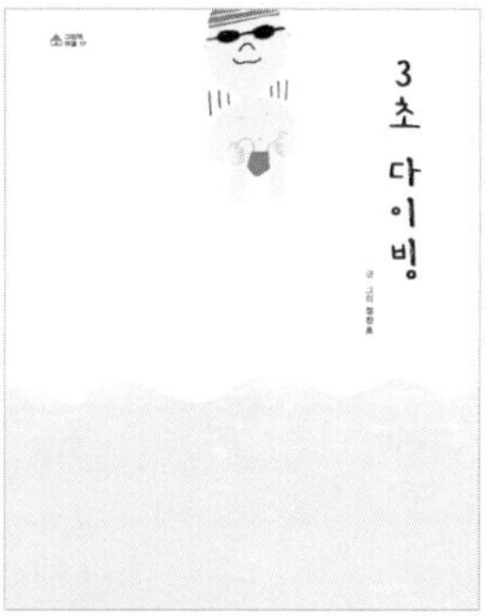

그림 9-3
『3초 다이빙』

경쟁 속에서 자칫 놓치기 쉬운 소중한 가치를 생각해 보게 하는 그림책이다. 첫 장면부터 수영모를 쓰고 다이빙대를 향해 올라가는 주인공은 스스로 잘하는 게 없는 것 같다는 풀 죽은 목소리로 이야기를 시작한다. 수학도, 달리기도 잘하지 못하고, 남들보다 행동도 느리고, 응원하는 야구팀마저 지며, 심지어 급식 먹는 속도마저 느린 아이. 주인공은 "난 이기고 싶지 않아." "왜냐하면 누군가는 꼭 져야 하니까."라고 하며 3초면 모두 똑같이 물속으로 풍덩 뛰어들 수 있는 다이빙대가 좋다고 한다. 파란 물속에서 친구들과 함께 웃을 수 있는 시간이 좋다며 끝을 맺는다. 보통의 아이들에게 큰 용기를 주고 격려가 될 수 있는 그림책이다.

(2) 가족과의 관계를 다룬 사실동화

유아 자신이 성장해 가면서 관심을 가지는 부모와 자녀 간의 사랑, 조부모와의 관계 그리고 새롭게 동생을 보거나 자신의 결점을 느끼게 되면서 겪는 정서적 갈등 문제를 다루고 있는 사실동화를 소개하고자 한다.

① 부모와 자녀와의 관계

부모와 자녀의 관계를 드러내는 책으로 고대영의 『아빠와 아들』, 한성옥의 『행복한 우리 가족』, 닐 게이먼(Neil Gaiman)의 『금붕어 2마리와 아빠를 바꾼 날』, 앤서니 브라운의 『우리 엄마』 『우리 아빠가 최고야』, 베라 윌리엄스(Vera B. Williams)의 『또, 또, 또 해주세요』 『엄마의 의자』, 울프 스타르크(Ulf Stark)의 『아빠가 우주를 보여준 날』, 몰리 뱅의 『엄마 가슴 속엔 언제나 네가 있단다』, 피터 레이놀즈의 『언젠가 너도』, 바바라 슈크 하젠(Babara Shook Hazen)의 『힘든 때』, 후아나 마르티네즈-닐(Juana Martinez-neal)의 『나의 이야기, 알마』 『불곰에게 잡혀간 우리 아빠』 등이 있다.

❋ 『아빠와 아들』(고대영 글, 한상언 그림, 길벗어린이, 2007)

그림 9-4
『아빠와 아들』

내 장래 희망은 아빠가 되는 것이라고 말하는 아들은 아빠와 함께 라면을 끓여 먹고 목욕탕에 가며 싸움 놀이를 하는 등 일상을 보낸다. 아빠와 함께 둘이서 나누는 일상이 솔직하게 묘사되어 있고 말풍선 안에 적힌 대화는 재미를 더한다.

❋ 『불곰에게 잡혀간 우리 아빠』(허은미 글, 김진화 그림, 여유당, 2018)

'우리 엄마 별명은 불곰이다.'로 시작하는 이 책은 수채화 물감과 콜라주, 판화 기법을 이용하여 장면마다 분위기와 입체감을 살려 내는 그림책이다. 여느 날과 다름없이 소리치는 불곰에게 쫓겨 등교한 아이는 '우리 가족'이란 제목으로 동시를 짓는다. 아빠, 동생, 순덕이(고양이)가 좋은 이유는 척척 쓰지만 '엄마는 왜 좋은지 모르겠다.'고 시를 맺는다. 동생한테도 아빠한테도 엄마가 좋은 이유를 묻는데, 아빠는 엄마가 진짜 불곰이라며 믿을 수 없는 이야기를 들려준다. 그 이후 외할머니댁을 가서 엄마의 어릴 적 사진부터 결혼 전 아주 예뻤던 아가씨 시절 사진을 보게 된다. 마지막에 아이는 여전히 불곰에게 쫓겨서 학교에 가서 '우리 가족' 동시에 엄마의 좋은 점을 다시 쓴다. 웃음을 자아내는 따뜻한 그림책이다.

그림 9-5
『불곰에게 잡혀간 우리 아빠』

② 형제간의 우애

형제간의 갈등과 사랑을 그린 책에는 『아델과 사이먼』 『내 동생 클로이』 『내 동생 싸게 팔아요』 『엄마 아빠는 나만 미워해!』 『형보다 커지고 싶어』 『우리 집엔 형만 있고 나는 없다』 『오빠와 나는 영원한 맞수』 『나는 형이니까』 『동생만 예뻐해!』 등이 있다.

※ 『우리 집엔 형만 있고 나는 없다』(김향이 글, 이덕화 그림, 푸른숲주니어, 2012)

이가 아프다는데 엄마는 형이 태권도 끝나고 돌아오는 시간에 맞춰 닭다리 튀김을 만드느라 관심이 없다. 민재는 형밖에 모르는 엄마한테 관심 좀 가져주길 원한다. 엄마와 형한테 신경질이 잔뜩 나 있는데 엄마가 외할머니와 통화하는 얘기를 듣고 엄마와 결국 웃으며 마주한다.

그림 9-6
『우리 집엔 형만 있고 나는 없다』

③ 동생이 태어났을 때의 갈등

특히 동생이 태어났을 때 그 소외감이나 외로움, 질투심 등이 다루어진 책을 보여 주면서 미리 준비시키면 책임감 있는 형이나 누나가 될 수 있으며 동생을 잘 보호해 줄 수 있다. 『아가야, 안녕?』 『피터의 의자』 『동생이 태어날 거야』 『나도 안아줘』 『동생이 '뚝' 태어났어』 『조금만』 등이 좋은 예다.

그림 9-7
『아가야, 안녕?』
제니 오버랜드 (글 · 그림), 사계절.

※ 『동생이 태어날 거야』(존 버닝햄 글, 헬린 옥슨버리 그림, There's Going to Be a Baby, 홍연미 옮김, 웅진주니어, 2010)

엄마와 아이가 태어날 동생 얘기를 서로 주고받는 일상생활을 그리고 있다. 동생을 기다리는 동안에 계절이 바뀌면서 엄마의 몸도 다르게 변한다.

그림 9-8
『동생이 태어날 거야』

아이는 때때로 질투를 하지만 동생이 태어날 날을 기다린다. 엄마와 대화를 나누는 실제와 아이의 상상 장면이 번갈아 진행되는데 아이의 솔직한 심리를 잘 드러낸다.

※ 『피터의 의자』(에즈라 잭 키츠 글 · 그림, Peter's Chair, 이진영 옮김, 시공사, 1996)

엄마와 아빠가 갓난 여동생에게만 신경을 쓴다고 느낀 피터는 잠시 가출하여 집 밖에서 자기 물건들을 놓고 시위를 하다 엄마가 신경을 써 주자 약간 마음이 풀어진다. 이미 자라서 아기였을 때의 의자에 앉지 못하게 된 것을 알고 그 의자를 동생에게 주기 위해 분홍색으로 칠하는 아빠를 돕는다. 동생 때문에 사랑을 덜 받는다고 느끼는 유아들의 심리, 엄마의 조그만 배려로 마음이 풀어지고 또 스스로가 많이 컸다고 느끼는 아이의 모습이 재미있다.

④ 조부모와의 관계

조부모와의 관계를 그리고 있는 것에는『우리 가족입니다』『우리 할아버지』『할아버지의 이야기 나무』『유령이 된 할아버지』『할머니가 남긴 선물』『위층 할머니 아래층 할머니』『오른발 왼발』『할아버지 천사』『우리 할머니가 이상해요』『할머니 어디 가요?』『하지만하지만 할머니』 시리즈 등이 있다.

※ 『우리 가족입니다』(이혜란 글 · 그림, 보림, 2005)

그림 9-9
『우리 가족입니다』

주인공 '나'는 살림방이 딸려 있는 작은 중국음식점에서 아빠, 엄마, 남동생과 함께 살고있다. 어느 날 찾아온 할머니가 치매로 인해서 여러 어려움을 주는데 주인공은 그런 할머니가 싫어서 다시 돌아갔으면 하지만, 아빠는 자신의 엄마이기 때문에 그럴 수 없다고 말한다. 할머니를 가족으로 받아들이지 못한 나와 그런 할머니를 묵묵히 받아들이는 아빠의 시선을 대조적으로 보여 준다. 맨 뒷장에서는 가족 사진 안에 할머니의 사진을 나란히 보여 줌으로써 주인공이 할머니를 한 가족으로 보

듣고 있다는 사실을 알려 준다.

⑤ **이혼 · 재혼 · 입양 · 맞벌이 가정**

이혼과 재혼 가정을 다룬 그림책으로는 『따로따로 행복하게』『특별한 손님』『사막의 왕』『커다란 포옹』 등이 있다. 입양가정을 다룬 그림책에는 『새로운 가족』과 맞벌이 부부 가정에서 워킹 맘을 다룬 이야기로 『엄마 왜 안 와』 등이 있다.

❈ 『새로운 가족』(전이수 글 · 그림, 엘리, 2017)

어린 동화작가 전이수가 입양한 둘째 동생과 새로운 가족이 되어 가는 이야기를 코끼리 가족을 통해 담은 그림책이다. 지적 장애가 있는 동생을 마음으로 받아들이는 과정이 그려져 있다.

사자 떼에 쫓기고 있던 어린 코끼리 한 마리가 오던 그날, 이수에게는 또 다른 동생이 생겼다. 그 어린 코끼리는 다리를 절고 있었다. 어느 날 동생 때문에 속상해서 밖으로 뛰쳐나온 이수는 철장 안에 갇히게 되고, 우여곡절 끝에 마침내 가족의 품으로 돌아오게 된다. 비로소 이수는 엄마 코끼리의 말을 이해할 수 있을 것 같았다. "우리는 서로 다 다르다는 것을, 다르다는 것은 특별하다는 것을. 중요한 것은 서로 돕고 아껴 주며 함께 살아가는 것이라는 것을, 우리는 서로를 사랑해야 한다는 것을."

❈ 『엄마 왜 안 와』(고정순 글 · 그림, 웅진주니어, 2018)

이 시대 일하는 엄마들의 생생한 일상이 담긴 그림책이다. 아빠도 엄마도 늦는 그날 밤, 아이는 홀로 집에서 엄마 아빠를 기다린다. 퇴근 시간이 지났지만 일이 끝나지 않은 엄마는 마음이 바쁘다. 엄마는 아이가 이해할 수 있는 방식으로 늦어지는 까닭을 들려준다. 늦게 퇴근하여 집에 온 엄마는 아이를 포근히 안아 준다. 하루를 부지런히 살아 내고도 늘 미안한 엄마들을 응원하는 그림책이다.

그림 9-10
『엄마 왜 안 와』

(3) 학교생활과 친구와의 관계를 다룬 사실동화

유치원과 학교에서 친구 간의 관계를 다룬 그림책에는 『비가 오면』『내 친구 루이』『미안해』『친구랑 싸웠어!』『우리 친구하자』『까마귀 소년』『내 짝꿍 최영대』『학교 가는 날』『나, 여기 있어』『싸워도 돼요?』『친구는 좋아!』『놀이터의 왕』『짝꿍이 생겼어요!』『까불지 마!』『감기 걸린 물고기』『친구가 미운 날』 등이 있다.

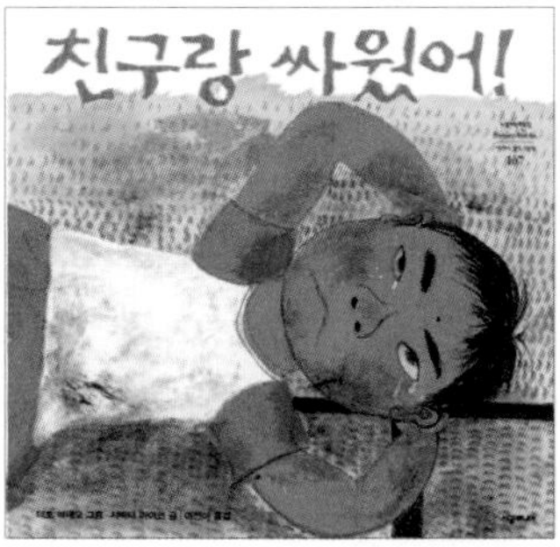

그림 9-11
『친구랑 싸웠어!』

❋ **『친구랑 싸웠어!』(시바타 아이코 글, 이토 히데오 그림, Kenka no Kimochi, 시공주니어, 2006)**

친구와 싸우고 스스로 화해하는 아이들의 솔직한 모습을 담은 그림책이다. 싸움에서 진 분한 마음에 친구의 사과도 받아들이지 못하다가, 어느새 스르르 풀려 버리는 아이의 모습이 천진난만하게 그려져 있다. 싸우고 화해하면서 성장하는 아이들의 모습이 유쾌하게 표현되어 있다. 마지막에 '다음엔 꼭 이길 거야.'라는 부분은 솔직한 동심을 잘 표현하고 있다.

❋ **『내 짝꿍 최영대』(채인선 글, 정순희 그림, 재미마주, 1997)**

영대는 더럽고 지저분하며 항상 말이 없기 때문에 따돌림을 받고 친구가 없는 아이이다. 다른 아이들이 운동장에서 뛰어놀 때도 한쪽 구석에 앉아서 지켜보고만 있다. 요즘 부쩍 늘어 가고 있는 결손가정과 따돌림을 다루고 있다. 영대는 친구들 모두에게 따돌림받다가 수학여행을 가서 제 슬픔을 밖으로 드러내며 슬픔을 이기지 못하고 엉엉 울어버림으로써 반 친구들과의 갈등이 해소된다는 이야기다.

(4) 다양성(장애인)을 다룬 사실동화

장애인이나 소수자 어린이에 대한 따뜻한 시각을 함축적으로 표현한 작품은 아직까지는 주로 초등학교 아동용이 나와 있으며, 작품 수도 다른 주제에 비해 많지 않다. 그러나 시대적인 흐름과 사회 인식의 변화로 많이 나오기 시작하고 있으며, 앞으로도 더욱 많이 출판되어야 할 것이다. 『할아버지의 눈으로』『민수야 힘내』『에디에게 잘 해주렴』『우리도 똑같아요』『내게는 소리를 듣지 못하는 여동생이 있습니다』『이안의 산책』『내 다리는 휠체어』『우리는 손으로 말해요』『글자가 너무

그림 9-12
『할아버지의 눈으로』
패트리샤 매클라클랜 (글),
데버러 코건 레이 (그림), 보물창고.

그림 9-13
『바람은 보이지 않아』
안 에르보 (글 · 그림), 한울림어린이.

헷갈려』『자폐아이 제노의 뒤죽박죽 하루』『나의 꿈꾸는 눈동자』『보이지 않는다면』『나도 이제 친구가 생겼어요』『바람은 보이지 않아』『병하의 고민』『내 친구 마틴은 말이 좀 서툴러요』『위를 봐요!』『피아노 소리가 보여요』 등이 있다.

❋ **『내 친구 마틴은 말이 좀 서툴러요』(알레인 아지레 글, 마이테 구르차가 그림, 라임, 2018)**

자폐증을 앓고 있는 내 친구 마틴은 단추 꼭꼭 다 잠가야 하는 셔츠를 좋아하고 도넛도 딱 네 개만 먹고 말도 서툴다. 두 살이나 많지만 1학년을 세 번째 반복하고 있고, 다른 사람이 만지는 걸 끔찍이도 싫어해서 눈과 미소로만 안아 주어야 한다. 덧셈 뺄셈도 못하고 침을 질질 흘린다고 친구들은 놀리지만 나는 마틴이 어렸을 때 어항의 물을 다 마셔 버려서 그렇다고 생각한다. 나에게 마틴은 여느 아이들과 똑같다. 마틴과 쭉 함께 있고 싶어 했는데 마틴이 특별학교에 가게 됐다는 사실을 알고 화가 난다. 나와 조금 다른 사람, 또 어떤 면에서 조금 부족해 보이기도 하는 사람에 대한 배려심과 존중심을 일깨우는 책이다.

(5) 사실적 동식물 이야기를 다룬 사실동화

환상동화에서 나온 동물 이야기와는 달리, 실제 동물의 모습이 있는 그대로 그린 사실동화는『개구쟁이 해리』『플랜더스의 개』『시튼 동물기』 등이 있다.

『플랜더스의 개』는 텔레비전에서도 많이 소개되었는데, 네로라는 외로운 소년과 파트라슈라는 플랜더스 지방의 개가 서로 우정을 나누며, 개의 슬기로움과 용

맹 그리고 사람에게 바치는 충성이 잘 나타나 있는 감동적인 이야기다. 『시튼 동물기』는 미국 작가이며 동물화가인 시튼이 야생동물들의 세계를 따뜻한 마음으로 재미있게 표현하여 많은 사람의 사랑을 받은 책이다. 특히 「회색곰 왑의 일생」은 자연을 개척하는 사람들에 의해 무너져 가는 서부 원시림의 동물왕국과 왑의 슬픈 최후를 눈물겹게 그리고 있다. 황야를 주름잡던 「이리왕 로보」의 일생과 「스프링필드 여우」의 모성애, 「꼬리가 흰 토끼」 등은 어린이들에게 많은 감명을 주는 책이다. 『플랜더스의 개』와 『시튼 동물기』는 주로 초등학교 고학년용으로 많이 나오지만, 이야기를 분리하여 아름다운 그림과 함께라면 초등학교 저학년 유아도 즐길 수 있는 작품이 될 것이다.

이외에도 『회색 늑대의 눈』 『염소 시즈카』 『아기 오리들한테 길을 비켜 주세요』 『나무』 『나무는 알고 있지』 『애벌레의 모험』 『빨강 파랑 강아지 공』 『깜빡깜빡 잊어버리는 고양이 모그』 『호랑나비와 달님』 『덥석!』 등이 있다.

※ 『개구쟁이 해리』(진 자이온 글, 마거릿 그레엄 그림, Harry the Dirty Dog, 김중철 옮김, 다산기획, 1994)

그림 9-14
『개구쟁이 해리』

목욕을 싫어하는 강아지 해리가 목욕솔을 뒤뜰에 숨겨 놓고 집 바깥에서 실컷 놀다가 흙투성이, 그을음 투성이로 몸이 너무 더러워진다. 지치기도 하고 배도 고파서 집으로 왔는데, 식구들이 너무 더러워진 해리를 못 알아본다. 자기가 해리라는 것을 알리려고 잘하던 여러 가지 재주를 보여 주지만 여전히 식구들은 고개를 흔든다. 해리가 뒤뜰에 숨겨 둔 목욕솔을 찾아서 집 안 목욕탕 안으로 들어가 목욕을 하자, 식구들은 해리라는 걸 안다. 마지막 부분이 안도감을 주며 목탄으로 그린 그림에 녹색과 노란색의 색감이 정겹다.

※ 『염소 시즈카』(다시마 세이조 글 · 그림, 고향옥 옮김, 보림, 2010)

나호코네 집에 아기 염소 시즈카 한 마리가 오면서부터 엄마 염소가 되기까지의 이야기다. 실제 있었던 일을 바탕으로 한 그림일기 형식을 띤다. 천방지축 뛰어다니며 말썽을 부리는 시즈카가 쑥쑥 자라 결혼을 하고 아기를 낳아 젖을 먹이는 성장 과정이 감동을 준다. 다시마 세이조의 화려한 색감이 보는 눈을 즐겁게 한다.

(6) 경기를 다룬 사실동화

사실동화 중에 스포츠를 다룬 것도 많은 인기를 끄는데, 이런 책은 유아용보다는 초등학교 고학년 아동에게 읽힐 만한 책만 나와 있다. 예를 들어서, 야구, 축구, 피구, 달리기에 대한 것이 있는데,『나는 축구가 좋아』『축구왕 차공만』『아름다운 라이벌』『꼴찌 축구단, 축구왕 되다』『그라운드의 꿈 홈런』 등이 있다.

(7) 죽음을 다룬 사실동화

유아는 죽음을 쉽게 이해하지 못한다. 그러나 유아는 가까운 가족과 애완동물의 죽음을 접하게 된다. 가까운 가족과 애완동물이 죽었을 때의 슬픔을 그린 것이나 그 죽음을 받아들이기까지의 과정을 그린 내용은 유아에게 많은 도움을 줄 수 있다.『우리 할아버지』『위층 할머니, 아래층 할머니』『이럴 수 있는 거야??!』『무릎딱지』『보고 싶은 엄마』『이젠 안녕』『백구』『우리 할아버지는 106세』『아빠, 잘 있어요?』『세상에서 가장 멋진 장례식』『씩씩해요』『나는 죽음이에요』 등이 있다.

그림 9-15
『위층 할머니, 아래층 할머니』
토미드 파올라 (글 · 그림), 비룡소.

❋ 『세상에서 가장 멋진 장례식』(울프 닐손 글, 에바 에릭손 그림, 임정희 옮김, 시공주니어, 2008)

심심해 하던 아이들은 죽은 벌을 발견한 후 무덤을 만들어 주기로 한다. 빈터에 땅을 파고 관으로 쓸 나무상자를 가져와 벌을 묻는다. 그리고 시를 지어 읽고 훌쩍이며 세상에서 죽은 동물들을 위한 장례회사를 만든다. 죽은 쥐와 햄스터, 닭, 냉장고에 있던 청어, 고슴도치, 산토끼를 차례로 묻으며 죽음의 의미를 알아 간다. 삶과 죽음을 어린이 눈높이에 맞춰 유쾌하고 발랄하게 그려 낸 그림책이다.

❋ 『무릎 딱지』(샤를로트 문드리크 글, 올리비에 탈레크 그림, 한울림어린이, 2010)

엄마가 세상을 떠나자 모든 것이 예전과 달라지고 아버지는 슬픔에 빠진다. 아이는 엄마의 목소리를 잊지 않으려고 또 엄마의 냄새가 지워지지 않도록 창문을 닫는다. 마당을 뛰어다

그림 9-16
『무릎딱지』

니다 넘어져 무릎에 상처가 나자 엄마의 목소리를 듣게 되자 엄마 목소리를 다시 듣고 싶어서 딱지가 앉으면 다시 긁어 상처가 덧나고 피가 흐르게 한다. 외할머니는 엄마는 네 가슴 안에 있고 절대 떠나지 않는다고 얘기를 한다. 엄마의 죽음으로 인한 혼란스러움이 빨간색과 함께 잘 묘사되어 있다.

(8) 사회문제의 이해를 다룬 사실동화

그림 9–17
『천장 위의 아이』
비베카 훼그린 (글 · 그림), 봄볕.

사회문제를 다룬 사실동화에는 인종 차별문제, 다문화와 소수민족, 난민, 전쟁, 환경 문제 등이 포함된다. 인종 문제를 다룬 사실 동화에는『1964년 여름』『연기 자욱한 밤』『헨리의 자유 상자』『일어나요, 로자』『자유의 길』 등이 있다. 다문화 이야기를 그린『찬다 삼촌』『샌드위치 바꿔먹기』『달라도 친구』, 그리고 소수민족 이야기로『폭죽소리』『자이, 자유를 찾은 아이』『페페-가로등을 켜는 아이』『내 이름이 담긴 병』 등이 있다. 비슷하게 전쟁 후 난민이 된 문제를 모티브로 다룬『지바는 보트를 타고 왔어요』『천장 위의 아이』『나의 아름다운 새』 등이 있다.

이 밖에도 전쟁 이야기를 다룬『엘리자베스』『에리카 이야기』『노근리, 그 해 여름』『숨바꼭질』『무명천 할머니』『엄마에게』와 환경 문제를 다룬『맑은 하늘, 이제 그만』『링링은 황사를 싫어해』『물의 공주』『시화호의 기적』『엄마 생각』 그리고 아동의 인권을 다룬『거짓말 같은 이야기』『나도 학교에 간다』 등 다양한 사실동화가 있다.

그림 9–18
『연기 자욱한 밤』
이브번팅 (글 · 그림), 보림.

그림 9–19
『페페-가로등을 켜는 아이』
일라이자 바톤(글), 테드 르윈(그림), 열린어린이.

그림 9–20
『내 이름이 담긴 병』
최양숙(글 · 그림), 마루벌.

❋ 『나의 아름다운 새』(수잔 델 리조 글 · 그림, 곽정아 옮김, 한솔수북, 2017)

그림 9-21
『나의 아름다운 새』

전쟁을 피해 정든 집을 떠나온 아이의 슬픔과 상처를 다룬 그림책이다. 시리아 내전으로 폭격이 한창인 마을을 떠나 난민 캠프에 도착한 사람들은 임시 마을에 적응해 간다. 새미는 마을을 떠날 때나 난민 캠프의 학교에서도 키우던 비둘기 걱정과 고향 집 생각만 한다. 그러던 어느 날 캠프로 날아온 새들에게 모이를 모아 주고 둥지도 만들어 주면서 점점 나아진다. 앞으로 언제까지 이런 생활이 계속될지 알 수 없지만 계속해서 들어오는 이주민을 바라보다가 한 아이에게 쑥스럽게 손을 내밀면서 자기소개를 한다. 여러 점토와 혼합물을 섞어 만드는 입체그림으로 작품에 풍부한 질감과 정감을 불어넣은 그림책이다.

❋ 『숨바꼭질』(김정선 글 · 그림, 사계절, 2018)

아이들 눈으로 본 6 · 25 전쟁 이야기다. 한 마을에 이름이 똑같은 두 소녀 박순득과 이순득, 늘 같이 다니는 두 아이는 어느 날 새벽 전쟁이 터지고 피난이 시작되어 영문도 모른 채 헤어지게 된다. 아이들의 상황을 숨바꼭질 놀이에 비유하여 "꼭꼭 숨어라. 머리카락 보일라." 노랫말에 맞춰 엇갈린 운명을 보여 준다. 전쟁이 끝난 후 술래가 되어 고향으로 돌아가나 박순득의 강아지는 살아 있지만 박순득은 보이지 않고 이순득은 "못 찾겠다, 꾀꼬리!"를 외치며 주저앉는다.

4) 사실동화의 평가 준거

좋은 사실동화를 고르기 위해서 어떤 점을 고려해야 할 것인지, 즉 사실동화를 가치 있게 하는 것이 무엇인지 살펴보기로 한다.

우선 좋은 사실동화 작가는 현재 중요하게 생각되는 문제가 무엇인지를 잘 파악해서 유아를 중심으로 하는 태도로 글을 써야 한다.

유아를 위한 사실동화를 잘 쓰기 위해서는 유아의 발달적 특성도 잘 고려해야 한다. 2~4세 정도의 유아라면 이야기의 소재는 먹고 입고 노는 일과 가족에 관한 이야기라든지 일상생활의 습관 등을 그린 것이라고 할 수 있다. 4세 이상이 되면 유치원에 들어가거나 친구와의 문제, 가족관계 그리고 그들이 가지고 있던 익숙한 개념들을 새롭게 관련지어 주는 소재들이 좋을 것이다. 자립심을 길러 주는 이야기나 동생을 돌보는 얘기도 좋다.

초등 저학년 유아라면 초등학교에 처음 들어갔을 때 학교생활에의 적응이나 규칙을 지키는 것, 친구와의 관계 등 자신과는 구별되는 다른 사람에 대한 이해와 인식 등이 다루어질 수 있겠다. 고학년으로 갈수록 장애인, 성적, 죽음, 이별, 이성친구, 이혼 자녀, 외로움, 경기를 다룬 얘기가 호소력이 있다. 이외에도 훌륭한 사실동화 작가는 물리적 문제보다는 심리적 적응과 정서에 더 관심을 가져야 할 것이다.

사실동화를 가치 있게 만드는 평가 준거를 간단히 살펴보면 다음과 같다.

첫째, 사실동화는 환상동화처럼 만들어 낸 이야기이기 때문에 내용도 좋아야 하지만 예술적인 형식도 잘 갖추어야 한다. 즉, 주인공의 성격 묘사가 잘 발달되어 있어야 하며, 줄거리가 단순하고 명쾌해야 한다. 그리고 언어가 쉽고 반복적이며 리듬감이 있어야 한다. 재미있는 대화체 문장으로 되어 있으며 적절하게 아이디어를 잘 표현해야 한다. 그럼으로써 상상력을 고무시키고 자극해 주어야 한다.

둘째, 사실동화의 내용이 유아의 기본적 욕구를 만족시켜 주어야 한다. 제2장에서도 살펴보았지만, 유아는 사랑에 대한 욕구 → 책 내용의 사실성보다는 위안이나 안전에 대한 욕구 → 행복하고자 하는 욕구 순서로 욕구 수준이 나타난다. 반면에 어른은 책 내용의 사실성 → 사랑에 대한 욕구 → 위안과 행복감에 대한 욕구 순으로 볼 수 있다. 유아는 실제 인생에 있어서 잔인하거나 불쾌한 면을 보기를 원하기보다는 이와 같은 기본적 욕구를 충족시키기를 더 원한다. 사실동화는 이러한 욕구와 사실동화가 지니는 사실성과의 균형이 깨지지 않았는지 잘 살펴보아야 한다.

셋째, 사실동화의 내용이 개인적인 문제와 사회적 관계에 대한 통찰을 주고 있느냐를 고려해야 한다. 책을 통하여 얻는 간접 경험으로부터 유아나 아동은 인생을 배워야 하며, 책을 읽은 후 무엇을 배우고 느꼈는지를 알아야 한다.

넷째, 유아의 일상생활과 관련된 친숙한 경험과 정서를 다루고 있어서 유아들이 쉽게 동일시할 수 있는지를 고려해야 한다. 그러기 위해서는 삶을 정직하고 정확하게 묘사해야 한다.

2. 전 기

1) 전기의 특징

전기(biography)는 과거에 살았던 어떤 특별한 실재 인물, 즉 개인의 삶을 다룬 비허구적인 이야기다. 동화가 아닌 비허구적인 이야기 중에서는 유아에게 가장 인기가 있는 장르에 속한다. 전기에 접근하는 방법은 세 가지가 있다.[12] 즉, 전기가 순수하게 사실적으로 쓰인 것이라면 정보 그림책(informational book)이 된다. 한 개인의 일생이나 시기에 대한 사실적 정보를 전달하려는 시도로 쓰였을 때다. 이런 경우에 신빙성 있는 전기(authentic biography)라고 불리기도 한다.

역사적 사실과 사건을 기초로 하여 해석을 하고 재창조를 하여 쓰이게 되면 허구화된 전기(fictionalized biography)와 전기적 소설(biographical fiction)이라고 불린다.

허구화된 전기는 더 재미있는 이야기를 위하여 생생한 대화나 극적인 장면을 만들어서 사건을 극화시킨다. 전기적 소설에서는 작가가 등장인물의 삶 주변에 이야기를 만드는데, 이야기에 적절하도록 사실을 바꾸기도 한다. 다시 말하면, 이야기는 점점 진실보다 중요해진다. 그 결과 이야기가 꼭 현실적이 아니어도 좋다.

사실문학의 큰 범주에 넣게 되는 전기가 이런 것이다. 전기는 정보 그림책과 역사동화(historical fiction) 사이의 간격을 메우는 역할을 한다고 볼 수 있다.

(1) 등장인물

전기의 특징을 문학적 요소별로 보면 우선 등장인물은 정치, 과학, 예술 분야 등 역사적 사건에서 부각된 특정 인물이 된다. 이런 인물의 경우 과거 중세시대에는 성직자나 왕들의 명성이나 영화를 다루어야 했기 때문에 등장인물이 상류층에 한정되었다. 그러나 20세기에 들어서는 서민화되어서 무용수, 교사, 수학자, 노예까지도 전기의 대상이 되었다. 실제로 어린이들은 광범위한 인물에 대한 전기를 읽을 권리가 있다. 인물 묘사는 정확하고 진실해야 하므로 역사적 고증을 충실하게 해야 한다.

(2) 주제

주제는 의미가 있고 건전하다. 그러나 반드시 교훈적이어야 한다는 얘기는 아니다. 이 주제는 등장인물의 성격에 대한 작가의 관점을 뚜렷하게 드러나게 한다. 예를 들어서, 미국의 16대 대통령인 링컨의 전기를 보면 링컨이 매우 복잡하고 우울증에 시달리며 문제가 많은 사람이지만, 작가가 볼 때 링컨의 가장 큰 장점을 진지함과 성실함과 따뜻한 인간성으로 보는 자신의 관점을 잘 나타낼 수도 있는 것이다.

(3) 배경

배경은 전기에서 매우 중요한 문학 요소가 된다. 배경은 상상이 아닌 특정한 시대와 장소가 다루어진다. 배경이 전체 이야기를 구성하는 데 절대적으로 필요한 요소이며 이야기 전개에 있어서 독자의 이해를 돕는 요소가 된다.

배경은 플롯에 큰 영향을 미치게 되는데 갈등을 명료화시키며 주인공과 등장인물의 성장 발달을 설명하고 조명해 준다. 그러나 전기에서 다루어지는 시대에 대하여 좋다거나 나쁘다는 것을 지나치게 과장하면 너무 감상적인 분위기를 만들게 되므로 주의해야 한다.

2) 전기의 교육적 의의

유아와 아동은 전기에 나오는 인물에 동일시하는 것을 좋아한다. 또 유아가 책에서 만나는 사람은 유아가 하고 싶다고 생각하는 대로 행동을 하게 된다. 역사와 전기에 나오는 인물의 생애는 상상력을 풍부하게 하고, 희망과 경쟁심을 높여 주는 것으로 채워져 있다. 이런 종류의 책을 읽으면 인생 경험이 넓어진다. 즉, 어린이의 내면에 인간 생활이라는 이름의 커다란 드라마에 대한 공감과 이해를 불러일으키게 되어, 간접 경험을 통해 인간 이해의 폭을 넓히게 된다.

전기를 읽음으로써 어린이는 자신의 잠재능력을 계발하려고 한다. 자신이 살아가는 데 있어서 자신의 행동 모델을 보게 되어, 앞으로 살아야 할 자세와 가치관을 배우게 된다.

3) 전기의 종류

전기는 초등학교 고학년 아동에게 이상적이며 적합한 문학 장르다. 우리나라에서는 전기가 유아에게보다는 초등학생에게 더 적합하도록 많은 책이 꾸며져 있다. 그러나 유아를 위한 전기도 많이 나오고 있다. 본문에 있는 글자 크기가 크게 되어 있고 아름다운 그림이 곁들여 있다. 물론 책 내용 자체는 유아가 이해하기 어려운 부분도 있지만 그림이 더 많이 그려져 있어서 내용에 대한 이해를 돕고 있다.

이러한 전기는 인물의 전 생애를 다루느냐 아니냐에 따라 세 가지 형태로 나누어진다.[13)]

(1) 완전한 전기(complete biographies)

인물이 태어나서부터 죽을 때까지 일생 전부를 다루는 전기다. 대부분의 전기가 이 형태에 속하는데, 유아를 위한 책일 때는 독자의 이해와 흥미를 고려하여 요약해서 많이 나오고 있다.

『그림 그리는 아이 김홍도』『장보고』『홍길동』은 페이지당 글의 양과 그림 그리고 대화체와 직접 화법이 많이 쓰여서 초등학교 저학년과 유아도 즐겨 읽을 수 있게 되어 있다.

곽영권의 독특한 필치의 색상과 그림이 곁들여진『꽃동네 이야기』는 최귀동 할아버지의 일대기다. 일제의 고문으로 절뚝거리는 몸과 오락가락하는 정신을 갖게 된 최귀동 할아버지는 그런 가운데에서도 남을 도우며 살아간다. 그러다 오웅진 신부와 만나게 되는데, 걸인들을 위한 '꽃동네'를 만들면서 여러 어려움을 겪는다. 현지 답사와 고증이 기초가 되어 사실적으로 그려져 있다. 오갈 데 없는 사람들의 안식처인 꽃동네를 이룩하기까지의 오웅진 신부와 최귀동 할아버지의 노력이 잘 나타나 있다. 여백 처리와 그림, 내용의 구성으로 보아서 초등학교 2학년부터 고학년까지 볼 수 있다.

이외에도『알베르트 아인슈타인』『생명의 나무』『넬슨 만델라』『겨레의 큰사람 김구』『윤동주, 별을 노래하는 마음』『린드그렌, 삐삐 롱 스타킹의 탄생』『코코의 리틀 블랙 드레스』『도서관 할아버지』『책 민들레 엄대섭, 모두의 도서관을 꿈꾸다』『훈맹정음 할아버지 박두성』등이 있다.

그림 9-22
『우리 할아버지입니다』

※ 『우리 할아버지입니다』(김향이 글, 김재홍 그림, 삼성출판사, 2006)

금메달을 목에 걸고도 마음껏 기뻐할 수 없었던 일제시대 마라톤 영웅 손기정에 대한 이야기다. 어린 손자의 입을 통해 손기정의 삶을 들여다보도록 함으로써 스포츠 영웅으로서의 손기정이 아니라 어디서나 볼 수 있는 친근한 할아버지의 모습을 보여 준다. 이야기 전개와 어우러져 때로는 잔잔하게 때로는 장중하게 다가오는 아크릴 그림이 분위기를 잘 살리고 있다.

그림 9-23
『다이빙을 사랑한 한국인 소년 새미 리』

※ 『다이빙을 사랑한 한국인 소년 새미 리』(유보라 글, 이담 그림, 이재원 옮김, 보림, 2006)

1948년 런던 올림픽에서 다이빙 종목 우승자인 한국인 2세 새미 리의 실화를 다룬 그림책이다. 새미 리는 미국에서 1930년대 유색인종에 대한 심한 차별을 이겨 내고 고된 훈련을 통해 꿈을 이룬 한국계 스포츠 스타다. 밀랍을 이용한 독특한 방법으로 오래된 다큐멘터리를 보는 듯한 일러스트레이션이 돋보인다.

※ 『도서관 할아버지』(최지혜 글, 엄정원 그림, 고래가 숨쉬는 도서관, 2016)

그림 9-24
『도서관 할아버지』

국내 최초의 사립 어린이 전용 도서관인 인표어린이도서관을 지은 이인표 할아버지의 이야기다. 이인표 할아버지는 1922년 서울에서 출생하여 비교적 유복한 유년 시절을 보냈다. 어린 시절 엄격하고 종교적인 분위기의 가정에서 성장한 것이 사회 사업가로서의 길을 걷는 데 큰 영향을 미쳤다. 6·25 전쟁으로 부산으로 피난했을 때부터 국제시장에서 기업가의 길을 걷기 시작했다. 에스콰이아회사를 설립하여 사업가로 성공한 후 아이들을 위해 도서관을 짓는 일을 했다. 집이 가난하여 책을 볼 수 없는 아이들에게 인표어린이도서관은 꿈을 가꿔 가는 보물창고였고, 어른들의 보살핌을 받지 못하는 아이들에게 책을 가지고 놀 수 있는 즐겁고 따뜻한 놀이터였다. 우리 동포들이 사는 중국과 구소련 지역에도 도서관을 지었다. 이 책은 책의 소중함, 한 기업가가 사회를 바라보는 따뜻한 시선을 느낄 수 있다.

(2) 부분적 전기(partial biographies)

한 인물의 일생 중에서 어느 한 시기와 양상이나 개인의 특별한 주제에 더 많은 초점을 두고 쓰인 전기다. 즉, 나이 어린 독자를 위해서 개인의 성장기만을 다루거나, 한창 업적을 남기는 시절의 얘기만을 다룰 수 있다. 현재 살아 있는 인물의 전기도 여기에 들어간다. 예를 들면, 『책이 된 선비 이덕무』 『꿈의 궁전을 만든 우체부 슈발』 앤서니 브라운의 『나의 프리다』와 유아에게는 어렵지만 『안네 프랑크의 일기』 같은 자전적 이야기가 부분적 전기에 포함된다. 이외에도 『마틴 루터 킹』 『레이첼 카슨』 『엘리너 루스벨트』 『내 이름은 제인구달』 『해상시계』 『어린 식물박사』 『거위 아빠』 『나무들의 어머니』 『벼락을 훔친 벤저민 프랭클린』 『우리 삼촌은 앤디 워홀』 『지구 둘레를 잰 도서관 사서』 『TV를 발명한 소년』 『소리를 그리는 마술사 칸딘스키』 등이 있다.

그림 9-25
『나의 프리다』
앤서니브라운 (글 · 그림), 웅진주니어.

※ 『꿈의 궁전을 만든 우체부 슈발』(Cheval, Yume no Kyuden wo tateta Yubin-Haitatsu-fu, 2002, 오카야 코지 글, 야마네 히데노부 그림, 김창원 옮김, 진선출판사, 2004)

말수가 적고 사람들과 잘 어울리지 않고 약간 괴짜인 우체부 슈발이 엄청난 크기의 꿈의 궁전을 혼자서 짓게 되는 과정을 그리고 있다. 30세부터 우편 배달을 하다가 우연히 재미있는 모양의 돌을 발견한 후 돌을 모으기 시작한다. 우편물을 배달하면서 공상하던 궁전을 짓기 시작하여 33년 만인 76세 때 꿈의 궁전을 완성하고 무덤을 위한 건물도 완성한 후 세상을 떠난다. 45년이 지난 후 꿈의 궁전이 문화재로 지정되었는데, 꿈의 궁전 모습을 사진으로 보여 준다.

그림 9-26
『꿈의 궁전을 만든 우체부 슈발』

※ 『책이 된 선비 이덕무』(이상희 글, 김세현 그림, 보림, 2017)

이덕무의 삶을 그린 각 장면이 한 폭의 산수화 같은 그림책이다. 목멱산 밑에 서

그림 9-27
『책이 된 선비 이덕무』

얼로 태어나 지독히 가난하게 살았던 선비 이덕무는 협소한 방에서 종일 햇빛 드는 자리를 옮겨 가며 책을 읽었다. 책만 보는 바보 간서치라 불리면서도 항상 새로운 것을 받아들였던 이덕무는 대단한 독서가이자 문장가가 되었고, 정조가 그를 알아보고 규장각의 검서관으로 임명한다. 어린이들에게 책의 소중함뿐 아니라 몰입의 즐거움과 스스로 좋아하는 일을 찾아내는 힘을 길러 주는 책이다.

(3) 집합적 · 수집적 전기(collective biographies)

공통점을 가진 몇 사람의 일생을 간단하게 다룬 전기로서, 예를 들어 과학자, 대통령 부인들을 모아 놓은 경우다. 각 개인의 일생과 업적에 관한 주제를 강조한다. 『엄마 아빠가 들려주는 15명의 한국 위인 여행』(최정혜 글, 박의식 외 12인 그림, 은하수, 2000)과 위인들의 어린 시절만 엮은 『문익점과 목화씨』도 이러한 전기의 예가 될 수 있다. 전자는 고구려의 광개토왕부터 김유신, 강감찬, 문익점 등 우리나라 역사의 한 축을 빛낸 위인 15명의 이야기가 소개되고 있다. 『문익점과 목화씨』는 이율곡, 맹자, 이순신, 패러데이, 간디, 카네기, 아인슈타인의 얘기가 엮어져 있는데, 글씨 크기와 삽화, 내용으로 보아 초등학교 2~4학년 아동에게 적합하게 되어 있다. 『열 명의 왕』(밀턴 멜처 글, 베서느 앤더슨 그림, 이승숙 옮김, 한림출판사, 2007)은 고대부터 중세까지 함무라비, 칸, 루이 14세 등 역사 속의 왕들이 자신의 세계를 어떻게 통치하고 살았는지에 대해 소개한다. 『세상을 바꾼 위대한 책벌레들』은 지식탐구에 대한 열정과 호기심으로 독서를 즐겼던 위인 세종대왕, 이덕무, 링컨, 에디슨 등 7명 이야기가 소개된다.

이 밖에도 『정의의 힘으로 세상을 지킨 위인들』 『한국사를 뒤흔든 열 명의 예술가』 『시조와 만나는 위인 이야기』 등이 있다.

4) 전기의 평가 준거

서덜랜드는(1997)는 좋은 전기의 세 가지 필수 요소를 역사(history), 사람(person), 문학적 예술품으로 보았다. 즉, 사실들이 출처가 분명해서 신빙성이 있고 입증할 수 있어야 하며, 인물은 전형적인 모범인물형이 아니라 하나의 개인 인격체로 여겨져야 되고, 전기가 하나의 문학적 예술품이 되어야 한다고 하였다. 이것은 전기의 특징이기도 하지만 평가 준거로도 활용된다.[14)]

(1) 역사로서의 전기

① 신빙성

전기가 한 개인의 일생을 다룬 역사라면 정확하고 신빙성(anthenticity)이 있어야 한다. 이 정확성이야말로 전기에서 가장 중요한 것이다. 그렇게 정확하고 믿을 만하려면 작가는 많은 연구를 해야 하는데, 이것은 작가가 쓰려고 하는 인물이 어떤 공헌을 했느냐에 따라 또 그 인물에 대한 기록이 잘 보관되었을 때 살았느냐에 따라 그 적용은 매우 다양하다.

일반적으로 전기가 신빙성이 있으려면 그 인물의 일기, 편지, 면담 자료, 다른 저술 작품들을 잘 사용함으로써 가능해진다. 그러나 유아를 위하여 쓰인 전기는 작가가 나이 어린 독자를 위해 정보를 단순화하기 때문에 정확하거나 신빙성이 있는 것으로 생각되는 경우는 그리 흔하지 않다.

그렇다고 해서 정확성만을 고려한다면 유아는 별 흥미를 느끼지 못할 것이다. 유아의 흥미를 끌기 위해서는 어린이가 듣고 싶어 하는 인물의 이야기를 해야 하는데, 어른이 흔히 '위인'이라고 부르는 사람의 생애가 항상 어린이를 열중하게 하고 재미를 느끼는 모험으로 가득 차 있는 것은 아니다. 그리고 사실적으로만 쓰였다면 더욱 흥미를 느끼지 않는다. 위인의 생애를 어린이에게 흥미 있게 알리기 위해 노력하다 보면 지나치게 단순화하게 되고, 나아가 그들의 위대한 속성들이 설명되지 않고 처리되는 경우가 많다. 아이들은 빨리 움직이는 이야기를 좋아하므로 일기나 잡지 등 자료에 근거하여 대화체를 많이 사용하여 쓴다면 신빙성도 있으면서 생생하고 재미있는 전기가 될 수 있다.

유아를 위하여 전기를 쓴다는 것이 쉽지는 않지만 여러 가지 자료, 즉 편지나 일기 그 밖에 개인적인 기록을 찾아내어 이용하면, 얘기 속에서 친근감과 구체성과 절실한 감동을 더 느낄 수 있게 할 수 있다.[15)] 그 사건과 행동들이 실제로 일어난 일이므로 독자가 더 흥미를 느낄 수 있기 때문이다.

③ 객관성

모든 자료들이 인간의 마음을 통해 여과되고 해석되므로 좋은 전기 작가들은 그들 자신의 편견에 의해 어떤 사실이 써진 게 아닌지 항상 주의해야 한다. 증거가 없는 것에 대한 해석을 내릴 때에도 너무 개인적인 의견을 내놓지 않도록 해야 한다.

인물의 행동이 모호한 것처럼 보일 때 작가는 모순되는 증거들을 가지고 심사숙고해야 하며, 어느 한쪽으로 치우치게 편들거나 해서는 안 된다. 객관성(objectivity)을 유지하기 위해서 전기 작가들은 인물이나 주변 사람에 의해 기록된 말들과 생각들만 기록해야 할 것이다.

③ 고증

많은 사람이 좋은 전기의 가장 중요한 두 가지 요소로서 얼마나 정확하게 썼느냐와 얼마나 고증(documentation)을 많이 이용했느냐를 본다. 요즈음은 전기 밑에 각주나 도서목록을 달기도 한다. 하지만 유아가 각주를 보는 것과는 관계없이 작가의 질적인 역량에 감명을 받았는지는 중요하지 않다. 중요한 것은 과거와 달리 현재의 전기 작가나 출판자들이 독자의 나이 제한 안에서 가능하면 가장 좋은 전기를 읽혀야겠다는 관심을 점점 많이 가지고 있음을 보여 주는 것이라 하겠다.

유아를 위한 전기도 역사적 고증을 충실히 하여 생활 습관이나 의상 등을 정확하게 다루어야 하며, 그림에서도 나타날 수 있도록 해야 한다.

(2) 한 사람을 다루는 것으로서의 전기

한 사람의 역사를 다룬 전기가 지나치게 모범적인 면만 강조하는 것은 좋지 않다. 많은 전기 작가들은 주인공이 실수도 잘하고 약점이 있는 인간으로 보기보다는 모범적인 전형 인물로 그려 놓는 경우가 많아서 실패나 죽음을 묘사하지 않는 경우가 있다. 그러나 독자가 위인들의 실패나 죽음이 우리가 살아가는 삶의 한 부분이며 무시할 수 없다는 것을 이해하도록 돕는다.

우리나라 위인전의 큰 병폐가 '위인예정론'[16]이었다. 즉, 위인은 어렸을 때부터 다르다는 인식을 주고, 태몽의 과장된 표현과 어릴 때의 행동을 특출하게 표현하는 것이다. 어린이에게 위인은 하늘로부터 점지된다는 숙명론을 받아들이게 하는 잘못이 있다. 우리나라의 위인을 돋보이게 하기 위하여 외국 위인과 같은 행동을 억지로 꾸며 낸 부분이 있다. 예를 들면, 백범의 어릴 때 이야기를 미국 워싱턴의 어릴 때 이야기와 혼합시키는 것이다. 즉, '아버지는 창암이가 정직하게 말하자 부드럽게 타일렀습니다.'[17]라든지 '음, 역시 내 아들이구나! 정직하게 말할 줄 아니….'[18]라는 태도는 올바른 위인의 모습, 백범의 참모습을 해치고 있으며, 위인의 사대주의를 조장하고 있다.

전기에 나타나는 한 개인에 대해 좋은 점만 소개하는 게 아니라 전체 인간으로 믿게 만드는 가장 좋은 방법은 풍부하고 생생하게 세부적인 것을 묘사하는 것이다. 의상이나 그 시대의 역사적 사실들과 주인공의 성격을 나타낼 수 있는 일화들과 언어가 생생하면서도 풍부해야 한다.

(3) 문학으로서의 전기

전기는 문학 장르에 속하기 때문에 다른 문학작품처럼 치밀하게 계획하여 이야기를 꾸미게 된다. 즉, 등장인물과 주제가 있으며 주제와 쓰인 형식에 의해 얻어지는 조화가 있어야 한다.

전기는 고증되고 기록된 사실에 기초해야 하므로 작가는 기록된 자료들을 모아야 하고 모든 증거를 검토해야 한다. 그러나 거기에서 그치는 게 아니라 주인공을 가장 진실하게 표현할 수 있는 세부사항들을 선택해야 한다. 따라서 전기는 역사적 사실들과 기록들을 선택하고 조직한다는 점에서 순수한 역사적 사실만을 기록하는 것이 아닌 예술작품이 되는 것이다.

작가가 모든 자료를 읽고 조직해 가면서 점차 주제가 발전되어 간다고 볼 수 있다. 전기의 주제는 전기 작가에 의해 보이는 한 개인의 삶에 대한 중요하고도 근본적인 진술을 하게 된다. 물론 이런 주제가 한 개인의 삶에 대한 전체적인 진실일 수는 없지만, 작가에 의해 쓰인 인물에 대해서 통일된 관점으로 독자에게 전달하게 한다.

전기가 문학이므로 독자가 읽기에 즐거운 형식을 가지고 있어야 한다. 문체가 읽기에도 좋고 이야기의 소재나 분위기에 맞도록 적절하게 쓰여야 한다.

미주

1) Sutherland, Z. (1997). ***Children and books*** (9th ed.). NY: Addison Wesely Longman, Inc., p. 318.
2) 김요섭(1986). 현대동화의 환상적 탐험. 오늘의 고전 2. 한국문연.
3) Bettelheim, B. (1977). *The uses of enchantment: The meaning and importance of fairy tales.* N.Y.: Random House Inc. Vintage Books. 김옥순, 주옥 옮김(1998). 옛이야기의 매력. 시공주니어.
4) 유경환(1970). 기법상의 소재로서 환상과 현실. 아동문학사상 I. 보진재, p. 57.
5) 김종상(1989). 삶의 현실과 문학의 현실. 한국아동문학, 20. 한국아동문학가협회, pp. 3-35.
6) 윤수천(1989). 꿈과 용기, 희망을 주는 문학. 한국아동문학, 20. 한국아동문학가협회, pp. 64-72.
7) Crain, W. C. 서봉연 옮김(2007). 발달의 이론. 중앙적성출판부, p. 116.
8) Dewey, J. (1956). *The Child and curriculum and society.* Chicago Press, pp. 116-129.
9) Mitchell, L. S. (1921). *Here and now story book: Two through seven-year-olds.* E. P. Dutton & Company, Inc. 이상금, 장영희(1986). 유아문학론. 교문사에서 재인용, p. 203.
10) 박상규(1989). 외면할 수 없는 현실. 한국아동문학, 20. 한국아동문학가협회, pp. 82-87.
11) Stewig, J. W. (1996). Gay and lesvians in books for young readers: a dilemma for publishers, teachers and librarians in the United States. *Telling a tale.* 25th IBBY 총회 발표자료.
12) Russell, D. L. (2005). *Literature for children: a short introduction* (5th ed.). Boston, MA: Allyn & Bacon, Pearson Education, Inc., pp. 243-244.
13) Russell, D. L. (2005). *Literature for children: a short introduction* (5th ed.). Boston, MA: Allyn & Bacon, Pearson Education, Inc., pp. 244-245.
14) Sutherland, Z. (1997). ***Children and books*** (9th ed.). NY: Addison Wesely Longman, Inc., pp. 420-422.
15) Smith, L. H. (1953). ***Children's literature.*** 김요섭 옮김(1990). 아동문학론. 교학사, pp. 256-258.
16) 이주영(1988). 우리나라 위인전. 감동을 주는 동화. 어린이와 책, 11집. 어린이도서연구회 엮음, pp. 10-17.
17) 김인수 글, 이규성 그림(1986). 김구. 예문당, p. 10.
18) 김인수 글, 이규성 그림(1986). 김구. 예문당, pp. 22-23.

요약

사실문학은 사실적 동화, 소년소녀 소설로도 불리는 것으로 사실적인 현실 세계에서 일어날 수 있는 일들이 작가의 상상력에 힘입어 쓰인 것이다. 유아를 위한 사실문학에는 사실동화와 전기가 포함된다. 유아는 환상적인 세계뿐 아니라 사실적인 유아의 주변 세계에서 문제가 되는 일들이 다루어진 책도 만나야 한다. 동일시를 더 잘할 수 있고 인생에 대한 통찰과 이해를 넓혀 주며 정서적 안정감도 더 많이 얻을 수 있기 때문이다.

연구문제

01 사실동화 그림책 두 편을 읽고 사실동화의 특징을 예를 들어 설명하시오.

02 전기가 유아보다 초등학교 아동에게 더 이상적인 이유를 설명하시오.

03 유아에게 적합한 전기를 하나 골라서 읽고 그림과 본문의 내용을 관련지어 평가해 보시오.

제10장

정보 그림책

일반적으로 어른들은 정보를 주는 책이나 비허구적 이야기를 문학으로 간주하지 않는다. 그것이 역사와 과학과 특정 인물의 일생에 대해 매우 훌륭하게 쓰였다고는 하지만, 어른들을 위한 지식을 주는 책들은 기능적인 것만 받아들이게 되고, 미학적인 측면은 요구하지 않기 때문이다.[1] 우리는 정보를 주는 책을 주로 특별한 지식을 얻기 위해서 보는 것이지, 예술적으로 즐기려고 보지는 않는다. 그러나 유아문학 영역에서는 정보를 주기 위해 쓰인 책이지만 단순히 정보를 얻는 그 이상의 것이 항상 담겨 있다. 그 이유 중 하나는 아이들 자신이 허구와 비허구를 구별하지 못하기 때문이기도 하다.

엄밀한 의미에서 정보 그림책(informational book)을 유아문학의 범주로 포함하기 어려울 때가 많다. 정보 그림책은 저자가 독자에게 전달하고 싶은 지식을 기술하고 있기 때문이다. 그러나 다른 이야기책에는 작가가 들려주고 싶은 이야기를 상상력을 동원하여 다루므로 가장 중요한 문제가 문학이라는 예술적 측면을 강조하게 되는 것이다. 예술적 · 미학적 측면은 정보 그림책을 쓰는 저자에게는 최대 관심사가 아니며, 이들에게 가장 중요한 것은 쓰려고 하는 특정 분야의 지식을 어떻게 하면 정확하게 전달하느냐에 있다.

하지만 정보 그림책은 꾸준히 유아들이 즐겨 읽고 있고 부모나 교사도 권장하는 책이다. 유아는 이러한 책을 봄으로써 알고 싶은 세계에 대한 호기심을 충족시키며, 더 진보된 지식의 세계에 눈을 돌리기도 한다. 정보 그림책이 유아를 위한 것일 경우, 특히 그림이나 사진이 아름다우면서도 정확하며 여백 처리가 적절히 된 경우에는 하나의 예술품으로서 가치를 가지게 된다.

사실 유아문학에서는 정보 그림책인지 환상 이야기인지 그 경계를 구별하기 어려운 책도 많다. 예를 들어, 유애로가 쓰고 그린『갯벌이 좋아요』는 환상동화의 요소가 많이 가미되어 있으면서도 갯벌 속에서 사는 생물의 모습을 보여 주고 있다. 이런 책들은 생물학적 지식을 비롯하여 생태계에 관한 정보를 잘 조직해서 정확하게 알려 줄 뿐 아니라 말할 수 없는 생물들의 대화를 통한 형식은 환상적이기까지 하다.

스미스(L. H. Smith)[2)]는 정보 그림책이 유아를 위하는 것일 때 저자는 대상 연령 어린이를 생각하고 제재(題材)를 단순하게 해야 하므로 거의 문학이 되지 않는다고 하였다. 또 그 책이 쓰인 세대 동안에도 생명을 지속하기가 어렵다고 얘기하고 있다. 하지만 그림과 사진이 함께하며, 의인화된 동물이 등장하는 등의 환상적인 요소가 가미되고, 정보도 주어서 유아가 즐겨 읽는다면 유아문학 장르에 포함시킬 수 있다.

1. 정보 그림책의 교육적 의의

유아문학의 범주에 넣기 어려우면서도 문학교육과정에 정보 그림책을 포함시키는 이유는 다음과 같다.

첫째, 허구적인 얘기(fiction)처럼 우리의 삶 자체를 다루기 때문이다. 특히 자연과학 분야에서 생물에 관한 것은 우리 자신의 얘기다. 내 주변의 동물과 식물의 성장 과정과 종류를 알 수 있고, 변화해 가는 자연현상은 우리가 직접 체험하고 있는 세계이므로 매우 흥미있는 지식이 될 수 있다.

둘째, 정보 그림책이 흥미를 불러일으키며 유아에게 즐겨 읽히는 좋은 책이라면, 허구적인 얘기와는 객관적으로 좋은 대조를 이루어서 사실과 허구의 구별을 잘할 수 있도록 도와주기 때문이다. 유아에게 사실과 허구에 관한 책 사이의 관계를 확실하게 알 수 있도록 해 주는데, 정보 그림책은 실제적인 사실과 진리들을 실용성 측면에서 보여 준다.

셋째, 정보 그림책은 독자에게 많은 정보와 지식을 주기 때문에 가치가 있다. 어느 나라를 막론하고 모든 유아에게 공통된 하나의 특성은 호기심인데, 이러한 호기심을 충족시켜 주기 때문이다.

2. 정보 그림책의 종류

정보 그림책은 매우 광범위하고 다양하다. 사회과학 분야로는 유적, 지리학, 인간의 과거 역사, 지역에 따른 인종 · 나라별 특성들이 포함될 수 있다. 자연과학 분야에는 우주과학으로 해, 달 및 행성들을 다룰 수 있으며, 생물과학 분야로는 동물과 식물의 세계가 그 종류별로 어떻게 성장해 가는지 등을 살펴볼 수 있고, 변화해 가는 자연현상과 환경 문제도 포함할 수 있다. 생리학적으로 유기체의 기관이나 인간의 소화 및 순환 기능과 공학 측면에서 전기 · 자석 · 전지의 힘을 다룰 수 있으며, 종교 · 예술 및 여가활동으로서의 스포츠 등도 포함할 수 있다. 그 밖에 유아가 만들고 싶어 하는 것이나 실험 등 주변 세계에 대하여 알고 싶어 하는 모든 것이 포함될 수 있다.

우선 나이가 어린 유아에게 보여 줄 수 있는 정보 그림책을 살펴보고자 한다. 이들에게는 숫자라든지 글자를 구성하는 자음과 모음이 있는 책을 권할 수 있으며, 색, 모양, 크기에 관련된 간단한 개념 책들을 소개하면 좋을 것이다. 제12장에서도 수학교육과 과학교육 내용이 포함된 그림책을 소개하고 있으므로 참조하기 바란다.

1) 수 세기

유아들이 수에 대해서 알 수 있는 정보 그림책으로는 『하나 하면 하나 있는 것은』 『한조각 두조각 세조각』 『가족 1 2 3』 『이상한 나라의 숫자들』 『함께 세어 보아요』 『1, 2, 3 숫자들이 사는 집』 『잘잘잘 123』 『앵무새 열 마리』 『세어요』 『100층짜

그림 10-1
『1, 2, 3 숫자들이 사는 집』

리 집』『깊고 깊은 산 속에 하나 둘 셋』『조니는 혼자가 좋아』 등이 있다.

※ 『1, 2, 3 숫자들이 사는 집』(크베타 파코브스카 글 · 그림, 한미희 옮김, 시공주니어, 2012)

화려한 색감과 감각적인 그림들이 눈을 즐겁게 한다. 1부터 10까지 점점 많아지는 동그라미 외에 들어 올리고 문을 여는 플랩북 형식이 호기심을 충족시켜 준다.

그림 10-2
『하나 하면 하나 있는 것은』

※ 『하나 하면 하나 있는 것은』(임석재 시, 인강 그림, 웅진닷컴, 2004)

수수께끼 형식의 임석재 동시'수세기'를 엄마와 아기가 서로 묻고 답하며 놀 수 있도록 꾸민 정보 그림책이다. 엄마와 아기가 하나에서 여덟까지 손가락을 꼽으며 흥겹게 놀면서 서로 '질문하고 답하는' 형식으로 꾸며져 있고 입체감 있는 그림들로 되어 있다.

※ 『한조각 두조각 세조각』(김혜환 글 · 그림, 지경사, 1999)

그림 10-3
『한조각 두조각 세조각』

자연염색한 조각보로 만든 숫자 그림책이다. 헝겊 한 조각을 사용한 그림부터 빨강, 검정 두 조각을 사용한 그림, 빨강, 검정, 청색 등 세 조각을 사용한 그림, 15조각을 사용한 그림까지 숫자와 색깔별로 엮고, 사용한 색 이름을 덧붙였다.

2) 글자(알파벳)

유아에게 한글의 자음을 알려 주는 그림책으로 『개구쟁이 ㄱㄴㄷ』『준영 ㄱㄴㄷ』『기차 ㄱㄴㄷ』『생각하는 ㄱㄴㄷ』『맛있는 ㄱㄴㄷ』『훈민정음 ㄱㄴㄷ』『움직이는 ㄱㄴㄷ』『행복한 ㄱㄴㄷ』『우리엄마 ㄱㄴㄷ』 등이 있다.

※ 『행복한 ㄱㄴㄷ』(최숙희 글 · 그림, 웅진주니어, 2014)

ㄱ부터 ㅎ까지 첫소리가 같은 단어들로 고마워, 나눠 먹자, 도와줄게 등 한창 말을 배우는 시기에 서로 마음을 나누고 함께하는 따뜻한 마음까지 보여 준다. 그리고 그림에 등장 하는 동물들도 ㄱ은 거북, ㄴ은 낙타, ㄷ은 달팽이, 도마뱀 등으로 글과 그림에 통일감이 있다.

※ 『개구쟁이 ㄱ ㄴ ㄷ』(이억배 글 · 그림, 사계절, 2005)

한글 자음'ㄱ~ㅎ'을 재미나게 배우는 그림책이다. '기웃기웃' 구멍 속에 들어간 고양이를 찾는 아이는 도깨비와 동물들을 만나 한바탕 신나게 노는데, 자음의 이름과 자음이 들어간 글자를 배울 수 있도록 구성하였다. '고양이' '도깨비' '비눗방울'과 같은 이름에서부터 '출렁출렁' '쿵쾅쿵쾅' '펄럭펄럭'과 같은 흉내말까지 다양한 글자를 접할 수 있다. 글자를 처음 배우는 아이들에게 읽는 재미와 말맛을 느끼게 하는 그림책이다.

그림 10-4
『개구쟁이 ㄱ ㄴ ㄷ』

※ 『생각하는 ㄱ ㄴ ㄷ』(이지원 글, 이보나 흐미엘레프스카 그림, 논장, 2005)

글자와 연관된 사물을 재미있게 배우는 특별한 그림책이다. 'ㄱ'을 소개하는 페이지에는 개미, 가시, 고양이, 가방처럼 'ㄱ'으로 시작하는 단어를 ㄱ 모양으로 그렸다. 'ㄱ'이 들어가는 단어 9개와 'ㄱ'으로 시작하는 색깔 갈색이 한 칸 담겨 있다. 'ㄱ'이 들어가는 단어로 구성된 문장을 읽고, ㄱ 모양 그림을 보면서 단어를 떠올리고, 다시 그 단어가 쓰인 상황을 ㄱ 모양에 맞춰 연상하는, 여러 겹의 상상력이 각 장마다 펼쳐진다. 글자를 처음 배우는 아이들에게 생각하는 재미를 느끼게 한다.

그림 10-5
『생각하는 ㄱ ㄴ ㄷ』

3) 명명하기

동물, 식물, 사람, 사물의 이름을 알려 주는 책으로 영아를 위한 책이 주로 많다. 사계절, 두산동아, 느림보 출판사, 보리 출판사에서 세밀화로 그린 보리 아기 그림책이 『숲에 누가 있을까?』『냠냠냠 쪽쪽쪽』『누가 놀러 왔나요?』 등의 시리즈로 나오고 있고, 그 외에 『누구 엉덩이?』『누구 게?』『큰말 작은말』『눈코입』『쭉쭉쭉』 등이 있다.

그림 10-6
『숲에 누가 있을까?』

※ 『숲에 누가 있을까?』(토마소 레벤테 타니 글 · 그림, 김현주 옮김, 아지북스, 2012)

여름 숲에 사는 동물들을 구멍을 통한 단서로 어떤 동물일지 맞추는 수수께끼 형식의 놀이 그림책이다. "수풀 사이에 숨은 건 누굴까?"처럼 동물의 특징을 얘기하고 "누굴까?"하고 물으면 두 번씩 반복해서 대답하는 리듬감이 있다.

그림 10-7
『냠냠냠 쪽쪽쪽』

※ 『냠냠냠 쪽쪽쪽』(문승연 글 · 그림, 길벗어린이, 2008)

질문에 대답하는 형식으로 과일 이름을 하나씩 보여 준다. 반복된 질문과 의성어, 의태어가 청각을 자극하고 선명한 과일 색상과 자른 단면은 시각을 만족시켜 준다.

그림 10-8
『바다에 가 보았니?』

※ 『바다에 가 보았니?』(차보금 글, 윤봉선 그림, 사계절, 2005)

질문에 답하는 형식으로 바다에 사는 생물의 특징을 간단한 설명과 함께 그림으로 제시하고 있다.

4) 색

색을 알려 주는 그림책으로 『내 공은 어디에?』『빨강도깨비 파랑도깨비 노랑도깨비』『까만 크레파스와 요술기차』『빨강, 파랑 세상의 모든 색』『색깔이 뱅글뱅글』『색깔을 만드는 아기 고양이』『왜 색깔은 이렇게 아름다울까?』『새콤달콤 색깔들』『빨강, 파랑 색깔』『꽃이 핀다』『우리 엄마 어디 있어요?』『화물열차』『색깔 마법사』『일곱 빛깔 요정들과 까망 마녀』『그럼 오렌지는?』 등이 있다.

❈ 『꽃이 핀다』(백지혜 그림, 보림, 2007)

그림 10-9
『꽃이 핀다』

우리 산과 들에서 자라는 꽃과 열매, 잎에 담긴 고운 빛깔을 한데 담아낸 그림책이다. 매 장마다 자연에서 찾은 열세 가지 색깔의 꽃을 전통 채색화 기법으로 그려서 우리 고유의 색을 섬세하게 표현했으며, 꽃에 걸맞는 시적인 글과 색깔에 대한 우리 조상들의 생각과 꽃에 대한 정보를 함께 실었다. 우리 고유의 색감을 재현하기 위해 전통적인 천연물감만으로 그림을 그렸다.

❈ 『우리 엄마 어디 있어요?』(기도 반 게네흐텐 글 · 그림, Klein wit visje, 서남희 옮김, 한울림어린이, 2004)

그림 10-10
『우리 엄마 어디 있어요?』

0~3세 유아들에게 색깔을 알려 주는 그림책이다. 엄마를 잃어버린 아기 물고기 하양이가 엄마를 찾아다니는 이야기다. 엄마 찾기 여정을 통해 빨주노초파남보 무지개 색깔을 자연스럽게 알게 된다.

❈ 『그럼 오렌지는?』(이호백 글, 이석연 그림, 재미마주, 2017)

그림 10-11
『그럼 오렌지는?』

책장을 넘기며, 색깔과 모양을 물어 호기심을 유발하는 그림책이다. '파란 건 하늘' 정말 시원한 하늘이다. 사과 모양이 나오면서 '빨강은?' 하고 묻으면서 대답은 저녁노을이 사과처럼 생긴 구멍으로 보인다. 선명한 색깔들이 새벽과 낮과 저녁과 밤, 봄의 들판과 여름의 황토, 가을의 호수와 겨울의 하얀 들판 등을 나타낸다. 그리고 과일 모양의 구멍과 질문이 궁금증을 더한다. 사과, 레몬, 포도, 복숭아, 아보카도 그리고 오렌지가 나오며 "그럼 오렌지는?" 하고 묻는데 답의 의외성이 웃음을 자아낸다. 색깔을 이야기하는 책이지만 독창적이고 유머가 함께하는 그림책이다.

5) 크기 · 양 · 모양 · 위치

크기, 양, 모양과 위치에 관한 책으로 『난 크다』『형은 크다 나는 작다』『티치』『동그라미 세모 네모 이야기』『아마도 세상은』『동그라미, 세모, 네모가 모여서』『세모 네모 모양』『자꾸자꾸 모양이 달라지네』『아래로 아래로』『아래로 쪼르르!』『얼마나 무거울까?』『나는 큰 걸까, 작은 걸까?』『내 키가 더 커』『세모』『네모』 등이 있다.

그림 10-12
『동그라미, 세모, 네모가 모여서』

※ 『동그라미, 세모, 네모가 모여서』(정명순 글, 박수지 그림, 점자, 2013)

동그라미, 세모, 네모가 손으로도 만질 수 있게 입체로 표현하여 유아의 호기심을 자극한다. 알록달록한 색감과 기본 도형으로 여러 가지 모양을 다양하게 만들어 상상을 더하고 시각장애아동도 함께 읽을 수 있다.

그림 10-13
『아래로 아래로』

※ 『아래로 아래로』(에른스트 얀들 글, 노르만 융에 그림, Antioden, 박상순 옮김, 비룡소, 2001)

한 장의 종이, 그 아래 또 한 장의 종이로 시작해서 탁자, 바닥, 방, 지하실, 지구까지 아래의 개념을 계속 알아 가는 과정을 보여 주는 그림책이다. 책의 앞과 뒷부분에서 시작하여 가운데 지구에서 만나도록 꾸며져 있다.

※ 『세모』(맥 바넷 글, 존 클라센 그림, Triangle, 서남희 옮김, 시공주니어, 2018)

세모, 네모, 동그라미 모양의 삼부작 중 첫 번째 그림책이다. 세모 책에 네모가 등장하고 네모 책에 동그라미가 등장하여 이야기를 만든다. 모양이 의인화되어 환상적 요소를 곁들여서 모양을 설명한다. 세모가 네모에게 장난을 치는 이야기다.

뱀을 무서워하는 네모에게 뱀 소리를 내며 놀라게 하자 네모는 세모를 뒤쫓아 가다 세모 문에 끼고 만다. 집 안이 어두워지자 세모가 무서워하고 네모는 통쾌해 한다.

그림 10-14
『세모』

6) 교통기관

교통기관을 알리는 책으로 『출발! 달려라 기차』 『아기곰이 하늘을 날아요』 『삐뽀삐뽀 도와주는 차』 『칙칙폭폭 꼬마 기차』 『기차가 칙칙폭폭』 『탈것은 다 다르고 특별해!』 『삐뽀삐뽀 불자동차』 『트럭』 『후루룩~ 냠냠 라면 기차』 등이 있다.

그림 10-15
『삐뽀삐뽀 불자동차』
정하섭 (글 · 그림), 비룡소.

그림 10-16
『탈것은 다 다르고 특별해!』

그림 10-17
『트럭』

※ 『탈것은 다 다르고 특별해!』(셰리 새프런 글, 엠마 데이먼 그림, All Kinds of Transport, 2006, 고수미 옮김, 미세기, 2007)

자동차, 버스, 전차, 기차, 바퀴 달린 것, 배와 비행기 등의 여러 가지 교통수단에 대해 알 수 있고 열고 잡아당기는 입체북 형태로 호기심을 높인다. 그리고 탈것을 이용하는 나라마다 특별한 점도 함께 보여 준다.

※ 『트럭』(도널드 크루즈 글 · 그림, Truck, 시공사, 1996)

글 없는 커다란 장난감 같은 그림책이다. 화물 적재소에서 세발자전거를 실은 커다란 트럭이 교통신호와 표지를 따라 터널도 지나고, 오르막길과 내리막길을 달려서 휴게소도 가고, 주유소도 거치고, 시골길도 지나서, 안개가 자욱한 도시로 들어온다. 트럭은 처음 떠날 때와 똑같은 모습으로, 똑같은 크기로 화면에 자리한다.

7) 동식물 등 생태

그림 10-18
『나무하고 친구하기』
퍼트리셔 로버 (글), 홀리 켈러 (그림), 비룡소.

그림 10-19
『곤충과 놀자』

그림 10-20
『미산 계곡에 가면 만날 수 있어요』

생물의 생태에 대한 정보를 주는 그림책으로는 『매우 배가 고픈 애벌레』 『선인장 호텔』 『봄날, 호랑나비를 보았니?』 『강아지가 태어났어요』 『엄마가 알을 낳았대』 『곤충과 놀자』 『개미가 날아올랐어』 『새들아 어디 사니』 『미산 계곡에 가면 만날 수 있어요』 『물고기 방귀』 『나무하고 친구하기』 『나무』 『청개구리 여행사』 『개와 고양이 내가 가르쳐 줄까?』 『나야, 고릴라』 『내가 보이니?』 『도둑고양이 연구』 『나뭇잎 마술』 『무슨 구멍일까?』 『날아라 왕잠자리』 등이 있다.

❈ 『곤충과 놀자』(도다 고시로 글 · 그림, 김정화 옮김, 사계절, 2011)

어릴 적 산과 강을 쏘다니며 벌레와 놀던 평범한 경험을 바탕으로 쓰여졌으며 도감이 아닌 관찰일기 같다. 주변에서 흔히 볼 수 있는 매미, 여치, 나비, 잠자리 등의 곤충을 쉽게 알려 준다.

❈ 『미산 계곡에 가면 만날 수 있어요』(한병호 글 · 그림, 고광삼 사진, 보림, 2001)

강원도 인제군 상남면 미산리에 있는 미산 계곡에서 만날 수 있는 물고기들을 소개한 정보 그림책이다. 작가가 10년이 넘게 미산 계곡에 다녔던 경험을 바탕으로 미산 계곡에서 가장 쉽게 만날 수 있는 물고기인 갈겨니, 피라미, 돌고기, 가는 돌고기, 모래무지, 새코미꾸리, 참종개 등의 생태 이야기를 섬세한 그림과 함께 담았다.

※ 『강아지가 태어났어요』(조애너 콜 글, 제롬 웩슬러 사진, My Puppy is Born, 이보라 옮김, 비룡소, 2000)

강아지가 태어나는 과정을 쉬운 언어와 깔끔한 사진으로 꾸민 정보 그림책이다. 얇은 주머니에 들어있다가 엄마 개의 배 속에서 나온 강아지는 탯줄이라는 관으로 엄마 개와 연결되어 있다. 엄마 개는 강아지들 곁에 바짝 붙어서 젖을 먹이고, 깨끗하게 닦아 주기도 하는데, 강아지가 혼자 걷고, 이빨이 나서, 엄마 개의 곁을 떠날 때까지의 과정을 담았다.

그림 10-21
『더 높이, 더 멀리』
장 피에르 베르데 (글), 피에르 봉 (그림), 파랑새어린이.

8) 자연현상과 우주

자연현상과 우주 과학에 관한 그림책으로는 『지구와 하늘』『천둥과 번개는 왜 생길까요?』『사계절』『쓰나미』『달은 어디에 떠 있나?』『물 한 방울』『눈 결정체는 어떻게 생겼을까요?』『지구는 대단해』『더 높이, 더 멀리』『별똥별 아줌마가 들려주는 우주 이야기』『지구 반대쪽까지 구멍을 뚫고 가 보자』『바다로!』 등이 있다.

그림 10-22
『지구 반대쪽까지 구멍을 뚫고 가 보자』

※ 『지구 반대쪽까지 구멍을 뚫고 가 보자』(페이스 맥널티 글, 마르크 시몽 그림, How to Dig a Hole to the Other Side of the World, 박정선 옮김, 서돌, 2005)

땅을 계속 파고 들어간다면 어떻게 되는지 설명이 잘 되어 있다. 맨 위 흙인 표토로 시작해 지각을 지나 맨틀, 외핵, 내핵인 지구 한가운데로 갈수록 필요한 장비도 많아지고 지구안의 생김새도 다르다. 지구 한가운데로 들어간다는 호기심과 모험이 신선하다.

그림 10-23
『달은 어디에 떠 있나?』

※ 『달은 어디에 떠 있나?』(정창훈 글, 장호 그림, 웅진주니어, 2007)

오늘 밤에는 어떤 달이 떠 있나 물음을 던지면서 초승달, 반달, 보름달, 그믐달을 설명한다. 이외에도 달이 지구를 한 바퀴 도는 데 걸리는 29일, 달의 움직임으로 만든 음력, 썰물과 밀물 등 달에 대해 궁금한 것들을 그림으로 자세히 보여 준다.

9) 우리나라의 문화

우리나라 고유의 문화를 알 수 있는 그림책이 많이 나와 있는데, 그 예로 『화각 삼층장 이야기』 『돌잔치』 『씨름』 『숨쉬는 항아리』 『우리는 집 지킴이야』 『판소리-조선 팔도를 울리고 웃기다』 『부엌 할머니』 『창덕궁 나들이』 『설빔』 『떡잔치』 『한지돌이』 『도산서원』 『새색시』 『경복궁』 『수궁가』 『십장생을 찾아서』 『시금털털 막걸리』 『열두 달 김치 이야기』 등이 있다.

그림 10-24
『설빔』

※ 『설빔』(배현주 글 · 그림, 사계절, 2007)

장식미 넘치는 고운 그림으로 한복의 우아한 자태를 보여 주면서 간결하고도 함축적인 글로 설빔을 입는 아이의 흥분과 기쁨을 고스란히 표현하고 있다. 혼자 힘으로 치마저고리 입는 일부터 머리단장까지 차례차례 해 나가는 아이의 야무진 모습을 통해 한복의 매력에 흠뻑 취하게 되는데 반닫이, 촛대, 보료, 조각보와 같은 전통 살림방 장식소품도 놓칠 수 없는 볼거리다.

그림 10-25
『도산서원』

※ 『도산서원』(라현선 글, 제소라 그림, 초방책방, 2004)

퇴계 이황 선생님이 설계도를 그려서 3년 만에 지은 도산서원을 소개하는 그림책으로, 부드럽고 정교한 세밀화를 통해 도산서원의 소박한 모습을 담았다. 유정문, 암서헌, 연못 정우당, 온돌방, 완락재, 농운정사, 진도문, 전교당, 고직사 등 도산서원의 구석구석을 여러 각도에서 상세히 그려 설명하고 있다.

그림 10-26
『십장생을 찾아서』

※ 『십장생을 찾아서』(최향랑 글 · 그림, 창비, 2007)

같이 놀이터에도 놀러가고 아이스크림도 사 먹던 할아버지가 병원에 입원하던 날, 소녀는 허전한 마음에 텅 빈 방에서 할머니의 반짇고리를 열어 본다. 학이 수놓인 비단 주머니가 눈에 띄었다. 소녀가 자수 부분을 조심스럽게 매만지자 갑자기 그 학이 마법처럼 주머니에서 빠져나온다. 할아버지에게 십장생을 선물하자는 학의 제안에 따라 소녀는 십장생을 찾기 위한 모험을 떠난다. 책은 소녀의 여정을 따라 해, 소나무, 사슴, 불로초 등 10가지 영물을 차례로 소개한다. 십장생을 작가가 손수 수놓은 자수, 자개 장식, 전통 옷감 등으로 표현했으며, 산과 구름은 도자기 판에 그림을 그려 구워 내서 작가의 정성이 돋보이는 책이다.

10) 세계 여러 나라

세계 여러 나라와 도시와 그곳에 사는 어린이의 특징을 그리고 있는 책으로는『동그란 지구의 하루』『엄마 등에 업혀서』『세상을 잇는 다리』『누구 발일까?』『마들렌카』『세계의 어린이 ATLAS』등『여행 그림책』시리즈,『세계의 어린이 우리는 친구』『우리는 서로 달라요』『펠릭스의 세계 여행』『헬리콥터 타고 세계 여행』『도시야, 안녕!』등이 있다.

그림 10-27
『세계의 어린이 우리는 친구』
유네스코 아시아문화센터 (기획), 한림출판사.

❋『누구 발일까?』(정해영 글 · 그림, 논장, 2009)

세계의 신발 그림책이다. 각 나라의 기후와 환경에 맞는 신발 모양을 보고 신발 이름과 왜 이런 신발을 신게 되었는지 짤막한 설명이 되어 있다.

❋『여행 그림책 III』(안노 미쯔마사 글 · 그림, 旅の繪本, 한림출판사, 2003)

글 없는 그림책이다. 중부유럽 편(I), 이탈리아 편(II), 다음으로 영국(III)의 풍경과 명소와 유적 등을 엄선하여 그렸다. 장면마다 많은 비밀이 숨겨져 있다. 즉, 명화, 명작, 역사적 사건, 유명인의 얼굴 등이 숨은 그림으로 재미있게 그려져 있다.

❋『도시야, 안녕!』(디디에 코르니유 지음, La Ville quoi de noif!, 2018, 최지혜 · 권선영 옮김, 놀궁리, 2020)

모두를 위한 세계 지속 가능 도시 여행이라는 부제가 붙어있다. 유아들이 보기엔 글이 많지만 언젠가 자신이 사는 도시를 아름답게 가꿔 나갈 아이들에게 도움이 될 만한 정보 그림책이다. 도시에 대한 8가지 질문이 그림과 사진을 곁들여 답

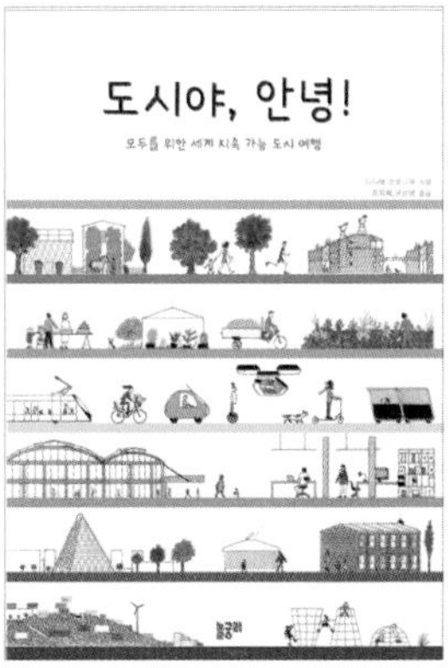

그림 10-28
『도시야, 안녕!』

하고 있다. 예로, '도시가 초록색이 될 수 있나요?'에 생태 도시 베를린과 밀라노, '도시에서 농사를 지을 수 있나요?'에 파리의 철도 농장과 디트로이트, '도시에서 지역 자원과 재생 에너지를 사용할 수 있나요?'에 대표적인 친환경 도시 베드제드, '도시에서는 어떻게 이동하나요?'에 쿠리치바와 메데인과 자전거의 도시, 코펜하겐을, 그리고 '도시에서 사는 건 정말 행복해요!'에 아이들을 위한 공간으로 암스테르담의 놀이터와 뉴욕 맨해튼의 하이라인, 리스본의 LX 공장을 소개하고 있다.

11) 환경보존

지구 온난화와 같은 기후 변화와 환경오염으로부터 지구를 보존해야 할 여러 지침을 알려 주는 책으로 『투발루에게 수영을 가르칠 걸 그랬어』『세상이 자동차로 가득 찬다면』『우리 모두의 지구, 물과 숲과 공기』『내가 조금 불편하면 세상은 초록이 돼요』『지구를 위한 한 시간』『지구 사용 설명서』『플라스틱 공장에 놀러 오세요』『바람이 불 때에』『황사와 미세먼지가 찾아왔어요』『바다가 까매졌어요』『지구를 지켜줘!』『한 나무가』 등이 있다.

❋ 『투발루에게 수영을 가르칠 걸 그랬어』(유다정 글, 박재현 그림, 미래아이, 2008)

작은 섬 투발루에서 로자는 고양이 투발루와 밥도 같이 먹고 잠도 같이 잔다. 하지만 딱 하나 다른 점은 투발루는 수영을 싫어 한다는 것. 섬에는 점점 물이 차올라 떠날 수밖에 없게 되자 라자는 투발루와 함께 나가고 싶은 마음을 억누르고 둘이 함께 했던 추억을 되새긴다. 드디어 비행기에 오를 시간이 되자 투발루는 야자나무 숲으로 숨었는지 보이지 않는다. 비행기가 이륙한 후 창밖으로 투발루가 보이자 라자는 수영을 가르칠 걸 그랬다며 울면서 제발 투발루에서 고양이 투발루와 살게 해 달라며 간절히 빈다. 지구 온난화로 인한 기후 변화로 피해를 입는 투발루에 대해 이해하기 쉽도록 그려 냈다.

❋ 『내가 조금 불편하면 세상은 초록이 돼요』(김소희 글, 정은희 그림, 토토북, 2009)

지구를 지키기 위한 환경 실천법을 50가지를 소개한 책이다. 어린이들이 지구 사랑을 위해 물을 아끼고 쓰레기는 줄일 수 있는 여러 가지 방법들을 소개하고 있는데 그 방법들이 실생활에서 쉽게 따라 해 볼 수 있는 것들이다.

❋ 『바람이 불 때에』(레이먼드 브릭스 글 · 그림, When the Wind Blow, 김경미 옮김, 1995)

핵폭탄의 위험성을 고발한 내용의 만화책 같은 그림책이다. 정년퇴직을 하고 시골에 사는 노부부가 핵폭탄이 터진 뒤에도 방사능에 오염되어 기력을 잃어 가는 마지막까지 긍정적으로 대처하며, 희망을 잃지 않고 삶을 포기하지 않는 모습을 보여 준다.

12) 직 업

미래의 꿈을 위해 다양한 직업 세계를 알고 탐색해 볼 수 있는 책으로 사계절 출판사의 『일과 사람』 시리즈가 있다. 예로 『딩동딩동 편지 왔어요』『맥을 짚어 볼까요?』『노야네 목장은 맨날 바빠!』 등이 있으며, 이 밖에도 『일과 도구』『얘들아, 정말 과학자가 되고 싶니?』『작가는 어떻게 책을 쓸까?』『나는 커서 뭐가 될까?』『누구게? -갖고 노는 사물그림책 8-』『어른이 되면, 나는』『어른들은 하루 종일 어떤 일을 할까?』『삼거리 양복점』 등이 있다.

❋ 『일과 도구』(권윤덕 글 · 그림, 길벗어린이, 2008)

농장, 병원, 구두 공장, 의상실, 중국집, 화실 등을 돌며 다양한 도구와 관계된 일을 하는 사람을 탐색하게 한다. 아이가 고양이를 데리고 동네 마실을 다니면서 일하는 공간으로 들어갔다가 빠져나온다. 화면 가득 일할 때 쓰는 도구들을 보여 준다. 이 도구들의 이름은 부록에 실려 있다. 일하는 사람들의 정직하고 행복한 일상이 그림에 잘 나타나 있다.

❋ 『삼거리 양복점』(인재선 글 · 그림, 웅진주니어, 2019)

2017년에 볼로냐 아동국제도서전에서 '올해의 일러스트레이터'로 선정된 인

그림 10-29
『삼거리 양복점』

재선 작가의 그림책이다. 한 땀 한 땀 양복을 만드는 과정이 살아 있다. 모두 한복을 입던 시절, 덕구 씨는 삼거리에 양복점을 연다. 사람들이 무엇이라 하건 말건 자신이 좋아하는 일을 꿋꿋이 해냈고, 대를 이어 덕구 씨의 아들, 삼돌 씨가 삼거리 양복점 주인이 된다. 아버지께 혹독하게 훈련받으며 양복 짓는 일을 배운다. 기성 양복이 대중화되기 시작하자 삼돌 씨의 아들, 두식 씨는 전통을 지키면서 새로운 변화를 주는 방법으로 100년의 역사를 지켜 간다. 작은 상점이 겪어 낸 100년의 경제, 문화, 역사의 변화를 담고 있으며, 변화하는 세상 속에서 한 가지 직업을 지키는 장인정신을 보여 주는 그림책이다.

13) 기 타

그 외에 화가의 일생과 작품, 옛 스님들의 생활을 소개한 책, 요리하는 책과 다양한 방법으로 그림 그리는 방법을 보여 주는 책도 정보 그림책의 범주에 들어갈 수 있다. 예를 들면, 『미로는 어떤 화가일까?』『순간의 빛을 영원에 담은 모네』『연필을 잡으면 그리고 싶어요』『나와 악기 박물관』『티나와 오케스트라』『즐거운 빵 만들기』『야채로 도장찍기』『감자야 그림 그리자』『한 땀 한 땀 손끝으로 전하는 이야기』『고사리손 요리책』『아주 특별한 요리책』 등이 있다.

❋ 『미로는 어떤 화가일까?』(브리타 벵케 글 · 그림, 이미옥 옮김, 북비, 2011)

스페인 화가 호안 미로(Joan Miro)의 그림 세계에 대해 마치 큐레이터가 얘기하듯이 쓰여 있다. 노랑, 빨강, 파랑, 검정 색을 좋아하고 여자, 새, 별을 형상화한 그림을 많이 그린 미로는 유아적인 천진난만함이 특징이다. 대표 작품과 함께 전시되어 있는 박물관도 소개되어 있다.

그림 10-30
『고사리손 요리책』

❋ 『고사리손 요리책』(배영희 글, 정유정 그림, 길벗어린이, 2007)

아이들과 함께 요리를 할 수 있도록 준비물과 조리 방법이 그림과 함께 간단하게 설명되어 있는 요리책이다. 밥 · 국수요리, 고기 · 달걀요리, 야채요리 등이 나누어져 그 요리 밑에 5~6개씩의 음식 종류가 있고, 각 요리마다 요리 시간까지 알 수 있도록 시계가 그려져 있으며, 음식 제목도 '나란히 김밥' '사각사각 깍두기' '후루룩 수제비'처럼 재미있다. 1995년에 나왔던 책의 개정판이다.

※ 『감자야 그림 그리자』(에바 헬러 글 · 그림, Ich bin Künstler, ich kann alles malen, 노성두 옮김, 달리, 2004)

감자조각으로 간단한 모양을 몇 가지 만들어서 색을 바꾸어 다양한 그림을 시도해 보도록 한 재미있는 그림책이다.

그림 10-31
『감자야 그림 그리자』

3. 정보 그림책의 평가 준거

정보 그림책을 유아에게 선택해 줄 때 고려해야 할 점은 다음과 같다.[3]

첫째, 책에 쓰인 사실이 정확한지(accurate) 살펴야 한다. 사실적인 정보를 제공하려고 계획한 작가는 그 사실들을 명확하게 제시해야 하며, 독자가 그 책에서 논의된 현상을 잘 파악할 수 있어야 한다. 물론 정보 그림책의 질은 저자가 그 분야에 대해 가지고 있는 지식에 의해 영향을 받는다. 예시의 정확성, 언어의 사용, 그림의 질과 제본의 효율성도 영향을 미치지만, 그 무엇보다도 본문이 단순히 정보를 제시하는 그 이상의 역할을 해야 한다.

정보 그림책이 좋으려면 저자가 원하는 방식으로 정보가 조직되어야 한다. 즉, 정보는 연대기 순으로 논리적 · 공간적으로 잘 체계화되어야 한다. 원인과 결과를 보여 주고 대조를 해 가며 지역별로 잘 조직화되어야 하는 것이다. 이런 모든 요인은 본문에 대하여 독자가 보이는 반응에 영향을 미칠 수 있다.

둘째, 책에 쓰인 사실과 이론이 명확하게 변별되고 가설 검증되었나를 보아야 한다.

셋째, 다른 중요한 사실이 생략되지 않았나를 살펴야 한다.

넷째, 최신 정보를 다루고 있느냐를 살펴야 한다. 이것은 주제나 제목에 따라 큰 차이를 보인다고 볼 수 있다. 즉, 컴퓨터에 관련된 지식이나 과학실험 및 우주에 관련된 지식은 시각을 다투는 것이 많다. 이미 바뀐 이론이나 오래된 정보는 정보 그림책으로서 큰 의미가 없다.

다섯째, 책 내용이 인종이나 성에 대하여 고정관념을 가졌는지, 차별을 가지고 쓰였는지 면밀히 살펴보아야 한다. 이것은 책이 쓰인 시기와도 관련이 되는데, 흑인이나 유색인종을 열등하다고 보거나, 여성의 역할을 가부장적 사회의 남성 우월적 사고방식으로 지나치게 제한하는 것은 현대사회에 적합하지 않다고 볼 수 있다. 특히 유아용 책의 경우 그림이 성역할의 전형성을 그대로 드러내는 경우가 많은데, 이는 소홀히 넘길 수 없는 부분이라 하겠다.

여섯째, 앞에서 주로 지식과 정보를 제공하는 책의 정확성과 시간적 적절성을 얘기하였는데, 효용성도 고려해야 한다.[4)] 작가가 유아를 위하여 주제의 범위를 얼마나 성공적으로 제한하고 단순화했는지를 살펴보아야 한다. 본문의 내용이 아무리 정확해도 너무 많은 정보는 유아를 혼란스럽게 할 수 있기 때문이다. 그 범위를 제한할 경우 주제에 대한 중요한 사실들을 선택할 때 그리고 그것을 논리적으로 제시할 때 나이 어린 유아를 위해서는 매우 조심스럽게 해야 한다.

책 내용의 이해를 돕기 위해서는 논리적인 과정을 고려하여 자료를 제시하는 것이 중요하다. 내용을 도표화하여 제시하는 것은 책의 조직을 명확하게 하는 것을 도와준다. 색인도 아주 어린 유아를 위한 책에는 별로 쓰이지 않으나 초등학교 고학년이나 중학생들에게는 매우 유용하다고 볼 수 있다. 일반적으로 본문 자료의 내용을 조직할 때 익숙한 내용에서 익숙하지 않은 것으로, 간단한 것에서 복잡한 내용으로 그리고 연대기의 순서대로 배열하는 것이 바람직하다. 물론 이 배열은 주제의 특성에 따라 다양하게 이루어져야 한다. 즉, 인간의 생태를 설명할 때에는 익숙한 것에서 새로운 것으로 전개해야 하며, 실습 과제(project) 책은 단순한 것에서 복잡한 내용으로 배열하고, 역사적 자료는 연대기 순서로 제시하는 것이 바람직하다.[5)]

일곱째, 정보 그림책을 고를 때는 저자의 권위와 출판 연도를 주의해야 한다. 이것은 책의 정확성과 시간적 적절성을 확인하는 하나의 방법이 될 수 있다. 저자는 사실 및 이론과 자신의 의견을 조심스럽게 구별해서 책임감 있게 객관적으로 써야 하며, 과학적인 태도를 유지해야 한다.

여덟째, 제본 상태와 책을 써 내려간 형식을 고려해야 한다. 책의 크기와 페이지, 그림과 지도가 적절히 배치되었는지를 살펴야 한다. 정보 그림책이 미학적인 관점에서도 손색이 없어야 한다는 것이다. 써 내려가는 형식이나 어휘 선택이 책을 재미있게 만들어야 한다. 유아용 책일 때는 의인화된 동물을 이용해서 사실과 정보를 설명할 수 있다는 점과 아름다운 색채의 사진과 그림, 글자의 크기도 고려해야 한다. 유아는 재미없는 책일 때는 끝까지 보려고 하지 않기 때문에 유아를 위해 정보 그림책을 쓸 때는 합리적으로 정확하기도 해야 하나, 창의적이어야 한다.

아홉째, 그림책이므로 그림책의 평가 준거도 만족시켜야 한다.

미주

1) Russell, D. L. (2005). *Literature for children: A short introduction* (5th ed.). Boston, MA: Allyn & Bacon, Pearson Education, Inc., p. 245.
2) Smith, L. H. (1953). 김요섭 옮김. 아동문학론. 교학사, p. 247.
3) Purves, A. C., & Monson, D. L. (1984). *Experiencing children's literature*. Glenview, ILL: Scott, Foresman and Co., pp. 60-62.
4) Sutherland, Z. (1997). *Children and books* (9th ed.). N.Y.: Addison Wesley Longman, Inc., pp. 463-467.
5) Lukens, R. J. (2003). *A Critical handbook of children's literature* (7th ed.). Boston, MA: Allyn & Bacon, Pearson Education, Inc., pp. 280-283.

요약

유아에게 정보 그림책은 허구적인 이야기(fiction)처럼 우리의 삶 자체를 다루고, 객관적인 사실과 환상의 차이를 알 수 있도록 도와준다. 유아에게는 환상적인 얘기와 사실적인 사실동화뿐 아니라 객관적인 사실들을 알려 주는 책도 접하게 해야 한다.

특히 2세가 지나면서 주변 세계에 대하여 많은 호기심을 가지고 탐색하게 되는데, 이때부터(혹은 책의 크기나 색이 알맞을 경우 더 어릴 때부터도 가능) 간단한 개념을 익히는 책을 보여 줄 수 있다. 아이들의 호기심이 늘어나면서 자연, 생물, 우주, 가족관계, 음악, 운동으로 그 범위는 확산할 수 있다. 정보 그림책도 심미적인 가치가 있어야 함은 두말할 필요가 없다.

연구문제

01 정보 그림책을 유아에게 읽어주어야 하는 이유를 설명하시오.

02 정보 그림책의 평가 준거를 설명하시오.

03 2~4세의 유아에게 적합한 정보 그림책 두 권을 고른 후 그림과 여백 처리 및 시간적 흐름에 따른 내용·조직을 분석해 보시오.

제11장

전래동요와 동시

유아가 그림책을 통하지 않고 처음으로 접하게 되는 문학이 동요와 동시(poetry)나 자장가일 것이다. 아이들이 어려서부터 보게 되는 그림책 속의 본문들은 그 자체가 하나의 시처럼 느껴진다. 짧은 문장 속에 운율을 가지고 함축되어 있는 단어들을 리듬감을 가지고 읽을 때 그것은 하나의 음악이 된다.

사실 유아의 삶 자체가 리듬이고 음악일 수 있다. 그래서 우리의 삶 중에 그 어느 때보다 리듬감 있고 시적인 시기가 유아기가 아닌가 한다. 시를 어렸을 때부터 들으면 유아의 상상력은 고무될 것이며, 언어 자체를 가지고 놀이함으로써 언어를 음악처럼 들으며 즐거워할 것이다. 더 나아가 시에 표현된 자연과 사람들의 마음에 대해서 자연스럽게 이해할 수 있게 된다. 이 장에서는 전승문학에 포함되는 전래동요와 동시의 특징 및 교육적 의의, 유아를 위한 동요·동시의 종류와 좋은 시의 요소와 평가 준거를 살펴보고자 한다.

1. 전래동요

1) 전래동요의 특징

우리나라의 동요 · 동시는 전승문학의 또 다른 하위 장르인 전래동요에서 비롯되었다. 전래동요는 원시종합예술시대 때부터 어린이의 생활, 특히 놀이와 공존하면서 구전과 첨삭을 거쳐 전해 내려오다가 현대에 와서 수집 · 정리되었다.

장덕순(1972)[1]은 전래동요는 대중의 작품으로, 오랜 세월을 이어 오면서 대중의 마음에 맞도록 형식과 내용이 보편성을 가지게 되었다고 하였다. 이상금과 장영희(1986)[2]는 전래동요의 내용이 우리나라의 전래동화가 가지고 있는 계급의식과 비판의식이 결여된 순수성을 가지고 있다고 하였다. 따라서 소재의 다양성과 함께 순수성, 직선적인 표현, 솔직한 비유, 순진한 감정이 그대로 표현된 특성이 있다고 보았다.

우리나라의 전래동요는 리듬감이 있으며 반복이 많아서 유아들이 즐거워할 요소가 많이 있다. 이러한 전래동요를 통합적으로 활용하기 위해 책으로 만든 것도 있다. 예를 들어, 『우리 집에 왜 왔니?』 『기차』(한국어린이육영회 편, 1994) 등이다.

우리나라의 전래동요라고 널리 알려져 있던 노래들이 일본의 영향을 많이 받았음을 밝히는 연구가 있어서 우리 고유의 전래동요를 재조명하게 하고 있다. 홍양자(1997)[3]는 우리 아이들이 조를 짜고 놀면서 부르는 노래인 〈우리 집에 왜 왔니?〉 〈여우야 여우야〉, 줄넘기 노래인 〈똑똑똑 누구십니까?〉 〈꼬마야 꼬마야〉 그리고 어렸을 때부터 손뼉 치면서 놀던 〈아침 바람〉 등이 일본의 영향을 받아 만들어지거나 일본 노래와 같다는 것을 밝히고 있다. 특히 〈아침 바람〉은 '셋셋세'라는 일본말로 시작하는데, 원곡은 17세기의 것이지만 일본의 영향을 받아 1940년대 초에 만들어진 노래로 보고 있다.

2) 전래동요 모음집

요즘 들어 전래동요 하나를 그림책으로 만든 것으로 『시리동동 거미동동』 『길로 길로 가다가』도 있지만, 전래동요와 자장가들을 모아서 우리나라 고유의 정서를 느끼게 해 주는 그림을 곁들인 책도 다수 나오고 있다. 그중『자장자장 엄마품에』(1993)가 처음으로 전래 자장가만 모은 전래동요 모음집이라고 할 수 있다.『우리 할아버지가 꼭 나만 했을 때』(1999),『노래나라 둥둥』(1998),『하늘이랑 바다랑 도리도리 짝짜꿍』(1993),『아기 어르고 달래고 재우는 자장 노래』(2002) 등 전래동요 모음집을 소개하면 다음과 같다.

※『자장자장 엄마품에』(임동권 글 · 감수, 류재수 그림, 한림, 1993)

유아의 정서와 언어에 많은 영향을 끼치는 자장가를 그림과 함께 수록했다. 사라져 가는 우리나라의 옛 노래와 자장가들이 실려 있어 어머니가 어린이에게 노래하듯 들려주기에 좋은 그림책이다. 어린이들은 자장가를 들으며 우리 고유의 정서를 받아들이고 우리말의 아름다움을 익힐 수 있다.

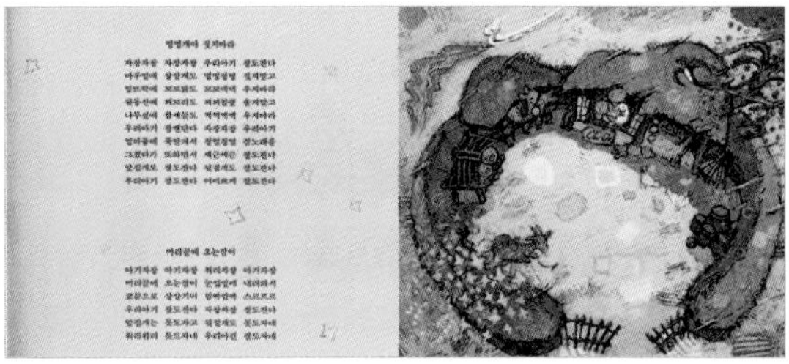

그림 11-1
『자장자장 엄마품에』

※『우리 할아버지가 꼭 나만 했을 때』(주경호 그림, 보림, 1999)

토속적인 인형 사진과 함께 전래동요를 소개한 전래동요 모음 그림책이다. '앞산에는 빨간 꽃요. 뒷산에는 노란 꽃요. 빨간 꽃은 치마 짓고, 노란 꽃은 저고리 지어' 등의 전래동요를 토속성 짙은 인형 사진과 함께 엮었다.

그림 11-2
『우리 할아버지가 꼭 나만 했을 때』

※『아기 어르고 달래고 재우는 자장노래』(백창우 글, 한지희 그림, 파랑새어린이, 2002)

'아기 어르고 달래고 재우는' 노래 가운데서 골라 백창우가 다듬거나 새로 노래를 붙인 것들에, 우리 선과 빛깔과 모양을 바탕으로 그린 아름다운 그림책이다. 〈아기 꽃 노래〉와 〈알강달강〉과 20수의 자장노래가 수록되어 있고, 맨 마지막에 친절한 해설이 덧붙여 있다.

그림 11-3
『아기 어르고 달래고 재우는 자장노래』

3) 전래동요의 유형

전래동요는 사람에 따라 여러 가지로 분류하는데, 현은자와 김세희(2005)[4]는 언어놀이노래, 동작놀이노래, 대상놀이노래 등 세 가지 유형으로 분류하고 있다. 여기서는 내용에 따라 5가지 종류, 즉 동물요, 식물요, 놀이요, 애무요, 서정요로 분류해 보고자 한다.[5]

(1) 동물요

동물에 대한 전래동요다. 예로서 〈시리동동 거미동동〉〈꿩꿩 장서방〉〈두꺼비〉〈잠자리〉〈쥔 쥐새끼〉〈찐득이〉〈새야 새야〉〈개구리〉〈나비〉〈까치〉 등이 있다.

〈새야 새야〉는 우리의 대표적 동요다. 원래 이 동요는 동학란 때 녹두장군이었던 전봉준(1853~1895)을 흠모하여 지어진 곡이라 하며, 청포장수는 청군(淸軍)을 비유한 것이라 한다. 그러나 그러한 뜻을 모르더라도 음악만으로도 충분히 아름다운 동요다. 경기도, 전라도 지방을 중심으로 퍼져 있다.

〈두꺼비〉는 경기도 지방을 중심으로 전국적으로 퍼져 있는 동요다. 해변가 모래밭에 왼손을 파묻고 오른손으로 그 위를 두드리며 이 노래를 부른다. 노래가 끝나면 왼손을 살그머니 모래에서 뺀다. 그러면 모래집이 지어진다.

〈꿩꿩 장서방〉은 수꿩을 부르는 동요다. 수꿩은 장끼라 하고 암꿩은 까투리라 부른다. 전국적으로 불린다. 길 가던 어린이가 꿩을 보고 놀리는 동요다.

〈나비〉는 충청도를 중심으로 한 중부 지방에 퍼져 있는데, 곤충에 관한 동요다. 따뜻한 봄날 흰나비, 노랑나비, 호랑나비들이 춤을 춘다. 행화도화(杏花桃花)란 살구꽃, 복숭아꽃을 뜻하는데, 꽃이 무르녹고 있음을 표현한다.

그림 11-4
『시리동동 거미동동』

❈ 『시리동동 거미동동』(권윤덕 그림, 창비, 2003)

제주도의 마을에 물질 나간 엄마를 혼자서 기다리던 아이가 하얀 거미줄을 보다가 토끼… 결국에는 엄마의 마음으로 이어지는 꼬리 따기 노래를 부른다. 그러다가 자신도 모르게 엄마가 물질하는 바닷가로 오게 되어 엄마 품에 안겨 집으로 돌아오는 이야기다.

왕거미의 거미줄은 하얘. 하얀 것은 토끼. 토끼는 난다. 나는 건 까마귀, 까마귀는 검다… 까만 것은 바닷가의 큰 바위… 깊고 넓은 것은 우리 엄마의 마음….

(2) 식물요

식물에 대한 전래동요다. 예로서 〈고사리〉 〈신랑방에 불켜라〉 〈외따기〉 등이 있다.

〈고사리〉는 충청도를 비롯한 중부 지방 일대에 퍼져 있다. 노래에 나오는 고사리, 대사리, 말냉이, 나싱개(냉이), 꽃다지, 지칭개 등은 모두가 풀 이름이다.

(3) 놀이요

놀이하면서 부르는 전래동요다. 예로서 〈소꿉놀이〉 〈길로 길로 가다가〉 〈대문놀이〉 〈이거리 저거리 각거리〉 〈기와 밟기〉 〈아이구 뜨거워〉 등이 있다.

❋ 『소꿉놀이』(달연 예쁠아 그림, 깊은책속옹달샘, 2006)

경기도 개성 지방의 '소꿉놀이' 동요를 요즘 어린이들이 쉽게 읽을 수 있도록 다듬은 그림책이다. 아이들이 밖으로 나와 자연과 함께 노는 모습을 풀꽃으로 표현하였다. 자연물과 조형물, 입체와 평면, 알록달록한 꽃잎의 화려한 색감과 먹그림의 소박함은 서로 다른 가운데 잘 어울리고, 종이인형 형태로 표현한 아이들은 눈, 코, 입이 없는데도 그 표정을 느낄 수 있다.

그림 11-5
『소꿉놀이』

❋ 『길로 길로 가다가』(인강 그림, 창비, 2005)

금속공예가 인강이 그린 전래동요 그림책이다. 이야기 장면마다 인형들을 배치해 놓고 사진을 찍어, 마치 인형극을 보는 듯하다. 유아들로 하여금 우리 정서를 즐겁고 자연스럽게 받아들일 수 있게 한다.

그림 11-6
『길로 길로 가다가』

〈이거리 저거리 각거리〉는 특별한 내용을 노래하는 게 아니라 발음상 재미있게만 부르기 때문에 별 의미는 없는 노래다. 중부 지방이 중심이나, 역시 전국적으로 퍼져 있다. 동요를 부르면서 두 줄로 마주 앉아 다리를 서로 어긋나게 끼도록 쭉 뻗는다. 노래는 다 같이 부르지만 가운데 앉은 사람이 뻗은 발을 노래에 맞춰 차례로 두드리며 센다. 마지막 박자에 걸린 발은 집어넣는다. 이렇게 한 절에 한 발씩 집어넣게 되면 마지막에 남은 발의 임자는 술래가 된다.

〈대문놀이〉라는 동요는 많은 어린이를 두 편으로 나누기 위해 부르기도 하고, 술래를 뽑을 때 부르기도 한다. 전라도 지방이 중심이지만, 전국적으로 퍼져 있다. 두 사람이 손을 맞잡고 나머지 어린이들은 일렬로 늘어서서 앞사람의 허리를 잡고 손으로 만든 문을 통과하면서 부른다. '덜커덩떵 열렸다'에서 잡히는 사람을 두 사람이 저만치 데리고 가서 '콩이 좋으냐 팥이 좋으냐' 또는 '콩 먹을래? 팥 먹을래?' 하고 묻는다. 잡힌 어린이가 그중 하나를 선택하면 그 편이 된다. 이렇게 반복하여 콩편과 팥편으로 나눈다. 노래하며 하나씩 잡아들이고 제일 마지막까지 잡히지 않은 어린이를 술래 또는 임금님으로 뽑기도 한다.

〈꼬방꼬방〉이라는 노래는 전라도 지방에 퍼져 있고 소꿉놀이를 하면서 부르는 동요다. 〈얼굴 그리기〉는 경기 · 충청도를 비롯하여 전국적으로 퍼져 있다. 〈줄넘기〉는 새끼줄 넘기를 하면서 부르는 노래다. 경기 · 충청도를 비롯하여 전국적으로 퍼져 있다. 이 노래에서 술래는 한 사람뿐이다. 술래는 '함께'가 명령하는 대로 시늉을 하면서 줄을 넘는다. 한 술래가 나가면 이어서 다음 술래가 들어와 줄넘기를 한다.

(4) 애무요

어른이 애를 달래거나 놀리며 부르는 노래다. 예로서 〈자장가〉 〈둥개 둥개 둥개야〉 〈들강 달강〉 〈불불 불어라〉 등이 있다.

〈둥개 둥개 둥개야〉는 경기 · 충청도를 비롯하여 전국에 퍼져 있는 소리다. 한두 살 난 아기를 위 아래로 추스르거나, 어린이들이 인형을 추스르며 부르는 소리다.

〈불불 불어라〉는 대장간의 풀무질하는 모양을 흉내 내어 아기를 어르는 노래다. 경기도를 중심으로 하여 전국적으로 퍼져 있다. 할아버지나 할머니가 어린 손자의 두 팔을 잡고 좌우로 흔들며 부르거나 어린이가 인형을 잡고 부를 수 있다.

(5) 서정요

〈이박 저박〉〈달아 달아〉〈앞니 빠진 중강새〉〈새야 새야〉〈비야 비야〉 등이 있다.

〈이박 저박〉이라는 노래는 어떤 특별한 의미 있는 노랫말이 아니라 어린이들이 재미있는 운(韻)을 붙여 재미있게 부르는 것이다. '꼰지박 조롱박 난두박 쪼대롱 두룬박' 등 별 뜻 없는 말들의 연결로서 일종의 둔사(遁辭)다. 전국적으로 퍼져 있다.

〈비야 비야〉는 경상도 지방에 퍼져 있는데, 누나가 입은 예쁜 치마에 얼룩이 질까 봐 걱정하는 동생의 마음을 잘 느낄 수 있다.

〈달아 달아〉는 〈새야 새야〉와 곡조가 같으며 우리의 대표적 동요다. 경기도를 비롯하여 전국적으로 퍼져 있다. '휘영청 달 밝은 밤에 뒷동산에 올라가 달을 쳐다보며 계수나무 찍어다가 초가삼간 집을 짓고 엄마 아빠와 헤어지지 말고 영원히 살고 싶다.'는 어린이의 소박한 마음이 그림처럼 아름답게 묘사되어 있다.

〈실구대 소리〉는 〈찐득이〉와 함께 충북 단양에서 발굴되어 1975년도 전국 민속경연대회에서 대통령상을 수상한 동요다. 중부 지방 일대에 퍼져 있다. 두 어린이가 마주 앉아 1절은 서로 어깨를 잡고 흔들며 노래한다. 2절은 네모 틀 손가마를 짜서 밀었다 당겼다 하며 노래한다. 3절은 손을 맞잡고 밀었다 당겼다 하며 노래하는데, 두 어린이의 발은 쭉 뻗은 채로 맞붙인다. 4절은 다시 2절처럼 틀을 짜며 노래한다.

〈앞니 빠진 중강새〉는 경기도 지방에 퍼져 있으며, 앞니가 빠진 어린이를 놀려대며 부르는 노래다.

2. 동요와 동시의 개념 및 특징

1) 동요와 동시의 공통적 특징

동요와 동시는 독자에게 따뜻함과 안정감을 가져다준다. 때로는 웃음을 선사하기도 한다. 우리를 고무시키기도 하고 고요하고 편안하게 해 주기도 한다. 그러나 무엇보다도 중요한 것은 시가 매일매일의 경험에 의미를 부여한다는 것이다. 우리에게 시가 없다는 것은 음악이 없는 것과 마찬가지의 상실이 될 수 있다. 이런 이유로 우리는 시를 알아야 하고 유아에게 어떻게 시를 소개할지를 알아야 한다. 유아가 시를 듣고 경험할 때는 순수한 즐거움이 함께해야 하는데, 순수한 즐거움을 맛보는 것이 유아의 정서적 · 지적 · 심미적 차원의 영구적인 한 부분으로 자랄 수 있다.

시를 산문과 구별하는 특징은 그 형식에만 있는 것은 아니다. 즉, 시의 기본적인 특성은 우리의 분위기와 정서와 경험들을 구체화 시키거나 집약시키는 것이며, 우리의 기억과 감정들을 불러일으키는 단어들과 소리를 사용하며, 은유나 직유 등의 비유적 표현을 사용하는 것이다.[6)]

특히 시가 가지고 있는 리듬과 음률은 유아에게 청각적인 즐거움을 증가시켜 주므로 시를 완전하게 즐기려면 들려줘야 한다. 서덜랜드(1997)[7)]에 따르면, '시의 정수(essence)는 드러내 주는 것'이다. 시어들을 구성하고, 그 시어들을 풍부하게 비유적으로 사용하고, 시인의 신념들을 응축시킴으로써 우리 자신의 경험들을 예리하게 이해할 수 있다. 그리고 다른 사람의 꿈과 경험에 대해 재빨리 감정이입하며 공유할 수 있게 된다. 시에 대한 정의를 내리는 것이 유아들에게는 관심사가 되지 않지만, 어른들은 시를 유아에게 소개시켜야 하므로 정의를 내릴 필요가 있다.

프로스트(Robert Frost)[8)]는 "시는 무언가를 명료화한다. …시는 무질서를 중단시킨다."라고 하였다. 즉, 우리의 경험은 혼란스러우나, 시는 그 경험들을 잘 선정하여 질서와 의미를 부여하는데, 단순히 우리 경험의 본질뿐 아니라 그 의미와 중요성까지도 부각시킨다.

『브리태니커 백과사전』은 "시는 정감 있고 리듬감 있는 언어로 인간의 마음에 대해 구체적이면서 예술적으로 표현한 것이다."[9)]라고 정의 내리고 있다.

2) 동요의 특징

동요와 동시는 어떻게 다른가? 동요는 '동(童)'과 '요(謠)'의 결합으로 아동을 위한 노래, 아이들의 노래로 정의될 수 있다.[10)] 동요는 음악성을 구비해야 하는데, 음수율 · 음위율 · 음성률 중 어느 한 가지 혹은 그 이상이 적용되어야 한다. 이때 음수율은 음절의 수를 일정하게 하여 나타나는 운율이다. 예를 들어, 3 · 4조, 4 · 4조,

5 · 5조, 7 · 5조 등이다. 음성률은 어음의 강약과 장단의 배치를, 음위율은 비슷한 음이나 같은 음을 처음, 중간, 끝에 규칙적으로 되풀이하는 것을 말한다. 즉, 일정한 음절의 시어가 일정한 순서에 따라 반복되어야만 음악성을 느낀다. 예를 들면, 두운(alliteration), 각운(rhyme), 유운(assonance), 자음압운(consonance) 등이다. 두운은 첫자, 각운은 마지막 끝자가 반복되며 유운은 같은 모음이, 자음압운은 같은 자음이 반복되어서 음악성을 살릴 수 있다. 유운과 자음압운은 우리나라 동요와 동시에서는 그다지 흔한 형식은 아니다.

동요는 리듬감을 살리면서 읊을 수 있다. 듣는 사람도 그것을 들음으로써 리듬감을 살리면서 읊을 수 있는데, 음수율이 있기 때문이다. 동요는 가볍고 재치 있고 서정적인 음수율이라는 외형상의 통일된 형식 속에 담겨 있으므로 유아도 쉽게 감상하며 즐길 수 있다. 이처럼 인간의 내면세계에 있는 감성이 정형시의 형식을 타고 흘러나오는 것이 동요다.

근대적인 동요가 우리나라에 본격적으로 들어온 것은 최남선으로부터 싹튼 창작동요가 1923년 소파 방정환에 의해 일반문학에서 아동문학으로 분화되면서 아동문학의 주류가 되었던 때부터다. 따라서 동요는 한국 아동문학사상 초기의 장르라고 볼 수 있다. 그리하여 1920년대와 1930년대는 동요 황금시대를 장식하였다.[11]

1920년대 방정환이 쓴 「늙은 잠자리」와 윤석중이 쓴 「우산」[12]을 소개하면 다음과 같다.

늙은 잠자리

"수수나무 마나님
좋은 마나님,
오늘 저녁 하루만
재워주서요."
"아니 아니 안 돼요.
무서워서요,

당신 눈이 무서워
못 재웁니다.”

잠잘 곳이 없어서
늙은 잠자리,

-중략-

추운 바람 서러워
한숨 짓는데
갈나무 마른 잎이
떨어집니다.

-방정환-

우산

이슬비 내리는 이른 아침에
우산 셋이 나란히 걸어갑니다.
파란 우산 깜장 우산 찢어진 우산

-중략-

이마를 마주 대고 걸어갑니다.

-윤석중-

3) 동시의 특징

동요가 '노래 부르는' 특성이 있는 반면에 동시는 동심을 가진 어른과 아이들이 쓰고 읽는 시(詩)로서 사색적 특성이 있다. 동시는 동요에서와 같은 음수율은 없으며, 보통 자유로운 형태로 쓴다.[13] 즉, 동시는 동요와 달리 유형화와 규격화도 독자적이고 개성적이라고 볼 수 있다.

초코파이 자전거

초코파이 자전거를 탔더니
바람이 야금야금

-중략-

고양이가 슬금슬금 먹어서

내 초코파이 자전거
폭삭 주저앉아 버렸네.

-신현림-

그림 11-7
『초코파이 자전거』
신현림 (글), 홍성지 (그림), 비룡소.

일요일

늦잠에서 일어나신
아버지

창밖을 보다 말고

혼잣말을 하였다.

-중략-

소리 없이
봄비가 내리고 있었다.

-임길택-

이처럼 시는 인간 내면의 서정의 세계, 사상의 세계를 정선된 언어로 요약하고 압축하여 표현한 것이다. 다시 말하면, 시는 인간 내면에 있는 정감의 세계를 다듬고 걸러서 운율적인 문장 속에 요약하고 압축하여 가장 농도가 짙은 언어로 쓰인다고 볼 수 있다.

3. 동요와 동시의 교육적 의의

유아는 동요나 노래를 들으면 박자를 맞추면서 그 리듬에 쾌감을 느끼고 즐거워한다. 이것은 유아가 리듬과 언어의 음악성에 대하여 최초로 자각하며 즐거움을 표현하는 것이라고 볼 수 있다. 동요나 노래를 통하여 얻는 기쁨은 동시 속에 포함된 언어의 리듬에 대한 생생한 반응이다. 그런데 유아는 동시를 읽음으로써가 아니라 들음으로써 그 운율을 즐긴다. 더 나아가 자연과 인간 생활에 대하여 생생하게 표현한 동시의 내용까지도 즐기게 할 수 있다. 좋은 동시에 대한 풍부한 경험은 유아의 생각과 감정을 공감하고 잘 표현하도록 돕는다. 그리고 모국어의 아름다움에 대한 자각도 경험하게 해 준다. 유아에게 동시를 접하게 해 주는 것의 교육적인 의의를 다음과 같이 요약할 수 있다.

- 우리말의 아름다움을 느낄 수 있는 가장 좋은 문학 장르다.
- 동시의 리듬감과 운율을 통해서 감각적인 즐거움을 경험한다.

• 동요와 동시를 읽고 들으면 정서적으로 풍부한 경험을 하게 된다.
• 동시는 감성과 상상력을 고무시킴으로써 전인적 교육의 기초를 마련한다.
• 가장 잘 선택되고 함축된 시어(詩語)를 접함으로써 언어의 아름다운 기능을 배운다.
• 자연과 사물, 삶에 대하여 올바르고 날카로운 통찰력을 기르도록 도와준다.
• 자신의 감정을 자연스럽고 정확하게 표현할 수 있도록 도와준다.

4. 유아를 위한 동요와 동시의 종류

동요 · 동시의 종류를 설명하기 전에 그림책으로 나온 시 중에 한 편을 한 권의 그림책으로 엮은 것과 여러 편의 시를 모아서 엮은 그림책을 간단하게 소개하고자 한다.

시 한 편을 한 권으로 만든 그림책으로는 윤석중의 동요 〈똑같아요〉를 개작한 『무엇이 무엇이 똑같을까?』를 비롯하여 『가을을 만났어요』『백구』『내 동생』『넉 점 반』『낮에 나온 반달』『개구리네 한솥밥』『준치가시』『흔들린다』『불어오는 바람 속에』『오줌싸개 시간표』 등이 있다.

시 여러 편을 모은 그림책으로 2007년에 비룡소에서 나온 '동시야 놀자' 시리즈는 한 시인의 작품을 한 권의 그림책으로 엮은 것인데, 『초코파이 자전거』『하늘 천 따지』『방귀』『나무는 즐거워』『펭귄』 등이 있다.

한편으로는 여러 시인의 작품을 한 그림작가가 그린 시 그림책으로, 웅진닷컴

그림 11-8
『백구』
김민기 (글), 권문희 (그림), 사계절출판사.

그림 11-9
『준치가시』
백석 (글), 김세현 (그림), 창비.

그림 11-10
『개구리네 한솥밥』
백석 (글), 강우근 (그림), 길벗어린이.

그림 11-11
『개구리네 한솥밥』
백석 (글), 유애로 (그림), 보림.

그림 11–12
『나비가 날아간다』
김용택 (글), 정순희 (그림), 미세기.

에서 나온 '아이 마음 동시 그림책' 시리즈가 있다. 예를 들면, 『엄마 옆에 꼬옥 붙어 잤어요』『아무한테도 말하지 마세요』『너는 커서 뭐할래?』 등이다.

한 가지 주제로 시를 모은 동시집도 있는데, 음식에 대한 시 『와! 맛있는 동시』, 계절에 대한 시집으로 『나비가 날아간다』가 있다.

동시의 종류는 형식에 따라 나누면 정형시, 자유시, 산문시로 분류가 되고, 내용에 따라 나누면 서정시, 서사동시 등으로 분류할 수 있다. 그러나 유아를 위한 동요와 동시가 내용과 형식이 함께 어우러져 표현되는 것이므로 내용 따로 형식 따로 나누어서 설명하기는 어렵다. 따라서 여기서는 서정시에 정형시와 자유시를, 산문적 동시 안에 산문 동시, 동화시, 서사동시를 포함하여 예를 들어 설명하려고 한다.[14)]

1) 서정시

서정시는 시인의 감정과 생각을 표현하는 동시다. 따라서 자연과 사람들과 주변 상황에 대한 주관적인 내용이 다루어지고, 시인의 정서와 음악성이 중요하게 다루어진다고 볼 수 있다. 서정시는 동요처럼 음수율을 맞춘 정형시도 있고, 글자나 운율 등을 제한하지 않은 자유로운 형태의 자유시도 있다. 내용이 자연현상을 다루거나 동식물에 대한 것, 가족에 대한 것 그리고 일상생활의 경험에 대한 것들이 있다. 유아가 읽어서 좋을 만한 시를 몇 편 소개하고자 한다.

(1) 자연현상에 대한 시

그림 11–13
『노래 노래 부르며』에 있는 「고향의 봄」

❋ 「고향의 봄」『노래 노래 부르며』(이원수 글, 홍난파 곡, 장홍을 그림, 길벗어린이, 1997)

나의 살던 고향은 꽃피는 산골
복숭아꽃 살구꽃 아기 진달래
울긋불긋 꽃대궐 차린 동네

그 속에서 놀던 때가 그립습니다.

-후략-

❋ 「아이들아 보았니」『콩, 너는 죽었다』(김용택 글, 박건웅 그림, 실천문학사, 2003)

안개가 낀 가을날 아침
콩밭에 키 큰 수수 모가지를
보았니

서산에 지는 햇살에 눈이 부시게 빛나는
잠자리 날개짓을
보았니

-중략-

보았니 아이들아
어두운 밤
산 아랫마을에
오래오래 꺼지지 않는 불빛들을
보았니

(2) 동물과 식물에 대한 시

❋ 「고추잠자리」『참새』(정호승 글, 정지예 그림, 처음주니어, 2010)

엄마가 장독대 고추장을 퍼 담고
그만 장독 뚜껑을 닫지 않았다
감나무 가지 끝에 앉아 있던
고추잠자리 한 마리

-후략-

※ 「옥수수」『동시 삼베치마』(권정생 글, 문학동네어린이, 2011)

옥수수네 엄마는
좋은 엄마지
뙤약볕이 따가워
꽁꽁 싸 업고
칭얼칭얼 한종일
자장 불러요

옥수수네 엄마는
가난한 엄마
소낙비가 뿌려도
우산도 없어

-후략-

(3) 가족에 대한 시

※ 「제비꽃 반지」『꽃마중』(김미혜 시, 이해경 그림, 미세기, 2010)

엄마, 꽃반지 좋아해?
그럼, 꽃반지보다 예쁜 반지가 있나?

휴, 다행이에요
내일은 엄마 생일
보랏빛 제비꽃 두 송이
봄 햇살 먹은 꽃

-후략-

※ 『넉 점 반』(윤석중 시, 이영경 그림, 창비, 2004)

그림 11-14
『넉 점 반』

1940년대 시계가 귀했던 시절에 가게에 가서 지금 몇 시인지 알아보고 오라는 엄마의 심부름에 넉 점 반이라는 시간을 잊어버리지 않기 위해 계속 되뇌이며 오지만, 놀이에 정신이 팔려 다 잊어버린다.

※ 『내 동생』(주동민 글, 조은수 그림, 창비, 2003)

어린이가 살면서 겪고 느낀 것을 솔직하게 표현하는 '살아 있는 글쓰기' 교육현장에서 쓴 동시다. 구구단을 못 외우는 동생과 그것 때문에 수모를 겪으나 여전히 동생을 사랑하는 오빠의 마음을 솔직하고 담백하게 그려 냈고, 그림작가 조은수가 시를 바탕으로 한 그림책 작업을 진행했다. 오빠의 속마음에 초점을 맞춰 동생을 보며 오빠가 느꼈을 감정의 변화—당혹감과 부끄러움, 분노, 갈등과 화해—를 강렬한 색채와 시적인 상징 그리고 절묘한 대비로 보여 준다.

(4) 일상생활의 경험에 대한 시

※ 「숨바꼭질」『누가 더 놀랐을까』(도종환 글, 이은희 그림, 실천문학사, 2008)

숨었니?
아직——
숨었니?
아직——

문 뒤에 숨을까
책상 밑에 숨을까

커튼 뒤로 들어가
몸을 돌돌 말고 나니
비로소 안심이다

-중략-

농 안에 숨을까
목욕통에 숨을까
허둥지둥대다가
할머니 치마 속에 들어가
동그랗게 앉았더니
참말로 잘 숨었다

머리야
튀어나오건 말건

※ 「엄마는 아무것도 모르면서」 『엄마는 아무것도 모르면서』(신경림 글, 이은희 그림, 실천문학사, 2012)

엄마한테서 전화가 왔다
"열 시까지 갈게"

엄마는 야근
아빠는 회식

학원에 갔다 와서
라면 하나 먹고

아빠한테서 전화가 왔다
"열한 시까지 갈게"

컴퓨터를 켰다가
동화책을 폈다가

또 엄마한테서 전화가 왔다
"열두 시까지 갈게"

-중략-

깜박 텔레비전 앞에
잠이 들었다

이윽고 귓전에
엄마 목소리

"얘는 날마다
텔레비전만 보나 봐"

엄마는
아무것도 모르면서

※ 『빈집』(이상교 시, 한병호 그림, 신동일 음악, 미세기, 2007)

할머니, 아기, 장롱, 항아리
강아지 집
다 데리고, 가지고
이사를 가면서
집은 그냥 두고 가더란다.

오막살이어도 내 집이어서
제일 좋은 우리 집이라고
자랑삼을 땐 언제이고.
다락, 툇마루, 문지방
댓돌이 울더란다.

그림 11-15
『빈집』

미닫이문이야 속으로 울었겠지.

-중략-

그래서 말인데 얘들아,
우리 모두 함께 살러 가자.
안마당, 부엌 아궁이 앞, 지붕 위도
좋아.
툇마루 밑도 괜찮아.

그림 11-16
『불어오는 바람 속에』
밥 딜런 (글), 존 J. 무스 (그림), 문학동네.

들깨야, 엉겅퀴야, 도깨비바늘아,
우리가 살러 가자.
대신 살러 가자.

인류의 평화를 기원하는 밥 딜런의 노래『불어오는 바람 속에』에 존 J. 무스가 그린 시 그림책도 나와 있다.

2) 산문적 동시

유아에게는 대중적이지 않지만, 초등학교 고학년에게 읽히는 산문적 시로서는 산문 동시와 동화시 그리고 서사적 동시가 있다.[15] 산문 동시는 산문(散文)과 동시(童詩)라는 모순을 내포하고 있는 명칭인데, 시 정신을 산문의 틀 속에 담아 놓은 것이라고 볼 수 있다. 그 예로서 윤동주의「소년」일부를 소개한다.

여기저기서 단풍잎 같은 슬픈 가을이 뚝뚝 떨어진다. 단풍잎 떨어져 나온 자리마다 봄을 마련해 놓고 나뭇가지 우에 하늘이 덮여 있다. 가만히 하늘을 들여다보려던 눈썹에 파란 물감이 든다. 두 손으로 따뜻한 볼을 씻어보면 손바닥에도 파란 물감이 묻어난다. 다시 손바닥을 들여다본다.

동화시(童話詩)는 형식 면에서 시적인 짜임새를 가지고 있으면서, 거기에 동화적인 내용을 담은 시를 말한다. 즉, 스토리를 가지고 이야기를 담고 있다는 면에서 자유시와는 분명히 다르다. 박경용의「이런 꿈을 꾸며」[16]는 단순한 현실의 이야기가 아닌, 동화시의 특징을 잘 보여 주고 있다. 윤동재의 시를 김재홍이 그린『영이의 비닐우산』도 하나의 스토리를 담고 있는 동화시다. 윤석중의『오줌싸개 시간표』[17]중 일부를 보면 다음과 같다.

오줌싸개 시간표

할머니 담뱃불이 날러 와
내가 맨든, 소꿉노리 초가집에 불을 놓앗습니다.
후, 후, 입을 대구 불어두 안꺼집니다.
조갑지에 물을 펴다 끼얹어두 자꾸 탑니다.
게다 게다 오줌을 깔겻지오.
아 그랫더니 담박 꺼지겟나요.
…으응 그런데 이게 웬 일야?
어럽시오, 오줌을 쌌어요…
누가 옆에서, 냉큼 일어나 키 쓰구 소금 받어 오라구
소릴 꽥 지르길래 눈을 떠보니깐, 어유 엄마야…

-중략-

『그게 뭐유? 누나』
『이거 네 시간표야』
『시간표? 무슨 시간표?』
『오줌싸개 시간표』
『오줌싸개 시간표? 피…… 어디 한 번 읽어바.』
『똑똑이 들어. --- 자기 전에 쉬-』

그림 11-17
『오줌싸개 시간표』
윤석중 (시), 권문희 (그림), 여유당.

『자기 전에 쉬- 그게 무슨 소랴?』

『밤에 잘 때 이걸 보구 꼭꼭 오줌을 누구 자란말이야.』

누나가 그걸 써 부쳐 논 뒤로는, 잊어버리구 그냥 자다가두 벌떡 일어나, 누구 자구 한답니다.

그래 그 뒤론 여태 한번두 안 쌌어요.

쉬, 쉬, 오줌 싸는 아이들은, 다 자기 전에 쉬---.

서사동시(敍事童詩)는 인간의 일, 특히 영웅이나 신화 속에 나오는 인물의 일을 다루는 시다. 소설과도 달라서 우선 허구적인 특질을 갖는 이야기가 아니고 객관성을 지녀야 하며, 남의 이야기를 독자에게 전달하려는 형식을 취한다. 우리나라의 서사동시로는 박성만의 「지금 싸움이 한창 급하니」[18]를 들 수 있다. 이 시는 이순신 장군의 생애를 운문으로 표현한 동시다. 그는 처음에 월간 『아동문예』에 「성웅 이순신」이라는 제목으로 발표한 것을 한 권의 시집으로 묶었다. 예를 들면, 다음과 같다.

지금 싸움이 한창 급하니

여수의 맑은 하늘날
거북 구자 깃발을 단
거북선의 진수식과
지자포 현자포 등 대포쏘기 시험을 마치니

-중략-

아니나 다를까
무모하게 쫓아온 적선을 향해
뱃머리를 돌린 거북선은 뛰어들고
힘차게 노를 저어

적선 한가운데 뛰어들고

-후략-

-박성만-

이러한 서사동시를 운문 위인전이라고 하여 장르 구분상 논란이 되지만, 이러한 시도가 계속되고, 이런 시를 어린이에게 접하게 해 주는 것은 바람직하다.

5. 좋은 시의 요소 및 평가 준거

대체로 초등학생은 시에 대한 흥미가 별로 없다. 그것은 지나치게 시어가 애매하고 어렵기 때문이기도 하지만, 시를 정감 있게 순수한 즐거움으로 경험하지 못한 것도 이유가 될 수 있다. 시나 시조를 강제적으로 외우게 하는 것도 시를 즐기지 못하게 하는 요인이 될 수 있다. 어떤 분야에 대하여 좋은 취향을 갖는다는 것은 대부분 얼마나 좋은 경험을 다양하게 했느냐에 달려 있다. 어떤 음악을 특별히 좋아하는 것, 또는 문학 장르 중 시를 좋아한다는 것은 그것을 반복적으로 많이 접촉함으로써 가능해진다. 유아에게 좋은 시를 반복적으로 경험하게 해 준다면 시에 대한 흥미는 증진될 수 있다. 좋은 시가 갖추어야 할 몇 가지 요소를 소개하면 다음과 같다.[19)]

1) 시의 음악성

좋은 시가 갖추어야 할 가장 중요한 특성 중의 하나는 시의 노래하는 특성, 즉 멜로디와 움직임이다. 만일 시가 신비스러운 분위기를 갖는다면 그 선이 천천히 움직이며 단어들은 귀에 모호하게 다가온다. 그러나 시가 유머와 즐거운 난센스가 많으면 그 언어와 선은 가볍고 빨리 움직이게 될 것이다. 이런 것들은 시를 크게 소리 내어 읽고 음악적인 유형(pattern)을 강조해야 하는 것의 단서가 된다.

시의 음악성은 동요에서 언급했듯이, 의성어, 의태어, 두운, 각운, 유운, 자음압운 등의 형식을 사용하여 살릴 수 있다.

유아를 위한 시는 어른을 위한 시보다 생기 있고 경쾌하며 음악성을 살리는 것이 좋다. 좋은 시인지를 평가하려면 시의 리듬이 어떻게 시의 의미를 만들어 내고 강하게 해 주고 있는가 그리고 시의 소리, 즉 의성어나 의태어가 의미를 더해 주는가를 점검해 보아야 한다.

2) 시의 단어

시어는 강렬하고 활기에 차 있으며 풍부해야 한다. 정확하게 정의되는 섬세한 단어가 사용되어야 한다. 물론 산문에서도 똑같은 단어들을 사용할 수 있으나, 시에서는 더 응집력 있고 리듬감이 있으며 그것이 조화를 이룸으로써 시의 효과를 살릴 수 있다. 좋은 시를 이루는 비결의 한 부분으로서 단어들은 상상력을 자극하고, 감각에 호소하여 웃음을 자아내며, 독자가 그 시어로 인하여 마음이 깊고 강하게 움직일 수 있어야 한다.

시어는 심상(imagery)을 통하여 우리의 귀를 즐겁게 하고 우리의 마음을 뛰게 할 수 있다. 심상에는 우리의 감각기관에 직접 호소하는 방법과 비유적 심상을 통해 표현하는 방법이 있다. 즉, 시각 · 청각 · 촉각 · 후각 · 미각과 행동에 관한 시어를 쓰는 직접적인 심상(literal images)이 있고, 비유법(figurative images)에는 직유, 은유와 의인화하는 방법이 있다.[20] 이러한 비유적 표현이 생생하고도 적절해야 감동을 줄 수 있다.

3) 시의 내용

시는 정서적으로 강한 호소력을 지니고 있지만, 주제와 개념을 설정하고 있기 때문에 정서적인 면뿐 아니라 지적인 면에도 강하게 호소력을 지닌다. 아주 어린 유아는 시의 소리와 리듬감이 주는 재미로 시를 좋아하나, 조금 성장하면 내용에도 관심을 가진다. 그런데 어린이의 정서적인 반응은 그 내용을 제대로 파악하여 빠져들어야만 가능하다. 시는 일상생활 속의 신기한 경험을 다루어 신선한 의미를 주어야 한다.

요약하면, 유아를 위하여 좋은 시를 선택할 때는 첫째, 시가 좋은 음률 및 소리와 주제의 조화를 가지고 음악적으로 표현되었는가? 둘째, 섬세하면서도 기억을 잘할 수 있을 만큼 감각적이며 함축적인 의미를 가진 뛰어난 언어를 사용하였는가? 그리고 마지막으로, 시의 주제가 풍부한 의미를 지니면서 일상생활의 평범한 경험이나 신기한 경험을 잘 그리고 있는가?를 고려해야 한다. 이 세 가지를 충족시켰을 때 좋은 시라고 할 수 있다.

이외에도 스미스(James A. Smith, 1977)[21)]와 심상우(1988)와[22)] 버크(Burke, 1990)[23)] 그리고 현은자와 김세희(2005)는 좋은 시를 선택할 때 고려해야 할 점을 다음과 같이 소개하고 있다.

스미스는 좋은 시에 대한 기준을 다음과 같이 제시했다.

- 정직하고 진실한 표현을 담아야 한다.
- 독창적이고 정서적인 공감대를 형성해야 한다.
- 언어의 리듬과 음악성을 담고 있어야 한다.
- 활기 있게 묘사되어야 한다.
- 분명하고 정확하고 상상력이 풍부한 말로 쓰여야 한다.
- 시를 들었을 때 듣는 즐거움을 맛볼 수 있어야 한다.
- 동화시의 경우에 적절한 주제와 생동감 있는 플롯, 독특한 문체 등을 담고 있어야 한다.
- 어린이들이 공감할 수 있는 소재로 되어 있어서 유아가 그 시를 좋아해야 한다.

심상우는 어린이를 위한 책은 말과 글이 바르게 쓰이고, 어린이의 지적 · 정서적 · 심리적 · 운동감각적 능력에 맞추어져야 한다고 하였다. 그리고 어린이 수준과 관심에 맞게 쓰이고, 인쇄 · 제본 · 판매되어야 한다고 하였다. 동시는 어린이를 위한 가장 절제된 우리 말과 글로 어린이의 꿈 · 자연 · 생활 · 계절 등을 소박하고 아름답게 보여 주어야 한다고 주장하였다. 그는 우리나라의 많은 동시에서 느껴지는 큰 흐름을 첫째, 말의 아름다움, 둘째, 순진한 그리움, 셋째, 어린 날로 돌아가고 싶은 회귀의식으로 나누고, 동시 작품에 나타나는 주요한 주제를 어린이와 꿈 · 자연 · 생활 등으로 파악하였다.

버크(1990)는 시를 골라 줄 때 고려해야 할 기준을 다음과 같이 제안하였다.

- 시를 다시 듣고 싶은가?
- 시의 리듬이 뚜렷하게 나타나는가?
- 시 속에 간결하고 단순한 심상(image)이 있는가? 유아의 경험 속에서 그림들을 잘 만들어 낼 수 있는 명료하고 감각적인 심상들이 있는가?
- 시가 주제를 가지고 있는가?
- 시 속에 운율이 있는가?
- 시 속에 유머가 있는가?

현은자와 김세희(2005)[24]는 좋은 시의 평가 준거를 글과 그림으로 나누어 소개하였다. 글은 감동적 요소가 있고, 운율과 리듬감을 가져야 하며, 글을 읽을 때 이미지가 떠올라야 하고, 모국어의 아름다움을 느낄 수 있어야 하며, 시대가 변해도 공감이 되어야 하고, 그림책 제작에 적합한 운문이어야 한다고 주장하였다. 그림은 시의 내용과 분위기를 잘 나타내야 하고 그림작가의 예술적 세계가 반영되어야 한다고 하였다.

미주

1) 장덕순(1972). 전래동요의 구조. 동요와 시의 전망. 김요섭 편. 아동문학사상 7. 보진재, p. 24.
2) 이상금, 장영희(1986). 유아문학론. 교문사, p. 169.
3) 홍양자(1997). 빼앗긴 정서, 빼앗긴 문화. 다림.
4) 현은자, 김세희(2005). 그림책의 이해 2. 사계절, pp. 147-150.
5) 한국어린이육영회 편(1986, 1988). 한국어린이육영회 전래동요 제1집, 제2집. 시청각교재 4, 5. 새세대육영회.
6) Sutherland, Z. (1997). *Children and books* (9th ed.). NY: Addison Wesley Longman, Inc., p. 271.

7) Sutherland, Z. (1997). *Children and books* (9th ed.). NY: Addison Wesley Longman, Inc.
8) Ciardi, J. (1959). Robert Frost: Master conversationalist at work. *Saturday Review*. March 21. In Z. Sutherland, Z. (1997)에서 재인용.
9) Sutherland, Z. (1997). *Children and books* (9th ed.). NY: Addison Wesley Longman, Inc., p. 271.
10) 안승덕(1983). 아동문학작품 해설. 교육신서 137. 배영사, p. 33.
11) 신현득(1988). 동요 · 동시의 현황과 문제점. 동요 · 동시의 재발견. 현대아동문학 4호. 한국현대아동문학가협회, pp. 11-15.
12) 윤석중 작사, 이계석 작곡, 장홍을 그림(1997). '우산'. 노래 노래 부르며. 길벗어린이.
13) 안승덕(1983). 아동문학작품 해설. 교육신서 137. 배영사, p. 47.
14) 김현희, 박상희(2008). 유아문학: 이론과 적용. 학지사, pp. 269-273.
15) 제해만(1986). 현대동시론. 아동문학평론 38호. 창간 10주년 기념호. 한국아동문학연구원, pp. 145-149.
16) 제해만(1986). 현대동시론. 아동문학평론 38호. 창간 10주년 기념호. 한국아동문학연구원, p. 147.
17) 윤석중(2019). 오줌싸개 시간표, 권문희 그림, 「잃어버린 댕기」(1933). 윤석중 동시집 제 1집, 계수나무회.
18) 최지훈(1986). 서사동시론: 박성만의 '지금 싸움이 한창 급하니'. 아동문학평론 38호. 한국아동문학연구원, pp. 77-94.
19) Sutherland, Z. (1997). *Children and books* (9th ed.). NY: Addison Wesley Longman, Inc., pp. 272-273.
20) Russell, D. L. (2005). *Literature for children: A short introduction* (5th ed.). Boston, MA: Allyn & Bacon, Inc., pp. 182-186.
21) Smith, J. A., & Park, D. M. (1977). *Word music and word magic: Children's literature methods*. Allyn and Bacon, pp. 298-300.
22) 심상우(1988). 아름다운 동시를 만나는 기쁨. 동요 · 동시의 재발견. 현대아동문학 4호. 한국현대아동문학가협회, pp. 38-45.
23) Burke, E. M. (1990). *Literature for the young child*. Boston: Allyn & Bacon.
24) 현은자, 김세희(2005). 그림책의 이해 2. 사계절, p. 188.

요약

함축된 언어로 운율을 살려서 리듬감과 반복이 많은 시어로 구성된 동요와 동시는 유아가 즐기기에 좋은 장르다. 우리나라의 동요 · 동시는 전래동요에서 비롯되었는데, 시 자체만으로도 즐거우나 시를 들려줄 때 교사나 부모는 즐겁고 자연스럽게 소개해야 그 즐거움이 배가 될 것이다. 시를 들려줄 때는 여러 종류의 시, 즉 전래동요나 서정시, 난센스 시 등도 들려주는 것이 중요하다. 특히 유아를 위해서는 주제와 소재를 잘 나타낼 수 있는 아름다운 그림이 함께 하는 것이 바람직하다.

연구문제

01 유아의 일상생활을 그린 동시를 읽고 시의 특징을 분석하시오.

02 동요와 동시를 골라 줄 때 고려해야 할 점을 예를 들어 설명하시오.

03 동요와 동시를 유아에게 전달할 때 효과적인 방법을 예를 들어 설명하시오.

Part 3

유아문학과 교육

제12장

유아문학과 유아교육과정

유아가 접하는 문학 속에는 많은 인물들이 만들어 내는 다양한 삶의 세계가 있다. 유아는 성인이 들려주는 이야기를 통해 많은 것을 전달받는다. 이야기 속에서 나오는 등장인물이 처한 문제에 공감하며 함께 문제를 해결하여 보고 이야기 속에 나오는 계절, 동물의 생태들에 대해 자연스럽게 깨달을 기회를 얻는다. 또 도덕적 갈등 상황이 있는 이야기를 접하면서 합리적인 해결의 방법을 생각해 보는 기회를 얻기도 한다. 그리고 이야기가 담긴 그림을 통해 미적 경험을 할 수 있으며 또 다른 작품을 그리고 쓸 수 있는 모델을 접할 수 있는 기회를 얻기도 한다. 이처럼 문학은 이야기를 통해 즐거움을 얻을 목적으로 쓰이는 예술의 한 장르이지만 이야기 속에는 교육적으로 활용할 수 있는 많은 요소가 있다.

이 장에서는 유치원 교육과정의 각 영역을 살펴보고 적합한 문학작품을 선정해 보며 특히 각 생활 주제에 따른 교육활동을 계획할 수 있도록 교육활동 계획의 예를 살펴보도록 한다.

1. 유아문학과 유아교육과정

1) 누리과정 각 영역과 유아문학

(1) 신체운동 · 건강 영역에 대한 문학적 접근의 의의

신체운동 · 건강 영역은 유아가 자신의 신체를 긍정적으로 인식하고 신체활동에 즐겁게 참여함으로써 유아기에 필요한 기본 운동능력과 기초 체력을 기르고, 건강하고 안전한 생활을 실천하는 능력과 태도를 기르기 위한 영역이다.[1]

• 신체운동 영역의 내용과 관련된 유아문학

우리나라 '3~5세 연령별 누리과정'의 신체운동 · 건강 영역의 내용은 그림 12-1과 같다. 그리고 〈표 12-1〉은 신체운동 · 건강 영역의 내용범주를 포함하고 있는 유아문학작품을 보여 준다.

신체운동 · 건강

신체인식하기	신체조절과 기본운동하기	신체활동에 참여하기	건강하게 생활하기	안전하게 생활하기
• 감각능력 기르고 활용하기 • 신체를 인식하고 움직이기	• 신체 조절하기 • 기본운동하기	• 자발적으로 신체활동에 참여하기 • 바깥에서 신체활동하기 • 기구를 이용하여 신체활동하기	• 몸과 주변을 깨끗이 하기 • 바른 식생활하기 • 건강한 일상 생활하기 • 질병 예방하기	• 안전하게 놀이하기 • 교통안전 규칙지키기 • 비상 시 적절히 대처하기

그림 12-1 신체운동 · 건강 영역의 내용

〈표 12-1〉 신체운동 · 건강 영역의 내용범주를 포함하고 있는 유아문학작품

내용범주	도서명	글, 그림, 옮김	출판사	출판연도
신체인식하기	자연탐험놀이	마리 엘렌느 플라스 글, 카놀린느 퐁텐느 리퀴에 그림, 김희정 옮김	청어람미디어	2010
	놀이도감	오쿠나리다쓰 글, 나카타하루미 그림, 김창원 옮김	진선북스(진선출판사)	2010
	장난사전	홀거 루만 글, 게하르트 슈리더 그림, 이동준 옮김	조선북스	2010
	바바의 신나는 요가여행	로랑 드 브루노프 글 · 그림, 조경숙 옮김	국민서관	2005
	안녕, 나는 헝클이야	이형진 글 · 그림	시공주니어	2007
	우리 몸속에 뭐가 들어 있다고?	김영명 글, 김유대 그림	사계절	2011
	안녕, 놀라운 나의 몸	맥밀란 편집부 글, 스파이크 제럴 그림, 임정은 옮김	시공주니어	2012
	꼬마야 꼬마야	구전놀이 노래, 정순희 그림	다섯수레	2009
신체조절과 기본운동하기	먹기 대장 축구 대장	유영소 글, 정문주 그림	문학동네	2011
	두발 자전거 배우기	고대영 글, 김영진 그림	길벗어린이	2009
	등을 쭉!	고바야시 마사코 글, 나가노 히데코 그림, 이선아 옮김	시공주니어	2002
	쑥쑥 몸이 자라는 운동	이향안 글, 김보미 그림	스콜라(위즈덤하우스)	2014
	짜장 줄넘기	곽미영 글, 양정아 그림	천개의바람	2013
	야호 놀자	이상배 글, 이명애 그림	청어람주니어	2011
	놀이터는 신나요	조 로지 글 · 그림	어린이작가정신	2007
	쑥쑥 몸놀이	엄혜숙 글, 정순희 그림	다섯수레	2009
신체활동에 참여하기	처음 만나는 동물원	안나 밀보른 글, 시모나 디미트리 그림	스마트베어	2014
	산에서 놀자 숲에서 놀자	유영소 글, 정소영 그림	문학동네어린이	2012
	게임왕 이장우	임정자 글, 윤봉선 그림	문학동네어린이	2012
	바람타고 달려라	임정자 글, 최정인 그림	문학동네어린이	2011
	지하철을 타고서	고대영 글, 김영진 그림	길벗어린이	2006
	난 자전거를 탈 수 있어	아스트리트 린드그렌 글, 일론 비클란드 그림, 햇살과나무꾼 옮김	논장	2014
	전래놀이 101가지	이상호 글, 박향미 그림	사계절	2011
	돌이와 야옹이의 뚝딱뚝딱 만들기	유애로 글 · 그림	보림	2005

〈계속〉

건강하게 생활하기	과자 마녀를 조심해!	정희재 글, 김영수 그림	책읽는곰	2010
	으앙, 이가 아파요	나나오 준 글, 이마이 유미코 그림, 이선아 옮김	시공주니어	2002
	집안 치우기	고대영 글, 김영진 그림	길벗어린이	2010
	손톱 깨물기	고대영 글, 김영진 그림	길벗어린이	2008
	바이러스, 안 돼!	실비 지라르데 글 · 그림, 이효숙 옮김	초록개구리	2009
	난 밥 먹기 싫어	이민혜 글 · 그림	시공주니어	2009
	맛있게 드세요, 토끼씨	클로드 부종 글 · 그림, 배은주 옮김	주니어파랑새	1999
	내 몸속에 전쟁이 일어났어요	에드와르드 환 드 휀덜 글, 피터 환 에인오허 그림, 지명숙 옮김	뜨인돌어린이	2013
안전하게 생활하기	앗, 조심해야지	카트린 돌토 · 콜린 포르푸아레 조엘 부셰 글, 이세진 옮김	비룡소	2007
	동수야, 어디 가니?	오시은 글, 김효은 그림	문학동네어린이	2010
	학교에 갈 때 꼭꼭 약속해	박은경 글, 김난균 그림	책읽는곰	2009
	소중한 내 몸을 위해 꼭꼭 약속해	박은경 글, 김진화 그림	책읽는곰	2009
	난 싫다고 말해요	베티뵈거 홀드 글, 가와하라 마리코 그림, 이향순 옮김	북뱅크	2006
	길을 잃어도 문제 없어!	다그마 가이슬러 글 · 그림, 김경연 옮김	풀빛	2014
	응급처치	야마다 마코토 글, 야규 겐이치로 그림, 고향옥 옮김	비룡소	2002
	난 정말 소중해	카트린 돌토 · 콜린 포르푸아레 글, 조엘 부셰 그림, 이세진 옮김	비룡소	2007

(2) 의사소통 영역에 대한 문학적 접근의 의의

의사소통 영역은 언어의 기본 형태인 구어와 문어를 활용하여 나와 다른 사람의 느낌이나 생각, 경험을 상황과 상대방에 알맞게 소통할 수 있는 능력을 기르는 영역이다. 또한 말과 글의 관계를 알고 읽기와 쓰기에 흥미를 가져 언어 사용을 즐기도록 하는 영역이다.

- 의사소통 영역의 내용과 관련된 유아문학

우리나라 '3~5세 연령별 누리과정'의 의사소통 영역의 내용은 그림 12-2와 같다. 〈표 12-2〉는 의사소통 영역의 내용범주를 포함하고 있는 유아문학작품을 보

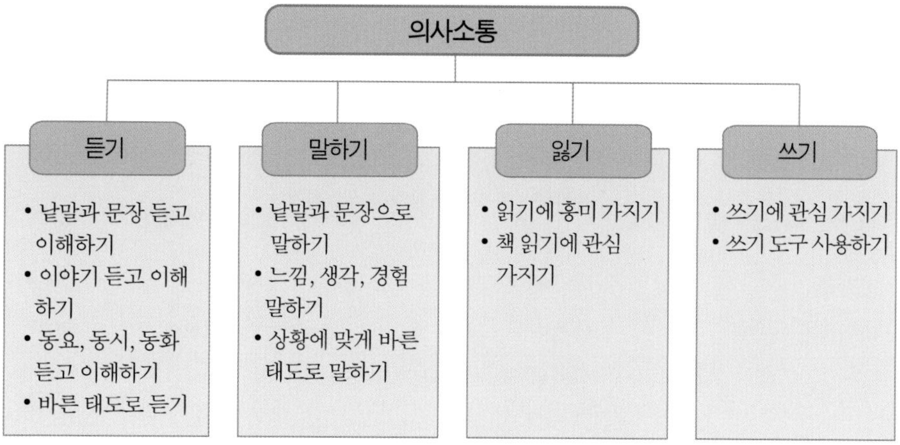

그림 12-2 의사소통 영역의 내용

〈표 12-2〉 의사소통 영역의 내용범주를 포함하고 있는 유아문학작품

내용범주	도서명	글, 그림, 옮김	출판사	출판연도
듣기	반대말	최정선 글, 안윤모 그림	보림	2009
	까만 고양이 , 하얀 고양이	척 머피 글 · 그림	비룡소	2011
	ㄹ 받침 한 글자	김은영 글, 김령언 그림	사계절	2008
	딴 생각하지 말고 귀 기울여 들어요	서보현 글, 손정현 그림	상상스쿨	2010
	내 말 좀 들어주세요, 제발	하인츠 야니쉬 글, 질케 레플러 그림, 김라합 옮김	상상스쿨	2010
	또박또박 반갑게 인사해요	안미연 글, 홍우정 · 홍효정 그림	상상스쿨	2009
	빨주노초파남보 색깔 말놀이	박정선 글, 윤미숙 그림	시공주니어	2010
	파리 동동 잠자리 동동	박혜숙 글, 오윤화 그림	파란자전거	2010
말하기	화내지 말고 예쁘게 말해요	안미연 글, 서희정 그림	상상스쿨	2008
	수수께끼 놀이	김성은 글, 김종도 그림	사계절	2000
	숨술 말놀이	권태응 · 박경종 글, 김성민 · 권문희 · 유진희 그림	다섯수레	2009
	무엇이 무엇이 똑같을까	이미애 글, 한병호 그림	보림	1998
	뭐라고 말해야 할까요?	세실 조슬린 글, 모리스 센닥 그림, 이상희 옮김	시공주니어	2012
	우물쭈물하지 말고 똑똑하게 말해요	안미연 글, 강경수 그림	상상스쿨	2009
	최승호 시인의 말놀이 동요집	최승호 · 방시혁 글, 윤정주 그림	비룡소	2011

〈계속〉

읽기	기차 ㄱ ㄴ ㄷ	박은영 글 · 그림	비룡소	1997
	까치와 소담이의 수수께끼놀이	김성은 글, 김종도 그림	사계절	2000
	개구쟁이 ㄱ ㄴ ㄷ	이억배 글 · 그림	사계절	2005
	글자가 사라진다면	윤아해 · 육길나 · 김재숙 글, 혜경 그림	뜨인돌어린이	2008
	잘잘잘	이억배 글 · 그림	사계절	2008
	그림책과 놀아요	이선주 글 · 그림	열린어린이	2007
쓰기	생각하는 ㄱ ㄴ ㄷ	이지원 글, 이보나 흐미엘레프스카 그림	논장	2005
	빨간 우산의 세상여행	디터 슈베르트 글, 잉그리드 슈베르터 그림, 임은경 옮김	걸음동무	2013
	노란 우산	문제술 글, 허민영 그림	섬아이	2006
	거울 속으로	앤서니 브라운 글 · 그림, 김현좌 옮김	베틀북	2006
	상상 이상	이스트반 바여이 글 · 그림	내인생의책	2006
	빨간 풍선의 모험	옐라 마리 글 · 그림	시공주니어	1995
	사과와 나비	옐라 마리 · 엔조 마리 글 · 그림	보림	1996
	낱말수집가 맥스	케이트 뱅크스 글, 보리스 쿨리코프 그림, 신형건 옮김	보물창고	2008

여 준다.

(3) 사회관계 영역에 대한 문학적 접근의 의의

사회관계 영역은 유아가 자신을 알고 소중하게 여기며 가족, 또래와 함께 원만하게 지내는 방법뿐 아니라 공동체에서 함께 살아가는 방법을 익히고 사회에 관심을 가지며 적응해 나갈 수 있는 기초능력과 인성을 기르기 위한 영역이다.

• 사회관계 영역의 내용과 관련된 유아문학

우리나라 '3~5세 연령별 누리과정'의 사회관계 영역의 내용은 그림 12-3과 같다. 〈표 12-3〉은 사회관계 영역의 내용범주를 포함하고 있는 유아문학작품을 보여 준다.

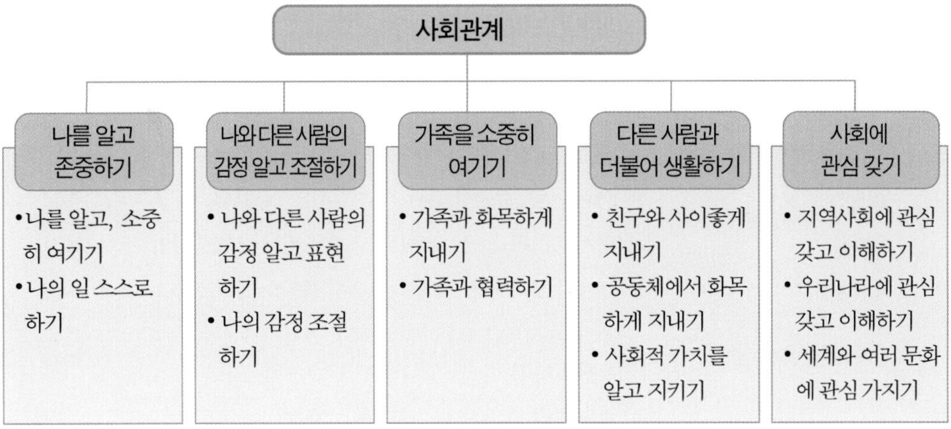

그림 12-3 사회관계 영역의 내용

〈표 12-3〉 사회관계 영역의 내용범주를 포함하고 있는 유아문학작품

내용범주	도서명	글, 그림, 옮김	출판사	출판연도
나를 알고 존중하기	난 난 난	영민 글 · 그림	국민서관	2014
	나는 내가 좋아요	윤여림 글, 배현주 그림	웅진주니어	2011
	치킨 마스크	우쓰기 미호 글 · 그림, 장지현 옮김	책읽는곰	2008
	아름다운 탄생 - 아이와 사랑	아네스 로젠스티엘 글 · 그림, 손수정 옮김	걸음동무	2014
	난 자전거를 탈 수 있어	아스트리드 린드그렌 글, 일론 비클란드 그림, 햇살과나무꾼 옮김	논장	2014
	이럴 때 너라면?	고미 타로 글 · 그림, 김소연 옮김	천개의바람	2014
	혼자 할 수 있어요!	파올로 프리츠 글 · 그림, 이상희 옮김	아름다운사람들	2012
	정리 대장 꿀돼지	에이미 크루즈 로젠탈 글, 젠 코레이스 그림, 박수현 옮김	푸른숲주니어	2014
나와 다른 사람의 감정 알고 조절하기	싫어, 내 마음이야	카트린 돌토 · 콜린 포르푸아레 글, 조엘 부셰 그림, 이세진 옮김	비룡소	2007
	너랑 절대 말 안 해	가사이 마리 글 · 그림, 김숙 옮김	북뱅크	2013
	자꾸 자꾸 겁이 나	김별 글, 신현정 그림	큰북작은북	2014
	미운 네 살	태드 크래스네스키 글, 데이비드 파킨스 그림, 임은경 옮김	걸음동무	2013
	상어마스크	우쓰기 미호 글 · 그림, 우지영 옮김	책읽는곰	2013
	어떡하지?	앤서니 브라운 글 · 그림, 홍연미 옮김	웅진주니어	2013
	아기구름 울보	김세실 글, 노석미 그림	사계절	2005
	널 만나서 정말 다행이야	미야니시 타쓰야 글 · 그림, 김지현 옮김	달리	2014

〈계속〉

가족을 소중히 여기기	그게 바로, 너야	라스칼 글, 만다나 사다트 그림, 여은경 옮김	지식나이테	2014
	아주 머나먼 곳	모리스 센닥 글 · 그림, 서남희 옮김	시공주니어	2014
	7일 안에 난 달라질 거야	김현태 글, 송진욱 그림	미다스북스	2006
	엄마 마중	이태준 글, 김동성 그림	보림	2013
	돼지책	앤서니 브라운 글 · 그림, 허은미 옮김	웅진주니어	2001
	고릴라	앤서니 브라운 글 · 그림, 장은수 옮김	비룡소	1998
	아빠, 괜찮아요	샘 맥브래트니 글, 이반 베이츠 그림, 우현옥 옮김	아라미	2014
	나도 안아 줘	다케시타 후미코 글, 다나카 기요 그림, 김숙 옮김	북뱅크	2010
다른 사람과 더불어 생활하기	장갑	에우게니 M. 라쵸프 글, 이영준 그림	한림출판사	1999
	우리 친구 하자	앤서니 브라운 글 · 그림, 하빈영 옮김	현북스	2011
	동물원 가는 길	존 버닝햄 글 · 그림, 이상희 옮김	시공주니어	2014
	줄 서세요!	크리스틴 로시프테 글 · 그림, 김배경 옮김	책속물고기	2014
	우리는 친구	앤서니 브라운 글 · 그림, 장미란 옮김	웅진주니어	2008
	나 먼저 할 거야!	최정현 글, 유미선 그림	꿈터	2014
	내 친구는 얼굴색이 달라요	콜레트 엘링스 글, 마리알린 바뱅 그림, 이정주 옮김	시공주니어	2010
	왕할머니는 100살	이규희 글, 신민재 그림	책읽는곰	2013
	무지개 물고기	마르쿠스 피스터 글 · 그림, 공경희 옮김	시공주니어	1999
사회에 관심 갖기	우리는 모두 소중해요	국제앰네스티 글, 존 버닝햄 · 코키 폴 · 니키 달리 그림, 김태희 옮김	사파리	2008
	수호의 하얀 말	오츠카 유우조 글, 아카바 수에키치 그림, 이영준 옮김	한림출판사	2001
	솔이의 추석 이야기	이억배 글 · 그림,	길벗어린이	1995
	만희네 집	권윤덕 글 · 그림	길벗어린이	1995
	윷놀이이야기	이은화 글, 한유민 그림	한림출판사	1993
	열두띠 이야기	초록개구리 글, 사석원 그림	계림닷컴	2004
	우리 엄마는 외국인	줄리안 무어 글, 메일로 소 그림, 박철화 옮김	꿈꾸는꼬리연	2014
	설빔	배현주 글 · 그림	사계절	2006

(4) 예술경험 영역에 대한 문학적 접근의 의의

예술경험 영역은 유아가 친근한 주변 환경에서 발생하는 소리, 음악, 움직임과 춤, 모양과 색 등의 미술 요소에서 아름다움을 느끼고, 또래와 교사, 부모, 지역사회의 주민이나 작가가 표현한 예술작품을 가까이 접하면서, 이를 탐색하고 창의적으로 표현하는 것을 즐기며 감상하기 위한 영역이다.

• 예술경험 영역의 내용과 관련된 유아문학

우리나라 '3~5세 연령별 누리과정'의 예술경험 영역의 내용은 그림 12-4와 같다. 〈표 12-4〉는 예술경험 영역의 내용범주를 포함하고 있는 유아문학 작품을 보여 준다.

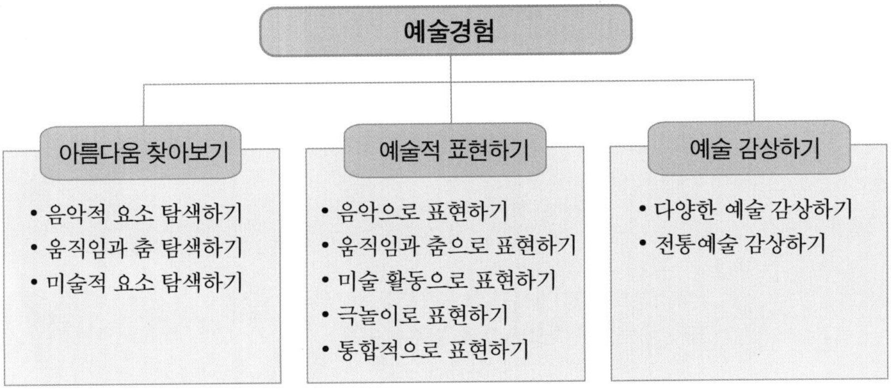

그림 12-4 예술경험 영역의 내용

〈표 12-4〉 예술경험 영역의 내용범주를 포함하고 있는 유아문학작품

내용범주	도서명	글, 그림, 옮김	출판사	출판연도
아름다움 찾아보기	세상의 많고 많은 초록들	로라 바카로 시거 글 · 그림, 김은영 옮김	다산기획	2014
	미술에 재미 붙이기	박금숙 글 · 그림	길벗어린이	1997
	색깔의 여왕	유타 바우어 글 · 그림, 조연주 옮김	문학동네어린이	2004
	발레가 좋아	피터 시스 글 · 그림	시공주니어	2014
	최승호 방시혁의 말놀이 동요집2	최승호, 방시혁 글, 윤정주 그림	비룡소	2013
예술적 표현하기	기찻길 옆	윤석중 글, 홍정선 그림	문학동네어린이	2011
	장갑	에우게니 M. 라쵸프 글 · 그림, 이영준 옮김	한림출판사	1999
	노란 우산	문제술 글, 허민영 그림	섬아이	2006
	눈의 음악	린 레이 퍼킨스 글 · 그림, 이상희 옮김	큰북작은북	2005
	즐겁게 그리자	가브리엘 알보로조 글 · 그림, 김혜진 옮김	국민서관	2014
	파울의 미술시간	엘리자베트 보르헤르스 글, 빌헬름 슐로테 그림, 김경연 옮김	풀빛	2004
	감자야 그림 그리자	에바 헬러 글 · 그림, 노성두 옮김	달리	2004
예술 감상하기	미술관에 간 윌리	앤서니 브라운 글 · 그림, 장미란 옮김	웅진주니어	2000
	뒤죽박죽 미술관	유주연 글 · 그림	책읽는곰	2012
	한조각 두조각 세조각	김초환 글 · 그림	초방책방	2003
	꽃이 핀다	백지혜 글 · 그림	보림	2007
	쪽빛을 찾아서	유애로 글 · 그림	보림	2005
	꽃향기에 나비 날고	최은미 글 · 그림	초방책방	2007
	숨쉬는 항아리	정병락 글, 박완숙 그림	보림	2005

(5) 자연탐구 영역에 대한 문학적 접근의 의의

자연탐구 영역은 유아가 자신을 둘러싸고 있는 주변 세계에 대해 호기심을 가지고 궁금한 것을 해소하기 위해 탐구하며, 일상생활에서 부딪치는 현상이나 문제해결을 통해 수학적 · 과학적으로 생각하는 기초 능력과 태도를 기르기 위한 영역이다.

• 자연탐구 영역의 내용과 관련된 유아문학

우리나라 '3~5세 연령별 누리과정'의 자연탐구 영역의 내용은 그림 12-5와 같다. 〈표 12-5〉는 자연탐구 영역의 내용범주를 포함하고 있는 유아문학작품을 보여 준다.

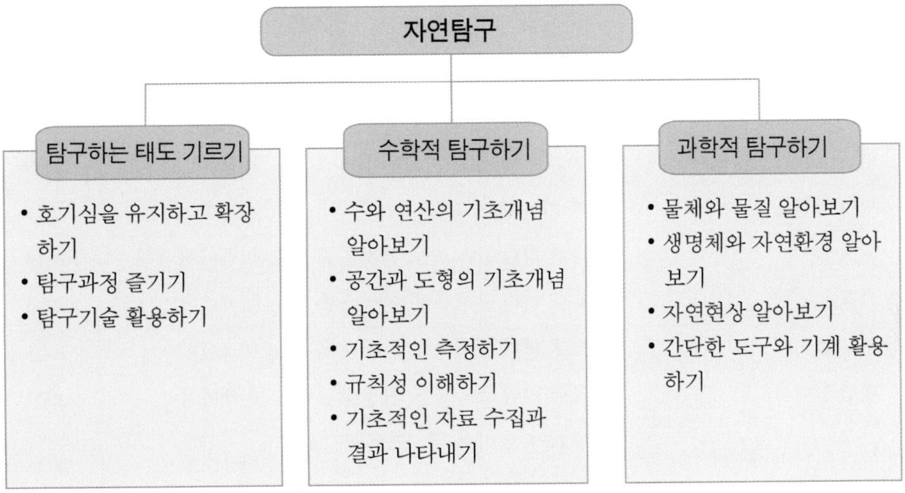

그림 12-5 자연탐구 영역의 내용

〈표 12-5〉 자연탐구 영역의 내용범주를 포함하고 있는 유아문학작품

내용범주	도서명	글, 그림, 옮김	출판사	출판연도
탐구하는 태도 기르기	아기 오리는 어디로 갔을까요?	낸시 태퍼리 글 · 그림, 박상희 옮김	비룡소	2010
	즐거운 이사놀이	안노 미쓰마사 글 · 그림, 박정선 옮김	비룡소	2001
	마녀 위니의 겨울	밸러리 토머스 글, 코키 폴 그림, 김중철 옮김	비룡소	1998
	너는 버리니? 나는 만들어!	이정현 글 · 그림	현암사	2013
	앞 옆 뒤	스즈키 마모루 글 · 그림	뜨인돌어린이	2013
	모두 모여 냠냠냠	이미애 글, 김달성 그림	보림	2000
	동물들아, 뭐하니?	루퍼스 버틀러 세더 글 · 그림	웅진주니어	2008
	무엇이 무엇이 먼저일까?	로라 바카로 시거 글 · 그림, 북극곰 옮김	미래아이	2008
수학적 탐구하기	셈을 해 볼까?	마리베롱도-아그렐 글, 니콜라 구니 그림, 임영신 옮김	아름다운사람들	2013
	1, 2, 3 숫자들이 사는집	크베타 파코브스카 글 · 그림, 한미희 옮김	시공주니어	2012
	떡 두 개 주면 안 잡아먹지	이범규 글, 김용철 그림	비룡소	2009
	멍멍 왈왈	척 머피 글 · 그림	비룡소	2011
	대칭 놀이	로렌 리디 글 · 그림, 안지은 옮김	미래아이	2013
	그래프 놀이	로렌 리디 글 · 그림, 천정애 옮김	미래아이	2006
	분수 놀이	로렌 리디 글 · 그림, 천정애 옮김	미래아이	2003
	덧셈 놀이	로렌 리디 글 · 그림, 천정애 옮김	미래아이	2003
과학적 탐구하기	마녀 위니의 새 컴퓨터	밸러리 토머스 글, 코키 폴 그림, 노은정 옮김	비룡소	2004
	물의 여행	엘레오노레 슈미트 글 · 그림, 김윤태 옮김	비룡소	1997
	탁한 공기, 이제 그만	이욱재 글 · 그림	노란돼지	2012
	수달이 오던 날	김용안 글, 한병호 그림	시공주니어	2012
	다음 정거장은 해왕성	스티브 젠킨스 · 앨빈 젠킨스 글 · 그림, 배소라 옮김	마루별	2007
	우리를 둘러싼 공기	엘레오노레 슈미트 글, 김윤태 그림	비룡소	1997
	왜 땅을 떨어질까?	곽영직 글, 김유대 그림	웅진주니어	2006
	빨간 지구 만들기 초록 지구 만들기	한성민 글 · 그림	파란자전거	2011

2) 누리과정의 생활주제와 유아 문학

때로 교사는 단원이나 주제와 관련된 활동을 전개해 가면서 활동과 관련된 문학작품을 선정하는 데 고심을 한다. 반대로 단원이나 주제와는 관련이 없지만 훌륭한 책을 만나게 되기도 한다. 그렇다고 해서 단원을 미리 계획하지 않아야 한다는 의미는 아니며, 좋은 책이라도 단원과 관계가 없으면 읽어 줄 필요가 없다는 이야기는 아니다. 훌륭한 책은 이야기를 즐기기 위한 목적으로 쓰인 문학작품인 경우가 많다. 사실 대부분의 책은 그런 목적으로만 쓰여져 왔다. 유아 교육기관에서는 유아의 발달 수준을 고려하고, 일상생활, 계절적 요소, 유아가 경험해야 할 교육과정 요소 등을 고루 반영하여 계획할 필요가 있다.

유아교육기관의 교사들은 생활 주제에 알맞은 책을 선정할 수 있어야 하며 더불어 훌륭한 문학작품을 통합적 교육 활동 속에 소개해야 한다. 그리고 다양한 반응활동으로 문학을 즐길 수 있도록 계획할 수 있어야 한다. 다음의 활동의 예들은 하나의 책에 대한 통합적 교육계획안(single book curriculum web)을 구성하고 활동한 예다.

〈표 12-6〉 3~5세 연령별 누리과정 지도서

생활주제	만 3세	만 4세	만 5세
1. 유치원/어린이집과 친구	유치원/어린이집의환경	유치원/어린이집의 환경	유치원에서의환경
	유치원/어린이집에서의하루	유치원/어린이집에서의하루	유치원에서의하루
	유치원/어린이집에서만난친구	유치원/어린이집에서만난친구	유치원에서의친구
	함께놀이하는유치원/어린이집	함께만드는유치원/어린이집	함께만드는유치원
2. 나와 가족	나의몸과마음	나의몸과마음	나의몸과마음
	소중한나	소중한나	소중한나
	소중한가족	소중한가족	소중한가족
	행복한우리집	가족의생활과문화	가족의생활과문화
3. 우리 동네	우리동네모습	우리동네모습	우리동네모습
	우리동네생활	우리동네생활	우리동네생활
	우리동네사람들	우리동네사람들	우리동네사람들
		우리동네전통과문화	우리동네전통과문화

〈계속〉

4. 동식물과 자연	궁금한동식물	궁금한동식물	궁금한동식물
	동물과우리의생활	동물과우리의생활	동물과우리의생활
	식물과우리의생활	식물과우리의생활	식물과우리의생활
	자연과더불어사는우리	자연과더불어사는우리	자연과더불어사는우리
5. 건강과 안전	즐거운운동과휴식	즐거운운동과휴식	즐거운운동과휴식
	깨끗한나와환경	깨끗한나와환경	깨끗한나
	맛있는음식과영양	맛있는음식과영양	맛있는음식과영양
	안전한놀이와생활	안전한놀이	안전한놀이
6. 생활도구	다양한생활도구	다양한생활도구	다양한생활도구
	생활도구를움직이는힘	생활도구를움직이는힘	생활도구를움직이는힘
	생활도구로서의미디어	생활도구로서의미디어	생활도구로서의미디어
		미래의생활도구	미래의생활도구
7. 교통기관	여러가지육상교통기관	여러가지육상교통기관	교통기관의 종류
	고마운육상교통기관	고마운육상교통기관	고마운 교통기관
	항공/해상교통기관	항공/해상교통기관	교통기관의변천과정과구조
	즐거운교통생활	즐거운교통생활	교통통신과교통생활
8. 우리나라	우리나라 사람들의 생활	우리나라 사람들의 생활	우리나라 사람들의 생활
	우리나라 놀이와 예술	우리나라의 놀이와 예술	우리나라 놀이와 예술
	우리나라의 역사와 자랑거리	우리나라의 역사	우리나라의 역사
		우리나라의 자랑거리	우리나라의 자랑거리
9. 세계 여러 나라		세계여러나라사람들의생활	세계여러나라사람들의생활
		세계여러나라의문화유산	세계여러나라의문화유산
		세계여러나라와의교류	세계여러나라와의교류
		세계의자연과사회현상	세계의자연과사회현상
10. 환경과 생활	물과우리생활	물과우리생활	물과우리생활
	흙과우리생활	돌 · 흙과우리생활	돌 · 흙과우리생활
	바람 · 공기와우리생활	바람 · 공기와우리생활	바람 · 공기와우리생활
	빛과우리생활	빛과우리생활	빛과우리생활
	소리와우리생활	소리와우리생활	소리와우리생활
11. 봄 · 여름 · 가을 · 겨울	봄	봄	봄
	여름	여름	여름
	가을	가을	가을
	겨울	겨울	겨울

출처: 교육과학기술부, 보건복지부(2013)

날 좀 도와줘, 무지개 물고기!

책 소개

그림책	날 좀 도와줘, 무지개 물고기!
출판사	시공주니어
지은이	마르쿠스 피스터 글 · 그림, 우미경 옮김
내용	반짝이 비늘을 지닌 물고기들. 어느 날 반짝이는 비늘이 너무 예뻐서 함께 놀고 싶어 하는 조그만 꼬마 물고기를 반짝이 비늘 잡기 놀이를 할 수 없다는 이유로 따돌립니다. 하지만 무지개 물고기는 자신의 옛 시절을 생각해 보며 용기를 냅니다. 상어의 침입으로 모두 숨지만 꼬마 물고기는 미처 숨지 못해 위기에 처하게 되고, 무지개 물고기는 위험 속으로 뛰어들고, 다른 물고기들도 힘을 합쳐 상어를 따돌리는 데 성공을 합니다.

활동 주제망

날 좀 도와줘, 무지개 물고기

- 병풍식 동화책 만들기: '날 좀 도와줘, 무지개 물고기' 동화책을 만든다.
- 트리오라마로 극놀이하기: 세 가지 배경을 꾸미고 극놀이로 표현해 본다.
- '상어 따돌리기' 게임: 상어와 꼬마 줄무늬 물고기 되어 보기

활동내용

1 병풍식 동화책 만들기

• 목 표: 동화의 내용을 순서대로 표현하고 감상한다.

• 준비물: 16절 크기의 도화지, 미술용품, 색표지

• 활동방법

① 유아들과 동화의 내용을 순서대로 정리한다.

② 유아들이 원하는 장면을 선택하여 그림으로 표현하게 한다.

③ 유아들이 표현한 각 장면의 그림들을 색표지에 붙이고 병풍식으로 접는다.

④ 완성된 병풍식 동화책을 적절한 곳에 전시하여 감상할 수 있도록 한다.

2 트리오라마로 극놀이하기

• 목 표: 트리오라마를 활용하여 맡은 역할을 잘 표현할 수 있다.

• 준비물: 트리오라마, 테이블 인형 자료

• 활동방법

① 트리오라마에 3가지의 배경을 꾸민다.

- 1장면: 즐겁고 평화로운 바닷속 배경
- 2장면: 산호초 동굴 배경
- 3장면: 상어를 물리치는 배경

② 동화에 등장하는 물고기들을 테이블 인형으로 준비한다.

③ 장면을 돌려 가며 동화의 내용을 살려 테이블 인형극 놀이를 해 본다.

③ '상어 따돌리기' 게임

- 목　표: 규칙을 지켜 꼬마 줄무늬 물고기를 안전하게 지킬 수 있다.
- 준비물: 상어와 꼬마 줄무늬 물고기 머리띠

- 활동방법

① 무지개 물고기가 상어를 어떻게 물리쳤는지 이야기 나눈다.

② 상어와 꼬마 줄무늬 물고기의 역할을 할 유아를 정한다.

③ 다른 유아들은 무지개 물고기와 친구들이 되어 손을 잡고 원을 만든다.

④ 상어가 된 유아는 원 안으로 들어가고, 꼬마 줄무늬 물고기가 된 유아는 원 밖에서 게임을 시작한다.

⑤ 무지개 물고기와 다른 물고기들은 꼬마 줄무늬 물고기가 상어에게 잡히지 않도록 상어의 주변을 빙글빙글 돌며 도와준다.

- 유의점

① 술래가 된 유아들이 다치지 않도록 손이나 발을 사용하지 않도록 한다.

② 모든 유아들이 경험할 수 있도록 적절하게 역할을 바꾸어 기회를 준다.

까마귀 소년

책 소개

그림책	까마귀 소년
출판사	비룡소
지은이	야시마 타로 글 · 그림, 윤구병 옮김
내용	땅꼬마로 불리며 따돌림당하는 작은 소년은 선생님도 아이들도 다 무서워하여 늘 숨어 있거나 늘 다른 곳에 시선을 두었습니다. 그리고 누구나 대충 지나치기 쉬운 것들에 눈을 맞추고 귀 기울이고, 초등학교 6년을 지냈죠. 그러다 새로 온 이소베 선생님에 의해 땅꼬마 소년은 제 빛을 찾아가기 시작하고, 드디어 학예회 무대에서 까마귀 소리를 내며 토해 내는 그 소리는 땅꼬마 소년의 가슴 속 아픔과 슬픔들을 구경하던 사람들에게 고스란히 전달됩니다. 그리고 사람들은 눈물을 흘리며 땅꼬마 소년을 다시 보기 시작하였고, 그 뒤로 땅꼬마 소년은 '까마귀 소년'으로 불리게 됩니다.

활동 주제망

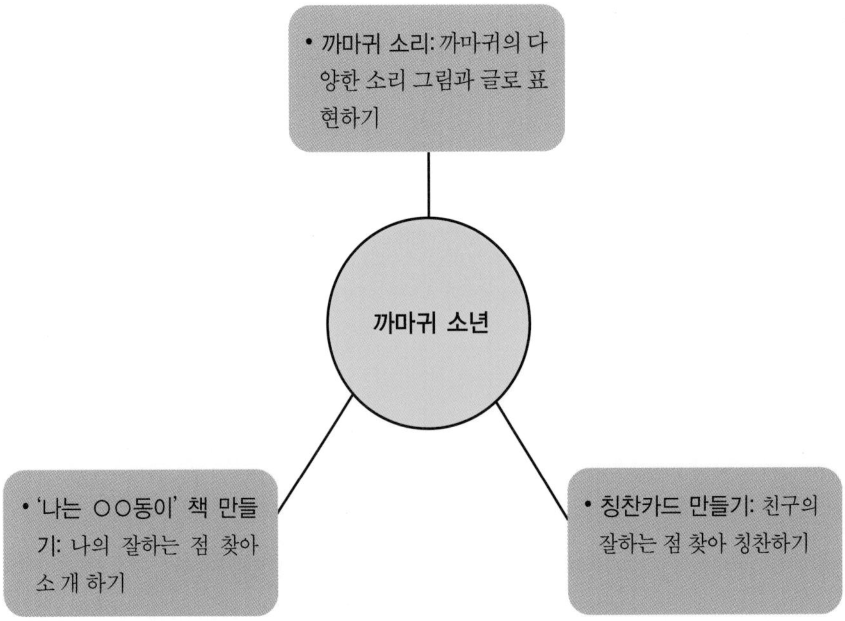

활동내용

① 까마귀의 다양한 소리 표현하기

• 목 표: 까마귀의 다양한 소리를 글과 그림으로 창의적으로 표현할 수 있다.

• 준비물: 활동지, 사인펜

• 활동방법

① 교사는 동화의 내용을 참고하여 다양한 '까마귀 소리'를 활동지로 만들어 준비한다.

② 까마귀 소년이 되어 까마귀의 다양한 소리를 흉내 내어 본다.

③ 까마귀의 다양한 소리를 그림으로 표현하고 글로 기록하게 한다.

② '나는 ○○동이' 책 만들기

• 목 표: 내가 잘하는 점을 찾아 그림으로 표현하고, 어울리는 이름을 붙일 수 있다.

• 준비물: 도화지, 미술용품

• 활동방법

① '까마동이'라는 이름이 어떻게 붙여지게 되었는지 이야기 나눈다.

② 유아 자신이 가장 잘하는 점 한 가지를 그림으로 그리도록 한다.

③ 자신의 잘한 점을 소개하고, 유아가 그린 그림에 적절한 이름을 붙여 준다.

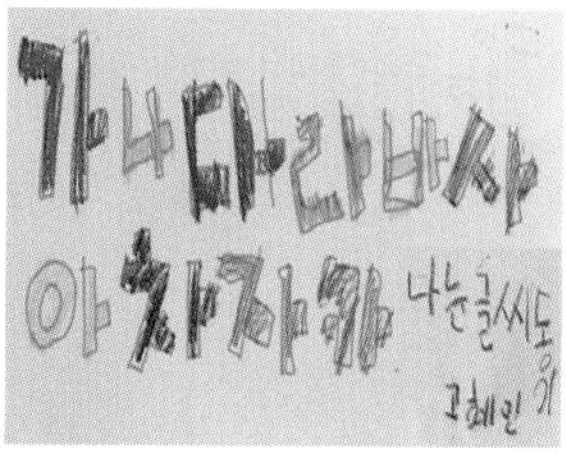

③ 칭찬카드 만들기

- 목 표: 친구의 잘하는 점을 찾아 칭찬할 수 있다.

- 준비물: 하트 모양으로 만든 카드, 미술용품

- 활동방법

① 짝이 된 친구의 칭찬거리를 찾아보게 한다.

② 하트 모양 종이에 친구의 칭찬거리를 글로 적고 짝의 모습과 카드를 그림으로 꾸민다.

③ 칭찬하고 싶은 친구를 불러 자신의 앞에 세우고 카드에 적은 칭찬하는 내용을 읽어 주고, 카드를 건넨다.

소피가 화나면, 정말 정말 화나면

책 소개

그림책	소피가 화나면, 정말 정말 화나면
출판사	아가월드
지은이	몰리 뱅 글 · 그림, 이은화 옮김
내용	언니에게 인형을 빼앗긴 소피는 화가 나서 밖으로 나갑니다. 달리면서 울기도 하고 자연의 소리에 귀 기울여 보기도 하지요. 그러다 큰 밤나무 위에 올라가 바다를 보며 위안을 얻습니다. 다시 기분이 좋아진 뒤 집으로 돌아온 소피를 가족이 반갑게 맞이합니다. 주인공 마음에 따라 그림과 색에 변화를 주어 내용을 잘 표현해 주고 글의 이해를 도와줍니다.

활동 주제망

소피가 화나면, 정말 정말 화나면

- 이야기 꾸미기: 내가 화나면, 정말 정말 화나면…
- 편지쓰기: '소피'에게 편지쓰기
- 책 만들기: '소피'가 정말 정말 기쁠 때…

활동내용

① '소피'에게 편지쓰기

• 목　표: 주인공의 기분을 이해하여 하고픈 말을 편지로 쓸 수 있다.

• 준비물: 편지지, 필기도구

• 활동방법

① 두 명이 짝이 된다.

② 짝이 된 친구 '소피'에게 하고 싶은 말을 그림이나 글로 쓰고 편지를 보낸다.

③ '소피'가 된 친구가 먼저 친구들이 보낸 편지글을 읽는다.

④ 역할을 바꾸어 '소피'에게 편지를 보낸다.

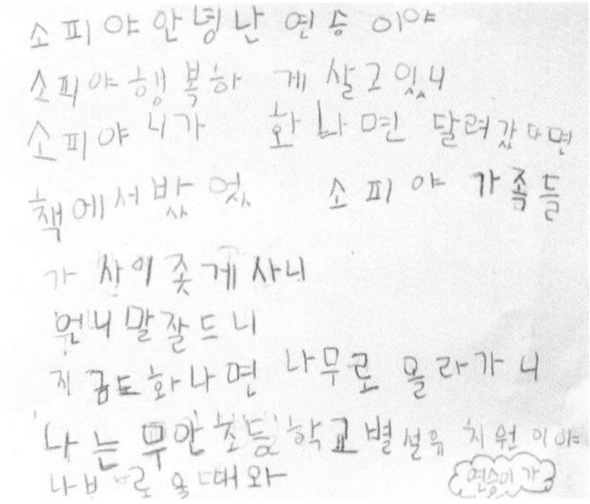

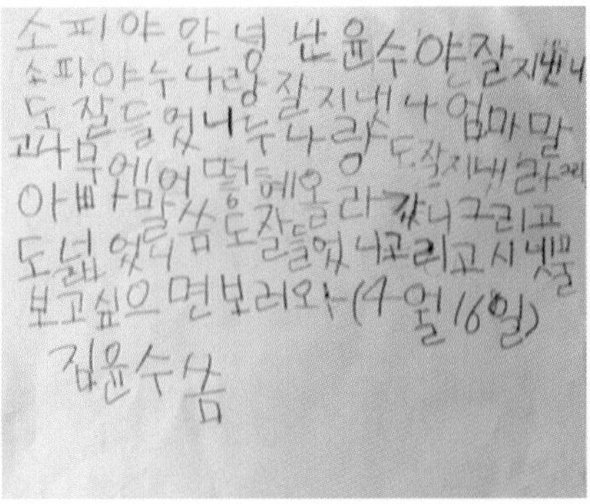

② 우리가 화나면, 정말 정말 화나면

- 목　표: 화를 풀기 위한 적절한 방법을 찾아 이야기로 꾸밀 수 있다.

- 준비물: 원형종이 2장, 미술용품, Y핀

- 활동방법

  ① 개인별로 정말 정말 화나면 어떻게 행동하는지 이야기를 들어 본다.

  ② 화가 날 때 행동하는 방법이 비슷한 친구끼리 소집단으로 모인다.

  ③ 내가 화나면, 정말 정말 화나면 어떻게 하는지 '원형 바퀴 책 만들기'에 4가지의 장면으로 이야기 꾸미기를 해 본다.

  ④ 같은 크기의 원형의 1/4을 오려 내어 뚜껑을 만든 후 2장을 겹쳐 Y핀으로 고정시킨다.

  ⑤ 완성된 이야기를 발표한다.

③ '소피'가 정말 정말 기쁠 때는 어떻게 할까?

- 목　표: 소피가 기쁠 때의 기분을 적절한 말로 표현할 수 있다.

- 준비물: 집 모양으로 자른 도화지, 미술용품

- 활동방법
  ① '소피'가 정말 정말 기쁠 때는 언제일까 생각해 본다.
  ② '소피'가 정말 정말 기쁠 때… 어떤 말을 할지 상황에 따라 적절한 말로 표현해 보게 한다.
  ③ '소피'가 정말 정말 기쁠 때… 또 어떤 행동을 하게 될지 생각해 본다.
  ④ 지붕에 제목 글을 쓰고, 집 안에는 '소피'가 정말 정말 기쁠 때의 행동을 그림과 글로 표현해 본다.

엄마를 화나게 하는 10가지 방법

책 소개

그림책	엄마를 화나게 하는 10가지 방법
출판사	작가정신
지은이	실비 드 마튀이시왹스 글, 세바스티앙 디올로장 그림, 이정주 옮김
내용	세상에 둘도 없는 말썽꾸러기 아들의 이야기를 유쾌하게 담아낸 그림책입니다. 온종일 비디오 게임하기, 못된 말만 골라 하기, 안 씻기, 불량식품 입에 달고 살기 등 엄마를 화나게 할 확실한 방법들을 들려주고 있지요. 주인공 꼬마는 10가지 방법에 대해 각각 구체적인 조언도 빠뜨리지 않고 일러 주지만, 귀가 번쩍 뜨이는 결론을 남기는 것을 잊지 않습니다. 만약 엄마를 화나게 하는 대신 기쁘게 해 주고 싶다면 이 10가지 방법을 정반대로 해 보라고 말입니다.

활동 주제망

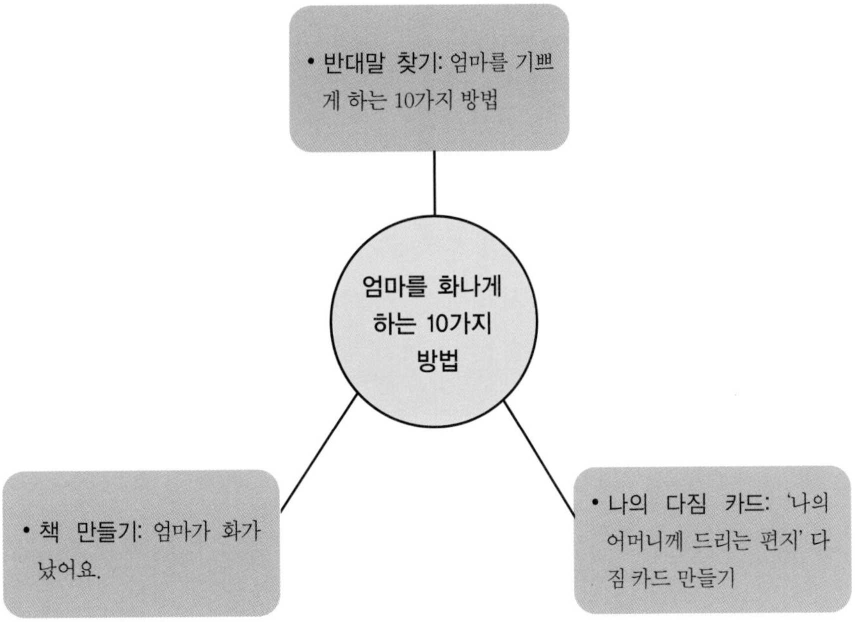

활동내용

1 엄마가 화가 났어요.

• 목　표: 엄마를 가장 화나게 할 때가 언제인지 알 수 있다.

• 준비물: 모양 종이, 미술용품

• 활동방법

① 유아들과 일상생활에서 엄마가 화를 내실 때는 언제인지 생각해 보게 한다.

② 모양 종이에 자신들의 엄마 이야기를 그림으로 표현한다.

③ 친구들과 우리의 어떤 것들이 엄마를 화나게 하는지 비교해 본다.

2 엄마를 기쁘게 하는 10가지 방법

• 목　표: 엄마를 화나게 하는 10가지 방법들을 적절한 말로 바꿀 수 있다.

• 준비물: 2절 크기의 종이, 필기도구

• 활동방법

① 큰 종이를 반으로 접어 왼편에 '엄마를 화나게 하는 10가지 방법'을 쓰고 읽어 준다.

② 반대쪽의 여백에 '엄마를 기쁘게 하는 10가지 방법'을 만들어 보게 한다.

- 엄마가 기뻐하실 때는 언제인지 이야기를 해 보자.

③ 유아들과 '엄마를 화나게 하는 10가지 방법'의 적절한 반대말을 찾아 완성한다.

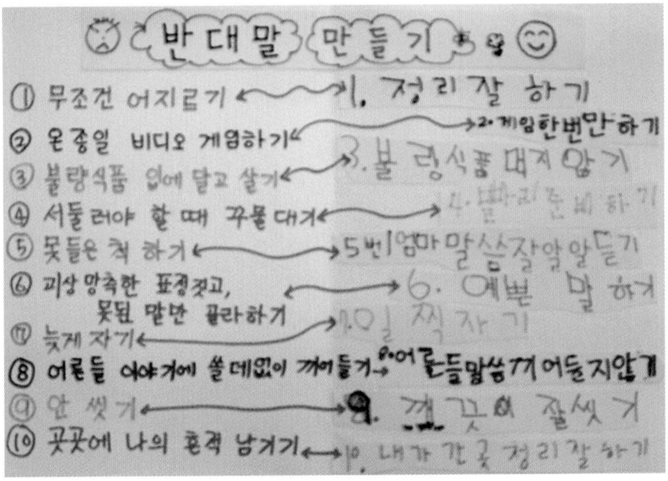

④ 교실에서 '선생님을 화나게/기쁘게 하는 10가지 방법'으로 바꾸어 활동할 수도 있다.

③ 나의 다짐 카드 만들기

- 목 표: 유아 자신이 꼭 실천해야 할 약속 4가지를 찾아 다짐할 수 있다.

- 준비물: 모양 종이

- 활동방법

① 유아 개인별로 엄마를 화나게 할 때가 언제인지 4가지를 생각해 보게 한다.

② 유아들이 생각한 4가지 방법에 각각 반대말을 찾아 엄마를 기쁘게 하는 방법을 찾아내게 한다.

③ 정사각형의 도화지에 그림과 같이 방석접기를 한다.

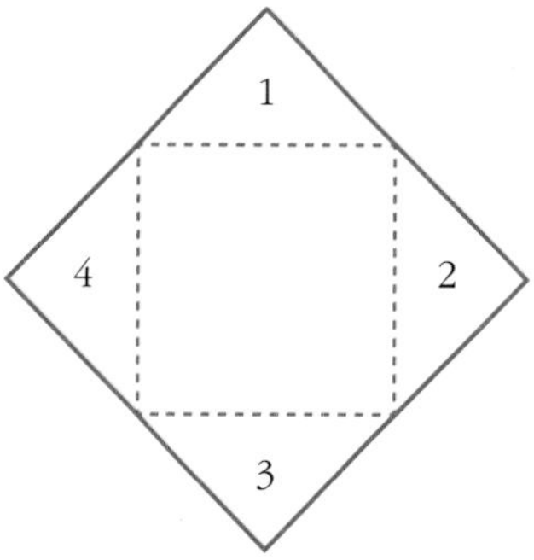

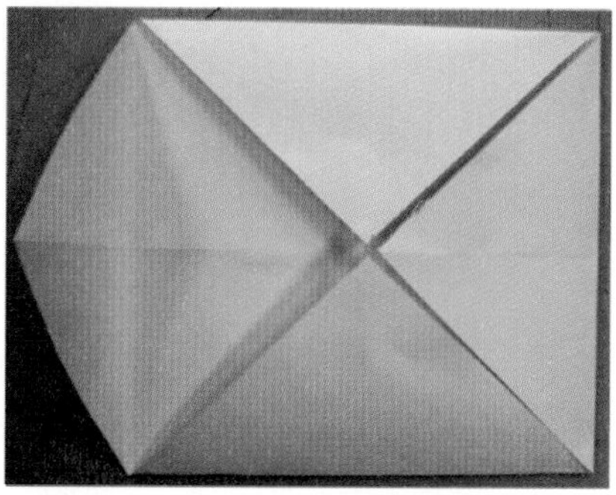

④ 바깥쪽(세모 모양)에 자신이 꼭 실천하려고 하는 ②의 다짐 4가지를 그림이나 글로 표현한다.

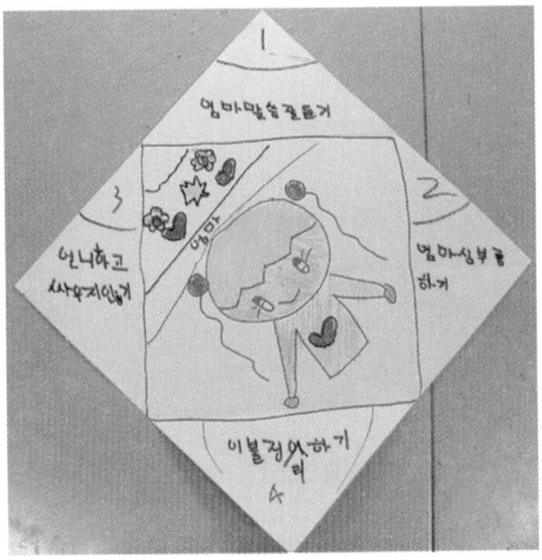

⑤ 접은 선 안쪽의 네모에 엄마의 기뻐하시는 모습을 그림으로 표현한다.

⑥ 접은 선을 따라 접은 후, '엄마에게 드리는 편지'라는 제목을 쓰고 꾸며 준다.

돼지책

책 소개

그림책	돼지책
출판사	웅진씽크빅(구 웅진닷컴)
지은이	앤서니 브라운 글 · 그림, 허은미 옮김
내용	'돼지책'은 아내와 엄마에게 '밥 줘!'란 말밖에 하지 않는 아버지와 아들. 피곳 부인은 아침에 식사를 준비하고, 설거지를 하고, 청소를 하고 나서 일을 나갑니다. 저녁 때도 마찬가지입니다. 저녁상을 차리고 설거지하고 빨래하고 다림질하고 먹을 것을 조금 더 만든 다음에야 하루 일과가 끝납니다. 어느 날 저녁, 피곳 씨와 그의 아이들이 집으로 돌아와 보니 '너희들은 돼지야.'라는 쪽지만 남겨진 채 아내이자 엄마가 보이질 않습니다. 그래서 피곳 씨 부자는 손수 아침, 저녁밥을 짓습니다. 집이 점차 지저분해지기 시작하고, 먹을 게 하나도 남아 있질 않게 됩니다. 이 책은 가족의 역할을 다시 한 번 돌아볼 수 있게 합니다.

활동 주제망

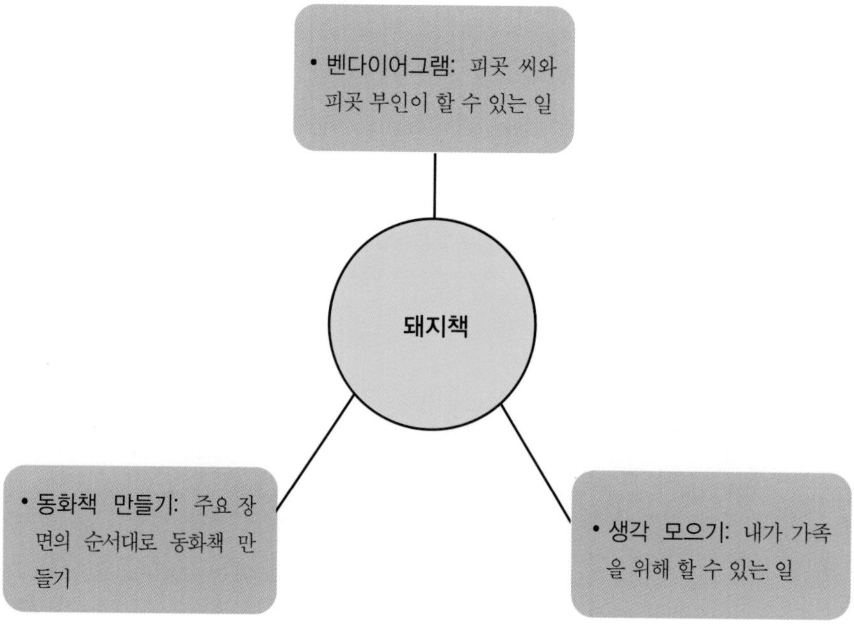

활동내용

1 들어 올리는 동화책 만들기

- 목　표: 일이 일어난 순서대로 동화의 내용을 표현할 수 있다.

- 준비물: 도화지, 미술용품

- 활동방법

① 동화의 내용을 일이 일어난 순서대로 요약해 본다.
 - 동화의 등장인물은 누구일까?
 - 피곳 씨의 가족들은 피곳 부인에게 어떻게 하였나요?
 - 결국 피곳 부인은 어떻게 하였나요?
 - 피곳 씨와 두 아들은 피곳 부인이 다시 집으로 돌아오자 어떻게 하였나요?

② 8절 크기의 도화지를 길게 반으로 접는다.
③ 장면이 4개가 되도록 다시 접었다 편다.
④ 반으로 접은 한 장을 들어 올려 접은 선을 따라 자른다.

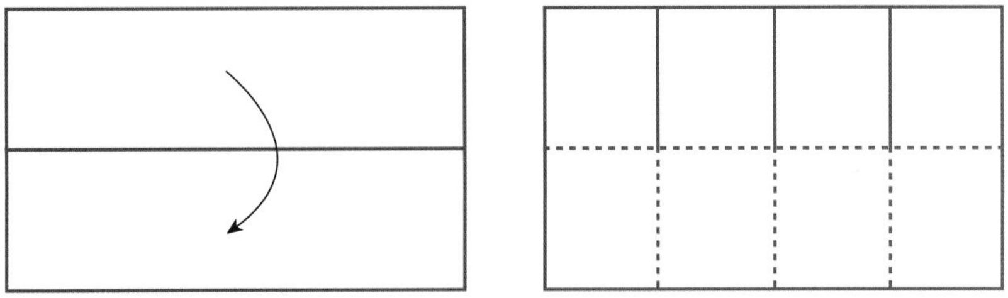

⑤ 각각의 칸에 일이 일어난 순서대로 내용을 잘 드러나도록 그림과 글로 표현한다.
⑥ 자신이 만든 동화책을 친구들과 바꾸어 읽는다.

② 엄마와 아빠가 할 수 있는 일 조사하기

• 목　표: '엄마'와 '아빠'가 함께할 수 있는 일이 더 많음을 알 수 있다.

• 준비물: 2절 크기의 종이, 필기도구

• 활동방법

① 피곳 부인은 왜 '너희들은 돼지야!'라고 쓰게 되었는지 대해 이야기를 나눈다.

② 큰 종이에 벤다이어그램 도표를 그린다.

③ 각 칸의 위에 '엄마가 할 수 있어요'와 '아빠가 할 수 있어요'라는 제목을 붙인다.

④ 엄마와 아빠가 할 수 있는 서로 다른 일과 함께할 수 있는 일을 찾아 조사한다.

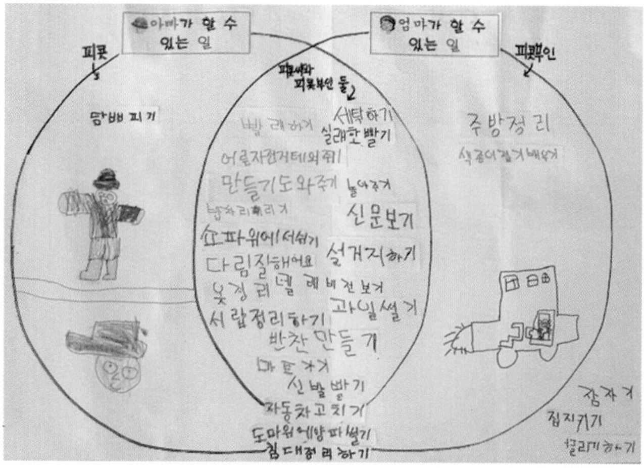

③ 내가 가족을 위해 할 수 있는 일

- 목　표: 가족을 위해 자신이 할 수 있는 일이 많음을 안다.

- 준비물: 모양 종이

- 활동방법

  ① 두 아들은 엄마만 힘들지 않도록 어떤 것을 도와드렸는지 이야기 나눈다.

  ② 유아 자신이 가족을 위해 할 수 있는 일이 무엇인지 생각해 보게 한다.

  ③ 모양 종이에 자신이 가족을 위해 할 수 있는 것들을 표현하게 한다.

  ④ 가족을 위해 할 수 있는 것들이 겹치지 않고 다양하게 표현될 수 있도록 격려한다.

까만 크레파스

책 소개

그림책	까만 크레파스
출판사	웅진씽크빅(구 웅진닷컴)
지은이	나카야 미와 글 · 그림, 김난주 옮김
내용	하얀 도화지에 각기 색이 다른 크레파스들이 예쁜 그림을 그리며, 서로 자랑하며 서로 자기 색만 칠하려고 해 그림은 엉망이 되고 맙니다. 그러자 샤프가 까망이에게 귓속말을 하고, 그것을 들은 까망이는 엉망이 된 그림 위를 까만색으로 모두 칠하고, 샤프가 그 칠을 긁어 까만색을 벗겨 내자 아름다운 불꽃놀이 그림이 완성됩니다. 까망이 덕분에 근사한 그림이 완성되었음을 깨달은 크레파스 친구들은 까망이에게 사과하고 화해를 합니다.

활동 주제망

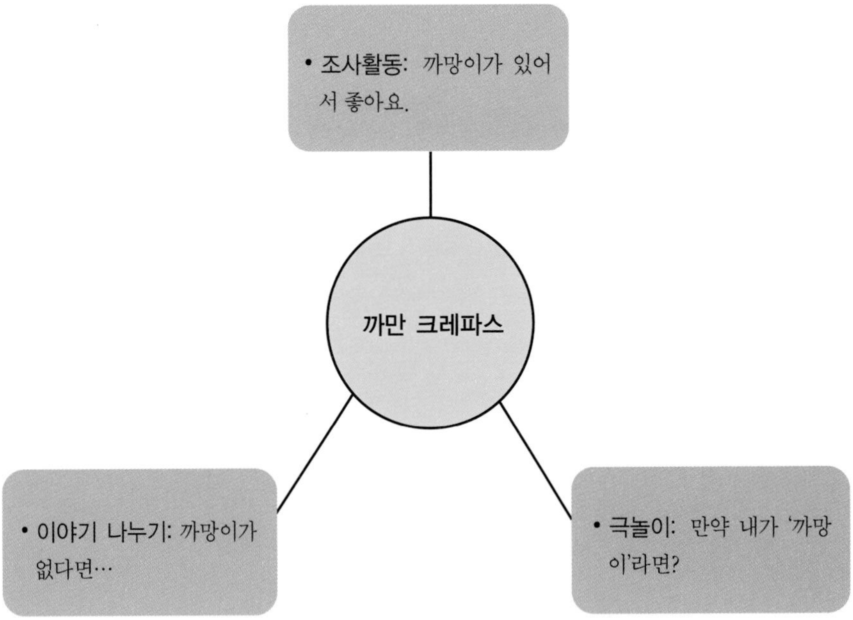

활동내용

① 까망이가 없다면…

• 목 표: 여러 가지 색깔의 소중함을 알 수 있다.

• 준비물: 도화지, 미술용품

• 활동방법
① 자신이 좋아하는 색깔이 무엇인지 이야기한다.
② 자신이 선택한 색깔의 좋은 점을 찾아 이야기해 보게 한다.
③ '까망이'가 없다면 어떻게 될지 이야기 나눈다.
④ 자신의 생각들을 그림으로 표현해 본다.
⑤ 유아가 표현한 그림들을 보며 느낌이 어떠한지 이야기 나눈다.
- 태극기가 어떻게 되었니?
- 사람들의 머리까락과 얼굴은 어떻게 되었니?

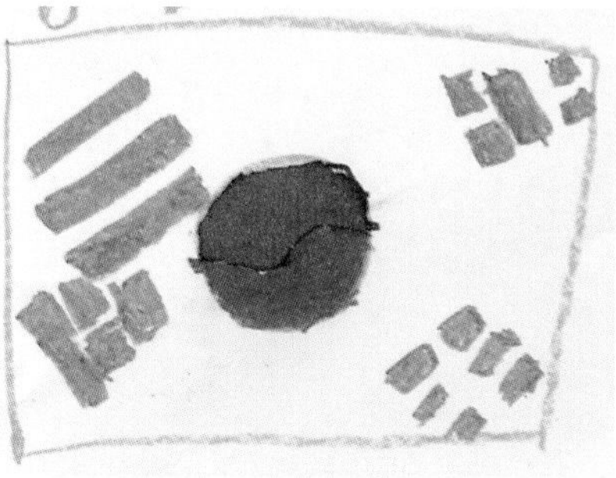

② 까망이가 있어서 좋아요.

• 목 표: '까망이'가 있어서 좋은 점이 무엇인지 알 수 있다.

• 준비물: 도화지 4절, 미술용품

• 활동방법

① 유아들을 5~6명씩 소집단으로 구성한다.

② 까망이가 있어서 좋은 점을 조사한다.

③ 유아들이 조사한 내용들을 비교하여 본다.

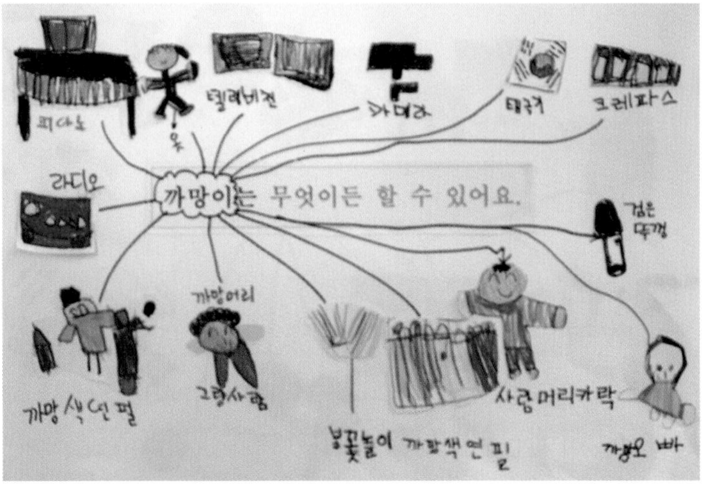

③ 만약 내가 '까망이'라면?

• 목　표: '까망이'처럼 친구들이 놀아주지 않을 때의 기분을 이해할 수 있다.

• 준비물: 동극용 색깔 머리띠

• 활동방법

① 유아들과 동극용 색깔 머리띠를 만든다.

② 동화의 내용을 회상한다.

③ 표현하고 싶은 색깔(역할)을 정한다.

④ '까망이'의 기분을 동극으로 표현한다.

⑤ 자신의 역할과 '까망이'가 되었을 때의 느낌이나 기분을 친구들과 이야기 나눈다.

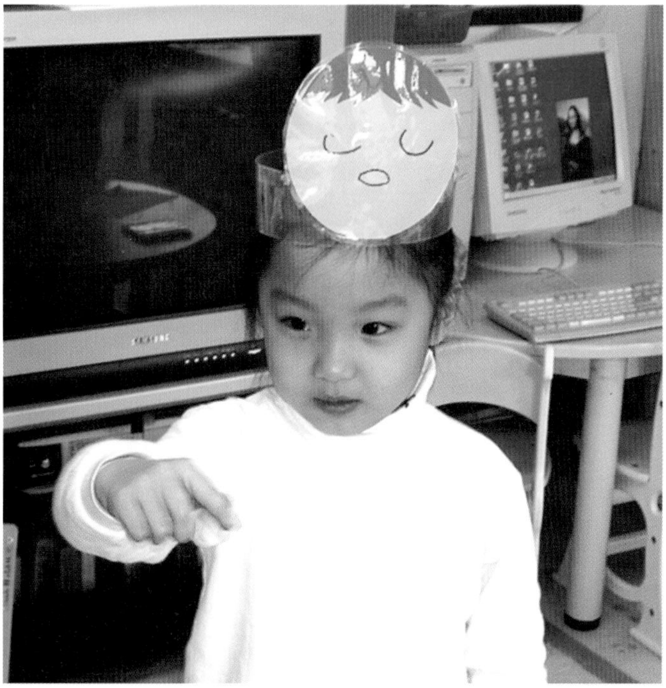

윌리와 휴

책 소개

그림책	윌리와 휴
출판사	웅진씽크빅(구 웅진닷컴)
지은이	앤서니 브라운 글 · 그림, 허은미 옮김
내용	어느 날, 혼자서 공원을 산책하던 윌리는 혼자서 달리고 있던 휴와 부딪쳐 넘어지고, 서로 자기가 잘못한 거라고 사과하며, 금세 친구가 되었습니다. 윌리와 그의 새 친구가 된 휴. 겉모습은 작은 침팬지와 거대한 고릴라, 알록달록한 조끼를 단정하게 입은 침팬지와 찢어진 청바지를 입은 고릴라가 짝이 된다는 것은 어쩐지 어색합니다. 하지만 그런 둘의 다름과 차이는 서로 마음을 나누고 따뜻한 우정을 키워 가는 데 전혀 문제가 되지 않습니다. 친구가 된다는 것은 공통점을 찾아내는 것이 아니라 서로 배려하는 마음이 있어야 한다는 것을 알려 줍니다.

활동 주제망

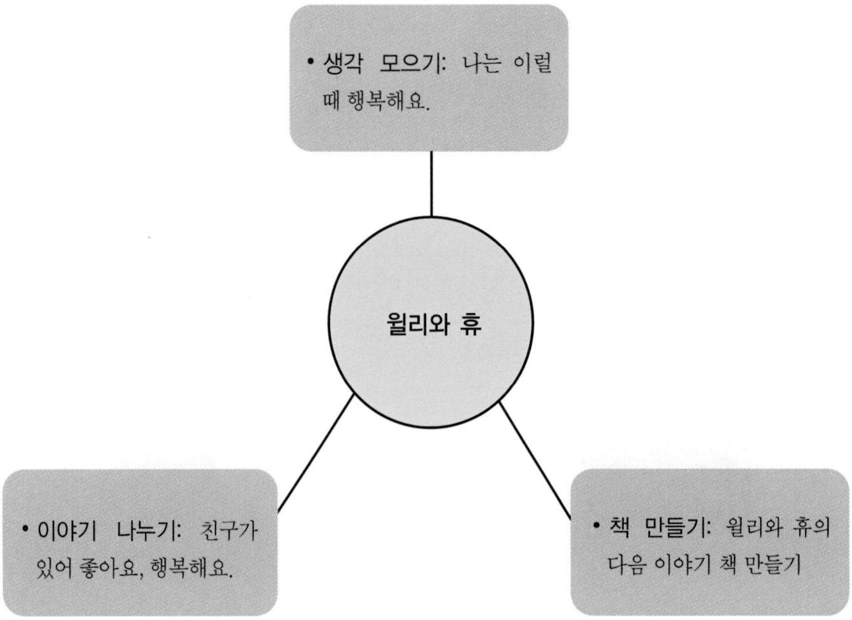

활동내용

① 나는 이럴 때 행복해요

- 목　표: 일상경험에서 자신이 행복할 때가 언제인지 표현할 수 있다.

- 준비물: 모양 색지, 미술용품

- 활동방법

  ① 유아들과 행복이 무엇이라고 생각하는지 이야기를 나눈다.

  ② 행복에 대해 경험한 것들을 모양 색지에 그림으로 표현해 본다.

  ③ 유아들이 표현한 것을 큰 종이에 붙여 자신의 것과 비교할 수 있게 해 준다.

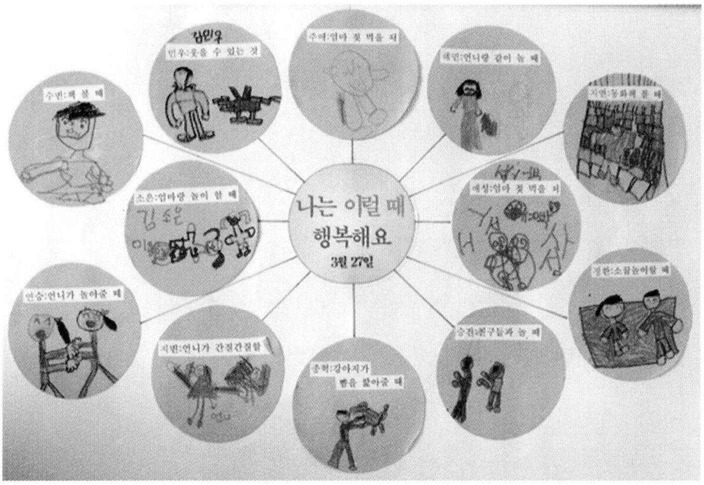

② 친구가 있어 좋아요, 행복해요.

- 목　표: 친구가 있어 좋은 점에 대하여 알 수 있다.

- 준비물: 도화지, 미술용품

- 활동방법

  ① 친구가 있어 좋은 점이 무엇인지 이야기 나눈다.

② 친구가 있어 좋은 점을 그림으로 표현해 본다.

③ 유아들이 표현한 것들을 책으로 묶어 도서영역에 둔다.

③ 윌리와 휴의 다음 이야기 책 만들기

- 목　표: 윌리와 휴 동화를 듣고 친구들과 협력하여 다음 이야기를 만들 수 있다.

- 준비물: 도화지, 미술용품

- 활동방법

① '윌리와 휴'의 다음 이야기를 만들어 본다.

- '윌리와 휴'는 다음날 또 만나게 되었습니다.
- '윌리와 휴'는 무엇을 하였을까요?

② 소집단으로 모여 협력하여 다음 동화 만들기를 계획한다.

- 첫 번째 장면은 무엇으로 할까?
- 그림은 누가 그리면 좋을까?
- 각 장면의 내용 이야기는 어떻게 할까?

③ 유아들이 만든 동화를 조별로 발표하게 한다.

우리들이 만든 윌리와 휴의 다음 이야기

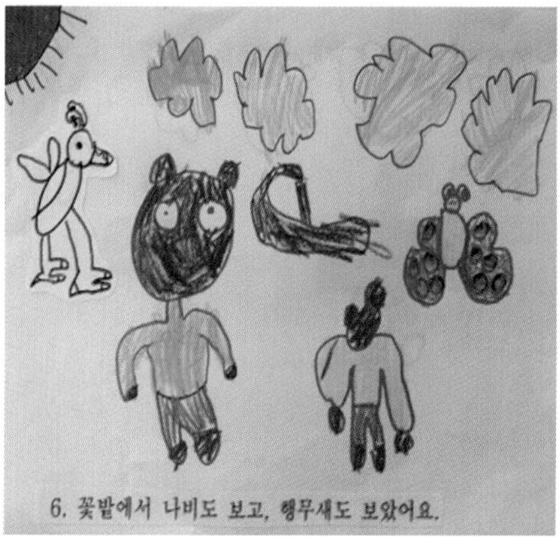

중요한 사실

책 소개

그림책	중요한 사실
출판사	보림
지은이	마거릿 와이즈 브라운 글, 최재은 그림, 최재숙 옮김
내용	주위에 보면 너무 흔해서 별 생각 없이 스쳐 지나가는 것들이 참 많습니다. 제목처럼 이 그림책은 비, 데이지, 풀, 눈 등의 사물에 대한 중요한 사실을 알려 주며 당연히 아는 사실이지만 그걸 생각하지 않는 우리들에게 좋은 사실을 가르쳐 주고 있습니다. 그리고 마지막 페이지에는 자신의 얼굴을 보면서 자신이 제일 중요하다는 사실이 나타납니다.

활동 주제망

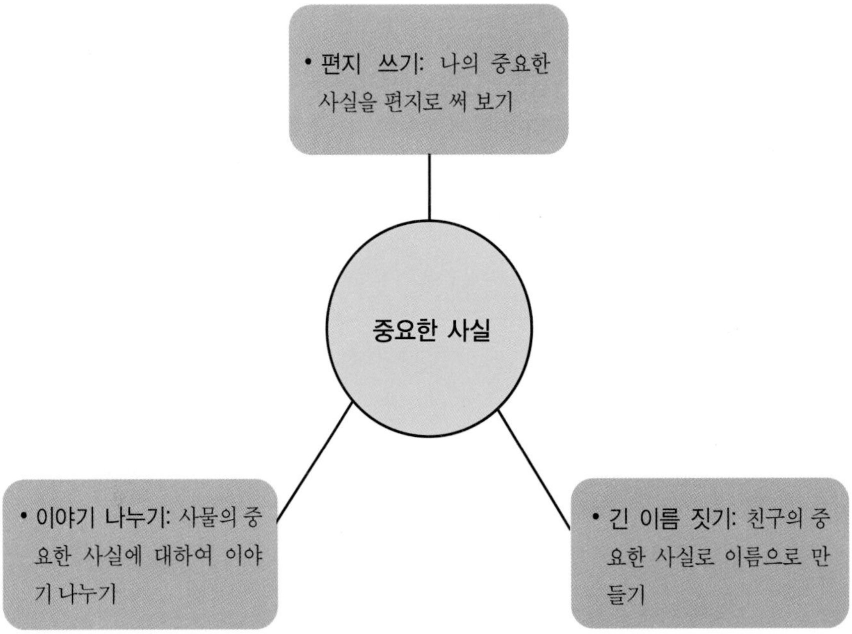

활동내용

1 사물의 중요한 사실에 대하여 이야기 나누기

- 목 표: 여러 가지 사물의 일반적인 특성을 찾아 이야기할 수 있다.

- 준비물: 도화지, 미술용품

- 활동방법
  ① 동화를 듣고 우리 주변의 사물들에 대한 중요한 사실에 대해 이야기를 나눈다.
  ② 유아가 찾아내어 발표한 사물들의 중요한 사실을 문서로 작성하여 함께 읽어 본다.
  ③ 유아들이 만든 중요한 사실을 책으로 묶어 도서 영역에 둔다.

2 나의 중요한 사실을 편지로 써 보기

- 목 표: 자신의 중요한 사실을 편지글로 표현해 본다.

- 준비물: 16절 크기의 노랑색지, 편지봉투, 필기도구

- 활동방법
  ① 유아 자신의 중요한 사실들에 대하여 이야기를 나눈다.
  ② 유아 자신의 중요한 사실을 노랑 편지지에 편지글로 써 본다.
  ③ 자신에 대한 중요한 사실을 봉투에 넣어 집으로 가져간다.

③ 긴 이름 짓기

• 목 표: 친구들의 특성을 살려 긴 이름을 지을 수 있다.

• 준비물: 전지

• 활동방법

① 친구의 소중한 사실(좋은 점)은 무엇인지 이야기 나눈다.

- ○○의 중요한 사실은 무엇일까?(예: 머리가 길다, 예쁘다, 귀엽다, 달리기를 잘한다)

② 이러한 친구들의 중요한 사실로 긴 이름을 만들어 준다.

③ 친구들이 만든 긴 이름을 전지에 붙여주어 유아들이 읽어 볼 수 있도록 한다.

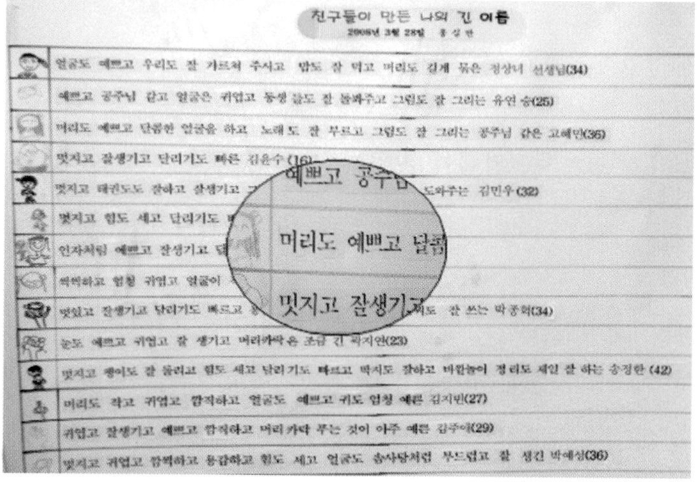

용기를 내, 무지개 물고기

책 소개

그림책	중요한 사실
출판사	시공주니어
지은이	마르쿠스 피스터 글 · 그림, 송순섭 옮김
내용	무지개 물고기에게 슬픈 일이 생겼어요. 혹부리 아저씨가 아프시거든요. 의사 선생님은 악마 계곡에서 자라는 붉은 해초를 먹어야 나을 수 있다고 합니다. 그래서 무지개 물고기는 아픈 혹부리 아저씨를 위해 머리가 세 개나 달린 물고기와 팔이 천 개가 되는 녹색 괴물이 사는 악마의 계곡을 향해 떠납니다. 이 책은 무서운 악마 계곡으로 해초를 구하러 가는 무지개 물고기를 통해 진정한 용기에 대해 들려줍니다.

활동 주제망

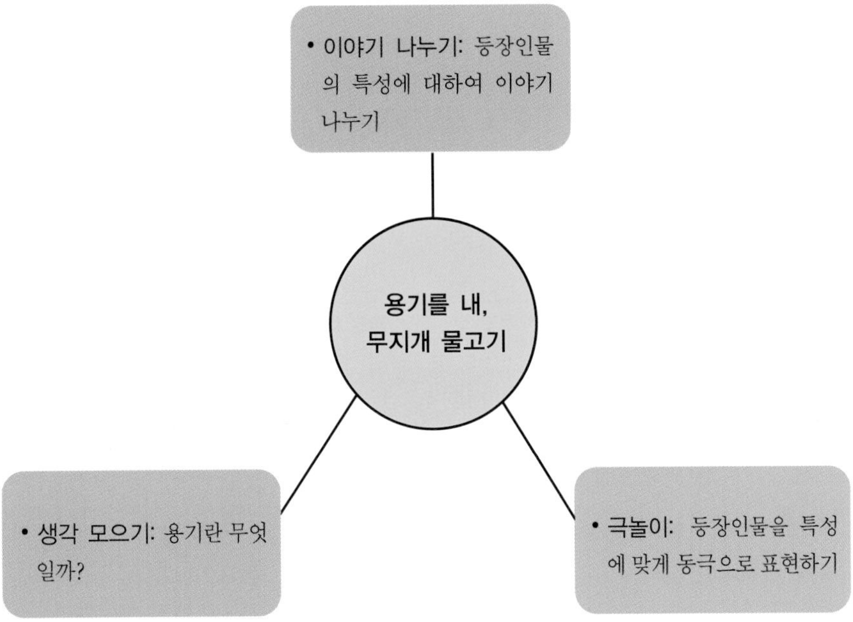

활동내용

① 생각 모으기

• 목 표: '용기'가 무엇인지 자신의 생각으로 말로 표현할 수 있다.

• 준비물: 4절 크기의 종이(주제망 게시용) 1장

• 활동방법

① 용기가 무엇이라고 생각하는지 유아들과 이야기 나눈다.

② 생활 속에서 유아 자신이 용기 있게 행동했던 경험들을 발표해 보게 한다.

③ 유아들이 발표한 생각들을 문서로 작성한 후 주제망 활동지에 부착하여 유아들이 읽어 볼 수 있도록 한다.

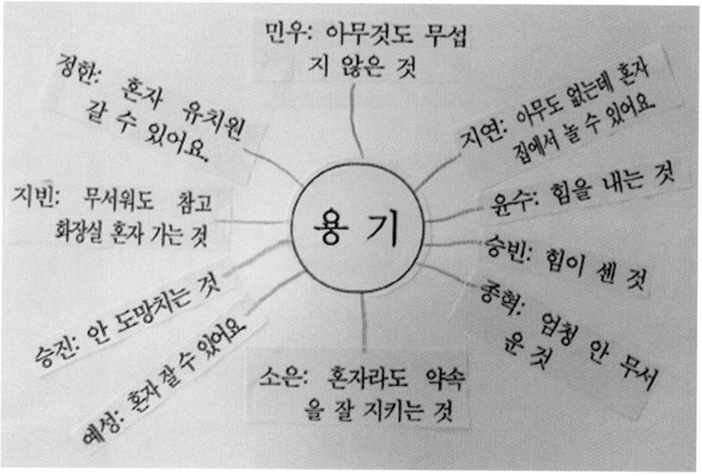

② 등장인물의 특성에 대해 이야기 나누기

• 목 표: 등장인물의 특성을 구별하여 말과 글로 표현할 수 있다.

• 준비물: 8절 크기의 종이 3장, 필기도구

• 활동방법

① 동화에 나온 어떤 등장인물들이 나오는지 이야기 나눈다.

② 파란 꼬마 물고기의 성격에 대해 이야기 나눈다.

- 파란 꼬마 물고기가 어떤 말을 했니?(예: 도와줘! 이리 와 봐!)

- 파란 꼬마 물고기는 어떤 생각에서 이렇게 말했을까?

- 이렇게 말한 파란 꼬마 물고기의 성격을 어떠하니?

③ 톱니 지느러미의 성격에 대해 이야기 나눈다.

④ 무지개 물고기의 성격에 대해 이야기 나눈다.

⑤ 유아들을 세 집단으로 나누어 등장인물의 성격을 표현해 본다.

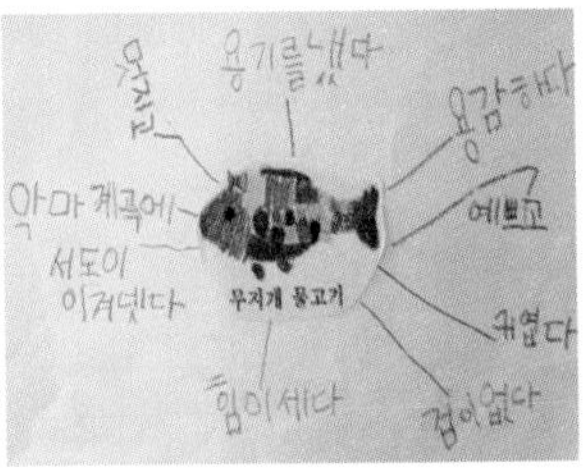

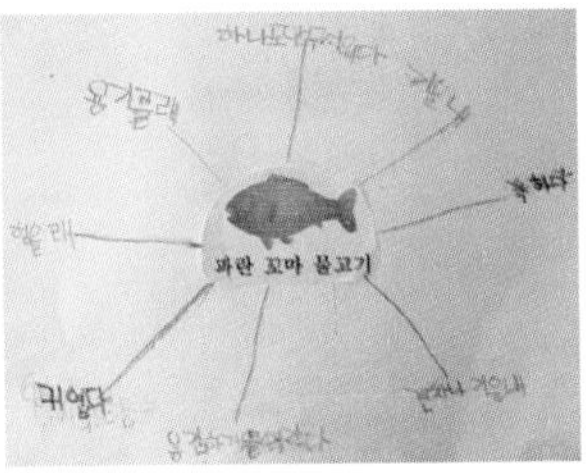

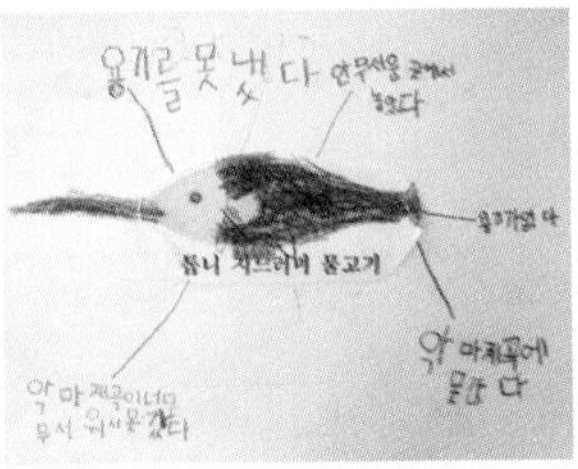

3 극놀이

• 목 표: 등장인물의 특성을 살려 동화의 내용을 동극으로 표현할 수 있다.

• 준비물: 도화지, 미술용품, 가위, 동극용 머리띠

• 활동방법

① 동화의 내용을 장면별로 간단히 회상해 본다.

② 동극에 필요한 것들에 대해 이야기 나눈다.

- 누가 나왔니?, 배경은 어떻게 꾸밀까?

- 이렇게 말한 파란 꼬마 물고기의 성격을 어떠하니?

③ 동극에 필요한 가면이나 배경을 꾸민다.

④ 역할을 정하여 동화의 내용을 동극으로 표현해 본다.

미주

1) 교육과학기술부(2012). 5세 누리과정 교사용 지도서. 서울:교육과학기술부.

요약

그림책은 예술의 한 장르이면서도 교육적으로도 활용이 풍부한 다양한 상황과 지식 등을 담고 있어서 교사들이 활동주제와 연관하여 활용할 만한 가치가 있다. 문학작품과 교육적 요소는 언어, 수학, 과학, 미술, 음악 등의 영역과 관련된 내용을 담고 있는 것으로 각기 분류될 수 있다.

교사는 교육기관에서 실시되고 있는 활동주제에 근거하여 통합적 문학활동을 계획할 수 있을 것이다.

연구문제

01 누리 과정의 각 영역에 활용할 수 있는 유아 문학작품을 적절한 연령에 맞게 선정하여 보시오.

02 각자 생활 주제를 선정하여 통합적 교육 계획안에 근거한 문학 활동 계획안을 작성하여 보시오.

제13장

유아문학의 매체적 접근

일반적으로 유아는 성인이 들려주는 문학작품을 통해 문학적 경험을 한다. 엄마의 따뜻한 무릎에 앉아 아름다운 그림이 펼쳐지는 환상적인 이야기를 접해 본 유아는 문학에 대한 긍정적인 태도를 기를 수 있을 것이다.

유아는 유아교육기관에서 홍미롭게 들려주는 교사의 이야기를 들으면서 듣는 능력이 발달되며 다양한 상황에서의 문제해결 능력을 키울 수 있다. 그러므로 교사가 어떠한 책을 선택하는가 그리고 어떠한 방식으로 제시하는가 하는 것은 유아가 문학에 대한 홍미를 높이는 데 결정적이라고 말할 수 있다. 교사가 유아의 문학과의 경험을 즐거운 삶의 일부로 만들어 주기 위해서는 적절한 책의 선정, 제시 방식의 선택, 책을 읽고 난 후의 반응 활동 등이 계획적으로 이루어져야 한다.

매일의 일과가 규칙성을 가질 때 유아는 환경에 대한 안정감과 확신을 가지고 활동할 수 있다. 하지만 때로는 견학이나 기차여행과 같은 일과에 대한 작은 변화를 통해 유아를 즐겁게 할 수도 있다. 훌륭한 문학을 제시하는 방법 역시 이와 같은 변화를 주게 되면 같은 내용이라고 할지라도 새롭게 느껴질 수 있다.

리켈만과 헹크(Rickelman & Henk, 1990)[1]는 문학작품을 매체를 통해 전달할 때 다음과 같은 점을 고려하여야 한다고 하였다.

- 원작의 질(quality)을 유지할 수 있어야 한다.
- 매체의 특성을 가장 효율적으로 이용할 수 있는 방식을 택하여야 한다.
- 유아가 원작인 책에 대해 흥미를 갖도록 할 수 있어야 한다.

이 장에서는 유아교육 현장에서 일반적으로 활용되고 있는 문학작품의 전달 방식으로서 구연, 읽어 주기와 그림동화, 교육적으로 활용되는 '큰 책', 북아트, 융판과 자석의 활용, OHP 등의 교수매체를 활용하는 법, 인형의 활용, 창의적 극화활동, 미디어 활용을 중심으로 살펴보고자 한다.

1. 구연하기

구연하기(story telling)의 역사는 이야기가 문자로 기록되기 훨씬 전으로까지 거슬러 올라간다. 대부분의 문화권에서 구연을 하는 사람은 그 사회에서 중요한 위치를 차지하는 사람이었다. 그들은 마땅한 오락거리가 없던 시대에 사람들을 울게 하고 웃게도 만들며 시선을 끌기도 하며, 과거의 사람들과의 연결을 도와주고, 당대의 사람들에게는 신문과 같은 존재였다. 그런데 이야기가 활자화되고 원시 공동체적인 인간의 삶의 방식이 변화되어 가면서 차츰 구연하기는 그 중요성이 감소되어 갔다. 그러나 여전히 구연하기는 글자를 잘 읽을 수 없는 유아에게 이야기를 듣는 즐거움을 안겨 주는 방식이라고 할 수 있다.

모로우(Morrow, 1985)[2]는 구연하기가 아동의 상상력을 키워 주고 언어를 확장하며 이야기의 특성을 내면화하고 해석하는 힘을 발달시킨다고 하였다.

1) 구연하기의 가치

이야기를 구연해 주는 것은 다음과 같은 가치가 있다.

첫째, 이야기를 구연해 주는 것은 유아가 이야기의 내용을 시각적으로 상상해 보도록 할 수 있다. 오늘날 유아는 그림동화, TV 프로그램, 영화, 컴퓨터, 비디오 게임 등 제품화된 시청각 매체들에 둘러싸여 있다. 이런 매체들은 유아가 스스로 시각적 영상을 상상해 보거나 창조하는 것을 힘들게 한다. 이야기를 들으면서 유아는 구연자가 기술하는 이야기의 이미지를 자유스럽게 상상해 볼 수 있을 것이다.

둘째, 이야기를 잘 이해할 수 있도록 한다. 이스벨(Isbell, 1979)[3]은 3~6세의 유아를 대상으로 이야기 구연하기와 읽어 주기가 이야기 이해에 미치는 영향을 연구하였다. 8주간의 실험과정 후 이야기 구연하기 집단이 이야기 다시 해 보기(retelling) 과제에서 이야기의 길이가 더 길고 좀 더 다양한 어휘를 사용하는 등의 행동을 보였다. 이러한 연구에서 볼 때, 대체로 이야기 구연하기 집단의 유아가 그림에 집중하여 책을 그림 위주로 보는 그림책 읽어 주기 집단의 유아보다 이야기의 구조에 대해서 민감하게 느낄 수 있다는 것을 알 수 있다. 이처럼 이야기 구연하기는 유아의 음성언어를 확장하고 이야기를 더 잘 이해하도록 도와주는 촉진제가 될 수 있다.

셋째, 이야기를 듣는 사람과 들려주는 사람 간에 적극적인 상호작용을 할 수 있도록 돕는다. 이야기를 읽어 주거나 구연하는 것 모두 교육기관에서 유아들과 상호작용하는 방식으로 많이 쓰인다. 그러나 이 두 가지 방식은 유아에게 행해지는 형태에서 차이가 있다. 이야기를 읽어 줄 때(read aloud)는 교사가 책의 본문에 주의를 기울이게 된다. 그리고 듣는 유아들과 가끔 눈을 맞추게 된다. 이와는 대조적으로 이야기를 구연해 줄 때(story telling)는 이야기를 들려주는 동안 눈을 맞추고 유아의 반응에 즉각 반응할 수 있다. 유아가 이해할 수 있도록 어휘나 내용을 명료화하거나 바꿀 수도 있다. 그러므로 구연하기는 교사가 이야기를 들려주고 유아가 듣는 동안 공감대를 형성하며 지속적으로 상호작용하는 활동이라고 볼 수 있다.

넷째, 듣는 사람의 발달 수준에 맞추어 이야기를 들려줄 수 있다. 이야기를 구연하는 동안 듣는 유아에 따라 이야기를 개작할 수 있을 것이다. 예를 들어, 이야기의 뼈대나 등장인물, 반복이 되는 구절은 영아나 5세 유아에게나 일정하겠으나 등장하는 소품의 개수 등은 듣는 유아의 흥미에 따라 달라질 수 있을 것이다. 구연하는 사람은 유아가 마음속에서 사건을 창의적으로 상상해 보도록 격려하기 위해서 주의를 유지하도록 할 필요가 있다.

2) 구연하기의 제시

구연하기의 과정을 교사가 실시하고자 할 때는 먼저 구연할 이야기, 즉 문학작품을 선택하는 과정, 구연하기의 준비, 구연하기의 순서대로 준비하는 것이 필요하다. 먼저 구연하기에 적합한 문학작품의 선정을 살펴보기로 한다.

(1) 구연하기에 적합한 문학작품의 선택

모로우(Morrow, 1979)[4]는 구연하기에 적합한 동화의 요건을 다음과 같이 제시하였다. ① 이야기의 구성이 잘 발달되어 있어야 한다. ② 이야기의 시작, 중간, 결말이 분명하여야 한다. ③ 이야기의 등장인물이 잘 묘사되어야 하며, 숫자는 적어야 한다. ④ 이야기에 대화가 포함되어야 한다. ⑤ 이야기에 반복의 요소가 있어야 한다.

일반적으로 이야기 읽어 주기보다 구연하기는 제시하기가 더 어렵다고 할 수 있다. 책으로 읽어 주는 대신 구연자의 목소리로 유아에게 제시되므로 이야기를 선정하고 때로는 개작하는 과정이 필요할 수 있다.

먼저 구연하기에 적합한 문학작품의 요건으로 다음과 같은 점을 제시할 수 있다.

첫째, 등장인물의 성격이 분명하고 강한 작품이 많다. 등장인물의 숫자도 둘에서 다섯 이하가 적당하다. 특히 유아들이 이야기에 참여하는 경우에는 특히 그러하다.

둘째, 문학작품의 배경은 단순한 것이 좋다. 이는 유아가 자신의 마음속에서 충분히 상상해 볼 수 있도록 하기 위해서다.

셋째, 이야기 속에 흥미로운 구절이나 대화가 있어서 유아들이 함께 암송하는 식으로 참여하도록 하는 것이면 더욱 좋다.

넷째, 풍부한 행동과 사건의 빠른 전개, 만족스럽고 빠른 결말의 구조를 가진 이야기가 적합하다. 그렇기 때문에 전래동화는 구연하기에 가장 적합한 유아문학의 장르라고 볼 수 있다. 전래동화는 본래 구연에 의해 계승되어 온 장르이기도 하다.

다섯째, 무엇보다도 들려주는 이야기는 본인이 잘할 수 있고 좋아하는 이야기를 선택하는 것이 좋다. 구연하는 사람이 이야기를 편안하게 느껴야 듣는 유아가 이야기를 즐길 수 있게 되기 때문이다.

(2) 제시하기 전의 준비

이야기를 구연해 주기 전에 이야기에 대해서 알아보는 것이 가장 먼저 이루어져야 할 것이다. 시중에 나와 있는 구연동화 테이프를 이용하는 방법도 있을 수 있으나 대부분의 경우에는 유아문학작품을 단원이나 주제에 적합한 내용으로 개작하는 방법으로 이루어지는 만큼 교사가 문학작품을 구연하기에 적합하도록 고안해 보는 작업을 해 보는 것이 필요하다.

교사가 구연하기를 준비할 때 지켜야 할 몇 가지의 원리를 살펴보면 다음과 같다.

첫째, 이야기를 외우려 하지 않는 것이 좋다. 템플 등(Temple et al., 1998)[5]은 이야기를 외우려 할 경우 이야기할 때마다 색다른 맛을 느끼게 하지 못하며, 만약 구연 도중에 다음 이야기를 기억하지 못할 경우 당황할 수도 있다고 하였다.

둘째, 구연할 내용을 '이야기 카드'라고 이름을 붙여 카드로 만들어 둘 수도 있다. 이야기 카드의 내용에는 이야기에 대한 정보, 질문의 내용, 동일한 주제의 다른 이야기에 대한 정보 등이 추가될 수 있다.

셋째, 구연하기에 적합한 내용으로 개작할 수 있다. 대부분의 문학작품은 읽기에 적합하도록 만들어져 있기 때문에 구연으로 제시하는 경우는 개작을 필요로 한다. 구연하기 위해 개작하는 경우 다음과 같은 점을 유의하여야 한다.

- 본문의 내용을 대화체로 바꾼다. 말의 어미도 '했어요' '했답니다'와 같은 대화체로 바꾼다.
- 등장인물에 대해 유아들이 분명한 이미지를 가질 수 있도록 묘사한다. 예를 들어, 빠른가, 뚱뚱한가, 게으른가, 귀여운가, 곤경에 처해 있는가, 용기 있는가 등을 파악하여 목소리나 몸짓도 등장인물의 이미지에 맞추어 연기한다.
- 의성어와 의태어를 많이 사용하여 이야기의 배경(setting)에 대해 충분히 시각적으로 상상해 볼 수 있도록 묘사한다.
- 목소리와 몸짓, 표정을 연기해 본다. 구연하는 사람의 목소리는 뒤쪽에 있는 유아까지 모두 들을 수 있어야 하며 이야기의 등장인물에 대한 느낌을 묘사

할 수 있을 만큼 표현이 풍부하여야 한다.

- 필요한 경우 손가락 인형, 모자, 마스크, 옷 등의 소품을 준비할 수 있다. 소품을 활용하는 것에 대해서는 찬반의 견해가 모두 존재한다. 소품은 이야기를 들려주기 활동을 위한 동기부여의 한 방법으로 유용하게 사용될 수도 있다.

2. 그림 이야기책 읽어 주기

교사가 유아에게 그림책을 성공적으로 읽어 주는 것은 교사가 얼마나 좋은 책을 선택하고 그 이야기에 대해서 읽도록 동기부여를 했는가에 달렸다고 볼 수 있다. 교사가 유아들에게 흥미진진하게 전달하며 이야기의 세계를 빠져들게 하는 방법은 없을까를 궁리할 때, 유아들은 책에 대해 흥미를 갖고 문학의 세계로 초대되는 것이다. 그러므로 교사는 유아들의 요구에 반응적이어야 하며 다양한 제시 방법을 고안하여 이야기를 흥미롭게 전달해야 한다.

1) 그림 이야기책 읽어 주기의 가치

그림 이야기책 읽어 주기는 매일 일과를 통해 반복되는 활동이면서 유아들에게 다양한 학습의 기회가 제공되기도 한다.

- 무엇보다도 책읽기가 재미있는 것이라고 느끼도록 한다. 결국은 스스로 읽고 싶어하는 욕구를 자극하는 것이다. 트렐리즈(Trelease, 1995)[6]는 책 읽어 주기는 유아의 책에 대한 흥미를 유도한다고 하였다.
- 유아들로 하여금 이야기의 시작과 사건 그리고 결말 등의 이야기의 구조를 깨닫도록 한다. 어떤 이야기는 '옛날 옛적에'로 시작하고 '그래서 행복하게 살았습니다'라고 끝나며, 늑대나 여우, 공주나 마녀가 있다는 것을 예측하기도 한다.
- 인쇄 글자에 대한 원리를 깨닫게 하여 문해(literacy)를 돕는다. 책 읽기 경험

이 쌓일수록 인쇄 글자가 의미를 가지고 있으며 인쇄된 본문은 항상 똑같이 쓰여 있어서 반복해서 읽을 수 있다는 것을 알게 된다. 또 인쇄된 글자를 읽는 것은 일정한 방향으로 읽는 것이며 구어(sporken word)와 연합되는 것이고 그림은 의미를 전달하는 것이라는 것을 깨닫는다.

- 그림책의 작가나 일러스트레이터, 장르 등의 문학과 관련된 지식을 이해하게 한다.
- 자연스럽게 새로운 단어와 어휘를 배우는 기회를 제공한다. 문자언어의 음가를 소개하며 어휘와 문장의 패턴을 자연스럽게 익숙하게 한다.
- 좋아하는 이야기는 반복하여 읽어 주기가 가능하다. 유아는 자신이 좋아하는 책을 자꾸 되풀이하여 읽기를 좋아한다. 유아에게 반복해서 책을 주는 기회를 부여하는 것의 효과는 여러 연구자들이 제시하였는데, 도서 영역에서 더 자주 혼자 책을 읽어 보는 횟수가 증가하였다고 보고하였다(Martinez & Teale, 1988).[7] 또 마티네즈와 로저(Martinez & Roser, 1985)[8]는 유아들이 이야기에 익숙해져 갈수록 반응 속에서 이야기에 대한 이해가 증가함을 보여 주었다고 보고했다. 책에 익숙해질수록 책에 대해 더 자주 언급하며 등장인물에 대해서만 이야기하는 반응에서 단어의 의미나 세부적인 사항에 대해 언급하고 질문하였다.
- 언어교육의 4가지 측면이 통합되는 언어활동을 하게한다. 트렐리즈(Trelease, 1995)[9]는 교사가 유아들에게 책을 읽어 주는 행위는 언어활동 활동의 4가지 측면을 통합하는 것이라고 하였다. 이야기를 듣는 유아는 더 잘 들으려고 하며 말하는 기술을 더 잘 배울 것이다. 그러므로 그림 이야기책을 읽어 주는 것은 말하는 것과 쓰기를 통해 자신을 표현하려는 열망을 갖게 한다는 것이다.

2) 읽어 주기 위한 그림책의 선택

대부분의 유아용 도서는 읽어 주기를 전제로 하여 제작된 경우에 속한다. 그러나 모든 책이 읽어 주기에 적합한 것은 아니다. 교사로서 이야기를 유아들에게 읽어 주고자 하는 경우에 가장 먼저 필요한 일은 좋은 그림책을 선정하는 일일 것이다. 읽어 주기 위한 그림책을 선정할 때 유의할 점은 다음과 같다.

첫째, 무엇보다도 질이 좋은(high-quality) 책을 선정하는 것이 중요하다. 트렐리즈(1995)[10)]는 읽어 주기 위한 그림책이 갖추어야 할 요건으로 가능한 한 빨리 유아의 관심을 끌 수 있어야 하고, 등장인물의 성격이 잘 발달되어 있어야 하며, 대화가 쉽게 읽을 수 있게 되어 있어야 한다고 하였다.

둘째, 연령에 적합하여야 한다. 먼저 읽어 줄 책의 이야기 길이도 고려할 수 있어야 한다. 영아에게는 외우기 쉽게 되풀이되는 구절이 있는 책이 적합하다. 또한 본문의 내용보다는 그림에 비중이 많은 책이 좋으며 익숙한 내용과 장면이 있어서 사물을 지적하여 명명하기를 격려하는 내용도 흥미롭다. 유아용 책은 플롯이 좀 더 복잡해지며 주제가 다양해진다.

셋째, 동요 · 동시부터 지식 그림책에 이르기까지 다양한 장르의 책을 선정하여야 한다. 문학의 장르는 각각의 독특한 특성과 장점이 있다. 템플 등(Temple et al., 1998)[11)]은 교사가 책을 선정할 때 성별에 따른 기호도 참작해야 한다고 제안하였다. 즉, 교사가 자신 교실의 유아들에게 읽어 주기를 원하는 책을 선택해 보라고 하였는데, 여아들의 경우에는 교사가 선정하였던 그림 이야기책을 가져왔는데 남아들의 경우는 대부분의 책이 교사가 골라 준 적이 없었던 책만을 가져왔다고 하였다.

넷째, 이야기의 요소가 유아에게 흥미로워야 한다. 등장인물에 대한 묘사가 탁월하며 행동이 풍부한 이야기의 전개가 될수록 좋은 문학작품이다.

다섯째, 이야기 속의 주인공이 유아들의 흥미를 끌 수 있으며 대화가 흥미롭고 읽어 주기에 편한 작품이 좋다.

여섯째, 이야기의 구성이나 조직이 유아들의 관심을 유지할 수 있도록 빠른 속도로 읽힐 수 있는 책을 선택한다.

일곱째, 20분 이상 길게 읽어 주는 것은 주의집중을 유지하는 데 적절하지 않다. 그런 경우 적절하게 이야기를 끊어서 다음에 어떤 내용이 전개될 것이지를 예측해 보게 할 수 있다. 며칠에 걸쳐 나누어 읽어 주는 경우에는 유아들로 하여금 이야기를 요약해 보도록 할 수 있다. 조금 긴 이야기는 한 번에 읽어 주기에는 곤란하나, 탄탄한 구성을 가진 이야기를 충분히 감상하는 기회를 갖게 하고 등장인물에 대해 더욱 친숙하게 느낄 수 있는 기회를 제공한다는 장점이 있기도 하다.

3) 그림책 읽어 주기 활동의 전개

그림책 읽어 주기는 유아교육기관에서 거의 매일 이루어지는 일과라고 할 수 있다. 그러나 활동들 간의 전이(transition)를 위한 목적으로 쓰이거나 조용하게 해 주는 활동쯤으로 생각해서는 안 된다. 호프만, 로저와 배틀(Hoffman, Roser, & Battle, 1993)[12] 등은 유아교육기관에서 그림책 읽어 주기 활동을 할 때 잘못 생각하고 있는 방식을 다음과 같이 지적하였다.

- 시간은 10~20분 길이로 고정되어 있다.
- 단원이나 주제와 관련이 없는 내용을 선택한다.
- 그림책에 대한 언어적 상호작용은 5분 이하로 제한한다.
- 읽어 주고 난 후의 반응활동(response-activity)을 계획하지 않는다.

호프만 등은 이와 같은 방식은 융통성이 없으며 그림책 읽어 주기 활동을 의미 없게 만드는 것이라고 지적하였다. 요약하면, 그림책 읽어 주기는 교사에 의해 철저하게 준비되어야 하고 시간을 충분히 소비할 수 있는 활동이어야 한다.

(1) 그림책 읽어 주기의 준비

유아에게 그림책을 읽어 주기 위해 교사는 여러 가지 준비를 해야 한다. 무엇보다도 교사는 사전에 책을 읽어 보면서 다음과 같은 점에 유의하여야 한다.

첫째, 이야기 내용을 먼저 전반적으로 이해한 다음 유아들이 이해하기 어려운 점이 있는지 살펴본다.

둘째, 이야기 중간에 이야기를 멈추어서 예측해 보거나 토의를 할 수 있는 점이 있는지 살펴본다.

셋째, 플롯과 배경, 등장인물, 이야기의 전반적인 분위기(mood)를 마음속에 그려 본 다음 적절한 목소리와 표정을 연습해 본다.

넷째, 이야기 내용에 대한 교사 자신의 느낌을 생각해 본다. 이야기를 읽고 난 후 유아들과 이야기를 나눌 때 참고가 될 수 있을 것이다.

다섯째, 그림책의 본문에 주의를 기울이며 연습해 본다. 유아들이 이해하기 어려운 단어는 없는지, 읽을 때 강조해야 할 단어는 없는지를 유의한다. 막힘 없이 부드럽게 읽을 수 있어야 한다.

여섯째, 그림책의 내용 중 개별 유아에게 정서적인 반응을 불러일으킬 수 있는 부분, 예컨대 죽음, 이혼, 동생의 출생, 사고 등의 사건이 있는지 살펴본다. 이런 경우 문제에 대한 교사 자신의 사견을 강요하거나 제시하지 말아야 한다.

일곱째, 그림책 읽어 주기 시간에 대한 신호(sign)를 통해 유아들이 자연스럽게 활동에 전이될 수 있도록 한다. 간단한 손유희, 음악소리 또는 이야기 시간을 알리는 램프를 켤 수도 있다.

여덟째, 가능한 한 소집단으로 유아들을 배치하는 것이 좋다. 집단의 크기가 클 경우에는 작은 소음의 발생도 이야기의 흐름을 방해할 수 있다. 토의를 하게 되는 경우에는 특히 소집단이 유리하다.

(2) 그림책 읽어 주기의 제시

그림책 읽어 주기 활동을 부드럽게 진행하기 위해 이야기를 시작하기 전 간단한 손유희나 소품을 활용하여 도입 단계에서 주의를 끌 수 있다. 일반적으로 다음과 같은 순서와 원리를 지켜 나가는 것이 바람직하다.

① 사전 토의활동

책의 내용 속에 나오는 실물이나 그림 자료를 가져와 유아들에게 제시한다. 예를 들면, 『꼬꼬닭 빨강이를 누가 도와줄래?』를 읽기 전에 교사는 아이들에게 그들이 알고 있는 암탉에 대해 질문한다. 아이들의 의견을 차트 종이에 써서 게시판에 붙인다.

- 토의를 시작하기 위해 아이들에게 실물 또는 자료를 보여 줌으로써 아이들이 이야기를 이해하도록 도울 수 있다. 또한 자료의 전시와 그에 대한 토의를 통해 동기 유발되어 집중되는 활동으로 연결된다.
- 이야기에 관련된 사물이나 그림 자료를 전시할 때 짧은 설명을 기록함으로써 아이들에게 읽고 쓰는 활동을 향상시킬 수 있다.
- 아이들에게 이야기의 특별한 주제나 캐릭터에 대한 생각을 다양하게 표현하

도록 하여 서로의 생각을 공유할 수 있다.

② 어휘 발달

- 아이들과 함께 책을 읽기 전에 핵심이 되는 단어나 구에 익숙해질 수 있는 활동을 한다.
- 교사는 종잇조각에 책에 나와 있는 단어나 구를 쓴다. 예를 들어 '밖을 엿보고 있다' '아래에 숨었다' '기어 오른다' '흠뻑 젖었다' 등의 구를 읽고 유아가 몸으로 표현해 보도록 한다. '더 가깝게 모였다' 같은 경우는 두 명의 유아가 서로 가까워지는 모습을 표현할 수 있다.

③ 이야기 예측해 보기

- 교사는 책의 표지를 보여 주고, 제목을 큰 목소리로 읽는다.
- 아이들에게 "표지 그림에서 무엇을 보았니?" 또는 "표지 그림을 보면서 이 책 속에는 어떤 이야기가 숨어 있는지 예상해 볼까?"라고 질문한다.
- 아이들이 표현한 여러 가지 이야기를 차트 또는 칠판에 모두 기록한 후 함께 읽어 본다.
- 교사는 아이들에게 '큰 책'을 읽어 준다.
- 예측했던 이야기와 어떻게 다른지 같은지 비교해 볼 수 있고, 여러 가지 독창적이고 재미있는 아이디어를 경험할 수 있다.

④ 질문하기

- 질문활동에 각각의 아이들이 참여할 수 있도록 소집단으로 나눈다.
- 이야기책은 덮고, 교사는 이야기와 관련된 몇 가지 질문을 한다. 예를 들어, 『발레리나 벨린다』(2003)를 읽고 나서 "발에 문제가 있는 벨린다가 어떻게 해서 벨리나가 되었니?" "사람들은 왜 벨린다의 춤을 좋아했을까?" 등의 질문들을 한다.
- 아이들이 질문에 대한 이야기를 못하면 관련된 부분의 페이지를 펴서 읽어보고 그 페이지에서부터 다시 질문을 시작한다.
- 이야기책 속의 내용과 관련된 질문이 마무리되었을 때, 주인공의 입장이 되

어 보는 질문을 할 수 있다. 예를 들어, "너희가 남과 달라서 부끄럽거나 힘들었던 적이 있었니?" "벨린다가 더 이상 춤을 추지 않았다면 어떻게 되었을까?" 등의 질문을 한다.

⑤ 함께 읽기

교사는 새로운 시 또는 노래를 아이들이 익숙해지도록 반복하여 읽어 주고 연주하며 불러 준다.

시 또는 노래가 익숙해졌다면, 프레젠테이션이나 차트에 적어서 보여 준다.

교사는 아이들에게 눈을 감고 들어 보도록 제안한다.

아이들이 단어를 가리키며 읽기를 참여해 보도록 한다. 소집단으로 읽기활동을 할 수 있다. 예를 들어, 1과 3행은 여아들이, 2와 4행은 남아들이 읽을 수 있다.

3. 그림동화

그림동화는 문학작품을 그림의 형태로 제작하여 유아들에게 제시하는 것이다. 일반적으로 유아교육기관에서 널리 사용되고 있기 때문에 상업용으로 제작되어 나오는 것도 있으나, 이 절에서는 교사가 교육에 필요한 내용을 적절하게 제작하는 방법과 활용 방법을 알아본다.

1) 그림동화의 선택

그림책을 그림동화로 제작하는 경우에 책의 선택은 다음과 같은 점을 유의한다.

첫째, 무엇보다도 잘 만들어진 문학이 그림동화에 적절하다고 말할 수 있다.

둘째, 기승전결의 플롯이 탄탄하고 이야기의 전개를 유아들이 잘 이해할 수 있어야 한다.

셋째, 편견 없는 내용을 선택하여야 한다. 정형화된 성역할이나 장애인에 대한 불공정한 태도, 문화적 편견, 공격성 유발 등의 내용이 포함된 경우는 제작하지 않거나 삭제할 수도 있다.

넷째, 필요한 부분을 잘 선택하여 유아들의 발달수준에 적합하게 제작할 수 있는지를 살펴본다. 이야기의 길이도 고려하여 고칠 수 있다.

2) 그림동화의 제작 및 제시

여기에서는 유아가 직접 보면서 듣는 그림동화의 종류를 TV 동화의 예를 통해 살펴본다.

그림극식 동화 혹은 TV 동화는 TV 상자와 같은 틀을 통해 그림을 보여 주는 방식인데, 낱장식 그림일 경우에는 앞 그림을 위 또는 옆으로 뽑아내는 경우와 두루마리식으로 된 그림을 한쪽에서 옆쪽으로 종이를 감아 가면서 이야기해 나가는 방식이 있다. 또 유아들이 스스로 틀과 이야기의 배경을 만들어 가지고 놀 수도 있다. 유아들은 TV 동화를 마치 하나의 드라마를 보는 것처럼 여긴다.

그림 13-1 TV 틀을 만들어 이야기 장면을 재구성하는 TV 동화 놀이를 하고 있는 유아

TV 동화의 장점을 살펴보면 다음과 같다.

첫째, TV 상자 그 자체가 유아들의 흥미와 호기심을 충족시켜 준다. 특히 두루마리식으로 된 TV 동화는 영화나 그림책과는 달리 한쪽으로 그림이 감겨 들어가는 모습을 무척 재미있어 하며, 이러한 것은 유아의 상상력을 촉진시켜 준다.

둘째, TV 동화는 조작이 간단하다.

셋째, 영화나 TV처럼 화면을 통한 현실감은 없지만 유아의 이해와 흥미에 맞추어 반응을 살필 수 있기 때문에 교사와 유아 모두 친밀감을 느낄 수 있다.

(1) TV 동화의 제작방법

TV 동화의 화면은 소집단, 대집단에 따라 화면 크기가 달라져야 하지만, 27×36cm 정도는 되어야 한다. 그림이 그려지는 종이는 화면보다 사방으로 5cm 정도 더 커야 하며, 두루마리 그림도 위아래로 5cm 정도는 더 있어야 한다. TV 상자의 화면 속에 그림이 들어가도록 그림 다음, 뒷부분에 그림 내용에 대한 설명을 쓴다.

① TV 틀의 제작

- TV 틀은 두꺼운 상자나 하드보드를 이용하여 제작한다.
- 화면으로 사용되는 면은 27×36cm 정도로 잘라 낸다.
- 상자의 윗면에 원기둥 막대가 들어갈 수 있도록 원형 구멍을 뚫는다. 원형 구멍의 지름은 원기둥 막대보다 0.2cm 정도 더 긴 것이 적당하다. 구멍은 옆모서리에서 3cm 정도 떨어진 곳에 뚫는다.
- 6cm 정도의 정사각형 판지 또는 하드보드 종이를 원기둥 막대의 지름보다 0.2cm 정도 긴 원을 파낸 후, TV 상자틀 밑변의 원형 구멍에 맞추어 원기둥 막대를 고정시키도록 한다. 막대가 고정이 잘 되어 그림이 잘 전환되도록 하기 위해서다.
- 상자의 양쪽 원형 구멍에 꽂을 원기둥 막대 2개를 준비한다. 나무나 PVC 막대가 적절하다. 높이는 상자의 세로 높이보다 약 5cm 정도 길게 하는 것이 좋다.

② TV 그림의 제작

- 그림 그릴 종이는 화면보다 가로, 세로 각각 5cm 정도가 큰 크기여야 한다.
- TV 동화의 그림은 각 장면의 내용이 자연스럽게 연결되도록 하는 것이 좋다. 반드시 한 장면에 한 페이지씩 그리기보다 동화의 2~3장면을 여러 페이지에

걸쳐 그리면 더욱 자연스럽다.

- TV 동화의 그림은 오른쪽부터 여분의 종이, 동화의 제목, 첫 번째 장면, 두 번째 장면 등의 순서로 덮어 놓고 테이프로 연결시킨다.
- TV 동화의 맨 처음과 맨 끝 화면에 여분의 종이를 한 장씩 덧붙인다.

(2) TV 동화의 제시방법

우선 모든 유아들과 TV 틀과의 적당한 거리 유지, 적당한 높이를 고려한다. 낱장식 그림은 모두 화면 안에 넣은 다음, 이야기의 진행에 따라 앞 그림을 차례로 뽑아내면 된다. 두루마리 그림은 양옆의 원기둥에 테이프로 그림 끝부분을 고정시켜 한쪽에서 반대쪽으로 종이가 감기면서 그림이 나오고 장면과 장면이 연결되도록 한다.

이때 교사는 낱장식 동화와 마찬가지로 그림 뒤쪽에 적혀 있는 내용에만 의존하면 화면 뒤에서 교사의 얼굴이 가려질 염려가 있으므로 반드시 교사는 동화 내용을 완전히 이해한 후 유아들과 시선을 마주하면서 진행해 가야 한다. 혹시 두루마리 그림을 한 번 더 보여 주고 싶을 경우에는 유아들이 보는 앞에서 거꾸로 감지 말고 돌려서 그림이 보이지 않게 감은 다음, 다시 보여 준다.

4. '큰 책'

최근에 이르러 많은 학자들은 취학 전에 읽기를 배우는 유아들에 대해 연구했다. 연구들에 따르면, 이러한 유아들은 호기심이 많고 책을 매우 좋아하는 경향을 보였고, 부모들은 책을 자주 읽어 주었고 책 읽기와 쓰기를 할 수 있는 자료들을 풍부하게 제공해 주었다.

책 읽기는 문자 학습에 대한 이점 외에도 세상에 대한 이해, 아름다움과 지식에 대한 욕구를 충족할 수 있다. 그러나 무엇보다도 그림책 읽어 주기가 주는 가장 큰 이점은 언어 발달을 자극한다는 점일 것이다. 홀(Hall, 1981)[13]은 유아기에 훌륭한 작가들이 창작한 독창적인 작품을 접하는 것이 필요하다고 하였다. 아동과 함께 문학활동을 하는 것은 그들이 좋은 작품을 듣고 읽으며 스스로의 사고와 느낌을 표현하도록 하는 데 있다고 하였다. 요약하면, 이야기를 읽어 주는 것을 들으며 읽기와 쓰기를 배우고 폭넓은 사고기술을 개발할 수 있다. 마티네즈와 틸(Martinez & Teale, 1988)[14]도 유아기의 초기 읽기활동은 읽기를 통해 어휘를 배우며 책에 대한 긍정적 태도를 기르는 것은 물론 독립적으로 책을 고를 수 있고 책에 대한 관심을 유지할 수 있어야 한다고 하였다. 그러므로 교사는 교실에서 유아와 함께 책을 공유하는 활동에 관심을 기울여야 한다.

많은 학자들은 유아가 읽기를 배우는 과정 중에 능동적으로 책을 읽어 주며 활용할 수 있는 교사의 역할이 필요함을 말하였다. 클레이(Clay, 1979)[15]는 유아들이 책을 성공적으로 읽어 내려면 다음과 같은 네 가지의 능력이 필요하다고 하였다.

첫째, 유아는 언어적 지시를 따를 수 있어야 하며 들려주는 이야기에 대해 이해할 수 있어야 한다.

둘째, 유아의 시각적 인식능력(visual perception skill)이 충분히 발달되어야 한다. 유아는 일련의 복잡한 시각적 단서에 주의를 기울이며 분석할 수도 있어야 한다. 또한 인쇄 글자가 메시지를 전달한다는 것도 알아야 한다.

셋째, 유아는 단어(word)의 개념을 이해할 필요가 있다. 유아 자신이 말하면서 사용하는 사물의 이름과 어휘가 글자(letter)라고 하는 일련의 도안적인 표시로 나타내어진다고 하는 것을 이해하기 시작한다.

넷째, 유아가 책을 읽기 위해서는 눈과 손의 협응을 통제하여 책을 읽어 주는 방향, 즉 맨 위쪽에서부터 아래쪽으로 그리고 왼쪽에서 오른쪽으로 읽어 나갈 수 있어야 한다.

이와 같은 능력은 성숙과 경험에 의해 발달되어 간다고 할 수 있으나, 유아들은 교육기관에 올 때 경험과 배경 지식의 면에서 다양한 수준을 보인다. 책에 관한 경험이 적거나 글자나 단어에 대한 지식이 없으며 이해하는 어휘 수가 제한되어 있기도 하다. 교사와 함께 그림 이야기책을 공유하는 활동은 그러한 유아들에게 기본 어휘와 말로 표현하는 능력을 길러 줄 수 있으며, 이야기는 글(text)을 통해 전달된다는 것을 알게 할 것이다. 교사가 '큰 책(big book)'을 활용하여 단어를 지적해 가며 읽어 내려갈 때 띄어쓰기, 맞춤법과 같은 인쇄 글자의 규약이나 글자가 진행되어 가는 방향성의 원리를 깨닫게 되는 것이다.

읽기와 쓰기에 익숙함을 보이는 유아들도 교사와 그림 이야기책을 공유하는 활동을 통하여 더욱 성숙한 읽기 습관을 기를 수 있다. 이야기 내용에 대해 예측하거나 이해를 높이는 추후 활동(follow-up)을 통해 그들의 읽기 능력이 향상되며 스스로 이야기를 지어 보는 단계로까지 발전해 나갈 수 있을 것이다. 요약하면, 교사는 그림책을 함께 공유하는 활동을 계획하고 교육적인 활용방법을 탐색할 필요가 있다 하겠다.

교실에서 도서를 통한 활동을 하고자 할 때는 먼저 책의 크기가 대집단의 유아들도 모두 볼 수 있을 만큼 확대된 형태의 것이 필요하다. 홀더웨이(Holdaway, 1979)[16]는 책 속의 인쇄 글자를 함께 공유하지 못하기 때문에 교실에서 대집단으로 책 읽어 주기가 교육적 효과가 적다고 지적하였다. 가정에서 부모가 유아에게 책 읽어 주기를 하는 것처럼 유아의 주의를 유지할 수 있어야 하는데, 그것은 이야기책의 모양이 확대된(enlarged) 형태여야 한다고 하였다.

1) '큰 책'으로 만들 수 있는 그림 이야기책의 선택

교사가 유아와 함께 책을 공유하고자 할 때 가장 중요한 것은 책 그 자체의 특성이라고 할 수 있다. 그림책이 유아들에게 만족스러운 것은 물론 대집단의 유아들이 볼 수 있도록 크기가 커야 한다. 그러므로 그림 이야기책의 크기가 '큰 책'이면 교실에서 교육적으로 활용할 수 있을 것이다. '큰 책'으로 제작하는 경우 '단어나 구, 문장이 외우기 쉽게 되풀이되는 책'이 적절하다고 볼 수 있다. 보통 예측 가능한(predictable) 이야기라고 일컬어지는 이야기다.

다음과 같은 내용으로 이루어진 책이 외우기 쉽게 되풀이되는 책의 요건으로 들어갈 수 있다. 문자언어에 익숙하게 하는 책을 선정할 때 단어나 구, 이야기의 구성에 반복적 요소가 있는 것을 고르는 것이 적절하다. 반복적 요소는 다음과 같은 요소에서 찾아볼 수 있다. 레이놀즈(Reynolds, 1998)[17]는 다음과 같은 내용이 '큰 책'에 적합하다고 하였다.

- 언어나 문장이 반복되는 이야기(이야기 속에 단어나 문장이 반복되는 이야기는 유아들로 하여금 익숙한 글자를 따라 읽을 수 있도록 한다)
- 요일이나 숫자 등 익숙한 순서로 구성된 이야기

- 예측하기 쉬운 구성을 가진 간결한 이야기(전래동화의 익숙한 플롯은 유아로 하여금 읽기와 다시 이야기 해 보기(retell) 활동을 쉽게 할 수 있도록 한다)
- 익숙한 리듬이나 노래 등 음악적 요소가 있는 이야기
- 누적적 이야기(cumulative stories)
- 쉽게 들추어 볼 수 있는 책(easy-flab book)

2) '큰 책'의 제작

우리나라의 경우 교육용으로 크게 제작된 책이 드문 현실이기 때문에 교사가 따로 제작하는 과정이 필요하다. 미리 제작되어 나오는 책이 있다 해도 직접 제작해 보는 과정은 나름대로의 장점이 있다. 첫째, 교사가 큰 종이 위에 책의 내용을 적어 내려가는 것을 보여 주면서 제작하는 경우 글자의 규약이나 방향성의 원리를 유아들에게 자연스럽게 가르치는 효과가 있다. 둘째, 유아들과 함께 책을 만들어 보는 교육적 효과를 누릴 수 있다. 그러한 경우 다양한 방식으로 이야기를 만들어 볼 수도 있다. 이미 잘 알고 있는 이야기의 삽화를 다시 그려 볼 수도 있고, 이야기를 약간 수정하며 만들어 볼 수도 있다. 유아들은 책을 만들고 꾸며 보면서 읽고 쓰고 말하고 듣는 과정에 자연스럽게 몰두하며 자랑스러움을 느낄 수 있을 것이다. '큰 책'의 제작은 일반적으로 다음의 과정에 따라 제작할 수 있다.

(1) 글의 내용 적기

'큰 책'의 제작에 필요한 종이는 일반적으로 하드보드지나 마닐라지와 같은 두꺼운 재질의 종이가 필요하다. 홀더웨이(Holdaway, 1982)[18]는 24×30cm나 60×75cm 종이가 적당하다고 하였다. 교사가 제시할 때의 무게나 게시 장소를 고려하여 12×18cm나 30×45cm를 선택한다. 맨 뒤표지는 이야기와 관련된 활동을 할 수 있는 포켓을 만들어 달 수 있도록 내구성이 있어야 할 것이다.

글의 내용을 적어 내려가는 것은 교사가 펜으로 쓸 수도 있고 워드프로세서 프로그램을 이용하여 컴퓨터로 출력할 수도 있을 것이다. 글자의 크기는 맨 뒷줄의 아이들도 충분히 보고 알 수 있을 정도로 커야 한다. 글의 내용은 종이 위에 적힌 형식도 있고 작은 부분으로 나누어서 붙일 수도 있을 것이다.

글의 내용을 다 적은 후에는 큰 책에 나오는 단어(key-word)를 적은 페이지를 만들고 큰 책과 연관된 활동을 할 수 있는 재료를 담은 포켓을 맨 뒷장 표지 앞면에 마련한다. 뒷면의 포켓에는 이야기 카드나 자주 나오는 중요한 낱말 카드, 책과 연관된 활동 자료를 수납한다.

(2) 글과 그림 그리기

큰 책의 그림은 교사가 직접 그리는 방법도 있고, 유아가 직접 참여하여 만들 수도 있다. 교사가 직접 그리는 방법은 그림동화의 제작방법(p. 388)을 참조하면 된다. 유아들이 함께 참여하여 제작하는 것은 다음과 같은 과정으로 이루어질 수 있다.

첫째, 유아들이 글의 내용을 적은 종이 위에 직접 그림을 그릴 수 있다. 혹은 작은 종이를 주어서 그림을 그리게 한 후 붙일 수도 있다.

둘째, 개별 혹은 소집단으로 유아들이 골고루 활동에 참여할 수 있도록 격려하는 방법이 있다.

- 짝을 지어서 한 장씩 그릴 수 있다.

그림 13-2 글과 그림을 새롭게 만든 책을 읽고 있는 유아

- 한 집단의 유아들이 제작하여 다른 집단의 유아에게 보여 주도록 하는 용도

로 큰 책을 만든다. 모든 집단의 유아들이 돌아가면서 며칠간의 활동으로 만들어 집단끼리 비교해 볼 수도 있다.

- 그림 그리기에 참여하지 않는 유아들은 겉표지를 그리거나, 단어 페이지, 뒷장의 활동 카드를 만들 수도 있다. 또 등장인물 이외에도 배경이 되는 나무나 눈송이를 만들어 오려 붙이게도 할 수 있다.
- 그림을 직접 페이지 위에 그리지 않고 몇 명의 등장인물이 나오는지 유아와 함께 조사한 다음 등장인물과 배경 그림을 분담하여 그린다. 각자가 그린 등장인물과 배경을 오려서 붙일 수도 있다.

그림 13-3 『태양으로 날아간 화살』을 읽고 '큰 책' 만들기를 한 후 극놀이하는 유아

(3) '큰 책'의 다양한 방식들

'큰 책'은 종이 위에 쓰인 방식이지만 때로는 OHP 필름 위에 그려서 OHP로 투사하여 활용될 수 있다. 그러한 경우 외우기 쉽게 반복되는 글귀를 겹치거나 가리는 기법으로 보여 줄 수 있다. 또 아코디언과 같은 형식으로 만들 수도 있고, 바퀴를 붙여서 '이야기 기차'라고 이름을 붙여 큰 책의 페이지를 나누어 첫 번째 페이지부터 이야기 기차를 만들어 가게 할 수 있다. 그러한 활동은 이야기 구조에 대해 좀 더 분명한 개념을 심어 줄 수 있을 것이다.

3) '큰 책'의 제시와 활동

'큰 책'은 교실의 이젤이나 융판 등 '큰 책'을 받쳐 줄 수 있고 대집단 유아가 모두 볼 수 있을 정도로 높이와 견고함이 유지되는 곳에 제시되는 것이 적절하다. '큰 책'을 가지고 활동하는 것은 일반적으로 그림동화를 읽어 주는 절차와 비슷하나 다음과 같은 활동을 할 수 있다.

첫째, 이야기를 읽어 주기 전에 사전 토의 활동을 할 수 있다. 이야기에 나오는 소품이나 물건 등(예: 곡식, 달걀, 씨앗)을 보여 주며 이야기 내용에 대한 사전 지식을 풍부하게 할 수 있다.

둘째, 자주 나오는 단어나 문장을 통해 어휘를 배울 수 있다. '큰 책'으로 활용되는 '외우기 쉽게 되풀이되는 이야기'는 보통 자주 어휘가 반복이 된다. 글자의 크기를 다른 부분보다 확대하거나 떼었다 붙일 수 있게 하거나 하여 활용할 수 있다. 자주 나오는 단어를 적어 두는 페이지를 펼쳐서 읽어 주고 게임을 할 수도 있다.

셋째, 함께 읽기(choral reading)를 할 수 있다. 함께 이야기의 본문을 읽어 보는 활동은 유아들이 즐겁게 참여하는 활동이다. 이야기에 익숙해져서 외우게 되어야 본문의 글에 좀 더 주목할 수 있기 때문에 교사는 큰 책의 내용을 유아와 함께 읽어 볼 수 있다. 처음에는 교사가 읽어 주는 본문의 내용을 따라가는 수준에 있다가도, 본문의 내용을 외우게 되면 글자에 주목하게 되어 교사가 지적해 주는 것을 흉내 내기도 한다. 맥크라켄과 맥크라켄(McCracken & McCracken, 1972)[19]은 그 과정을 다음과 같이 이야기하였다. "처음에 유아들은 이야기와 책을 좋아한다. 그다음으로는 책을 이해하게 된다. 세 번째로는 단어를 인식하게 될 것이다."

5. 책 만들기(Making Books)

1) 책 만들기의 특징

책 만들기, 즉 북아트가 국내에 소개된 얼마 되지 않았음에도 불구하고 많은 사람들의 호응을 얻고 총체적인 예술장르로 인정받게 된 데에는 형식과 내용의 자유로움이 큰 역할을 했다. 개인적인 이야기부터 전문적인 주제에 이르기까지 어떠한 내용이라도 담을 수 있으며, 형식도 책이라고 생각되지 않는 실험적인 형태는 물론, 표현방법이 다양하기 때문이다. 소재도 종이뿐만 아니라 돌, 나무, 쇠 등 책과 관련 없어 보이는 재료들까지 다양하게 활용되고 있다. 크기 또한 앙증맞은 미니북부터 아주 큰 책까지 다양하다. 그러나 무엇보다도 북아트의 가장 큰 매력은 누구나 자신만의 이미지와 이야기를 자유로운 형태에 담아낼 수 있으며 다양한 표현을 가능하게 하는 확장성에 있다.

북아트의 또 다른 특징은 책을 직접 만드는 수작업에 있다. 북아트는 개인의 생각과 아이디어를 최대한 발휘할 수 있는 영역이며, 자신이 직접 기획하고 구성하여 독창적으로 자신을 표현할 수 있는 책의 예술인 것이다.

2) 책 만들기 활동의 교육적 효과

첫째, 책 만들기 활동은 종합적인 사고력을 기른다. 책 만들기의 주제는 국어, 수학, 사회, 과학, 미술, 음악 등 다양한 과목과 연계할 수 있다. 한 권의 책을 만들기 위해서는 그리기, 만들기, 디자인, 글쓰기 등 여러 교과의 통합적인 활동이 요구된다. 어린이는 책의 주제와 관련된 다양한 자료를 조사한 후 하나의 내용으로 구성하고, 글과 이미지로 표현하게 된다. 이러한 일련의 과정들이 어린이들로 하여금 각각의 정보를 효과적으로 처리 할 수 있는 능력을 키우게 한다.

둘째, 책 만들기 활동은 창의적 사고의 발달을 돕는다. 어린이 시기는 상상력이 풍부하고 자연과 주변사물에 대한 호기심과 심미감이 발달하는 때다. 어린이는 책 만들기 활동을 통해 자신의 생각과 느낌을 표현함으로써 창의성을 발달시킬 수 있다. 어린이는 책을 만드는 동안 시지각을 통해 대상을 분석하고 대상의 특징을 읽고 이해하게 된다. 이것이 창의성의 기본요소와 깊은 관련이 있다. 책 만들기 활동은 어린이의 상상력을 자극하는 다양한 경험과 관찰 기회를 제공한다.

셋째, 책 만들기 활동은 문제해결 능력을 기른다. 미래사회는 자신의 문제를 스스로 해결하고 처리하는 자율적인 사람을 필요로 한다. 따라서 어린이들에게 문제를 해결하는 데 필요한 지식이나 자료를 효율적으로 처리하고 조직하는 능력을 길러 줘야 한다. 책을 만들면서 어린이는 이미 알고 있는 지식이나 경험을 활용하고,

한편으로 새로운 지식을 조사 · 탐구하여 재구성하는 기회를 갖게 되므로 다양한 문제를 해결하는 능력을 기를 수 있다.

넷째, 책 만들기 활동은 지적인 성장을 돕는다. 시각화란 보이지 않는 무언가를 어떤 형태로 나타내 보이는 능력으로 미술 및 창의성에서 중요한 요소다. 특히 아직 언어가 미숙한 유아는 그림으로 생각을 표현한다. 그래서 유아가 만든 책을 보면 글은 없지만 이미지로도 충분히 많은 이야기를 전달한다. 초등학생의 경우는 글로 만들어 낸 이야기를 그림으로 그려 보게 함으로써 시각화를 촉진할 수 있다. 또한 책 만들기 활동은 어린이의 언어발달과 관련해서 중요한 의미를 갖는다. 책을 만드는 동안 문자에 대한 어린이의 관심이 늘어 가는 것을 볼 수 있다. 꼭 논리적인 글쓰기가 아니더라도 자신의 생각을 나타내기 위해 어휘를 선택하고 이야기를 구성하는 데 공을 들이기 때문이다. 책 만들기 활동은 어린이로 하여금 다양한 분야에 관심을 갖게 하며, 표현하고자 하는 것을 자신만의 시각적 표현과 언어로 나타냄으로써 인지 영역이 넓어지게 한다.

다섯째, 책 만들기 활동은 자기 가치감을 높여 준다. 미국의 아동심리학자 찰스 섀퍼(Charles Schaefer)는 "어린이는 자기의 생각에 긍지를 갖고 그것을 다른 사람에게 이야기하고 싶어 할 때 자신의 실행능력을 더 높이려는 동기를 갖게 된다."고 하였다.

북아트 제작 과정은 먼저 주제를 정하고 그에 어울리는 책의 구조를 선택하고 글과 그림을 어떻게 넣을지를 구상한다.

3) 북아트의 기본구조

북아트는 콘텐츠, 재료, 구조 등이 3박자를 이루면서 만들어진다. 이것은 읽는 즐거움, 만지는 즐거움, 보는 즐거움의 3요소를 복합적으로 경험 할 수 있음을 뜻한다. 북아트의 기본구조는 여러 견해가 있지만, 대체로 4가지의 유형으로 말할 수 있다.

- 폴더: 접기 방식으로 만들어진 책을 말하며 아코디언 스타일, 병풍 스타일로도 불리며 접기 쉽고 속지가 많이 필요하지 않은 북아트 만들기에 적합하다.

- 코덱스 북: '책' 하면 가장 먼저 떠올리게 되는 일반적인 책 형태가 모두 여기에 속한다. 단순한 코덱스 방법부터 모양이나 크기가 재미있게 바뀐 종류의 책까지 다양하다.
- 팬 북: 팬은 부채라는 뜻인데 한 장으로 공통되게 각 끝에서 묶을 수 있게 만들어진 형태다. 독특하면서도 복합적인 바인딩이 될 수 있는 요소를 갖고 있다.
- 블라인드 북: 커튼 대신 사용되는 블라인드 형태가 여기에 해당된다. 팬 북과 유사한 구조를 갖고 있으나, 팬 북은 한 점에서 묶이는 반면 블라인드는 두 곳에서 묶인다는 점이 다르다.

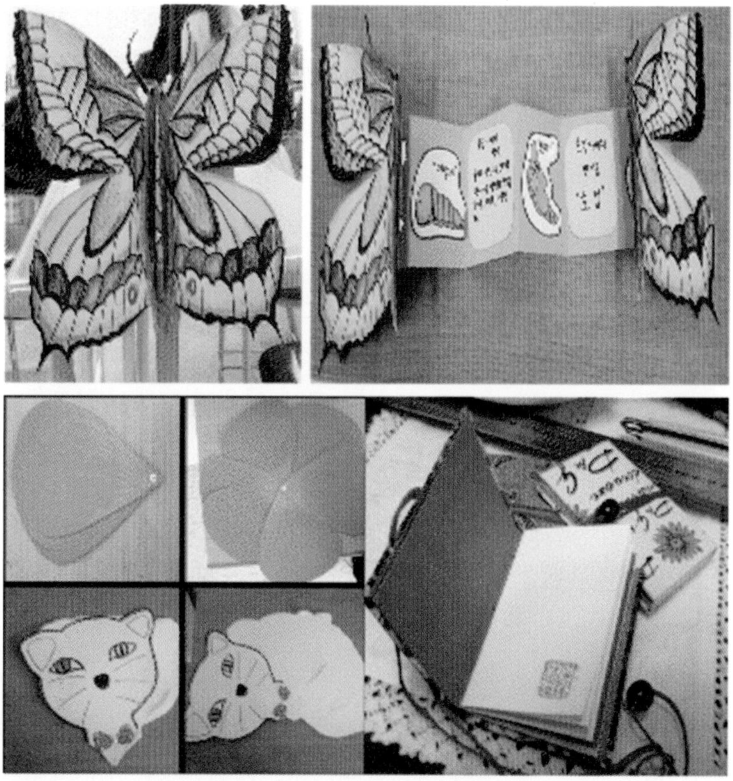

그림 13-4 아코디언형, 팬형, 코덱스형 북 만들기

6. 융판 및 자석판 동화

융판(flannel board)은 하드보드나 기타 딱딱한 물체 위에 융이나 펠트 천을 감싸고 뒷면에 융이나 벨크로테이프를 붙여 탈부착이 가능한 방식을 말한다. 그리고 자석판은 뒷면에 자석을 붙인 것을 말한다. 이처럼 이야기의 요소를 덧붙여 가면서 하는 방식은 이야기의 구연을 쉽게 할 수 있다는 장점이 있다. 그리고 무엇보다도 제작과 제시가 간편하다는 점을 들 수가 있다.

융판(flannel board)이나 자석판(magnetic board)은 유아교육기관에서 교사가 가장 많이 활용하는 교수매체다. 융판 · 자석판이 앞과 뒷면으로 제작되어 있는 게시대가 많이 있기 때문에 교사가 동화 이외에도 담화 자료를 활용할 때 많이 쓰인다. 융판 · 자석판을 활용하면 동화의 줄거리나 내용을 훼손하지 않으면서도 효과적으로 유아에게 전달되며, 융판을 이용하여 이야기를 해 보도록 하는 경우 새로운 조각을 붙여 가면서 이야기를 지어 보거나 다시 회상해 보는 용도로도 많이 사용한다.

1) 융판이나 자석판 동화에 적합한 이야기의 선택

융판 · 자석판 동화에 적합한 이야기를 고를 때는 다음과 같은 측면을 고려하는 것이 바람직하다.

첫째, 이야기의 플롯이 구나 문장이 하나씩 덧붙이는 누적적인(cumulative) 이야기가 적당하다. 『커다란 순무』나 『배고픈 애벌레』 등을 예로 들 수 있다. 이런 경우 등장인물을 하나씩 덧붙이는 형식으로 이야기 진행이 가능하다.

둘째, 원본이 되는 문학작품이 본래 그림이 중요한 비중을 차지하는 동화는 적절치 않다. 융판으로 그림의 디테일을 표현하기가 어렵기 때문이다.

셋째, 등장인물의 수가 제한되어 있고, 배경이 중요하지 않고, 사건이 분명하면서도 간단한 이야기가 적당하다.

넷째, 유머가 있으면서 쉽게 기억할 수 있는 이야기가 적당하다.

2) 융판이나 자석판 동화의 제작

융판은 누구나 잘 볼 수 있게 적절한 위치에 놓아야 하며, 실내 밝기도 고려해야 하고, 교사가 자료를 제시할 때 유아의 시야를 가리지 않도록 하여야 한다. 이외에도 앞치마 위에 융판을 붙여 교사가 앞치마를 입고 동화를 들려주면 유아들의 흥미를 유지할 수 있다. 이 경우 이야기의 구성이 단순하며 반복되는 패턴이 있는 이야기가 좋다.

융판 위에 제시할 자료는 상업용이거나 교사에 의해 이미 제작된 것을 사용할 수도 있고, 이야기를 위해 특별히 제작할 수도 있다. 자주 쓰이는 동물이나 배경, 정교한 제작과정이 필요한 자료 등은 미리 만들어진 것을 쓸 수 있다.

그러나 교사가 제작하는 경우는 다음과 같은 점에 유의하여야 한다.

첫째, 이야기를 들려주기 위해 필요한 배경과 등장인물 등을 선정한다.

둘째, 등장인물과 여러 배경을 제작해 본다. 동화 내용 속에 나오는 모든 장면, 인물을 제작할 필요는 없다. 그림을 그리기도 하고 잡지 등에서 오린 것을 플라스틱 코팅할 수도 있다. 그림은 뒷좌석의 유아들도 볼 수 있도록 커야 한다.

셋째, 뒷면에 제시되는 순서대로 번호를 매긴다.

넷째, 무게를 생각하며 융판이나 자석판에서 떨어지거나 비스듬히 기울지 않도록 벨크로테이프나 샌드페이퍼 그리고 자석 등 접착용 재료를 붙인다.

다섯째, 융판 · 자석판 자료의 가짓수가 너무 많으면 탈부착 과정이 복잡하여 이야기 자체에 몰두할 수 없으므로 이야기의 전개에 필요한 숫자만 붙일 수 있도록 고려한다.

여섯째, 이야기 하나에 필요한 자료를 모두 교사가 제작하여 사용하는 경우 보관을 용이하게 하기 위해 따로 만들 수 있다. 펠트 천을 봉투 모양으로 만들거나 가방처럼 만들어 겉면에 이야기의 제목을 써 줄 수 있다.

3) 융판이나 자석판 동화의 제시 방법

융판 · 자석판 동화를 제시할 때 유의할 점을 다음과 같다.

첫째, 융판은 유아 모두가 볼 수 있는 위치에 두어야 한다. 융판과의 거리가 짧으면 유아들의 눈이 피로해지기 쉽다.

둘째, 제시 전에 순서대로 정리해 열로 배치하여 둔다. 자료 뒤에 순서를 기본적으로 적어 둔다. 연속적인 내용 전달을 위해서는 적절한 자료 제시가 요구된다.

셋째, 제시 내용의 주제가 분명해야 한다. 너무 많은 종류의 자료 제시보다는 이야기의 주제에 맞는 자료를 간단하게 제시하여 유아의 이해 범위를 고려한다.

넷째, 융판과의 조화를 고려한다. 융판과 제시한 자료와의 조화 또는 자료끼리의 조화를 위하여 색깔, 원근법 등에 유의한다. 예컨대, 초록색 융판 위에 초록색 그림은 잘 보이지 않을 수 있다.

다섯째, 융판 · 자석판 자료를 제시하는 경우에 유아들과의 눈 맞추기(eye-contact)를 유지하는 것이 좋다. 유아들의 주의를 유지하게 하여 부드러운 진행을 돕는다.

여섯째, 천천히 이야기를 들려주는 것이 이야기를 흥미롭게 들려줄 수 있는 방법이다. 융판 · 자석판 자료의 경우 너무 빨리 제시하려고 하면 유아를 혼란스럽게 만들 수 있다. 유아들은 청각적으로는 이야기를 들으면서 시각적으로는 전면의 장면을 보는 것을 함께하기 때문이다.

일곱째, 하나의 장면이나 인물을 떼어 낼 때는 주의가 흐트러지지 않게 신속하면서도 부드럽게 떼어 내도록 한다.

여덟째, 융판 · 자석판의 경우 이야기 다시 해 보기(retelling) 활동을 할 수 있다. 유아들에게 융판 위의 자료를 분배하고 이야기를 순서에 따라 해 보게 할 수 있다. 혹은 전혀 새로운 이야기를 만들 수 있다. 소여와 코머(Sawyer & Comer, 1991)[20]에 의하면 융판 자료로 이야기 다시 해 보기를 하는 것은 유아들의 언어 학습에 많은 도움을 준다고 하였다.

아홉째, 융판동화 시간이 끝난 다음에는 사용한 자료를 순서대로 정리하여 상자나 봉투 등에 제목과 이야기의 내용 등을 적은 다음 잘 보관한다. 부직포나 조그만 상자를 마련하여 분실되는 일이 없도록 하여 다시 사용하기 쉽도록 한다. 앞치마를 활용하여 융판동화를 들려줄 수도 있다. 기존의 앞치마에 융을 붙여서 제작할 수도 있고 부직포로 앞치마를 제작하여 융판동화를 들려줄 수도 있다. 앞치마 동화를 들려줄 경우는 앞치마에 주머니를 만들어 주면 들려줄 때 필요한 자료를 넣다 뺐다 하는 과정이 용이하다.

7. 극화활동

유아문학을 활용한 극화활동은 유아들이 직접 대본을 쓰고 소품을 만들어 보는 극놀이부터 교사가 인형을 조종하여 제시하는 인형극 공연에 이르기까지 매우 다양한 방식으로 제시될 수 있다. 유아들은 극화활동을 통해 이야기의 등장인물이 되어 보기도 하고 자신들의 눈으로 세상을 볼 수 있게 된다. 유아문학을 활용한 극화활동은 인형을 활용한 극화활동과 창의적 극화활동으로 나누어 볼 수 있다.

1) 인형을 활용한 극화활동

사람들은 무대 위에 올려지는 극을 보는 것을 좋아한다. 아무리 규모가 작은 것이라도 유아들에게는 굉장한 사건이 되는 것이다. 또 스스로 극화활동을 위한 소도구를 만들어 봄으로써 적극적으로 활동에 참여하기도 한다. 이처럼 인형은 교사와 유아 모두가 활용할 수 있는 도구다. 교사는 새로운 이야기를 소개하거나 이야기 속의 등장인물을 연기하거나 이야기 속의 등장인물에 대한 토의를 유도할 때 등 다양한 상황에서 인형을 활용한다. 그리고 교사가 인형을 가지고 활동을 하게 되면 유아들은 재빨리 이야기 속의 인물과 교사를 일치시키게 된다(Hunt & Renfro, 1982).[21]

(1) 인형을 활용한 극화활동의 가치

인형극은 이야기 구연하기(story telling)와 더불어 역사적으로 오랫동안 발전되고 계승되어 온 언어적 표현 양식이며, 인류의 문화가 세대를 통해 꾸준히 전해 내려오게 된 주요한 매체라고 할 수 있다. 인형극은 구연의 형태에 시각화(visualization)와 경이로움을 보탠 것이라고 할 수 있다(Isbell & Raines, 1991).[22] 인형극의 제작과 상영은 인형극을 하는 사람들의 문화와 사회의 영향을 받는다.

최근의 인형극은 인형을 통한 개인적 표현을 중시하며 다양한 청중을 대상으로 하는 방향으로 변화하고 있다. 주로 오락거리의 방편으로만 쓰이던 것에서 교육, 치료, 의사소통을 위한 도구로 사용되는 방향으로 바뀌고 있다. 교육현장에서 인형을 활용한 극화활동을 하는 것의 가치는 다음과 같다.

첫째, 듣는 이의 발달 단계에 따라 다양하게 즐길 수 있다. 등장인물에 대한 동일시를 시작하는 연령의 유아들에게 인형은 문학과 관련된 활동의 촉진제 역할을 한다. 피아제(Piaget, 1928)[23]는 물활론적인 단계(animism stage)에서 유아는 생명이 없는 물체를 살아 움직이는 것으로 간주한다고 하였다. 유아는 인형을 친구처럼 생각하여 슬펐던 일, 길을 잃었을 때나 어머니가 안 보일 때의 놀랐던 느낌 등 자신들이 하고 싶은 이야기를 늘어놓기도 한다. 아동기에 접어들면 인형을 사용하여 '무엇이 되어서' 역할놀이를 할 수 있다. 챔플린과 렌프로(Champlin & Renfro, 1985)[24]는 아동기에 접어들면 환상적인 이야기나 모험이야기를 즐긴다고 하였다.

둘째, 하나의 인형은 다양한 극화활동에 사용될 수 있다. 그림 이야기책 읽어 주기 등 다른 매체를 활용할 때는 항상 동일한 방식으로 진행되지만 곰이나 생쥐, 병아리, 사자, 호랑이 등의 동물 인형은 문학작품 속에 많이 등장하는 인형이므로 한꺼번에 구입하거나 교사가 제작하여 두면 오랫동안 사용이 가능하다. 주인공이 한두 명인 우화(fable)의 경우 인형 2개만 가지고도 하나의 활동이 가능하다.

셋째, 유아들에게는 편안하면서도 상상력이 풍부한 이야기 친구가 될 수 있다. 대중 앞에서 의사를 표현하는 데 주저함이 많은 유아들의 경우 인형을 사용하여 이야기를 하도록 할 수 있다.

(2) 인형을 활용한 극화활동의 준비

인형을 활용한 극화활동은 미리 정해진 규칙이 있다. 인형이 이야기 속에 부분적으로 활용될 수도 있고 이야기 전체를 말할 수도 있을 것이다.

첫째, 극화활동에 필요한 이야기를 선정하는 것이 필요하다. 사건이 풍부하며 플롯이 분명한 이야기가 유아들이 극화하기에 적절하다.

둘째, 공연을 위한 인형을 제외하고 유아들을 위한 인형은 너무 복잡하게 제작하지 않는 것이 좋다. 단순한 인형이 이야기를 더 잘 기억하게 할 수 있다. 또 지나치게 인형의 움직임을 많이 하는 것도 인형이 하는 이야기에 집중하지 못하게 한다.

(3) 인형의 종류

인형을 활용한 극화활동을 잘할 수 있으려면 우선 다양한 종류의 인형을 사용하여 보는 것이다. 시중에서 구입하여 사용할 수도 있고 가정이나 교육기관에서 직접 제작할 수도 있을 것이다. 보편적으로 유아에게 많이 활용되는 인형의 종류는 다음과 같다.

① 손 인형

손 인형(hand puppet)은 연기자가 손을 인형 속으로 넣어 조종하는 것이다. 유아와 교사가 직접 손을 넣어서 실행해 볼 수도 있다. 다양한 재료를 사용하여 제작되므로 많은 종류가 있으나 일반적으로 많이 쓰이는 것을 제시한다.

② 손가락 인형

손가락 인형(finger puppet)은 손가락에 끼워서 사용할 수 있도록 만든 인형으로, 무대극보다는 역할극으로 많이 쓰인다. 손가락 인형은 세 가지 유형이 있다.

- 손가락이 인형의 손이나 다리 역할을 하는 것: 식지와 장지를 인형의 뒷부분에 끼워 움직임을 보여 줄 수 있다. 유아들 자신이 활용할 경우 손가락 활동을 촉진해 주며 교사가 이것을 활용하여 동화를 들려줄 경우에는 인형의 움직임이 많이 요구되는 내용에 적절하다.
- 손가락에 끼우는 것: 이러한 형태의 손가락 인형은 영아들도 손가락에 끼워 조작해 볼 수 있는 가장 손쉬운 것이다. 각 손가락의 활동이 촉진되며 혼자서 여러 역할을 해낼 수 있고 만들거나 극화해 보는 데 짧은 시간에 가능하므로 흥미가 오래 지속될 수 있다. 그림을 그려 반지 모양으로 끼울 수도 있고 머리 부분만 남은 장난감 등도 활용할 수 있다.
- 이야기 장갑(story glove): 장갑을 손에 끼우고 각 손가락마디에 벨크로테이프와 융을 붙여 인형을 붙였다 뗐다 할 수 있는 인형이다. 장갑은 매번 다른 인형을 갖다 붙일 수 있다.

③ 막대 인형

가장 단순한 형태의 인형으로 인형 사이나 뒤에 막대를 연결하여 그 막대로 조종하는 것이다. 막대 인형의 장점은 특히 나이 어린 유아들도 쉽게 사용할 수 있다는 점이다. 신문이나 잡지에서 오린 그림, 과일, 야채 등 어떤 것이라도 막대기를 끼워 사용할 수 있으며, 제작과 활용이 쉽다는 점이 가장 큰 장점이다.

그 외에도 과일, 야채 등을 이용하여 적절한 동화의 소재로 활용할 수 있다. 커다란 홍당무를 그대로 이용할 수도 있고 감자, 사과, 오이, 오렌지 등은 가운데에 막대를 끼워서 사용한다. 손을 감추기 위하여 헝겊, 손수건 등으로 둘러매고 건포도, 압핀, 이쑤시개 등으로 얼굴 모양을 꾸밀 수 있다.

막대 인형 중에서도 가장 손쉬운 것은 종이봉투 한 면을 잘라 그 속으로 나무 자를 끼워 넣고 봉투 한 면에 그림을 그리는 것이다. 동화의 내용에 따라 오랜 준비기간을 요하지 않는 이러한 방법을 활용할 수 있다. 또한 피켓처럼 앞면과 뒷면에 그림을 그려 사건이 전개되어 감에 따라 앞면을 뒤집어 뒷면을 보여 줌으로써 동작을 대신할 수도 있다.

그 밖에 가정에서 흔히 사용하는 주걱, 솔, 깔때기, 먼지떨이, 빈 그릇, 빗 등 이용하여 적절한 인형놀이를 시도할 수 있다.

④ 그 외의 손 인형

종이컵을 이용하여 간단한 손 인형을 제작할 수 있다. 컵의 옆면 한복판에 구멍을 뚫어 그 속으로 심지를 집어넣고 머리나 눈, 입 등을 장식하면 된다. 또한 컵 바닥 가운데에 구멍을 뚫어 손가락을 끼워 사용할 수도 있다. 색 있는 휴지나 그 밖의 자료를 컵 속에 넣어 머리를 만들고 헝겊으로 손을 씌우고 사용한다.

그 밖에 쉽게 물로 씻어 버릴 수 있는 세제병과 같은 재료로 인형을 만들 수도 있다. 또 맨손 위에 직접 그림을 그릴 수도 있다. 주먹을 쥐고 그 위에 눈을 그리고 입은 눈 아래에 엄지손가락이 만드는 구멍이 된다.

⑤ 테이블 인형

테이블 인형은 테이블 위에 인형을 세우거나 움직여 가면서 활동할 수 있도록 만든 것이다. 인형극의 상연을 위해 만든 배경 그림 앞에서 인형을 옮기면서 놀이를 할 수 있도록 만들어진 것이다.

하드보드나 마닐라지 위에 평면 그림을 그려 오린 후 캔이나 플라스틱 병의 한쪽 면에 벨크로테이프를 붙여 무대 위에 서게 만든 형태가 가장 일반적으로 사용되는 것이다. 그런 경우는 인형과 뒤의 받침대를 분리하여 벨크로테이프를 붙이는 것이 좋다.

그 외에도 달걀판을 이용하거나 폐품 등을 활용하여 테이블 위에서 상연할 인형을 만들 수 있다. 또 종이 찰흙 등으로 입체적 인형을 만들 수 있다.

테이블 인형은 대개 상연할 미니 무대를 만드는 경우가 대부분이다. 테이블 인형 무대는 60×90cm 크기의 얇은 스티로폼이나 우드락 위에 인형을 세울 수 있는 면을 만든다. 그 위로 산, 언덕 등을 붙일 수도 있다. 인형의 뒤로는 수채화 물감이나 부직포, 색도화지 등을 이용하여 뒷배경 무대를 만든다. 테이블 인형의 무대는 유아의 눈높이보다 아래에 위치하도록 만든다.

⑥ 그림자 인형

그림자 인형극은 광선을 이용하여 인형의 그림자가 스크린에 비치게 하는 것으로, 우리 나라에서는 옛날부터 등잔불로 손 그림자를 여러 가지 형태로 벽에 만들어 즐겨 왔다. 오늘날에는 두꺼운 종이나 엷은 판자로 평면 모형을 만들어 어떤 부분을 동작할 수 있게 하여 이를 스크린 뒤에서 움직이게 하는 방법을 쓴다. 제일 간단한 것은 화보나 광고지, 잡지 등에서 인물, 동물, 탈것이 측면으로 나와 있는 경우 잘라 내서 막대를 다는 것이다. 그러나 인형극으로서의 즐거움을 느끼기 위해서는 약간의 움직임을 주는 것이 좋다.

다음은 그림자 인형의 제작방법이다.

- 판지 혹은 검정색 켄트지로 인형의 모양을 그려 가위로 오린다.
- 인형의 각 부분을 굵은 면사로 연결하거나 철심, 고정핀을 사용하여 서로 연결한다.
- 사람이나 동물의 경우 몸통과 발에 아스테이트지나 막대를 붙여서 움직일 수 있도록 한다.
- 배경을 만든다. 검정색 켄트지에 배경에 사용할 밑그림을 그려 오리거나 검정색 먹으로 그림을 그린다.
- 그림자 인형은 인물의 방향도 정해져 있고 움직이는 부분도 정해져 있으므로 움직이는 방법과 사용하는 방법도 어렵지 않다. 대개 등장인물 등이 옆면을

보고 있는 형태다. 인물은 스크린에 가까이 할수록 분명히 나타난다. 반대로 스크린보다 조명에 가까이 가져갈수록 그림자는 흐려지지만 형태는 커진다. 이야기의 내용에 따라 그림자 인형의 인물을 멀리 또는 가깝게 움직여서 극적인 장면을 연출할 수 있을 것이다.

그림자 인형극의 상연은 장소가 유아교육기관의 교실인 경우 스크린이 작아도 무방하다. 그러므로 OHP 환등기나 8mm 영사기를 사용할 수 있다. 이 경우 스크린은 40×55cm 정도면 충분하다. 흰 천이나 비닐, 트레이싱페이퍼 등을 나무 테에 풀로 붙여 사용할 수 있다. 인형의 제작이나 상연에 익숙해지면 인형의 옷이나 모자에 무늬를 오려 내어 색 셀로판지를 대어 아름다운 색채를 연출할 수도 있다. 그림자 인형도 움직임을 주어서 상연하면 더 좋은 장면을 연출할 수 있고 광원을 통해 색깔이 연출되면 무척 아름답다. 애벌레나 동물 인형을 제작하는 경우 몸통의 연결 부분을 핀으로 고정하고 무늬는 오려내어 색 셀로판을 붙이면 조명을 받게 될 경우 아름다운 영상을 얻을 수가 있다.

2) 창의적 극화활동

창의적 극화활동(creative dramatics)은 인형을 조종하거나 활용하는 형태가 아니며 유아들이 이야기 내용에 대해 역할을 정하고 연기하여 보는 형태를 말한다.

여기서는 유아들의 역할놀이, 무언극을 중심으로 살펴보도록 한다. 역할놀이는 이야기 속의 문제 상황에 대한 해석에 초점을 두는 것이며, 무언극은 인물의 행위에 초점을 두게 되는 것이다.

(1) 역할놀이

역할놀이는 일반적으로 문제 상황에서 대안을 발견하고 해결책의 결과를 발견해 보며 '문제를 연기'하여 보는 교육적 전략이다. 문학작품을 통해 유아들은 역할놀이를 하면서 이야기 속의 등장인물이나 그 인물이 처한 문제에 함께 몰두하게 된다. 이야기 속의 등장인물들의 도전과 좌절을 함께 나누면서 작가가 이야기를 구성해 가는 방식을 평가해 보게 되기도 하고 동시에 개인적이며 사회적인 가치를 발달시키게 된다.

① 역할놀이에 적합한 작품의 선택

첫째, 문제를 포함한 문학작품을 선택한다. 역할놀이는 등장인물의 문제에 직면해 보는 경험을 하는 것이므로 역할놀이를 할 수 있는 문학작품은 문제를 포함한 이야기가 적합하겠다. 서덜랜드와 어버스넛(Sutherland & Arbothnot, 1991)[25]은 역할놀이에 적합한 이야기는 문제 상황이 있는 문제 이야기(problem story)라고 하였다. 생활동화 중에는 역할놀이에 적합한 문제를 포함한 이야기가 많다. 문학작품 중에서 에피소드를 고를 때는 인물의 묘사가 잘 되어 있어야 하며 문제가 되는 상황이 분명히 정의되어 있어야 한다.

둘째, 역할놀이를 할 수 있는 문제 상황은 다음과 같은 특성을 가질 필요가 있다.

- 연령에 적합한 문제이어야 한다.
- 이야기의 배경과 등장인물이 익숙한 이야기는 문제 상황을 다루기가 더 쉽다.
- 문제가 개인의 가치에 도움을 줄 수 있는 것인지의 여부다.

그림 13-5 역할놀이에 필요한 소품을 제작하는 유아들

② 역할놀이의 활동방법

역할놀이의 단계는 일반적으로 7가지의 단계가 있다(Sutherland & Arbuthnot, 1991).

- 이야기 읽어 주기. 교사는 유아들에게 이야기가 어떻게 끝날지 예상해 보도록 한다. "이 이야기는 어떻게 끝날까? 이야기를 잘 들어 볼까?"
- 역할놀이를 할 유아들을 정하기. "이야기 속에 누가 나왔니?" "이야기 속에 나오는 인물이 어떻게 하였는지 나타내 볼까?"
- 나머지 유아들은 조용히 듣기. "○○가 표현하는 것을 잘 보자. 자기가 이 이야기 속에 나오는 ○○이라면 어떻게 할지 생각해 보자."
- 연기하기. 등장인물들에게 문제 상황을 연기해 보도록 한다. 비평하거나 연기를 평가하는 것을 삼간다. "자. 너는 지금부터 ○○이야." "친구들이 너에게 비늘을 떼어 달라고 하는구나." "비늘을 떼어 주지 않아서 어떻게 되었니?" "네가 무지개 물고기라면 어떻게 하겠니?"
- 토의와 평가. 이야기에 대한 연기가 끝난 후 등장인물에 대한 견해나 문제해결 방법에 대해 평가해 볼 수 있다.
- 다시 역할놀이 하기
- 토의하고 일반화하기. 유아들의 역할 연기 속에 나오는 결론에 대해 이야기를 나눈다. 유아들이 연기한 내용이 해결책이 되는 경우가 많다. 그것은 유아들이 이야기 속의 주인공에게 충분히 몰입하였으며 이야기 속의 상황을 잘 평가할 수 있었다는 말이 된다.

그림 13-6 『무지개 물고기』의 동극활동 장면

(2) 무언극

무언극은 한사람이 이야기를 읽거나 말을 해 주는 동안 유아가 등장인물의 역할을 해 보는 것이다. 대화가 필요하지 않으므로 어린 유아들이 하기에 적합한 극화 활동이다.

무언극의 실행은 다음과 같은 순서로 진행한다.

- 이야기를 읽어 주거나 구연한다.
- 이야기 속에 나오는 등장인물에 대해 알아본다. 살아 있는 인물들뿐만 아니라 나무와 구름, 별과 같은 물체들도 포함시킬 수 있다.
- 배역이 결정되면 자신의 역할을 무언극으로 해 보도록 한다.
- 배역을 충분하게 연습할 시간을 준다.
- 자기가 맡은 배역에 대해 충분히 연습한 후 다시 이야기 구성을 간략하게 요약해 본다.
- 소품은 필요하지 않으나 이야기 속에 나오는 움직임이 없는 물체들(예: 구름, 나무, 별, 문, 꽃 등)의 경우 배역을 정해 묘사할 수 있다.
- 연기를 하는 동안 이야기를 구연하거나 읽어 준다. 교사가 할 수도 있으나 유아가 하는 것이 더 바람직하다.

8. 미디어를 활용한 유아문학의 제시

옛날부터 이야기를 주로 성인이 구연해 주는 방식으로 유아들에게 전달되었으나 인쇄 기술의 발달된 이후로는 주로 책을 통해 읽히게 되었다. 오늘날 이야기는 좀 더 다양한 방식으로 유아들에게 전달이 되고 있다. 인쇄본은 무엇보다도 가장 먼저 만들어졌고, 교사들이 가장 선호하는 방식이기도 하다. 그러나 오늘날 유아들은 TV, 라디오, 비디오 테이프, CD, 컴퓨터, 비디오 게임 등을 수시로 접촉하고 있다.

그린필드(Greenfield, 1984)[26]는 각각의 매체가 서로에 영향을 미치며 각각의 고유한 메시지를 갖고 있다는 점을 지적하였다. 먼저 책은 사고의 기회를 제공한다.

TV와 시청각적인 방식으로 제공되므로 2차원의 표상을 제공한다. 오디오 테이프를 듣는 것은 시각적인 이미지를 떠올릴 수 있도록 도와주며 책의 내용을 함께 보면서 들을 때는 이야기와 인쇄 글자의 관계를 깨닫는 데 도움을 준다. 비디오 게임이나 컴퓨터는 상호작용이 가능한 활동이 많이 포함되어 있다. 이처럼 각각의 매체는 문학을 색다르게 경험하고 해석하는 기회를 갖도록 한다. 여기서는 오디오 테이프와 컴퓨터 그리고 인터넷(웹)과 스마트기기를 통한 이야기 경험하기로 나누어 멀티미디어로 제작된 유아문학을 살펴보고자 한다.

1) 이야기를 오디오 테이프에 녹음하여 들려주기

유아들은 카세트테이프에 담긴 이야기를 듣기를 즐긴다. 듣기 영역에 헤드셋과 카세트를 구비해 놓으면 유아들은 되풀이하여 이야기를 들어본다. 리켈만과 헹크(Rickelman & Henk, 1990)[27)]는 이야기책과 오디오 테이프를 함께 제공하는 것은 다음과 같은 이점이 있다고 하였다.

- 반복하여 이야기를 들을 수 있다.
- 이야기를 전문적인 구연가의 목소리로 녹음하였을 때 이 이야기의 풍부한 표현을 느낄 수 있다.
- 실감 나는 음향 효과와 적절한 배경 음악의 선택은 문학에 대한 경험을 좀 더 풍요롭게 한다.
- 교사나 부모들이 녹음하여 주는 경우는 친근감을 느낄 수 있다.

교사나 부모가 스스로 이야기 테이프를 만들어 줄 때는 다음과 같은 점을 유의해야 한다.

- 축약하거나 빠뜨리지 않고 본문의 글자대로 읽어서 녹음한다. 제목부터 제시한다.
- 적절한 음향 효과를 덧붙이는 것이 좋다.
- 페이지의 변화는 신호음을 넣는다.

- 이야기를 구연할 때는 분명하게 읽어 주며 지나치게 빠르지 않도록 한다.
- 이야기의 끝부분에도 음향을 넣어서 끝나는 부분을 알 수 있도록 한다.

2) 컴퓨터를 통한 이야기 경험하기

컴퓨터를 유아에게 제공하는 것을 비판하는 사람들은 흔히 사회성을 결여하게 할 수 있다는 점을 걱정한다. 그러나 최근에 클레멘트 등(Clements et al., 1993)[28]의 연구를 보면 프로그램을 해결하고 진행해 나가기 위해 아동들이 사회적 상호작용을 많이 하게 되었다고 하였다. 컴퓨터도 여럿이서 함께 문제를 해결해 나가고 소프트웨어가 창의적인 요소를 담고 있다면 유아들에게도 적절하게 제시될 수 있다고 본다. 컴퓨터는 자신의 사고를 제시하고 교정해 볼 수 있는 좋은 도구다. 컴퓨터가 놀이나 바깥 놀이를 대체해서는 안 되겠지만 적절한 프로그램이 주어진다면 유아들에게 또 다른 탐색의 기회를 줄 수 있는 것이다.

캠벨과 슈와르츠(Campbell & Schwartz, 1986)[29]에 따르면, 컴퓨터를 유아들이 사용하는 것을 관찰한 결과 동기부여의 수준이 높았고 주의집중 기간이 길어졌고 즐거워하였다. 그러나 여전히 컴퓨터를 유아들에게 제시하는 것에 대해서는 많은 논쟁의 여지가 있다. 컴퓨터의 사용에 필요한 기술이 전조작기의 유아들에게 너무 추상적이지 않은가, 컴퓨터 사용보다는 구체물에 의한 실지 경험의 시간이 더욱 필요하지 않은가의 문제들이다.

이러한 점을 모두 고려할 때 컴퓨터 프로그램으로 유아문학을 경험할 때의 소프트웨어는 다음과 같은 내용을 유의하여야 한다.

- 소프트웨어의 내용이 유아에게 흥미롭고 발달수준에 적절한가?
- 소프트웨어의 내용이 융통성이 있으며 탐색을 격려하는가?
- 성인의 지속적인 도움 없이도 쉽게 유아들이 조작할 수 있는 내용인가?

3) 인터넷 동화를 통한 이야기 경험하기

인터넷은 정보사회의 학습자 중심의 교육을 풍부하게 하는 새로운 매체로 발전하였으며, 인터넷을 유아교육에 접목시켜 활용한다면 유아의 흥미와 관심, 발달수준을 수용하여 유용한 학습도구로 활용할 수 있다.

(1) 교수매체로서의 인터넷의 특성을 유아의 발달특성과 관련지어 살펴보면 다음과 같다.

- 정보의 무한성이다. 한정된 정보만 선택 저장하는 CD-Rom과는 달리 활용 가능한 정보의 양이 무한하다는 특징이 있어 필요할 때 원하는 정보를 언제든지 활용할 수 있다는 장점이 있다. 그러나 유아에게 방대한 정보는 때로는 새로운 관점을 접할 기회를 제공할 수 있지만 유용한 정보의 선별이나 많은 정보의 처리를 해야 하는 어려움을 갖는다는 문제점이 있다.
- 최신자료나 정보를 접한다. 한번 제작되면 수정이 어려운 CD-Rom에 비해 웹상의 정보는 자주 수정 · 보완할 수 있으므로, 정보의 신속성을 가질 수 있으나 정보의 신속성은 때로 신뢰할 수 있는 정보로서의 검증을 거치지 않고 제공될 수 있다는 문제가 있을 수 있다. 더욱이 유아는 정보의 신뢰성을 판단하거나 검증할 수 있는 능력이 아주 미흡하다는 점 때문에 안전성의 문제가 있다.
- 문자정보, 소리정보, 비디오 영상 등의 멀티미디어가 지원되는 정보를 활용이다. 유아에게는 문자나 소리의 상징적 표상보다는 동영상, 그래픽 등의 영상적 표상의 이해가 용이하다. 더욱이 동영상의 다양한 개방성, 유아 주도성, 도전성, 텍스트, 그래프, 소리 등의 이러한 특성을 포함하는 발달적으로 적합한 인터넷사이트는 유아에게 다양한 학습기회를 제공한다.

(2) 인터넷 동화의 특징을 다섯 가지로 살펴보면 다음과 같다.

- 시간과 공간을 초월하여 인터넷이 되는 곳이라면 언제, 어디서든 인터넷상에서 동화를 보고 들을 수 있다.
- 인쇄매체에서는 불가능했던 동영상 애니메이션과 전문 구연가의 육성으로 동화를 보고 들을 수 있다.
- 다양한 소주제의 동화를 보고 들을 수 있으며, 동화가 계속적으로 업데이트되므로 늘 새로운 동화를 즐길 수 있다.

- 개별 또는 집단 학습이 용이하다.
- 통합적 활동이 가능하다.

〈인터넷 동화 사이트 목록 예시〉

- 부키의 동화나라 http://www.buki.co.kr
- 주니어네이버 http://jr.naver.com
- 동사모 http://www.dongsamo.co.kr
- 동화방 http://www.donghwabang.com
- 재미나라 http://www.jaeminara.co.kr
- 지니키즈 http://www.genikids.com
- 깨비키즈 http://www.kebikids.com

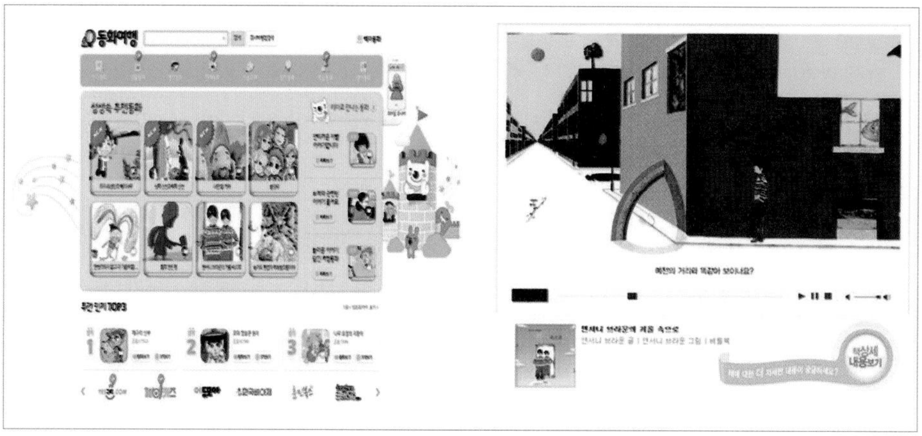

출처: 주니어네이버.

4) 스마트 기기를 통한 이야기 경험하기

(1) 전자펜

가장 보편화된 유아용 스마트 교구는 '전자펜'이다. 그림책에 보이지 않는 디지털 페이퍼를 입히고 음원코드를 입력, 펜에 달린 광학인식 렌즈가 음원코드와 음원데이터를 찾아 음성을 출력하는 방식으로 작동하는 신개념 학습 도구다. 전자펜으로 아이가 원하는 때에 원하는 만큼 책을 읽어 주는 것은 물론 휴대성도 높다는 장점이 있다. 출판사나 학습지회사들이 전자펜을 출시하거나 업그레이드하여 자신의 목소리를 녹음할 수 있는 MP3 기능이 탑재되어 책 읽는 목소리를 녹음할 수 있는 '올스토리펜', 책을 읽어 주고 음악이나 영상까지 재생해 주는 '플링펜' 등이 있다.

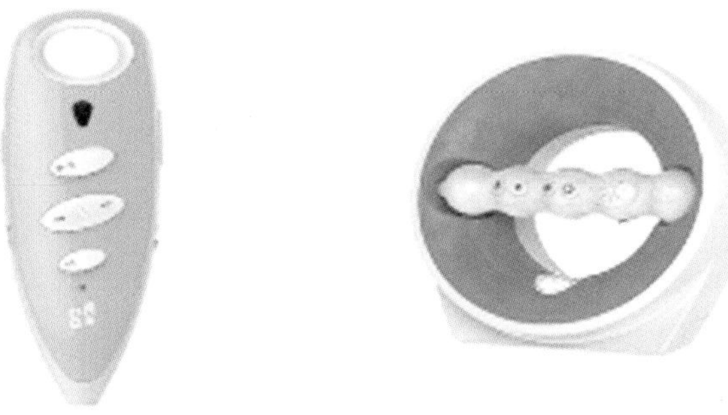

출처: 네이버 매거진캐스트.

(2) 교육용 태블릿PC

우리나라에서 내로라하는 교육콘텐츠 기획자와 앱 개발자, 디자이너들이 개발하여 유아교육 전용 디바이스와 기본 내장 앱, 교재, 교구 등의 구성으로 종이책보다 저렴한 가격으로 새로운 앱을 내려받거나 기존의 앱을 업그레이드받을 수 있다.

- 최신 IT 기술을 활용한 교육은 세계적인 추세다. 다양한 매체를 활용한 문학교육을 위해서 눈여겨봐야 할 스마트 기기다.
- '키봇'은 영유아부터 초등학생까지 다양한 교육 콘텐츠와 멀티미디어 기능을 즐길 수 있는 에듀테인먼트 로봇이다.

출처: 네이버 매거진캐스트.

- '스마트아이빔'은 벽면이나 천장 등 평평한 곳 어디에나 영상을 띄워 동화를 감상할 수 있는 초소형 빔프로젝터로 스마트폰과 연결해 언제 어디서든 디지털 콘텐츠를 시청할 수 있다.
- '스토리빔'은 프로젝터에 동화책 콘텐츠를 탑재하여 벽과 천장 등을 통해 책을 보여 주는 영상그림책이다.

출처: 네이버 매거진캐스트.

미주

1) Rickelman, R., & Henk, W. (1990). Children's literature and audio/visual technologies. *The Reading Jeacher, 43*(9), pp. 682-684.
2) Morrow, L. M.(1985). Retelling stories: A strategy for improving young childrens comprehension concept of story structure and oral language complexity. *The Elementary School Journal, 85*(5), pp. 647-661.
3) Isbell, R. (1979). A study of the effects of two modes of literature presentation on the oral language development of four and five year-old children. Unpublished Doctoral Dissertation, University of Tennessee, Dept. of curriculum and Instruction, College of Education, Knoxville, TN.
4) Morrow, L. M. (1979). Exciting children about literature through creative, story telling techniques, *Language Arts, 56*, pp. 236-243.
5) Temple, C., Martinez, M., Yokota, J., & Naylor, A. (1998). *Children's Books in children's hands: an introduction to their literature*. Allyn & Bacon.
6) Trelease, J. (1995). *The new read-aloud handbook*(4th ed.). New York: Penguin.
7) Martinez, M. G., & Teale, W. H. (1988). Reading in a Kindergarten Classroom library. *The reading Teacher, 41*(6), pp. 568-573.
8) Martinez, M., & Roser, N. (1985). Read it again: The value of repeated readings during storytime. *The reading Teacher, 38*(8), pp. 782-786.
9) Trelease, J. (1995). *The new read-aloud handbook*(4th ed.). New York: Penguin.
10) Trelease, J. (1995). *The new read-aloud handbook*(4th ed.). New York: Penguin.

11) Temple, C., Martinez, M., Yokota, J., & Naylor, A. (1998). *Children's Books in children's hands: an introduction to their literature.* Allyn & Bacon.

12) Hoffman, V., Roser, N. L., & Battle, J. (1993). Reading aloud in classrooms: From the modal toward a model. *The Reading Teacher, 46*(1993), pp. 496-503.

13) Hall, M. A. (1981). *Teaching reading as a language experience*(3rd ed.). Columbus, OH: Merricll.

14) Martinez, M. G., & Teale, W. H. (1988). Reading in a Kindergarten Classroom library. *The reading Teacher, 41*(6), pp. 568-573.

15) Clay, M. M. (1979). *Reading: The patterning of complex behavior* (2nd ed.). Portsmouth, NH: Heinemann.

16) Holdaway, D. (1979). *The foundations of literacy.* Sydney, Australia: Aschton Scholastic.

17) Reynolds, B. (1998). To Teach or not to teach Reading in the preschool … that is the Question. In R. Campbell (Eds.), *Facilitating preschools literacy* (pp. 155-168). Newark, DE: International Reading Association.

18) Holdaway, D. (1982). Shared book experience: Teaching reading using favorite books. *Theory into practice, 21*, pp. 293-300.

19) McCracken, R., & McCracken, M. (1972). *Reading is only the tiger's tail: A language arts program.* San Rafael, CS: Leawing.

20) Sawyer, W., & Comer, D. E. (1991). *Growing up with Literature.* Albany, NY: Delmer.

21) Hunt, T., & Renfro, N. (1982). *Puppetry in early childhood education.* Austin, TX: Nabcy Renfro studios.

22) Isbell, R. T., & Raines, S. C. (1991). Book interest and interaction behavior of young children in the classroom library. Paper presented at Association for childhood Education International, SanDiego.

23) Piaget, J. (1928). *Judgement & Reasoning in the child* (Tomlinson, & J. Tomlinson, Trans.), NY: Harcourt, Brace & World.

24) Champlin, C., & Renfro, N. (1985). *Storytelling with puppets.* Chicago, IL: American Library Association.

25) Sutherland, Z., & Arbuthnot, M. H. C. (1991). *Children and Books.* Harper Collins Publishers.

26) Greenfield, P. (1984). *Mind and media: The effects of television, video games, and computers.* Cambridge, MA: Harvard Unversity press.

27) Rickelman, R., & Henk, W. (1990). Children's literature and audio/visual technologies. *The Reading Teacher, 43*(9), pp. 682-684.

28) Clements, D., Nastasi, B., & Swaminathan, S. (1993). Young children and computers: Crossroads and directions from research. *Young children, 48*(2), pp. 56-63.

29) Campbell, P., & Schwartz, S. (1986). Microcomputers in the preschool: children, parents and teachers. In P. Campbell & G. Fein (Eds.), *Young children and microcomptuters.* Englewood Cliff, NJ: PrenticeHall.

요약

그림책은 유아교육기관에서 다양한 방식으로 제시되어 이야기를 듣는 유아들의 흥미를 끌 수 있고 폭넓은 이해를 할 수 있으며 또한 깊이 있는 표상활동을 가능하게 한다. 교사는 그림책의 특성에 따라 다양한 방식으로 제작하거나 제시할 수 있어야 한다. 일반적으로 가장 많이 활용되는 것은 구연과 토의, 그림책 만들기, 인형을 만들어 극놀이하기, 동극하기 등이다. 또한 오디오 테이프나 비디오 테이프, CD-Rom 등으로 제작되어 나온 것들을 활용할 수 있다. 유아들이 그림책 읽기를 선호하도록 하기 위해서는 도서 영역을 유아의 발달과 흥미에 맞게 구성하고 배치해야 한다. 안락하고 편안하며 유아교육기관의 활동 주제와 관련되어 있고 다양한 장르의 도서와 자료를 구분하여 제시하는 것이 바람직하다.

연구문제

01 문학작품을 매체로 전달하려고 할 때 유의점을 기술하시오.

02 구연하기와 그림책 읽어 주기의 장단점을 비교해 보시오.

03 그림책을 선정하여 구연체로 개작하여 보시오.

04 '큰 책'의 교육적 효과에 대해 논하시오.

05 '큰 책'으로 제시하기에 적절한 문학을 선정하여 보시오.

06 각각의 매체가 가지는 특성에 적합한 문학작품을 선정하여 보시오.

07 인형의 교육적 의의에 대해 논하시오.

08 그림책을 동극에 적합하도록 대본을 작성하여 보시오.

제14장

유아문학의 교육적 접근

유아문학을 통한 통합적 접근이 교육과정 속에서 다양한 방식으로 시도되고 있다. 총체적 언어 접근에 의한 언어교육이 뉴질랜드나 캐나다, 호주, 미국 등의 교육현장에서 자리 잡고 있으며, 우리나라에서도 언어교육뿐만 아니라 수학, 과학 영역에까지 문학적 접근이 시도되고 있다. 그러나 문학적 접근이 확산되는 만큼 이러한 시도에 대한 우려의 소리도 제기되고 있다.

배빗(Babbitt, 1990)[1]은 문학 중심적인 교육과정을 수행하는 데 있어서 경계해야 할 점에 대해 말하면서, 읽기를 가르치기 위해서는 교재보다는 창작물(fiction)을 이용하는 것이 좋다고 말하였다. 창작물을 마치 기초 독본처럼 가르치는 것은 금물이며, 문장 완성하기와 같은 연습장, 퀴즈, 질문 등의 이야기와 관련된 부수적 활동들은 문학작품을 대하는 것을 따분하고 지루한 것으로 만들 수도 있다고 주장하였다.

각종 정보지를 읽을 때는 필요한 지식을 얻으려는 목적을 가진다. 그러나 시와 창작물을 읽을 때의 목적은 책 속의 단어가 주는 묘미에 빠지거나, 훌륭한 그림이 주는 시각적 경험을 체험하며, 책을 보면서 떠오르는 정서나 이미지 그리고 리듬 속에서 느끼는 즐거움 등 주로 예술적인 것이다. 문학은 본래 그러한 목적으로 창작된 예술작품이다. 그러므로 워크북을 완성하거나 지루한 활동을 되풀이하는 것은 문학작품을 대하는 참된 즐거움을 빼앗는 것이다.

문학 중심적인 교육과정을 계획할 때는 유아가 문학작품을 접하여 최대한 재미를 느낄 수 있도록 해야 한다. 그렇기 때문에 연습문제 풀기 식의 활동이나 도덕적인 교훈을 가르치거나 주제에 대한 지식을 제공하는 차원의 활동으로 변화시키지 않는 것이 바람직하다. 유아교육기관의 교사들은 단원이나 주제와 연관되는 유아문학을 선정하고자 할 때 그러한 점을 유의하여야 할 것이다.

세베스타(Sebesta, 1992)[2]는 문학 중심적인 교육과정은 교육적인 의도와 미학적인 관심 간에 균형을 이루는 것이 필요하다고 하였다.

교사들이 단원이나 주제와 연관된 문학활동을 어떻게 계획할 것인지에 대해 몇 가지 원리를 다음과 같이 제시하고자 한다.

- 문학활동은 통합적 교육활동 속에서 조직되어야 한다.
- 문학작품과 연관된 활동을 계획할 때는 유아들이 책을 읽고 난 후에 나타내는 반응과 연관되는 반응 중심적인 활동을 계획하여야 한다.
- 먼저 유아들이 이야기를 충분히 이해하도록 돕는다.
- 이야기를 들은 후 유아들의 자연스러운 언어나 표현을 지렛대로 삼아 반응활동으로 연결한다.
- 이야기의 흐름을 끊거나 활동을 강요하여 이야기의 전체성을 흐리지 말아야 한다.

그러므로 문학작품을 제시한 후의 활동은 문학에 대한 즐거움이나 여운을 방해하지 않으면서 유아가 주도하는 토의나 이야기 내용에 대한 자유로운 쓰기와 그리기, 주인공에 대한 극놀이 등 이야기 내용을 이해한 후 자연스럽게 나타날 수 있는 반응들을 위주로 하는 것이 적절하다. 그러므로 문학작품을 접하고 난 후의 활동들은 미학적 · 예술적 활동이나 이야기의 구조에 대한 인식을 높이는 활동이 되는 것이 바람직하다. 다음에서는 문학에 대한 자연스러운 반응을 격려하는 활동의 종류를 자세히 살펴보도록 한다.

1. 반응 중심적인 문학활동의 종류

문학작품을 읽고 난 후의 반응을 중심으로 하는 활동에 대해 갤더(Galda, 1992)는 크게 세 가지로 분류하였다.

첫째, 이야기의 스타일(style)에 반응하는 방식이다. 여러 작가의 작품들을 장르나 표현된 그림의 특성, 색깔, 주제별로 인식하고 분류해 보는 활동을 말한다. 예를 들면, '같은 점과 다른 점을 비교해 보기'와 같은 활동으로 발전될 수도 있다.

무엇으로 그렸을까?	
책에 나오는 것들은 무엇일까?	
책에 나오는 색깔을 적어 보자.	
무엇을 알았니?	

둘째, 등장인물(character)에 반응하는 방식이다. 훌륭한 문학작품은 주인공이 오랫동안 기억에 남는 경우가 많다. 주인공이나 등장인물에게 반응하는 경우는 등장인물의 특성, 사건에 대처하는 방식, 문제를 해결하는 방법 등에 주목할 수 있도록 한다. 등장인물에 반응하는 방법으로는 등장인물의 이름에 따라 동시 지어 보기(character poem), 사건의 순서에 따라 주인공의 상황을 그래픽해 보기 등이 있으며, 갤더(1992)[3] 등의 제안을 응용하여 보면 유아를 위해 다음과 같은 방식으로 활동할 수 있다.

- 등장인물의 첫 글자를 따라 동시 지어 보기(character poem)
- 등장인물에 대해 글과 그림으로 표현해 보기
- 주인공에게 편지 써 보기
- 주인공에 대한 생각 모으기

셋째, 이야기의 구조에 반응하는 방식이다. 문학작품은 모두 일정한 구조를 갖고 있다. 문학의 구조에 대한 지식이 있는 유아는 이야기를 예측할 수 있는 능력을 갖게 된다. 그러한 이야기의 구조에 대한 지식은 이야기를 전개하는 플롯에 대한 이해나 책과 연관된 지식을 차트(chart)로 제시해 보는 활동 등을 통해 형성될 수 있다.

- 다양한 이야기 지도(story map) 활용: 유아교육기관에서의 이야기 지도(story map)는 등장인물(character web)이나 사건의 순서(sequence web), 이야기에 나오는 개념(concept web) 등의 각 요소를 주제망으로 접근하여 볼 수 있을 것이다.
- 다양한 차트 활용: 차트를 활용한 활동은 주로 비교 · 대조 · 분류를 위한 목적으로 쓰일 수 있다. 유아는 이미 알고 있는 지식과 책에 나와 있는 사실을 비교하고 익히면서 책에 대한 이해를 높일 수 있다. 갤더 등의 제안을 유아교육기관에서 응용하여 보면 유아가 할 수 있는 차트 활동은 다음과 같은 방식이 될 수 있을 것이다. 먼저 책 읽기 전후의 지식의 차이를 비교하는 차트 활동을 할 수 있다. 지식 그림책의 경우는 이런 활동을 다양하게 할 수 있다. 다음으로 책에 나와 있는 사실을 이용한 활동을 할 수 있다.

무엇을 알고 있었나요?	책을 읽고 난 후 무엇을 알게 되었나요?
•	•
•	•
•	•

한편, 인드리사노와 파라토르(Indrisano & Paratore, 1992)[4]는 문학에 대한 반응을 미학적 반응, 전략적 반응, 생산적 반응의 세 가지로 분류하였다.

- 미학적 반응(asthetic response): 일반적으로 본문(text)에 대한 정서적 반응을 말한다. 미학적 반응은 그림책에 대해 어떻게 느꼈는지, 무슨 생각이 들었는지에 대한 것이다. 독자의 사전지식, 읽기의 목적, 독자의 흥미에 의해 영향

을 받는다.

- 전략적 반응(strategic response): 이야기책의 본문에 대한 이해에 대한 반응이다. 전략적 반응은 미학적 반응과 생산적 반응 모두를 높이는 결과를 낳는다. 이야기의 구조와 사건에 대한 이해를 높이는 반응활동을 말한다.
- 생산적 반응(generative response): 이야기책에 대한 창의적 사고를 표현하도록 하는 반응활동이다. 토의, 쓰기, 극놀이를 통해 문학적 경험을 확장하는 반응이다. 이야기의 내용에 대해 상상해 보기 등의 활동을 말한다. 샐링거(Salinger, 1998)[5]는 문학에 대한 반응활동을 미술, 드라마, 쓰기 활동, 주제와 관련된 프로젝트 활동으로 분류하였다.

여기에서는 여러 학자들의 견해를 종합하여 문학작품과 관련된 반응활동을 언어적 활동, 미술활동, 극화활동의 세 종류로 나누어 보았다.

문학과 관련된 반응 활동의 분류와 구체적인 활동내용은 다음과 같다.

■ 언어적 활동

① 이야기 다시 해 보기(retelling)
② 함께 읽기(choral reading)
③ 토의하기(book discussions)
④ 이야기 지도(story map) 만들어 보기
⑤ 스토리 보드
⑥ 게임 활동
⑦ 이야기 짓기
- 이야기 다시 써 보기
- 글자 없는 책에 이야기 만들어 보기
- 등장인물에게 편지 쓰기
- 작가, 그림작가에게 편지 쓰기
- 등장인물이나 이야기의 제목 짓기
- 주인공이나 등장인물에 대한 생각 모으기
- 동시 짓기

- 동극 대본 써 보기
- 이야기에 대한 느낌 적어 보기

⑧ 다양한 차트 활동

■ 미술활동 ① 그림 그리기
- 제일 재미있었던 장면 그려 보기
- 그림책의 삽화 그리기

② 조형활동
- 동극 소품 만들기
- 인형 만들기
- 등장인물 만들어 보기
- 디오라마 만들기

■ 극화활동 ① 무언극

② 좋아하는 동물 인형 제작하여 인형극 해 보기

③ 동극 해 보기

2. 반응 중심적인 문학활동의 전개

1) 언어적 반응에 의한 활동

문학작품을 접하고 난 후의 언어활동은 문학작품의 의미에 대해 좀 더 많은 것을 생각해 볼 수 있는 것이어야 한다. 방금 읽은 이야기를 교사가 읽어 준 대로 외우기를 요구하거나 이야기 속의 사실에 대해 알고 있는지를 확인하는 것은 이야기 자체에 대한 흥미를 떨어뜨릴 수 있기 때문에 바람직하지 않다. 그러나 이야기 내용에 대한 토의나 개념을 확장하고자 하는 경우에는 적절한 단계를 밟아 회상할 수도 있을 것이다. 쓰기 활동의 경우에도 유아들이 이야기 내용에 대해 충분히 이해하고 공감한 후 창의적 표현으로 유도하여 실행하는 것이 바람직하다. 예를 들면, 뒷이야기 지어 보기나 개작해 보기, 등장인물에게 편지 써 보기 등의 활동을 들 수 있다.

(1) 이야기 다시 해 보기

성인이 구연해 주는 이야기를 즐겁게 들었던 유아는 스스로 이야기를 구연해 보고 싶어 한다. 이처럼 본래의 이야기를 구연하거나 다시 이야기해 보기(retelling)를 하는 것은 유아에게 긍정적인 점을 제공한다고 한다. 모로우(Morrow, 1985)[6]에 따르면, 성인의 도움을 받아 이야기를 다시 해 보면서 유아는 자신이 들었던 이야기에 대한 생각을 발달시키게 된다.

클리트와 쇼(Cliatt & Shaw, 1998)[7]는 유아가 이야기를 듣는 동안의 상호작용의 과정을 그림 14-1과 같이 요약하였다.

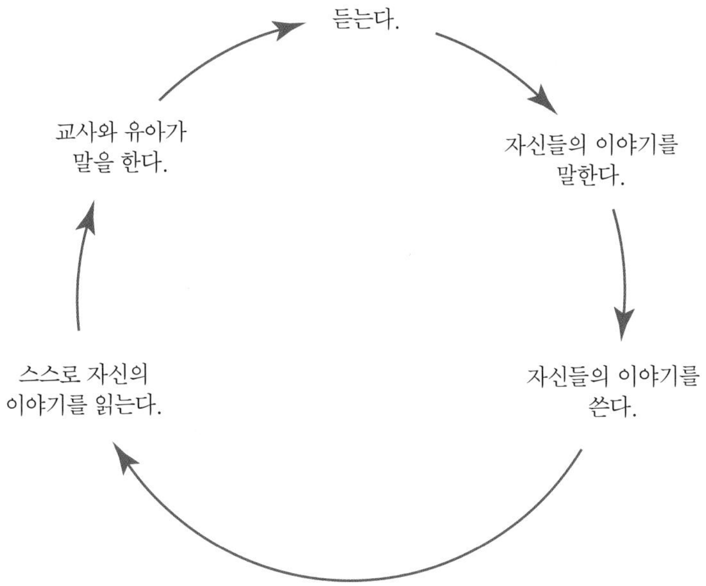

그림 14-1 글로 적은 옛이야기의 꼴

이처럼 유아는 이야기를 해 보면서 이야기를 이해하고 이야기에 대한 개념을 내면화한다. 또한 집단 앞에 서서 이야기할 때 필요한 자신감과 기술을 발달시킨다. 해밀턴과 바이스(Hamilton & Weiss, 1991)[8]는 유아에게도 이야기 구연 경험이 체계적으로 주어진다면 좀 더 성장해서도 또래와의 정보 교환에 두려움을 느끼지 않을 것이라고 하였다.

모로우(1985)는 유아들에게 이야기 다시 해 보기를 하도록 하는 기회를 자주 한 결과, 유아들이 이야기 다시 하기의 내용이 길어지며 이야기의 구조 등 주제와 순서대로 배열하기를 자주 했다고 하였다. 들었던 이야기를 해 보라고 하는 것은 유아에게는 창의성을 요하는 일이다. 또한 논리적 사고, 순서 짓기, 원인과 결과의 추론을 요구하는 것이다. 이처럼 유아가 들은 이야기를 다시 말해 보는 것은 글을 짓는 것으로 이끌 수 있다. 이 과정은 아동이 이야기를 듣는 것에서 자신의 이야기를 말하는 것으로, 공유하기 위해 타인에게 읽어 주기를 원하는 이야기를 다시 써 보는 과정으로 옮겨 간다.

유아들의 이야기 다시 해 보기는 다음과 같은 점에 유의하면서 실시한다.

- 융판 동화로 제작하여 두고 유아들이 다시 이야기하기를 할 때 참고로 할 수 있다.
- 교사가 읽어 준 그림책의 그림을 보여 주며 이야기의 진행을 도울 수 있다.
- 유아들이 막힘 없이 이야기를 할 수 있도록 언어적으로 격려한다.
  "이 그림은 무엇을 하고 있는 것일까?" "좋아, 이다음에는 어떻게 되었니?" "그 사람들이 어떻게 하였을까?" "조금 더 자세히 이야기해 볼 수 있을까?"
- 교사는 유아들의 말을 반복하거나 확장하여 유아들의 자연스러운 표현을 인정하여 준다.

이야기 다시 해 보기는 분석 · 종합 · 조직 · 산출하는 사고가 요구되는 활동이다. 그러므로 동일한 이야기를 들었을지라도 그들이 하는 이야기는 모두 다를 수 있다. 그러므로 원본 이야기와 똑같이 회상할 것을 요구하는 것은 바람직하지 않다.

이야기 다시 해 보기는 다음과 같은 유형으로 진행할 수 있다.

이야기 다시 해 보기의 유형

1. 언어적 반응하기

- 교사는 아이들에게 이야기책을 읽어 준다.
- 교사는 아이들에게 어떤 이야기들이 있었는지 언어로 표현하도록 한다. 한 아이가 이야기를 시작하면 다음 아이는 연결하여 말할 수 있고, 교사의 질문에 대답할 수 있다.
- 모든 아이들이 개별적으로 참여할 수 있도록 한다.

2. 테이프에 녹음하기

- 유아들을 소집단으로 나눈 후, 동일한 이야기를 4~6개의 다른 유형으로 녹음된 테이프와 테이프의 이야기 내용이 있는 책 복사본을 제시한다.
- 유아들은 자신의 목소리와 다른 친구들의 목소리를 들으면서 이야기 다시 해 보기 활동을 강화할 수 있는 방법을 스스로 발견하도록 한다.

3. 사건을 순서화하기

- 유아들에게 종이를 나누어 준 후 이야기의 내용을 생각하며 쓰게 한다.
- 자신이 쓴 글을 다시 읽어 보도록 한 후, 이야기를 다시 말하여 적합한 문장으로 사건을 정리하도록 한다.
- 사건을 회상하면서 사건의 순서에 맞게 기록하도록 도와준다.

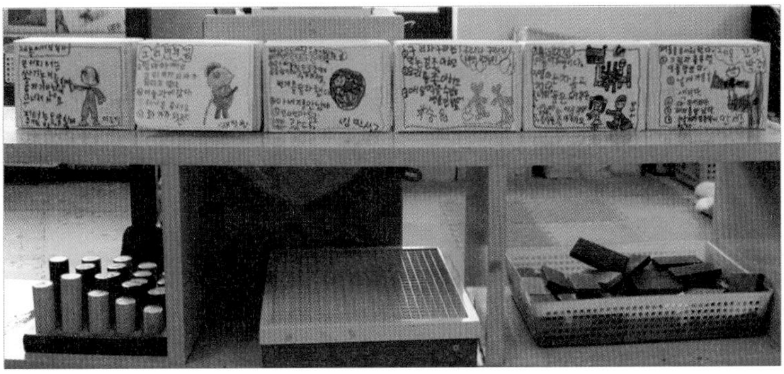

그림 14-2 이야기의 순서를 그림으로 그려 전시한 예

4. '큰 책' 만들기

- 유아들이 스스로 이야기에 관한 큰 책을 만들 수 있도록 도와준다.
- 유아들이 이야기를 다시 말할 때, 교사는 유아의 말을 가능한 한 빨리 기록하여, 나중에 큰 책을 만들 종이에 유아들의 설명을 다시 편집하여 적는다.
- 앞과 뒤표지 그리고 제목 페이지뿐만 아니라 다른 페이지에 들어가는 삽화를 유아들이 선택하게 한다.
- 앞표지와 제목이 쓰이는 표지에는 저자의 이름을 쓰고 '○○반 친구들이 다시 이야기하고 그린 책'이라고 쓴다.
- 교실의 언어 영역에 책을 놓아둔다.

(2) 함께 읽기

함께 읽기(choral reading), 함께 낭송하기(choral speaking)는 문학의 언어를 즐기고 실험할 수 있는 활동이다. 그림책의 본문은 모두 함께 읽기를 할 수 있으며 외우기 쉽게 되풀이되는 '큰 책'이나 동시를 함께 읽는 것은 유아들이 가장 편안하고 즐거움을 느낄 수 있다. 동시의 리듬과 운율은 듣는 즐거움과 함께 말할 때도 즐거움을 맛보게 한다. 유아들이 동시를 듣는 것에 익숙해지면 음악의 리듬, 멜로디를 느껴 보는 것처럼 생각하게 된다. 함께 읽기의 과정은 구연하기의 과정처럼 자연스럽게 하되, 핵심 단어에 주의를 기울이게 하면서 읽게 한다. 함께 읽기는 다음과 같은 과정으로 진행할 수 있다.

- 이야기의 내용에 나타난 분위기를 잘 전달할 수 있도록 몇 번에 걸쳐 듣는 과정이 필요하다.
- 교사가 읽어 주면서 핵심 단어나 되풀이되는 문장에 주목할 수 있도록 반복한다. 그렇게 함으로써 함께 읽기가 유창하게 될 수 있다.
- 소집단으로 혹은 개인과 집단이 서로 목소리를 달리 내서 함께 읽기를 할 수 있다. 필요한 경우 목소리의 크기를 작게 하거나 크게 할 수 있다. 예를 들어,

교사와 유아가 한 소절씩 읽거나 분단으로 나누어 읽을 수 있다.

- 함께 읽기는 노래하기의 과정과 비슷하다. 리듬에 주의하고 호흡하는 것이 중요하다.
- 함께 읽기를 한 구절 중 반복되는 구절은 다른 활동을 하는 경우에도 손유희를 대신하여 주의를 집중시키는 활동으로 활용할 수 있다. 교사는 함께 읽기를 할 수 있는 동시나 외우기 쉽게 되풀이되는 책을 카드 파일로 만들어 두어 활용하면 좋을 것이다.

(3) 토의하기

책의 내용에 대해 토의하는 것은 유아들로 하여금 문학을 더 깊이 이해할 수 있도록 한다. 일반적으로 토의하기는 다음과 같은 교육적 효과가 있다.

첫째, 이야기에 대한 유아의 느낌을 전달할 기회가 된다.

둘째, 토의가 이루어져 가면서 이야기의 의미에 대해 더 많은 생각을 하도록 한다. 작가의 의도, 주인공의 행위의 동기, 이야기 속에서 만나는 다양한 경험에 대해 열린 마음을 갖고 바라볼 수 있도록 도와준다.

셋째, 토의가 진행되어 감에 따라 유아들의 가치에 대해 교사가 좀 더 통찰을 할 수 있도록 한다.

① 토의를 위한 그림 이야기책의 선정

토의하기는 이야기를 구연하기나 그림 이야기책 읽어 주기 활동을 한 후 자연스럽게 이루어질 수 있다. 토의를 위한 그림책은 주제가 분명하게 잘 묘사되어 있어서 유아들이 자신의 흥미나 경험을 이끌어 낼 수 있도록 하는 것이 좋다. 특정 장르가 토의에 적합한 것은 아니다. 교사는 토의 활동을 성공적으로 진행하기 위해 먼저 이야기에 대해 충분한 지식을 갖고 있어야 한다. 이야기의 주제와 플롯, 문학의 구조와 등장인물, 작가의 테크닉 등에 대한 이해를 토대로 하여 깊이 있는 토의를 이끌 수 있다.

② 토의를 위한 질문 만들기

토의하기를 진행하기 전 활동을 원활하게 진행하기 위해 먼저 교사가 이야기를 사전평가해 보는 질문의 목록을 만드는 것이 이루어져야 한다.

- 이 책의 가장 중요한 아이디어는 무엇인가?
- 이야기의 어느 부분이 토의거리가 될 수 있는가?
- 유아들이 가장 동일시하기 쉬운 등장인물은 누구인가?
- 등장인물의 동기를 이해하기 위해 어떤 도움이 필요한가?
- 이야기 속에 자세히 설명해 주어야 하는 요소가 있는가?
- 이야기가 아동의 경험, 흥미, 관심과 연결되어 있는가?

교사는 이와 같은 질문을 지렛대로 삼아 유아들과 함께 토의할 질문을 만들 수 있다. 동화를 들려주고 난 후에는 사실 회상 위주의 질문보다 사고를 유발하는 개방식 질문이 바람직하다(박상희, 1990).[9] 이야기에 대한 토의를 할 수 있는 정보를 산출하기 위해 한두 개의 사실회상 질문을 할 수도 있으나, 대부분의 질문은 추론과 해석, 평가, 주인공과의 동일시를 할 수 있는 방식이어야 한다. 그러한 질문에 대한 답은 유아의 경험과 배경에 따라 다르게 나타날 것이다. 채종옥(1996)[10]은 동화에서 나오는 아이디어, 이미지, 느낌, 등장인물과의 동일시 및 공감대 형성에 초점을 맞추어 동화에 대한 이야기를 나누는 것이 적절하다고 하였다.

유아들과 함께 토의하기 위한 질문은 이처럼 무엇보다도 이야기와 정서적으로 상호작용할 수 있도록 도와주어서 이야기를 해석하고 평가할 수 있도록 도와주는 것이어야 한다. 일반적으로 토의를 위한 질문은 다음과 같은 내용으로 만들어지는 것이 바람직하다. 서덜랜드와 어버스넛(Sutherland & Arbuthnot, 1991)[11]은 다음과 같은 질문을 제시하였다.

- "이야기 속에 나오는 등장인물 중에 누가 제일 좋으니?"
- "네가 이야기 속의 등장인물이라면 이런 경우에 어떻게 하였을까?"
- "그 사람이 이렇게 행동하였는데, 너는 어떻게 생각하니?"
- "이렇게 한 것 말고 또 다른 방법이 있지 않았을까? 어떻게 하면 됐을까?"
- "이야기를 읽고 난 후에 어떤 생각이 가장 중요하게 생각되었니?"
- "이야기 중에 가장 재미있는 부분이 어디였니?"

• "이 이야기와 비슷한 다른 이야기가 있니?"

③ 토의하기의 실행

토의하기는 교사가 충분히 준비해 주는 것과 함께 적절하게 조정하고 유아들의 반응을 종합해 주는 것이 필요하다. 토의하기를 진행할 때 다음과 같은 점을 분명하게 하는 것이 좋다.

- 대집단보다는 소집단 토의가 바람직하다. 대집단으로 토의를 하게 되면 이야기를 충분히 나누기가 힘들다. 또 그림책은 그림을 자세히 보아야 하는 경우가 많으므로 그림이 자세히 보일 수 있도록 하는 것이 좋다.
- 이야기에 대한 토의를 이끄는 교사는 유아의 모든 반응을 수용하되, 제시한 질문에 초점을 두는 것으로 정리한다. 질문의 내용도 유아가 한 반응이나 코멘트에 의해 이끌어지는 질문을 반영하도록 한다.
- 교사는 중립적 태도를 갖는 것이 중요하다. 과도한 칭찬이나 부정적 반응은 토의를 위축시킨다. 교사의 가치판단 등을 분명히 드러내는 경우 하나의 결론으로 몰아가게 되며 유아들이 자연스럽고 솔직하게 토의에 참여하지 못하게 된다.

예를 들어, 『무지개 물고기』를 읽고 토의하기를 한다. 교사가 먼저 책을 읽어 본다면 이 책의 주제가 '친구와 공유하기'라는 것을 알 수 있을 것이다. 책을 먼저 보여 준 후 표지 그림인 무지개 물고기에 대해 이야기를 나눈다. 이야기를 들려준 후 친구들에게 은빛비늘을 나누어 준 후의 무지개 물고기의 생각에 대해 토의한다.

- 교사는 질문한 후 반응을 기다리는 시간을 5초 이상 준다.
- 유아들의 대답을 듣고 그냥 지나치기보다는 토의를 촉진하기 위한 생각거리로 유도한다.
- 요약하기, 촉진하기 등으로 언어적 반응을 한다. "○○가 그랬었구나." "좋은 생각이야, 그렇다면 어떻게 되었을까?"
- "무지개 물고기가 비늘을 주지 않겠다고 했을 때 꼬마 물고기는 어땠을까?"

"왜 무지개 물고기는 비늘을 나누어 주려고 하게 되었니?" "무지개 물고기는 아끼는 비닐을 나누어 주라고 할 때 어떤 기분이었을까?" "무지개 물고기 이야기를 듣고 무슨 생각이 들었니?"

(4) 그림책 읽어 주기에서의 교사의 질문 유형

로젠블랏(Rosenblatt, 1985)[12)]은 읽기활동을 할 때, 독자와 책과의 상호 교류 방식으로 제시한 심미적 태도와 정보적 태도를 기초로 하여 심미적 질문과 정보 회상적 질문으로 나누어 교사의 질문 유형을 제시하였다.

① 심미적 질문

심미적 질문(aesthetic question)은 추론적 사고 수준에 해당하는 것으로 인간의 내면에 잠재해 있는 깊은 심정을 자극해 주거나 글의 함축된 의미를 파악하고 이를 유아 자신의 경험과 연결 지어 보도록 하여 책의 내용을 기초로 추론하기, 가정해 보기, 감정, 느낌 등에 대한 인지적 반응을 유도해 내는 데 목적이 있다(Rosenblatt, 1985).

맥기와 롭터스(McGee & Loftus, 1992)[13)]는 동화를 들려주고 토의활동을 하였을 때 반응의 비율이 두 배로 높아졌으며, 아동들도 추론하고 평가하며 판단하고 일반화하는 등 다양한 언어적 반응이 증진되었음을 보고하였다.

콕스와 메니(Cox & Many, 1992)[14)]는 동화를 들려준 후 심미적 질문을 활용하여 동화에 대해 자연스럽게 이야기를 나누는 것이 동화에 대한 심미적 감상 자세를 길러 주고 동화에 대한 풍부한 반응이 나타났음을 밝혔다.

노연수(2000)[15)]는 동화를 들려주고 유아들에게 심미적인 질문방법을 활용하였을 때 이야기 듣기 이해도와 내용 이해능력에 있어서 정보 회상적 질문방법보다 더 효과적이라고 하였다. 또한 언어 표현의 길이에 있어서 심미적 질문방법이 이야기 구성에 있어서 더 효과적이라고 하였다.

프롭스트(Probst, 1990)[16)]는 심미적 그림책 읽기 수업의 전략을 다음과 같이 제안하였다.

심미적 그림책 읽기 수업의 초점은, 첫째, 유아들의 반응이다. 교사는 유아들이 스스로 그림책 경험에 참여하도록 고무하면서 그림책을 보고 느끼고 생각하도록 격려하여 그림책에 대하여 자유롭게 반응하도록 해야 한다. 따라서 교사의 발문은 유아와 그림책과의 대화를 유도하여 그림책이 제시한 것만이 아니라, 유아의 지적이고 정서적인 삶에서 의미를 생각하도록 해야 한다.

둘째, 심미적 반응을 고양시키기 위하여 교사는 안정된 느낌과 비경쟁적인 상호교환이 이루어져 유아들이 자유롭게 반응할 수 있는 분위기를 창안해야 한다. 이러한 자유를 허용하는 분위기에서 유아들은 자신의 아이디어를 창출할 수 있다.

셋째, 유아가 그림책에 관하여 또래와 이야기를 나눌 수 있는 충분한 시간과 기회를 제공하여 그림책에 대한 개인적 감각을 정교화하도록 한다.

넷째, 교사는 유아에게 반응을 강요하거나 반응의 형식적인 면을 지나치게 강요하지 말아야 한다.

다섯째, 교사는 유아들이 지각하거나 느낀 것, 태도에 주목하고 유아가 스스로 발견하도록 도와주어 자신의 경험과 가치, 신념 등에 대한 생산적인 이야기를 격려하도록 상호작용한다.

여섯째, 그림책은 정보뿐만 아니라 지적이며 정서적으로 다양한 경험을 제공하기 때문에 심미적 경험이 우선적으로 중시되어야 한다.

일곱째, 심미적 읽기는 유아들이 서로의 반응을 나누고 반성하는 공적인 단계를 설정해야 한다. 그림책 읽기를 통하여 유아들이 여러 가지 개념들에 대하여 비판적인 태도를 갖는 것은 실제 그림책이 유아들이 삶에 동화되는 과정이 된다는 점에서 중요하다.

여덟째, 심미적 읽기를 위한 그림책은 유아들의 흥미와 능력에 관심을 두고 선정해야 한다.

아홉째, 유아들이 심미적 경험을 우선적으로 중시하고 반응의 다양성과 임의성을 인정하여 유아들이 그림책에 대하여 자발적인 반응을 하도록 격려해야 한다. 그러나 유아의 반응에서 무비판적이고 명백한 오류는 반성되어야 한다.

콕스(Cox, 2002)[17]는 심미적 읽기에서 질문하기, 부분에 중점 두기, 연상하기, 가정하기 그리고 수행하기를 제시하였다.

질문하기는 유아가 무엇인가를 생각해 내고, 호기심을 갖게 하며, 알고 싶은 것이 무엇인지를 묻는 것으로, 그 예는 "이 이야기에 대하여 어떻게 생각하세요?" "이 이야기에 관하여 알고 싶은 것은 무엇이든지 말해 보세요." 등이 있다.

부분에 중점 두기는 유아들의 주의를 끄는 것에 관한 발문으로, 그 예는 "이 이야기에서 좋아하는 부분은 어디인가요? 그 부분에 관하여 말해 보세요." 등이 있다.

연상하기의 예는 "여러분에게도 이런 일이 일어났었어요?" "이 이야기에서 등장인물과 같이 느꼈던 적이 있었어요?" "이 이야기를 보니까 어떤 다른 이야기가 생각났어요?" 등이 있다.

가정하기는 호기심 가지기, 예측하기, 이야기 확장하기에 관한 발문으로, 그 예는 "이야기에서 궁금했던 것이 있었어요?" "어떤 것이 생각났어요?" "그 밖에 다른 어떤 일이 일어날 것이라고 생각하세요?" "여러분이 이야기를 바꾼다면 어디를 바꾸고 싶어요? 무엇을 바꾸고 싶어요? 어떻게 바꾸고 싶어요?" 등이 있다.

수행하기는 언어적 · 비언어적으로 실행하기, 역할놀이, 팬터마임 등이 있으며, 그 예는 "여러분이 이야기의 등장인물이라면 무슨 말을 할 것 같아요?" "이 이야기에서 등장인물에게 말해 준다면 어떤 말을 할 것 같아요?" 등이 있다.

랑어(Langer, 1994)[18]는 질문 전략을 중심으로 유아가 문학적 반응을 일으킬 수 있도록 도와줄 수 있는 네 가지 지침을 제시하였다.

첫째, 최초의 반응 이해하기(initial understanding)는 유아가 이야기를 듣고 반응할 수 있도록 격려하는 질문이다. "마음에 드는 부분은 어디인가요?" "괴로움을 느꼈던 내용은 어떤 것인가요?" "놀라게 했던 부분이 있었어요?" "궁금한 점이 있었어요?"와 같은 질문을 할 수 있다.

둘째, 이해능력 개발하기(development understanding)는 유아가 이야기에 대하여 더 깊게 생각하도록 하는 질문으로 동기부여, 등장인물, 주제, 배경 등에 관하여 생각하는 것을 도와준다. "등장인물이 책임감 있게 행동했다고 생각하나요?" "작가는 이 부분에서 무엇을 말하려고 한 것 같아요?"와 같은 질문을 할 수 있다.

셋째, 개인적인 경험 반영하기(reflecting on personal experience)는 유아의 개인적인 지식과 경험을 읽은 내용과 관련짓도록 도와주어 현재와 이전에 이해한 것을 회상하도록 하는 질문이다. "등장인물을 보면서 어떤 사람이 생각났어요?" "그 상황을 어떻게 해결할 수 있었어요?" "이 이야기를 읽으면서 자신의 어떤 경험이 생각났어요?"와 같은 질문을 할 수 있다.

넷째, 정교화하기와 확장하기(elaborating and extending)는 읽기를 한 후 자신의 배경지식과 경험에 비추어 예술작품으로서 그 작품을 비판적으로 바라보도록 하는 질문이며, 동일한 작가의 다른 작품이나 유사한 작품을 비교할 수 있도록 한다. "읽은 내용 이외에 어떤 것이 생각났어요?" "등장인물들이 실제 사람처럼 느껴졌어요.?" "무엇이 그 사람들을 실제처럼 느껴지도록 했어요.?" "작가가 사용한 표현 중에서 마음에 드는 것은 어떤 것인가요?" "작가에게 무슨 말을 해 주고 싶어요?" 와 같은 질문을 할 수 있다.

② 정보 회상적 질문

정보회상적 질문(efferent question)은 글의 내용에 대한 사실적 · 정보적인 수준에 해당하는 것으로 동화 읽기 활동 후 동화의 줄거리나 내용에 따른 인과관계를 물어보는 것이다(Rosenblatt, 1985).

즉, 동화 내용에 등장하는 인물의 특징이나 성격, 동화의 시간적 · 공간적 배경 사건의 발단과 전개과정, 사건의 해결, 결말 등을 기억하거나 회상해 보도록 자극하는 것이다. 정보 회상적 질문의 예로는 "이야기 속에 누가 나왔니?" "이 이야기 속에서 제일 중요한 사람 혹은 동물은 누구였니?" "이야기가 일어난 곳은? 어떤 일들이 일어났지?" "이야기가 어떻게 끝이 났지? 주인공이 그 일을 어떻게 해결했니? 어떤 일들이 일어났니?" 등을 들 수 있다. 이와 같은 교사의 질문 형태는 주로 이야기 속에서 일어난 문제가 무엇인지, 등장인물이 어떻게 그 문제를 해결했는지를 생각하도록 하는 것과 이야기의 주제에 대한 유아의 생각을 묻는 것이다. 따라서 유아들은 읽기를 통해 얻어지는 정보나 알게 되는 것에 집중함으로써 작품의 문학적 요소나 이야기의 구성요소에 관심을 두거나 '무엇에 대한 이야기'라고 요약할 수 있게 되는 것이다.

스타인(Stein, 1988)[19]은 이야기를 듣고 이해하고 말로 표현하는 것은 이야기 속의 중요한 아이디어를 찾아내고 이야기 속의 인과관계를 추리하고 이야기 속의 사건을 진행 순서대로 나열할 수 있는 것이라고 하였다.

슈미트와 오브라이언(Schmitt & O'Brien, 1986)[20]은 정보 추출적 질문이 이야기 이해에는 도움이 되지 않지만 동화의 구성요소에 주목할 수 있도록 하기 때문에, 이야기를 나눌 때 동화의 구성요소 인식에 있어서 정보 추출적 질문이 가치를 갖는다고 보고하였다.

이차숙, 노명완(2004)[21]도 이야기를 들려주기를 하면서 그 내용에 대하여 질문하거나 토론하는 것이 좋다고 하면서, 단순사실의 기억이나 글에 명시되어 있는 정보의 재인을 요구하는 질문 또한 그것 자체로 중요성을 갖고 있다고 한다. 왜냐하면 유아들을 이야기에 끌어들이고 내용에 대한 기본적인 사실을 이해시키며 토의나 토론에 참여할 수 있도록 하는 데에서 단순사실에 관한 질문이 적절하기 때문이라고 한다.

한편, 트렐리즈(Trelease, 1995)[22]는 단순사실에 대한 이러한 질문활동이 퀴즈활동으로 바뀌어 버릴 수 있음을 경고하고 있다. 이상금과 장영희(1986)도 이야기를 들려준 후 교사의 질문이 유용하지 않다고 하였는데, 정보 회상적인 질문 위주의 언어적 상호작용이 되어 버릴 것을 우려한 것으로 볼 수 있다.

(5) 이야기 지도 만들어 보기

유아들은 그들이 읽고 있는 이야기의 구조를 탐색할 수 있는 활동을 할 수 있다. 브롬리(Bromley, 1991)[23]는 이야기를 다양한 활동망(web)으로 구성하면서 이야기를 이해할 수 있는 이야기 지도(story map)를 제시하였다. 시각적으로 도안이 되어 있는 다양한 이야기 지도를 통해 이야기의 배경, 인물의 특성, 기승전결의 플롯 등을 이해할 수 있게 되는 것이다. 톰킨스(Tomkins, 1997)[24]에 따르면, 여러 가지 방식의 이야기 지도를 만들 수 있으나, 유아용으로는 일반적으로 다섯 가지 방식의 다음과 같은 이야기 지도가 적절하다고 할 수 있겠다.

- 이야기의 시작-중간-끝에 대한 다이어그램은 이야기의 플롯을 이해할 수 있게 한다.

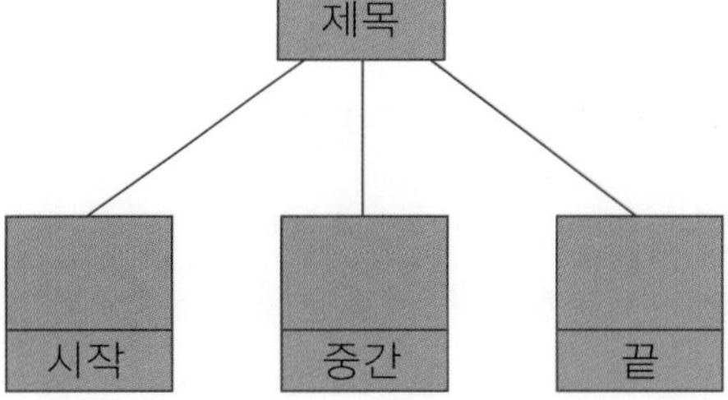

• 이야기의 주인공에 대한 성격을 알아볼 수 있다.

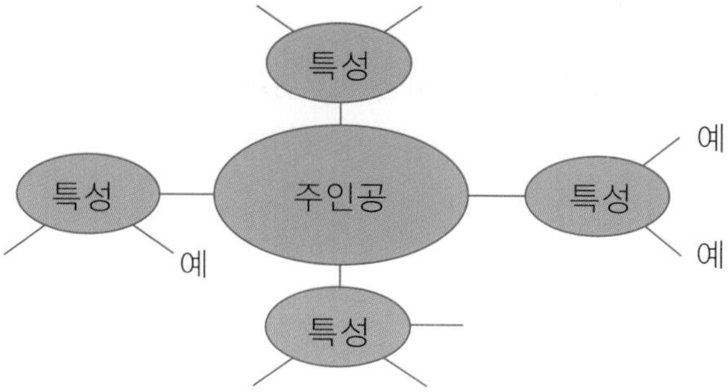

• 이야기의 내용 속에서 서로 대조할 만한 것이나 다른 책과의 대조 혹은 영화나 비디오 등 혹은 서로 다른 매체로 보았을 때 비교할 수 있는 벤다이어그램

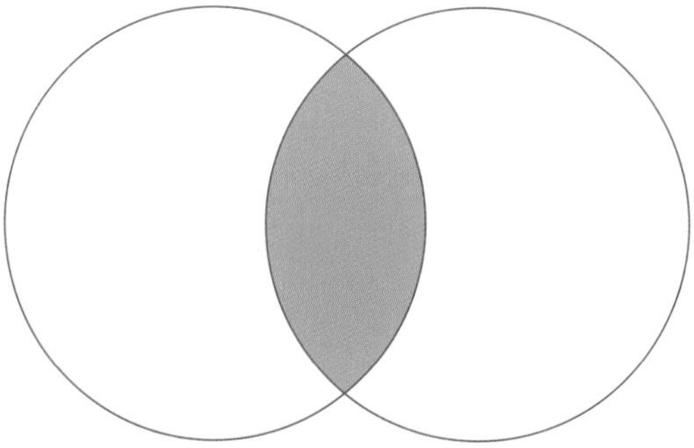

• 등장인물 간의 관계를 탐색할 수 있는 소시오그램(sociogram)

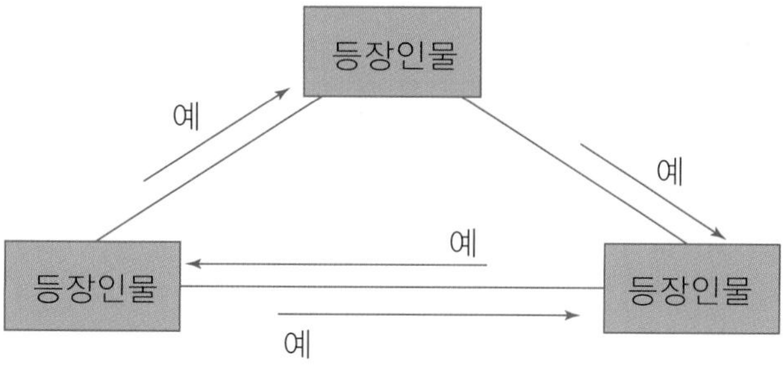

• 이야기에 나오는 글자나 단어로 이야기 피라미드

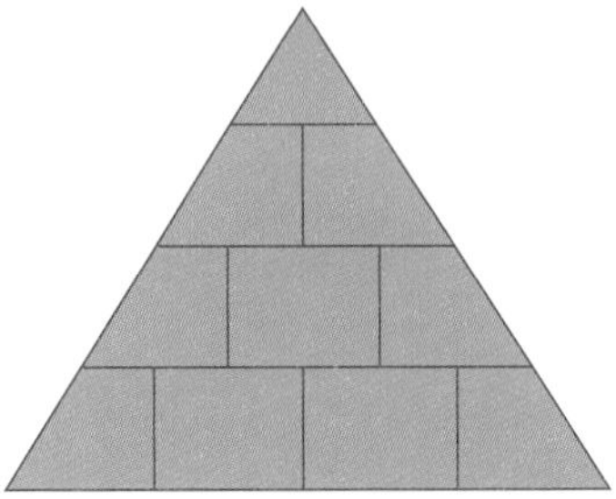

메이컨 등(Macon et al., 1991)[25]의 이야기 반응활동 목록 중 '이야기 피라미드' 활동을 적용하였다.

(6) 스토리보드 활동

스토리보드(story board) 활동은 이야기의 본문(text)과 그림(illustration)을 따로 붙인 카드를 이용하는 활동이다. 본문과 그림이 따로 떨어진 페이지에 있는 책이 제일 유용하지만, 유아들의 경우에는 다음과 같이 삽화만 따로 카드로 제작할 수 있다.

- 그림 이야기책의 삽화만 따로 카드로 만든다. 이야기의 그림을 하드보드 등 딱딱한 재질의 재료 뒤에 붙이거나 코팅한다.

그림 14-3 『거인 아저씨 배꼽은 귤 배꼽이래요』를 읽고 이야기 순서 그리기 활동의 한 예

- 이야기의 카드를 순서 짓는 활동을 할 수 있다. 먼저 카드를 무순으로 준 다음, 순서에 따라 정렬해 보게 할 수도 있다. 스토리보드 활동은 유아들의 이야기의 순서에 대한 인식을 토대로 이야기의 구성에 익숙해지도록 하는 점이 있다.

(7) 게임 활동

이야기 내용을 토대로 하여 게임판을 만들어 놀이하는 게임 활동도 이야기를 좀 더 재미있게 느끼도록 할 수 있다.

빙고 게임은 모든 유아들에게 익숙한 게임 방식이다. 책 속에 나오는 단어 빙고 게임도 책 속의 어휘에 대한 이해를 높일 수 있고 이야기의 재미를 느끼게 할 수 있다. 단어 빙고 게임은 23cm 정사각형 판 위에 9개의 칸을 그린 다음, 각자의 판에 다른 단어를 적은 카드를 놓는다. 교사가 말하는 단어를 자신의 판에서 찾아낸 유아는 '빙고'라고 외치며 카드를 뒤집어 놓는다. 먼저 카드를 다 찾아낸 유아가 이긴다(『빨간 모자』 이야기를 듣고 '집 찾아가기 게임'을 하는 판 게임을 만들 수 있다).

(8) 이야기 지어 보기

유아들은 그들이 생각한 것을 그림으로 또는 쓰기와 말하기로 자연스럽게 표현할 수 있다. 자신이 하고 싶은 것과 느낌 등을 자신들이 습득한 방식대로 표현할 수 있는 것이다. 그러나 부모와 교사들은 유아들의 창의적 표현을 인정하고 수용하기보다는 미숙하게만 받아들여서 수정하려고 한다. 그렇기 때문에 유아들의 창의적 표현활동은 위축되어 가고 시도 자체가 없어져 버리게 된다. 유아의 표현에서 철자의 정확성과 같은 요소보다는 쓰려고 하는 바를 분명히 잘 구성하여 표현하였는지, 생각이 얼마나 창의적이고 명료한지에 초점을 두어야 한다.

또한 유아들이 이야기를 지어 보는 활동을 잘할 수 있기 위해서는 그들의 경험의 세계가 확장될 필요가 있다. 그리기와 쓰기의 내용이 풍부해지기 위해서는 직접 경험의 세계가 풍부해야 한다. 그림이 아름다운 그림책, 아름답고 운율이 있는 모국어, 문화유산을 접할 수 있는 화랑과 박물관, 계절의 변화 등을 접하여 본 경험이 바탕이 되어 창의적 표현의 기초가 되는 것이다. 이야기를 지어 보는 것은 대집단과 소집단으로 할 수도 있고, 개인별로도 이루어질 수 있다.

이야기를 지어 책으로 묶는 활동은 유아들에게 성취감을 갖게 하는 활동이 될 수 있다. 이야기를 다 들은 후 뒷이야기 지어 보기를 할 수 있고 등장인물을 넣거나 빼서 새로운 이야기를 만들어 볼 수도 있다.

① 이야기 다시 써 보기

그림책을 보여 준 후 유아들이 이야기의 내용을 기억하여 그림과 본문을 다시 만들어 볼 수 있다. 룻맨(Routman, 1998)[26]은 유아가 이야기를 재구성하는 경우 다음과 같은 양상을 보인다고 하였다. 원문에 의하면 이야기를 반복하여 다시 써 보기, 이야기를 부분적으로 바꾸어 짓기, 내용을 대부분 바꾸어 짓기, 원문 이야기의 구조만 유지하면서 완전히 새 이야기 짓기의 단계가 있다고 하였다.

그림책의 이야기를 회상하여 다시 써 보기는 다음과 같이 실행할 수 있다.

- 동화를 들려준다.
- 유아들로 하여금 이야기를 순서에 따라 회상해 보게 한다.
  "처음에 무슨 일이 있었니?"
  "그다음에 ○○는 어디로 갔을까?"
- 먼저 이야기의 순서에 맞게 그림을 그려 보도록 한다. 소집단으로 나누어 서로 어떤 그림을 그릴지 의논한다.
- 각각의 그림이 그려졌으면 차례대로 그림에 대해 설명해 보게 한다.

그림 14-4 『그리미의 꿈』을 다시 자신의 그림으로 만들어 본 예

"그림을 다 그렸구나. 무엇을 하는 그림인지 글로 써 볼까?"

• 그림에 대한 글을 써 보게 한다.
• 제목을 다시 붙여 보고 싶으면 바꾸어 보도록 한다.
"너희들이 이야기를 써 보니까 새로운 이야기가 되었구나. 그러면 너희들이 지은 이야기에 제목을 붙여 볼까?"
• 유아들이 다시 쓴 내용을 천천히 읽어 준다.

② 글자 없는 책에 이야기 만들어 보기

글자 없는 그림책(wordless picture book)은 본문이 없이 그림만으로 이야기가 전개되는 그림책이다. 대개 그림만으로도 이야기의 전개가 가능하도록 그림이 자세하게 묘사되어 있다. 글자 없는 그림책은 독자로 하여금 글을 지어 보도록 자극하는 특징이 있으며, 다양한 이야기가 만들어질 수 있으므로 창의적인 표현능력을 높일 수 있다.

활동의 순서는 다음과 같다.

• 글자 없는 그림책을 설명한 후 그림을 잘 보도록 한다.
• 표지를 본 후 무슨 이야기인지 생각해 보도록 한다.
• 주인공이 누구인지, 어떤 일이 있었는지 말해 보도록 한다.
• 다시 한 번 천천히 삽화를 보여 준다.
• 주인공의 이름을 지어 본다.
• 그림을 한 장씩 넘겨 가면서 이야기의 내용을 지어 본다. 유아들이 쓰거나 교사가 받아 써 준다.
"이 그림은 어떤 이야기일까?" "이 그림에는 어떤 이야기가 좋을까?"
• 이야기 짓기에 적합한 글자 없는 그림책에는 다음과 같은 것들이 있다.
  - 『빨간 풍선의 모험』(옐라 마리, 시공사, 1995)
  - 『사과와 나비』(옐라 마리, 보림, 1996)
  - 『나무』(옐라 마리, 시공사, 1996)
  - 『느릅나무』(아네자키 가즈마, 보림, 1996)
  - 『트럭』(도널드 크루즈, 1996)

-『아기의 하루』(나애경, 1998)

③ 이야기 개작

메이컨 등(Macon et al., 1991)[27]은 이야기를 들은 후의 반응활동으로 다음과 같은 내용의 쓰기를 제안하였다.

- 똑같은 주인공을 다른 이야기로 만들어 본다.
- 읽어 주었던 이야기의 다른 결말을 만들어 본다.
- 등장인물 중 다른 사람의 입장이 되어 보거나 관점 바꾸어 본다.

이외에도 뒷이야기 지어 보기, 내가 주인공이라면 어떻게 했을지에 대해 써 보기 등을 할 수 있다. 동요 · 동시의 경우는 운율에 맞추어 개작할 수 있다.

④ 등장인물에게 편지 쓰기

문학작품 주인공의 특성이나 행위가 유아들이 같이 공감하고 이해할 수 있는 내용인 경우에 유아들은 오랫동안 그 작품을 기억한다. 『괴물들이 사는 나라』나 『예방주사 무섭지 않아!』를 읽고 나서 유아들은 '맥스'나 '거인 아저씨'와 같은 주인공에게 자신의 느낌을 전하는 쓰기를 할 수 있다.

활동의 순서는 다음과 같다.

- 이야기를 들려준다.
- 이야기 속의 주인공에 대해 이야기를 한다.
  "맥스는 왜 혼자 방으로 보내졌을까?" "괴물 나라에서는 무엇을 하였니?" "맥스에게 하고 싶은 말이 있니?"
- 글과 그림으로 편지를 써 보도록 한다. 편지의 일반적인 양식에 대해 설명해 준다.
- 글로 쓴 후 발표하거나 전시하여 둔다.

⑤ 작가와 일러스트레이터에게 편지 쓰기

유아문학 작품을 소개할 때 교사는 작가와 일러스트레이터에 대해 소개할 수 있다. 그럼으로써 문학작품은 글을 짓는 사람과 그림을 그린 사람에 의해 만들어진 허구라는 사실을 이해하게 되는 것이다. 그러한 인식은 유아들이 직접 그림과 글을 지어 볼 수 있다는 작가의식을 격려할 수 있을 것이다.

활동의 순서는 다음과 같다.

- 작가와 일러스트레이터에 대해 소개를 할 수 있다.
  "이 이야기의 글을 지어 주신 분은 ○○○ 선생님이야. 그림은 ○○○ 선생님이 그리셨단다. 그림책은 이렇게 글을 쓰는 사람과 그림을 그리는 사람이 함께 만드는 거야."
- 그림책을 읽어 준 후 다시 작가와 일러스트레이터에 대한 이야기를 한다.
  "이 재미있는 이야기를 누가 만들어 주셨니? ○○○ 선생님께 하고 싶은 이야기를 써 볼까?"
- 교실에 전시하거나 출판사로 보낼 수도 있다.

그림 14-5 작가와 그림작가에게 편지를 쓴 예

⑥ 등장인물이나 이야기의 제목을 새로 지어 주기

이야기 지어 보기 활동의 하나로서 이야기에 나오는 동물이나 무생물 등의 이름을 붙여 주거나 다시 지어 주기 그리고 이야기의 제목을 다시 지어 보는 활동이다. 등장인물이나 배경, 플롯과 같은 이야기의 구조에 대한 개념을 익숙해지는 활동이 될 수 있다. 즉, 이야기에 필요한 요소에 대한 감각을 익히게 할 수 있다.

활동의 순서는 다음과 같다.

- 이야기를 들려준다.
- 이야기를 전체적으로 회상한다.
- 누가 나오는지 물어본다. 혹은 이야기의 내용을 한 문장으로 표현해 보도록 한다.
- 제목을 바꾸어 보도록 한다.
- 주인공의 이름을 다시 바꾸어서 붙여 보도록 한다.

⑦ 주인공이나 등장인물에 대한 생각 모으기

유아들은 자신들이 들은 문학작품을 주인공을 중심으로 기억하는 경우가 많다. 대개 유아문학은 시대적 · 공간적 배경이 배제되어 있고 다양한 심리 묘사가 없으며, 주인공의 행위에 의해 이야기가 전개되기 때문이다. 그러므로 주인공이나 등장인물에 대한 자신들의 생각과 느낌을 표현하는 것은 이야기에 대해 표현해 보는 직접적인 활동이 될 것이다.

활동의 순서는 다음과 같다.

- 이야기를 들려준다.
- 등장인물을 회상해 본다.
  "이 이야기는 누구의 이야기니?" "○○는 어떤 아이니?"
- 유아들의 반응을 적어 준다.

⑧ 동시 짓기

동시는 절제된 언어로 표현하는 활동이다. 처음부터 창의적으로 동시 짓기를 도입하기보다는 동시의 일부분을 개작하여 보거나 함께 집단으로 창작하는 것이 적절하다.

동시의 개작은 다음과 같은 순서로 할 수 있다.

- 동시를 들려주거나 함께 낭송한다.
- 동시의 특정 부분을 바꾸어 보도록 한다.
- 바꾼 내용을 받아 적는다.
- 교실의 언어 영역에 게시하여 두고 유아들이 자주 볼 수 있도록 한다.

동시의 창작을 집단으로 하는 경우는 다음과 같은 순서로 할 수 있다.

- 함께 쓸 동시의 제목을 결정한다.
  "우리 함께 동시를 지어 보자. 제목을 무엇으로 할까?"
- 정해진 제목을 종이나 칠판에 쓴다.
- 제목에 대한 유아들의 생각을 모은다.
  "제목이 ○○○이라고 정해졌구나. ○○○ 하면 무슨 생각이 나는지 함께 생각을 모아 보자."
- 유아들의 반응을 칠판에 적는다.
- 의성어와 의태어를 덧보태어 보도록 한다.
  "○○가 뛰어간다고 하였는데, 더 재미있게 써 볼까?"
- 만들어진 동시를 함께 낭송해 본다.
- 만들어진 동시를 전시한다.

⑨ 동극 대본 쓰기

화이트헤드(Whitehead, 1994)[28]는 유아들이 문학작품과 관련하여 극화활동을 하는 동안 문학적 체험에 대해 창의적으로 생각하는 기회를 갖게 된다고 하였다. 그 외에도 자신들의 연극을 연출해 봄으로써 주인공, 배경, 주제를 새로운 관점에서 파악해 보는 경험을 하게 된다. 동극의 과정은 각 단계마다 많은 노력이 필요한데, 교사는 유아들이 스스로 만들고 꾸며 보는 과정이 될 수 있도록 유아들의 참여를 높이는 것이 바람직하다. 동극의 대본 쓰기는 이야기의 내용과 등장인물에 대한 파악이 전제되어야 한다.

활동의 순서는 다음과 같다.

- 이야기를 들려준 후 이야기의 내용에 대한 이해를 할 수 있도록 한다. 언제, 어디서, 누가, 어떻게 등과 같은 질문을 던져서 본문의 내용을 명료하게 한다. 그다음으로는 등장인물에 대해 생각 모으기를 하여 등장인물의 특성에 대해 충분히 파악하도록 한다.
- 동극을 하기 위해 제일 필요한 것이 대본임을 알게 한다.
  "친구들이 보고 들은 내용을 모아서 함께 다른 친구들에게 보여 줄 수 있는 방법이 없을까?" "동극을 하려면 대본이 필요하단다. 대본이란 동극을 하기 위해 주인공이나 나오는 사람들의 행동, 생각들을 적어 놓은 것이야."
- 다음은 이야기의 동극 대본을 교사와 유아들이 함께 만든 예다.

교사: 우리 친구들이 보고 들은 내용들을 모아서 선생님과 친구들이랑 함께 다른 친구들에게 보여 줄 수 있는 방법은 없을까요? 동극을 하려면 우선 대본이 필요하지요. 대본이란 동극에 필요한 모든 행동, 느낌, 말들이 들어 있어요. 함께 만들어 볼까요? 제목은 작은 배이고, 친구들이 정하고 싶은 다른 제목은 없나요?

유아: 개구리가 가장 많이 나왔으니까 개구리를 주인공으로 해서 욕심쟁이 개구리라고 하면 돼요.

교사: 제목은 욕심쟁이 개구리로 하겠어요. 여기서 나오는 동물은 무엇이었나요?

유아: 병아리, 생쥐, 무당벌레, 개미, 개구리요.

교사: 그러면 어디에서 일어난 이야기예요? 나오는 물건은 어떤 것이 있나요? 글을 읽어 주는 사람을 해설자라고 합니다. 처음에는 글을 읽어 주는 사람이 필요하겠네요. 제일 앞부분만 해설자가 이야기해 보세요.

유아: 개구리와 병아리, 쥐, 무당벌레, 개미가 소풍을 갔는데, 강이 나타났어요.

교사: 개구리의 이야기가 먼저 나오면 어떨까요?

유아: 개구리는 친구들에게 "우리 헤엄쳐 가자."고 이야기했어요.

교사: 다른 동물들은 어떻게 이야기했어요?

유아: 병아리가 "우리들은 헤엄칠 줄 몰라." 하고 이야기했을 것 같아요. 또 개미는 물을 싫어하니까 "난 물이 무서워."라고 이야기했을 거예요.

교사: 그러자 개구리는 어떻게 했어요? 개구리의 그런 이야기를 들은 다른 친구들은 무어라고 했나요?

유아: "헤엄을 못 칠거야."라고 비웃었을 거고 "우하하하" 하고 웃었을 거예요. 생쥐가 "아주 속상하다."고 이야기했을 거예요.

교사: 또 한 마리 남은 무당벌레는 무어라고 했을까요?

유아: 헤엄을 잘 치는 개구리가 부럽다고 했을 거예요.

- 중략 -

교사: 이 책에서는 개구리가 친구들과 배를 타지 않고 혼자 늦게 도착했어요.

유아: 그런데요. 혼자 간 개구리가 불쌍해요.

교사: 그러면 우리가 만든 동극에서는 개구리와 화해를 해서 같이 강을 건너는 것으로 만들면 어떨까요?

유아: 병아리가 개구리에게 "욕심 부리지 말고 착한 개구리가 되자."고 말했다고 해요. 그럼 "다 같이 강을 건너자." 하고 적어요. 기분이 좋으니까. 친구들 웃음소리도 적어요."하하하 호호호."

교사: 친구들이 만든 대본을 가지고 동극을 해 봐요. 자기가 맡고 싶은 역할을 이야기해 보세요.

유아들끼리 역할을 정하도록 하고 자기가 맡은 배역의 대사와 동작을 표현해 본다. 아동이 대사를 잊은 경우에는 교사가 대본을 읽어 줄 수 있으며 유아의 창의적 표현을 유도한다. 동극 후에는 동극 내용에서 좋았던 점과 부족했던 점, 관람자의 태도에 대해 평가해 본다.

⑩ 이야기에 대한 느낌을 적기

문학작품을 읽거나 들은 후 느낌을 쓰고 적을 수 있는 형식(literature response journal)을 만들어 줄 수 있다.

(9) 다양한 차트 활동

문학작품을 접할 때 책에 쓰인 사실이나 정보 등을 개인이 이미 알고 있는 지식과 연관시켜 보는 경험을 갖는다. 작품에 대한 일차적인 독자의 반응은 작가가 쓴 본문의 내용에 대한 선행지식에 의존하여 이루어진다.

메이컨 등(MaCon et al., 1991)[29]은 차트 활동은 선행 경험을 활용하고 언어의 모든 과정, 즉 읽고 쓰고 말하고 듣는 과정을 통합하여 책을 이해하는 데 필요한 전략을 사용하여 보는 활동이라고 하였다. 차트 활동은 이야기를 읽기 전에 할 수도 있고 읽고 난 후에 할 수도 있을 것이다.

이야기에 대한 다양한 차트의 예는 다음과 같다.

① 비교해 보기 차트(comparison chart)

이야기 속에 나타난 비교할 점이나 이야기 전과 이야기 후의 지식을 비교해 보는 활동이 될 수 있다.

이야기를 듣기 전에 알았어요.	이야기를 듣고 난 후 알게 되었어요.
• • •	

비교해 보기 차트는 지식 그림책의 경우에 가장 잘 활용될 수 있을 것이다. 거기에 덧붙여 과학적 사실과 책과 관련된 일상생활의 지식들도 포함할 수 있을 것이다. 예를 들어, 공룡에 대한 지식의 비교, 교통기관에 대한 지식, 농장에서 하는 일, 우리 몸에 대한 지식, 『장갑』을 읽고 난 후에 이 동화에 나오는 동물의 특성을 비교해 보는 일 등 다양한 내용이 포함될 수 있다.

② 그래프 활동

문학작품 속에 나타난 요소를 차트로 하는 경우에 '내가 되고 싶은 것' '내가 하고 싶은 놀이' 등의 내용으로 이야기를 나누게 되는 경우가 있다. 이야기를 충분히 이해한 후 유아들의 자연스러운 반응을 관찰하여 그래프 활동을 할 수 있다.

언어적 반응에 의한 활동 예

바퀴 이야기책 만들기

• 목　표: 유아 자신이 만든 이야기를 들려줄 수 있다.
　　서로 다른 종류의 이야기를 나누고 전시할 수 있다.

• 준비물: 원형 판 2장, 매직 또는 색연필, 가위, 칼, Y핀

• 활동방법

① 원형 판 2장을 만든다.

② 한 장을 4등분하여 각 부분에 이야기 장면을 그린다.

③ 남은 한 장은 앞장이 되며, 1/4의 부채꼴 모양을 오리고 넓은 부분에 제목, 저자, 유아 이름(만든 이)을 적고 꾸민다.

④ 한 부분이 오려진 원형 판을 앞면으로 하고 각 부분이 그려진 원형 판을 뒷면으로 하여 겹친 후에, 가운데 구멍을 뚫은 후에 Y핀을 끼운다.

⑤ 원형 판의 뒷면을 돌려 가며 오려진 앞부분에 이야기의 그림이 나오도록 조작하며 이야기를 들려준다.

- 만드는 법

① ⓐ과 ⓑ를 모양대로 오린다.

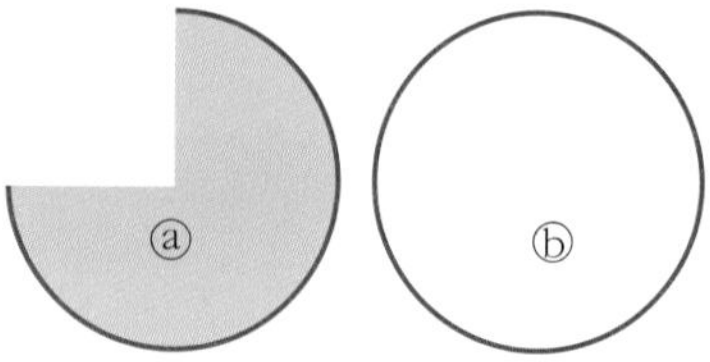

② ⓐ번 모양 위에 책이름, 저자, 유아 이름을 적는다.

③ 첫 번째 1/4에 마음에 드는 이야기 장면을 그려 넣는다.
두 번째 1/4에 이야기의 시작 부분을, 세 번째 1/4에 이야기의 중간 부분을, 네 번째 1/4에 이야기의 마지막 부분의 장면을 그린다.

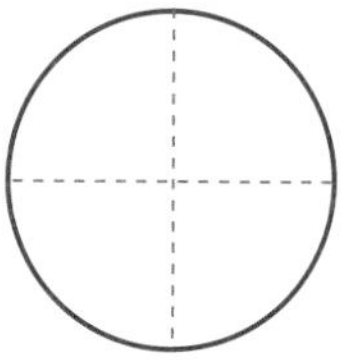

④ 어른에게 도움을 얻어 송곳을 사용해서 원형판 중앙에 구멍을 뚫고 Y핀을 꽂는다.

⑤ 완성된 작품

야야기 칠판

- 목 표: 책에 나오는 이야기를 여섯 혹은 그 이상의 장면으로 구성하는 이야기 칠판을 만들 수 있다.

- 준비물: 두꺼운 종이판, 종이, 자, 마커펜, 연필, 풀

- 활동방법

① 책에 나오는 이야기 중 적어도 여섯 장면 정도가 되도록 이야기 장면을 생각한다.
② 각 이야기 장면을 그림으로 그린다.
③ 그림으로 나타낸 각 장면 밑에 짧은 문장으로 이야기를 써넣는다.
④ 두꺼운 종이에 각 장면들을 붙인다.
⑤ 자신의 이야기 칠판을 친구들에게 보여 주며 함께 이야기 나눈다.

연극 배경 만들기

- 목　표: 연극할 동화 내용을 주의 깊게 들을 수 있다.
  연극할 수 있도록 배경을 친구들과 함께 꾸밀 수 있다.

- 준비물: 공예종이(배경을 그릴 수 있는 전지), 색연필, 사인펜, 물감, 붓, 가위, 색상지, 풀

- 활동방법
  ① 연극할 동화를 들려준다.
  ② 동화를 듣고 난 후 연극할 장소를 정한 다음 어떻게 꾸밀지 의논한다.
  ③ 필요한 재료를 준비하고 협동하여 배경을 꾸민다.

배경 꾸미기

역할을 정하고 소품 준비하기

조별로 동극을 발표하기

간단한 디오라마

• 목　표: 작은 상자를 이용하여 이야기 속의 배경 장면을 만들 수 있다.

• 준비물: 선물용 상자, 다양한 종류의 종이, 가위, 테이프, 풀, 색연필, 사인펜, 잡다한 물건들(돌, 나뭇잎, 작은 장난감, 점토)

• 활동방법

① 어떤 이야기의 배경을 디오라마로 만들고 싶은지 결정한다.

② 선물용 상자의 위 뚜껑 부분을 바닥에 깔고 밑에 있는 상자를 세워 무대처럼 만든다.

③ 자기가 좋아하는 종이로 상자의 안쪽, 바깥쪽을 꾸민다.

④ 주워 온 자질구레한 물건이나 작은 장난감으로 배경을 꾸민다.

⑤ 작은 인형이나 점토를 이용하여 등장인물을 만든다.

⑥ 더 그려 넣고 싶은 것들을 그린 후 붙인다.

들어 올리는 책 만들기

• 목　표: 특징 있는 이야기 장면을 생각해 보고, 각 장면을 그림과 글로 표현할 수 있다.

• 준비물: 종이(가로 길이가 긴 종이), 연필, 마카펜, 볼펜, 가위

• 활동방법

① 한 장의 종이를 세로로 절반을 접는다.
② 가로로 3등분을 하여 접힌 앞면의 선을 따라 세 장이 펄럭이도록 자른다.
③ 자른 각각의 부분에 특징 있는 이야기 장면을 그림을 그린다.
④ 각각 그려진 장면 아래에 이야기를 써 넣는다.
⑤ 친구들과 함께 서로 만든 것을 보며 이야기 나눈다.

캐릭터 책 만들기

• 목　표: 이야기 속의 등장인물이 실제 인물이라고 상상할 수 있다.
　　　　마치 자신이 이야기 속의 등장인물인 것처럼 질문에 답할 수 있다.

• 준비물: 연필, 펜, 준비된 복사지

• 활동방법

① 자신이 좋아하는 등장인물을 선택한다.

② 책의 저자가 등장인물에 대해 쓴 것이 무엇인지 생각해 본다.

③ 준비된 복사지의 오른쪽 페이지에는 등장인물의 정보를 기록한다.
(예: 나이, 몸무게, 좋아하는 것, 싫어하는 것…)

④ 왼쪽 페이지에는 그림을 그린다.

⑤ 캐릭터에 대한 질문에 답했을 때 자신이 캐릭터인 것처럼 상상한다.

⑥ 자신이 만든 책을 가지고 친구들과 함께 이야기 나눈다.
"내가 말한 캐릭터가 누구인지 알겠니?"

접었다 폈다 이야기책

• 목　표: 이야기나 그림책을 통해 재미있는 장면을 그림이나 글로 표현할 수 있다.

• 준비물: 정사각형 종이, 연필, 사인펜, 색연필, 크레파스

• 활동방법

① 두 개의 삼각형이 되도록 종이를 반으로 접는다.

② 위와 아래쪽 모서리를 가운데 쪽으로 접는다.

③ 사각형이 되도록 가장자리를 접는다.

④ 종이의 겉에다 책 제목, 지은이, 만든 날짜, 책의 내용을 간단하게 적는다.

⑤ 내부의 사각형 안에 사건장면을 그려 넣는다. 그리고 환경, 줄거리, 인물의 특성과 주요 갈등을 각각 모서리에 적어 넣는다.

⑥ 접었다가 이야기를 알기 위해 사각형을 열어 본다.

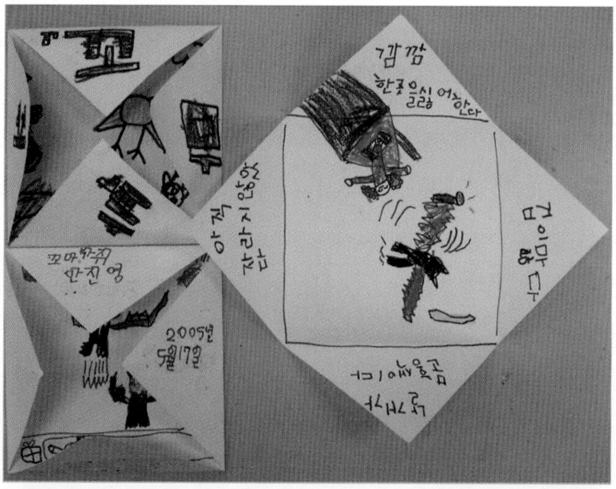

입체 이야기책 만들어 보기

• 목 표: 간단한 이야기를 쓸 수 있다.
이야기의 특징을 가지고 입체감 있게 무대 배경을 창의적으로 꾸밀 수 있다.

• 준비물: 여러 종류의 색상지(ⓐ 43×31cm, ⓑ 31×23cm), 흰색 종이, 연필, 사인펜, 풀, 가위

• 활동방법

① 입체감 있는 이야기를 어떤 내용으로 할 것인지 계획한다.
② ⓐ와 ⓑ의 종이를 반으로 접는다.
ⓑ 종이의 1/4의 윗부분에 무대배경을 꾸민다.
③ 입체감 있게 튀어나온 부분에 붙일 것을 흰 종이 그려서 자른다.
④ 배경 그림을 안쪽으로 접어서 필요한 만큼 멜빵 크기의 끈이 되도록 자른다.
⑤ 멜빵 크기로 자른 끈을 안쪽으로 밀어낸다. ③을 끈 부분에 붙인다.
⑥ 종이 ②를 종이 ① 가운데에 오도록 붙인다.
⑦ 바닥에 재미있는 이야기나 생각을 적어 본다.

캐릭터 상자

• 목 표: 이야기책 속에 있는 캐릭터들에 대해 생각해 볼 수 있다.
각각 캐릭터들의 특별한 성격이나 특성을 목록화할 수 있다.

• 준비물: 정사각형 상자, 색상지, 가위, 풀, 색연필

• 활동방법

① 상자를 색상지로 싼다.

② 종이 위에 각 캐릭터를 그린다(5명 정도).

③ 5명의 캐릭터들의 특징을 생각해 본다.

③ "그들이 무엇을 좋아했었지?"

④ 종이 위에 각 캐릭터들의 특징이나 성격을 간단하게 글로 목록처럼 적는다. (예: 친절하다, 겁이 많다)

⑤ 상자의 겉면에 각 캐릭터 그림을 붙이고, 그 캐릭터에 맞는 목록을 쓴 종이를 오려서 붙인다.

⑥ 친구의 작품도 서로 보며 이야기 나눈다.

독서 카드

- 목　표: 책 읽는 습관을 기를 수 있다.
  자신이 읽었던 책의 종류가 어떤 것들인지 알 수 있다.

- 준비물: 가위, 펀치, 고리, 크레파스, 사인펜, 색종이

- 활동방법
  ① 색종이에 책벌레를 복사한다.
  ② 책벌레 모양을 오린다.
  ③ 책을 다 읽으면 책벌레에 자신의 이름을 적고 책 제목, 책 읽은 날짜를 적는다.
  ④ 책벌레를 코팅한 후, 펀치로 구멍을 뚫는다.
  ⑤ 완성된 책벌레는 고리에 끼운다.
  ⑥ 책을 읽고 끝날 때마다 책벌레에 기록하고, 다른 친구들과 독서벌레를 가지고 이야기 나눈다.

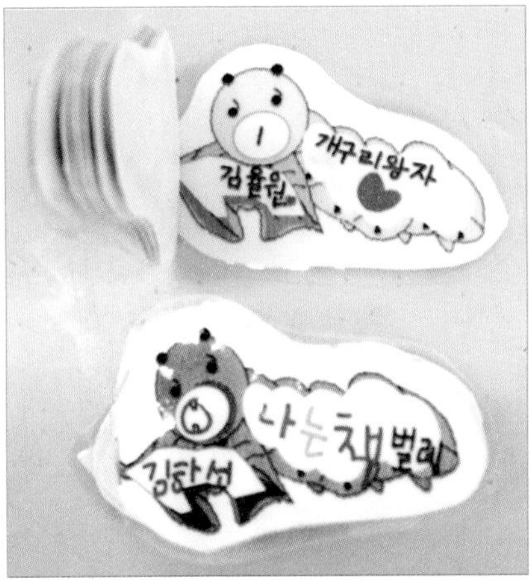

트리오라마

• 목 표: 3차원의 이야기 장면을 창의적으로 꾸미고 이야기할 수 있다.

• 준비물: 정사각형 모양의 색상지(30×30cm), 크레파스, 사인펜, 색종이, 풀, 가위, 테이프, 실, 낚싯줄

• 활동방법

① 어떤 이야기 장면을 가지고 트리오라마를 꾸밀 것인지 결정한다.

② 정사각형 종이의 양쪽을 대각선으로 접어 4개의 삼각형이 나오도록 만든다(ⓐ, ⓑ, ⓒ, ⓓ).

③ ⓐ와 ⓑ에 이야기 장면의 무대를 꾸민다.

④ ⓒ에 이야기의 배경의 무대 밑면을 꾸민다.

⑤ ⓒ와 ⓓ 사이를 가위로 자른 다음, ⓒ의 아래쪽에 ⓓ를 풀로 붙이고 접는다.

⑥ 캐릭터들이나 나오는 사물을 그려 오려서 지면에 풀로 붙이고, 실이나 낚싯줄을 이용하여 트리오라마 끝 쪽에 걸어 놓는다.

⑦ 완성된 트리오라마를 가지고 친구들과 이야기 나눈다.

입체감 있는 이야기책

• 목　표: 등장인물을 그림으로 나타낼 수 있다.
　　　　　이야기의 내용이 담긴 집을 만들 수 있고 그 이야기를 재연할 수 있다.

• 준비물: 도화지(45×30cm), 색상지, 색연필, 사인펜, 연필, 풀, 가위

• 활동방법

① 도화지의 양쪽 선이 가운데로 오도록 접는다.
② 윗부분을 지붕 모양으로 자른다.
③ 종이의 겉면(덮개면)에 책제목, 저자명, 이름을 적고 캐릭터를 그린다.
④ 큰 문과 두 개의 창문을 오려 집을 열어 볼 수 있도록 붙인다.
⑤ 이야기의 줄거리와 캐릭터에 대한 이야기를 벽 쪽에 적는다.
⑥ 창문과 문에 주인공들을 그린다.

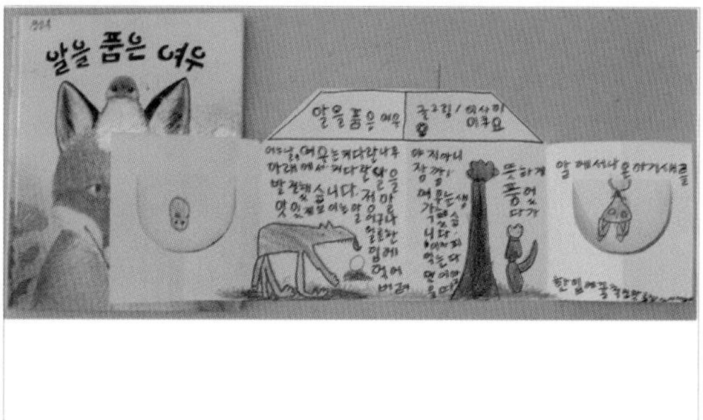

말하는 캐릭터

- 목 표: 대화체 쓰기 활동을 할 수 있다.
  캐릭터가 무슨 말을 할지 예상할 수 있다.

- 준비물: 색도화지(30×22cm), 흰 종이(20×17cm), 풀, 가위, 연필, 마커펜, 종이 조각

- 활동방법
  ① 색도화지와 흰 종이를 각각 반으로 접는다.
  ② 색도화지는 그대로 두고 흰 종이는 반으로 접은 상태에서 가운데를 5cm 정도 자른다.
  ③ 자른 면을 접어서 2개의 삼각형 모양이 되도록 만든다.
  ④ 반으로 접은 흰 종이를 살짝 펴서 삼각형으로 만든 부분을 안으로 밀어 넣어 입 모양(V자 모양)이 되게 한다.
  ⑤ 흰 종이를 원래 상태대로 다 펴면 V자 부분은 입 모양이 되므로 그 위에 눈과 코를 그려 캐릭터의 얼굴이 되게 꾸며 준다. 뒷면에 색도화지를 대어 붙여 주고 대화체 표현을 쓸 수 있도록 말풍선 모양도 그려 붙여 준다.

스펀지 캐릭터

• 목　표: 스펀지 캐릭터를 만들어 재미있는 이야기를 꾸밀 수 있다.

• 준비물: 부드러운 큰 스펀지, 종이컵, 가짜 눈, 털실, 칼, 풀이나 본드

• 활동방법

① 재미있는 캐릭터를 선택한다.

② 스펀지에 얼굴 모양을 그린 후 자른다.

③ 스펀지에 가운데 선을 긋고, 위와 아래에 선을 긋는다.

④ 스펀지에 위와 아래에 손가락이 들어가도록 선을 자른다.

⑤ 한가운데 있는 선은 뒤까지 뚫리도록 자르고, 가운데 선은 입 부분으로 만든다.

⑥ 나머지 스펀지 조각으로 귀, 코를 만들고 가짜 눈을 붙인 후, 털실로 머리카락을 만들어 얼굴을 꾸민다.

이야기 돌멩이

- 목 표: 특징이 있는 캐릭터 또는 이야기 장면을 돌멩이에 꾸밀 수 있다.

- 준비물: 넓적한 돌(또는 타일) 4개 정도, 접착제, 아크릴 물감, 연필, 매직펜, 천조각, 털실

- 활동방법
  ① 공원이나 주변에서 반듯하고 넓적한 돌 4개를 주워 깨끗이 씻어 말린다.
  ② 돌 표면에 자신이 그리고 싶은 캐릭터 또는 이야기 장면을 생각한 후, 결정한다.
  ③ 각각 돌 표면에 연필로 밑그림을 그린다.
  ④ 물감 또는 매직펜을 이용하여 연필로 그린 밑그림에 덧칠한다.
  ⑤ 털실 또는 천조각을 이용하여 접착제로 붙이며 꾸민다.
  ⑥ 친구들과 함께 이야기 돌멩이를 가지고 이야기 나눈다.

캐릭터 마스크

• 목 표: 재미있는 캐릭터 마스크를 만들 수 있다.
자신이 만든 마스크를 쓰고 역할극을 할 수 있다.

• 준비물: 둥근 풍선, 신문지, 물, 물 담을 그릇, 물감, 붓

• 활동방법

① 풍선을 불어서 머리 크기 정도로 만든다.

② 신문지를 찢어서 물에 적신다. 물에 젖은 신문지를 풍선의 반쪽에만 붙인다. 물에 젖은 신문지를 붙인 쪽이 얼굴 면이 된다.

③ 젖은 신문조각을 꼬아서 눈썹, 코, 입을 만든다.

④ 풍선에 붙인 젖은 신문조각들이 마르면 그 위에 부드러운 하얀 종이를 붙이고 약 7일 동안 말린다.

⑤ 마른 풍선을 터뜨린 다음 가장자리를 정리한다.

⑥ 마스크에 물감을 이용하여 색칠한 후 잘 말린다.

⑦ 완성된 캐릭터 마스를 쓰고 친구들과 함께 역할극을 해 본다.

TV 이야기

- 목　표: TV 모양의 이야기 상자를 만들 수 있고, 재미있는 이야기를 재연할 수 있다.

- 준비물: 큰 골판지 박스, 칼, 테이프, 긴 키친타월봉 2개, 흰색 종이, 사인펜

- 활동방법

① 큰 박스의 앞쪽을 큰 직사각형 모양으로 잘라 스크린을 만든다.
② 상자의 왼쪽과 오른쪽의 위와 아래에 같은 위치, 크기가 되도록 구멍을 뚫는다.
③ 어떤 이야기를 가지고 몇 가지의 장면을 표현할 것인지 의논한 후 종이에 책제목, 장면들, 주요 사건들에 대해 표현하고 꾸민다.
④ 긴 키친타월봉 2개를 큰 박스의 구멍에 끼워 넣는다.
⑤ 이야기 장면들이 꾸며진 종이의 끝을 긴 키친타월봉 2개에 테이프로 고정한다.
⑥ 이야기 장면들이 쉽게 돌아갈 수 있도록 설치한다.
⑦ 이야기를 다른 친구들에게 들려주며 천천히 돌린다.

작은 극장

• 목 표: 작은 극장을 만들어 이야기 공연장으로 사용할 수 있다.
자신이 읽은 책의 캐릭터들을 만들어 작은 공연으로 친구들에게 이야기를 재연할 수 있다.

• 준비물: 작은 과자상자, 색도화지, 가위, 칼, 풀

• 활동방법

① 작은 과자상자의 바깥쪽을 극장 간판으로 정한다.

② 상자의 양쪽, 뒤를 자른 다음 상자의 정면을 직사각형 모양으로 오린다.

③ 색도화지에 상자를 올려놓은 후 2.5cm씩 남겨 놓고 상자가 접히는 선을 따라 위쪽과 아래쪽을 V자로 자른다.

④ 각 모서리를 정사각형 모양으로 자른 후 접어서 박스를 싼다.

⑤ ②에서 직사각형으로 오린 부분을 따라 색도화지를 자른다.

⑥ 작은 극장을 만든 다음, 공연할 수 있는 도구가 되도록 한다.

⑦ 자신이 읽은 책의 캐릭터들을 만들어 작은 극장에서 작은 공연으로 이야기를 재연한다.

캐릭터 맵

- 목　표: 이야기책 속에 있는 캐릭터들에 대해 생각해 볼 수 있다.
  캐릭터들의 성격이나 특성을 이야기하고 글로 표현할 수 있다.

- 준비물: 종이, 크레파스, 색연필, 연필, 지우개

- 활동방법

① 동화를 듣고 이야기 나눈다.

② 캐릭터들의 성격과 특징에 대해 이야기 나눈다.

③ 종이 가운데에 캐릭터 이름을 쓴다.

④ 캐릭터의 특징과 성격들에 대해서 써 본다.

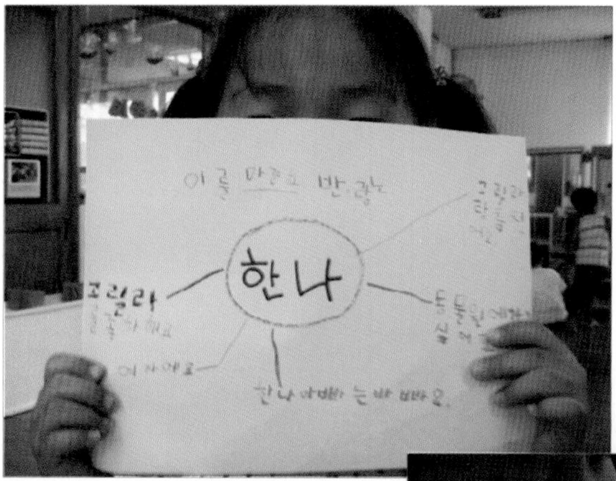

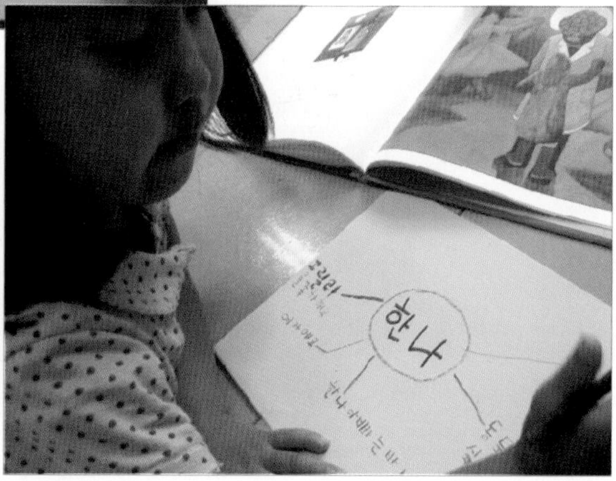

벤다이어그램

• 목　표: 두 개의 동화를 듣고 캐릭터의 공통점과 차이점을 구별하고 이야기해 볼 수 있다.

• 준비물: 색연필, 연필, 지우개, 종이

• 활동방법

① 두 개의 동화를 들려준다.

② 동화에 나오는 캐릭터들에 대한 성격과 특징을 이야기 나누어 본다.

③ 두 동화에 나온 캐릭터들의 차이점과 공통점에 대해서 이야기해 본다.

④ 종이 위에 커다란 동그라미 두 개를 가운데가 겹치도록 그린 다음, 위에 캐릭터 이름을 적는다.

⑤ 동그라미 가운데에는 두 캐릭터의 공통점을 적고 각각의 동그라미 안에는 그 캐릭터가 가지고 있는 특징에 대해 적는다.

⑥ 완성한 벤다이어그램을 가지고 친구들과 이야기 나눈다.

등장인물 포스터 만들기

• 목　표: 동화를 듣고 난 후 등장인물의 특성을 이야기할 수 있다.
등장인물의 특성을 그림과 글로 표현할 수 있다.

• 준비물: 크레파스, 색연필, 연필, 지우개, 종이

• 활동방법

① 동화를 듣고 난 후 동화 속 인물에 대해 이야기 나눈다.
② 주인공들이 가지고 있는 특징들에 대해 이야기 나눈다.
③ 종이 위에 동화 속 등장인물들을 그림으로 표현한다.
④ 그림 아래에 등장인물들에 대해 글로 적어 본다.
⑤ 완성된 포스터를 가지고 이야기 나눈다.

그림책을 활용한 게임-기억력 테스트

• 목　표: 그림의 위치를 기억하여 같은 그림들을 뒤집을 수 있다.

• 준비물: 7.5×10cm 크기의 카드 18장, 사인펜

• 활동방법

① 『늑대와 일곱 마리 아기 염소』『아기돼지 삼형제』『잭과 콩나무』 등과 같은 동화 속의 등장인물을 각 세 장씩 카드에 똑같이 그리게 한다.

② 또 다른 세 장에는 다른 동화 인물을 그리게 하여 세 장이 한 세트가 된다.

③ 18장의 카드를 그림이 보이지 않게 뒤집어서 잘 섞고 친구와 함께 순서를 정한다.

④ 한 친구가 18장 중 세 장을 마음대로 뒤집어 같은 그림이 아니면 다시 원래대로 뒤집어 놓는다.

⑤ 또 다른 친구가 세 장을 마음대로 뒤집었을 때 세 장이 모두 같은 그림이라면 그림이 보이도록 그대로 둔다. 다른 친구가 뒤집을 때 위치를 기억해 두었다가 같은 그림이 되도록 뒤집는다.

원형 이야기책

• 목 표: 한 장의 이야기책을 만들 수 있다.
다른 친구의 작품을 보며 이야기를 들을 수 있고, 들려줄 수 있다.

• 준비물: 원형 도화지, 사인펜, 매직펜

• 활동방법

① 한 장의 원형 판을 만든다.

② 원을 돌려 가며 시작 부분부터 마지막 부분까지 특징적인 사건을 그려 가며 이야기를 만든다.

③ 친구들에게 서로 어떤 이야기가 들어 있는지 들려주며 원형 판을 돌린다.

순서 알기

• 목　표: 교사가 표현한 문장에 맞는 그림을 그릴 수 있다.

• 준비물: 문장을 쓸 종이, 색종이, 포켓차트, 미술용품

• 활동방법

① 교사는 교재에 나오는 문장을 종이에 쓰고, 유아들은 색종이에 문장을 표현하는 그림을 그린다.

② 유아들에게 문장과 그림을 포켓차트에 순서대로 꽂아 보게 한다.
예를 들어, 다음과 같은 문장을 한 세트 준비해 두면 반복적으로 사용할 수 있다.
"나는 아니에요!" 오리가 말했어요.
"나는 아니에요!" 토끼가 말했어요.
"나는 아니에요!" 황소가 말했어요.

같은 소리를 가진 단어

• 목 표: 같은 소리로 시작하거나 끝나는 단어를 찾아 적을 수 있다.
단어 카드 맞추기 활동을 할 수 있다.

• 준비물: 인덱스 카드 여러 장, 가위, 매직펜, 종이봉투

• 활동방법

① 유아들과 함께 '개구리' '오리' '개나리' 또는 '사과' '사자' '사마귀'처럼 같은 단어로 시작하거나 끝나는 단어의 목록을 작성한다.

② 카드에 각 단어를 쓰게 한다.

③ 각 카드에 같은 그룹에 속한 단어는 첫째 글자나 첫째 소리를 같은 패턴으로 자르게 한다. ['개나/리' '오/리' '개구/리']

예: 개구 》리

④ 시작하는 글자가 같은 단어 그룹을 카드에 쓴다면 '사/자' '사/과' '사/마귀' 같은 패턴으로 자르게 한다.

⑤ 유아들은 조각을 종이봉투에 섞어 두었다가 같은 운의 단어끼리 다시 맞추기를 한다.

2) 미술적 접근에 의한 활동

훌륭한 유아문학은 그림과 글이 완벽한 조화를 이루는 것이라고 볼 수 있다. 그림으로 이야기를 이해하는 것이 가능하며 그림 자체에 이야기를 담고 있는 경우가 많다. 그러므로 좋은 유아문학을 접하는 것은 좋은 그림을 감상하는 것과 같으며 독자의 마음속에 예술적 상상이 자리 잡게 하는 것이다. 일반적으로 그림책을 접한 후의 미술과 연관된 활동은 그림 그리기가 가장 일반화된 방법이라고 할 수 있다. 그림 그리기의 경우는 가장 재미있었던 장면 그리기와 함께 만든 이야기책에 그림 그리기의 예를 들어 볼 수 있다.

(1) 재미있었던 장면 그리기

이야기를 듣고 난 후 가장 인상 깊었던 장면을 그려 보도록 할 수 있다.

- 이야기를 들려준 후 유아들의 느낌을 묻는다.
  "이야기를 듣고 나니 어떤 생각이 드니?"
  "무엇이 제일 재미있었니?"
- 그림을 다시 한번 보여 준 후 무엇이 제일 생각나는지 물어본다.
  "그림만 보여 줄게. 다시 한번 이야기를 생각해 보자."
  "어떤 장면이 제일 재미있었니?"
  "제일 생각나는 장면을 그려 볼까?"
- 각자 다른 생각을 격려하고 그려 보도록 한다.

그림 14-6은 『으뜸 헤엄이』를 읽고 제일 생각나는 장면을 그려 본 것이다.

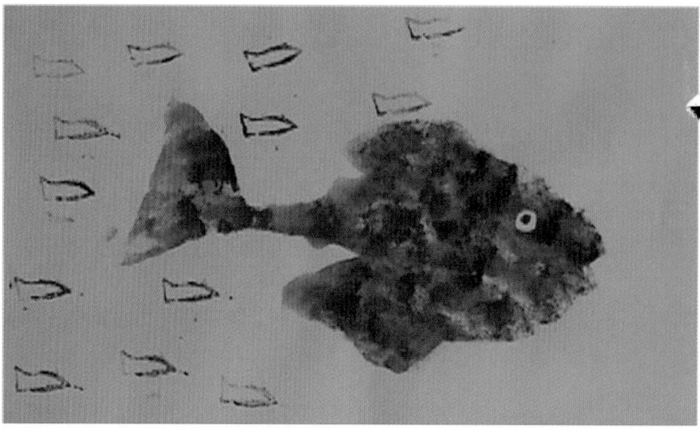

그림 14-6 『으뜸 헤엄이』를 읽은 후 제일 생각나는 장면을 그린 예

(2) 그림 그리기

유아와 함께 이야기를 만들어 보는 과정에서 필요한 그림을 그려 보도록 하는 활동이다(제13장의 4. 큰 책 만들기 참조). 그 외에도 크레파스, 콜라주나 물감 찍기 등 다양한 미술 기법을 활용하여 문학과 관련된 활동에 그림 그리기를 활용할 수 있다.

그림 14-7은 『다람쥐』를 읽고 난 후의 반응활동 중 유아의 작품이다.

그림 14-7 『다람쥐』를 읽은 후 반응활동의 예

(3) 조형활동

다양한 소재로 그림 이야기책의 내용을 토대로 만들어 보는 조형활동은 3차원적인 즐거움을 준다. 유아문학 작품과 연관된 조형활동은 문학작품을 주제로 전개되는 여러 활동에 필요한 자료 만들기나 이야기의 내용을 토대로 만들어 보는 조형활동 등이 있을 수 있다.

① 문학작품을 주제로 전개되는 여러 활동에 필요한 자료 만들기

- 동극을 위한 무대나 소품 만들기: 그림 14-8은 『무지개 물고기』를 읽고 물고기 모양의 옷과 동극용 머리띠를 만들어 본 것이다.
  - 동극을 상연하기 위해 필요한 여러 장치를 유아들이 협의하여 만들 수 있다.
  - 동극의 무대와 의상 그리고 나무, 구름, 집과 같은 배경도 제작할 수 있을 것이다.

그림 14-8 『무지개 물고기』를 읽은 후 소품을 만드는 모습

- 인형극을 위한 인형 만들기: 유아들이 직접 인형을 제작해 볼 수 있다. 판지에 그림을 그리고 난 후에 오려서 막대 인형을 만드는 방법이 가장 적절하다. 그림 14-9는 인형을 직접 만들고 노는 유아들의 모습이다.

그림 14-9 스티로폼으로 등장인물 인형 만들어 놀기

② 이야기의 내용을 토대로 한 조형활동

이야기 속에 나오는 배경이나 인물 등을 직접 제작하여 보는 것이다.

그림 14-10 『거인 아저씨 배꼽은 귤 배꼽이래요』를 읽은 후 이야기 속의 배경을 디오라마로 만들어 노는 유아의 모습

미술적 접근에 의한 활동 예

배고픈 애벌레

• 목　표: 모양과 색을 안다.
　　　　색 칠하는 기법을 안다.
　　　　자르기와 풀칠을 할 수 있다.

• 기　법: 색칠하기, 자르기, 풀칠하기

• 준비물: 9×12인치 크기의 녹색종이, 2인치 크기의 동그란 모양의 흰색 종이 6장, 수채물감, 가위, 풀, 색종이, 『배고픈 애벌레』 책

• 활동방법

①『배고픈 애벌레』 책을 삽화에 초점을 맞추어 읽어 준다.
② 흰색 원 모양의 종이에 젖은 상태에서 색을 칠하는 것과 마른 상태에서 색을 칠했을 때 다른 점이 무엇인지 그 효과를 실험해 본다.
③ 동그란 종이에 풀을 묻혀 애벌레 몸 형태로 붙인다.
④ 색종이를 이용하여 애벌레의 얼굴과 머리를 만들어, 풀을 칠해 색칠한 몸에 붙인다.
⑤ 다리와 더듬이 등 애벌레를 자세히 꾸민다.
⑥ 9×12인치 크기의 녹색종이로 타원형 모양의 나뭇잎을 만든다.
⑦ 애벌레가 나뭇잎을 먹은 것처럼 표현하려면 가위로 자르거나 손으로 잘게 자른다.
⑧ 나뭇잎 위에 애벌레를 붙인다.

• 토의를 위한 질문

- 색을 칠한 후 또 다른 색을 칠했을 때 여전히 종이가 젖어 있다면 어떤 일이 생길까?

- 젖은 종이에 물을 적게 사용하였다면 어떤 일이 생길까?
- 어두운 색에서 밝은 색으로 어떻게 변화시킬 수 있을까?
- 어떻게 하면 두 눈과 더듬이를 같은 크기와 모양으로 만들 수 있을까?
- 애벌레 몸의 형태를 어떻게 만들었나?

• 확장활동

① 과학

- 색, 모양, 크기, 각각의 무늬에 초점을 맞춰 다양한 애벌레를 비교 · 대조해 본다.
- 작은 알에서 성충 혹은 나비가 되는 애벌레의 일생에 대해 토의한다.
- 교실에서 애벌레를 키우면서 먹는 것을 관찰한다.

② 수학

- 동그라미의 수를 다르게 사용하여 다른 애벌레를 만든다.
- 서로 다른 형태로 애벌레를 만든다.
- 애벌레 몸의 동그라미를 이용하여 더하기와 빼기 활동을 한다.

③ 언어

- 애벌레에 관한 다른 책을 읽는다.
- 애벌레에 대한 자기 자신만의 이야기를 만든다.
- 헌 양말로 애벌레를 만들어 움직이면서 연기해 본다.

④ 신체표현

- 음악의 장단에 맞춰 몸을 움직이거나 애벌레처럼 움직여 본다.
- 애벌레가 된 것처럼 교실 주위를 돌아다닌다.

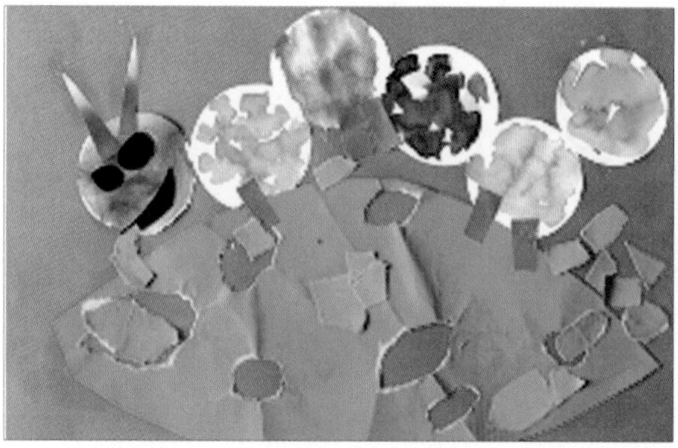

한조각 두조각 세조각

• 목 표: 선, 모양과 색을 안다.
색 칠하는 기법을 안다.
자르기와 붙이기를 할 수 있다.
패턴을 만든다.
겹쳐서 표현할 수 있다.

• 기 법: 그리기, 자르기, 붙이기

• 준비물: 9×12인치 크기의 색종이, 크레용, 『한조각 두조각 세조각』 책, 2×3인치의 다양한 벽지, 2×2인치의 천 조각(핑킹가위로 가장자리를 자른 것), 가위, 풀, 단추

• 활동방법

① 『한조각 두조각 세조각』 책을 삽화에 초점을 맞추어 읽어 준다.
② 흰색 종이 위에 검정색 크레용으로 직선, 수평, 수직, 대각선을 그려 정사각형, 직사각형, 사다리꼴 모양으로 공간을 나눈다. 퀼트 모양으로 천조각에 바느질한 것처럼 그린다.
③ 색연필로 각 공간의 모양을 꾸민다.
④ 몇 개의 천조각이나 벽지를 붙여 그 위를 꾸민다.
⑤ 1~2개의 단추를 그림 위에 붙인다.
⑥ 천과 벽지의 가장자리를 검정색 선으로 작게 그려 바느질한 것처럼 꾸민다.

• 토의를 위한 질문

- 조각보란 무엇인가?
- 조각보를 만들 때 어떤 모양을 이용했나?
- 얼마나 창의적으로 표현했나?

- 똑같은 무늬를 얼마나 사용했나?
- 어떤 무늬가 마음에 드나?

• 확장활동

① 사회

- 바느질의 역사에 대해서 배운다.

② 수학

- 여러 가지 색의 퀼트를 만들거나 퀼팅 디자인을 위해 그래프 종이에 색을 칠한다.

③ 언어

- 퀼트에 관한 다른 책을 읽는다.
- 퀼트에 관한 자신의 이야기를 만든다.

눈사람

• 목　표: 선, 모양과 색에 대해 활동한다.
그리는 기법을 시도한다.
색칠하는 기법을 실험한다.
자르고 풀칠하는 기술을 실험한다.
각자 다양하게 무늬를 만든다.
색을 혼합해 본다.
윤곽선으로 표현한다.
원경을 표현한다.

• 기　법: 그리기, 색칠하기, 자르기, 풀칠하기

• 준비물: 12×18인치 크기의 파란색 종이, 검정색 크레용, 색이 있는 분필, 흰색 템페라 물감, 1인치의 스펀지 조각, 색종이, 가위, 풀, 『눈사람 아저씨』 책

• 활동방법
① 『눈사람 아저씨』 책을 삽화에 초점을 맞추어 읽어 준다.
② 파란색 종이의 1/3 정도의 윗부분에 분필로 색을 칠해 하늘을 표현한다.
③ 검정색 크레용으로 커다란 눈사람의 외곽선을 그린다. 산, 나무, 집이나 다른 풍경의 이미지의 외곽선을 표현한다.
④ 스펀지에 흰색 물감을 묻혀 눈사람을 눌러 찍어 표현한다.
⑤ 스펀지를 눌러서 주변의 눈을 표현한다.
⑥ 색종이를 잘라 얼굴을 표현하고 옷과 다른 곳도 자세하게 표현한다.

• 토의를 위한 질문
- 눈사람을 표현하기 위해 어떤 모양을 사용했나?
- 외곽선이란 무엇일까?

- 하늘을 어떤 색으로 표현했나?
- 서로 섞어서 다른 색을 만들어 사용했나?
- 그림에서 거리감은 어떻게 표현했나?
- 눈사람을 어떻게 표현하였나?

• 확장활동

① 과학

- 눈이 어떻게 만들어지는지 이야기한다.
- 기상학자를 초대하여 기상 관련 이야기를 듣는다.

② 사회

- 눈이 어느 곳에 있는지 세계지도에서 찾아 색칠해 본다.

③ 수학

- 마시멜로와 같은 빙과를 이용하여 덧셈과 뺄셈을 한다.

④ 언어

- 눈에 관한 책을 읽는다.
- 눈보라에 대한 이야기를 만든다.
- 눈사람의 특징을 표현하고 친구들에게 소개한다.
- 눈사람에 대한 이야기를 한다.
- 눈사람에 대한 시를 쓰고 읽는다.

책 만들기 1

• 준비물: 두꺼운 종이, 필라멘트 테이프, 가위, 자, 스테이플러

• 만드는 방법

① 두꺼운 종이(20×15cm) 2장을 직사각형으로 오린다.

② 왼쪽 부분에서 1cm 정도의 간격이 되도록 선을 긋고 긴 조각을 오린다.

③ 긴 조각 부분과 두꺼운 종이 사이를 0.5cm 정도 띄어서 테이프로 붙인다.

④ 두 장을 겹치고 앞장은 책이 옆으로 펼쳐지도록 접는다.

⑤ 펼친 곳에 유아들의 활동이나 작품을 끼워 넣을 수 있다.

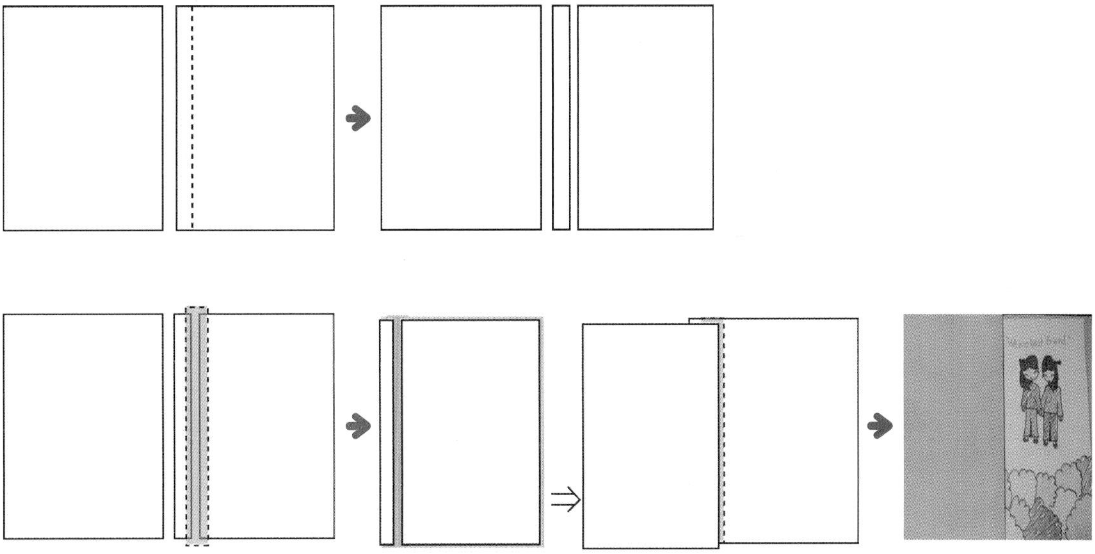

책 만들기 2

• 준비물: 마분지, 풀, 가위, 테이프, 벽지, 펀치, 70cm 리본 또는 신발끈, 하얀 도화지

• 만드는 방법

① 직사각형 마분지(15×20cm) 2장을 오린다. 각각 세로 2cm의 간격을 두고 선을 긋는다.

② 2~5cm 정도의 긴 조각 테이프 처리한다.

③ 마분지보다 더 넓은 벽지를 테이블에 깔고 그 위에 마분지를 놓는다.

④ 모서리 부분을 안쪽으로 접어 포장하듯이 마분지를 싸서 붙인다. 이때 벽지 그림 부분을 겉표지 바탕이 되게 하고 안쪽 페이지 3~4장을 만들어 함께 모아 구멍을 뚫는다.

⑤ 끈으로 끼워 묶어 책을 만든다.

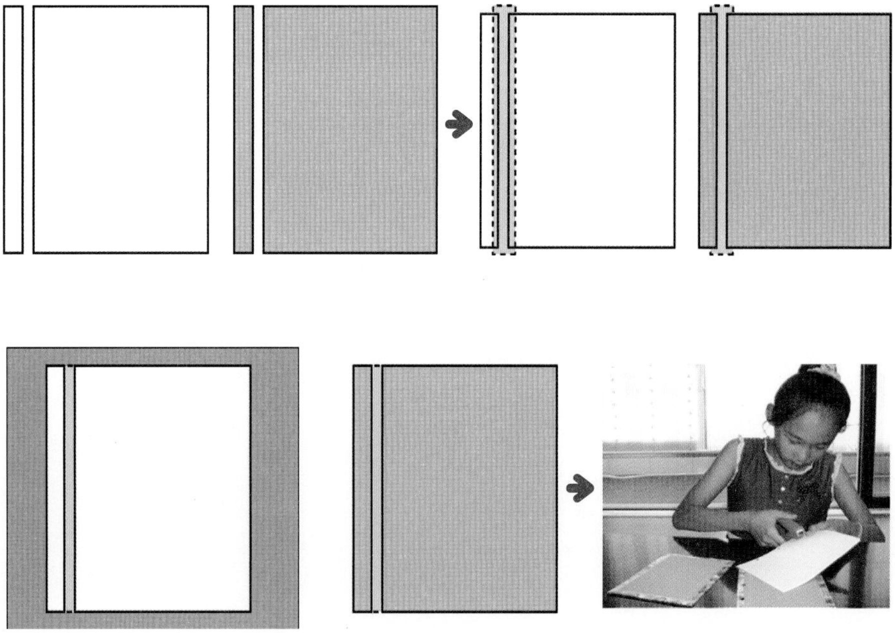

입체적인 책 만들기 1

• 준비물: 검은 도화지(27×20cm), 흰 도화지(22×15cm), 크레파스, 마커펜, 물감 또는 색연필, 자, 가위, 풀, 도화지

• 만드는 방법

① 흰 도화지에 아래의 입 만들기 방법으로 입을 만든 후, 병아리나 오리, 개구리 등의 모습을 꾸며 준다. 오리의 입이나 개구리의 입을 통해 생일축하 또는 밸런타인데이에 짧은 문장을 적어서 친구에게 보낼 수 있다.

② 검은 도화지를 반으로 접고 그 위에 ①의 그림을 붙여 완성한다.

• 입 만드는 방법

① 재단한 흰 도화지를 반으로 접는다. 접은 곳이 오목하게 튀어나오는 부분이 된다.

② 중간 지점 정도에 3cm 길이로 그림을 그린다.

③ 구부려서 만들어 펄럭이도록 접는다. 입이 여러 가지 모양으로 움직이는지 실험해 본다.

입체적인 책 만들기 2

• 준비물: 잘 갖추어진 팝업 페이지, 도화지, 가위, 반으로 접어진 팝업 책

• 만드는 방법

① 팝업 책의 각 페이지에 그림과 글을 적고 반으로 접는다.

② 책 모양처럼 여러 페이지가 되도록 붙인다. 예를 들어, 다섯 장의 그림을 각각 반으로 접어서 그림의 뒷면 한쪽에 풀칠하고 다른 그림의 뒷면 한쪽과 맞붙인다. 나머지 페이지도 같은 방법으로 붙인다.

③ 더 큰 한 장의 종이가 겉표지가 된다. 더 넓은 한 장의 종이를 바닥에 놓고 책 모양으로 구성된 페이지 중 마지막 페이지 뒷면을 붙인다.

④ 표지 앞에 책제목과 지은이, 출판사 등을 적는다.

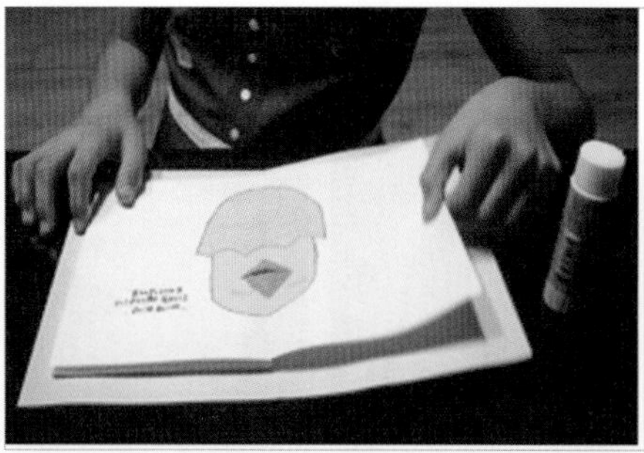

여러 가지 모양의 책 만들기

• 준비물: 두꺼운 종이 2장, 자, 투명 테이프, 가위, 크레파스, 스테이플러

• 만드는 방법

① 두꺼운 종이에 큰 집 모양을 그린다. 유아들은 자기 집을 그리거나 동네의 특정한 건물 등을 그릴 수 있다.

② 집을 여러 가지 색으로 예쁘게 꾸민다. 집 모양의 왼쪽 부분에서부터 약 1cm 정도 간격을 두고 세로로 자른다.

③ 오린 긴 조각과 집 모양 사이를 0.2cm 간격을 두고 띄어서 투명테이프로 붙인다. 3~4장의 페이지가 되도록 같은 모양으로 오려 안쪽에 붙인다.

④ 첫 페이지 안쪽에 유아들의 집을 그린다(예: 가구, 사람들, 애완동물 등).

⑤ 두 번째 페이지에는 그림에 대한 설명을 적는다.

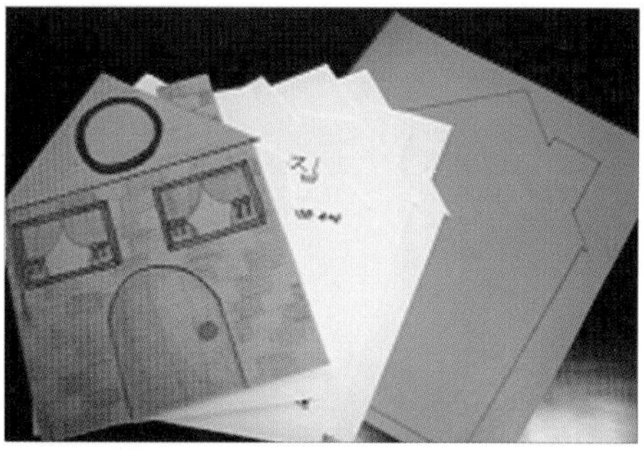

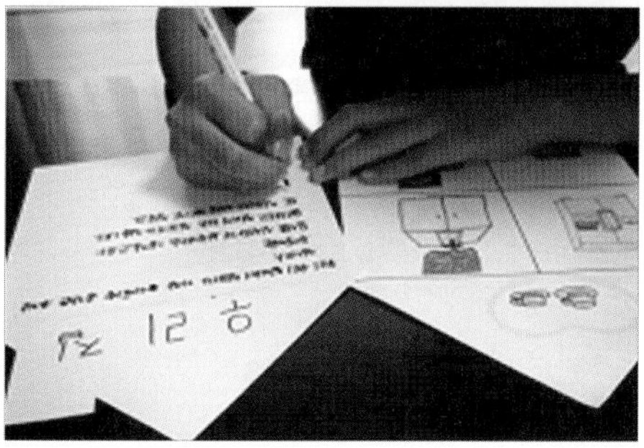

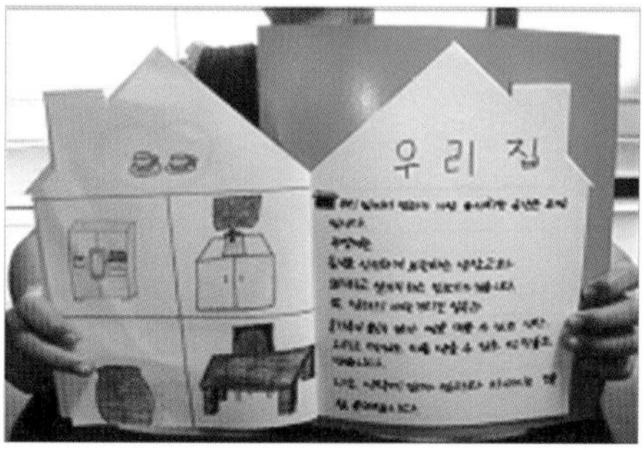

입체적인 책 만들기 3

• 준비물: 크레파스, 마카펜, 물감 또는 색연필, 두꺼운 종이, 자, 가위

• 만드는 방법

① 두꺼운 종이를 반으로 접는다. 오른쪽이 열리게 하고 왼쪽 위 모서리를 접어 삼각형 모양으로 접는다.

② 위 꼭짓점에서 15cm 정도 내려온 지점에서 가로로 오린다.

③ 두꺼운 종이를 펼친다. 접은 자국과 함께 아래로 꼭짓점 자국이 생긴다. 접은 자국을 안쪽으로 밀어 넣어 접는다.

④ 두꺼운 종이를 다시 펼친다. 가운데 부분이 튀어나오는 부분이다. 튀어나오는 부분에 생쥐의 얼굴을 그리고 몸은 아래에 그린다.

⑤ 몸과 연결된 부분을 제외하고 머리 부분을 오린다. 생쥐가 꽃을 쥐고 있는 모습을 그렸다면 친구에게 꽃 그림책을 선물할 수 있다.

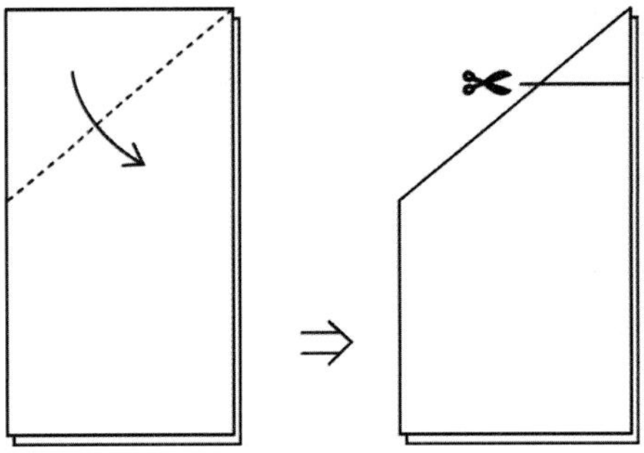

바퀴책 만들기

• 준비물: 두꺼운 종이, 컴퍼스, 칼, Y핀, 크레파스, 물감, 사인펜, 마커펜 또는 색연필

• 만드는 방법

① 두꺼운 종이를 반으로 접는다. 앞면에 유리병 그림을 그려 예쁘게 꾸민다.

② 다른 두꺼운 종이에 컴퍼스를 이용하여 원형을 그리고 가운데 점을 찍는다. 원형을 오린다.

③ 원형판을 4등분하여 이야기를 만들 수 있는 그림을 그려 색칠한다. 1/4 크기의 부채꼴 모양으로 ①의 유리병 그림 가운데 부분을 오린다.

④ 반으로 접은 두꺼운 종이 사이에 원형 판을 끼우고 Y핀으로 고정한다. 앞면이 움직이지 않도록 테두리에 풀칠하여 붙인다.

⑤ 원형 판을 돌리면서 이야기를 들려준다.

점과 선 그려 보기

- 목 표: 제시되는 이야기를 듣고 점이나 선을 이용하여 느낌을 표현하여 본다.
  점과 선을 그어 보고 선의 형태에 따라 보는 느낌이 달라짐을 알 수 있다.
  곡선과 직선, 굵은 선과 가는 선, 짧은 선과 긴 선 등을 이용해 다양한 선의 느낌을 표현할 수 있다.
  선과 관련된 다양한 활동을 통해 생활 속에서 선을 발견하고 그에 따른 느낌을 이야기하는 기초능력을 키울 수 있다.

- 준비물: 도화지, 사인펜, 크레파스, 색연필, 『마술연필』 책

- 활동방법

① 점선 따라 그리기를 통해 선의 느낌에 따라 선의 이름을 붙여 준다.

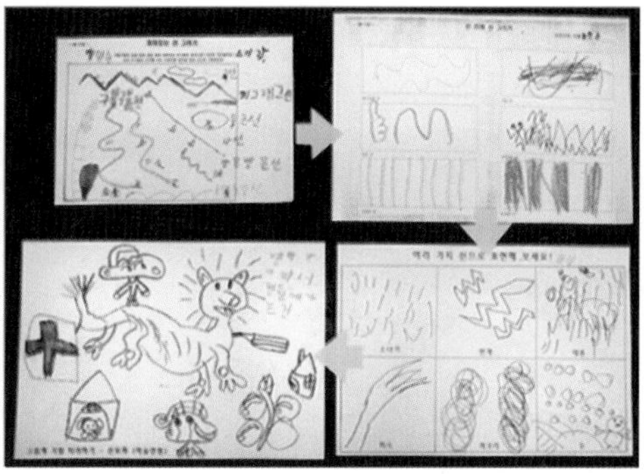

② 빈칸에 지시어에서 느껴지는 느낌대로 선을 표현해 본다.

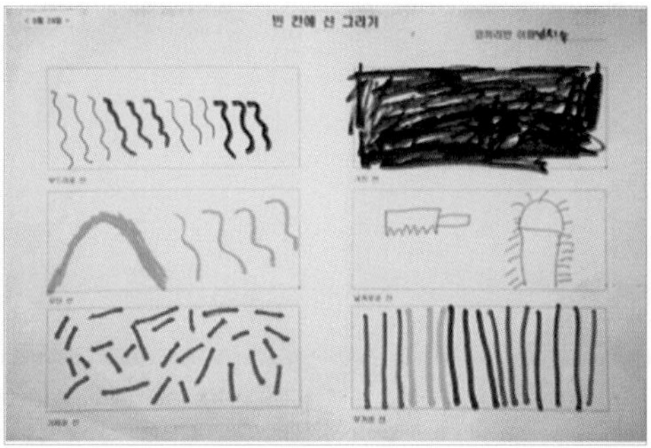

③ 날씨에 관련된 지시어를 보고 선을 이용해서 그림을 그리되, 자신의 생각이나 경험에 비추어 빈칸을 채운다.

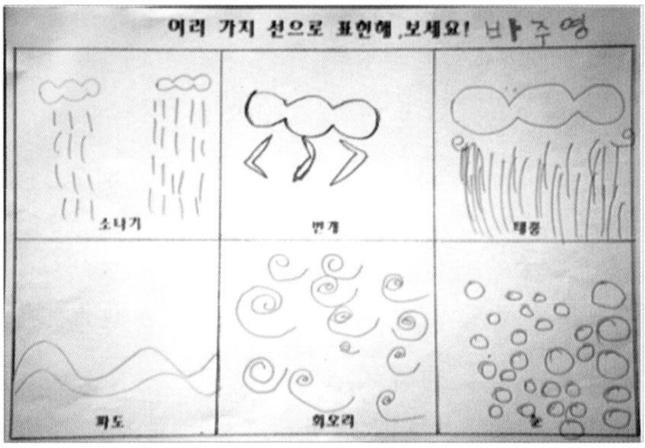

④ 동화책을 듣고 "우리에게 마술연필이 생긴다면 어떤 그림을 그려 볼까?"에 대해 이야기를 나눈 뒤, 자신의 마음에 드는 그리기 재료를 선택하도록 한다. 이때 색은 한 가지만 사용할 수도 있고 여러 가지를 사용할 수도 있다는 것을 이야기해 준다. "눈을 감고 우리 손에 있는 미술 도구를 마술연필로 만들어 보자. …눈을 뜨고 마술연필과 함께 신나는 그림 그리기를 해 보자!"

작품을 완성한 후에는 자신의 그림에 제목을 붙이도록 한다.

색

• 목　표: 각각의 색깔이 가지고 있는 고유의 느낌에 대해 안다.
차가운 느낌과 따뜻한 느낌의 색을 분류할 수 있다.
한 작품 속에 두 가지 느낌을 표현하고 두 화면을 비교하여 분석할 수 있다.

• 준비물: 프린트된 도화지, 크레파스, 연필, 『퐁당퐁당 물감놀이』 책

• 활동방법

① 활동을 하기 전에 유아들의 옷을 가지고 따뜻한 색과 차가운 색을 분류해 본다.
② 크레파스에서 따뜻한(차가운) 색만 골라 보도록 하고 네모 칸 아래에 작은 동그라미로 색칠하면서 색의 느낌을 다시 정리하도록 한다.
③ 연필 등으로 밑그림을 그린 후 그림을 반으로 나누어 한쪽에는 따뜻한 색으로, 다른 쪽에는 차가운 색으로 색칠하도록 한다.
④ 완성 후 친구들의 작품과 내 작품을 전시하고 감상한다.

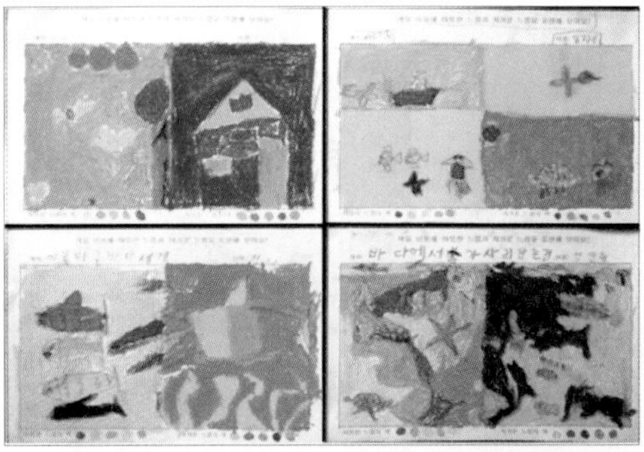
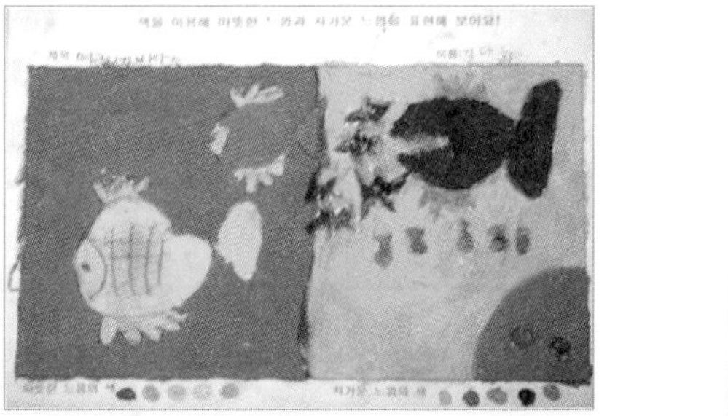

모양

• 목　표: 동그라미, 세모, 네모 또는 원, 삼각형, 사각형 등의 이름과 형태를 응용 할 수 있다.
모양과 관련한 다양한 활동을 통해 사물에 대한 변별력을 키우고 다양한 모양으로 구성된 주변 환경에 관심을 가질 수 있다.

• 준비물: 프린트된 종이, 도화지, 색종이, 풀, 가위, 연필, 지우개, 사인펜, 크레파스, 색연필,『알록달록 동물원』책

• 활동방법

① 자전거 그림 속에서 동그라미, 세모, 네모의 기본 모양을 찾아보고 각각의 개수를 파악한다.

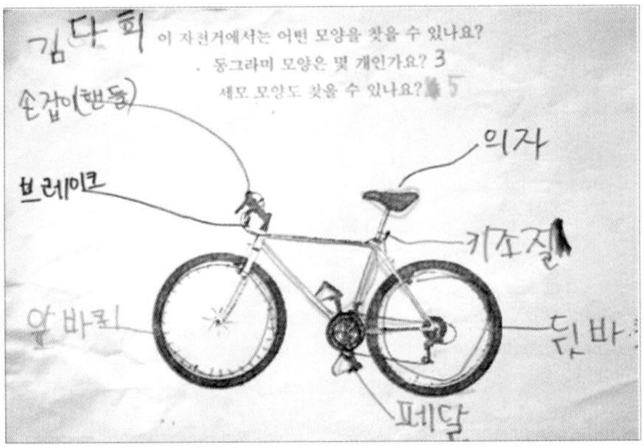

② 교실에서 세모, 네모, 동그라미 모양이 들어간 물건을 찾아보고, 집 혹은 바깥에서 기본 모양을 볼 수 있는 물건 등에 대해 이야기 나눈다. 각각의 칸에 자유롭게 그려 본다.

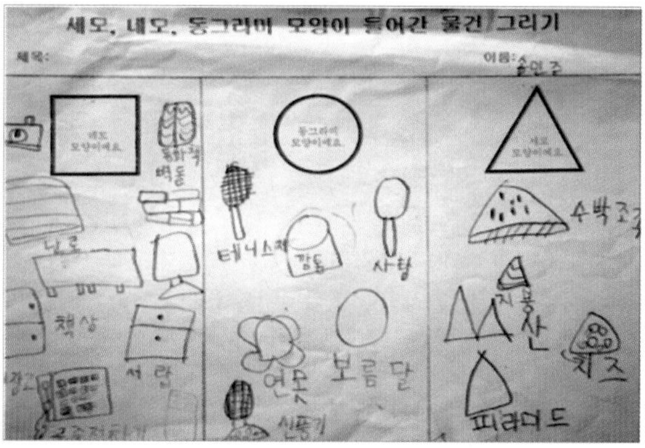

③ 동화책을 듣고 '내가 만들고 싶은 동물'에 대해 이야기 나눈 뒤, 색종이를 오려 동물을 완성한다. 색종이로 동물을 표현할 때는 특정 부분만 오리고 나머지를 그리거나, 전체를 오리고 배경을 꾸미는 등 유아가 자유롭게 진행하도록 한다. 작품을 완성한 후에는 자신의 그림에 제목을 붙이도록 한다.

④ 다양한 형태의 모양 조각을 도화지 위에 붙여 가며 그림을 완성하고 부족한 부분은 크레파스 등을 사용하여 완성한다. 이때 교사가 미리 기본 모양을 다양한 크기와 형태로 오려 놓거나 자유선택 활동시간을 이용해 유아들과 함께 오려 둘 수 있다.

촉감놀이-손바닥 찍기

• 목 표: 촉감을 발달시키고 우리 몸에 대해 관심을 갖는다.
손바닥 모양으로 그림을 그릴 수 있으며, 책과 친구들의 작품을 통해 풍성하고 다양한 내용의 표현들을 살펴볼 수 있다.

• 준비물: 도화지, 파스텔, 크레파스, 물감, 붓, 팔레트, 『손바닥 물고기』 책

• 활동방법

① 『손바닥 물고기』 동화를 들려준다.

② 손바닥의 화려한 변신에 대해 이야기 나눈다.

③ 팔레트에서 원하는 색의 물감을 손바닥에 묻혀 도화지에 찍은 뒤 그림을 완성한다. 물감을 묻힐 때는 손바닥 전체를 팔레트에 넣어 보고, 붓을 이용해 한 번 더 덧칠해서 진하게 칠해 준다.

④ 물감이 마르면 그림을 꾸미고 제목을 붙인 다음, 배경은 파스텔로 마무리한다.

물감놀이-수박 껍질로 족자 만들기

• 목 표: 과일이나 채소 등을 이용해서 다양한 놀이를 할 수 있다.
물감놀이를 하면서 화선지와 물감, 수박 껍질이 갖는 각각의 특성을 발견할 수 있다.

• 준비물: 화선지, 검은 도화지, 수박 껍질 혹은 여러 종류의 채소, 모양 틀, 물감, 먹물, 모루, 『감자야 그림 그리자』 책

• 활동방법

① 화선지는 다양한 크기로 잘라서 검은 도화지에 붙이고, 수박 껍질은 속을 파내고 모양 틀로 찍거나 칼을 이용하여 다양한 모양을 준비한다.
② 『감자야 그림 그리자』 책을 보며 감자의 변신과 자신이 가장 맘에 든다고 생각되는 부분에 대해 발표한다.
③ 여름철에 즐겨 먹는 수박을 이용해서 어떤 그림을 그릴 수 있을지 생각해 보게 한 뒤 활동 재료를 보여 준다.
④ 먹물을 사용할 유아는 먹물 한 가지로만 꾸미고 컬러를 원하는 유아는 물감을 사용하도록 하여, 완성 후 두 가지 그림의 느낌을 비교해 보도록 한다.
⑤ 작품의 한쪽에 이름을 쓰고 낙관 대신 지장을 찍도록 한다.
⑥ 모루로 끈을 달아 벽걸이용 미니 족자를 완성한다.

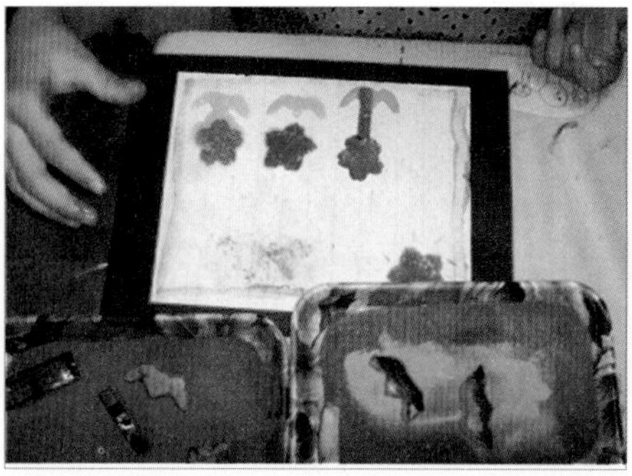

3) 극화활동

문학작품과 연관된 극화활동은 역할놀이, 무언극, 동극 등의 방식이 있으며 다양한 방법으로 시도할 수 있다. 극화활동의 자세한 내용은 제13장의 7. 극화활동을 참조하기 바란다.

3. 글과 그림읽기의 통합적 접근

1) 그림책의 현대적 정의

이미지의 중요성이 더욱 커지고 있는 현대사회에서는 그림책의 글과 더불어 그림의 요소가 더욱 중요하게 부각된다.

김세희와 현은자(1995)[30]는 유아 그림책의 가치 중 하나가 그림을 감상하며 심미적 감상력을 기르는 것이라고 하였다. 시각적 경험은 정신 활동에 절대적인 중요성을 가지고 있기 때문에 어린 시절의 시각적 경험은 그만큼 양에 있어서나 그 깊이에 있어서 큰 의의를 갖는 것이다. 이야기책의 삽화, 활자의 모양, 크기 그리고 활자가 지면상에 놓인 위치 등이 특징적일 때 유아의 독자적 읽기에 긍정적인 영향을 준다고 하였다.

그림책은 일반적으로 유아문학의 한 장르로 여겨져 왔으나 현대에 들어서 점차 많은 화가와 디자이너들이 그림책 창작에 참여함에 따라 이제 그림책은 어엿한 시각예술의 한 장르로 자리 잡아 가고 있다. 이제 유아들에게 그림책을 읽어 주는 성인은 그림책의 글 뿐만 아니라 그림을 이해하는 것이 필요하다.

아직 관습적 철자에 미숙한 유아는 그림만으로도 이야기 세계를 만들며 시각적 언어를 충분히 활용한 의사소통을 할 수 있음을 알고 있는 성인은 그림책을 읽어줄 때 그들이 더욱 관심을 갖는 시각적 요소를 이해하여야 할 것이다. 그림은 독자적인 형태의 시각언어로 보아야 하며 내용을 의미하는 새로운 표현 수단인 것이다. 그림책에 대한 다양한 정의들을 정리하면 〈표 14-1〉과 같다.

〈표 14-1〉 그림책에 대한 다양한 정의들

학자	그림책의 정의
러셀(Russell)	'글과 그림의 행복한 결혼'이다.
노들먼(Nodelman)	문학과 미술이라는 서로 다른 예술 형식이 독특하게 결합한 형태
바바러 쿠니 (Barbara Cooney)	그림책을 진주목걸이에 비유하며 진주는 그림을, 목걸이는 글 텍스트에 비유
마쓰모토 다케시	여러 그림들이 연속적으로 조합됨으로써 그림이라는 공간에 시간적인 흐름이 도입된 것으로, 그 속에 그림과 언어가 유기적으로 결합하고 있다.
마쯔이 다다시	작가와 화가와 편집자가 공동으로 만들어 낸 '이야기가 담겨진 그림이 있는 책'

출처: 박소라(2010). 시각적 문해력 향상을 위한 그림책의 그림읽기 전략 연구. 진주교육대학교 교육대학원 석사학위논문.[31)]

2) 그림읽기의 장점

그림책에서 그림을 읽어 갈 때의 장점에 대해 선행연구들을 정리하면 다음과 같다.

- 그림의 색이나 형태는 등장인물들의 구체적 행동과 감정을 표현하고 있으므로 개성 있는 그림은 독자의 미적 인식능력을 키워 줄 수 있다(현은자 외, 2008).[32)]
- 글 없이 그림만으로도 세분화된 장면의 제시를 통해 서사의 연결을 매끄럽게 진행하는 역할을 하므로 글을 읽는 데 익숙하지 않는 유아들의 이야기 이해를 돕는다. 그림은 이야기의 시간과 공간을 제시하여 배경을 이해하도록 하는 역할을 하여 작품 이해에 도움을 준다(현은순, 홍혜경, 2009[33)]; 김현정, 2009[34)]).
- 그림작가가 색채, 형상, 질감, 양감을 그림 속에 반복하여 제시함으로 그림을 읽는 독자가 시각적 문해력(visual literacy)을 얻을 수 있다(오정옥, 2002[35)]; 박숙현, 2006[36)]).
- 그림이 글과 정반대의 내용을 전개하여 글 속에서 표현되지 않은 이야기의 진행과 직접적인 관련이 없는 많은 정보를 제공함으로써 독자가 이야기에 대한 사고를 풍부하게 전개하도록 한다(홍진숙, 2013).[37)]

3) 그림의 기본요소 이해하기

그림의 기본요소는 화가들이 선택하는 그림의 어휘다. 이는 작가들이 사용하는 개별단어에 비유할 수 있다(Stewig, 1995).[38] 그림의 기본요소는 선, 공간, 형태, 색, 재질감, 구도와 원근법이다(Russell, 1991).[39] 그림의 기본요소들이 주는 느낌은 많은 사람들이 공통으로 느끼는 것이다. 그림작가들은 이처럼 그림의 기본요소를 사용하여 의미를 독자들에게 전달하는 것이다. 그림책을 읽어 주는 성인 역시 그림책 속의 그림이 지닌 시각적 요소들과 글과 그림의 관계를 이해하여야 한다.

(1) 선

선은 수많은 점들이 모여 이루어지며 움직이는 점으로 연결되기도 한다. 선의 형태는 매우 다양하여 직선, 곡선 또는 들쭉날쭉한 선들이 있다.

선은 사람이나 사물의 형태를 만들고 재질감을 느끼도록 하는 데 이용된다. 선은 방향을 나타내기도 하지만, 분위기와 감정을 전달해 주기도 하는 강력한 도구다. 선은 가장 단순한 형태이면서도 그림작가들의 느낌, 정서 그리고 생각을 표현하는 구성요소다.

별다른 매체나 색채의 사용이 없이도 선의 사용만으로 다양한 감정을 섬세하게 묘사하는 이형진의『끝지』의 겉표지다.

그림 14-11
『끝지』
이형진 (글 · 그림), 느림보.

① 직선

직선에는 수평선과 수직선 그리고 사선이 있다. 대다수의 그림이나 디자인과 드로잉은 장방형의 화면 속에서 이루어진다. 그러므로 그림 속의 수평선이나 수직선은 화면의 가장자리와 평행을 이루어 안정감을 주는 요소가 된다.

그림 14-12
『지각대장 존』
존 버닝햄 (글 · 그림), 비룡소.

- 수평선

수평선은 우리의 시선이 조금 더 천천히 움직이도록 이끄는 특징을 지니고 있어 편안함, 균형, 고요함, 침착함과 안정성 등을 느끼게 해 준다.

• 수직선

수직선은 시선을 위로 향하게 하거나 아래로 내려오도록 하기 때문에 성장, 엄격함, 강함, 높이와 거리감을 느끼게 한다.

수직과 수평선을 골고루 사용하면 각 선의 성질이 서로 잘 짜여 견고한 느낌을 전달하며 공간감과 거리감을 주기도 한다.

• 사선

속도감과 변화, 진행 과정, 불균형 또는 긴장감을 느끼게 해 준다.

그림 14-13
『리디아의 정원』
사라 스튜어트 (글), 데이비드 스몰 (그림), 시공주니어.

그림 14-14
『고릴라』
앤서니 브라운 (글 · 그림), 비룡소.

그림 14-15
『고릴라』
앤서니 브라운 (글 · 그림), 비룡소.

② 곡선

곡선은 자유롭고 개방적이며 흐르는 듯한 느낌을 표현한다. 부드러움, 온화함을 느끼게 한다. 움직임을 나타낼 때도 쓰인다.

그림 14-16
『오소리네 집 꽃밭』
권정생 (글), 정승각 (그림), 길벗어린이.

③ 외곽선

외곽선은 대상의 윤곽을 따라 그린 선이다. 그림에서 처음 칠한 색이나 명도가 별로 주목을 끌지 못할 때 어두운 외곽선은 충분한 강조를 이루어 낸다. 그림에 강한 외곽선을 사용한 구성은 형태를 분명하게 해 주는 효과가 있다.

그림 14-17
『소피가 화나면, 정말 정말 화나면』
몰리 뱅 (글 · 그림), 책읽는곰.

(2) 형태

모양과 형태는 흔히 같은 용어로 사용되나, 모양은 평평한 것으로 보이는 형상, 형태는 입체적으로 보이는 형상으로 구분된다. 모양과 형태는 외곽선이나 외곽선 없이 색이나 질감 또는 더 작은 형태들의 모임으로 만들어지기도 한다.

그림 14-18
『으뜸 헤엄이』
레오 리오니 (글 · 그림), 마루벌.

'형'은 그 외곽선을 한정 짓는 선이나 혹은 색상과 명암의 변화로 구획되는 시지각의 영역이다. '형태'는 색상이나 질감, 구성 등을 아우르는 한 작품의 전체적인 틀을 나타내는 광의적인 단어다. 디자인이나 구성은 기본적으로 형의 배치에 관한 것이다. 그림책은 입체감을 강조하기보다는 평면적 · 이차원적 모양을 사용하여 만들어진 것들이 많다.

(3) 색

색은 그림의 느낌, 분위기를 만들어 준다. 색은 그림의 기본적인 이미지 구성에도 중요한 역할을 하는데, 하나의 그림뿐만 아니라 전체 장면을 통해 의미 있는 등장인물과 사물들을 연결하기도 하고 분리하기도 한다.

① 명도와 채도

그림 14-19
『겁쟁이 빌리』의 장면들 중 명도의 변화
앤서니 브라운 (글 · 그림), 비룡소

명도란 색이 밝거나 어두운 정도를 말한다. 색의 밝기에 따라 우울한 소재에는 낮은 명도의 색을, 밝은 정서의 그림에는 높은 명도의 색을 사용하는 경향이 있다. 명도는 그림의 대비와 균형을 가져올 뿐만 아니라 그림의 특정 부분을 더욱 강조하여 보여 주며 평면에 삼차원 형태를 만들어 주기도 한다. 명도의 대비에 따라 주인공의 감정 변화를 느낄 수 있다.

그림 14-20
『노란 우산』
류재수 (글 · 그림), 보림.

채도는 색의 맑은 정도, 즉 얼마나 맑고 투명한지를 가리키는 강도와 순도를 말한다. 채도는 같은 색이라도 선명하거나 탁한 정도에 따라 강약의 느낌이 다르다고 볼 수 있다.

② 무채색과 유채색

단색 계열의 그림은 다양한 색이 사용된 그림에 비해 조금 더 차분한 느낌을 갖게 해 준다.

그림 14-21
『말괄량이 기관차 치치』
버지니아 리 버튼 (글 · 그림), 시공주니어.

그림 14-22
『괜찮아』
최숙희 (글 · 그림), 웅진주니어.

③ 따뜻한 색과 차가운 색

색이 주는 느낌에 따라 이야기속의 주인공의 감정이나 상태를 표현할 수 있다.

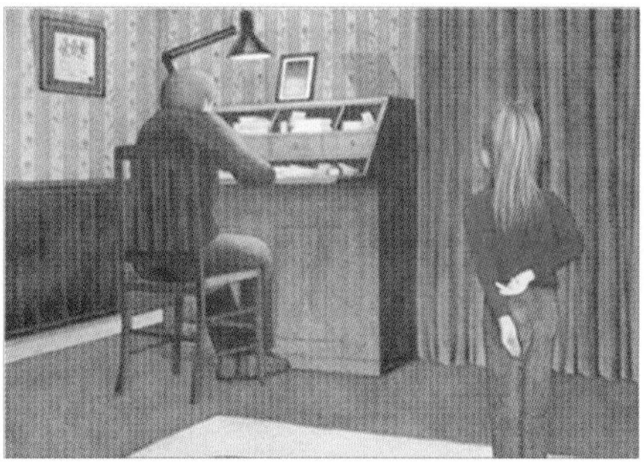

그림 14-23
『고릴라』
앤서니 브라운 (글 · 그림), 비룡소.

④ 유사색과 보색

유사색은 색 계열에서 비슷한 위치에 놓인 색의 조합으로 전체적인 분위기가 편안하고 아늑한 느낌을 주는 반면, 보색은 그 위치나 성격이 서로 정반대로서 이 둘을 섞으면 무색이 되지만 서로 함께 놓으면 서로의 선명도를 강화시켜 준다. 보색을 쓰면 서로가 서로의 선명도를 강화시켜 색채가 살아 움직이는 듯한 느낌을 준다.

그림 14-24
『오소리네 집 꽃밭』
권정생 (글), 정승각 (그림), 길벗어린이.

그림 14-25
『고물자전거』
주홍 (글), 고근호 (그림), 바보새.

(4) 재질감

재질감이란 우리가 실제로 그것을 만졌을 때 그 표면의 느낌에 대한 시각적 인상이다. 그림책의 그림은 조금 더 실감나는 표현을 위해 재질감에 중점을 둔다. 조각, 아크릴과 유화, 콜라주로 제작하기도 한다. 콜라주는 재질감을 더욱 효과적으로 살리기 위해 실제 질감을 활용하는 기법이다.

그림 14-26
『고릴라』
앤서니 브라운 (글 · 그림), 비룡소.

(5) 공간감

미술에서 표현된 공간은 실제로 평면적이지만 그 속에 입체적인 공간이 있는 것처럼 느껴지게 표현하는 가상의 공간이다. 화가는 평면적인 화면에 공간감을 표현하기 위하여 사물들 간의 명암, 색상 및 크기의 변화 그리고 화면

그림 14-27
『비 오는 날』
유리 슐레비츠 (글 · 그림), 시공주니어.

안에서의 위치의 변화, 면의 중첩, 원근법 등의 방법을 이용한다.

그림 14-27은 중첩의 예다. 중첩은 깊이감을 주는 간단한 방법이다. 각각의 형은 서로 다른 것 위에 포개 있기 때문에 부분적으로 가려진 모습을 하고 있는데 여기에 깊이감이 생겨나고 있다.

또한 원근법을 사용하기도 하는데, 화면에서 깊이감을 나타내기 위한 색채와 명도를 사용한다. 멀어지고 있는 것일수록 명도 대비나 윤곽선의 선명도가 점차 감소되어 중간색으로 바뀌면서 푸르스름한 색조를 띠게 된다.

그림 14-28
『우리는 친구』
앤서니 브라운 (글 · 그림), 웅진주니어.

(6) 시선

① 시점

그림에서 시점은 독자가 사물이나 상황을 바라보는 각도다. 독자에게 대상을 바라보는 지점을 알려 줌으로써 그림 안에 등장한 사람들 간의 관계와 사람과 사물 간의 다양한 관계를 알려 준다. 어떤 대상을 위에서 아래로 굽어 내려다보는 시점은 힘 또는 통제감을 갖게 해 주고, 반대로 사람이나 사물을 아래에서 위로 올려다보는 시점은 위압감을 느끼게 해 준다.

그림 14-29
『고릴라』
앤서니 브라운 (글 · 그림), 비룡소.

② 거리

그림에서 거리는 독자와 그림에 등장하는 대상과의 물리적 간격을 의미하며, 이러한 간격은 심리적 거리도 표현해 준다. 심리적 거리는 우리의 일상생활 속에서 사람들 간의 거리와 친밀감이 관련이 있는 것과 같은 맥락이다.

4) 그림책 제작의 매체 이해하기

그림책에 사용된 독특한 매체와 기법을 중심으로 그림책을 살펴보는 것은 유아들이 도구를 활용한 미적 체험과 표현을 더욱 익숙하도록 도울 것이다.

(1) 드로잉

엷은 수채화의 경우는 드로잉이 그대로 드러나기 때문에, 밑그림으로의 드로잉은 매우 중요하다. 펜으로 그린 예로는 크리스 반 알스버그의 『벤의 꿈』(문학동네 어린이)이 있고, 콩테로 그린 예로는 버지니아 리 버튼의 『말괄량이 기차 치치』(시공사)가 있다. 색연필로 그린 예로는 레이먼드 브릭스의 『곰』(비룡소)이 있고, 거친 종이에 색연필로 그린 예로는 론 라이트번의 『잃어버린 강아지』(파랑새어린이)가 있다. 크레용으로 그린 예로는 레이먼드 브릭스의 『눈사람 아저씨』(마루벌)가 있다.

그림 14-30
『눈사람 아저씨』
레이먼드 브릭스 (글 · 그림), 마루벌.

(2) 수채화

① 투명 물감

수채화는 그림작가들이 자주 사용하는 매체다. 물을 많이 섞어 흐르는 것과 같은 형태로 가장자리가 명확하지 않게 그리는 경우도 있고, 물을 적게 섞어 거의 마른 붓으로 그려 강한 색상으로 표현하는 경우도 있다. 콩테 드로잉과 투명 수채화로 된 예는 이호백의 『도대체 그 동안 무슨일이 일어났을까?』(재미마주)가 있다. 유애로의 『도리도리 짝짜꿍』(보림)에는 투명 수채화와 컬러 잉크를 사용하였다.

그림 14-31
『도대체 그 동안 무슨일이 일어났을까』
이호백 (글 · 그림), 재미마주.

② 불투명 물감

과슈(gouache)는 흰색을 섞으면 유화 같이 불투명하게 표현되기도 한다. 아크릴 물감은 유화의 장점과 수채화의 섬세함을 동시에 표현할 수 있다. 과슈와 다양한 수채화 물감을 함께 사용한 그림책으로 한성옥의 『우렁각시』와 『수염 할아버지』(보림)가 있다. 최숙희의 『까꿍놀이』(보림)는 아크릴 물감으로 목판에 그린 것이며, 유애로의 『쪽빛을 찾아서』는 염료와 아크릴 물감으로 천에 그린 것이다.

그림 14-32
『수염 할아버지』
이상교 (글), 한성옥 (그림), 보림.

그림 14-33
『아기 곰의 가을 나들이』
데지마 게이자부로 (글 · 그림), 보림.

(3) 판화

① 목판화와 리놀륨판화

목판화는 책 그림을 위한 매체로서 오랜 역사를 지니고 있다. 목판화의 예로는 데지마 게이자부로의 『아기 곰의 가을 나들이』(보림)가 있다.

② 석판화

석판화는 물과 기름이 서로 섞이지 않는다는 원리를 이용한 것으로, 기름을 주원료로 한 크레용 등을 사용한다. 석판화로 된 그림책은 로버트 맥클로스키의 『아기 오리들한테 길을 비켜 주세요』(시공사), 완다 가그의 『백만 마리 고양이』(시공사), 『찔레꽃 공주』(비룡소) 그리고 조혜란의 『사물놀이』(길벗어린이) 등이 있다.

그림 14-34
『찔레꽃 공주』
그림 형제 (글), 펠릭스 호프만 (그림), 비룡소.

(4) 콜라주

콜라주는 종이와 인쇄물 등 다양한 재료들을 붙여서 하나의 작품을 만드는 것을 말한다. 콜라주 기법은 1912년 피카소가 처음 사용하였고, 후에 그림작가들이 매체로 수용하였다. 에즈라 잭 키츠의 『피터의 의자』(시공주니어) 등을 비롯한 많은 작품들, 레오 리오니의 『새앙쥐와 태엽쥐』(마루벌), 애드 영의 『일곱 마리 눈먼 생쥐』(시공주니어), 엘리노아르 켈러와 나아마 펠레그 세갈의 『삐뚤빼뚤 틀려도 좋아!』(북스토리아) 등이 있다.

그림 14-35
『새앙쥐와 태엽쥐』
레오리오니 (글 · 그림), 마루벌.

(5) 사진과 컴퓨터 그래픽

흑백으로 된 사진 그림책으로는 제롬 웩슬러의 『강아지가 태어났어요』(비룡소), 알렉스 컨스의 『엄마 말대로 하면 돼』(열린책들)가 있다. 한태희의 『불꽃놀이 펑펑』(한림출판사)은 컴퓨터 그래픽으로 제작하였다.

그림 14-36
『불꽃놀이』
한태희 (글 · 그림), 한림출판사.

(6) 점토

점토 조각과 점토 인형은 작품 완성 후 사진을 찍어 그림책의 그림으로 사용한다. 그 예로 점토 조각으로는 정상경의 『가족 123』(초방책방)과 점토 인형으로는 주경호의 『우리 할아버지가 꼭 나만 했을 때』(보림), 백희나의 『구름빵』(한솔수북)이 있다.

그림 14-37
『우리 할아버지가 꼭 나만 했을 때』
주경호 (글 · 그림), 보림.

5) 그림책의 구조 이해하기

그림책의 구조란 어떤 소재를 어떤 형식으로 펼치며, 이야기 구성은 어떤 부분을 강조하여 총합시켜 갈 것인가를 말한다.

(1) 그림책의 판형

그림책의 기본 판형은 대부분 가로 형태의 직사각형이다.

(2) 앞표지와 뒤표지의 관계

그림에 대한 판단의 70%는 표지를 통해 하게 되며, 따라서 작가와 출판사는 그림책의 내용을 집약한 대표적인 그림과 제목을 선정하기 위해 고심한다.

그림 14-38
『누구 그림자일까?』
최숙희 (글 · 그림), 보림.

책의 표지는 그림책의 대문이자 책으로 들어가는 통로이기 때문에 더욱 중요성이 부각되며, 책의 내용을 나타내는 부분이다. 반면, 겉표지 중 앞표지와 비교하여 뒤표지는 앞표지를 보조하는 역할, 이야기가 끝난 뒤 여운을 남기는 역할을 맡고 있다. 뒤표지는 직접적이지 않고 매우 암시적이다.

그림책은 한정된 매수로 그려야 하는 제약이 있으므로 앞표지와 뒤표지는 단순한 포장을 넘어서 이야기가 연장되는 지면으로 활용될 수 있다.

(3) 면지(앞면지와 뒷면지)의 역할

그림책에서 면지는 겉표지를 넘긴 다음 쪽인 앞면지와 뒤표지를 넘기기 전의 면인 뒷면지가 있다. 앞면지란 겉표지를 넘기면 바로 나오는 안쪽의 반대쪽 면을 말한다. 이 부분에는 그림책의 표상이나 상징을 문양처럼 배열해 놓은 것이 많으며, 뒷면지 또한 앞면지와 같은 것으로 채워지고 있다.

앞면지와 뒷면지가 구성되는 몇 가지 방식은 다음과 같다. 첫째, 면지의 그림이 그림책 전체를 함축적으로 나타내기도 하고 주제를 말하기도 하여 이야기의 결말을 대략적으로 추측해 볼 수 있는 경우가 있다. 둘째, 이야기의 전개 속에서 시간이 흘러감을 암시적으로 보여 주는 예가 있다. 셋째, 등장인물의 앞모습과 뒷모습을 나란히 제시하는 방식을 사용하기도 한다. 앞뒤 면지는 그림 14-39처럼 그림책의 입구와 출구 구실을 하는 경우가 많다.

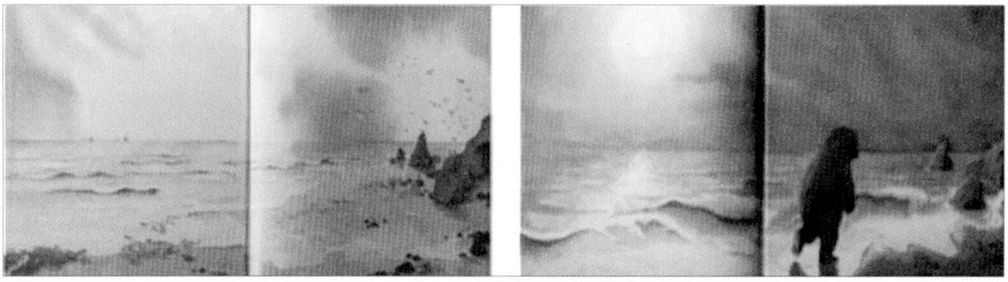

그림 14-39
『곰 사냥을 떠나자』
마이클 로센 (글), 헬린 옥슨버리 (그림), 시공주니어.

(4) 화면 구성 방식

그림 14-40
『말괄량이 기관차 치치』
버지니아 리 버튼 (글 · 그림), 시공주니어.

그림책의 화면 구성 방식은 어떤 구성 방식을 선택하는가에 따라 그것의 분위기와 글과 그림의 관계가 달라진다. 화면 구성은 그림을 단면으로 구성했는가 펼친 화면으로 구성했는가, 그림과 글이 분리되어 있는가 또는 글이 그림의 일부분으로서 배열되어 있는가, 그림을 특 속에 가두었는가 그렇지 않은가 등의 방식으로 이루어진다.

그림 안에 글이 삽입되는 방식은 전체 구성과 분위기를 자연스럽고 부드럽게 만들어서 그림책 읽기를 더 수월하게 하고 직접적인 조화로움을 전달한다.

한 화면 안에서 그림이 몇 개로 나누어져 있으면 분명 그것은 인물의 행동 변화나 시간의 흐름, 공간의 바뀜을 보여 주기 위한 것이다.

그림 14-41
『터널』
앤서니 브라운 (글 · 그림), 논장.

그림에 비해 글의 양이 아주 많을 경우에는 글과 그림 사이에 큰 단절감이 생겨서 그림책의 미적 구성에 조화가 깨지게 된다. 글 없이 그림만 있는 경우에 작가는 독자에게 더 꼼꼼하게 그림을 살펴 내용을 파악하기를 요구한다.

6) 그림읽기 활동의 전개

우리 유아교육 현장에서는 그림책을 문학 텍스트로 제한하는 경향을 유지해 왔으나 유아문학 관련 최근 많은 문헌들은 그림책에 대한 현장에서의 교수-학습 방법에 다음과 같은 변화를 요구하고 있다(이차숙, 2013[40]; 현은자, 2004; Arizpe & Styles, 2003[41]).

첫째, 유아가 글과 그림을 함께 읽을 수 있도록 하려면 그림이 나타내는 시각적 요소들을 이해할 수 있어야 한다. 그림의 선과 색이 주는 느낌 등 그림의 요소에 대해 질문하고 활동 할 수 있어야 한다. 그를 통해 유아는 그림이 주는 의미와 상징에 대해 흥미를 갖고 알아 갈 것이다.

둘째, 교사는 그림책을 읽어 주기 전 독자의 배경지식을 활성화할 수 있도록 하여야 한다. 그림책을 읽기 전에 유아가 갖고 있던 관련 배경지식을 꺼낼 수 있도록 발문하고 이미지를 떠올릴 수 있도록 한다. 이는 유아 개인의 그림책에 대한 개별적 의미 구성이 가능하도록 돕는다. 그림책을 읽기 전에 그림책의 내용을 그림이

나 표지, 면지의 내용만으로 예측해 보는 것, 유아의 사전 경험과 연결하여 이야기를 충분히 나누는 것이 좋다.

셋째, 교사는 유아들에게 그림책을 제시할 때 같은 주제나 소재의 다른 그림책, 동일 작가의 다른 그림책을 함께 제시하여 유아의 예술적 경험을 폭넓게 할 수 있다. 비슷한 유형의 서사 방식이 반복되거나 동일한 소재를 달리 전개한 패러디 그림책 등을 제시하는 것은 유아에게 이야기의 즐거움을 느끼게 하는 것은 물론 그림책의 의미 구성 전략, 이야기 문법, 플롯 등의 인식을 할 수 있도록 하여 더 높은 미적 인식능력을 갖게 할 것이다.

넷째, 교사는 그림책이 유아의 정서적 경험의 좋은 도구라는 것을 알아야 한다. 기쁨과 슬픔, 깊은 공감을 하게 하는 이야기를 들음으로써 유아의 심미적 경험은 한층 깊어질 것이다. 그림책속의 지식에 대한 질문보다는 이야기에 대한 정서적 반응에 주목하여야 한다.

그림책의 글과 그림읽기에 대한 통합적 접근은 우선 먼저 그림책의 그림에 대한 읽기로부터 시작되었다. 대표적으로 스테위그(Stewig, 1995)가 제시한 유아의 그림 읽기 능력을 기르기 위한 성인의 태도와 9가지 전략을 살펴보면 〈표 14-2〉와 같다.

〈표 14-2〉 유아의 그림읽기 능력을 기르기 위한 성인의 태도와 9가지 전략

성인의 태도	• 그림 안에 일러스트레이터가 그려 낸 사람, 대상, 배경이 무엇인가에 대해 묻는다. • 대상이 그려진 위치, 그것이 다른 것과 어떤 관계를 갖고 있는가에 대해 묻는다. • 어떤 재료를 사용하여 만들었는가에 대해 이야기를 나눈다.
9가지 전략	1. 그림책의 그림을 보고 이야기를 나눈다. 2. 그림책을 자주 접할 수 있도록 환경을 구성해 준다. 3. 그림책을 볼 때 그림을 보도록 격려한다. 4. 그림책의 그림에 나타난 미술적 요소에 대해 알려 주고 아동에게도 그림책의 요소에 대해 설명해 보도록 한다. 5. 그림 속의 상징을 알려 준다. 6. 다른 그림책과 비교해 본다. 7. 작가에 대한 정보를 알려 주고, 같은 작가의 다른 작품을 비교해 본다. 8. 그림책의 그림에 대해 비평해 본다. 그림을 좋아하는지, 싫어하는지, 왜 그런지에 대해 묻고 여러 번 반복해서 본다. 9. 그림책과 우리의 삶을 연결해 본다.

출처: 홍진숙(2013). 그림책의 그림읽기 중심 상호작용이 유아의 언어 표현력과 창의성에 미치는 영향. 강릉원주대학교 교육대학원 석사학위논문.

김지영(2005)[42]은 그림책의 그림읽기 활동을 통한 시각 문식성 효과를 증명하는 연구에서 스테위그의 방법을 토대로 다음과 같은 활동 방법을 전개하였다. 즉, 글과 함께 그림읽기를 하도록 하는 질문을 통해 그림에서 미처 보지 못한 부분까지 볼 수 있도록 하였고, 그림이 담고 있는 의미를 깨닫게 하도록 하였다. 특히 차시별 활동 내용은 그림의 예술적 요소인 선, 공간, 모양, 색, 재질감 등과 예술적 매개체인 수채화, 아크릴, 파스텔, 연필, 판화, 콜라주, 사진 등을 활용할 수 있도록 하였다.

정선화(2013)[43]는 유아들을 대상으로 한 글과 그림읽기 활동을 〈표 14-3〉과 같이 3단계로 제시하였다.

〈표 14-3〉 글과 그림읽기 활동의 단계

1단계	2단계		3단계
그림책 읽어 주기 사전 활동	그림책 읽어 주기	그림읽기	그림책 읽어 주기 사후 활동
		그림책의 글 읽기	
		글 읽고 난 후 그림읽기	

출처: 정선화(2013). 그림읽기 중심 그림책 읽기 활동이 유아의 시지각 능력에 미치는 영향. 가천대학교 교육대학원 석사학위논문.

그림을 볼 때 유발되는 인지과정은 표면구조와 심층구조로 나눌 수 있다. 표면구조는 사람들이 눈으로 보거나 귀로 듣는 차원의 것이고, 심층구조는 그림작가가 의도한 관념, 해석 등으로 이루어진 것이다. 그림을 듣고 보는 과정을 통해 작가의 의도를 파악하려면 표면 구조를 통해 드러나는 단서들을 이용하여 추론하고 그림작가가 의도한 심층구조의 의미를 파악하는 것이라고 하였다(정선화, 2013).

〈표 14-3〉과 같이 유아를 대상으로 글과 그림읽기 활동을 할 때 〈표 14-4〉와 같은 단계별 교사의 역할과 발문을 할 수 있다. 〈표 14-4〉는 앤서니 브라운의 그림책『고릴라』를 활동한 예시다.

〈표 14-4〉 단계별 교사의 역할(『고릴라』, 앤서니 브라운, 비룡소)

(1) 도입단계
• 유아들이 그림책을 더 잘 이해할 수 있도록 하기 위해 배경지식이나 감상 경험 등을 상기시켜 동기를 유발하도록 한다. 교사는 그림책과 관련된 영상물이나 자료를 제시할 수 있다. • 겉표지를 모두 보여 준 후 그림책의 내용을 예측해 볼 수 있다. - 겉표지를 보고 가장 먼저 떠오르는 생각은 무엇이었나요? - 고릴라를 본 적이 있나요? - 동물원에 간 적이 있나요?
(2) 표면적 그림읽기
• 먼저 그림을 보여 주겠다고 한 후 무슨 이야기인지 알아보자고 말한다. 이 단계에서는 그림책에 나오는 등장인물, 이야기는 어디에서 일어났는가, 무슨 일이 일어났는지 등 이야기의 구성요소를 유아들이 잘 이해하였는지 알아볼 수 있다. - 무슨 내용일까요? - 어떤 그림이 보이나요? - 어떤 색들이 보이나요? - 어떤 일들이 생겼을까요?
(3) 이야기 들려주기
• 유아들에게 그림책의 글을 읽어 준다. 심미적 질문에 대한 내용을 참조하면서 유아들과 이야기 내용에 대해 상호 작용을 한다.
(4) 심층적 그림읽기
• 그림을 다시 천천히 보면서 이야기를 들려준다. 그림책 속의 각 장면들에 대해 자세히 관찰하는 질문들을 제시한다. • 그림책 속의 등장인물의 마음을 표현하는 그림 속 장면을 찾아보도록 한다. 그림책 속의 등장인물이 나타내는 감정을 그림이 어떻게 표현하고 있는지 알아본다. • 그림책 속의 색채 표현에 대해 그 느낌을 표현해 보도록 한다. 특히 페이지마다 주인공의 옷이 달라지거나 색의 배치가 달라지는 점을 느낄 수 있도록 한다. 시점의 변화나 원근법의 변화를 느낄 수 있도록 한다. - 주인공은 이때 어떤 기분일까? 무엇을 하고 있나요? - 무엇으로 그린 그림일까요?
(5) 그림책 읽기 사후 활동
• 이 단계에서는 그림책에 대한 반응활동을 계획할 수 있다. 특히 그림책의 장면에 대한 회상과 재현, 그림책 속의 미술기법에 대한 체험활동이 제시될 수 있다. - 가장 기억에 남는 장면을 그려 보자. - 앞으로 일어날 장면 그려 보자. • 동일 작가의 다른 그림책이나 동일한 주제나 소재를 가진 다른 그림책과 비교하는 활동을 할 수 있다.

〈표 14-5〉는 선행연구들을 종합하여 앤서니 브라운의 그림책『고릴라』와『돼지책』을 가지고 글과 그림읽기를 통합하여 활동을 전개하는 예를 보여 주고 있다.

〈표 14-5〉 활동 예시

<table>
<tr><th colspan="2">그림책명</th><th>앤서니 브라운『고릴라』</th><th>차시</th><th>6-1, 2</th></tr>
<tr><td colspan="2">활동목표</td><td colspan="3">• 그림과 글을 연결지어 보고, 여러 가지 생각이나 느낌을 표현해 본다.
• 그림 속 여러 가지 행동, 표정 등을 살펴보고, 자신의 생각으로 이야기해 본다.
• 같은 작가의 다른 작품에 대해 비교하며 이야기해 본다.</td></tr>
<tr><td colspan="2">집단형태</td><td colspan="3">대집단, 소집단</td></tr>
<tr><td colspan="2">활동자료</td><td colspan="3">• 그림책『고릴라』(앤서니 브라운, 글 · 그림, 비룡소)
• 그림책『돼지책』(앤서니 브라운, 글 · 그림, 웅진주니어)
• 대집단 활동 진행을 위한 실물화상기와 그림책 PPT 자료</td></tr>
<tr><td colspan="2">책 내 용</td><td colspan="3">고릴라를 무척 좋아하는 한나는 아빠와 동물원에 가고 싶어 한다. 그러나 늘 바쁜 아빠는 한나의 생일 선물로 고릴라 인형을 사 준다. 꿈속에서 아빠만큼 큰 고릴라가 나타나 한나와 함께 동물원에 가서 많은 고릴라와 오랑우탄을 구경한다.</td></tr>
<tr><th>차시</th><th>단계</th><th colspan="3">활 동 내 용</th></tr>
<tr><td>6-1</td><td>그림책 읽어 주기 전</td><td colspan="3">• 그림책의 표지 읽기
- 표지 그림에 무엇이 보이나요?
- 주인공과 고릴라의 표정이 어떤가요?
- 어떤 이야기가 펼쳐질 것 같은가요?</td></tr>
<tr><td>6-2</td><td>그림책 읽어 주기</td><td colspan="3">• 그림읽기(표면구조 읽기)
1. 책장을 넘기며 그림을 먼저 읽는다.
- 이 그림책에는 누가 나오나요?
- 이야기가 펼쳐진 장소는 어디인가요?
- 주인공에게 어떤 일이 일어났나요?
• 그림책의 글 읽기
1. 유아의 반응을 살피며 그림책을 읽어 준다.
2. 유아의 그림책에 대한 느낌, 경험, 질문을 받아들여 주면서 읽어 준다.
• 글 읽고 난 후 그림읽기
1. 그림만 다시 천천히 보여 주면서 교사가 질문을 한다.
〈한나 혼자 TV를 보는 장면〉
- 의자 뒤에 매달린 한나와 아빠의 표정이 보이나요? 어떤 표정인가요? 한나는 무슨 생각을 하고 있을까요?
- 한나가 혼자 TV를 보는 장면을 보고 어떻게 느꼈나요?
- 한나의 기분은 밝은 주변 색과 어두운 벽의 색 중 어느 색으로 나타내는 것이 더 좋을까요? 왜 그렇게 느꼈나요?
〈한나가 고릴라 인형을 선물 받는 장면〉
- 한나가 무엇을 하고 있나요?</td></tr>
</table>

6-2	그림책 읽어 주기	〈고릴라가 커지는 장면〉 - 고릴라가 커질수록 옆의 여자 인형은 어떻게 달라졌나요? 〈고릴라가 아빠 코트를 입은 장면〉 - 고릴라를 본 한나의 표정이 어떤가요? - 그림에서 고릴라를 찾아볼까요? - 한나 뒤의 옷과 아빠 코트를 입은 고릴라의 모습을 비교해 볼까요? 같은 점이 있나요? 다른 점은 무엇인가요? 〈한나가 고릴라와 나무를 타는 장면〉 - 고릴라의 품에 안긴 한나는 어떤 생각을 하고 있을까요? 〈고릴라 우리 앞에 서 있는 장면〉 - 한나가 고릴라 등에 업힌 장면과 고릴라 우리 앞에서 고릴라에게 팔을 두르고 있는 장면을 보면 고릴라와 한나의 관계는 무엇을 하고 있을까요? - 우리에 갇힌 고릴라들의 표정은 어떤가요? 〈오랑우탄과 침팬지가 나오는 장면〉 - 오랑우탄과 침팬지 장면에서 같은 점과 다른 점을 찾아보아요. - 오랑우탄의 표정은 어떤가요? 무슨 말을 하고 있을까요? - 침팬지의 표정은 어떤가요? 무슨 말을 하고 있을까요? 〈고릴라가 바나나를 먹는 장면〉 - 고릴라가 나오는 장면을 모두 찾아볼까요? 〈아침이 되는 장면〉 - 자고 있는 한나의 표정이 어떤가요? 〈아빠가 한나의 생일을 축하해 주는 장면〉 - 한나가 아빠가 앉아 있는 의자 뒤에 매달려 있는 장면과 아빠가 한나가 앉아 있는 의자 뒤에서 한나를 안아 주는 장면을 비교해 볼까요? 어떤 점이 같고 어떤 점이 다른가요? - 아빠는 왜 바나나를 뒷주머니에 넣고 있었을까요? - 바나나는 어느 장면에서 나왔나요? 〈아빠와 손잡고 걸어가는 한나의 뒷모습 장면〉 - 한나와 고릴라가 손을 잡고 걸어가는 뒷모습과 아빠와 손잡고 걸어 가는 뒷모습을 비교해 볼까요? 어떤 점이 같고 어떤 점이 다른가요?
	그림책을 읽어 준 후	1. 그림 내용에 대한 유아의 경험 이야기 나누기 - 고릴라를 본 적이 있나요? - 동물원에 가면 가장 보고 싶은 동물은 무엇인가요? 2. 그림책 내용 비교해보기 -『돼지책』의 그림과 비슷한 점이 있나요? 어떤 것이 서로 비슷한가요?

미주

1) Babbit, N. (1990). *Protecting children's literature, the Horn Book Magazine, 66*(6), pp. 696-703.

2) Sebesta, S. L. (1989). Literature across the curriculm. In J. W. Stewig & S. L. Sebesta (Eds.), *Using Literature in the elementary classroom crev.* (ed.), pp. 110-128, Urban, IL: National council of Teachers of English.

3) Galda, L., & De Groff, L. (1992). Responding to Literature: Activities for Exploring Books. In B. E. Cullinan (Eds.), *Children's literature in the reading program*. Newark, DE: International Reading Association.

4) Indrisano, R., & Paratore, J. R. (1992). Using literature with readers at risk. In B. E. Cullinan (Eds.), *Invitation to Read: more children's literature in the reading program*. Newark, DE: International Reading Association.

5) Salinger, T. C. (1998). Language arts and literacy for young children. Columbus, OH: Merrill.

6) Morrow, L. M. (1985). Retelling stories: A strategy for improving young children's comprehension concept of story structure and oral language complexity. *The Elementary S1chool Journal, 85*(5), pp. 647-661.

7) Cliatt, M., & Shaw, J. (1998). The story time exchange ways to enhance it. *Childhood Education, 64*(5), p. 294.

8) Hamilton, M., & Weiss, M. (1991). Teacher's guide to storytelling. *Instructor, 100*(9), pp. 27-31.

9) 박상희(1990). 이야기 내용에 대한 질문방식이 유아의 창의성에 미치는 영향. 중앙대학교 대학원 석사학위 청구논문.

10) 채종옥(1996). 동화책 읽어 주기 접근법에 다른 유아의 반응에 관한 연구. 이화여자대학교 대학원 박사학위 청구논문.

11) Sutherland, Z., & Arbuthnot, M. H. C. (1991). *Children and Books*. Harper Collins Publishers.

12) Rosenblatt, L. M. (1985). The transactional theory of the literary work: Implications for research. In C. R. Cooper (Ed.), Researching response to literature and the teaching of literature (pp. 33-53). Norwood, NJ: Ablex.

13) McGee, L. M., & Loftus, F. (1992). An exploration of meaning construction in first exploration of meaning construction in first grader's grand conversations. In D. H. Leu & C. K. Kinxer (Eds.), *Forth-first yearbook of the national reading conference* (pp. 35-56). IL: The National Reading Conference.

14) Cox, C., & Many, J. E. (1992). Toward an understanding of the aesthetic response to literature. *Language Arts, 69*, pp. 28-33.

15) 노연수(2000). 동화 활동 시 교사의 심미적-정보 회상적 질문이 유아의 언어 표현력과 이해력에 미치는 영향. 한양대학교 교육대학원 석사학위 청구논문.

16) Probst, R. E. (1990). Literature as exploration and the classroom. In E. J. Farell (Ed.), *Translations with literature* (pp. 67-82). Urbana, IL: NCTE.

17) Cox, C. (2002). *Teaching language arts: A student-and response-centered classroom* (4th

ed.). NY: Allyn & Bacon.

18) Langer, J. A. (1994). A Response based approach to reading literature. *Language Arts, 71*(3), pp. 203-211.

19) Stein, N. L., & Glenn, C. G. (1988). Children's concept of time: The development of a story schema. *The Development Psychology of Time*, pp. 255-280.

20) Schmitt, M.C., & O'Brien, D. G. (1986). Story grammars: Some cautions about the translation of research onto practice. *Reading Research and Instruction, 26*(1), pp. 1-8.

21) 이차숙, 노명완(2004). 유아언어교육론. 서울: 동문사.

22) Trelease, J. (1995). *The new read-aloud handbook*. New York: Viking Penguin.

23) Bromley, K. D. (1991). *Webbing with literature: Creating Story with Children's books*. Boston: Allyn & Bacon.

24) Tomkins, G. E. (1997). *Literacy for the Twenty-First century-A Balanced Approach*. Upper Saddle River, NJ: Prentice Hall/Merrill.

25) Macon, J. M., Bewell, D. B., & Vogt, M. E. (1991). *Responses to literature: Grades K-8*. Newark, DE: International Reading Association.

26) Routman, R. (1998). *Transitions from literature to literacy*. Portsmouth, NH: Heinemann Educational Books, Inc.

27) Macon, J. M., Bewell, D. B., & Vogt, M. E. (1991). *Responses to literature: Grades K-8*. Newark, DE: International Reading Association, p. 421.

28) Whitehead, R. (1994). 아동문학교육론(신현저 편역). 범우사.

29) Macon, J. M., Bewell, D. B., & Vogt, M. E. (1991). *Responses to literature: Grades K-8*. Newark, DE: International Reading Association, p. 431.

30) 김세희, 현은자(1995). 어린이세계의 그림이야기책. 서원

31) 박소라(2010). 시각적 문해력 향상을 위한 그림책의 그림읽기 전략 연구. 진주교육대학교 교육대학원 석사학위논문.

32) 현은자, 강은진, 변윤희, 심향분(2008). 그림책의 그림읽기. 마루벌.

33) 현은순, 홍혜경(2009). 심미적 탐색을 통한 그림책 읽기 활동이 유아의 이야기 이해력과 그리기 표상능력에 미치는 효과. 열린유아교육연구, 제14권, 제4호.

34) 김현정(2009). 시각적 문해력 형성을 위한 그림동화 읽기 교수-학습 방안 연구. 한국교원대학교 교육대학원 석사학위논문.

35) 오정옥(2002). 그림책의 그림 읽기 프로그램이 유아의 시각 문식성(visual literacy)에 미치는 영향. 성균관대학교 석사학위 청구논문.

36) 박숙현(2006). 그림 읽기를 통한 시각적 문해력(Visual literacy)지도 방안 연구. 서울교육대학교 교육대학원 석사학위논문.

37) 홍진숙(2013). 그림책의 그림읽기 중심 상호작용이 유아의 언어 표현력과 창의성에 미치는 영향. 강릉원주대학교 교육대학원 석사학위논문.

38) Stewig, J. W. (1995). *Looking at Picture Books*. Highsmith Press.

39) Russell, D. L. (1991). *Literature for Children: A Short instruction*. NY: Longman Publishing Group.

40) 이차숙(2013). Arnheim의 시각적 사고 이론에 기초한 그림책의 그림읽기 지도 전략 탐색. 한국영유아보육학, No. 79, pp. 1-21.

41) Arizpe, E., & Styles, M. (2003). *Children reading picture*. 이경은 역. 그림 읽는 아이들. 미진사.

42) 김지영(2005). 그림책의 그림읽기 수업을 통한 시각 문식성 향상에 관한 연구. 경기대학교 국제·문화대학원 석사학위논문.
43) 정선화(2013). 그림읽기 중심 그림책 읽기 활동이 유아의 시지각 능력에 미치는 영향. 가천대학교 교육대학원 석사학위논문.

요약

그림책은 다양한 교육적 활동으로 계획할 수 있다. 그림책 속에 나와 있는 문제해결 상황은 토의과정을 통해 사회적 문제해결 활동에 대한 이야깃거리가 될 수 있다. 교사는 이야기 내용에 대한 단순한 이해 확인식의 질문을 하기보다는 이야기 내용에 대한 유아의 의견과 느낌, 해결방법에 대한 토의를 유도하는 질문을 제시하는 것이 좋다. 이야기를 들려준 후에는 그림책의 글과 그림의 특징에 대한 분석을 통해 언어적·미술적 활동, 글과 그림의 통합적 접근에 의한 활동을 전개할 수 있으며 동극놀이와 같은 집단적 활동 등 다양한 방법을 시도할 수 있다.

연구문제

01 문학 중심적인 교육활동을 계획하고자 할 때 유의할 점에 대해 논하시오.

02 토의활동에 적합한 유아문학 작품을 선정하고 적절한 질문을 작성하여 보시오.

03 그림책 하나를 선택하여 이야기 개념을 형성하는 데 도움을 주는 언어적 접근에 의한 활동과 미술적 접근에 대한 활동을 계획하여 보시오.

04 문학작품을 선정하여 다양한 반응활동을 계획하여 보시오.

05 그림책을 선정하여 색과 선, 재질감, 원근법 등 그림의 기본요소를 탐색하여 보시오.

06 그림책을 선정하여 책의 겉표지와 면지의 형식을 탐색하여 보시오.

07 그림책을 선정하여 〈표 14-5〉의 내용과 같이 글과 그림읽기에 기초한 교육계획안을 작성해 보시오.

제15장

독서치료

1. 독서치료의 정의

1) 독서치료의 어원에 의한 정의

독서치료(bibliotherapy)란 말의 어원은 'biblion(책, 문학)'과 'therapeia(도움이 되다, 의학적으로 돕다, 병을 고쳐 주다)'라는 그리스어의 두 단어에서 유래되었다. 책이나 문학작품이 치유의 힘을 가졌다는 기본 가정에서 출발한다고 볼 수 있다. 독서치료가 무엇인지 가장 단순하게 정의를 내린다면, 책을 읽음으로써 치료가 되고 도움을 받는다는 것이다.[1)]

2) 독서치료의 발전과정에 따른 정의

독서치료는 고대부터 알려지고 실시되어 왔지만, 그 용어를 처음으로 사용한 것은 1916년에 크라더스(Crothers)[2)]에 의해서였다. 이후『Dorland's Illustrated Medical Dictionary』(1941)에서는 독서치료를 '신경증을 치료하기 위해 책들을 골라서 읽는 것'[3)]이라고 처음으로 정의를 내렸다. 처음으로 독서치료에 대한 박사학위논문을 썼던 슈로드스(Shrodes, 1949, 1960)[4]는 독서치료를 독자의 인성과 문학과의 상호작용의 과정으로 정의하기도 하였다.

『Webster's Third New International Dictionary』(1961)[5]에서는 '정신의학과 의약 분야에서 치료의 보조 수단으로 읽기 자료를 사용하고, 지시받은 대로 읽음으로써 개인적인 문제를 해결하도록 안내하며, 적응을 잘하지 못하는 사람들을 사회에 복귀시키기 위한 치료이고, 사회적인 긴장을 없애기 위한 활동'이라고 정의를 내렸다.

1960년대에 이르러서는 독서치료에 대한 정의가 심리치료에서 임상적으로 사용되는 것(임상적 독서치료)과 학교에서 교사나 상담자가 교육적인 목적으로 사용하는 것(발달적 독서치료)으로 구별되기 시작하였다.

구체적인 활동을 강조한 허버트(Hebert, 1991), 파덱(Pardeck, 1994), 로즌(Rosen, 1987) 등에 따르면, 독서치료는 독서 자료를 읽거나 들은 후에 토론이나 역할놀이, 창의적인 문제해결 활동 등 구체적으로 계획된 활동을 함으로써 독서 자료로부터 문제에 대한 통찰력을 이끌어 내도록 돕는 것이다. 다시 말하면 책을 읽은 후에 구체적인 활동이 반드시 함께 일어나야 한다는 것이다.

상호작용을 강조한 하인즈와 하인즈-베리(Hynes & Hynes-Berry, 1994)[6]는 "상호작용적 독서치료에서 훈련된 치료자는 임상적(clinical) 또는 발달적(developmental) 독서치료 참여자의 감정과 인지적 반응을 통합하도록 도와주기 위하여 선택된 문학작품, 인쇄된 글, 시청각 자료, 참여자 자신의 창의적인 글쓰기 작품에 대한 토론을 유도하고 이끌어 나간다."고 하였다.

위의 여러 가지 정의들을 종합하면, 상호작용적 독서치료의 대상은 우리가 흔히 얘기하는 상담 대상과 치료 대상 모두를 포함한다. '발달적 독서치료'로 분류하는 상담 대상은 정상적인 발달 과업 중에 갈등을 겪고 있는 참여자를 얘기한다. '임상적 독서치료'로 분류하는 치료 대상은 특정하고 심각한 문제를 가지고 있는 참여자를 포함한다(Doll & Doll, 1997).[7]

상호작용적 독서치료의 목표는 자신의 적응과 성장을 돕고 당면한 문제들을 해결하도록 도움을 주는 것이다. 이런 목표를 위해 촉진자는 다양한 문학작품과 자기계발서 등을 매개로 하여 이야기 나누기, 글쓰기, 그림 그리기, 역할극 등의 여러 가지 방법의 구체적 활동과 상호작용을 한다.

상호작용적 독서치료 자료에는 인쇄된 글, 시청각 자료, 자신의 일기와 자서전 등 글쓰기 작품들이 모두 포함될 수 있다(김현희 외, 2004, 2010a).

2. 독서치료의 이론적 기초[8)]

독서치료는 발달심리학, 성격심리학, 상담심리학, 문학, 문헌정보학, 교육학 등 여러 학문에서 도움을 받는다. 그 이론적 기초로서 심리학이론과 문학작품의 특성과 독자반응이론을 간단히 소개하고자 한다.

1) 심리학이론

(1) 정신분석이론

정신분석이론은 참여자가 문학작품을 읽은 후 치료자와 나누는 상호작용 중에 일어나는 동일시, 전이, 카타르시스와 같은 개념의 근거를 제시한다. 치료자가 참여자에게 문학작품을 주었을 때, 작품을 읽는 참여자는 주인공에게 동일시하며 그 과정에서 자신을 잘 인식하게 된다. 동일시를 통하여 카타르시스를 맛보고 심리적인 해방감도 가지게 된다. 나아가 카타르시스를 통하여 자신에 대한 통찰을 얻도록 해 준다.

(2) 게슈탈트 이론

게슈탈트 이론은 치료자가 내담자에게 지금-여기에서 알고 있는 것들을 충분히 경험할 수 있도록 도와주어야 한다고 주장한다. 내담자는 특히 문학작품을 읽은 후에 거기에 나오는 등장인물의 역할을 맡는 역할극에 참여함으로써 자신의 내적인 갈등을 더 많이 인식하게 되어 심리적인 통합과 올바른 자아 인식을 하게 되는 것이다. 자신의 문제 원인을 알아 가면서 정서적으로 더 깊은 체험을 할 수 있기 위하여 빈의자 기법이나 역할 바꾸기 등의 역할놀이를 할 수도 있다.

(3) 사회학습이론

사회학습이론에 따르면, 어린이는 타인의 행동을 관찰하고 모방함으로써 새로운 행동을 획득하게 된다. 이러한 이론은 어린이가 성인의 생각과 행동을 모방하거나 또래집단 속에서 서로 영향을 주고받으며 새로운 심리적 특성을 획득하는 과정을 잘 설명해 준다. 따라서 사회학습이론에서 강조하는 관찰학습과 모델링(modeling)이 가능하다고 할 수 있겠다. 즉, 참여자는 작품 속의 등장인물이 하는 바람직한 행동을 따라서 하게 된다.

(4) 집단상담이론

집단상담은 전문적으로 훈련된 상담자의 지도와 동료들과의 역동적인 상호 교류를 통해서 개개인을 더 잘 이해하고 보다 성숙된 수준으로 향상시키며 문제를 해결하는 과정이다(이장호, 김정희, 1998).[9] 집단상담에 대한 여러 정의 중에서 핵심이 되는 요인은 집단상담이 개개인의 성장과 문제해결을 도와주는 것을 목적으로 하고 있다는 것이다. 집단상담은 인간의 발달과정과 관련된 다양한 주제를 다룸으로써 개인의 바람직하고 건강한 성장 발달을 돕는다. 또한 참여자의 정상적인 성장과 발달을 방해하는 여러 가지 갈등과 문제를 효율적으로 해결할 수 있도록 도와준다. 발달적 독서치료는 집단적으로 이루어지는 것이 매우 효율적인데, 집단독서치료를 할 때 집단상담이론을 적용하면 유용하다.

(5) 내담자중심 이론

인간은 합리적이고 긍정적이며 주체자로서 자신의 문제를 해결할 능력이 있다고 보는 이론이다. 이 이론에서 상담의 목적은 내담자가 타인과 환경에 대해 수용하고 개방하도록, 즉 자기이해, 자기수용, 자아실현을 하도록 돕는다. 일반적으로 치료의 도입 단계 혹은 지지단계에서 신뢰감을 형성하고 내담자가 편안하게 감정을 표현할 수 있도록 도와주기 위해서 공감적 이해를 해 주며 수용해 주는 방법들이 적용된다.

(6) 인지행동치료이론

인간은 합리적 잠재성과 비합리적 잠재성을 같이 가지고 태어난다고 보며, 비합리적 사고 경향이나 자기파괴적인 습관 등은 문화와 가족에 의해 영향받는다고 본다. 따라서 상담의 목적은 내담자의 자기파괴적인 신념을 줄이고 보다 합리적이고 현실적이며 더욱 융통성이 있고 생산적인 삶을 살아가도록 돕는다. 가장 대표적인 비합리적 사고의 예로는 '나는 무엇이든지 잘해야 한다.'라든지 '나는 누구에게나 사랑받고 인정받아야 한다.'는 것이 있다. 있을 수 없는 기대를 함으로써 자신과 주변의 가족이나 친지들을 힘들게 할 수 있다. 이러한 비합리적 사고나 신념체계를 줄이거나 바꾸어 주면 문제가 해결된다고 본다.

(7) 개인심리학 이론

아들러(Adler)는 '인간이 상대적으로 열등감을 느끼는 위치에서 상대적으로 우월감을 느끼는 상태를 지향하며 행동을 한다'고 주장했다. 아들러의 개인심리학에서 나를 변화시키는 다섯 가지 키워드를 다음과 같이 뽑아 독서치료에 적용할 수 있다. 즉, 내 일과 남의 일을 혼동하지 않기, 남에게 칭찬받으려고 애쓰지 않기, 내 시각을 바꾸기, 내일부터 행동 바꾸기, 나 스스로 결정하기(다카하루, 2018)[10]다.

2) 독서치료에 사용되는 문학작품의 특성

독서치료에 사용되는 문학작품들은 친밀감(immediacy)을 제공하여 독자를 몰입하게 한다. 특히 독자의 문제와 비슷한 등장인물이 있거나 자료가 재미있을 때 몰입한다. 그러나 다른 한편으로 문학작품은 거리감(distance)을 제공함으로써 독자 자신을 관찰자처럼 느끼고, 문제를 평가하고, 객관적인 판단을 내리도록 도와준다는 패러독스를 가지고 있다.

3) 독자반응이론

독자반응이론은 문학작품을 이해하고 평가할 때 독자의 반응을 중요하게 생각해야 한다는 이론이다(김현희 외, 1999). 독서치료는 이러한 독자반응이론의 배경이 없다면 성립할 수 없을 것이다. 독자반응이론에 대해서는 제3장을 참고하기 바란다.

3. 독서치료의 발전과정[11)]

1) 미 국

독서치료에 관한 연구가 가장 앞선 나라는 미국이라고 볼 수 있다. 미국에서 독서치료가 일찍 발달하게 된 데에는 다음과 같은 몇 가지 요인이 있다. 첫째, 종교적인 영향으로 환자들에게 성경과 종교 서적을 읽게 하였다. 둘째, 전쟁의 영향으로 제1차 세계대전 후에 육군병원의 발달과 더불어 환자들에게 도서관 봉사가 실제화되기 시작하였고, 뒤이어 일어난 제2차 세계대전은 독서치료 연구의 기초를 확립하게 하였다. 셋째, 정신의학과 심리학의 영향을 받아 독서치료이론과 실제 연구가 체계화될 수 있었다. 이외에도 미국에서 독서치료가 오늘날처럼 발달한 것은 미국의 시골 곳곳에까지 건립되어 운영되고 있는 도서관의 발달 때문이라고도 할 수 있겠다.

20세기 후반에 이르러 미국에서는 독서치료가 더욱 활성화되었다. 1959년에 그라이퍼(Greifer)를 중심으로 시 치료 집단이 생겼으며, 1964년에는 독서치료 관련 종사자들이 모여 커다란 규모의 워크숍을 진행하면서 독서치료가 널리 확산되었다. 1960년대 후반에는 독서치료 관련 도서목록이 발행되었고, 21세기에 들어서 미국 시치료학회(NAPT)가 꾸준히 발전하여 매해 국제적 규모의 전문가들이 모여서 활동하고 있다.

2) 일 본

일본에서는 'bibliotherapy'를 '독서요법'이라고 번역하여 1937년 무렵부터 사용하였으며, 독서치료에 대한 본격적인 연구는 1950년에 사카모토 이치로(阪本一郞)가 쓴『독서지도』라는 책에서부터라고 얘기하고 있다.

일본에서 실시된 독서치료와 연구는 크게 두 가지 흐름이 있는데, 하나는 학교에서 학생을 대상으로 인성과 생활 태도를 바꿀 수 있다는 관점에서 시작된 것이다. 즉, 학생지도와 관련하여 인성 지도 방법으로서 독서치료를 도입하여 전개하여 왔다는 점이 미국과 다르다고 볼 수 있다. 또 하나는 실제 현장에서, 특히 비행 청소년을 대상으로 독서치료를 한 사례들을 다루는 것이다. 그 대표적인 예로 가정재판소에 근무하는 오오카미 사다오(大神貞男)는 비행청소년을 독서치료로 교화한 사례들을 발표하였으며, 1973년에는 10여 년의 현장 체험을 기초로 하여 독서치료의 이론과 방법을 실제 사례와 함께 수록하여 책을 출간하였다.

3) 한 국

우리나라 독서치료의 연구는 1970년대 후반부터 이루어졌다고 볼 수 있다(변우열, 1996). 1960년대에 해니건(Hannigan)의 책이 『도서관과 비부리오세라피』(유중희 역, 1964)라는 제목으로 번역되어 소개되었고, 김병수(1968)가 처음으로 인성치료를 위해 독서요법이라는 용어를 사용하였다.

2000년 이후 독서치료에 대한 연구가 활발하게 진행되었는데(김현희, 2000, 2001), 독서치료만을 본격적으로 다룬 독서치료 이론서인 『독서치료』는 한국어린이문학교육학회 독서치료 분과연구회(2001)에서 독서치료의 정의, 과정과 방법, 자료, 독서치료자와 참여자 등을 다루었다. 이 책은 한국독서치료학회에서 2004년에 개정판으로 다시 출간하였고 2010년에 개정 · 증보판으로 『상호작용을 통한 독서치료』(김현희 외, 2010)를 출간하였다. 한국독서치료학회에서는 『독서치료의 실제』(김현희 외, 2003), 『시 치료』(김현희 외 공역, 2005), 『발달적 독서치료의 실제』(양유성 외, 2008), 『상호작용 독서치료 사례집』(김현희 외, 2010b), 『청소년과 함께하는 상호작용 독서치료』(김현희 외, 2015)를 추가로 출간하였다.

그 밖에 시치료, 문학치료, 이야기치료, 저널치료, 글쓰기치료에 대한 책도 다수 출간되었으며, 최근에는 현장에서 그림책으로 하는 독서치료를 사례와 함께 소개한 『현장에서 효과적인 독서치료』(이임숙, 2018)가 출간되었다.

(1) 학위논문

독서치료는 교육학, 심리학, 문헌정보학 및 문학 등 여러 분야의 학문이 관련되어 있다. 그러나 우리나라에서는 아직 이들 학문 간의 연계가 잘 이루어지지 않고 있다. 1970년대 이후 한국에서 이루어진 독서치료에 대한 연구들은 일본에서의 연구 흐름과 같이 고등학교에서 징계를 받은 학생과 학교생활에서 적응을 못한 학생들을 대상으로 한 연구(김용태, 1986; 박용두, 1980; 윤달원, 1990; 장원영, 김재준, 1976)와 소년원에 수용되어 있는 원생(변우열, 1990) 등 비행청소년을 대상으로 한 연구(변우열, 1996)가 주류를 이루어 왔다. 1990년대 후반에 들어와 초등학생을 대상으로 자아개념과 인간관계를 증진시키며(최선희, 1997), 주의력 결핍과 과잉행동을 줄이는 데(김욱준, 1999) 독서치료가 어떤 효과가 있는지에 대한 논문이 나왔다.

독서치료 관련 논문이 2005년 전후로 급속한 증가세를 보였는데, 학위 논문을 주제별로 보면 발달적 독서치료의 측면에서 가장 많이 다루어진 주제는 자아정체감 또는 자아존중감, 자기효능감과 같은 자아개념과 관련된 논문이다. 특수한 문제를 다룬 것으로는 분노조절, 우울증, 자폐성 아동, 주의력 결핍 · 과잉행동장애(ADHD), 왕따와 집단 따돌림, 이혼 가정, 인터넷 중독 등에 대한 것이 있다.

대상별로는 아동과 청소년 대상과 중년 대상 논문이 많은 편이다. 점점 시설 아동과 한 부모가정 아동을 대상으로 한 연구도 많아지고 있는 추세다. 상대적으로 노인 대상 논문은 많지 않다.

(2) 학회 활동

2003년에 한국독서치료학회가 발족되어 독서심리전문상담사와 독서심리전문상담사 전문가를 위한 자격 규정을 제정하였다. 더불어 건국대학교에서 한국문학치료학회, 경북대학교에서 한국통합문학치료학회, 강원대학교에서 한국인문치료학회도 발족하여 활동을 하면서 독서치료가 널리 확산하는 데 기여하고 있다.

4. 독서치료의 단계

1) 독서치료의 단계

독서치료를 현장에서 활용할 때는 일반적으로 집단으로 하는 경우가 많다. 특히 인성 지도 차원이나 교육적 차원에서 사회적 기술 향상과 자아정체성을 위한 프로그램 등은 집단으로 할 때 매우 효과적이다. 여기에서는 실제로 집단으로 독서치료를 할 때 거치게 되는 단계로 코리(Corey) 박사 부부와 헤인즈(Haynes, 2000)가 제시한 집단의 전개 과정 4단계와 마짜(Mazza, 2003)가 월버그(Wolberg)의 심리치료 모델을 사용하여 나눈 4단계를 간단하게 소개한 후 돌과 돌(Doll & Doll, 1997)의 견해를 소개하고자 한다.

(1) 집단의 전개 과정 4단계(코리 박사 부부와 헤인즈, 2000)

코리 등(Corey, Corey, & Haynes, 2000)은 집단이 거치는 과정을 초기 단계, 과도기, 작업 단계, 종결 단계로 보았다. 초기 단계에서는 신뢰감을 형성하고 기본 규칙을 탐색하며 집단의 목표를 설정하도록 집단을 도와주는 단계다. 과도기에는 집단의 두려움과 주저함과 저항을 확인하고 도전하는 단계다. 작업 단계는 참여자들의 감정, 생각, 신념들을 탐색하며 논쟁을 경험한다. 마지막으로 종결 단계에서는 학습된 것을 검토하고 실행을 촉진하는 단계다. 이 네 단계는 집단 독서치료가 진행되는 동안 거의 비슷하게 거치게 된다.

(2) 시 치료 단계(마짜, 2003)[12)]

마짜는 월버그(1965)의 최단기심리치료모델에 시 치료기법을 사용하여 지지단계, 통각단계, 행동단계, 통합단계로 나누어 설명하였다. 지지단계(1~2회기)는 신뢰감을 형성하고 자신의 감정을 표현하도록 돕는 단계다. 통각단계(3~4회기)는 과거 경험의 도움으로 새로운 지각대상을 이해하는 단계로서 문제에 관한 내담자의 통찰을 발전시키는 것이 포함된다. 행동단계(5~6회기)는 구체적으로 행동으로 옮기는 단계이며 내담자가 통제력을 회복하는 단계다. 마지막 통합단계(7~8회기)는 종결단계로서 미래의 상실과 좌절과 성공에 대처하는 방법들을 나누며 새로운 인생 철학을 논하게 된다. 치료가 성공했다는 평가와 결별을 받아들이는 단계다.

(3) 독서치료의 단계(돌과 돌, 1997)[13]

돌과 돌(Doll & Doll, 1997)의 단계는 파덱(Pardeck, 1994)이 만들었던 임상적 독서치료의 네 단계와 전경원(Jeon, 1992)이 발달적 독서치료에서 제시한 세 단계를 결합해서 만든 모델이다. 발달적 독서치료의 경우에는 자료 선택, 자료 제시, 이해-조성 단계만을 거친다. 임상적 독서치료를 할 때는 준비를 위한 단계와 추후활동 및 평가 단계를 추가하였다.

① 준비를 위한 단계

처음 만나서 편안한 마음으로 서로 얘기를 나누려면 가장 먼저 참여자와 신뢰 관계를 형성하는 것이 중요하다. 준비를 위한 단계에서는 집단의 참여자들의 어떤 문제를 도와주어야 하는지를 정확하게 진단하는 것이 중요하다. 따라서 문제의 정도와 정확한 특성을 찾아내도록 해야 한다. 가장 좋은 진단방법은 관찰과 면접에 의한 것이며, 필요한 경우에는 내담자의 상태에 대하여 심리검사 등의 부가적인 평가를 실시한다.

② 자료 선택 단계

내담자의 문제를 정확하게 안 후에는 그 문제를 해결하기 위해 독서치료 자료를 선택하게 된다. 자료를 선택할 때는 내담자의 독서수준과 흥미에 맞으면서 문학적으로나 예술적으로 질이 높은 책을 골라야 하며, 내담자가 현재 이해할 수 있는 책을 선택한다. 내담자의 문제 상황에서 성공할 수 있는 해결책을 제공하며, 긍정적으로 문제를 해결하는 자료를 선택한다. 자료를 선택할 때 치료자가 선택할 수도 있으나 참여자에게 선택하게 하는 것도 동기부여를 높일 수 있는 좋은 방법이다.

③ 자료 제시 단계

■ 일반적 제시

선택한 자료를 제시할 때는 내담자의 흥미를 촉진시킬 수 있는 방법으로 책을 제시한다. 자료에 대하여 정서적으로 건강하지 못한 반응이나 심각한 걱정거리를 보이면 조정해 주고 완화시켜 준다.

■ 자료의 구체적 제시 방법

• 기본 모형: 문학작품(글 자료)을 사용하는 경우, 둥글게 앉아서 자료를 보여주며 심리상담사가 구연으로 제시할 수 있다. 심리상담사가 그림책을 읽거나 참여자가 읽을 수도 있다. 자료를 본 후에는 개방된 질문이나 언급으로 토론을 시작한다.

- 변형 모형 1: 동영상이나 CD 등의 시청각자료를 활용할 수도 있다.
- 변형 모형 2: 분위기 조성 활동이나 보충자료를 사용한다.

  분위기 조성 활동은 처음 시작하는 모임이나 민감한 주제를 다루는 모임과 감정이입이 어려운 참여자 집단에서 효과적이다. 보충자료로 시각 · 실물 · 청각 · 미술 자료 등을 사용할 수 있다.

그림 15-1
보충자료로 쓸 수 있는 사진으로 『Love: Moments Intimacy Laughter Kinship』에 수록되어 있는 Wilfred Van Jil의 작품(좌)과 Lynn Goldsmith 작품(우)

④ 이해-조성 단계

자료를 듣거나 본 후에 여러 가지 활동과 질문을 통하여 문제에 대한 통찰을 얻게 해 주며, 과거의 상처에 대해 정서적으로 깊이 느낄 수 있는 기회를 주는 단계다. 관련 질문을 통하여 내담자가 책에 나오는 주인공들과 중요한 문제들을 검토하는 것을 도와준다. 주인공이 어떤 방식으로 행동하도록 이끄는 동기에 특별한 관심을 기울이게 하며, 내담자가 책 속에 나오는 등장인물과 자신과 그가 아는 사람들 사이의 비슷한 점을 볼 수 있도록 돕는다.

이 단계에서는 자료를 읽거나 본 후 토의하며, 때로는 글쓰기 활동을 하기도 한다. 책 속의 핵심적인 장면과 등장인물에 대해 그림을 그리거나 역할놀이 및 극화활동을 하기도 한다.

⑤ 추후활동과 평가

자신의 문제와 그 문제에 대한 원인 등을 안 후에는 행동의 변화가 있도록 도와주는 단계다. 따라서 이 단계에서는 내담자가 적절한 활동을 결정할 수 있도록 격려한다. 그 과정에서 내담자는 성공 가능한 구체적이고 합리적인 계획을 발전시킬 수 있다. 치료를 계속 진행하면서 행동계획의 효과를 위해 필요한 만큼 자주 바꾸고 재시도를 한다. 문제가 해결되었는지 입증하기 위해 장기간 추후 검사를 하는 단계다.

2) 독서치료 과정에 따른 관련 질문의 유형

이해-조성 단계에서 자료를 본 후에 관련 질문을 하게 된다. 우선 정신분석학적 접근에서 동일시, 카타르시스, 통찰의 과정에 따라 질문을 할 수 있다. 다른 접근으로, 자신의 문제에 대한 이해와 통찰을 얻은 이후 문제를 해결할 수 있도록 하는 독서치료의 네 과정에 따라 관련 질문을 만들 수도 있다. 즉, 전반적 인식을 돕는 질문, 이해 및 고찰을 돕는 질문, 기존의 해결방법에 대한 다각적인 평가와 새로운 접근(병치)을 시도해 보게 하는 질문, 자기 적용을 돕는 질문을 한다. 관련 질문 및 활동에서 질문의 유형은 하인즈와 하인즈 베리(Hynes & Hynes-Berry)의 독서치료 단계를 토대로 4단계로 구분하였다(김현희 외, 2010).

각 단계에 대한 설명과 구체적인 예는 다음과 같다.

(1) 정신분석학적 접근의 질문유형- 슈로드스(Shrodes, 1949)

① 동일시 관련 질문은 작품 속의 등장인물과 비슷하거나 동일하게 느끼는 부분에 대한 질문이다.

예

- 등장인물 중에서 나와 가장 비슷한 사람은 누구인가요?
- 이 책으로 연극을 하려고 할 때 가장 내가 맡고 싶은 역할은 누구인가요?
- 이 작품과 비슷한 사건을 경험하거나 등장인물과 같은 사람을 알고 있나요?

② 카타르시스 관련 질문은 감정 배출과 정화를 위한 질문이다.

예 주인공처럼 울고 싶을 때 어떻게 하나요? 그렇게 하고 나면 기분이 어때요?

③ 통찰 관련 질문은 문제를 객관적으로 들여다보고 문제를 구성하는 요소들을 통합하여 문제에 대한 해결책을 찾게 하는 질문이다.

예

- 이 책을 읽고 난 후 읽기 전과 달라진 생각이 있나요?
- 새롭게 알게 된 것은 무엇이에요?

(2) 하인즈와 하인즈-베리(Hynes & Hynes-Berry, 1994)의 질문 유형

하인즈와 하인즈-베리가 설명한 독서치료의 네 과정을 토대로 만들어진 관련 질문은 네 단계의 순서에 맞추어야 할 필요는 없으며 이 질문을 모두 다 하지 않아도 된다. 각 단계에 대한 설명과 구체적인 예는 한국독서치료학회에서 나온 독서치료 관련 책(김현희 외, 2003, 2004, 2010a, 2015)과『상호작용적 독서치료를 위한 자료 분석 및 활동 II』(김현희, 이동희, 2013)과『현장에서 효과적인 독서치료』(이임숙, 2018)에 자세히 나와 있다.

① 전반적 인식을 돕는 질문

자료를 다 본 후에 책에 대한 전반적인 느낌과 책에 대한 이해를 파악하는 질문이다. 그 예로서 등장인물과 사건에 대한 인식과 느낌에 대한 질문, 책의 전반적 인상에 대한 질문, 전에는 인정하지 못했던 자신의 느낌에 대한 인식을 물어볼 수 있다.

예

- 이 책을 읽으면서 가장 기억에 남는 것은 무엇인가요? 생각나는 게 있었나요?
- 가장 마음에 와닿는 부분은 무엇인가요? 왜 그런가요? 등

② 이해 및 고찰을 돕는 질문

책의 내용을 구체적으로 살펴보고 사건 간의 관계, 책 내용과 자신 생각을 보다 심도 있게 연결 지어 보는 단계다. 내담자의 문제와 관련 있는 특정 부분의 이해를 도와주는 질문 유형이다. 그 예로서 등장인물이 지닌 문제에 대한 질문, 등장인물이 한 행동과 그 동기에 대한 질문, 책에서의 문제해결 방법에 대한 질문을 할 수 있다. 보통 '왜?' '어떻게?' 형태의 질문유형이 많다.

예 왜 까마귀 소년은 혼자서 사팔뜨기 놀이를 했을까요?, 그때 기분은 어땠을까요? 여러분도 그런적 있었나요?『까마귀 소년』

③ 기존 해결방법에 대한 다각적 평가와 새로운 접근을 시도해 보는 (병치) 질문

본문에서 일어나지 않았던 사건이나 일어날 수 있는 다양한 사건을 생각해 보고 결과를 예측하는 단계다. 등장인물이 책 속의 이야기와 정반대로 해결했다고 생각하고 결과를 예측하면서 해결방법을 평가하는 질문을 할 수 있다. 가능한 한 다른 해결책을 생각해 내고 비교해 보면서 새로운 대안을 만들어보게 하는 질문이다.

예

- 만일 까마귀 소년이 이소베 선생님을 만나지 못했다면 어떻게 되었을까요?『까마귀 소년』
- 정선이가 전학을 가지 않으려면 어떻게 해야 할까요?『양파의 왕따일기』

④ 자기 적용을 위한 질문

책을 통해 얻은 느낌이나 인식한 감정이 실제 자기에게 어떤 의미가 있는지 탐구하는 과정이다. 등장인물이 지닌 문제와 자신의 문제 사이의 유사성을 발견하도록 돕는 질문이다. 통찰과 자기 적용을 돕는 질문이라고 볼 수 있다.

예 땅꼬마 아이가 같은 반 아이였다면, 여러분은 어떻게 했을까요?『까마귀 소년』

5. 독서치료 자료

독서치료 자료를 선정할 때는 내담자의 독서수준에 맞는 자료를 골라 주어야 하며, 문학적으로나 예술적으로 완성도가 뛰어나며 질이 높은 책을 선택해야 한다. 제2장, 제5장~제11장까지 다룬 아동문학 작품의 평가 준거를 활용하면 될 것이다. 그 외에 참고할 수 있는 선정기준을 제시하면 다음과 같다(김현희 외, 2008; 김현희 외, 2010a, b).

1) 독서치료 자료의 선정기준

(1) 잘롱고(Jalongo, 1988)의 견해[14]

① 내담자가 이해할 만한 플롯, 배경, 대화, 인물인가?

② 정서적 반응의 원인이 잘 나타나 있는가?

③ 개인차를 중요시하고 있는가?

④ 문제에 대처하는 전략이 모방할 만한 것인가?

⑤ 위기 상황을 낙관적이고 극복할 수 있는 방식으로 제시하고 있는가?

(2) 파덱과 파덱(Pardeck & Pardeck, 1986)의 견해

① 매력적인 그림이 들어가 있는 자료인가?

② 사건의 전개가 논리적이고 그럴듯한 인물이 등장하는 재미있는 이야기인가?

③ 내담자가 이해하는 범위 내에서의 유용한 정보가 포함되어 있는가?

④ 즐길 만한 정도의 유머와 친숙하면서도 즐거움을 주는 후렴 부분이 포함되어 있는가?

(3) 하인즈와 하인즈-베리(Hynes & Hynes-Berry, 1994)의 견해

① 주제

일반적으로 독서치료의 주제는 문체보다 중요하게 취급된다. 사용된 언어나 문장 형태에는 좀 문제가 있다 하더라도 주제가 적합하다면 자료로 선정할 수 있다. 독서치료용 자료의 주제가 갖추어야 할 특성은 다음의 네 가지다.

- 보편적 주제

  독자가 쉽게 인식할 수 있고 자신과 쉽게 동일시할 만한 정서와 경험을 다루고 있어야 한다. 그리고 쉽게 공감할 수 있는 보편적인 주제여야 한다.

- 영향력 있는 주제: 감동적인 주제

  독서치료 참여자가 아주 강한 영향을 받을 만큼 감동적이고 강력한 힘을 가진 주제여야 한다.

- 이해 가능한 주제

  독서치료에 있어서 특히 중요한 기준이다. 아무리 문학적으로 훌륭해도 모호한 점이 많아 서로 토론하기 어렵다면 독서치료 과정을 성공적으로 수행할 수 없다.

- 긍정적인 주제

  독서치료를 전체적으로 이해할 때 가장 핵심이 되는 선정 기준이다. 그러나

지나치게 낙천적으로 쓰인 자료는 적합하지 않으며, 희망과 자신감을 담은 내용이면서 현실감을 갖춘 것이어야 한다.

② 문체

다음의 네 가지 측면 중 앞의 두 가지는 일반 문학작품의 기준과 비슷하고 나머지 두 가지는 독서치료만의 독특한 목적을 이루는 데 필요한 기준이다.

- 리듬감 있는 문체여야 한다.
- 뚜렷하고 구체적인 이미지가 떠오르면 좋다.
- 언어가 쉽고 정확하고 간결해야 한다. 강한 의미를 함축하고 있는 정확한 단어들은 좋은 이미지를 만들어 낸다.
- 문장이 간결하고 명확하며, 길이가 적당해야 한다.

2) 독서치료 자료 선정기준의 적용 예(주제별)

독서치료 자료 선정기준에 의해 주제별로 고른 책을 유아와 초등학교 저학년뿐 아니라 초등학교 고학년 아동을 위한 책도 간단히 소개하고자 한다.

(1) 나

① 자아정체성

『내가 나인 것』『줄무늬가 생겼어요』『뛰어라 메뚜기』『짖어 봐 조지야』『마당을

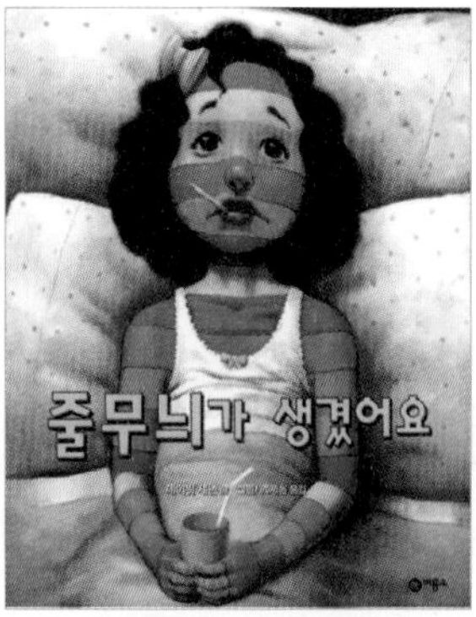

『줄무늬가 생겼어요』

『뛰어라 메뚜기』

『짖어 봐 조지야』

그림 15-2 자아정체성을 다룬 자료

나온 암탉』『달려!』『나는 누구일까?』『내 이름』『진정한 챔피언』 등

② 자아존중감

『내 귀는 짝짝이』『으뜸 헤엄이』『너는 특별하단다』『혼나지 않게 해 주세요』『점』『괜찮아』『그림 도둑 준모』『치킨 마스크』『소년왕』『나는 아주 작아』 등

『내 귀는 짝짝이』

『으뜸 헤엄이』

『치킨 마스크』

그림 15-3 자존감을 다룬 자료

③ 정서

『소피가 화나면, 정말 정말 화나면』『울통불통 화가 나』『화야, 그만 화 풀어』『나 좀 내버려 둬!』『나, 또 혼났어!』『끔찍한 것을 보았어요』『빨간 나무』『겁쟁이 빌리』『어둠을 무서워하는 꼬마 박쥐』『율리와 괴물』『개가 무서워요!』 등

『나, 또 혼났어!』

『끔찍한 것을 보았어요』

『빨간 나무』

그림 15-4 정서를 다룬 자료

『어둠을 무서워하는 꼬마 박쥐』

『율리와 괴물』

『개가 무서워요!』

그림 15-5 두려움을 다룬 자료

④ 성

『가족 앨범』『슬픈 란돌린』 등

(2) 가족

① 형제간의 갈등

『터널』『피터의 의자』『내 동생』『동생이 너무 무거웠어요』『장난감 형』『부루퉁한 스핑키』『별 볼일 없는 4학년』『내 동생 싸게 팔아요』 등

② 부모-자녀 간의 사랑

『엄마의 의자』『아빠랑 함께 피자놀이를』『금붕어 2마리와 아빠를 바꾼 날』『내가 아빠를 얼마나 사랑하는지 아세요?』『아빠가 길을 잃었어요』『돼지책』『오이대왕』『불곰에게 잡혀간 우리 아빠』『나쁜 엄마』『엄마에게』『엄마 왜 안 와』 등

『터널』

『피터의 의자』

『오른발, 왼발』

그림 15-6 가족관계를 다룬 자료

③ 조부모와의 관계

『할아버지 이젠 사랑한다고 말할 수 있어요』『오른발, 왼발』『우리 할아버지』『할머니』『우리 가족입니다』『하지만 하지만 할머니』 등

④ 이혼 · 재혼 가정

『특별한 손님』『너도 하늘말나리야』『아빠는 지금 하인리히 거리에 산다』『잃어버린 겨울방학』『기억의 끈』 등

⑤ 입양

『새로운 가족』『엄마 아빠가 생긴 날』『이젠 비밀이 아니야』『집으로 가는 길』 등

(3) 친구

① 친구 사귀기

『친구랑 싸웠어!』『미안해』『외톨이 사자는 친구가 없대요』『우리 친구하자』『친구가 필요하니?』『윌리와 휴』『알사탕』『나와 우리』 등

② 따돌림

『왕따』『양파의 왕따 일기』『까마귀 소년』『내 짝꿍 최영대』『모르는 척』『왜 나만 미워해』 등

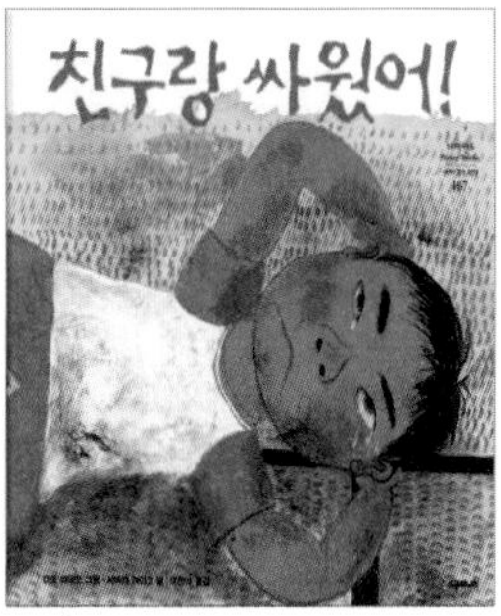

『친구랑 싸웠어!』

『우리 친구하자』

『까마귀 소년』

그림 15-7 친구관계를 다룬 자료

(4) 다양성

① 장애인

『내 다리는 휠체어』『우리도 똑같아요』『에디에게 잘 해주렴』『알리체의 일기』『내게는 소리를 듣지 못하는 여동생이 있습니다』『이안의 산책』『11살 내인생』『그래도 우리 누나야』『바람은 보이지 않아』『위를 봐요!』『피아노 소리가 보여요』 등

『에디에게 잘 해주렴』

『내게는 소리를 듣지 못하는 여동생이 있습니다』

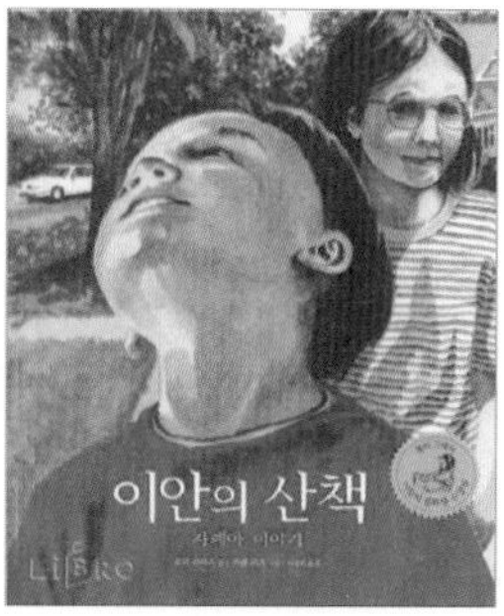

『이안의 산책』

그림 15-8 장애인을 다룬 자료

② 북한이탈주민, 난민, 다문화 가정

『두 얼굴』『까매서 안 더워?』『국경 없는 마을』『인종 이야기를 해 볼까?』『지붕 위의 꾸마라 아저씨』『지바는 보트를 타고 왔어요』『천장 위의 아이』『나의 아름다운 새』 등

(5) 죽음과 생명

① 죽음

『너무 울지 말아라』『여행 가는 날』『혼자 가야 해』『씩씩해요』『엄마가 떠난 뒤에』『작별인사』『죽으면, 아픈 것이 나을까요?』『우리 할아버지』『무릎 딱지』『오소리 아저씨의 소중한 선물』 등

② 생명

『달라질 거야』『아가야, 안녕?』『살아 있는 모든 것은』 등

「달라질 거야」

「아가야, 안녕?」

「너무 울지 말아라」

「죽으면, 아픈 것이 나을까요?」

「씩씩해요」

그림 15-9 죽음과 생명을 다룬 자료

미주

1) 김현희 외(2010a). 상호작용을 통한 독서치료. 학지사, p. 16.

2) Crothers, S. M. (1916). A Literary clinic, Atlantic Monthly. Inv Moody, M. T., & Limper, H. K. (1971). *Bibliotherapy: Methods and materials*. Chicago: American Library Association에서 재인용.

3) *Dorland's Illustrated Medical Dictionary* (19th ed.) (1941). Philadelphia: Saunders. In M. T. Moody & H. K. Limper (1971). *Bibliotherapy: Methods and materials*. Chicago: American Library Association에서 재인용.

4) Shrodes, C. (1949). Bibliotherapy: A theoretical and clinical experimental study. In S. B. Gornick (1981). *Using fairy tales to change perceptions of self and others*. Paper presented at the annual Association. Shrodes, C. (1960). Bibliotherapy: An Appplication of psychoanalytic therapy. *American Image, 17*, pp. 311-319.

5) *Webster's Third New International Dictionary* (1961). In M. T. Moody & H. K. Limper (1971). *Bibliotherapy: Methods and materials*. Chicago: American Library Association.

6) Hynes, A. M., & Hynes-Berry, M. (1994). ***Biblo/poetry therapy-the interactive process: A handbook***. St. Cloud, MN: North Star Press of St. Cloud, p. 17.

7) Doll, B., & Doll, C. (1997). ***Bibliotherapy with young people: Librarians and mental health professionals working together***. Englewood. Colorado: Libraries Unlimited, inc, p. 7.

8) 김현희 외(2010a). 상호작용을 통한 독서치료. 학지사, pp. 23-30.

9) 이장호, 김정희(1998). 집단상담의 원리와 실제. 박영사, pp. 31-39.

10) 다카하루 시오야(2018). 마음이 가벼워지는 동요 테라피. 정창열, 미카미 유우코 옮김, 21세기 북스.

11) 김현희 외(2010a). 상호작용을 통한 독서치료. 학지사, pp. 38-48.

12) Mazza, N. (2003). ***Poetry therapy: Interface of the arts and psychology***. NY and Hove: Taylor & Francis Books, Inc., pp. 62-68.

13) Doll, B., & Doll, C. (1997). ***Bibliotherapy with young people: Librarians and mental health professionals working together***. Englewood. Colorado: Libraries Unlimited, inc. pp. 10-13.

14) Jalongo, M. R. (1988). ***Young children and picture books: Literature from infancy to six***. Washington, DC.: NAEYC.

요약

독서치료란 다양한 문학작품을 매개로 치료자와 일대일 혹은 집단으로 토론, 글쓰기, 그림 그리기, 역할극 등 다양한 활동과 여러 방법의 상호작용을 통해 자신의 적응과 성장 및 당면한 문제들을 해결하는 데 도움을 얻는 것을 뜻한다.

독서치료는 책을 읽고 다양한 활동을 하는 과정을 통해 자신을 더 잘 이해하고 당면 문제를 파악하고 해결하는 데 도움을 두고자 하는 것으로 목적과 효과, 초점 등에서 문학교육이나 독서지도 등과 차별화된다.

독서심리상담사는 유아의 발달단계와 문제 유형에 대한 이해와 함께 적절한 자료의 선정과 활용능력 또 심리상담사로서 효과적인 상호작용 능력을 갖추어야 한다.

연구문제

01 독서치료란 무엇인지 정의하시오.

02 독서지도와 독서치료가 어떻게 다른지 설명하시오.

03 독서치료의 기초가 되는 심리학이론을 3가지 이상 들어 보시오.

04 다음 중 독서치료가 진행되는 5단계 중 '자료 제시' 단계에서 독서심리상담사가 해야 할 일이 아닌 것을 고르시오.

① 아동의 흥미를 촉진시킬 수 있는 활동(게임, 표지 보고 내용 추측해 보기)을 병행한다.

② 일단 책을 읽기 시작하면 다른 활동을 중간에 끼워 넣거나 중지하지 않고, 끝까지 읽도록 주의한다.

③ 책에 대해 정서적으로 건강하지 못한 반응이나 심각한 걱정거리를 보이면 조정해 주고 완화시켜 주어야 한다.

참고 그림책 목록

1, 2, 3 숫자들이 사는 집, 크베타 파코브스카 글 · 그림, 한미희 옮김, 시공주니어, 2012.

100층짜리 집(100かいだてのいえ), 이와이 도시오 글 · 그림, 김숙 옮김, 북뱅크, 2009.

10까지 셀 줄 아는 아기염소, 알프 프료이셀 글, 하야시 아키코 그림, 고향옥 옮김, 2007.

1964년 여름(*Freedom Summer*, 2001), 데버러 와일즈 글, 제롬 리가히그 그림, 김미련 옮김, 느림보, 2006.

3초 다이빙, 정진호 글 · 그림, 위즈덤하우스, 2018.

TV를 발명한 소년, 캐슬린 크럴 글, 그레그 카우치 그림, 정미영 옮김, 봄나무, 2010.

가을을 만났어요, 이미애 글, 한수임 그림, 보림, 2002.

가족 1 2 3, 정상경 글 · 그림, 초방책방, 1999.

가족 앨범, 실비아 다이네르트 · 티네 크리그 글, 울리케 볼얀 그림, 엄혜숙 옮김, 사계절, 2004.

가족은 꼬옥 안아 주는 거야, 박윤경 글, 김이랑 그림, 웅진주니어, 2011.

갈릴레오 갈릴레이(*Starry Messenger*, 1996), 피터 시스 글 · 그림, 백상현 옮김, 2004.

감기 걸린 날, 김동수 글 · 그림, 보림, 2002.

감자야 그림 그리자(*Ich bin Künstler, ich kann alles malen*, 2003), 에바 헬러 글 · 그림, 노성두 옮김, 달리, 2004.

강아지가 태어났어요(*My Puppy is Born*, 1973), 조애너 콜 글, 제롬 웩슬러 그림, 이보라 옮김, 비룡소, 2000.

강아지똥, 권정생 글, 정승각 그림, 길벗어린이, 1996.

개가 무서워요(*Leonard*, 1993), 볼프 에를브루흐 글 · 그림, 박종대 옮김, 사계절, 2007.

개구리가 알을 낳았어, 이성실 글, 이태수 그림, 다섯수레, 2001.

개구리네 한솥밥, 백석 글, 강우근 그림, 길벗어린이, 2006.

개구리네 한솥밥, 백석 글, 유애로 그림, 보림, 2001.

개구리와 두꺼비가 함께(*Frog and Toad Are Friends*, 1970), 아놀드 로벨 글 · 그림, 엄혜숙 옮김, 비룡소, 1996.

개구리 왕자 그 뒷 이야기(*The Frog Prince Continued*, 1991), 존 셰스카 글, 스티브 존슨 그림, 엄혜숙 옮김, 보림, 1996.

개구리 왕자(*Der Froschkönig*, 1989), 그림 형제 글, 비네테 슈뢰더 그림, 김경미 옮김, 시공주니어, 1995.

개구쟁이 ㄱㄴㄷ, 이억배 글 · 그림, 사계절, 2005.

개구쟁이 해리(*Harry the Dirty Dog*, 1976), 진 자이언 글, 마거릿 블로이 그래엄 그림, 김중철 옮김, 다산기획, 1994.

개미가 날아올랐어, 이성실 글, 이태수 그림, 다섯 수레, 2002.

갯벌이 좋아요, 유애로 글 · 그림, 보림, 1997.

거미 아난시(*Anansi The Spider*, 1972), 제럴드 맥더멋 글 · 그림, 윤인웅 옮김, 열린어린이, 2005.

거울 나라의 앨리스(*Through the Looking Glass*, 1872), 루이스 캐럴 글, 존 테니엘 그림, 손영미 옮김, 시공주니어, 2001.

거울 속으로(*Through The Magic Mirror*, 1976), 앤서니 브라운 글 · 그림, 김현좌 옮김, 베틀북, 2000.

거위 아빠(*The Goose Man: The Story of Konrad Lorenz*, 2009), 일레인 그린스테인 글 · 그림, 이수영 옮김, 봄나무, 2011.

거인 아저씨 배꼽은 귤 배꼽이래요, 후카미 하리오 글 · 그림, 이영준 옮김, 한림출판사, 1996.

거짓말 같은 이야기, 강경수 글 · 그림, 시공주니어, 2011.

걱정 마, 꼬마 게야!, 크리스 호튼 글 · 그림, 노은정 옮김, 비룡소, 2019.

검은 코트 아저씨(*Kuroi Manto no Ojisan*, 2001), 카나모리 사아지 글 · 그림, 이정성 옮김, 베틀북, 2001.

검피 아저씨의 뱃놀이(*Mr. Gumpy's Outing*, 1979), 존 버닝햄 글 · 그림, 이주령 옮김, 시공사, 1996.

검피 아저씨의 코뿔소, 존 버닝햄 글 · 그림, 이상희 옮김, 시공주니어, 2019.

겁 많은 아기 올빼미(*The Brave Little Owl*, 1999), 길 데이비스 글, 딕 트위니 그림, 김현좌 옮김, 봄봄, 2014.

겁쟁이 빌리(*Silly Billy*), 앤서니 브라운 글 · 그림, 김경미 옮김, 비룡소, 2006.

겁쟁이 윌리(*Willy the Wizard*, 1984), 앤서니 브라운 글 · 그림, 김경미 옮김, 비룡소, 2006.

겨레의 큰사람 김구, 신경림 글, 정병례 그림, 창비, 2006.

견우와 직녀, 이미애 글, 유애로 그림, 보림, 1997.

경복궁, 이승원 글 · 그림, 초방책방, 2004.

고구마구마, 사이다 글 · 그림, 반달, 2020.

고릴라 왕과 대포, 나마치 바부로 글, 고바야시 유우지 그림, 편집부 옮김, 한림출판사, 1994.

고릴라(*Gorilla*, 1983), 앤서니 브라운 글 · 그림, 장은수 옮김, 비룡소, 1998.

고맙습니다, 선생님(*Thank You, Mr. Falker*), 패트리샤 폴라코 글 · 그림, 서애경 옮김, 아이세움, 2001.

고물자전거, 주홍 글, 고근호 그림, 바보새, 2005.

고사리손 요리책, 배영희 글, 정유정 그림, 길벗어린이, 2007.

고양이, 현덕 글, 이형진 그림, 길벗어린이, 2000.

곤충과 놀자, 도다 고시로 글 · 그림, 김정화 옮김, 사계절, 2011.

곰(*The Bear*, 1994), 레이먼드 브릭스 글 · 그림, 박상희 옮김, 비룡소, 1995.

곰돌이 푸우는 아무도 못 말려(*Winnie the Pooh*, 1926), 앨런 알렉산더 밀른 글, 어니스트 하워드 쉐퍼드 그림, 조경숙 옮김, 길벗어린이, 2005.

곰 사냥을 떠나자(*We are Going on a Bear Hunt*, 1989), 마이클 로젠 글, 헬린 옥슨버리 그림, 공경희 옮김, 시공사, 1994.

곱슬곱슬 머리띠, 이현영 글 · 그림, 사계절출판사, 2006.

공원에서 일어난 이야기(*Voices in the Park*, 1977), 앤서니 브라운 글 · 그림, 김향금 옮김, 삼성출판사, 2007.

괜찮아, 최숙희 글 · 그림, 웅진주니어, 2005.

괴물들이 사는 나라(*Where The Wild Things are*, 1963), 모리스 센닥 글 · 그림, 강무홍 옮김, 시공사, 1994.

구두구두 걸어라(くつくつあるけ, 1986), 하야시 아키코 글 · 그림, 한림출판사, 1988.

구름 나라(*Cloud Land*, 1996), 존 버닝햄 글 · 그림, 고승희 옮김, 비룡소, 1997.

구름빵, 백희나 글 · 그림, 김향수 사진, 한솔수북, 2004.

구리와 구라의 빵 만들기, 나카가와 리에코 글, 야마와키 유리코 그림, 이영준 옮김, 한림출판사, 1994.

국경 없는 마을, 박채란 글, 한성원 그림, 서해문집, 2004.

그라운드의 꿈 홈런, 민병훈 글, 민애수 그림, 현문미디어, 2003.

그래도 우리 누나야, 오가사와라 다이스케 글, 우메다 순사쿠 그림, 김난주 옮김, 베틀북, 2003.

그럼 오렌지는?, 이호백 글, 이석연 그림, 재미마주, 2017.

그렇지만 나는 잠이 안 와, 이상교 글, 권혜영 그림, 작은책방, 2008.

그리미의 꿈(*Matthew's Dream*, 1995), 레오 리오니 글 · 그림, 김서정 옮김, 마루벌, 2004.

그림 그리는 아이 김홍도, 정하섭 글, 유진희 그림, 보림, 1997.

그림 도둑 준모, 오승희 글, 최정인 그림, 낮은산, 2003.

그림자 하나, 채승연 글 · 그림, 반달, 2018.

글자가 너무 헷갈려(*Milo's Molly: A Kiss For Milo*), 이네 반 덴 보쉐 글 · 그림, 조선미 · 김현정 옮김, 한울림스페셜, 2013.

금강산 호랑이, 조대현 엮음, 한국전래동화 10, 화신출판사, 1980.

금붕어 2마리와 아빠를 바꾼 날(*The Day, Swapped My Dad for 2 Goldfish*), 닐 게이먼 글, 데이브 맥킨 그림, 윤진 옮김, 소금창고, 2002.

기묘한 왕복여행(*Round Trip*), 앤 조나스 글 · 그림, 이지현 옮김, 아이세움, 2003.

기억의 끈, 이브 번팅 글, 테드 랜드 그림, 신혜은 옮김, 사계절, 2009.

기역은 공, 조미자 글 · 그림, 마루벌, 2002.

기차 ㄱㄴㄷ, 박은영 글 · 그림, 비룡소, 1997.

기차(*Trains*, 1986), 바이언 바튼 글 · 그림, 비룡소, 2004.

기차, 한국어린이육영회 편, 정지예 그림, 한국어린이육영회, 1994.

기차가 칙칙폭폭(*Choo Choo*), 뻬뜨르 호라체크 글 · 그림, 시공주니어, 2007.

길로 길로 가다가, 권정생 글, 한병호 그림, 한울림어린이, 2018.

길로 길로 가다가, 전래동요, 인강 그림, 창비, 2005.

깃털 없는 기러기 보르카(*Borka*, 1963), 존 버닝햄 글 · 그림, 이진수 옮김, 비룡소, 1996.

깊은 밤 부엌에서(*In The Night Kitchen*, 1970), 모리스 센닥 글 · 그림, 강무홍 옮김, 시공사, 1994.

까꿍놀이, 최숙희 글 · 그림, 보림, 2003.

까마귀 소년(からすたろう, 1955), 야시마 타로 글 · 그림, 윤구병 옮김, 비룡소, 1996.

까막나라에서 온 삽사리, 정승각 글 · 그림, 초방책방, 2004.

까만 나라 노란 추장, 강무홍 글, 한수임 그림, 웅진닷컴, 2001.

까만 크레파스, 나카야 미와 글 · 그림, 김난주 옮김, 웅진씽크빅, 2002.

까만 크레파스와 요술기차(くろくんとふしぎなともだち, 2004), 나카야 미와 글 · 그림, 김난주 옮김, 웅진주니어, 2005.

까매서 안 더워? 박채란 글, 이상권 그림, 파란자전거, 2007.

까미는 잠을 자고 싶지 않아요, 알린느 드페티니 글, 낸시 델보 그림, 김지은 옮김, 솔출판사, 2008.

까치와 호랑이와 토끼, 권문희 글 · 그림, 이중철 엮음, 웅진주니어, 1998.

깜빡깜빡 잘 잊어버리는 고양이 모그, 주디스 커 글 · 그림, 최정선 옮김, 2000.

꼬꼬닭 빨강이를 누가 도와줄래?(*Little red hen*, 2006), 제리 핑크니 글 · 그림, 서남희 옮김, 열린어린이, 2008.

꼬마 검둥이 삼보(*The Story of Little Black Sambo*, 1899), 헬렌 배너먼 글 · 그림, 고산 옮김, 동서문화사, 2005.

꼴찌 축구단, 축구왕 되다(*Anpfiff Für Die Sperkicker*, 2004), 크리스티안 틸만 글, 한스-유르겐 펠트하우스 그림, 도복선 옮김, 국민서관, 2006.

꽃동네 이야기, 곽영권 글 · 그림, 꽃동네출판사, 1996.

꽃마중, 김미혜 시, 이해경 그림, 미세기, 2010.

꽃이 핀다, 백지혜 글 · 그림, 보림, 2007.

꿈의 궁전을 만든 우체부 슈발(*Cheval, Yume no Kyuden wo tateta Yubin-Haitatsu-fu*, 2002), 오카야 코지 글, 야마네 히데노부 그림, 김창원 옮김, 진선출판사, 2004.

끔찍한 것을 보았어요(*Terrible Thing happened: A Story for Children Who Have Witnessed Violence or Trauma*, 2000), 마거릿 홈스 글, 캐리 필로 그림, 유미숙 옮김, 미래아이, 2006.

끝지, 이형진 글 · 그림, 느림보, 2003.

나 좀 내버려 둬!, 박현진 글, 윤정주 그림, 길벗어린이, 2006.

나, 또 혼났어!(*Les Betises*, 1994), 카트린 돌토 · 콜린 포르푸아레 글, 조엘 부셰 그림, 이세진 옮김, 비룡소, 2007.

나, 여기 있어(*I'm Here*, 2011), 피터 H. 레이놀즈 글 · 그림, 김경연 옮김, 문학동네어린이, 2012.

나는 내가 좋아요, 윤여림 글, 배현주 그림, 웅진주니어, 2011.

나는 아주 작아, 이량덕 글 · 그림, 시공주니어, 2019

나는 언니예요, 최재숙 글, 대한교육연구원, 1991.

나는 축구가 좋아, 유다정 · 윤아해 · 보린 글, 이갑규 그림, 다산어린이, 2013.

나는 커서 뭐가 될까?, 황시원 글, 이유나 그림, 아울북, 2013.

나는 형이니까, 울프 닐슨 글, 에바 에릭슨 그림, 사과나무 옮김, 크레용하우스, 2010.

나도 아프고 싶어(*Wish I Was Sick Too*, 1976), 프란츠 브란덴베르크 글, 알리키 브란덴베르크 그림, 이수연 옮김, 시공사, 1995.

나도 안아줘, 다케시타 후미코 글, 다나카 기요 그림, 김숙 옮김, 북뱅크, 2010.

나도 이제 친구가 생겼어요, 이재민 글, 원유미 그림, 노란돼지, 2011.

나도 학교에 간다(*Gift Days*, 2012), 카리 린 윈터스 글, 스티븐 테일러 그림, 이미영 옮김, 내인생의책, 2014.

나무 숲속(*In the Forest*, 1944), 메리 홀 엣츠 글 · 그림, 이상금 옮김, 한림출판사, 1996.

나무(*The Tree and the Seasons*, 1979), 옐라 마리 글 · 그림, 시공주니어, 1996.

나무(*The Tree*, 2001), 기지마 하지메 글, 사토 추료 그림, 위귀정 옮김, 베틀북, 2007.

나무는 알고 있지, 정하섭 글, 한성옥 그림, 보림, 2007.

나무는 즐거워, 이기철 글, 남주현 그림, 비룡소, 2007.

나무들의 어머니 지네트, 윈터 글 · 그림, 지혜연 옮김, 미래아이, 2009.

나무하고 친구하기(*Be a Friend to Trees*, 1994), 피트리셔 로버 글, 홀리 켈러 그림, 장석봉 옮김, 비룡소, 1999.

나비가 날아간다, 김용택 글, 정순희 그림, 미세기, 2001.

나비잠, 신혜은 글, 장호 그림, 사계절, 2008.

나야, 고릴라, 조은수 글 · 그림, 아이세움, 2004.

나와 악기 박물관(*Im Musikinstrumentenmuseum Floöe, Geige und Giraffe*, 2002), 안드레아 호이어 글 · 그림, 유혜자 옮김, 미래아이, 2004.

나의 개, 부딜 피야 린덴바움 글 · 그림, 허서윤 옮김, 꼬마이실, 2003.

나의 꿈꾸는 눈동자(*My Travelin' Eye*), 제니 수 코스테키-쇼 글 · 그림, 노은정 옮김, 보림, 2009.

나의 사직동, 김서정 글, 한성옥 그림, 보림, 2003.

나의 아름다운 새, 수잔 델 리조 글 · 그림, 곽정아 옮김, 한솔수북, 2017.

나의 여름, 신혜원 글 · 그림, 보림, 2018.

나의 작은 인형상자, 정유미 글 · 그림, UMI, 2014.

나의 크레용(*BOKU NO KUREYON*, 1993), 쵸 신타 글 · 그림, 정근 옮김, 보림, 1996.

나의 프리다(*My Frida*), 앤서니 브라운 글 · 그림, 공경희 옮김, 웅진주니어, 2019.

난 무서운 늑대라구!(*A Cultivated Wolf*), 베키 블룸 글, 파스칼 비에 그림, 아기장수의 날개 옮김, 고슴도치, 1999.

난 병이 난 게 아니야, 카도노 에이코 글, 다루이시 마코 그림, 엄기원 옮김, 한림출판사, 1998.

난 크다(*Tall*, 2005), 제즈 앨버로우 글 · 그림, 웅진주니어, 2005.

난 하나도 안 졸려, 잠자기 싫어!(*I am Not Sleepy and I Will Not Go to bed*, 2001), 로렌 차일드 글 · 그림, 조은수 옮김, 국민서관, 2002.

날 좀 도와줘, 무지개 물고기!(*Rainbow fish to the rescue!*, 1995), 마르쿠스 피스터 글 · 그림, 우미경 옮김, 시공주니어, 2000.

날아다니는 코끼리, 김요섭 글 · 그림, 현암사, 1986.

낮에 나온 반달, 윤석중 글, 김용철 그림, 창비, 2004.

내 가슴속 램프, 정채봉 글, 김복태 그림, 샘터, 1988.

내 거야!(*It's Mine!*, 1986), 레오 리오니 글 · 그림, 이명희 옮김, 마루벌, 2003.

내 공은 어디에, 유소프 가자 글 · 그림, 이한상 옮김, 이콘, 2014.

내 귀는 레몬빛(*Das Schaf mit dem Zitronenohr*), 카챠 라이더 글, 안겔라 폰 로엘 그림, 이

진영 옮김, 문학동네어린이, 2001.

내 귀는 짝짝이(*Flop-ear*, 1999), 히도 반 베네흐텐 글 · 그림, 장미란 옮김, 웅진주니어, 1999.

내 다리는 휠체어(*Meine Fübe Sind Der Rollstuhl*, 2003), 프란츠 요제프 후아이니크 글, 베레나 발하우스 그림, 김경연 옮김, 주니어김영사, 2004.

내 동생 싸게 팔아요, 임정자 글, 김영수 그림, 아이세움, 2006.

내 동생 클로이, 마이카 플레이어 글 · 그림, 글박스 옮김, 상상박스, 2013.

내 동생이 태어났어, 정지영 글, 정혜영 그림, 비룡소, 1997.

내 이름은 제인 구달, 지네트 윈터 글 · 그림, 장우봉 옮김, 두레아이들, 2011.

내 이름이 담긴 병(*The Name Jar*, 2002), 최양숙 글 · 그림, 이명희 옮김, 마루벌, 2002.

내 짝꿍 최영대, 채인선 글, 정순희 그림, 재미마주, 1997.

내 친구 깡총이(*My Friend Rabbit*, 2002), 에릭 로만 글 · 그림, 이상희 옮김, 바다출판사, 2003.

내 친구 루이(*Louie*, 1975), 에즈라 잭 키츠 글 · 그림, 정성원 옮김, 비룡소, 2001.

내 토끼 어딨어?(*Knuffle Bunny Too*), 모 윌렘스 글 · 그림, 정회성 옮김, 살림어린이, 2008.

내 토끼가 또 사라졌어!(*Knuffle Bunny Free: An Unexpected Diversion*), 모 윌렘스 글 · 그림, 정회성 옮김, 살림어린이, 2010.

내가 나인 것, 야마나카 히사시 글, 고바야시 요시 그림, 햇살과나무꾼 옮김, 사계절, 2003.

내가 누구게?, 김용란 글, 변정연 그림, 보리, 2000.

내가 보이니?(*Siehst du Mich?*, 2002), 모니카 랑에 글, 슈테펜 발렌토비츠 그림, 조국현 옮김, 시공주니어, 2004.

내가 아빠를 얼마나 사랑하는지 아세요?(*Guess How Much I Love You*, 1996), 샘 맥브래트니 글, 아니타 제람 그림, 김서정 옮김, 한국 프뢰벨, 1997.

내가 조금 불편하면 세상은 초록이 돼요, 김소희 글, 정은희 그림, 토토북, 2009.

내게는 소리를 듣지 못하는 여동생이 있습니다(*I have a sister-My sister is deaf*, 1977), J. W. 피터슨 글, D. K. 레이 그림, 박병철 옮김, 히말라야, 1995.

냠냠냠 쪽쪽쪽, 문승연 글 · 그림, 길벗어린이, 2008.

너는 누굴까?, 안효림 글 · 그림, 반달, 2017.

너는 커서 뭐할래?, 권정생 외 글, 오정택 그림, 웅진주니어, 2005.

너는 특별하단다(*You are special*, 1997), 맥스 루케이도 글, 세르지오 마르티네즈 그림, 아기장수의 날개 옮김, 고슴도치, 2002.

너도 하늘말나리야, 이금이 글, 송진헌 그림, 푸른책들, 2007.

너무 울지 말아라, 우치다 린타로 글, 다카스 가즈미 그림, 유문조 옮김, 한림, 2012.

넉 점 반, 윤석중 시, 이영경 그림, 창작과비평사, 2004.

넬슨 만델라(*Mandela, l'Africain multicolore*), 알랭 세르 글, 자위 그림, 정지현 옮김, 문학동네어린이, 2011.

노근리, 그 해 여름, 김정희 글, 강전희 그림, 사계절, 2005.

노란 우산, 류재수 그림, 보림, 2007.

노래 노래 부르며, 강소천 글, 홍난파 곡, 장홍을 그림, 길벗어린이, 1997.

노래나라 둥둥, 조은수 글, 이혜리 그림, 비룡소, 1998.

노아의 방주(*Noah's Ark*, 1977), 아서 가이서트 글, 피터 스피어 그림, 김경연 옮김, 미래M&B, 2004.

노아의 방주를 탄 동물들(*Two by two*, 1992), 바버라 레이드 글 · 점토, 사계절출판사, 2001.

노야네 목장은 맨날 바빠!, 조혜란 글 · 그림, 사계절, 2012.

놀이터의 왕(*King Of The Playground*), 필리스 레이놀즈 네일러 글, 놀라 랭그너 멀론 그림, 이옥용 옮김, 보물창고, 2007.

누가 내 머리에 똥 쌌어?(*Vom kleinen Maulwurf, der wissen wollte, wer ihm auf Kopf gemacht hat*, 1993), 베르너 홀츠바르트 글, 울프 에를브루흐 그림, 사계절, 1993.

누가 놀러 왔나요?(*Who's In The Garden?*, 2010), 필리스 거셰이터 글, 질 맥도널드 그림, 글맛 옮김, 키즈엠, 2013.

누가 더 놀랐을까, 도종환 글, 이은희 그림, 실천문학사, 2008

누구 그림자일까?, 최숙희 글 · 그림, 보림, 2000.

누구 발일까?, 정해영 글 · 그림, 논장, 2009.

누구 없어요?, 김향금 글, 최미란 그림, 사계절출판사, 2006.

누구게? -갖고 노는 사물그림책-, 한철민 그림, 한국어린이육영회, 1996.

누구나 눈다, 고미 타로 글 · 그림, 이영준 옮김, 한림출판사, 2000.

누구야?, 정순희 글 · 그림, 창비, 2005.

눈 결정체는 어떻게 생겼을까요?(*The Story of Snow: The Science of Winter's Wonder*), 마크 카시노 글 · 그림, 박일환 옮김, 내인생의책, 2011.

눈 오는 날(*Snowy day*, 1962), 에즈라 잭 키츠 글 · 그림, 김소희 옮김, 비룡소, 1995.

눈사람 아저씨(*The Snow Man*, 1979), 레이먼드 브릭스 글 · 그림, 마루벌 옮김, 마루벌, 1997.

눈사람이 된 풍선, 류재수 그림, 신동일 작곡, 재미마주, 2001.

눈의 여왕(*The Snow Queen*, 1993), 한스 크리스티안 안데르센 글, 린치 그림, 공경희 옮김, 어린이작가정신, 2003.

느릅나무, 아네자키 가즈마 사진, 보림, 1996.

늑대 왕 로보, 어니스트 톰슨 시튼 글, 우상구 그림, 청어람주니어, 2013.

늑대가 들려주는 아기돼지 삼형제 이야기(*The True story of The 3 Little Pigs!*, 1989), 존 셰스카 글, 레인 스미스 그림, 황의방 옮김, 보림, 1996.

늑대와 일곱 마리 아기 염소(*Der Wolf und Die Sieben Geisslenin*, 1957), 그림 형제 글, 펠릭스 호프만 그림, 김재혁 옮김, 비룡소, 2000.

다람쥐(*Squirrels*), 브라이언 와일드스미스 글 · 그림, 장미란 옮김, 보림, 2002.

다이빙을 사랑한 한국인 소년, 새미 리, 유보라 글, 이담 그림, 이재원 옮김, 보림, 2006.

단군신화, 이형구 글, 홍성찬 그림, 보림, 1995.

단군할아버지, 일연 글, 김병종 그림, 조수익 엮음, 민족문화추진회 편, 민문고, 1992.

달 사람(*Moon Man*, 1984), 토미 웅거러 글 · 그림, 김정미 옮김, 비룡소, 1996.

달 샤베트, 백희나 글 · 그림, 책읽는곰, 2014.

달 체험학습 가는 날(*Field trip to the moon*, 2019), 존 헤어 글 · 그림, 행복한 그림책, 2019.

달님 안녕(*おつきさまこんばんわ*, 1986), 하야시 아키코 글 · 그림, 한림출판사, 1988.

달라도 친구, 허은미 글, 정현지 그림, 웅진주니어, 2010.

달라질 거야(*Changes*, 1990), 앤서니 브라운 글 · 그림, 허은미 옮김, 아이세움, 2003.

달려 토토, 조은영 글 · 그림, 보림, 2011.

달려!, 다비드 칼리 글, 마우리치오 A. C. 콰렐로 그림, 책빛, 2017.

달은 어디에 떠 있나?, 정창훈 글, 장호 그림, 웅진주니어, 2007.

당나귀 귀(*Les oreilles en pointe*, 1995), 세레즈 페레즈 글, 문병성 그림, 박은영 옮김, 도서출판 문원, 2000.

당나귀 덩키덩키(*Donkey-donkey*, 1968), 로저 뒤바젱 글 · 그림, 김세실 옮김, 시공주니어, 2011.

대한민국 축구 초등학교, 최영재 글 · 그림, 지경사, 2002.

더 높이, 더 멀리(*Plus haut, plus loin*, 1993), 장 피에르 베르데 글, 피레르 봉 그림, 파랑새어린이, 2001.

도깨비 방망이, 정차준 글, 한병호 그림, 보림, 1997.

도깨비가 데려간 세 딸, 오호선 글, 원혜영 그림, 길벗어린이, 2014.

도깨비를 빨아버린 우리 엄마(*せんたくかあちゃん*, 1978), 사토 와키코 글 · 그림, 이영준 옮김, 한림출판사, 1991.

도깨비와 범벅장수, 이상교 글, 한병호 그림, 국민서관, 2005.

도대체 그동안 무슨 일이 일어났을까?, 이호백 글 · 그림, 재미마주, 2000.

도둑고양이 연구(*Let's Follow And Observe A Town Cat!*), 이자와 마사코 글, 히라이데 마모루 그림, 이예린 옮김, 파랑새, 2008.

도산서원, 라현선 글, 제소라 그림, 초방책방, 2004.

도서관이 키운 아이(*The Boy Who Was Raised By Librarians*), 칼라 모리스 글, 브래드 스니드 그림, 이상희 옮김, 그린북, 2008.

도솔산 선운사, 이상희 글, 한태희 그림, 한림출판사, 2001.

도시 쥐와 시골 쥐(*The Country Mouse and The Town Mouse*), Ladybird 편집부 엮음, 문진미디어, 1998.

도시야, 안녕!(*La Ville quoi de noif!*, 2018), 디디에 코르니유 지음, 최지혜 · 권선영 옮김, 놀궁리. 2020.

도와 줘, 헨리(*Helpful Henry*, 2002), 루스 브라운 글 · 그림, 이경혜 옮김, 아이세움, 2003.

돌아오지 않는 까삐, 이오덕 글, 사계절, 1991.

돌아온 지구 소년, 한낙원 글, 새남, 1988.

돌잔치, 김명희 글, 김복태 그림, 보림, 2010.

동강의 아이들, 김재홍 글 · 그림, 길벗어린이, 2000.

동그라미 세모 네모 이야기, 박진익 글 · 그림, 재미마주 디자인부 엮음, 재미마주, 2009.

동그라미, 세모, 네모가 모여서, 정명순 글, 박수지 그림, 점자, 2013.

동그란 지구의 하루(*All in a Day*, 1986), 안노 미쓰마사 기획, 레이몬드 브릭스 · 니콜라이 포포프 · 하야시 아키코 · 에릭 칼 · 레오 딜런 · 다이앤 딜런 · 론 브룩스 · 주앙 칼비 · 주청량 글 · 그림, 김난주 옮김, 아이세움, 2004.

동물원 가는 길(*The Way To The Zoo*, 2014), 존 버닝햄 글 · 그림, 이상희 옮김, 시공주니어, 2014.

동물원(*Zoo*, 1992), 앤서니 브라운 글 · 그림, 장미란 옮김, 논장, 2002.

동물원, 이수지 글 · 그림, 비룡소, 2004.

동생이 '뚝' 태어났어, 신희진 글 · 그림, 시공주니어, 2008.

동생이 너무 무거웠어요, 뤼카 글, 아르너 그림, 최윤정 옮김, 문학과 지성사, 2003.

동생이 태어날 거야, 존 버닝햄 글, 헬린 옥슨버리 그림, 홍연미 옮김, 웅진주니어, 2010.

동시 삼베치마, 권정생 글, 문학동네어린이, 2011.

돼지책(*Piggy Book*, 1986), 앤서니 브라운 글 · 그림, 허은미 옮김, 웅진닷컴, 2001.

두 발 자전거 배우기, 고대영 글, 김영진 그림, 길벗어린이, 2009.

두드려 보아요!, 안나 클라라 티돌름 글 · 그림, 사계절, 1993.

딩동딩동 편지 왔어요, 정소영 글 · 그림, 사계절, 2010.

딴생각 중, 마리 도를레앙 글 · 그림, 한울림어린이, 2015.

떡잔치, 강인희 글, 정대영 그림, 보림, 1995.

떼루떼루, 박영철 글 · 그림, 시공주니어, 2013.

또, 또, 또 해주세요(*More More More, Said the baby*, 1990), 베라 B. 윌리엄스 글 · 그림, 노

경실 옮김, 열린어린이, 2005.

똑, 딱(*Clic et Cloc*, 2018), 에스텔 비용-스파뇰 글 · 그림, 최혜진 옮김, 여유당, 2018

뛰어라 메뚜기(*TOBE BATTA*, 1988), 다시마 세이조 글 · 그림, 정근 옮김, 보림, 1996.

라치와 사자(*Laci e's az oroszla'n*, 1961), 마레크 베로니카 글 · 그림, 이선아 옮김, 비룡소, 2001.

레이첼 카슨(*The Story of Rachel Carson*, 2002), 에이미 에를리히 글, 웬들 마이너 그림, 김재희 옮김, 아이세움, 2005.

론포포(*Lon Po Po: A Red-Riding Hood Story from China*, 1989), 에드 영 글 · 그림, 김윤태 옮김, 보림, 1996.

리디아의 정원(*The Gardener*), 사라 스튜어트 글, 데이비드 스몰 그림, 이복희 옮김, 시공주니어, 1998.

린드그렌, 삐삐 롱 스타킹의 탄생(*Astrid Lindgren. Wer Ist Das?*, 2011), 카트린 하네만 글, 우베 마이어 그림, 윤혜정 옮김, 한겨레아이들, 2012.

링링은 황사를 싫어해, 고정욱 글, 박재현 그림, 미래아이, 2009.

마고할미, 정근 글, 조선경 그림, 보림, 2006.

마녀 위니(*Winnie the Witch*, 1989), 밸리 토머스 글, 코키 폴 그림, 김중철 옮김, 비룡소, 1996.

마니마니마니, 조은희 글 · 그림, 보림, 2000.

마당을 나온 암탉, 황선미 글, 김환영 그림, 사계절, 2002.

마더구스(*Kate Greenaway's Mother Goose*, 1881), 케이트 그린어웨이 글 · 그림, Huntington Library Press, 2006.

마들렌카(*Madlenka*), 피터 시스 글 · 그림, 윤정 옮김, 베틀북, 2002.

마들린느와 쥬네비브(*Madeline's Rescue*, 1953), 루드비히 베멀먼즈 글 · 그림, 이선화 옮김, 시공사, 1994.

마라 3호, 한낙원 글, 예림당, 1983.

마른 풀의 향기, 김병규 글 · 그림, 프뢰벨, 1992.

마법 침대(*The Magic Bed*, 2003), 존 버닝햄 글 · 그림, 이상희 옮김, 시공주니어, 2003.

마술연필(*Gregory and The Magic Line*, 2002), 돈 피고트 글 · 그림, 장미란 옮김, 언어세상, 2004.

마이크 멀리건과 증기 삽차(*Mike Mullligan and His Steam Shovel*, 1939), 버지니아 리 버튼 글 · 그림, 서애경 옮김, 시공주니어, 1996.

마틴 루터 킹, 도린 래퍼포트 글, 브라이언 컬리어 그림, 서애경 옮김, 아이세움, 2010.

만약 내가 갓난아기라면(*I Wish I Were a Baby*, 1945), 이브 타렛 글 · 그림, 박희준 옮김, 현암사, 1995.

많아요 적어요, 이은경 글, 김소영 그림, 효리원, 2004.

말괄량이 기관차 치치(*Choo Choo*), 버지니아 리 버튼 글 · 그림, 홍연미 옮김, 시공주니어, 2010.

말하는 나무, 오스카 와일드 글, 조은수 옮김, 문학동네어린이, 1999.

맑은 하늘, 이제 그만, 이욱재 글 · 그림, 노란돼지, 2012.

맛있는 ㄱㄴㄷ, 김인경 글 · 그림, 길벗어린이, 2009.

맥을 짚어 볼까요?, 전진경 글 · 그림, 사계절, 2012.

먼지아이, 정유미 글 · 그림, Culture Platform, 2015.

멋진 뼈다귀(*The Amazing Bon*, 1976), 윌리엄 스타이그 글 · 그림, 조은수 옮김, 비룡소, 1995.

메리와 생쥐(*Mary and the Mouse, The Mouse and Mary*), 비벌리 도노프리오 글, 바바라 매클린톡 그림, 김정희 옮김, 베틀북, 2008.

메아리, 이주홍 글, 김동성 그림, 길벗어린이, 2001.

명애와 다래, 이형진 글 · 그림, 느림보, 2003.

모기는 왜 귓가에 앵앵거릴까?(*Why Mosquitoes Buzz in People's Ears*, 1975), 버나 알디마 글, 다이앤 딜런 · 레오 딜런 그림, 김서정 옮김, 보림, 2003.

모기와 황소, 현동염 글, 이억배 그림, 길벗어린이, 2003.

모두 달아났네…(*Minna Nigeta*, 1992), 기시다 에리코 글, 초 신타 그림, 유문조 옮김, 사계절, 2004.

모르는 척, 우메다 순시쿠 글, 우메다 요시코 그림, 송영숙 옮김, 길벗어린이, 1998.

모리와 함께한 화요일(*Tuesdays with Morrie*, 1997), 미치 앨봄 글 · 그림, 공경희 옮김, 세종서적, 2002.

모치모치 나무, 사이토 류스케 글, 다키다이라 지로 그림, 김영애 옮김, 랜덤하우스코리아, 2004.

목욕은 즐거워, 교코 마스오카 글, 하야시 아키코 그림, 한림출판사, 1997.

무릎딱지, 샤를로트 문드리크 글, 올리비에 탈레크 그림, 이경혜 옮김, 한울림어린이, 2010.

무엇이 무엇이 똑같을까?, 이미애 글, 한병호 그림, 보림, 1998.

무지개 물고기(*The Rainbow Fish*, 1992), 마르쿠스 피스터 글 · 그림, 공경희 옮김, 시공주니어, 1994.

문이(*Moun*, 1998), 라스칼 글, 소피 그림, 홍성혜 옮김, 마루벌, 2000.

문익점과 목화씨, 최태호 엮음, 정원택 그림, 청소년윤리연구회 청석수련원, 1988.

물 한 방울(*A Drop of Water*), 월터 윅 글 · 그림, 박정선 옮김, 한길사, 2002.

물고기는 물고기야!(*Fish is Fish*, 1970), 레오 리오니 글 · 그림, 최순희 옮김, 시공주니어, 2000.

물과 숲과 공기(*Common Ground*, 1997), 몰리 뱅 글 · 그림, 최순희 옮김, 마루벌, 2011.

물놀이 할래?, 윤여림 글, 한태희 그림, 웅진주니어, 2007.

물을 긷는 해님, 민현숙 글, 계몽사, 1992.

물의 아이들(*The Water Babies*, 1863), 찰스 킹즐리 글, 워릭 고블린 그림, 김영선 옮김, 시공주니어, 2006.

뭐야 뭐야?, 정해왕 · 차보금 글, 윤봉선 · 이웅기 · 이은천 그림, 사계절, 2005.

뭐하니?, 유문조 글, 최민오 그림, 천둥거인, 2001.

미녀와 야수(*Beauty and the Beast*, 1874), 드 보몽 부인 글, 월터 크레인 그림, 월드컴, 2003.

미다스 왕과 황금 손길(*King Midas and The Golden Touch*, 1999), 샤를로트 크래프트 글, 키누코 크래프트 그림, 문우일 옮김, 미래 M & B, 2003.

미로는 어떤 화가일까?, 브리타 벵케 글 · 그림, 이미옥 옮김, 북비, 2011.

미산 계곡에 가면 만날 수 있어요, 한병호 글 · 그림, 고광삼 사진, 보림, 2001.

미안해(*I'm Sorry*, 2000), 샘 맥브래트니 글, 제니퍼 이처스 그림, 김서정 옮김, 중앙 M&B, 2002.

미운 오리 새끼(*The Ugly Duckling*, 1999), 한스 크리스티안 안데르센 글, 베르나데트 왓츠 그림, 2000.

민들레는 민들레, 김장성 글, 오현경 그림, 이야기꽃, 2014.

민수야 힘내!(*Let's Climb the Pecan*, 1996), 아오키 미치요 글, 하마다 케이코 그림, 이영준 옮김, 한림출판사, 2000.

밀짚잠자리, 권정생 글, 최석운 그림, 엄혜숙 해설, 길벗어린이, 2019.

바늘두더지 조지, 재키 프렌치 글 · 그림, 데이비드 스탠리 그림, 박준희 옮김, 국민서관, 2004.

바다에 가 보았니?, 차보금 글, 윤봉선 그림, 사계절, 2005.

바닷 물고기 덩치, 정대영 글 · 그림, 보림, 1994.

바람 부는 날, 정순희 글 · 그림, 비룡소, 1996.

바람과 해님(*The North Wind and The Sun*, 1970), 라 퐁텐 글, 브라이언 와일드스미스 그림, 보림, 1996.

바람이 불 때에(*When the Wind Blow*, 1970), 레이먼드 브릭스 글 · 그림, 김경미 옮김, 시공주니어, 1995.

바리공주, 김승희 글, 최정인 그림, 비룡소, 2006.

바바빠빠의 아프리카 여행 아네트 티종 글, 테일러스 테일러 그림, 책나무 옮김, 금성출판사, 1997.

바위나리와 아기별, 마해송 글 · 그림, 길벗어린이, 1998.

바퀴야 다모여!, 석철원 글 · 그림, 여유당, 2019.

반갑다 논리야, 위기철 글, 사계절, 1992.

반쪽이, 이미애 글, 이억배 그림, 보림, 1997.

발레리나 벨린다(*Belinda, the Ballerina*, 2003), 에이미 영 글 · 그림, 이주희 옮김, 느림보, 2003.

방귀, 김기택 글, 소윤경 그림, 비룡소, 2007.

방울방울 뽀글뽀글 물고기 방귀(*Bubble homes and fish farts*), 피오나 베이록 글, 캐럴린 코나한 그림, 강수정 옮김, 밝은미래, 2010.

배고픈 애벌레(*The Very Hungry Caterpillar*, 1969), 에릭 칼 글 · 그림, 이희재 옮김, 한국몬테소리, 2001.

백구, 김민기 글, 권문희 그림, 사계절, 2002.

백두산 이야기, 류재수 글 · 그림, 통나무, 1988.

백만 마리 고양이(*Millions of Cats*, 1928), 완다 가그 글 · 그림, 강무환 옮김, 시공사, 1994.

백설공주는 정말 행복했을까?(*Das Neuseste Von Den Sieben Zwergen*, 2000), 후베르트 쉬르넥 글, 유혜자 옮김, 아이세움, 2005.

백설 공주와 일곱 난쟁이(*The Snow White and The Seven Dwarfs*, 1972), 그림 형제 글, 낸시 에콤 버커트 그림, 이다희 옮김, 비룡소, 2004.

백일홍, 김요섭 엮음, 한국전래동화 2, 샘터 파랑새문고 6, 샘터사, 1986.

벌거벗은 임금님(*The Emperor's New Clothes*, 2001), 한스 크리스티안 안데르센 글, 김현좌 옮김, 김소영 그림, 베틀북, 2005.

벤의 꿈(*Ben's Dream*), 크리스반 알스버그 글 · 그림, 김영하 옮김, 문학동네 어린이, 2001.

벼락을 훔친 벤저민 프랭클린(*How Ben Franklin Stole the Lighting*, 2003), 로절린 섄저 글 · 그림, 김수연 옮김, 행복한아이들, 2004.

별 낚시, 김상근 글 · 그림, 사계절, 2019.

별 하나 꿈 하나, 박영규 글, 대일출판사, 1992.

별과 꽃과 아이와, 한석윤 글, 대교출판, 1992.

별똥별 아줌마가 들려주는 우주 이야기, 이지유 글 · 그림, 창비, 2011.

별볼일 없는 4학년, 주디 블룸 글, 오승민 그림, 윤여숙 옮김, 창비, 1999.

병원에 입원한 내 동생(いもうとのにゅういん, 1987), 쓰쓰이 요리코 글, 하야시 아키코 그림, 한림출판사, 1990.

보고 싶은 엄마(*Missing Mummy*), 레베카 콥 글 · 그림, 이상희 옮김, 상상스쿨, 2011.

보아요 아기 그림책 시리즈, 고선아 외 글, 원혜영 외 그림, 사계절, 2003.

보이지 않는다면, 차이자오룬 글 · 그림, 심봉희 옮김, 웅진주니어, 2013.

봄날, 호랑나비를 보았니?, 조은수 글, 재미마주 기획, 길벗어린이, 1995.

부루퉁한 스핑키(*Spinky Sulks*, 1988), 윌리엄 스타이그 글 · 그림, 조은수 옮김, 비룡소, 1995.

부엌 할머니, 이규희 글, 윤정주 그림, 보림, 2008.

북풍의 등에서(*At the Back of North Wind*, 1871), 조지 맥도널드 글, 아서 휴즈 그림, 김옥수 옮김, 웅진주니어, 2003.

불개, 김요섭 엮음, 한국전래동화 2, 샘터 파랑새문고 6, 샘터사, 1986.

불곰에게 잡혀간 우리 아빠, 허은미 글, 김진화 그림, 여유당, 2018.

불꽃놀이 펑펑, 한태희 글, 한림출판사, 2002.

불어오는 바람 속에, 밥 딜런 글, 존 J. 무스 그림, 황유원 옮김, 문학동네, 2017.

브레멘의 음악대(*Die Bremer Stadtmusikanten*, 1993), 그림 형제 글, 한스 피셔 그림, 문성원 옮김, 시공사, 1996.

비가 오면, 신혜은 글, 최석은 그림, 사계절, 2006.

비오는 날 집 보기(*あめのひの おるすばん*), 이와사키 치히로 글 · 그림, 프로메테우스, 2002.

비오는 날(*Rain Rain Rivers*), 유리 슐레비츠 글 · 그림, 시공주니어, 2000.

빈집, 이상교 글, 한병호 그림, 신동일 음악, 미세기, 2007

빨간 나무(*The Red Tree*, 2002), 숀 텐 글 · 그림, 김경연 옮김, 풀빛, 2002.

빨간 모자(*Little Red Riding Hood*, 1968), 그림 형제 글, 베르나데트 왓츠 그림, 우순교 옮김, 시공사, 1996.

빨간 줄무늬 바지, 채인선 글, 이진아 그림, 보림, 2007.

빨간 풍선의 모험(*Les Aventures d'une petite bulle rouge*, 1968), 옐라 마리 글 · 그림, 시공주니어, 1995.

빨간꽃 초록잎, 탁혜정 글 · 그림, 초방책방, 2007.

빨강 파랑 강아지 공(*A Ball for Daisy*, 2011), 크리스 라쉬카 글 · 그림, 지양어린이, 2012.

빨강, 파랑 색깔(*Colours*, 2001), 로버트 크라우서 그림, 시공주니어, 2005.

빨강, 파랑 세상의 모든 색(*Blau, Rot, Alle*), 크베타 파코브스카 글 · 그림, 한미희 옮김, 시공주니어, 2012.

빨강도깨비 파랑도깨비 노랑도깨비, 김효순 그림, 윤구병 기획, 휴먼어린이, 2011.

삐뽀삐뽀 도와주는 차, 앤드류 크로우슨 그림, 시공주니어, 2008.

삐뽀삐뽀 불자동차, 정하섭 글, 한병호 그림, 비룡소, 1997.

사계절(*Seasons*, 1971), 존 버닝햄 글 · 그림, 박철주 옮김, 시공사, 1996.

사과와 나비(*The Apple and the Butterfly*, 1969), 옐라 마리 글 · 그림, 보림, 1996.

사냥꾼 하나(*One Hunter*, 1982), 팻 허친스 글 · 그림, 홍연미 옮김, 시공주니어, 2000.

사또의 사위가 된 바보, 이준연 엮음, 양후영 그림, 서강출판사, 1993.

사랑해 사랑해 사랑해(*Love You Through and Through*, 2005), 로세티 슈스탁 글, 카롤린 제인 처치 그림, 신형건 옮김, 보물창고, 2006.

사막의 공룡(*Sabaku no Kyouryu*, 1998), 타지마신지 글, 강우현 그림, 한림출판사, 1992.

사물놀이 이야기, 김동원 글, 곽영권 그림, 사계절, 2001.

사물놀이, 김동원 글, 조혜란 그림, 길벗어린이, 1998.

사윗감 찾아 나선 두더지, 김향금 글, 이영원 그림, 보림, 1996.

산타 할아버지(*Father Christmas*, 1973), 레이먼드 브릭스 글 · 그림, 박상희 옮김, 비룡소, 1995.

살아 있는 모든 것은(*Lifetimes*, 1983), 브라이언 멜로니 글, 로버트 잉펜 그림, 이명희 옮김, 마루벌, 1999.

삼거리 양복점, 인재선 글 · 그림, 웅진주니어, 2019.

상자 속 여행(*The Trip*, 1978), 에즈라 잭 키츠 글 · 그림, 공경희 옮김, 중앙 M&B, 2003.

새, 패트리샤 토마 글 · 그림, 재미마주, 2019.

새들아 어디 사니?(鳥の巣みつけた, 2002), 스즈키 마모루 글 · 그림, 이선아 옮김, 비룡소, 2005.

새로운 가족, 전이수 글 · 그림, 엘리, 2017.

새벽(*Dawn*, 1988), 유리 슐레비츠 글 · 그림, 강무환 옮김, 시공주니어, 1994.

새색시, 박현정 그림, 초방책방, 2004.

새앙쥐와 태엽쥐, 레오 리오니 글 · 그림, 마루벌, 1999.

새콤달콤 색깔들(*Le grand livre de la couleur*), 밀라 보탕 글 · 그림, 신성림 옮김, 비룡소, 2008.

색깔(*Colours*, 1985), 존 버닝햄 글 · 그림, 비룡소, 2004.

색깔을 만드는 아기 고양이(*The Color Kitten*), 마거릿 와이즈 브라운 글, 앨리스 프로벤슨 · 마틴 프로벤슨 그림, 양희진 옮김, 웅진주니어, 2002.

색깔이 뱅글뱅글, 정낙묵 글, 이제호 · 박수현 그림, 고인돌, 2009.

샌드위치 바꿔먹기, 라니아 알 압둘라 왕비 · 켈리 디푸치오 글, 트리샤 투사 그림, 신형건 옮김, 보물창고, 2011.

생각하는 ㄱㄴㄷ, 이지원 글, 이보나 흐리엘레프스카 그림, 논장, 2005.

생명의 나무(*The Tree of Life: A Book Depicting the Life of Charles Darwin- Naturalist, Geologist & Thinker*, 2003), 피터 시스 글 · 그림, 김명남 옮김, 시공주니어, 2014.

생명이 숨쉬는 알(*An Egg Is Quiet*, 1973), 다이애나 애스턴 글, 실비아 롱 그림, 최재천 옮김, 비룡소, 2000.

샤를의 기적(*Charles A L'ecole Des Dragons*, 2010), 알렉스 쿠소 글, 필리프-알리 튀랭 그림, 조정훈 옮김, 키즈엠, 2013.

샬롯의 거미줄(*Charlotte's Web*, 1952), E. B. 화이트 글, 가스 윌리엄즈 그림, 김화곤 옮김, 시공주니어, 2000.

서서 걷는 악어 우뚝이, 레오 리오니 글 · 그림, 엄혜숙 옮김, 마루벌, 2004.

서커스(*Circus*, 1970), 브라이언 와일드스미스 글 · 그림, 홍연미 옮김, 시공주니어, 1996.

선 따라 걷는 아이, 크리스틴 베젤 글, 알랭 코르코스 그림, 김 노엘라 옮김, 꿈교출판사, 2011.

선, 이수지 글 · 그림, 비룡소, 2017.

선녀와 나무꾼, 서정오 글, 김광일 그림, 여우고개, 2016.

선인장 호텔(*Cactus Hotel*, 1991), 브랜다 기버슨 글, 미간 로이드 그림, 마루벌, 1999.

설문대 할망, 김의한 그림, 웅진출판 편집부 엮음, 웅진출판, 1985.

설빔, 배현주 글 · 그림, 사계절, 2007.

세계 최초의 그림 교과서(*Orbis Sensualium Pictus*, 1658), 요하네스 아모스 코메우스 글 · 그림, 남혜승 옮김, 씨앗을뿌리는사람들, 1999.

세계의 어린이 ATLAS(*Atlas des enfants du monde*), 필립 네스만 글, 엘로디 발랑드라 그림, 이주희 옮김, 한겨레아이들, 2009.

세계의 어린이-우리는 친구-, 유네스코 아시아문화센터 기획, 한림출판사, 1991.

세모, 네모, 모양(*Shapes*, 2002), 로버트 크라우서 글 · 그림, 시공주니어, 2005.

세모, 맥 바넷 글, 존 클라센 그림, 서남희 옮김, 시공주니어, 2018.

세상에서 가장 멋진 장례식, 울프 닐손 글, 에바 에릭손 그림, 임정희 옮김, 시공주니어, 2008.

세상에서 가장 용감한 소녀, 매튜 코델 그림, 비룡소, 2018.

세상에서 가장 큰 아이(*The Biggest Boy*, 1995), 캐빈 행크스 글, 낸시 태퍼리 그림, 이경혜 옮김, 비룡소, 1999.

세상에서 제일 힘센 수탉, 이호백 글, 이억배 그림, 재미마주, 1997.

세상은 이렇게 시작되었단다(*The Story of the Creation*, 1995), 제인 레이 글 · 그림, 이명희 옮김, 마루벌, 2001.

세상을 담은 그림지도, 김향금 글, 최숙희 그림, 보림, 2004.

세상을 바꾼 위대한 책벌레들, 김문태 글, 이량덕 그림, 고정욱 기획, 뜨인돌어린이, 2006.

세상을 잇는 다리(*Bridges Are To Cross*, 1998), 필레몬 스터지스 글, 자일스 라로슈 그림, 김연수 옮김, 문학동네어린이, 2006.

세상이 자동차로 가득찬다면, 앨런 드러먼드 글 · 그림, 유지연 옮김, 고래이야기, 2010.

세어요, 드웰 스튜디오 글 · 그림, 블루래빗, 2010.

셜리야, 목욕은 이제 그만!(*Time to Get Out of The Bath*, 1978), 존 버닝햄 글 · 그림, 최리을 옮김, 비룡소, 2004.

셜리야, 물가에 가지 마(*Come Away From The Water*, 1997), 존 버닝햄 글 · 그림, 이상희 옮김, 비룡소, 2003.

소꿉놀이, 달연 예쁠아 글 · 그림, 깊은책속옹달샘, 2006.

소년왕, 조은이 글, 유준재 그림, 문학동네어린이, 2006.

소피가 화나면, 정말 정말 화나면(*When Sophie Gets Angry-Really, Really Angry...*, 1980), 몰리 뱅 글 · 그림, 박수현 옮김, 책읽는곰, 2013.

손 큰 할머니의 만두 만들기, 채인선 글, 이억배 그림, 재미마주, 2007.

손바닥 물고기, 한태희 글 · 그림, 예림당, 2004.

손이 나왔네(おててがでたよ, 1986), 하야시 아키코 글 · 그림, 한림출판사, 1988.

솔이의 추석이야기, 이억배 글 · 그림, 길벗어린이, 1995.

수궁가, 이현순 글, 이육남 그림, 초방책방, 2003.

수염 할아버지, 이상교 글, 한성옥 그림, 보림, 2002.

수호의 하얀 말(スーの白い馬, 1967), 오츠카 유우조 글, 아카바 수에키치 그림, 이영준 옮김, 한림출판사, 2001.

순간의 빛을 영원에 담은 모네, 김광우 글 · 그림, 아이세움, 2007.

순이와 어린 동생(おさえとちいさいいもうと, 1979), 쓰쓰이 요리코 글, 하야시 아키코 그림, 이영준 옮김, 한림출판사, 1989.

숨바꼭질, 김정선 글 · 그림, 사계절, 2018.

숨쉬는 항아리, 정병락 글, 박완숙 그림, 보림, 2005.

숲속으로(*Into the Forest*, 2004), 앤서니 브라운 글 · 그림, 허은미 옮김, 베틀북, 2004.

숲속의 숨바꼭질, 수에요시 아키코 글, 하야시 아키코 그림, 고광미 옮김, 한림출판사, 2000.

숲에 누가 있을까(*Chi C'e Nel Bosco?*, 2011), 토마소 레벤테 타니 글 · 그림, 김현주 옮김, 고래뱃속, 2012.

시간상자(*Flotsam*, 2006), 데이비드 위즈너 글 · 그림, 베틀북, 2007.

시골 쥐의 서울 구경, 방정환 글, 김동성 그림, 길벗어린이, 2019.

시리동동 거미동동, 권윤덕 그림, 창비, 2003.

시조와 만나는 위인 이야기, 김영순 글, 김선미 그림, 글사랑, 2013.

시튼 동물기(*Animal Heroes*, 1900), 어니스트 톰슨 시튼 글, 이윤범 옮김, 가나출판사, 1987.

신데렐라(*Cinderella*, 1993), 샤를 페로 글, 로베르토 인토첸티 그림, 이다희 옮김, 비룡소, 2007.

심부름 가는 길에, 미야코시 아키코 글 · 그림, 김숙 옮김, 북뱅크, 2012.

십장생을 찾아서, 최향랑 글 · 그림, 창비, 2007.

싸워도 돼요?, 고대영 글, 김영진 그림, 길벗어린이, 2013.

쌀 한 톨로 장가든 총각, 이호백 각색 · 그림, 재미마주 편집부 엮음, 길벗어린이, 1995.

쓰나미, 그 거대한 재앙에서 살아남은 사람들의 이야기, 기미코 가지카와 글, 에드 영 그림, 노은정 옮김, 사계절, 2009.

씨름, 김장성 글, 이승현 그림, 사계절, 2007.

씩씩한 마들린느(*Madeline*, 1939), 루드비히 베멀먼즈 글 · 그림, 이선화 옮김, 시공사, 1996.

씩씩해요, 전미화 글 · 그림, 사계절, 2010.

씹지 않고 꿀꺽 벌레는 정말 안 씹어, 권윤덕 글 · 그림, 재미마주, 2004.

아가야, 안녕?(*Hello Baby*, 1999), 제니 오버랜드 글, 줄리 비바스 그림, 김장성 옮김, 사계절, 2000.

아가웃음, 문삼석 글, 김천정 그림, 계몽사, 1992.

아기 늑대 세 마리와 못된 돼지(*The Three Little Wolves and The Big Bad Pig!*, 1997), 유진 트리비자스 글, 헬렌 옥슨버리 그림, 김경미 옮김, 시공주니어, 2006.

아기 어르고 달래고 재우는 자장노래, 백창우 글, 한지희 그림, 주니어파랑새, 2002.

아기 오리들한테 길을 비켜 주세요(*Make Way For Ducklings*, 1941), 로버트 맥클로스키 글 · 그림, 이수연 옮김, 시공주니어, 1995.

아기 초점책, 애플비 편집부 엮음, 애플비, 2007.

아기곰 푸우(*Winnie-the-Pooh*, 1926), A. A. 밀른, Methuen; New edition, 2000.

아기곰의 가을 나들이, 데지마 게이자부로 글 · 그림, 정근 옮김, 보림, 1996.

아기곰이 하늘을 날아요, 프랭크 다에넨 글 · 그림, 김경민 옮김, 어썸키즈, 2014.

아기돼지 삼형제(*The three little pigs*, 2006), 폴 갈돈 글 · 그림, 이상희 옮김, 시공주니어, 2007.

아기돼지 세마리(*The Three Pigs*, 2001), 데이비드 위즈너 글 · 그림, 이옥용 옮김, 마루벌, 2002.

아기돼지 세 자매(*Les trois petites cochonnes*, 1998), 프레데릭 스테르 글 · 그림, 최윤정 옮김, 파랑새어린이, 2001.

아기의 하루, 나애경 글 · 그림, 보림, 1998.

아델과 사이먼(*Adele and Simon*, 2006), 바버라 매클린톡 글 · 그림, 문주선 옮김, 베틀북, 2006.

아래로 아래로(*Antioden*, 1999), 에른스트 얀들 글, 노르만 융에 그림, 박상순 옮김, 비룡소, 2001.

아래로 쪼르르!, 심상림 글, 문지후 그림, 그레이트키즈, 2013.

아름다운 라이벌, 공진아 글, 민애수 그림, 현문미디어, 2003.

아름다운 실수, 코리나 루켄 글 · 그림, 김세실 옮김, 2018.

아마도 세상은, 히도 반 헤네흐텐 글 · 그림, 엄혜숙 옮김, 현북스, 2014.

아모스 할아버지가 아픈 날(*A Sick Day for Amos McGee*), 필립 C. 스테드 글, 에린 E. 스테드 그림, 유병수 옮김, 별천지, 2011.

아모스와 보리스(*Amos & Boris*, 1971), 윌리엄 스타이그 글 · 그림, 우미경 옮김, 시공주니어,

1996.

아무한테도 말하지 마세요, 이원수 외 글, 정성화 그림, 명예의전당, 2005.

아빠, 잘 있어요?, 하세가와 요시후미 글 · 그림, 고향옥 옮김, 사계절, 2011.

아빠가 길을 잃었어요, 하타 고시로 그림, 랑힐 닐스툰 글, 김상호 옮김, 비룡소, 1998.

아빠가 우주를 보여준 날, 울프 스타르크 글, 에바 에릭손 그림, 사과나무 옮김, 크레용하우스, 2002.

아빠가 지켜줄게, 이혜영 글 · 그림, 비룡소, 2007.

아빠는 지금 하인리히 거리에 산다, 네레 마어 글, 베레나 발하우스 그림, 이지연 옮김, 아이세움, 2001.

아빠랑 함께 피자놀이를(*Pete's a Pizza*, 1998), 윌리엄 스타이그 글 · 그림, 박찬순 옮김, 2000.

아빠와 아들, 고대영 글, 한상언 그림, 길벗어린이, 2007.

아씨방 일곱 동무, 이영경 글 · 그림, 비룡소, 1998.

아이 시원해!, 김경득 글 · 그림, 길벗어린이, 2019.

아주 머나먼 곳, 모리스 센닥 글 · 그림, 서남희 옮김, 시공주니어, 2014.

아주 특별한 요리책, 한성옥 그림, 보림, 2005.

안녕? 나는 너의 장난꾸러기야, 이형진 글 · 그림, 한샘출판사, 1994.

안녕히 주무세요, 여기 글 · 그림, 월천상회, 2019.

알, 알이 ①②③, 최숙희 글 · 그림, 아이즐, 2006,

알록달록 동물원(*Color Zoo*, 1989), 로이스 엘러트 글 · 그림, 문정윤 옮김, 시공주니어, 2001.

알리체의 일기(*Il Libro di Alice*, 1997), 알리체 스투루알레 글, 이현경 옮김, 비룡소, 2001.

알베르트 아인슈타인, 제니퍼 번 글, 블라디미르 라둔스키 그림, 서애경 옮김, 문학동네어린이, 2013.

압둘 가사지의 정원(*The Garden of Abdul Gasazi*, 1979), 크리스 반 알스버그 글 · 그림, 이상희 옮김, 베틀북, 2002.

애너벨과 신기한 털실(*Extra Yarn*, 2012), 맥 바넷 글, 존 클라센 그림, 홍연미 옮김, 길벗어린이, 2013.

애벌레의 모험(*Das Raupenabenteuer*), 이름가르트 루흐트 글 · 그림, 김경연 옮김, 풀빛, 2001.

앵거스와 두 마리 오리(*Angus and the Ducks*, 1930), 마저리 플랙 글 · 그림, 이진영 옮김, 시공주니어, 1997.

앵무새 열 마리(*Cockatoos*), 퀜틴 블레이크 글 · 그림, 장혜린 옮김, 시공주니어, 1997.

앵앵앵 날 잡아 봐라!, 신지윤 글, 유진희 그림, 웅진출판, 1997.

야! 우리 기차에서 내려(*Oi! Get off Our Train*, 1989), 존 버닝햄 글 · 그림, 박상희 옮김, 비룡

소, 1995.

야채로 도장찍기, 요시다 기미마로 글 · 그림, 김세희 옮김, 한림출판사, 1997.

양철곰, 이기훈 글 · 그림, 리젬, 2012

양파의 왕따 일기, 문선이 글, 박철민 그림, 주니어파랑새, 2001.

얘들아, 정말 과학자가 되고 싶니?, 김성화 · 권수진 글, 이윤하 그림, 풀빛, 2001.

어느 날 우리는, 안승준 글과 노래, 홍나리 그림, 사계절, 2019.

어둠을 무서워하는 꼬마 박쥐(*Vampirchen hat im Dunkeln angst*, 1996), 게르다 바게너 글, 에밀리오 우르베루아가 그림, 최문정 옮김, 비룡소, 1997.

어떻게 잠을 잘까요?(とうやってねるのかな, 1983), 야브우치 마사요키 글 · 그림, 박은덕 옮김, 한림출판사, 1991.

어린 식물박사(*The Little Plant Doctor: A Story About George Washington Carver*, 2011), 진 마졸로 글, 켄 윌슨-맥스 그림, 최순희 옮김, 봄나무, 2011.

언젠가 너도, 앨리슨, 맥기 글, 피터 H. 레이놀즈 그림, 김경연 옮김, 문학동네어린이, 2007.

얼룩말은 왜 얼룩말일까?(*Das Zebra Ist Das Zebra*), 막스 후빌러 글, 위르크 오브리스트 그림, 김경연 옮김, 풀빛, 2010.

엄마 가슴속엔 언제나 네가 있단다(*In My Heart*), 몰리 뱅 글 · 그림, 최순희 옮김, 열린어린이, 2007.

엄마 등에 업혀서(*A Ride on Mother's Back: A Day of Baby Carrying around the World*), 에머리 버나드 글, 더가 버나드 그림, 박희원 옮김, 비룡소, 2008.

엄마 마중, 이태준 글, 김동성 그림, 소년한길, 2004.

엄마 아빠가 들려주는 15명의 한국 위인 여행, 최정혜 글, 박의식 외 12인 그림, 은하수, 2000.

엄마 아빠가 생긴 날, 제이미 리 커티스 글, 로라 코넬 그림, 조세현 옮김, 비룡소, 2005.

엄마 아빠는 나만 미워해!(ぼく いえでしたい, 1996), 이노우에 요코 글, 쓰치다 요시하루 그림, 이정선 옮김, 베틀북, 2005.

엄마 아빠와 아기들의 마주 이야기, 박문희 엮음, 이오덕 감수, 지식산업사, 1995.

엄마 옆에 꼬옥 붙어 잤어요, 윤석중 글, 오승민 그림, 웅진주니어, 2004.

엄마 왜 안 와, 고정순 글 · 그림, 웅진주니어, 2018.

엄마! 저 좀 재워 주세요, 이화주 글 · 그림, 고인돌, 2010.

엄마, 잘 갔다 와, 이재복 글 · 그림, 사계절, 2012.

엄마가 떠난 뒤에, 킴벌리 윌리스 홀트 글, 임정은 옮김, 우리교육, 2007.

엄마가 알을 낳았대(*Mummy Laid an Egg*, 1993), 배빗 콜 글 · 그림, 고정아 옮김, 보림, 1996.

엄마는 곧 올 거야(*Mama Will Be Home Soon*, 2003), 낸시 민첼라 글 · 그림, 햇살과 나무꾼 옮김, 대교베텔스만, 2004.

엄마는 아무것도 모르면서, 신경림 글, 이은희 그림, 실천문학사, 2012.

엄마를 화나게 하는 10가지 방법(*Comment faire enrager mammam*), 실비 드 마튀이시왹스 글, 세바스티앙 디올로장 그림, 이정주 옮김, 어린이작가정신, 2004.

엄마의 의자(*A Chair for My Mother*, 1982), 베라 윌리엄스 글 · 그림, 최순희 옮김, 시공주니어, 1999.

에디에게 잘 해주렴(*Be Good Eddie*, 1993), 버지니아 플레밍 글, 플로이드 쿠퍼 그림, 강연숙 옮김, 느림보, 2003.

에리카이야기(*Erika's Story*, 2003), 루스 반더 지 글, 로베르토 인노첸티 그림, 차미례 옮김, 마루벌, 2005.

엘리너 루스벨트(*Eleanor*, 1996), 바버러 쿠니 글, 이상희 옮김, 아이세움, 2006.

엘리베이터 여행(*Der Aufzug*, 1993), 파울 마르 글, 니콜라우스 하이델바흐 그림, 김경연 옮김, 풀빛, 2005.

엘리자베스(*Elisabeth*, 1997), 클레어 A. 니볼라 글 · 그림, 강연숙 옮김, 느림보, 2003.

엠마(*Emma*, 1980), 웬디 케셀만 글, 바버라 쿠니 그림, 강연숙 옮김, 느림보, 2004.

여섯 사람(*Die Sechs*, 1972), 데이비드 매키 글 · 그림, 김중철 옮김, 비룡소, 19987.

여행 그림책 III(旅の繪本, *Anno's Journey III*, 1981), 안노 미쯔마사 글 · 그림, 한림출판사, 2003.

연기 자욱한 밤(*Smoky Night*, 1994), 이브 번팅 글 · 그림, 고정아 옮김, 보림, 1996.

연필을 잡으면 그리고 싶어요, 이호철 글, 덕산초등학교 5학년1반 그림, 보리, 1997.

열 개의 눈동자(*The Cinder-Eyed Cats*), 에릭 로만 글 · 그림, 이지유 옮김, 미래아이, 2003.

열 명의 왕, 밀턴 멜처 글, 베서느 앤더슨 그림, 이승숙 옮김, 한림출판사, 2007.

염소, 시즈카 다시마 세이조 글 · 그림, 고향옥 옮김, 보림, 2010.

영이의 비닐우산, 윤동재 글, 김재홍 그림, 창비, 2005.

예방주사 무섭지 않아!, 후카미 하루오 글 · 그림, 한림출판사, 1996.

예수님, 지금 여기에, 이호백 글, 이호연 그림, 재미마주, 2018.

옛날 스님들은 어떻게 살았을까, 김종산 글, 김재홍 그림, 파랑새어린이, 2003.

오누이 이야기, 이억배 글 · 그림. 사계절, 2020.

오른발, 왼발(*Now One Foot, Now the Other*, 1981), 토미 드 파올라 글 · 그림, 정해왕 옮김, 비룡소, 1999.

오빠와 나는 영원한 맞수(*Rotten Richie And the Ultimate Dare*), 패트리샤 폴라코 글 · 그림, 최순희 옮김, 시공주니어, 2008.

오소리 아저씨의 소중한 선물(*Badger's Parting Gifts*, 1992), 수잔 발레이 글 · 그림, 지경사, 1998.

오소리네 집 꽃밭, 권정생 글, 정승각 그림, 길벗어린이, 1997.

오이대왕, 크리스티네 뇌스틀링거 글, 유혜자 옮김, 사계절, 2009.

오줌싸개 시간표, 윤석중 동시, 권문희 그림, 여유당, 2019.

올통볼통 화가 나, 허은미 글, 한상언 그림, 아이세움, 2007.

와! 맛있는 동시, 정두리 글, 김현주 외 그림, 계림닷컴, 2002.

왕따, 이윤학 글, 전종문 그림, 문학과지성사, 2006.

왜 색깔은 이렇게 아름다울까?, 마르쿠스 피스터 글 · 그림, 김상미 옮김, 베틀북, 2010.

외톨이 사자는 친구가 없대요(ひとりっちのうィオン, 1972), 나카노 히로카주 글 · 그림, 한림, 1990.

용기를 내, 무지개 물고기!(*The Rainbow Fish Overcomes Fear!*), 마르쿠스 피스터 글 · 그림, 송순섭 옮김, 시공주니어, 2001.

우락부락 염소 세 형제 이야기(*The Three Billy Goats Gruff*, 1957), 페터 아스비에른센, 요엔 모에 글, 마샤 브라운 그림, 신수진 옮김, 시공주니어, 1995.

우렁각시, 한성옥 글, 보림, 1998.

우렁이 색시, 김요섭 엮음, 한국전래동화집 2, 샘터 파랑새 문고 6, 샘터사, 1986.

우리 가족입니다, 이혜란 글 · 그림, 보림, 2005.

우리 몸의 구멍, 허은미 글, 이혜리 그림, 천둥거인, 2000.

우리 삼촌은 앤디워홀(*Uncle Andy's*, 2003), 제임스 워홀라 글 · 그림, 연진희 옮김, 바다출판사, 2003.

우리 아빠가 최고야(*My Dad*, 2000), 앤서니 브라운 글 · 그림, 최윤정 옮김, 킨더랜드, 2007.

우리 엄마 어디 있어요?(*Klein wit visje*, 2004), 기도 반 게네흐텐 글 · 그림, 서남희 옮김, 한울림어린이, 2004.

우리 집에 갈래, 이지연 글 · 그림, NCSOFT, 2013.

우리 집에 왜 왔니?, 김경은 글 · 그림, 태일출판사, 1996.

우리 집에 있어요, 홍진숙 글, 유진희 그림, 사계절, 2005.

우리 집에는 괴물이 우글우글, 홍인순 글, 이혜리 그림, 보림, 2005.

우리 집엔 형만 있고 나는 없다, 김향이 글, 이덕화 그림, 푸른숲주니어, 2012.

우리 친구하자(とんことり, 1986), 쓰쓰이 요리코 글, 하야시 아키코 그림, 편집부 옮김, 한림출판사, 1994.

우리 할머니가 이상해요, 울프 닐손 글, 에바 에릭손 그림, 박민수 옮김, 시공주니어, 2017.

우리 할아버지(*Grandpa*, 1984), 존 버닝햄 글 · 그림, 박상희 옮김, 비룡소, 1995.

우리 할아버지가 꼭 나만 했을 때, 주경호 글 · 그림, 보림, 1999.

우리 할아버지는 106세, 마츠다 모토코 글, 칸노 유키코 그림, 최진 옮김, 아이세움, 2004.

우리 할아버지입니다, 김향이 글, 김재홍 그림, 삼성출판사, 2006.

우리는 서로 달라요, 보리 글 · 그림, 웅진출판사, 1990.

우리는 손으로 말해요(*Wir Sprechen Mit Den Handen*, 2005), 프란츠 요제프 후아이니크 글, 베레나 발하우스 그림, 김경연 옮김, 주니어김영사, 2006.

우리는 집지킴이야!, 최미란 글 · 그림, 사계절, 2011.

우리는 친구(*Little Beauty*), 앤서니 브라운 글 · 그림, 장미란 옮김, 웅진주니어, 2008.

우리도 똑같아요, 보리기획 글, 박경진 그림, 보리, 2001.

우리 엄마(*My Mum*, 2005), 앤서니 브라운 글 · 그림, 허은미 옮김, 웅진주니어, 2005.

우산(*Umbrella*, 1958), 야시마 타로 글 · 그림, 정태선 옮김, 미래아이, 2001.

우주 전함 갤럭시안, 한낙원 글, 견지사, 1972.

우주도시, 한낙원 글, 아리랑사, 1972.

움직이는 ㄱㄴㄷ, 이수지 글 · 그림, 길벗어린이, 2006.

웅철이의 모험, 주요섭 글, 유성호 그림, 풀빛, 2006.

원숭이와 꽃게, 이와사키 교코 글, 나가노 히로카주 그림, 석용원 옮김, 보림, 1994.

위를 봐요!, 정진호 글 · 그림, 은나팔, 2014.

위층 할머니, 아래층 할머니(*Nana Upstairs & Nana Downstairs*, 1973), 토미드 파올라 글 · 그림, 이미영 옮김, 비룡소, 2003.

윌리와 휴(*Willy and Hugh*, 1990), 앤서니 브라운 글 · 그림, 허은미 옮김, 웅진씽크빅, 2003.

유령이 된 할아버지(*Sa Blev Farfar et Spogelse*, 2004), 킴 푸브 오케손 글, 에바 에릭손 그림, 김영선 옮김, 한길사, 2005.

육촌형, 이현주 글, 박철민 그림, 보림, 2000.

윤동주, 별을 노래하는 마음, 정지원 글, 임소희 그림, 한겨레아이들, 2011.

율리와 괴물(*Julien et le monstre*, 1996), 유타 바우어 글, 크리스틴 보이에 그림, 카테리나 스티그리츠 옮김, 문학동네어린이, 2000.

으뜸 헤엄이(*Swimmy*, 1963), 레오 리오니 글 · 그림, 이명희 옮김, 마루벌, 2000.

으악, 도깨비다!, 손정원 글, 유애로 그림, 느림보, 2002.

은혜 갚은 뱀, 송재찬 글, 백명식 그림, 고려원미디어, 1991.

음악가 제랄딘, 레오 리오니 글 · 그림, 시공주니어, 2019.

응가하자, 끙끙, 최민오 글 · 그림, 보림, 2001.

이 땅에 신들이 처음 오신 때, 김용덕 엮음, 강숙희 그림, 문학아카데미, 1990.

이럴 수 있는 거야??!(*Cehört Das So??!*, 2005), 페퍼 쉐소우 글 · 그림, 한미희 옮김, 비룡소, 2007.

이렇게 자 볼까? 저렇게 자 볼까?, 이미애 글, 심미아 그림, 보림, 2000.

이만큼 컸어요!(*The Growing Story*, 1947), 루스 크라우스 글, 헬렌 옥슨버리 그림, 공경희 옮김, 웅진주니어, 2007.

이모의 결혼식, 선현경 글 · 그림, 비룡소, 2004.

이사 가는 날, 김세온 글 · 그림, 비룡소, 1994.

이사벨의 방(*The Quiet Place*, 2012), 사라 스튜어트 글, 데이비드 스몰 그림, 서남희 옮김, 시공주니어, 2013.

이상한 나라의 숫자들(*Historia del uno*), 마리아 데 라 루스 우리베 글, 페르난도 크란 그림, 김정하 옮김, 북뱅크, 2007.

이상한 나라의 앨리스(*Alice's Adventures In Wonderland*, 1865), 루이스 캐럴 글, 존 테니엘 그림, 김경미 옮김, 시공주니어, 2001.

이상한 자연사 박물관(*Time Flies*), 에릭 로만 그림, 이지유 옮김, 미래아이, 2001.

이상한 화요일(*Tuesday*), 데이비드 위즈너 그림, 비룡소, 2002.

이솝 우화(*Aesop's Fables*, 1989), 이솝 글, 리즈벳 츠베르커 그림, 김태성 옮김, 두두, 1995.

이슬이의 첫 심부름(*Her first Shopping*, 1976), 쓰쓰이 요리코 글, 하야시 아키코 그림, 이영준 옮김, 한림출판사, 1998.

이안의 산책(*Ian's Walk: A Story about Austism*, 2003), 로리 리어스 글, 카렌 리츠 그림, 이상희 옮김, 큰북작은북, 2005.

이원수 선생님이 들려주는 해상왕 장보고, 이원수 글, 김용선 그림, 산하, 2003.

이젠 비밀이 아니야, 유정이 글, 원유미 그림, 푸른책들, 2004.

이젠 안녕(*Harry and Hopper*, 2009), 마거릿 와일드 글, 프레야 블랙우드 그림, 천미나 옮김, 책과콩나무, 2010.

인디언 붓꽃의 전설(*The Legend of the Indian Paintbrush*, 1988), 도미 드 파올라 글 · 그림, 김경태 옮김, 물구나무, 2004.

인어공주(*The Little Mermaid*), 한스 크리스티안 안데르센 글, 이브 스팡 올센 그림, 햇살과 나무꾼 옮김, 한길사, 2002.

인종 이야기를 해 볼까?, 줄리어스 레스터 글, 카렌 바버 그림, 조소정 옮김, 사계절, 2007.

일곱 마리 눈 먼 생쥐(*Seven Blind Mice*, 1991), 에드 영 글 · 그림, 최순희 옮김, 시공주니어, 1999.

일과 도구, 권윤덕 글 · 그림, 길벗어린이, 2008.

일어나요, 로자(*Rosa*), 니키 지오바니 글, 브라이언 컬리어 그림, 최순희 옮김, 웅진주니어, 2006.

잃어버린 강아지, 난 그레고리 글, 론 라이트번 그림, 김세희 옮김, 주니어파랑새, 2001.

잃어버린 동생을 찾아서(*Outside over there*, 1981), 모리스 센닥 글 · 그림, 김경미 옮김, 비룡소, 2011.

임금님 귀는 당나귀 귀, 서정오 글 · 그림, 보리, 1997.

입속을 빠져나온 엄지손가락(*Pouce!*, 2013), 알리스 브리에르 아케 글, 아멜리 그로 그림, 조정훈 옮김, 키즈엠, 2014.

자꾸자꾸 모양이 달라지네(*Changes, Changes*), 팻 허친스 글 · 그림, 보물창고, 2006.

자유 낙하(*Free Fall*, 1988), 데이비드 위즈너 글 · 그림, 이지유 옮김, 미래아이, 2007.

자유의 길(*From Slave Ship to Freedom Road*, 1998), 줄리어스 레스터 글, 로드 브라운 그림, 김중철 옮김, 낮은산 , 2005.

자이, 자유를 찾은 아이(*Jai*, 2001), 폴 티에스 글, 크리스토프 메를랭 그림, 김태희 옮김, 사계절, 2005.

자장자장 엄마품에, 임동권 글 · 감수, 류재수 그림, 한림, 1993.

자폐아이 제노의 뒤죽박죽 하루, 이네 반 덴 보쉐 글 · 그림, 조선미 · 김현정 옮김, 한울림스페셜, 2013.

작가는 어떻게 책을 쓸까?(*What Do Authors Do?*), 아이린 크리스틀로 글 · 그림, 이순미 옮김, 보물창고, 2006.

작별인사(*Birgit*, 2000), 구두룬 멥스 글, 욥 멘스터 그림, 문성원 옮김, 시공주니어, 2002.

작은 기차(*Two Little Trains*, 2001), 마거릿 와이즈 브라운 글, 레오 딜런 · 다이앤 딜런 그림, 이상희 옮김, 웅진주니어, 2001.

작은 집 이야기(*The Little House*, 1942), 버지니아 리 버튼 글 · 그림, 홍연미 옮김, 시공주니어, 1993.

잘 자라, 아기 곰아(*Schlaf gut, kleiner Baer*, 1998), 크빈트 브흐홀츠 글 · 그림, 조원규 옮김, 비룡소, 2002.

잘잘잘 123, 이억배 글 · 그림, 사계절, 2006.

잠이 안 오니, 작은 곰아?(*Can't You Sleep, Little Bear?*, 1988), 마틴워델 글, 바버라 퍼스 그림, 이지현 옮김, 비룡소, 1997.

잠자는 책(*Sleepy Book*, 2001), 샬로트 졸로토 글, 스테파노 비탈레 그림, 김경연 옮김, 풀빛, 2002.

잡아 보아요, 윤봉선 글 · 그림, 사계절, 2003.

잡아 봐!(*I Got It!*, 1992), 고미 타로 글 · 그림, 이상술 옮김, 문학동네어린이, 2003.

장갑(ДЕТГИЗ, 1950), 우크라이나 민화, 에우게니 M. 라초프 그림, 이영준 옮김, 다산기획, 1994.

장난감 형, 윌리엄 스타이그 글 · 그림, 이경임 옮김, 시공주니어, 2002.

장난꾸러기 아기 오리들, 수지 아담스 글 · 그림, 편집부 옮김, 여명출판사, 1997.

장보고, 조한순 글, 최정은 그림, 한국위인 3, 국민서관, 1993.

장화 쓴 공주님, 심미아 글 · 그림, 그림보, 2003.

장화신은 고양이(*Puss In Boots*, 1990), 샤를 페로 글, 프레드 마르셀리노 그림, 홍연미 옮김, 시공사, 1995.

재미네골, 홍성찬 글 · 그림, 재미마주, 1999.

잭과 콩나무(*Jack and Beanstalk*), 예카테리나 실리나 글 · 그림, 이상희 옮김, 시공주니어, 2006.

잿빛 토끼와 파란 장화, 고태우 엮음, 신구미디어, 1992.

저마다 제 색깔, 레오 리오니 글, 이명희 옮김, 마루벌, 2008.

전쟁(*La guerre*, 1998), 아나이스 보즐라드 글 · 그림, 최윤정 옮김, 비룡소, 2001.

점, 피터 레이놀즈 글 · 그림, 김지효 옮김, 문학동네 어린이, 2003.

정글에 간 아기곰 라르스(*Der Kliene Eisbär*, 1992), 한스 데 베르 글 · 그림, 중앙출판사, 1991.

정신없는 도깨비, 서정오 글, 홍영우 그림, 보리, 2007.

제가 잡아먹어도 될까요?(*Le Loup Sentimental*, 1998), 조프루아 드 베나르 글 · 그림, 이정주 옮김, 베틀북, 2001.

제랄다와 거인(*Zeralda's Ogre*, 1967), 토미 웅거러 글 · 그림, 김경연 옮김, 비룡소, 1996.

조금만(*ちょっとだけ*), 타키무라 유우코 글, 스즈키 나가코 그림, 허앵두 옮김, 한림출판사, 2010.

종이봉지 공주(*The Paper Bag Princess*, 1980), 로버트 문치 글, 김태희 옮김, 비룡소, 1998.

종이학(*The Paper Crane*, 1985), 몰리 뱅 글 · 그림, 정태선 옮김, 미래아이, 2000.

주만지(*Jumanji*, 1981), 크리스 반 알스버그 글 · 그림, 조은수 옮김, 베틀북, 2003.

주먹이, 이상교 글 · 그림, 아이즐북스, 2006.

죽으면, 아픈 것이 나을까요?(*When I die, will I get better?*, 1993), 유리 브레이바르트 글, 피트 브레이바르트 그림, 김현희 옮김, 느림보, 2002.

준영 ㄱㄴㄷ, 박은영 글 · 그림, 비룡소, 1997.

준치가시, 백석 글, 김세현 그림, 창비, 2006.

줄무늬가 생겼어요(*A BAD CASE OF STRIPES*, 1998), 데이빗 섀넌 글 · 그림, 조세현 옮김, 비룡소, 2006.

줄줄이 꿴 호랑이, 권문희 글 · 그림, 사계절, 2005.

중요한 사실(*The Important Book*, 1990), 마거릿 와이즈 브라운 글, 최재은 그림, 최재숙 옮김, 보림, 2005.

쥐돌이의 파란 나라, 정연미 글 · 그림, 문학동네어린이, 2001.

즐거운 빵 만들기, 간자와 도시코 글, 하야시 아키코 그림, 김나은 옮김, 한림출판사, 2008.

즐거운 이사놀이, 안노 미쯔마사 글 · 그림, 박정선 옮김, 비룡소, 2001.

지각대장 존(*John Patric Norman M'Hennessy: The boy who was always late*, 1987), 존 버닝햄 글 · 그림, 박상희 옮김, 비룡소, 1995.

지구 둘레를 잰 도서관 사서(*The Librarian Who Measured The Earth*, 2005), 캐스린 래스키 글 · 그림, 임후성 옮김, 미래아이, 2005.

지구 반대쪽까지 구멍을 뚫고 가보자(*How to Dig a Hole to the Other Side of the World*, 1979), 페이스 맥널티 글, 마르크 시몽 그림, 박정선 옮김, 서돌, 2005.

지구 사용 설명서, 우쿠더스 지구이주대책위원회 글, 김지민 그림, 환경운동연합 · 환경교육센터 옮김, 한솔수북, 2011.

지구는 대단해, 고하라 도모유키 글, 마츠오카 다츠히데 그림, 신미원 옮김, 아이세움, 2004.

지구를 위한 한 시간, 박주연 글, 조미자 그림, 한솔수북, 2011.

지바는 보트를 타고 왔어요(*Ziba Came on a Boat*), 리즈 롭트하우스 글, 로버트 잉펜 그림, 김현좌 옮김, 봄봄, 2008.

지붕 위의 꾸마라 아저씨, 김병규 · 소중애 · 송재찬 · 윤수천 · 이규희 · 임정진 · 조대현 · 김은숙 · 이지현 글, 원유미 · 윤지연 그림, 문공사, 2003.

지하철은 달려온다, 신동준 그림, 초방책방, 2003.

집으로 가는 길, 띠너꺼 헨드릭스 글, 이옥용 옮김, 사계절, 2004.

집으로, 이브 번팅 글, 데이비드 디아즈 그림, 김미선 옮김, 열린어린이, 2005.

짖어봐 조지야, 줄스 파이퍼 글 · 그림, 조숙은 옮김, 보림, 2000.

짝꿍이 생겼어요!, 쓰치다 노부코 글 · 그림, 고연정 옮김, 청어람미디어, 2009.

쪽빛을 찾아서, 유애로 글 · 그림, 보림, 1997.

찔레꽃 공주, 그림 형제 글, 펠릭스 호프만 그림, 한미희 옮김, 비룡소, 2000.

찔레꽃, 우봉규 글, 김명보 그림, 여우오줌, 2004.

찬다 삼촌, 윤재인 글, 오승민 그림, 느림보, 2012.

참새, 정호승 글, 정지예 그림, 처음주니어, 2010.

창 너머(*Through the Window*, 1987), 찰스 키핑 글 · 그림, 박정선 옮김, 시공사, 1998.

창덕궁 나들이, 김이경 글, 김수자 그림, 파란자전거, 2007.

책 민들레 엄대섭, 모두의 도서관을 꿈꾸다, 최지혜 글, 엄정원 그림, 천개의바람, 2019.

책 속의 책 속의 책(*Das Buch im Buch im Buch*, 2001), 요르크 뮐러 글 · 그림, 김라합 옮김, 비룡소, 2005.

책의 아이(*A Child of Books*, 2016), 올리버 제퍼스, 샘 윈스턴 글 · 그림, 이상희 옮김, 비룡소, 2017.

책이 된 선비 이덕무, 이상희 글, 김세현 그림, 보림, 2017.

천둥과 번개는 왜 생길까요?, 그리스아베티스 · 캐럴 팰머 글, 제임스 버클리 그림, 배현나 옮김, 1989.

천장 위의 아이(*Pojken I Taket*, 2018), 비베카 훼그렌 글 · 그림, 강수돌 옮김, 봄별, 2020.

청개구리 굴개굴개, 이동렬 엮음, 백명식 그림, 엄마가 들려주는 전래동화 2, 고려원미디어, 1991.

청개구리 여행사, 마츠오카 다츠히데 글 · 그림, 이영미 옮김, 비룡소, 2008.

청동종(*Die Glocke von grünem Erz*, 1976), 오트프리트 프로이슬러 글, 헤르베르트 홀칭 그림, 조경수 옮김, 시공주니어, 2005.

초코파이 자전거, 신현림 글, 홍성지 그림, 비룡소, 2007.

축구왕 차공만, 성완 글, 윤지회 그림, 비룡소, 2014.

출발! 달려라 기차, 요코미조 에이이치 글 · 그림, 이영준 옮김, 한림출판사, 2009.

치과 의사 드소토 선생님(*Doctor De Soto*, 1982), 윌리엄 스타이그 글 · 그림, 조은수 옮김, 비룡소, 1995.

칙칙폭폭 꼬마 기차(*The Little Train*, 1940), 로이스 렌스키 글 · 그림, 노은정 옮김, 비룡소, 2003.

친구가 미운 날, 가사이 마리 글, 기타무라 유카 그림, 책읽는곰, 2018.

친구가 필요하니?, 헬메 하이네 글 · 그림, 김서정 옮김, 중앙, 2001.

친구는 좋아!(*Yo! Yes?*, 1993), 크리스 라쉬카 글, 이상희 옮김, 다산기획, 2007.

친구랑 싸웠어!(*Kenka no Kimochi*, 2001), 시바타 아이코 글, 이토히데오 그림, 시공주니어, 2006.

침대 밑에서 소리가 나, 장 마르크 마티스 글, 김효림 그림, 창해, 2008.

커다란 순무(*The great big enormous turnip*, 1968), 알렉세이 톨스토이 글, 헬렌 옥슨버리 그림, 박향주 옮김, 시공주니어, 1996.

커졌다!, 서현 글 · 그림, 사계절, 2012.

코코코 초록 잎, 문승연 글 · 그림, 딸기책방, 2019.

콩, 너는 죽었다, 김용택 글, 박건웅 그림, 실천문학사, 2003.

콩쥐 팥쥐, 정차준 글, 정대영 그림, 보림, 1997.

쾅글왕글의 모자(*The Quangle Wangle's Hat*, 1970), 에드워드 리어 글, 헬렌 옥슨버리 그림, 보림, 1996.

크릭터(*Crictor*, 1958), 토미 웅거러 글 · 그림, 장미란 옮김, 시공사, 1995.

큰 고양이 작은 고양이, 엘리샤 쿠퍼 글 · 그림, 엄혜숙 옮김, 시공주니어, 2018.

클라라의 환상 여행, 에릭 로만 글, 허은실 옮김, 뜨인돌어린이, 2008.

키리쿠와 마녀(*Kirikou et la Sorciere*, 2001), 미셸 오슬로 글 · 그림, 최정수 옮김, 문학동네어린이, 2002.

킹콩(*Anthony Browne's King Kong*, 1994), 앤서니 브라운 글 · 그림, 넥서스, 2005.

탈것은 다 다르고 특별해!(*All Kinds of Transport*, 2006), 셰리 새프런 글, 엠마 데이먼 그림, 고수미 옮김, 미세기, 2007.

태양으로 날아간 화살(*Arrow to the sun*, 1977), 제럴드 맥더멋 글 · 그림, 김명숙 옮김, 시공주니어, 1996.

터널 밖으로, 바바라 레이드 글 · 그림, 나희덕 옮김, 국민서관, 2006.

터널(*The Tunnel*, 1989), 앤서니 브라운 글 · 그림, 장미란 옮김, 논장, 2002.

토끼가 된 토끼(*Let's Make Rabbits*, 1982), 레오 리오니 글 · 그림, 이명희 옮김, 마루벌, 2003.

토끼와 거북이(*The Hare And The Tortoise*, 1969), 라 퐁텐 글, 브라이언 와일드스미스 그림, 우순교 옮김, 1996.

토끼와 늑대와 호랑이와 담이와, 채인선 글, 한병호 그림, 시공주니어, 2000.

토끼와 호랑이, 양혜정 글, 이광익 그림, 곧은나무, 2006.

투발루에게 수영을 가르칠 걸 그랬어, 유다정 글, 박재현 그림, 미래아이, 2008.

트럭(*Truck*, 1980), 도널드 크루즈 글 · 그림, 시공주니어, 1996.

특별한 손님(*The Visitors Who Came to Stay*, 1984), 안나레나 맥아피 글, 앤서니 브라운 그림, 허은미 옮김, 베틀북, 2005.

티나와 오케스트라(*Tina Und Das Orchester*, 1999), 마르코 짐자 글, 빈프리트 오프게누르트 그림, 최경은 옮김, 비룡소, 2006.

티치(*Titch*, 1971), 팻 허친스 글 · 그림, 박현철 옮김, 시공주니어, 1997.

파랑이와 노랑이(*Little Blue and Little Yellow*, 1959), 레오 리오니 글 · 그림, 이경혜 옮김, 파랑새어린이, 2003.

판소리-조선 팔도를 울리고 웃기다, 김기형 글, 강전희 그림, 문학동네어린이, 2012.

팔려 가는 당나귀(*The Miller, the Boy and the Donkey*, 1969), 라 퐁텐 글, 브라이언 와일드스미스 그림, 조은수 옮김, 1996.

팥이 영감과 우르르 산토끼, 박재철 글 · 그림, 길벗어린이, 2013.

팥죽 할머니와 호랑이, 조대인 글, 최숙희 그림, 보림, 1997.

팥죽 할멈과 호랑이, 서정오 글, 박경진 그림, 보리, 1997.

팥죽 할멈과 호랑이, 조호상 글, 윤미숙 그림, 웅진닷컴, 2003.

페페-가로등을 켜는 아이(*Peppe the Lamplighter*, 1993), 일라이자 바톤 글, 테드 르윈 그림, 서남희 옮김, 열린어린이, 2005.

펠릭스의 세계 여행(*Letters from Felix: A Little Rabbit on a World Tour*, 2003), 아네테 랑엔 글, 콘스탄차 드로프 그림, 이희재 옮김, 아가월드, 2003.

펭귄, 최승호 글, 윤미숙 그림, 비룡소, 2007.

폭죽 소리, 리혜선 글, 이담 · 이근희 그림, 길벗어린이, 1996.

퐁당퐁당 물감놀이, 엘렌 스톨 월시 글 · 그림, 박현주 옮김, 아가월드, 2000.

푸른 날개 훨훨, 김영일 글, 최준식 그림, 대교, 1987.

프레드릭(*Frederick*, 1967), 레오 리오니 글 · 그림, 최순희 옮김, 시공주니어, 1999.

플라스틱 공장에 놀러 오세요, 임종대 · 허승회 글, 홍기한 그림, 웅진주니어, 2007.

플랜더스의 개(*A Dog of Flanders*, 1900), 위더 글, 이붕 옮김, 계림닷컴, 2005.

피노키오(*La avventure di Pinocchio*, 2002), 콜로디 글, 야센 유셀레프 그림, 김홍래 옮김, 시공주니어, 2004.

피아노 소리가 보여요, 명수정 그림, 강은신 피아노 연주, 글로연, 2016.

피아노를 쳐 줄게(*Play for You*, 2008), 앤더 글 · 그림, 신혜은 옮김, 사계절, 2010.

피터 토끼의 이야기(*The Tale of Rabbit*, 1903), 베아트릭스 포터 그림, 신지식 · 김서정 옮김, 프뢰벨, 2003.

피터와 늑대(*Peter and the Wolf*, 2000), 블라디미르 바긴 글 · 그림, 노경실 옮김, 토토북, 2003.

피터의 의자(*Peter's Chair*, 1967), 에즈라 잭 키츠 글 · 그림, 이진영 옮김, 시공주니어, 1996.

피터의 편지(*A Letter to Amy*, 1968), 에즈라 잭 키츠 글 · 그림, 이진수 옮김, 비룡소, 1996.

피터팬(*Peter Pan and Wendy*, 1911), 제임스 매튜 배리 글, 메이블 루시 애트웰 그림, 김영선 옮김, 시공주니어, 2005.

하나 하면 하나 있는 것은, 임석재 시, 인강 그림, 웅진닷컴, 2004.

하이드와 나, 김지민 글 · 그림, 한솔수북, 2017.

하늘 천 따지, 최명란 시, 김선배 그림, 비룡소, 2007.

하늘과 땅을 만든 이야기(*Creation*, 2003), 제럴드 맥더멋 글 · 그림, 김세희 옮김, 봄봄, 2004.

하늘이랑 바다랑 도리도리 짝짜꿍, 유애로 그림, 김세희 엮음, 보림, 1998.

하마의 가나다, 최승호 글, 김영수 그림, 비룡소, 2004.

하멜른의 피리 부는 사나이(*The Pied Piper of Hamelin*, 1888), 로버트 브라우닝 글, 케이트 그린어웨이 그림, 김기택 옮김, 시공주니어, 1995.

하얀 눈썹 호랑이, 이진숙 글, 백대수 그림, 한솔수북, 2006.

학교 가는 날, 송언 글, 김동수 그림, 보림, 2011.

한국사를 뒤흔든 열명의 예술가, 김지혜 글, 김삼현 그림, 한림출판사, 2010.

한땀 한땀 손끝으로 전하는 이야기, 지혜라 글 · 그림, 보림, 2014.

한밤중의 화장실, 마루야마 아야코 글 · 그림, 강방화 옮김, 한림출판사, 2012.

한조각 두조각 세조각, 김혜환 글 · 그림, 지경사, 1999.

한지돌이, 이종철 글, 이춘길 그림, 보림, 1995.

할머니 어디 가요?, 조혜란 글 · 그림, 보리, 2007.

할머니가 남긴 선물(*Les Couleurs de la vie*, 1995), 마거릿 와일드 글, 론 브룩스 그림, 최순희 옮김, 시공주니어, 1997.

할머니의 선물(*Gifts*, 1996), 조 엘렌 보가르트 글, 바버라 레이드 그림, 사계절 출판사, 1998.

할머니의 식탁(*Thank you, Omu!*), 오게 모라 글 · 그림, 김영선 옮김, 위즈덤하우스, 2019.

할아버지 이젠 사랑한다고 말할 수 있어요, 바바라 파크 글, 김상희 옮김, 내인생의책, 2006.

할아버지 천사(*Opas Engel*), 유타 바우어 글 · 그림, 유혜자 옮김, 비룡소, 2014.

할아버지의 눈으로(*Through Grandpa's Eyes*, 1980), 패트리샤 매클라클랜 글, 데버러 코건 레이 그림, 보물창고, 2007.

할아버지의 이야기 나무(*Grandpa Green*, 2011), 레인 스미스 글 · 그림, 김경연 옮김, 문학동네어린이, 2011.

함께 세어 보아요(*Anno's Counting Book*, 1986), 안노 미쯔마사 글 · 그림, 마루벌, 1997.

해님 달님, 송재찬 글, 이종미 그림, 국민서관, 2004.

해상시계(*Sea Clocks*, 2004), 루이스 보든 글, 이릭 블라이바 그림, 서남희 옮김, 주니어김영사, 2004.

해와 달이 된 오누이, 배명희 글, 이억배 그림, 두손미디어, 1995.

해와 달이 된 오누이, 이규희 글, 심미아 그림, 보림, 1997.

해저왕국, 한낙원 글, 삼성당, 1982.

해티와 거친 파도(*Hattie And The Wind Waves*, 1991), 바버라 쿠니 글 · 그림, 이상희 옮김, 비룡소, 2004.

행복한 ㄱㄴㄷ, 최숙희 글 · 그림, 웅진주니어, 2014.

행복한 우리 가족, 한성옥 글 · 그림, 문학동네어린이, 2006.

헨리의 자유 상자(*Henry's Freedom Box*), 엘린 레빈 글, 카디르 넬슨 그림, 김향이 옮김, 뜨인돌어린이, 2008.

헨젤과 그레텔(*Hansel And Gretel*, 1981), 그림 형제 글, 앤서니 브라운 그림, 장미란 옮김, 비룡소, 2005.

헬리콥터 타고 세계 여행, 클레망틴 보베 글 · 그림, 김유진 옮김, 국민서관, 2016.

형보다 커지고 싶어(*Much Bigger Than Martin*), 스티븐 켈로그 글 · 그림, 조세현 옮김, 비룡소, 2008.

형은 크다 나는 작다, 박정선 글, 김영수 그림, 비룡소, 2009.

호랑이와 곶감, 위기철 글, 김환영 그림, 국민서관, 2004.

혹부리 영감, 임문혁 엮음, 도서출판 마당, 1991.

혼나지 않게 해 주세요, 구스노키 시게노리 글, 고향옥 옮김, 베틀북, 2009.

혼자 가야 해, 조원희 글 · 그림, 느림보, 2011.

혼자 집을 보았어요, 성문출판사 편집부 엮음, 영교, 1997.

혼자서도 할 수 있어요, 황정규 글, 강덕선 그림, 삼성출판사, 1992.

홍길동, 홍영우 글 · 그림, 보리, 2006.

화각 삼층장 이야기, 지혜라 글 · 그림, 보림, 2011.

화물열차(*Freight Train*, 1995), 도널드 크루즈 글 · 그림, 박철주 옮김, 시공주니어, 1995.

화분을 키워 주세요(*The Plant Sitter*), 유진 자이언 글, 마거릿 블로이 그레이엄 그림, 공경희 옮김, 웅진주니어, 2001.

화야, 그만 화 풀어, 채인선 글, 황유리 그림, 아지북스, 2006.

회색 곰 왑의 삶(*The Biography of a Silver-Fox*, 1909), 어니스트 톰슨 시튼 글, 장석봉 옮김, 지호, 2003.

회색 늑대의 눈(*The Eyes of Gray Wolf*), 조나단 런던 글, 존 반 질 그림, 김세희 옮김, 비룡소, 2000.

훈맹정음 할아버지 박두성, 최지혜 글, 엄정원 그림, 천개의바람, 2018.

훈민정음 ㄱㄴㄷ, 바람하늘지기 · 노정임 글, 안경자 그림, 웃는돌고래, 2011.

휘파람을 불어요(*Whistle for Willie*, 1964), 에즈라 잭 키츠 글 · 그림, 김희순 옮김, 시공주니어, 1999.

흥부와 놀부, 신예영 엮음, 새샘, 2001.

힘든 때, 바바라 슈크 헤이젠 글, 트리나 샤르트 하이만 그림, 이선오 옮김, 미래아이, 2005.

Fungus the Bogeyman, Raymond Briggs, Viking Penguin, 1982.

Here and now story book: Two through seven-year-olds, L. S. Mitchell, E. P. Dutton & Company, Inc., 1921.

Hey Diddle Diddle, Randolph Caldecott, Warne, 1882.

Jim and the Beanstalk, Raymond Briggs, Putnam Juvenile, 1997.

Lelephant, Claude Delafosse, Illustrated by James's Prunier, Gallimard Jeunsse, 1991.

Love: Moments Intimacy Laughter Kinship, Kim Phuc, Hodder Headline Australia, 2002.

Marigold garden, Kate Greenaway, Frederick Warne & Co., 1875.

The Mother Goose Treasure, Raymond Briggs, Coward-McCann, Inc., 1966.

참고문헌

강순재(1992). 동물전래동화의 주제 및 모티프 분석. 이화여자대학교 교육대학원 석사학위 청구논문.

강은진(1997). 환상동화와 사실동화에 대한 유아의 반응 비교 연구: 소집단 그림책 읽기 활동을 중심으로. 성균관대학교 대학원 석사학위 청구논문.

강현국(1998). 반응중심 문학론의 시 교육 적용 연구. 대구교육대학교 교육대학원 석사학위 청구논문.

경규진(1992). 반응중심 문학교육의 방법 연구. 서울대학교 대학원 박사학위 청구논문.

고명수, 이봉희, 신경희(2010). 창의력 신장과 자아성장을 위한 어린이 글쓰기 치료. 서울: 학지사

곽혜신(1996). 어린이를 위한 움직이는 그림책에 관한 연구. 이화여자대학교 산업미술대학원 석사학위 청구논문.

교육과학기술부(2012). 5세 누리과정 교사용 지도서. 서울: 교육과학기술부.

권민균(1997). 유치원의 대집단 읽기 활동과 자유놀이시간에서의 이야기책에 대한 접근 관점과 그 반응에 대한 질적 연구. 아동학회지, 제18권, 1호(1997. 5).

권성훈(2010). 시치료의 이론과 실제. 서울: 시그마프레스

권수경(2006). 유리 슐레비츠(Uri shulevitz)의 그림책 속에 나타난 '자연' 표현 연구. 숙명여자대학교 디자인대학원 석사학위 청구논문.

권영경(1996). Grimm 동화의 '숲과 마녀' 모티브: 삼국유사와의 비교로 본 그림동화의 문학성. 고려대학교 대학원 박사학위 청구논문.

권혁준(1997). 문학이론과 시 교육. 서울: 도서출판 박이정.

김경연(2006). 독일 아동 청소년 문학의 몇 가지 개념에 대하여. 어린이문학 용어 짚어보기. 보림출판사 창사 30주년 기념 세미나.

김상욱(1993). 신비평과 소설 교육: 소설교육론. 서울: 평민사.

김서정(2006). 영미권의 어린이문학은 어떤 장르를 이야기하는가? 어린이문학 용어 짚어 보기. 보림출판사 창사 30주년 기념 세미나.

김성연(1981). 유아교육을 위한 인형극. 서울: 보육사.

김성은(1998). '토미 웅거러의 그림책 세계: 크릭터, 세 강도, 제랄다와 거인을 중심으로'. 동화 읽는 어른, 71, 1998년 4월호. 사단법인 어린이도서연구회.

김세희(1993). 한국 전래동요에 대한 유아의 선호도 분석. 이화여자대학교 대학원 박사학위 청구논문.

김양선(1996). 소그룹 그림책 읽기에서 그림책에 대한 5세 유아의 반응. 이화여자대학교 대학원 석사학위 청구논문.

김요섭(1986). 현대 동화의 환상적 탐험. 서울: 한국문연.

김요섭 편(1971a). 문학교육의 건설. 아동문학사상 5집. 서울: 보진재.

김요섭 편(1971b). 환상과 현실. 아동문학사상 1집. 서울: 보진재.

김의숙(1992). 피노키오와 그의 시각적 전달. Accademia di belle arti di Brera Milano(밀라노 국립 예술 아카데미 브레라) Laurea 논문.

김인애(1985). 한국 전래동화의 연구-모티브 분류와 동화의 해석. 중앙대학교 대학원 석사학위 청구논문.

김인애(1995). 한독 전래동화 비교 연구-동물신랑/신부 이야기를 중심으로-. 중앙대학교 대학원 박사학위 청구논문.

김종상(1989). 삶의 현실과 문학의 현실. 한국아동문학, 20. 한국아동문학가협회.

김현희(1993). 아동의 문학작품에 대한 반응: 이론적 고찰. 양옥승 편. 탁아연구 II: 교육적 접근. 서울: 양서원.

김현희(1996). 유아를 위한 문학교육지도의 이론과 활동: 이론적 접근. 유아를 위한 문학교육지도의 이론과 실제. 한국유아교육학회 광주 · 전남지회 1996년도 여름 워크숍 자료.

김현희(1997). 아동문학 읽기의 새로운 현상과 접근. 독서연구, 2.

김현희 외(1999). 아동문학의 연구방법. 환상 그림책으로의 여행. 한국어린이문학교육연구회. 서울: 다음세대.

김현희(2000). 아동을 위한 독서치료: 상호작용의 과정. 교육개혁과 유아교육. 한국유아교육학회 2000년도 정기총회 및 춘계학술대회, 79-87.

김현희(2001). 독서치료란 무엇인가? 독서치료의 가능성 탐색. 한국어린이문학교육학회 제3차 학술대회, 15-50.

김현희 외(2003). 독서치료의 실제. 서울: 학지사.

김현희 외(2004). 독서치료(개정판). 서울: 학지사.

김현희 외(2010a). 상호작용을 통한 독서치료. 서울: 학지사.

김현희 외(2010b). 상호작용 독서치료 사례집. 서울: 학지사.

김현희 외(2014). 청소년과 함께하는 상호작용 독서치료. 서울: 학지사.
김현희, 박상희(1999). 유아문학교육. 서울: 학지사.
김현희, 박상희(2008). 유아문학: 이론과 적용. 서울: 학지사.
김현희, 이동희(2013). 상호작용적 독서치료를 위한 자료분석 빛 활동II. 서울: 비블리오드라마.
김현희, 홍순정(1993). 아동문학. 서울: 한국방송통신대학교출판부.
김홍래(1995). 이탈리아 아동문학의 흐름. 동화 읽는 어른. 어린이도서연구회 7월 월례 강좌.
김희경(1992). 명작동화의 매력. 경기: 교문사.
나카가와 모로코(2003). 그림책은 작은 미술관. 신명호 옮김(2006). 경기: 주니어김영사.
노제운(2004). 한국 전래동화의 심층의미 분석: 정신분석적 접근. 고려대학교 대학원 박사학위 청구논문.
노제운(2015). 한국 전래동화의 새로운 해석: 정신분석적 접근, 집문당.
다카하루 시오야(2018). 마음이 가벼워지는 동요 테라피. 정창열, 미카미 유우코 옮김, 21세기 북스.
류승렬(2006). 칼데콧상 수상 동화내용 분석을 통한 유아의 성장과 발달. 인제대학교 교육대학원 석사학위 청구논문.
류재수(1989). Ezra Jack Keats를 통해 본 우리나라 그림책의 리얼리티에 관한 연구. 홍익대학교 교육대학원 석사학위 청구논문.
류재수(1997). '뒷골목 아이들의 아름다운 이야기: 그림책 작가 에즈라 키츠의 생애'. 그림책의 새로운 문화를 열자. 제2회 그림책 일러스트레이션 워크숍.
박경용(1971). 이원수의 문학, 무풍지대의 돌개바람(2015), 아동문학평론. 동심의 숲 평론시리즈 4.
박미영(2004). 기형도 시의 정신분석 연구. 공주대학교 대학원 석사학위 청구논문.
박사빈(2005). 명작동화의 정신분석학적 분석과 유아의 반응 연구. 동국대학교 대학원 석사학위 청구논문.
박상재(1998). 한국 창작동화에 나타난 환상성 연구. 단국대학교 대학원 박사학위 청구논문.
박상희(1990). 이야기 내용에 대한 질문방식이 유아의 창의성에 미치는 영향. 중앙대학교 대학원 석사학위 청구논문.
박선희, 김현희(2006). 유아문학. 서울: 한국방송통신대학교출판부.
박선희, 김현희(2014). 아동문학. 서울: 한국방송통신대학교출판부.
박선희, 김현희(2020). Children's Literature: 아동문학. 서울: KNOU PRESS 한국방송통신대학교출판문화원
박숙경(2006). 일본 아동문학의 장르와 그 특질. 어린이문학 용어 짚어 보기. 보림출판사 창사 30주년 기념 세미나.
배미정(2005). 존 버닝햄의 작품세계를 통한 그림책의 리얼리티 연구: 작품 제작을 중심으

로. 홍익대학교 산업미술대학원 석사학위 청구논문.
변우열(1996). 비행청소년 인성치료를 위한 독서요법. 도서관논집, 26집, 131-168.
변윤희(1997). 문맥적 단서와 은유의 종류에 따른 아동의 은유 이해의 발달. 성균관대학교 대학원 석사학위 청구논문.
변학수(2006). 통합적 문학치료. 서울: 학지사.
서경숙(2012). 분석심리학에 기초한 시치료의 이론과 실제. 서울: 한들.
서정숙(1995). Caldecott 메달 도서의 특성분석. 이화여자대학교 대학원 박사학위 청구논문.
서정숙, 김주희(2018). 그림책에게 배웠어: 현명한 엄마를 위한 그림책 수업, 샘터.
서정숙, 남규(2005). 그림책으로 하는 유아문학교육. 서울: 창지사.
서정아(1999). '글 없는 그림책'에 대한 유아의 반응. 이화여자대학교 대학원 석사학위 청구논문.
서주연(1997). 유아과학교육의 문학교육을 위한 그림책 분석. 이화여자대학교 교육대학원 석사학위 청구논문.
석용원(1982). 동화구연의 이론과 실제. 제주: 백록출판사.
석용원(1982). 아동문학원론. 서울: 학연사.
성구진(1994). 반편견(anti-bias) 그림동화가 유아의 성역할 고정관념에 미치는 영향. 이화여자대학교 대학원 석사학위 청구논문.
성정아(1995). 창작 그림책에 나타난 성역할 고정관념의 변화. 이화여자대학교 대학원 석사학위 청구논문.
손아미(1996). 서구 동화에 나타난 성고정관념에 관한 연구: '신데렐라' '잠자는 미녀' '백설공주' '인어공주'를 중심으로. 경희대학교 교육대학원 석사학위 청구논문.
신명호(1994). 그림책의 세계-시각 표현의 변천과 가능성. 서울: 계몽사.
신혜선(2002). 아동문학상 수상 유아 그림책 연구. 중앙대학교 대학원 석사학위 청구논문.
안동현 외(2004). 주의력결핍 장애아동의 사회기술훈련. 서울: 학지사.
여영택(1964). 전래동화의 연구. 국어국문학, 제27호. 국어국문학회.
여인숙(2005). 노년기 자아통합감 증진을 위한 이야기치료 회상집단 프로그램의 개발 및 효과. 경북대학교 대학원 박사학위 청구논문.
오진령(2012). 『콩쥐 팥쥐』에 나타난 모성 콤플렉스와 개성화 과정에 대한 연구. 평택대학교 피어선신학전문대학원 박사학위 청구논문.
원종찬(1994a). 현덕의 아동문학. 민족문학사연구, 6(1994. 12), 349-369. 경기: 창작과비평사.
원종찬(1994b). 이원수의 현실주의 아동문학. 인하어문연구, 창간호.
윤혜원(1989). 유아의 성역할 고정관념에 관한 연구. 이화여자대학교 대학원 석사학위 청구논문.
이경우(1995). 수학교육을 위한 문학적 접근. 서울: 다음세대.

이구조(1940). '사실동화와 교육동화'. 동아일보. 1940. 5. 30일자.

이귀안(1992). 유치원 동화자료의 가치관 분석. 고려대학교 교육대학원 석사학위 청구논문.

이기영(1992). 아동의 성 이해 수준과 이야기 유형에 따른 성역할 고정관념의 변화. 계명대학교 교육대학원 석사학위 청구논문.

이남(2004). 그림책이 유아의 신체외모에 대한 편견 해소에 미치는 영향. 우석대학교 교육대학원 석사학위 청구논문.

이병욱(2014). 프로이트와 함께하는 세계문학일주, 학지사.

이상금 엮음(1996). 어린이 그림책의 세계. 서울: 한림출판사.

이상금 엮음(1998). 그림책을 보고 크는 아이들. 경기: 사계절.

이상금, 장영희(1989). 유아문학론. 경기: 교문사.

이상섭(1995). 문학 연구의 방법: 그 한국적 적용을 위한 개관. 탐구신서, 57. 서울: 탐구당.

이상현(1987). 아동문학강의. 서울: 일지사.

이성실(1998). '그림책 작가 연구 I. 모리스 센닥', 꿈이 더 필요한 세상. 1998 겨울연수자료집. 사단법인 어린이도서연구회.

이영택(1977). 전래동화의 이모저모. 아동문학평론, 제5호. 아동문학평론사.

이유경(2018). 한국민담의 여성상. 분석심리학연구소.

이장호, 김정희(1998). 집단상담의 원리와 실제. 서울: 박영사.

이재복(1995). 우리 동화 바로 읽기. 경기: 한길사.

이재복(1996). 물오리 이원수 선생님. 삽사리문고, 13.

이재철(1969). 아동문학개론. 서울: 문운당.

이재철(1978). 한국 현대아동문학사. 서울: 일지사.

이재철(1983). 아동문학의 이론. 대구: 형설출판사.

이재철(1989). 세계아동문학사전. 서울: 계몽사.

이준선(1996). 유아의 회상 및 추론에 미치는 그림책과 만화영화의 영향. 서울대학교 대학원 석사학위 청구논문.

이중원(2003). 팝업을 이용한 그림책 분석. 이화여자대학교 대학원 석사학위 청구논문.

이지현(1984). 이야기 유형이 5~6세 유아의 성역할 지각에 미치는 영향. 이화여자대학교 대학원 석사학위 청구논문.

이학선(1993). 컴퓨터를 이용한 어린이 일러스트레이션 표현: 작품 제작을 중심으로. 이화여자대학교 산업미술대학원 석사학위 청구논문.

이형아(1992). 동화의 제시방법과 연령이 유아의 기억과 이해에 미치는 영향. 숙명여자대학교 교육대학원 석사학위 청구논문.

이호백(1997). 프랑스 아동문학의 흐름과 일러스트레이션-2 파노라마의 세계. 그림책의 새로운 문화를 열자. 제2회 그림책 일러스트레이션 워크숍.

이화자(2000). 콜라주 애니메이션에 대한 연구: 본인의 작품제작 연구방법을 중심으로. 상명대학교 예술디자인대학원 석사학위 청구논문.

이혜령(1982). 아동도서에 삽입되는 Illustration에 대한 연구. 이화여자대학교 대학원 생활미술학과 석사학위 청구논문.

임영심(1995). 주제 환상 극놀이 교수방법이 유아의 이야기 이해도 및 자유회상에 미치는 효과. 중앙대학교 박사학위 청구논문.

임정아(1991). 환상적 표현에 관한 연구: 아동 일러스트레이션을 중심으로. 이화여자대학교 산업미술대학원 석사학위 청구논문.

장덕순(1972). 전래동요의 구조. 동요와 시의 전망. 김요섭 편. **아동문학사상 7집**. 서울: 보진재.

장정문(2006). 어른을 대상으로 하는 그림책 일러스트레이션에 관한 연구: 본 연구자의 작품제작을 중심으로. 동서대학교 디지털디자인대학원 석사학위 청구논문.

장혜영(1992). 이영희(李寧熙) 동화 연구. 성신여자대학교 교육대학원 석사학위 청구논문.

정연경(2002). 아놀드 로벨의 아동문학 작품에 나타난 배려적 사고. 동덕여자대학교 대학원 석사학위 청구논문.

정해숙, 양애경, 김홍숙(1995). 유아교육기관에서의 성역할 교수·학습과정 분석. 서울: 한국여성개발원.

주연경(2006). 윌리엄 모리스 책 디자인 연구. 홍익대학교 산업미술대학원 석사학위 청구논문.

최운식, 김기창(1988). **전래동화교육론**. 서울: 집문당.

최운식 외 9인(1988). **문학교육론**. 서울: 집문당.

최지혜(1998). 그림책 작가 연구 II. 에즈라 잭 키츠-Ezra Jack Keats, 꿈이 더 필요한 세상. 1998 겨울연수자료집. 사단법인 어린이도서연구회.

표은아(1987). 동화에서의 동시성적(同時性的) 표현에 대한 연구. 이화여자대학교 대학원 생활미술학과 석사학위 청구논문.

편선민(2003). 콜라주 일러스트레이션 연구: 동화책 작가를 중심으로. 서울산업대학교 산업대학원 석사학위 청구논문.

하지현(2002). 한국 전래동화에 대한 정신분석적 접근. 서울대학교 대학원 박사학위 청구논문.

한국아동문학회 편(1974). 아동문학의 전통성과 서민성. **한국아동문학, 제4집**, 10-32.

한국어린이문학교육연구회(1999). **환상 그림책으로의 여행**. 서울: 다음세대.

한성옥(2004). **열린 어린이 10호**. 서울: 오픈키드.

현은자(1998). 성경적 관점으로 조망한 전래동화. **생활과학, 창간호**. 성균관대학교 생활과학연구소, 363-392.

현은자, 김세희(1996). 전래동화와 이솝우화의 인물에 대한 유아의 반응. **유아교육연구, 16**(2), 5-25.

현은자, 김세희(2005). 그림책의 이해 I, II. 경기: 사계절.

홍경은(1999). 글 없는 그림책 읽기 활동이 유아의 이야기 구성능력에 미치는 영향. 연세대학교 교육대학원 석사학위 청구논문.

홍양자(1997). 빼앗긴 정서, 빼앗긴 문화. 경기: 다림.

홍연애(1991). 유아의 성역할 고정관념 발달과 이야기 유형의 효과. 한국아동학회지, 12, 94-110.

홍연애(1993). 전형적 · 비전형적 성역할 VTR 프로그램이 유아의 성역할 고정관념에 미치는 효과. 고려대학교 대학원 박사학위 청구논문.

황희주(2005). 『거울나라의 앨리스』 전 작품론: 루이스 캐럴의 『앨리스』를 중심으로. 홍익대학교 대학원 석사학위 청구논문.

Allen, A. M., Allen, D. N., & Singler G. (1993). Changes in sex-role stereotyping in Caldecott medal award picture books 1938-1988. *Journal of Research in Childhood Education, 7*, 67-73.

Allport, G. (1961). *Pattern and growth in personality*. NY: Holt, Reinehart & Winston.

Anderson, J. A. (1981). *Ten Tails: Books with a Bonus, Teacher, 195*(5), 60-63.

Babbit, N. (1990). *Protecting children's literature, the Horn Book Magazine, 66*(6), 696-703.

Barrow, L. H., & Scaesi, R. A. (1982). Integrating science activities through literature web, *School Science & Mathematics, 132* (1), 65-70.

Baruflaad, J. P., Ladd, G. D., & Moses, A. J. (1981). *Health Science: Leavel K*. Lexington, MA: Heath & Company.

Bettelheim, B. (1976). *The Uses of enchantment: Meaning and importance of Fairy tales*. New York: Knopf. 김옥순, 김주옥 옮김(1998). 옛이야기의 매력 1, 2. 시공주니어.

Bromley, K. D. (1991). *Webbing with literature: Creating Story with Children's books*. Boston: Allyn & Bacon.

Brooks, C., Purser, J. T., & Warren, R. P. (Ed.) (1967). *An approach to literature*. NY: Appleton, p. 12. 이상섭(1995)에서 재인용.

Bullock, M. (1985). Animism in childhood thinking: A new look at an old question. *Developmental psychology, 21*, 217-225.

Burke, E. M. (1990). *Literature for the young child* (2nd ed.). Needham Heights, MA: Allyn & Bacon.

Butler, D. (1979). *Cushla and Her Books*. 김중철 옮김(1997). 쿠슐라와 그림책 이야기. 보림.

Campbell, P., & Schwartz, S. (1986). Microcomputers in the preschool: children, parents and teachers, In P. Campbell & G. Fein (Eds.), *Young children and microcomptuters*. Englewood Cliff, NJ: Prentice-Hall.

Chambers, A. (1983). *Introducing books to children*. Boston: The Horn Book.

Chambers, A. (1993). *Tell me: children, reading & talk*. Lockwood: The Thimble Press.

Champlin, C., & Renfro, N. (1985). *Storytelling with puppets*. Chicago, IL: American Library Association.

Clay, M. M. (1979). *Reading: The patterning of complex behavior* (2nd ed.). Portsmouth, NH: Heinemann.

Clements, D., Nastasi, B., & Swaminathan, S. (1993). Young children and computers: Crossroads and directions from research. *Young children, 48*(2), 56-63.

Cliatt, M., & Shaw, J. (1998). The story time exchange ways to enhance it, *Childhood Education, 64*(5), 294.

Corey, G., Corey, M. C., & Haynes, R. (2000). *Evolution of a Group: Student Video and Workbook* (1st ed.). Thomson Learning, 김명권, 김동원 공역(2005). 집단의 전개과정: 학생용 비디오와 워크북. 시그마프레스.

Crothers, S. M. (1916). A Literary clinic, Atlantic Monthly. In M. T. Moody & H. K. Limper (1971), *Bibliotherapy: Methods and materials*. Chicago: American Library Association에서 재인용.

Cullinan, B. E. (1989). *Literature and the child*. New York: Harcourt Brace & Jovanovich.

Cullinan, B. E., & Galda, L. (2002). *Literature and the child* (5th ed.). FL: Harcourt Brace & Company.

Dannermiller, J. L., & Stephens, B. R. (1988). A critical test of infant pattern preference models. *Child development, 59*, 210-216.

Dellmann-Jenkins, M., Florjancic, L., & Swadener, E. B. (1993). Sex roles and cultral diversity in recent award winning picture books for young children. *Journal of Research in Childhood Education, 7*, 74-82.

Derman-Sparks, L. (1989). *The anti-bias curriculum*. Washington, DC: NAEYC. 성구진 (1994, 35-37)에서 재인용.

Doll, B., & Doll, C. (1997). *Bibliotherapy with young people: Librarians and mental health professionals working together*. Englewood, CO: Libraries Unlimited, Inc.

Dorland, W. A. Newman. (1941). *Dorland's Illustrated Medical Dictionary* (19th ed.). Philadelphia: Saunders. In M. T. Moody & H. K. Limper (1991). *Bibliotherapy: methods and materials*. Chicago: American Library Association에서 재인용.

Eckstaedt, A.(1998). *Der Struwwelpeter: Dichtung und Deutung*, 심동미 옮김(2005), 동

화의 정신분석학적 해석: 하인리히 호프만 박사의 더벅머리 아이, 문학동네.

Edelbrock, C., & Sugawara, A. I. (1978). Acquisition of sex-typed preferences in preschool aged child. *Developmental psychology, 14*, 614-623.

Galda, L., & De Groff, L. (1992). Responding to Literature: Activities for Exploring Books. In B. E. Cullinan (Eds.), *Children's literature in the reading program*. Newark, DE: International Reading Association.

Greenfield, P. (1984). *Mind and media: The effects of television, video games, and computers*. Cambridge, MA: Harvard Unversity press.

Hall, M. A. (1981). *Teaching reading as a language experience* (3rd ed.). Columbus, OH: Merricll.

Hamilton, M., & Weiss, M. (1991). Teacher's guide to storytelling. *Instructor, 100*(9), 27-31.

Hebert, T. P. (1991). Meeting the affective needs of bright boys through bibliotherapy. In B. Doll & C. Doll (1997), *Bibliotherapy with young people: Librarians and mental health professionals working together*. Englewood, CO: Libraries Unlimited.

Hickman, J. (1983). Classrooms that help children like books. In N. Roser & M. Frith (Eds.), *Children's choice: Teaching with books children like* (1-11). Newark, DE: International Reading Association.

Hoffman, V., Roser, N. L., & Battle, J. (1993). Reading aloud in classrooms: From the modal toward a mode. *The Reading Teacher, 46*, 496-503.

Holdaway, D. (1979). *The foundations of literacy*. Sydney, Australia: Aschton Scholastic.

Holdaway, D. (1982). Shared book experience: Teaching reading using favorite books. *Theory into practice, 21*, 293-300.

Huck, C. S., Helper, S., & Hickman, J. (1993). *Children's literature in the elementary school*. Holt, Reinehart & Winston, Inc.

Hunt, T., & Renfro, N. (1982). *Puppetry in early childhood education*. Austin, TX: Nabcy Renfro studios.

Hynes, A. M., & Hynes-Berry, M. (1994). *Biblio/poetry therapy-The Interactive process: A Handbook*. St. Cloud, MN: North Star Press of St. Cloud.

Indrisano, R., & Paratore, J. R. (1992). Using literature with readers at risk. In B. E. Cullinan (Eds.), *Invitation to Read: More children's literature in the reading program*. Newark, DE: International Reading Association.

Isbell, R. T. (1979). A study of the effects of two modes of literature presentation on the oral language development of four and five year-old children. Unpublished Doctoral Dissertation, University of Tennessee, Dept. of curriculum and Instruction, College of Education, Knoxville, TN.

Isbell, R. T., & Raines, S. C. (1991). Book interest and interaction behavior of young children in the classroom library. Paper presented at Association for childhood Education International, San Diego, CA.

Isbell, R. T., & Raines, S. C. (1991, April). Book interest and interaction behavior of young children in the classroom library. Proposal for the Annual Conference of the Association for the Childhood Education International, San Diego, CA.

Jacobs, L. (1959). Picture-story books at their best. *The Reading Teacher*. 이상금, 장영희(1986)에서 재인용.

Jalongo, M. R. (1988). *Young children and picture books: Literature from infancy to six*. Washington, DC: NAEYC.

Jones, E. (1947). *Hamlet*. London: Vision Press. 이상섭(1995)에서 재인용.

Kast, V. (2015). **동화의 행복법: 다섯 편의 융 심리학적 행복법 해석**. 최연숙 옮김, 영남대학교 출판부.

Lukens, R. J. (2005). *A Critical handbook of children's literature* (7th). Glenview, IL: Scott, Foresman and Co.

Lumbelli, A., & Salvadori, M. (1977). **이야기들의 이해: 유년의 학교에서 일러스트레이션 이야기들을 사용하는 방법**. Milano: Feltrinelli. 김의숙(1992)에서 재인용.

MacCann, D., & Richard, O. (1973). **어린이들의 초기 책: 그림책과 글의 비평적 연구**. NY: The H. W. Wilson Co.

Macon, J. M., Bewell, D. B., & Vogt, M. E. (1991). *Responses to literature: Grades K-8*. Newark, DE: International Reading Association.

Many, J., & Cox, C. (1992). Reader stance and literary understanding: Exploring the theories, research, and practice. NJ: Ablex publishing Co.

Marie-Louise von Franz (1978). *Introduction to the Psychology of Fairy Tales*. 홍성화 옮김(1986). **동화심리학**. 교육과학사.

Martinez, M. G., & Teale, W. H. (1988). Reading in a Kindergarten Classroom library. *The Reading Teacher, 41*(6), 568-573.

Martinez, M., & Roser, N. (1985). Read it again: The value of repeated readings during storytime. *The Reading Teacher, 38*(8), 782-786.

Martinez, M., & Teale, W. H. (1998). Reading in a Kindergarten Classroom library. *The Reading Teacher, 41*(6), 568-572.

Maslow, A. H. (1970). *Motivation and personality.* NY: Harper and Row.

Maxim, G. (1984). *The very young child: Guilding children from infancy through the early years* (2nd ed.). Belmont, CA: Wadsworth.

Mazza, N. (2003). *Poetry Therapy: Theory and Practice.* New York and Hove: Taylor & Francis Books, Inc. 김현희 외 공역(2004). 시치료: 이론과 실제. 학지사.

McCracken, R., & McCracken, M. (1972). *Reading is only the tiger's tail: A language arts program.* San Rafael, CS: Leawing.

Moore, G. T., Lane, C. G., Hill, A. B., Cohen, U., & McGinty, T. (1979). *Recommendations for child care centers* (Report No. R 79-2). Milwalukee, WI: Center for Architecture and Urban Planning Research.

Morrow, L. M. (1979). Exciting children about literature through creative, story telling techniques, *Language Arts, 56*, 236-243.

Morrow, L. M. (1982). Relationships between literature programs, library corner design, and children's use of literature. *Journal of Educational Research, 75*(6), 339-344.

Morrow, L. M. (1985). Retelling stories: A strategy for improving young childrens comprehension concept of story structure and oral language complexity. *The Elementary School Journal, 85*(5), 647-661.

Morrow, L. M. (1989). Designing the classroom to promote literacy development. In D. S. Strickland & L. M. Morrow (Eds.), *Emerging literacy: Young children learn to read and write* (121-134). Newark, DE: International Reading Association.

Morrow, L. M., & Weinstein, C. S. (1982). Increasing children's use of literature through program and physical design changes. *The Elementary School Journal, 83*(2), 131-137.

Nelson, M. A. (1972). *A comparative anthology of children's literature.* Holt, Reinehart & Winston, Inc.

Nikolajeva, M. (1996). *Children's Literature Comes of Age.* 김서정 옮김(1998). 용의 아이들: 아동문학이론의 새로운 지평. 문학과 지성사.

Nikolajeva, M., & Scott, C. (2001). *How Picturebooks Work.* 서정숙 외 옮김(2011). 그림책을 보는 눈: 그림책의 분석과 비평. 도서출판 마루벌.

Nodelman, P. (1984). 그림책들은 이미지와 표식에서 어떻게 작용하는가? California: H. Darling & P. Neumeyr. 김의숙(1992)에서 재인용.

Nodelman, P. (1988). *Words about Pictures: The narrative art of children's picture books.* Georgia: The University of Georgia Press.

Nurss, J. R., & Hough, R. A. (1986). Reading aloud in early childhood classroom.

Dimensions, 14(2), 7-9.

Paley, J. (1990). *The boy who would be a helicopter.* Cambridge, MA: Harvard university Press.

Pardeck, J. A., & Pardeck, J. T. (1984). An Overview of the bibliotherapeutic treatment approach: Implications for clinical social work practice. In B. Doll & C. Doll (1997), *Bibliotherapy with young people: Librarians and mental health professionals working together.* Englewood, CO: Libraries Unlimited.

Pardeck, J. T. (1994). Using literature to help adolescents cope with problem. In B. Doll & C. Doll (1997), *Bibliotherapy with young people: Librarians and mental health professionals working together.* Englewood, CO: Libraries Unlimited.

Piaget, J. (1928). *Judgement & Reasoning in the child* (Tomlinson, & J. Tomlinson, Trans.). NY: Harcourt, Brace & World.

Purves, A. C., & Monson, D. L. (1984). *Experiencing children's literature.* Glenview, IL: Scott, Foresman and Co.

Raines, S. C., & Canady, R. J. (1990). *The Whole Language Kindergarten.* New York: Teachers College Press.

Read, H. (1951). *Collected essay in literacy critism.* London: Faber. 이상섭(1995)에서 재인용.

Reynolds, B. (1998). To Teach or not to teach Reading in the preschool… that is the Question. In R. Campbell (Eds.), *Facilitating preschools literacy*, 155-168. Newark, DE: International Reading Association.

Rickelman, R., & Henk, W. (1990). Children's literature and audio/visual technologies. *The Reading Teacher, 43*(9), 682-684.

Rose, K. (1982). *Teaching language arts to children.* Harcourt Brace Jovanovich, Inc.

Rosen, G. M. (1987). Self-help treatment books and commercialization of psychotherapy. In B. Doll & C. Doll (1997), *Bibliotherapy with young people: Librarians and mental health professionals working together.* Englewood, CO: Libraries Unlimited.

Rosenblatt, L. M. (1978). *The reader, the text & the poem: The transactional theory of the literary work.* Carbondale, IL: Southern Illinois University Press.

Routman, R. (1998). *Transitions from literature to literacy.* Portsmouth, NH: Heinemann Educational Books, Inc.

Russell, D. L. (2005). *Literature for children: A short introduction* (5th ed.). Boston, MA: Allyn & Bacon, Pearson Education, Inc.

Salinger, T. C. (1998). *Language arts and literacy for young children*. Columbus, OH: Merrill.

Sawyer, W. (1987). *Literature and literacy: A review of research*. Language Arts, 64, 33-39.

Sawyer, W., & Comer, D. E. (1991). *Growing up with Literature*. Albany, NY: Delmar.

Schickendanz, J. A. (1986). *More than the ABC's: The early stages of reading and writing*. Washington, DC: National Association for the Education of Young Children.

Schlevitz, U. (1985). *Writing with Pictures: How to write and illustrate children's books*. 김난령 옮김(2017). 그림으로 글쓰기, 다산기획.

Sebesta, S. L. (1989). Literature across the curriculum. In J. W. Stewig & S. L. Sebesta (Eds.), *Using Literature in the elementary classroom*, 110-128, Urbana, IL: National council of Teachers of English.

Shrodes, C. (1949). Bibliotherapy: A theoretical and clinical experimental study. In S. B. Gornick (1981), *Using fairy tales to change perceptions of self and others*. Paper presented at the annual Association.

Shrodes, C. (1960). Bibliotherapy: An applications of psychoanalytic therapy. *American Image, 17*, 311-319.

Shulevitz, U. (1985). *Writing with picture: How to write and illustrate children's book*. NY: Wiley.

Simmons, B. (1976). Teacher, beware of sex-stereotyping. *Childhood Education, 52*, 192-196.

Smith, J. A., & Park, D. M. (1977). *Word music and word magic: Children's literature methods*. Allyn & Bacon.

Smith, L. H. (1953). 아동문학론. 김요섭 옮김(1975). 교학사.

Sroufe, L. A. (1979). Socioemotional development. J. D. Osofsky (Ed.), *Handbook of Infant development, 48*, 731-746.

Stewig, J. W. (1996). Gay and lesbians in books for young readers: A dilemma a for publishers, teachers and librarians in the U. S. A. *Telling a tale*, 25th IBBY 총회자료.

Sutherland, Z. (1997). *Children and books* (9th ed.). NY: Addison Wesley Longman, Inc.

Sutherland, Z., & Arbuthnot, M. H. C. (1991). *Children and Books*. Harper Collins Publishers.

Temple, C., Martinez, M., Yokota, J., & Naylor, A. (1998). *Children's Books in children's hands: An introduction to their literature*. Allyn & Bacon.

Tomkins, G. E. (1997). *Literacy for the Twenty-First century-A Balanced Approach*. Upper Saddle River, NJ: Prentice Hall/Merrill.

Townsend, J. R. (1995). *Written for children*. 강무홍 옮김(1996). 어린이책의 역사. 시공사.

Trelease, J. (1995). *The new read-aloud handbook* (4th ed.). New York: Penguin.

Webster's Third New International Dictionary (1961). In M. T. Moody & H. K. Limper (1971), *Bibliotherapy: Methods and materials*. Chicago: American Library Association.

Wells, G. (1981). *Learning through interaction: The study of language development*. Cambridge: Cambridge University Press.

Whitehead, R. (1994). 아동문학교육론. 신헌재 편역(1992). 범우사.

Winkel, L., & Kimmel, S. (1990). *Mother goose comes first*. Henly Holt & Co. 현은자, 김세희(2005). 그림책의 이해. 사계절에서 재인용.

Zaporozhets, A. V. (1965). *The development of perception in the preschool child*. 이옥형(1997). 아동발달. 집문당에서 재인용.

찾아보기

[인명]

[내용]

ㅇ

저자 소개

김현희(Kim Hyun-hee)

이화여자대학교 교육심리학과에서 학사와 석사 학위(발달심리학 전공)를 받았고, 미국 Urbana-Champaign에 있는 University of Illinois 초등 및 유아교육학과에서 「유아의 code-switching에 대한 사회언어학적 · 구문론적 연구: 자연주의적 · 종단적 연구(Sociolinguistic and Syntactic Aspects of Code-Switching in Korean-English Bilingual Children: A Naturalistic and Longitudinal Study)」로 박사 학위(Ph. D.)를 받았다.
유학 중에 '아동문학'이라는 과목을 수강하면서 그림책에 눈을 뜨게 되었고, 1994년에 독일에서 지낸 1년 동안 장애아를 위한 유치원과 방과 후 보육시설, 발도르프 · 몬테소리 학교 등을 탐방하고 실습을 하다가 우연히 『전래동화를 통한 치료』라는 책을 발견하고 독서치료를 알게 되었다.
한국어린이문학교육학회, 한국독서치료학회와 한국비블리오드라마협회 초대 회장을 역임했다. 한국 열린사이버대학교 통합예술치료학과 교수로 정년 퇴임했다. 한국독서치료학회 독서치료전문가이자 한국목회상담협회 기독교상담전문가이다.
저서 및 역서로는 『교육 · 상담을 위한 비블리오드라마의 이론과 실제』(공저, 학지사, 2020), 『아동문학』(공저, 한국방송통신대학교 출판문화원, 2020), 『청소년과 함께하는 상호작용 독서치료』(공저, 학지사, 2015), 『상호작용적 독서치료를 위한 자료분석 및 활동 II』(공저, 도서출판 비블리오드라마, 2013), 『상호작용적 독서치료를 위한 자료분석 및 활동』(공저, 도서출판 비블리오드라마, 2012), 『상호작용을 통한 독서치료』(공저, 학지사, 2010), 『상호작용 독서치료 사례집』(공저, 학지사, 2010), 『독서치료』(개정판, 공저, 학지사, 2004), 『독서치료의 실제』(공저, 학지사, 2003), 『유아문학교육』(공저, 학지사, 1999), 『환상 그림책으로서의 여행』(공저, 다음세대, 1999), 『세계 각국의 유아교육』(공저, 학지사, 1998), 『탁아연구』(공저, 양서원, 1996), 『탁아연구 II: 교육적 접근』(공저, 양서원, 1993), 『감정 다스리기를 위한 글쓰기』(공역, 학지사, 2008), 『시치료: 이론과 실제』(공역, 학지사, 2005), 『죽으면 아픈 것이 나을까요?』(역, 느림보, 2002) 외 다수가 있다. 논문으로는 「상호작용적 독서치료에서 치유적 글쓰기가 자아인식에 미치는 효과」(2015), 「표현예술치료로서의 독서치료」(2004), 「독서치료의 가능성 탐색」(2003), 「정보를 제공하는 방식에 따른 정보그림책에 대한 유아의 반응」(2000) 외 다수가 있다.

박상희(Park Sang-hee)

고려대학교 사범대학에서 교육학 전공으로 학사 학위를, 중앙대학교 대학원에서는 유아교육 전공으로 석사 및 박사 학위를 취득하였다.
중앙대학교에서 공부하는 동안 이원영 교수님으로부터 아동중심 교육철학을 배웠으며, 김현희 교수님으로부터 아동문학 수업을 받고 아동문학에 흥미와 관심을 갖게 되었다. 한국어린이문학교육학회와 한국독서치료학회의 창립에 참여하였다. 아동문학의 새로운 세계로 이끌어 주신 김현희 교수님과 몇 권의 책을 쓰면서 아동과 가족을 위한 독서치료에 관심을 갖고 일하고 있다. 현재 광신대학교 유아교육과 교수로 재직 중이며, 동 대학원 통합예술치료학과 학과장을 맡고 있다. 한국독서치료학회 독서치료전문가이자, 한국모래상자치료학회 모래상자치료전문가이다.
저서 및 역서로는 『책과 영화로 보는 부모자녀관계의 이해』(가족과 문화, 2013), 『언어지도』(공저, 양서원, 2012), 『아동 독서교육론』(공저, 공동체, 2008), 『유아 독서교육의 실제』(태영출판사, 2008), 『독서치료』(개정판, 공저, 학지사, 2004), 『유아문학교육』(공저, 학지사, 1999), 『환상 그림책으로서의 여행』(공저, 다음세대, 1999), 『시치료: 이론과 실제』(공역, 학지사, 2005) 외 다수가 있다. 논문으로는 「유아교사의 창의적 인성과 창의성 증진을 위한 교사 역할 수행에 관한 연구」(2005), 「이야기 지도 활동이 유아의 친사회적 행동에 미치는 영향」(2002), 「교사의 반응양식이 유아의 쓰기에 미치는 영향」(1999), 「쓰기 지도 방법이 유아의 쓰기 인식, 쓰기 행동과 쓰기 발달에 미치는 효과의 비교 연구」(1998) 외 다수가 있다.

유아문학: 이론과 적용(3판)

Children's Literature: Theory and Application (3rd ed.)

2008년 5월 26일 1판 1쇄 발행
2013년 8월 30일 1판 7쇄 발행
2016년 3월 25일 2판 1쇄 발행
2017년 8월 25일 2판 2쇄 발행
2020년 10월 20일 3판 1쇄 발행

지은이 • 김현희 · 박상희
펴낸이 • 김진환
펴낸곳 • (주) 학지사

04031 서울특별시 마포구 양화로 15길 20 마인드월드빌딩
대표전화 • 02)330-5114 팩스 • 02)324-2345
등록번호 • 제313-2006-000265호

홈페이지 • http://www.hakjisa.co.kr
페이스북 • https://www.facebook.com/hakjisa

ISBN 978-89-997-2219-6 93370

정가 27,000원

저자와의 협약으로 인지는 생략합니다.
파본은 구입처에서 교환해 드립니다.

이 도서의 국립중앙도서관 출판시도서목록(CIP)은 서지정보유통지원시스템 홈페이지(http://seoji.nl.go.kr)와 국가자료공동목록시스템(http://www.nl.go.kr/kolisnet)에서 이용하실 수 있습니다.
(CIP 제어번호: CIP2020041230)